全本全注全译丛书

中华经典名著

张双棣 张万彬 殷国光 陈 涛◎译注

吕氏春秋 下

中华书局

审　分

【题解】

本篇主要论述君主必须审正君臣的名分。审正君臣的名分，是国家大治的必要手段。君主不该"好治人官之事"，审分正名才是驾驭臣下的关键。"按其实而审其名，以求其情；听其言而察其类，无使放悖"，这就是审分正名的方法。本篇在内容上与《正名》篇是相互阐发的。

本览八篇，论述的都是为君之道，强调的是"虚君"思想。同时，也比较集中地吸收了法、术、势三派的学说。

　　一曰：

凡人主必审分①，然后治可以至，奸伪邪辟之涂可以息②，恶气苛疾无自至③。夫治身与治国，一理之术也。今以众地者④，公作则迟，有所匿其力也；分地则速，无所匿迟也。主亦有地，臣主同地，则臣有所匿其邪矣⑤，主无所避其累矣⑥。

【注释】

①分（fèn）：名分，职分。

②涂:途径。这个意义后来写作"途"。

③苛疾:恶疾,重病。无自:无从。

④地:用如动词,耕种土地。

⑤邪:私。

⑥累:负累。

【译文】

第一:

凡是君主,一定要明察君臣的职分,然后国家的安定才可以实现,奸诈邪僻的渠道才可以堵塞,浊气恶疾才无法出现。修养自身与治理国家,其方法道理是一样的。现在用许多人耕种土地,共同耕作就缓慢,这是因为人们有办法藏匿自己的力气;分开耕作就迅速,这是因为人们无法藏匿力气,无法缓慢耕作。君主治理国家也像种地一样,臣子和君主共同治理,臣子就有办法藏匿自己的阴私,君主就无法避开负累了。

凡为善难,任善易①。奚以知之?人与骥俱走,则人不胜骥矣;居于车上而任骥,则骥不胜人矣。人主好治人官之事,则是与骥俱走也,必多所不及矣。夫人主亦有居车②,无去车,则众善皆尽力竭能矣,谄谀诐贼巧佞之人无所窜其奸矣③,坚穷廉直忠敦之士毕竞劝骋骛矣④。人主之车,所以乘物也。察乘物之理,则四极可有⑤。不知乘物,而自怙恃,夺其智能⑥,多其教诏,而好自以⑦,若此则百官恫扰,少长相越,万邪并起,权威分移,不可以卒,不可以教,此亡国之风也。

【注释】

①任善:任用善人,即任用做善事的人。

②居车：居于车上。下句"去车"指离开车，即下车。

③诐（bì）：邪僻。窜：藏匿。

④坚：刚强。穷：当为"睿"字之误（依刘师培说）。睿，睿智，明智。

　劝：勉励，鼓励。骋骛：奔跑，这里是竭力效劳的意思。

⑤四极：四方边远之地。

⑥夺：当作"奋"（依陈昌齐、王念孙说）。奋：矜恃，矜夸。

⑦自以：自用，指凭自己的主观意图行事。

【译文】

　凡是亲自去做善事就困难，任用别人做善事就容易。凭什么知道是这样？人与千里马一块跑，那么人不能胜过千里马；人坐在车上驾驭千里马，那么千里马就不能胜过人了。君主喜欢处理官吏职权范围内的事，这就是与千里马一块跑啊，必定远远赶不上。君主也必须像驾车的人一样坐在车上，不要离开车子，那么所有做善事的人就都会尽心竭力了，阿谀奉承、邪恶奸巧的人就无法藏匿其奸了，刚强睿智、忠诚淳朴的人就会争相努力去奔走效劳了。君主的车子，是用来载物的。明察了载物的道理，那么四方边远之地都可以占有；不懂得载物的道理，仗恃自己的能力，夸耀自己的才智，教令下得很多，好凭自己的意图行事，这样，各级官吏就都恐惧骚乱，长幼失序，各种邪恶一起出现，权威分散下移，不可以善终，不可以施教，这是亡国的风气啊。

　　王良之所以使马者①，约审之以控其辔②，而四马莫敢不尽力。有道之主，其所以使群臣者亦有辔。其辔何如？正名审分，是治之辔已。故按其实而审其名，以求其情；听其言而察其类，无使放悖。夫名多不当其实，而事多不当其用者，故人主不可以不审名分也。不审名分，是恶壅而愈塞也。壅塞之任，不在臣下，在于人主。尧、舜之臣不独义③，汤、禹之臣不独忠，得其数也④；桀、纣之臣不独鄙，幽、厉之臣不独辟，失其理也。

【注释】

①王良：春秋时晋国善于驾马的人。

②约：简要。控：控制，操纵。辔（pèi）：马缰绳。

③尧、舜之臣不独义：尧、舜的臣子不全都仁义。

④得其数：驾驭得法的意思。数，术。

【译文】

　　王良驾马的方法是，明察驾马的要领，握住马缰绳，因而四匹马没有敢不用尽力气的。有道术的君主，他驾驭臣子们也有"缰绳"。那"缰绳"是什么？辨正名称，明察职分，这就是治理臣子们的"缰绳"。所以，依照实际审察名称，以便求得真情，听其言论而考察其所行之事，不要让它们放纵悖逆。名称有很多不符合实际，所行之事有很多不切合实用的，所以君主不可不辨明名分。不辨明名分，这就是厌恶壅闭反而更加阻塞啊。阻塞的责任，不在臣子，在于君主。尧、舜的臣子并不全仁义，汤、禹的臣子并不全忠诚，他们能称王天下，是因为驾驭臣子得法啊；桀、纣的臣子并不全鄙陋，幽王、厉王的臣子并不全邪僻，他们亡国丧身，是因为驾驭臣子不得法啊。

　　今有人于此，求牛则名马，求马则名牛，所求必不得矣，而因用威怒，有司必诽怨矣①，牛马必扰乱矣。百官，众有司也；万物，群牛马也。不正其名，不分其职，而数用刑罚，乱莫大焉。夫说以智通，而实以过悗②；誉以高贤，而充以卑下；赞以洁白，而随以污德；任以公法，而处以贪枉；用以勇敢，而堙以罢怯③。此五者，皆以牛为马、以马为牛，名不正

也。故名不正，则人主忧劳勤苦，而官职烦乱悖逆矣。国之
亡也，名之伤也，从此生矣。白之顾益黑④，求之愈不得者，
其此义邪！

【注释】

　①有司：古代官府分曹理事，职有专司，所以把主管其事的官吏叫
　　"有司"。

　②过悗（mán）：过，当作"遇"。遇通"愚"（依王念孙说）。悗，迷惑。

　③堙（yīn）：堵塞，充塞。罢：通"疲"。

　④顾：反。

【译文】

　假如有这样一个人，想找牛却呼马的名字，想找马却呼牛的名字，
那么他所找的一定不能得到，而他却因此生气发威风，主管人员一定会
怨恨他，牛马一定会受到扰乱。百官就如同众多的主管人员一样，万物
就如同众多的牛马一样。不辨正他们的名称，不区别他们的职分，却频
繁地使用刑罚，惑乱没有比这更大的了。称道一个人明智通达，实际上
这人却愚蠢糊涂；称赞一个人高尚贤德，实际上这人却很卑下；赞誉一
个人品德高洁，这人紧跟着表露的却是污秽品德；委任一个人掌公法，
这人做起事来却贪赃枉法；由于表面勇敢任用一个人，而他内心却疲弱
怯懦。这五种情况，都是以牛为马、以马为牛，都是名分不正啊。所以，
名分不正，君主就忧愁劳苦，百官就混乱悖逆了。国家被灭亡，名声受
损害，就由此产生出来了。想让它白，反倒更加黑了，想得到，却越发不
能得到，大概都是这个道理吧！

　　故至治之务，在于正名。名正则人主不忧劳矣，不忧劳
则不伤其耳目之主。问而不诏，知而不为，和而不矜，成而

不处,止者不行,行者不止,因形而任之,不制于物,无肯为使,清静以公,神通乎六合①,德耀乎海外,意观乎无穷,誉流乎无止。此之谓定性于大湫②,命之曰无有③。故得道忘人,乃大得人也④,夫其非道也? 知德忘知,乃大得知也,夫其非德也? 至知不几,静乃明几也⑤,夫其不明也? 大明不小事,假乃理事也⑥,夫其不假也? 莫人不能⑦,全乃备能也,夫其不全也? 是故于全乎去能,于假乎去事,于知乎去几,所知者妙矣。若此则能顺其天,意气得游乎寂寞之宇矣,形性得安乎自然之所矣。全乎万物而不宰⑧,泽被天下而莫知其所自姓,虽不备五者⑨,其好之者是也。

【注释】

①六合:指上、下、四方。下句的"海外"指四海之外。"六合"与"海外"都是极言其广大。

②性:命。大湫(qiū):大窦,大的空洞。湫,空洞,这里指深邃幽微之处。

③无有:无形,这里指"道"而言。"道"无形,故曰"无有"。

④"故得"二句:得至道则能无为,无为则能忘人。无为而能治,人皆仰慕,则能大得人。

⑤几:机警,机敏。

⑥假:大。

⑦莫人:当为"真人"(依俞樾说),修真得道之人。

⑧宰:主宰。

⑨五者:指上文所说的"得道忘人"、"知德忘知"、"至知不几"、"大明不小事"、"莫人不能"等五种情况。

【译文】

　　所以国家大治需要做的事情，在于辨正名分。名分辨正了，那么君主就没有忧愁劳苦了，没有忧愁劳苦，就不会损伤耳目的天性了。多询问，却不专断地下指示。虽然知道怎样做，却不亲自去做。能和谐万物，却不自夸。事情做成了，却不居功。静止的东西不让它运动，运动的东西不让它静止。依照事物的特点加以使用，不为外物制约，不被外物役使。清静而公正，精神流传到天地四方，品德照耀到四海之外，思想永远不衰，美名流传不止。这就叫做把性命寄托在深邃幽远之处，命名为无形。所以，得道之人能忘掉别人，这样就非常得人心，那怎么能不算有道呢？知道自己有德，不在乎让人知道，这样就更能为人所知，那怎么能不算有德呢？非常有德的人外表不机敏，安然处之，机敏就会显露出来，那怎么能不算聪明呢？特别贤明的人不做小事，大事才去做，那怎么能不算伟大呢？修真得道的人无所能，但人们全都归附他，于是就无所不能了，那怎么能不算完美之人呢？因此，有了众人效力就无需事事都能做，做了大事就无需做小事，被人了解了就无需外表机敏，这样，所知道的就很微妙了。像这样，就能顺应天性，意气就可以在空廓寂静的宇宙中遨游了，形体就可以在自然的境界里获得安适了。包容万物却不去主宰，恩泽覆盖天下却没有谁知道从哪里开始的。这样，即使不具备上面说的五种情况，也可以说是爱好这些了。

君　守

【题解】

　　本篇旨在论述君主所当执守的根本——清静无为，集中体现了"虚君"的思想。善于作君主的，不担当任何职务，不作任何具体的事情，只有这样才能充分发挥臣下的才智，否则就要招致尊卑颠倒、国家危亡的后果。

　　文章批判了"博闻"、"强识"之士，"坚白"、"无厚"之说，宣扬了老子的思想。

　　二曰：

　　得道者必静，静者无知，知乃无知①，可以言君道也。故曰中欲不出谓之扃②，外欲不入谓之闭。既扃而又闭，天之用密③。有准不以平，有绳不以正，天之大静。既静而又宁，可以为天下正④。

【注释】

　　①乃：若。

　　②扃(jiōng)：关锁，关闭。

③天：指天性。密：宁静。

④正：主。

【译文】

第二：

得道的人一定清静，清静的人什么都不知道，知道就像不知道一样，这样就可以跟他谈论当君主的原则了。所以说，内心的欲望不显露出来叫做封锁，外面的欲望不进入内心叫做关闭。既封锁又关闭，天性由此得以宁静。有水准仪不用它测平，有墨绳不用它测直，天性因此非常清静。既清静又安宁，就可以当天下的主宰了。

身以盛心，心以盛智，智乎深藏，而实莫得窥乎！《鸿范》曰①："惟天阴骘下民②。"阴之者，所以发之也③。故曰不出于户而知天下，不窥于牖而知天道。其出弥远者，其知弥少。故博闻之人、强识之士阙矣④，事耳目、深思虑之务败矣，坚白之察、无厚之辩外矣⑤。不出者，所以出之也；不为者，所以为之也。此之谓以阳召阴、以阴召阳⑥。东海之极，水至而反；夏热之下，化而为寒。故曰天无形⑦，而万物以成；至精无象⑧，而万物以化；大圣无事，而千官尽能。此乃谓不教之教，无言之诏。

【注释】

①《鸿范》：《尚书》里的一篇。

②阴：通"荫"，覆蔽，庇护。骘（zhì）：安定。

③发之：使之发，即使人民繁衍生息。

④识（zhì）：记，记忆。阙：缺，亏损。

⑤"坚白"二句："坚白"和"无厚"都是春秋战国时期名家名辩的

　　论题。

⑥"以阳"二句：当作"以阳召阴，以阴召阳"（依李宝洤说）。相反相
　　成、无为而治之意。

⑦"故曰"句："天"上当有"昊"（hào）字（依王念孙说）。昊天，即天。
　　昊，元气博大的样子。

⑧象：当作"为"（依王念孙说）。

【译文】

　　身体是用来保藏心的，心是用来保藏智慧的。智慧被深深保藏着，因而实情就不能窥见啦！《鸿范》上说："只有上天庇护人民并让人民安定。"庇护人民，是为了让人民繁衍生息。所以说，不出门就能知道天下事，不从窗户向外望就能知道天的运行规律。那些出去越远的人，他们知道的就越少。所以，见闻广博、记忆力强的，他们的智慧就欠缺了；致力于耳聪目明、深思熟虑的，他们的智慧就毁坏了；考察"坚白"、论辩"无厚"的，他们的智慧就丢弃了。不出门，正是为了达到出门的效果；不做事，正是为了实现做事的目的。这就叫做用阴气召来阳气、用阳气召来阴气。东海那样远，水流到那里还会回来；过了夏天的炎热以后，就会渐渐变得寒冷。所以说，广漠的上天虽没有形象，可是万物靠了它能生成；最精微的元气虽没有作为，可是万物靠了它能化育；非常圣明的人虽不做事，可是却让所有官吏都把才能使出来。这就叫做不进行教化的教化，不使用言语的诏告。

　　故有以知君之狂也，以其言之当也；有以知君之惑也，以其言之得也①。君也者，以无当为当，以无得为得者也。当与得不在于君，而在于臣。故善为君者无识②，其次无事。有识则有不备矣，有事则有不恢矣③。不备不恢，此官之所以疑，而邪之所从来也。今之为车者，数官然后成④。夫国

岂特为车哉？众智众能之所持也，不可以一物一方安
车也⑤。

【注释】

①"故有"四句：以上几句意思又见《任数》篇，表现的都是"君道无
　　知无为"的思想。

②识：通"职"，官职。

③恢：周备，全面。

④数官然后成：古代做车，轮、舆、辕、轴等分别由不同部门去做，所
　　以这里说"数官然后成"。官，官署。

⑤方：方法。"车"字当为衍文（依王念孙说）。

【译文】

　　所以，有办法知道君主狂妄，那就是根据他的言语恰当；有办法知
道君主昏惑，那就是根据他的言语得体。所谓君主，就是以不求恰当为
恰当、以不求得体为得体的人啊。恰当与得体不属于君主的范围，而属
于臣子的范围。所以善于当君主的人不担当任何官职，其次是不做具
体的事情。担当官职就会有不能完备的情况，做具体事情就会有不能
周全的情况。不完备不周全，这是官吏之所以产生疑惑、邪僻之所以出
现的原因。现在制造车子的，要经过许多有关部门然后才能造成。治
理国家岂只像造车子啊！国家是靠众人的智慧和才能来维护的，不可
以用一件事情一种方法使它安定下来。

　　夫一能应万，无方而出之务者①，唯有道者能之。鲁鄙
人遗宋元王闭②，元王号令于国，有巧者皆来解闭。人莫之
能解。儿说之弟子请往解之③，乃能解其一，不能解其一，且
曰："非可解而我不能解也，固不可解也。"问之鲁鄙人，鄙人

曰：“然，固不可解也，我为之而知其不可解也。今不为而知其不可解也，是巧于我。”故如兒说之弟子者，以“不解”解之也④。郑大师文终日鼓瑟而兴⑤，再拜其瑟前曰：“我效于子⑥，效于不穷也。”故若大师文者，以其兽者先之，所以中之也⑦。

【注释】

①“无方”句：即无方而务出之，指没有方法却能做成事情。

②鄙人：鄙野之人，即边远地区的人。宋元王：即宋元公，名佐，公元前531年—前517年在位。纽：连环结，套在一起的两个绳结。

③兒（ní）说：宋国的善辩之人。

④“以不”句：意思是说，结本不可解，指出其不可解，也就是解决“不解”了绳结的问题。

⑤大（tài）师：古代乐官官职名。这个意义后来写作“太师”。文：大师之名。

⑥效：用，这里是学习的意思。

⑦“以其”二句：这两句颇费解，姑依李宝洤说做如下解释：以兽为喻，乃是取其无知之意。太师文学习鼓瑟，先使其心如兽一样冥然无知，顺应瑟的自然规律，因而能掌握鼓瑟的规律。

【译文】

能以不变应万变、不用任何方法却能做成事情的，只有有道之人才能这样。有个鲁国边鄙地区的人送给宋元王一个连环结，宋元王在国内传下号令，让灵巧的人都来解绳结。没有人能解开。兒说的学生请求去解绳结，只能解开其中的一个，不能解开另一个，并且说：“不是可以解开而我不能解开，这个绳结本来就不能解开。”向鲁国边鄙地区的人询问一下，他说：“是的，这个绳结本来不能解开，我打的这连环结，因而知道它不能解开。现在这人没有打这连环结，却知道它不能解开，这人比我巧啊。"所以像兒说的学生这样的人，是用"不可以解开"的回答解决了绳结的问题。郑国的太师文弹瑟弹了一整天，而后站起来。在瑟前拜了两拜说："我学习你，学习你的音律变化无穷。"所以像太师文这样的人，先让自己的心如兽类一样冥然无知，所以才能掌握弹瑟的规律。

　　故思虑自心伤也①，智差自亡也②，奋能自殃③，其有处自狂也④。故至神逍遥倏忽⑤，而不见其容；至圣变习移俗，而莫知其所从；离世别群，而无不同⑥；君民孤寡，而不可障壅。此则奸邪之情得，而险陂谗愬诡谀巧佞之人无由入⑦。凡奸邪险陂之人，必有因也。何因哉？因主之为。人主好以己为，则守职者舍职而阿主之为矣⑧。阿主之为，有过则主无以责之，则人主日侵⑨，而人臣日得。是宜动者静，宜静者动也。尊之为卑，卑之为尊，从此生矣。此国之所以衰，而敌之所以攻之者也。

【注释】

①"故思"句："心"字当为衍文（依陈昌齐说）。

②智差：智巧。差，巧诈。

③"奋能"句："自殃"下当脱"也"字（依俞樾说）。

④有处：指有职位。处，居。

⑤倏（shū）忽：转瞬之间，形容时间短暂。

⑥同：和。

⑦陂（bì）：也作"诐"，邪佞，不正。

⑧阿：曲从，迎合。

⑨侵：侵夺，这里是受损害的意思。

【译文】

所以，思虑就会使自己受到损伤，智巧就会使自己遭到灭亡，逞能就会使自己遭遇祸殃，任职就会使自己变得狂妄。所以神妙至极就能逍遥自得，转瞬即逝，但人们却看不到它的形体；圣明至极就能移风易俗，但人们却不知道是跟随着什么改变的；超群出世，却没有不和谐的；治理人民，称孤道寡，却不受阻塞壅闭。这样，奸邪的实情就能了解，阴险邪僻、善进谗言、阿谀奉承、机巧虚诈之人就无法靠近了。凡是奸邪险恶的人，一定要有所凭借。凭借什么呢？就是凭借君主的亲自做事。君主喜欢亲自做事，那么担当官职的人就会放弃自己的职责去曲从君主所做的事了。曲从君主所做的事，有了过错，君主也就无法责备他，这样，君主就会一天天受损害，臣子就会一天天得志。这样就是该行动的却静止，该静止的却行动。尊贵的变为卑下的，卑下的变为尊贵的，这种现象就由此产生了。这就是国家所以衰弱、敌国所以进犯的原因啊。

　　奚仲作车①，苍颉作书②，后稷作稼③，皋陶作刑④，昆吾作陶⑤，夏鲧作城⑥。此六人者，所作当矣，然而非主道者。故曰作者忧⑦，因者平。惟彼君道，得命之情，故任天下而不强⑧，此之谓全人⑨。

【注释】

①奚仲：传说中车的创造者，黄帝之后，任姓，为夏朝车正（掌管车的官员）。

②苍颉(jié)：又作"仓颉"，旧传为黄帝的史官，汉字的创造者。

③后稷：名弃，周的始祖。"后"是"君"的意思，"稷"本是主管农业

的官。尧任命弃为稷,周人于是称之为"后稷"。

④皋陶(gāoyáo):相传为东夷族首领,曾被舜任为掌管刑法的官。

⑤昆吾:己姓,善于制造陶器。

⑥鲧(gǔn):也作"鲧"(gǔn),传说中远古部落首领,禹之父,曾奉尧命治水,采用筑堤防的办法,九年未治平,被舜杀死。这里说他作城,当是古代传闻。

⑦忧:当作"扰"(依王念孙说)。扰:纷乱。

⑧强(qiǎng):勉强,费力。

⑨全人:全德之人。

【译文】

奚仲创造了车子,苍颉创造了文字,后稷发明了种庄稼,皋陶制定了刑法,昆吾创造了陶器,夏鲧发明了筑城。这六个人,他们所创造的东西都是适宜的,然而却不是君主所应做的。所以说,创造的人忙乱,靠别人创造的人平静。只有掌握了当君主的原则,才能了解性命的真情,所以驾驭天下而不感到费力,这样的人就叫做完人。

任　数

【题解】

本篇旨在论述"君术"，即君主驾驭臣下的权术和方法。文章提出："因者，君术也；为者，臣道也。"意思是说，顺应自然，依靠臣下，无为而治，这是君主的统治之术；亲自做各种事情，这是臣子遵循的原则。不能君臣颠倒，君主去作臣子应该作的事。文章列举了申不害说昭釐侯，孔子困于陈、蔡之间等事例，说明人的耳目心智是有局限的，不足依恃。君主克服这种局限的方法就是要"去听"、"去视"、"去智"，要"清静待时"、"无知无为"，这样就可以耳聪、目明、智公，就可以达到大治的局面了。

三曰：

凡官者，以治为任[1]，以乱为罪。今乱而无责，则乱愈长矣。人主以好暴示能[2]，以好唱自奋[3]，人臣以不争持位[4]，以听从取容，是君代有司为有司也，是臣得后随以进其业[5]。君臣不定，耳虽闻不可以听，目虽见不可以视，心虽知不可以举[6]，势使之也。凡耳之闻也藉于静[7]，目之见也藉于昭[8]，心之知也藉于理。君臣易操[9]，则上之三官者废矣[10]。

亡国之主，其耳非不可以闻也，其目非不可以见也，其心非不可以知也，君臣扰乱，上下不分别，虽闻曷闻？虽见曷见？虽知曷知？驰骋而因耳矣⑪，此愚者之所不至也。不至则不知，不知则不信。无骨者不可令知冰⑫。有土之君，能察此言也，则灾无由至矣。

【注释】

①任：胜任。

②暴（bào）：显露，显示。

③唱：倡导。奋：矜夸。

④争：谏诤。这个意义后来写作"诤"。持位：保住官职。

⑤进其业：指做"持位"、"取容"之事。

⑥举：指举荐人，选取人。

⑦藉（jiè）：凭借，依靠。

⑧昭：明亮。

⑨易操：交换彼此的职守。操，职守。

⑩三官：指上文所说的耳、目、心。

⑪驰骋：比喻无所拘束、无所不至。因：凭借。耳：语气词。

⑫"无骨"句：无骨之虫春生秋死，不知有冰雪。这里比喻愚君不可使知治国之道。

【译文】

第三：

凡是任用官吏，把治理得好看成能胜任，把治理得混乱看成有罪。如果治理得混乱却不加责备，那么混乱就更加厉害了。君主以好炫耀来显示自己的才能，以好做先导来自夸，臣子以不劝谏君主来保持官职，以曲意听从来求得容身，这是君主代替官吏去作官吏所应当作的事,这样臣子得以跟着干那些保持官职、曲意求容的事情。君臣的正常关系不确定,耳朵即使能听也无法听清,眼睛即使能看也无法看清,内心即使知道也无法选择,这是情势使他这样的。耳朵能听见是凭借着寂静,眼睛能看见是凭借着光明,内心能知道是凭借着义理。君臣如果交换了各自的职守,那么上面说的三种器官的功用就被废弃了。亡国的君主,他的耳朵不是不可以听到,他的眼睛不是不可以看到,他的内心不是不可以知道,君臣的职分混乱,上下不加分别,即使听到,又能真正听到什么? 即使看到,又能真正看到什么? 即使知道,又能真正知道什么? 要达到随心所欲无所不至的境界,就得有所凭借啊,这是愚蠢君主的智慧所不能达到的。不能达到就不能知道,不能知道就不会相信。没有骨骼的虫子春生秋死,不可能让它知道有冰雪。拥有疆土的君主,能明察这些话,那么灾祸就无法到来了。

　　且夫耳目知巧固不足恃,惟修其数行其理为可。韩昭釐侯视所以祠庙之牲①,其豕小,昭釐侯令官更之。官以是豕来也,昭釐侯曰:“是非向者之豕邪②?”官无以对。命吏罪之。从者曰:“君王何以知之?”君曰:“吾以其耳也。”申不害闻之③,曰:“何以知其聋? 以其耳之聪也;何以知其盲? 以其目之明也;何以知其狂? 以其言之当也。故曰去听无以闻则聪,去视无以见则明,去智无以知则公。去三者不任则治,三者任则乱。”以此言耳目心智之不足恃也。耳目心智,其所以知识甚阙④,其所以闻见甚浅。以浅阙博居天下,安殊俗,治万民,其说固不行。十里之间,而耳不能闻;帷墙之外,而目不能见;三亩之宫,而心不能知。其以东至开梧⑤,南抚多颎⑥,西服寿靡⑦,北怀儋耳⑧,若之何哉? 故君人者,不可不察此言也。

【注释】

①韩昭釐侯:公元前 362 年—前 333 年在位。

②是:此。向者:刚才。

③申不害:战国时期郑国人,曾任韩昭侯相,主张法治,尤其注重"术",即君主监督考核臣下、加强专制的方法。

④阙:缺。

⑤开梧:古代传说中的东极之国。

⑥多颕(yǐng):古代传说中的南极之国。

⑦寿麻:古代传说中的西极之国。

⑧儋(dān)耳:古代传说中的北极之国。

【译文】

再说,耳目智巧,本来就不足以依靠,只有讲求驾驭臣下的方法,按照义理行事才可以依靠。韩昭釐侯察看用来祭祀宗庙的牺牲,那猪很小,昭釐侯让官员用大猪替换小猪。那官员又把这头猪拿了来,昭釐侯说:"这不是刚才的猪吗?"那官员无话回答。昭釐侯就命令官吏治他的罪。昭釐侯的侍从说:"君王您根据什么知道的?"昭釐侯说:"我是根据猪的耳朵识别出来的。"申不害听到了这件事,说:"根据什么知道他聋?根据他的听觉好;根据什么知道他瞎?根据他的视力好;根据什么知道他狂?根据他的话得当。所以说,去掉听觉使之无法听见,那么听觉就灵敏了;去掉视觉使之无法看见,那么目光就敏锐了;去掉智慧使之无法知道,那么内心就公正无私了。去掉这三种东西不使用,就治理得好;使用这三种东西,就治理得乱。"以此说明耳目心智不足以依靠。耳目心智,它们所能了解认识的东西很贫乏,它们所能听到见到的东西很肤浅。凭着肤浅贫乏的知识占有广博的天下,使不同习俗的地区安定,治理全国人民,这种主张必定行不通。十里远的范围,耳朵就不能听到;帷幕墙壁的外面,眼睛就不能看见;三亩大的宫室里的情况,心就不能知道。凭着这些,往东到开梧国,往南安抚多颕国,往西让寿麻国归服，往北让儋耳国归依，那又会怎么样呢？所以当君主的，不可不明察这些话啊。

治乱安危存亡，其道固无二也。故至智弃智，至仁忘仁，至德不德。无言无思，静以待时，时至而应，心暇者胜。凡应之理，清净公素①，而正始卒②。焉此治纪③，无唱有和，无先有随。古之王者，其所为少，其所因多。因者，君术也；为者，臣道也。为则扰矣，因则静矣。因冬为寒，因夏为暑，君奚事哉？故曰君道无知无为，而贤于有知有为，则得之矣。

【注释】

①公素：公正质朴。素，质朴。

②卒：终。

③焉此：于此。焉，于。纪：纲纪，法纪。

【译文】

治乱安危存亡，本来就没有两种方法。所以，最大的聪明是丢掉聪明，最大的仁慈是忘掉仁慈，最高的道德是不要道德。不说话，不思虑，清静地等待时机，时机到来再行动，内心闲暇的人就能取胜。凡是行动，其准则是，清静无为，公正质朴，自始至终都端正。这样来整顿纲纪，就能做到虽然没有人倡导，但却有人应和，虽然没有人带头，但却有人跟随。古代称王的人，他们所做的事很少，所凭借的却很多。善于凭借，是当君主的方法；亲自做事，是当臣子的准则。亲自去做就会忙乱，善于凭借就会清静。顺应冬天而带来寒冷，顺应夏天而带来炎热，君主还要做什么事呢？所以说，当君主的原则是无知无为，却胜过有知有为，这样就算掌握了当君主的方法了。

有司请事于齐桓公，桓公曰："以告仲父①。"有司又请，公曰："告仲父。"若是三。习者曰②："一则仲父，二则仲父，易哉为君③！"桓公曰："吾未得仲父则难，已得仲父之后，曷为其不易也？"桓公得管子，事犹大易，又况于得道术乎？

【注释】

①仲父：指管仲。

②习者：指所亲近的臣子。习，近习。

③易哉为君：即"为君易哉"的倒装。

【译文】

主管官吏向齐桓公请示事情，桓公说："把这事情告诉仲父去。"主管官吏又请示事情，桓公说："告诉仲父去。"这种情况连续了三次。桓公的近臣说："第一次请示，说让去找仲父；第二次请示，又说让去找仲父。这样看来，当君主太容易啦！"桓公说："我没有得到仲父时很难，已经得到仲父之后，为什么不容易呢？"桓公得到管仲，做事情尚且非常容易，更何况得到道术呢？

孔子穷乎陈、蔡之间①，藜羹不斟②，七日不尝粒。昼寝。颜回索米，得而爨之，几熟，孔子望见颜回攫其甑中而食之③。选间④，食熟，谒孔子而进食。孔子佯为不见之。孔子起曰："今者梦见先君，食洁而后馈⑤。"颜回对曰："不可。向者煤炱入甑中⑥，弃食不祥，回攫而饭之⑦。"孔子叹曰："所信者目也，而目犹不可信；所恃者心也，而心犹不足恃。弟子记之：知人固不易矣。"故知非难也，孔子之所以知人难也⑧。

【注释】

①陈、蔡:都是春秋时代的诸侯国。

②藜羹:带汤的野菜。斟:当作"糁"(依毕沅说)。糁(sǎn),以米和羹。

③攫(jué):用手抓取。甑(zèng):古代炊具,类似现在的蒸锅。

④选间:须臾,一会儿。

⑤馈:送给人食物,这里指献给鬼神祭品。

⑥炱(tái):凝聚的烟尘。

⑦饭:吃。

⑧"孔子"句:"孔子之"三字当为衍文(依陶鸿庆说)。

【译文】

　　孔子被困在陈国、蔡国之间,只能吃些没有米粒的野菜,七天没有吃到粮食。孔子白天躺着睡觉。颜回去讨米,讨到米后烧火做饭,饭快熟了,孔子望见颜回抓取锅里的饭吃。过了一会儿,饭做熟了,颜回谒见孔子并且献上饭食,孔子假装没有看见颜回抓饭吃,起身说:"今天我梦见了先君,把饭食弄干净了然后去祭祀先君。"颜回回答说:"不行。刚才烟尘掉到锅里,扔掉沾着烟尘的食物不吉利,我抓出来吃了。"孔子叹息着说:"所相信的是眼睛,可是眼睛看到的还是不可以相信;所依靠的是心,可是心里揣度的还是不足以依靠。学生们记住:了解人本来就不容易呀。"所以,有所知并不难,掌握知人之术就难了。

勿 躬

【题解】

"勿躬",意思是君主不能亲躬人臣之事,这是本篇论述的中心思想。文章开始就劝说君主不要自蔽,而君主亲自作臣子该作的事,是最严重的"自蔽"行为。君主的职分就是修养自身的道德精神,并以此化育万物。这样,自然就能百官具治,百姓亲服,名号彰明。最后,文章以管仲"不任己之不能,而以尽五子之能"为例,告诫君主"无恃其能勇力诚信",而要让百官"毕力竭智"。这样,就算是懂得君道了。

四曰:

人之意苟善,虽不知,可以为长。故李子曰①:"非狗则不得兔,兔化而狗,则不为兔②。"人君而好为人官,有似于此。其臣蔽之,人时禁之③;君自蔽,则莫之敢禁。夫自为人官,自蔽之精者也④。

被簪日用而不藏于箧⑤,故用则衰,动则暗,作则倦。衰、暗、倦,三者非君道也。

【注释】

①李子：李悝（kuī），战国初期法家代表人物，曾任魏文侯相，主持变法，使魏国成为当时的强国之一。

②"非狗"三句：这几句是以狗、兔分别喻君、臣。大意是，非君主则不可驭臣子，如同非狗则不能获兔一样。君主如果自为人臣之事，则是君同于臣；君既同于臣，那么臣也就同于君了。臣同于君，君就无法驭臣了。这就如同兔化而为狗，狗也就无兔可获一样。

③时：不时，不断。

④精：甚。

⑤帗篲（fúhuì）：扫帚。箧（qiè）：箱子一类的东西。

【译文】

第四：

人的心意如果好，即使不懂得什么，也可以当君长。所以李悝说："没有狗就不能捕获兔，兔如果变得和狗一样，那就无兔可捕了。"君主如果喜欢做臣子该做的事，就与此相似了。臣子蒙蔽君主，别人还能不断加以制止；君主自己蒙蔽自己，那就没有人敢于制止了。君主亲自做臣子该做的事，这是最严重的自己蒙蔽自己的行为。

扫帚每天要使用，因而不把它藏在箱子里。所以，君主思虑臣子职权范围内的事，心志就会衰竭；亲自去做臣子职权范围内的事，思想就会昏昧；亲自去做臣子该做的事，体力就会疲惫。衰竭、昏昧、疲惫，这三种情况，不是当君主应该实行的准则。

大桡作甲子①，黔如作房首②，容成作历③，羲和作占日④，尚仪作占月⑤，后益作占岁⑥，胡曹作衣⑦，夷羿作弓⑧，祝融作市⑨，仪狄作酒⑩，高元作室⑪，虞姁作舟⑫，伯益作井⑬，赤冀作臼⑭，乘雅作驾⑮，寒哀作御⑯，王亥作服牛⑰，史皇作图^⑱,巫彭作医^⑲,巫咸作筮^⑳。此二十官者,圣人之所
以治天下也。圣王不能二十官之事,然而使二十官尽其巧,
毕其能,圣王在上故也。圣王之所不能也,所以能之也;所
不知也,所以知之也。养其神、修其德而化矣,岂必劳形愁
弊耳目哉^㉑?是故圣王之德,融乎若月之始出,极烛六合,而
无所穷屈;昭乎若日之光,变化万物,而无所不行;神合乎太
一^㉒,生无所屈,而意不可障;精通乎鬼神,深微玄妙,而莫见
其形。今日南面,百邪自正,而天下皆反其情,黔首毕乐其
志,安育其性,而莫为不成。故善为君者,矜服性命之情^㉓,
而百官已治矣,黔首已亲矣,名号已章矣^㉔。

【注释】

①大桡:传说中黄帝的臣子,曾创六十甲子以记日。

②黔如:他书未见,当是传说中的人名,其事未详。虏首:疑为"蔀
(bù)首"(依毕沅说)。蔀首,古代历法的起算点。古代历法规
定,十九年设置七个闰月,这叫做"章",四章为"蔀",一蔀七十六
年,起算点为冬至日,即为"蔀首"。

③容成:传说中黄帝的臣子,历法的创造者。

④羲和:传说中黄帝的臣子,掌天文历法。

⑤尚仪:相传为訾氏女,帝喾妃,以善于占月之晦、朔、弦、望著称。

⑥后益:计算年岁方法的首创者。与下文"伯益"为二人。

⑦胡曹:传说中黄帝的臣子,衣服的首创者。

⑧夷羿:通常写作"后羿",相传为夏代东夷族首领,名羿,以善射
著称。

⑨祝融:颛顼氏之后,曾做高辛氏火官,死后被尊为火神。

⑩仪狄:传说中夏禹时的始作酒者。

⑪高元:传说中房屋的创造者。

⑫虞姁(xǔ):传说中船的创造者。

⑬伯益:也称"益"、"伯益",相传为舜臣,创造了打井的方法。

⑭赤冀:相传为神农氏的臣子,始作杵、臼,又作钼、耨、钱、镈、釜、甑、井、灶等。

⑮乘雅:《荀子·解蔽》作"乘杜"。杜为其名,因为他发明用马驾车,所以称之为"乘杜"。

⑯寒哀:《世本》作"韩哀",人名。

⑰王亥:汤的七世祖,相传他开始从事畜牧业。服:驾驭。

⑱史皇:相传为黄帝史官。图:指图画物像,即绘画。

⑲巫彭:古代传说中的神医。

⑳巫咸:商王太戊的大臣,相传他发明了用蓍草占卦。筮(shì):用蓍草占卦。

㉑愁:通"揫",积。"愁"下当脱"虑"字(依许维遹说)。弊:通"蔽",这里用如使动。

㉒太一:"道"的别名。"太"是至高至极,"一"是绝对惟一的意思。"太一"指创造天地万物的元气。

㉓矜:慎重。

㉔章:彰明。

【译文】

　　大桡创造了六十甲子记日,黔如创造了蔛首计算法,容成创造了历法,羲和创造了计算日子的方法,尚仪创造了计算月份的方法,后益创造了计算年份的方法,胡曹创造了衣服,夷羿创造了弓,祝融创造了市肆,仪狄创造了酒,高元创造了房屋,虞姁创造了船,伯益创造了井,赤冀创造了臼,乘雅创造了用马驾车,寒哀创造了驾车的技术,王亥创造了驾牛的方法,史皇创造了绘画,巫彭创造了医术,巫咸创造了占卜术。这二十位官员,正是圣人治理天下的依靠。圣贤的君王不能自己做二十位官员做的事,然而却能让二十位官员全部献出技艺和才能,这是因为圣贤君王居上位的缘故。圣贤君王有所不能,因此才有所能;有所不知,因此才有所知。修养自己的精神品德,自然就能化育万物了,哪里一定要使自身劳苦忧虑,把耳朵眼睛搞得疲惫不堪呢? 因此,圣贤君王的品德,光灿灿地就像月亮刚出来,普遍照耀天地四方,没有照不到的地方;明亮亮地就像太阳的光芒,能化育万物,没有做不到的事情;精神与道符合,生命不受挫折,因而心志不可阻挡;精气与鬼神相通,深微玄妙,没有人能看出其形体来。这样,一旦君主南面而治,各种邪曲的事自然会得到匡正,天下的人都恢复自己的本性,老百姓都从内心感到高兴,安心培育自己的善性,因而做任何事就没有不成功的。所以,善于当君主的人,谨慎地保持住真情本性,因而各种官吏就能治理了,老百姓就能亲附了,名声就能显赫了。

管子复于桓公曰:"垦田大邑,辟土艺粟①,尽地力之利,臣不若宁速②,请置以为大田③。登降辞让,进退闲习,臣不若隰朋④,请置以为大行⑤。蚤入晏出⑥,犯君颜色,进谏必忠,不辟死亡,不重贵富,臣不如东郭牙⑦,请置以为大谏臣⑧。平原广城⑨,车不结轨⑩,士不旋踵,鼓之,三军之士视死如归,臣不若王子城父⑪,请置以为大司马⑫。决狱折中⑬,不杀不辜,不诬无罪,臣不若弦章⑭,请置以为大理⑮。君若欲治国强兵,则五子者足矣;君欲霸王,则夷吾在此。"桓公曰:"善。"令五子皆任其事,以受令于管子。十年,九合诸侯,一匡天下,皆夷吾与五子之能也。管子,人臣也,不任己之不能,而以尽五子之能,况于人主乎? 人主知能不能之可以君民也,则幽诡愚险之言无不职矣⑯,百官有司之事毕力竭智矣。五帝三王之君民也,下固不过毕力竭智也。夫君人而知无恃其能勇力诚信,则近之矣。

【注释】

①艺:种植。

②宁速:即宁戚,春秋时卫国人。为人挽车至齐,于车下饭牛而歌,齐桓公拜为大夫。

③大田:官名,田官之长。

④隰(xí)朋:齐大夫,帮助管仲辅佐齐桓公成就霸业。

⑤大行:官名,掌接待宾客。

⑥晏:晚。

⑦东郭牙:齐桓公臣。

⑧大谏臣:谏官。

⑨城:当为"域"字(依毕沅说)。

⑩结:交,交错。轨:车辙。

⑪王子城父:当为齐襄公旧臣,后为齐桓公臣。

⑫大司马:官名,掌攻伐征战。

⑬折中:调节过与不及,使适中。

⑭弦章:即宾胥无,字子旗。

⑮大理:官名,掌治狱。

⑯幽:幽隐,隐蔽。诡:诈伪。愚:欺骗。职:通"识"。

【译文】

管子向桓公禀告说:"开垦田地,扩大城邑,开辟土地,种植谷物,充分利用地力,我不如宁速,请让他当大田。迎接宾客,熟悉升降、辞让、进退等各种礼仪,我不如隰朋,请让他当大行。早入朝,晚退朝,敢于触怒国君,忠心谏诤,不躲避死亡,不看重富贵,我不如东郭牙,请让他当大谏臣。在广阔的原野上作战,战车整齐行进而不错乱,士兵不退却,一击鼓进军,三军士兵都视死如归,我不如王子城父,请让他当大司马。

断案恰当,不杀无辜之人,不冤屈无罪之人,我不如弦章,请让他当大理。您如果想治国强兵,那么这五个人就足够了;您要想成就霸王之业,那么有我在这里。"桓公说:"好。"就让五个人都担任了那些官职,接受管子的命令。过了十年,桓公多次盟会诸侯,使天下完全得到匡正,这些都是靠了管夷吾和五个人的才能啊。管子是臣子,他不担当自己不能做的事情,而让五个人把自己的才能都献出来,更何况君主呢? 君主如果知道自己能做什么与不能做什么是可以治理人民的,那么隐蔽诈伪欺骗危险的言论就没有不能识别的了,各种官吏对自己主管的事情就会尽心竭力了。五帝三王治理人民时,在下位的本来不过是尽心竭力罢了。治理人民如果懂得不要依仗自己的才能、勇武、有力、诚实、守信,那就接近于君道了。

凡君也者,处平静,任德化,以听其要①。若此则形性弥赢②,而耳目愈精;百官慎职,而莫敢愉綖③;人事其事,以充其名。名实相保,之谓知道。

【注释】

①听:治理。

②赢:满,充盈。

③愉:通"偷",苟且,懈怠。綖:通"延",延缓,缓慢。

【译文】

凡是当君主的,应该处于平静之中,用道德去教化人民,治理最根本的东西。这样,从外表到内心就会更加充实,就会越发耳聪目明;各种官吏就会谨慎地对待职守,没有敢于苟且懈怠的;就能人人做好自己应做的事情,切合自己的名声。名声和实际相符,这就叫做懂得了道。

知　度

【题解】

　　本篇主要论述君主要明察君主所应该执掌的事务，要知道治理百官的根本。这样才能达到做事少而国家治的结果。反之，君主如果"自智而愚人，自巧而拙人"，就会蔽塞重重，国破身亡。文章还通过赵襄子任用胆胥己等事例，说明君主必须依靠贤人，知人善任，才能成就王霸之业。在任人问题上，君主应当避免"任人而不能用之，用之而与不知者议之"等弊病。

　　五曰：

　　明君者，非遍见万物也，明于人主之所执也。有术之主者，非一自行之也①，知百官之要也。知百官之要，故事省而国治也。明于人主之所执，故权专而奸止。奸止则说者不来，而情谕矣。情者不饰，而事实见矣②。此谓之至治。至治之世，其民不好空言虚辞，不好淫学流说③。贤不肖各反其质，行其情，不雕其素④，蒙厚纯朴⑤，以事其上。若此，则工拙愚智勇惧可得以故易官，易官则各当其任矣。故有职者安其职，不听其议；无职者责其实，以验其辞。此二者审，则无用之言不入于朝矣。君服性命之情，去爱恶之心，用虚无为本，以听有用之言，谓之朝⑥。凡朝也者，相与召理义也，相与植法则也⑦。上服性命之情，则理义之士至矣，法则之用植矣，枉辟邪挠之人退矣，贪得伪诈之曹远矣⑧。故治天下之要，存乎除奸⑨；除奸之要，存乎治官；治官之要，存乎治道；治道之要，存乎知性命。故子华子曰⑩："厚而不博，敬守一事，正性是喜。群众不周⑪，而务成一能。尽能既成，四夷乃平⑫。唯彼天符⑬，不周而周。此神农之所以长⑭，而尧舜之所以章也。"

【注释】

①一：一概。

②见（xiàn）：显露。

③淫学：指邪僻的学说。流说：流言，指无稽之谈。

④雕：雕饰。素：质朴。

⑤蒙厚：敦厚。蒙，通"厖"，厚。

⑥朝：听朝。

⑦植：树立，确立。

⑧曹：辈。

⑨存：存在，在。

⑩子华子：战国时期魏国人，思想属道家。

⑪群众：众人。周：合。

⑫四夷：指四方之国。

⑬天符：上天的符命，天命，天道。

⑭长：兴盛。

【译文】

第五：

能明察的君主，不是普遍地明察万事万物，而是明察君主所应掌握的东西。有道术的君主，不是一切都亲自去做，而是要明了治理百官的根本。明了治理百官的根本，所以事情少而国家太平。明察君主所应掌握的东西，因而大权独揽，奸邪止息。奸邪止息，那么游说的不来，而真情也能了解了。真情不加虚饰，而事实就能显现了。这就叫做最完美的政治。政治最完美的社会，人民不好说空话假话，不好邪说流言。贤德的与不贤德的各自都恢复其本来面目，依照真情行事，对本性不加雕饰，保持敦厚纯朴的品行，以此来侍奉自己的君主。这样，对灵巧的、拙笨的、愚蠢的、聪明的、勇敢的、怯懦的，就都可以因此而变动他们的官职。变动了官职，他们各自就能胜任自己的职务了。所以，对有职位的人就要求他们安于职位，不听他们的议论；对没有职位的人就要求他们的实际行动，用以检验他们的言论。这两种情况都明察了，那么无用之言就不能进入朝廷了。君主依照天性行事，去掉爱憎之心，以虚无为本，来听取有用之言，这就叫做听朝。凡是听朝，都是君臣共同招致理义，共同确立法度。君主依照天性行事，那么讲求理义的人就会到来了，法度的效用就会确立了，乖僻邪由之人就会退去了，贪婪诈伪之徒就会远离了。所以，治理天下的关键在于除掉奸邪，除掉奸邪的关键在于治理官吏，治理官吏的关键在于研习道术，研习道术的关键在于懂得天性。所以子华子说："君主应该求深入而不求广博，谨慎地守住根本，喜爱正性。与众人不相同，致力于学得驾驭臣下的能力。完全学到了这种能力，四方就会平定。只有那些符合天道的人，不求相同却能达到相同。这就是神农之所以兴盛，尧、舜之所以名声卓著的原因。"

　　人主自智而愚人，自巧而拙人，若此则愚拙者请矣[①]，巧智者诏矣[②]。诏多则请者愈多矣，请者愈多，且无不请也。

主虽巧智，未无不知也。以未无不知，应无不请，其道固穷③。为人主而数穷于其下，将何以君人乎？穷而不知其穷，其患又将反以自多④，是之谓重塞之主⑤，无存国矣。故有道之主，因而不为，责而不诏，去想去意，静虚以待，不伐之言⑥，不夺之事，督名审实，官使自司，以不知为道，以奈何为实⑦。尧曰："若何而为及日月之所烛⑧？"舜曰："若何而服四荒之外？"禹曰："若何而治青丘⑨，化九阳、奇怪之所际⑩？"

【注释】

①请：请示，此指凡事都向君主请示。

②巧智者：指人主。诏：上告下，教导。

③固：必然。穷：困窘。

④自多：自高自大。

⑤"是之"句："重塞"当叠，今本误脱（依陈昌齐说）。

⑥伐：当为"代"字之误（依王念孙说）。

⑦奈何：与下文的"若何"义同，如何，怎样。实：旧校云："一作宝。"作"宝"是。（依毕沅说）

⑧及：赶上，达到。烛：照耀。

⑨青丘：传说中的东方之国。

⑩九阳：传说中的南方山名。奇怪：当作"奇肱"（孙依诒让说），传说中的西方国名。

【译文】

君主认为自己聪明却认为别人愚蠢，认为自己灵巧却认为别人笨拙，这样，愚蠢笨拙的人就要请求指示了，灵巧聪明的人就要发布指示了。发布的指示越多，请求指示的就越多，请求指示的越多，就将无事不请求指示。君主即使灵巧聪明，也不能无所不知。凭着不能无所不知,应付无所不请,道术必定会困窘。当君主却经常被臣下弄得困窘,又将怎样治理人民呢? 困窘了却不知道自己困窘,又将犯自高自大的错误。这就叫做受到双重阻塞。受到双重阻塞的君主,就不能保住国家了。所以有道术的君主,依靠臣子做事,自己却不亲自去做。要求臣子做事有成效,自己却不发布指示。去掉想象,去掉猜度,清静地等待时机。不代替臣子讲话,不抢夺臣子的事情做。审察名分和实际,官府之事让臣子自己管理。以不求知为根本,把询问臣子怎么办作为法宝。比如尧说:"怎样做才能像日月那样普照人间?"舜说:"怎样做才能使四方边远之处归服?"禹说:"怎样做才能治服青丘国,使九阳山、奇肱国受到教化?"

赵襄子之时,以任登为中牟令①。上计②,言于襄子曰:"中牟有士曰胆胥己③,请见之。"襄子见而以为中大夫。相国曰:"意者君耳而未之目邪④! 为中大夫,若此其易也? 非晋国之故⑤。"襄子曰:"吾举登也,已耳而目之矣。登所举,吾又耳而目之,是耳目人终无已也⑥。"遂不复问,而以为中大夫。襄子何为? 任人,则贤者毕力。

【注释】

①任登:赵襄子之臣。中牟:古邑名,在今河南汤阴西。

②上计:古代考核地方官员政绩的方法。战国时,官员于年终须将赋税收入等写在木券上,呈送国君考核,叫做"上计"。

③胆胥己:人名。胆(繁体作"膽")疑"瞻"字之误(依王念孙说)。

④耳而未之目:意思是,对这个人,只是耳闻,尚未亲眼见到其为人如何。"耳"和"目"都用如动词。

⑤故:故事,成例,老规矩。

⑥已：止。

【译文】

赵襄子当政之时，用任登当中牟令。他在上呈全年的账簿时，向襄子推荐道："中牟有个人叫胆胥己，请您召见他。"襄子召见胆胥己并让他当中大夫。相国说："我料想您对这个人只是耳闻，尚未亲眼见到其为人如何吧！当中大夫，竟是这样容易吗？这不是晋国的成法。"襄子说："我提拔任登时，已经耳闻并且亲眼见到他的情况了。任登所举荐的人，我如果还要耳闻并且亲眼见到这人的实际情况，这样，用耳朵听、用眼睛观察人就无尽无休了。"于是就不再询问，而让胆胥己当了中大夫。襄子还需做什么呢？他只是任用人，那么贤德的人就把力量全部献出来了。

人主之患，必在任人而不能用之，用之而与不知者议之也。绝江者托于船，致远者托于骥，霸王者托于贤。伊尹、吕尚、管夷吾、百里奚，此霸王者之船骥也。释父兄与子弟，非疏之也；任庖人钓者与仇人仆虏①，非阿之也②。持社稷立功名之道，不得不然也。犹大匠之为宫室也，量小大而知材木矣，訾功丈而知人数矣③。故小臣、吕尚听④，而天下知殷、周之王也；管夷吾、百里奚听，而天下知齐、秦之霸也。岂特骥远哉⑤？

【注释】

①庖（páo）人：指伊尹。伊尹曾为庖厨之臣，所以这里称之为"庖人"。钓者：指吕尚。吕尚曾钓于滋水，所以称之为"钓者"。仇人：指管夷吾。他曾箭射公子小白（即齐桓公）中钩，所以称之为"仇人"。仆虏：指百里奚。他曾被俘并当过陪嫁之臣，所以称之

为"仆虏"。

②阿：偏私。

③訾（zī）：估量。

④小臣：指伊尹，他被汤任为小臣（官名）。

⑤岂特骥远哉：当作"岂特船骥哉"。（依毕沅说）。

【译文】

君主的弊病，一定是委任人官职却不让他做事，或者让他做事却与不了解他的人议论他。横渡长江的人靠的是船，到远处去的人靠的是千里马，成就王霸大业之人靠的是贤人。伊尹、吕尚、管夷吾、百里奚，这些人就是成就王霸大业之人的船和千里马啊。不任用父兄与子弟，并不是疏远他们；任用厨师、钓鱼的人与仇人、奴仆，并不是偏爱他们。保住国家、建立功名的原则要求君主不得不这样啊。这就如同卓越的工匠建筑宫室一样，测量一下宫室的大小就知道需要的木材了，估量一下工程的大小尺寸就知道需要的人数了。所以小臣伊尹、吕尚被重用，天下人就知道殷、周要成就王业了；管夷吾、百里奚被重用，天下人就知道齐、秦要成就霸业了。他们哪只是船和千里马啊？

夫成王霸者固有人，亡国者亦有人。桀用羊辛①，纣用恶来②，宋用唐鞅③，齐用苏秦④，而天下知其亡。非其人而欲有功，譬之若夏至之日而欲夜之长也，射鱼指天而欲发之当也⑤。舜、禹犹若困，而况俗主乎？

【注释】

①羊辛：当作"干辛"，桀之邪臣。

②恶来：纣之谀臣。

③唐鞅：宋康王之臣。

④苏秦：战国时期东周人，字季子。他奉燕昭王命入齐从事反间活动，想让齐疲于对外战争，以便攻齐。后乐毅率六国军队攻齐，其反间活动暴露，被车裂而死。

⑤当：这里是射中的意思。

【译文】

　　成就王业霸业的当然要有人，亡国的也要有人。桀重用干辛，纣重用恶来，宋国重用唐鞅，齐国重用苏秦，因而天下人就知道他们要灭亡了。不任用贤人却想要建立功业，这就好像在夏至这一天却想让夜长，射鱼时冲着天却想射中一样。舜、禹对此尚且办不到，更何况平庸的君主呢？

慎　势

【题解】

　　本篇旨在论述君主应当重视和利用权势,阐发了早期法家慎到的重势思想。文章指出,"位尊者其教受,威立者其奸止","王也者,势无敌也",认为君主能够进行统治,全凭着地位的尊贵与权势的威重。如果失去了这些,就会处于危险的境地。文章以齐简公"失其术,无其势"因而国危身亡为例,与篇首"失之乎势,求之乎国,危"相呼应,劝告君主要"恃可恃",从反面再次强调了权势的重要。

　　六曰:

　　失之乎数,求之乎信,疑;失之乎势,求之乎国,危。吞舟之鱼,陆处则不胜蝼蚁。权钧则不能相使,势等则不能相并①,治乱齐则不能相正②。故小大、轻重、少多、治乱,不可不察,此祸福之门也③。

【注释】

　　①并:兼并。

　　②齐:同。

③门：门径，途径。

【译文】

第六：

　　失去了驾驭臣下的方法，要求人们诚信，这是胡涂的；失去了君主的权势，仗恃着享有国家，这是危险的。能吞下船的大鱼，居于陆地就不能胜过蝼蛄蚂蚁。权力相同就不能役使对方，势力相等就不能兼并对方，治乱相同就不能匡正对方。所以对大小、轻重、多少、治乱，不可不审察清楚，这是通向祸福的门径。

　　凡冠带之国①，舟车之所通，不用象、译、狄鞮②，方三千里。古之王者，择天下之中而立国③，择国之中而立宫，择宫之中而立庙④。天下之地，方千里以为国，所以极治任也⑤。非不能大也，其大不若小，其多不若少。众封建⑥，非以私贤也，所以便势全威，所以博义，义博利则无敌⑦，无敌者安。故观于上世，其封建众者，其福长，其名彰。神农十七世有天下⑧，与天下同之也。

【注释】

①冠带之国：指文明开化的国家。冠带，戴帽子束带子，本指服制，引申为文明之称（当时边远地区的少数名族，服制与华夏异，故以为不开化）。

②象、译、狄鞮（dī）：古代通译四方民族语言的官。通南方之语者曰"象"，通北方之语者曰"译"，通西方之语者曰"狄鞮"。

③国：指王畿，王城附近周围千里的地域。下文"方千里以为国"之"国"同。

④庙：宗庙，祖庙。古人很看重祖庙，所以要"择宫之中而立庙"。

⑤极：顶点，这里用如动词，指达到最高程度。治任：治理国家的担
　　子。任，担子。

⑥众：多。封建：分封、建立诸侯国。

⑦"所以"二句：此句当作"所以博义博利。义博利博则无敌"。

⑧"神农"句：三十年为一世，这里说"神农十七世有天下"，只是传
　　说而已。

【译文】

　　凡是戴帽子束带子的文明国家，车船所能达到的地方，不用象、译、狄鞮等官员做翻译的地方，有三千里见方。古代称王的人，选择天下的正中来建立京畿，选择京畿的正中来建立宫廷，选择宫廷的正中来建立祖庙。在普天下，只把千里见方的地方作为京畿，是为了更好地担起治理国家的担子。京畿并不是不能扩大，但是大了不如小了好，多了不如少了好。多分封诸侯，不是因为偏爱贤德之人，而是为了有利于权势，保全住威严，是为了使道义和利益扩大。道义和利益扩大了，那就没有人与之为敌了。没有人与之为敌的人就安全。所以对前代考察一下，那些分封诸侯多的人，他们的福分就长久，他们的名声就显赫。神农享有天下十七世，是与天下人共同享有啊。

　　王者之封建也，弥近弥大，弥远弥小。海上有十里之诸侯。以大使小，以重使轻，以众使寡，此王者之所以家以完也①。故曰以滕、费则劳②，以邹、鲁则逸③，以宋、郑则犹倍日而驰也④，以齐、楚则举而加纲旃而已矣⑤。所用弥大，所欲弥易。汤其无郼⑥，武其无岐⑦，贤虽十全，不能成功。汤、武之贤，而犹藉知乎势，又况不及汤、武者乎？故以大畜小吉，以小畜大灭，以重使轻从，以轻使重凶。自此观之，夫欲定一世，安黔首之命，功名著乎槃盂，铭篆著乎壶鉴⑧，其势不厌尊，其实

不厌多。多实尊势，贤士制之，以遇乱世，王犹尚少。

【注释】

①"此王"句：此句当作"此王者之家所以完义。"（依杨树达说）。古代王者以天下为家，所以才这样说。

②滕：小国，在今山东滕州西南。费：鲁国季氏的私邑，在今山东费县西北。

③邹：古国名，在今山东省邹城、济宁、金乡一带。邹、鲁比滕、费大，所以这里说"以邹、鲁则逸"。

④倍日而驰：一天跑两天的路，即兼程之意，这里是极言其快速。宋、郑比邹、鲁大，所以这样说。

⑤举而加纲斾（zhān）：举纲纪加之于小国。这里是极言其易。斾，之，这里代小国。齐、楚最大，所以这样说。

⑥郼（yī）：汤为天子前的封国。

⑦岐：古地名。周族古公亶父自豳迁于岐山下周原，后武王以此为基地灭商。

⑧铭篆：铭文。鉴：古代照形的器具，青铜制成，形似盆，盛水于其中，用以照形。以上两句讲建立文功武业。周代铜器所铸铭文，内容多是记功的。

【译文】

称王的人分封诸侯国，越近的就越大，越远的就越小。边远之处有十里大的诸侯国。用大的诸侯国役使小的诸侯国，用权势重的诸侯国役使权势轻的诸侯国，用人多的诸侯国役使人少的诸侯国，这就是称王的人能保全天下的原因。所以说，用滕、费役使别国就费力，用邹、鲁役使别国就省力，用宋、郑役使别国就加倍容易，用齐、楚役使别国就等于把纲纪加在它们身上罢了。所使用的诸侯国越大，实现自己的愿望就越容易。汤如果没有郼，武王如果没有岐，他们的贤德即使达到十全十美的程度,也不能成就功业。凭着汤、武王那样贤德,尚且需要借助于权势,更何况赶不上汤、武王的人呢?所以,用大的诸侯国役使小的诸侯国就吉祥,用小的诸侯国役使大的诸侯国就会灭亡,用权势重的诸侯国役使权势轻的诸侯国就顺从,用权势轻的诸侯国役使权势重的诸侯国就不吉祥。由此看来,想要使一世平定,使百姓安定,使功名刻铸在槃盂上,铭刻在壶鉴上,这样的人,他们对权势尊贵从不满足,他们对实力雄厚从不满足。有雄厚的实力,有尊贵的权势,有贤德之人辅佐,凭着这些,遇上乱世,至少也能成就王业。

天下之民穷矣苦矣。民之穷苦弥甚,王者之弥易。凡王也者,穷苦之救也。水用舟,陆用车,涂用辅①,沙用鸠②,山用樏③,因其势也者令行④,位尊者其教受,威立者其奸止,此畜人之道也。故以万乘令乎千乘易,以千乘令乎一家易⑤,以一家令乎一人易。尝识及此⑥,虽尧、舜不能。诸侯不欲臣于人,而不得已。其势不便,则奚以易臣⑦?权轻重,审大小,多建封,所以便其势也。王也者,势也。王也者,势无敌也。势有敌则王者废矣。有知小之愈于大、少之贤于多者,则知无敌矣。知无敌则似类嫌疑之道远矣⑧。故先王之法,立天子不使诸侯疑焉,立诸侯不使大夫疑焉,立適子不使庶孽疑焉⑨。疑生争,争生乱。是故诸侯失位则天下乱,大夫无等则朝廷乱,妻妾不分则家室乱,適孽无别则宗族乱。慎子曰⑩:“今一兔走,百人逐之,非一兔足为百人分也,由未定。由未定,尧且屈力⑪,而况众人乎?积兔满市,行者不顾,非不欲兔也,分已定矣。分已定,人虽鄙,不争。”故治天下及国,在乎定分而已矣。

【注释】

①涂:指泥泞的道路。辒(chūn):古代用于泥泞路上的交通工具。

②鸠(jiū):用于沙路的一种小车。

③樏(léi):登山的用具。

④因其势也者令行:当作"因其势也。因势者其令行"(参毕沅说)。

⑤家:指大夫之家,即大夫的采地食邑。

⑥尝识及此:当作"尝试反此"(依毕沅说)。

⑦奚以易臣:怎样改变当臣属的地位。奚,何。

⑧嫌:近,与"似"义同。疑:通"拟",相比拟,即僭越。下文几个 "疑"字与此同。

⑨適子:正妻所生之子。適,通"嫡"。庶孽:二者是同义词,都指庶 子,即非正妻所生之子。

⑩慎子:慎到,战国时期赵国人,法家代表人物,强调"势治"。其著 作《慎子》早已亡佚,现存辑录七篇。

⑪屈:竭,尽。

【译文】

　　天下的人民很贫穷很困苦了。人民贫穷困苦越厉害,称王的人成 就王业就越容易。凡是称王的,都是挽救人民的贫穷困苦啊。水里使 用船,陆上使用车,泥泞路上使用辒,沙土路上使用鸠,山路上使用樏, 这是为了顺应不同的形势。能因势利导的,命令就能执行;地位尊贵 的,教化就能被接受;威严树立的,奸邪就能制止。这就是治理人的原 则。所以,用拥有万辆兵车的国家对拥有千辆兵车的国家发号施令就 容易,用拥有千辆兵车的国家对大夫之家发号施令就容易,用大夫之家 对一人发号施令就容易。如果反过来,即使尧、舜也不能推行他们的教 化。诸侯都不想臣服于人,可是却不得不这样。其地位如果不利,那么 怎能改变当臣属的地位呢?称王的人权衡轻重,审察大小,多立诸侯, 是为了使自己的地位有利。所谓称王,凭借的是权势。所谓称王,是权势无人与之抗衡。权势有人抗衡,那么称王的人就被废弃了。有知道小可以超过大、少可以胜过多的人,就知道怎样才能无人与之抗衡了。知道怎样才能无人与之抗衡,那么比拟僭越的事就会远远离开了。所以先王的法度是,立天子不让诸侯僭越,立诸侯不让大夫僭越,立嫡子不让庶子僭越。僭越就会产生争夺,争夺就会产生混乱。因此,诸侯丧失了爵位,天下就会混乱;大夫没有等级,朝廷就会混乱;妻妾不加区分,家庭就会混乱;嫡子庶子没有区别,宗族就会混乱。慎子说:"如果有一只兔子跑,就会有上百人追赶它,并不是一只兔子足以被上百人分,是由于兔子的归属没有确定。归属没有确定,尧尚且会竭力追赶,更何况一般人呢?兔子摆满市,走路的人看都不看,并不是不想要兔子,是由于归属已经确定了。归属已经确定,人即使鄙陋,也不争夺。"所以治理天下及国家,只在于确定职分罢了。

庄王围宋九月①,康王围宋五月②,声王围宋十月③。楚三围宋矣,而不能亡。非不可亡也,以宋攻楚④,奚时止矣?凡功之立也,贤不肖强弱治乱异也。

【注释】

①庄王:楚庄王,公元前 613 年—前 591 年在位。楚庄王围宋事在鲁宣公十四年(前 595)。

②康王:楚康王,公元前 559 年—前 545 年在位。楚康王围宋事不载于史书。

③声王:楚声王,公元前 407 年—前 402 年在位。楚声王围宋事亦不载于史书。

④以宋攻楚:当作"以宋攻宋"(依陈昌齐说)。意思是,以一个象宋一样无德的国家(指楚国)去攻打宋国。

【译文】

楚庄王围困宋国九个月,楚康王围困宋国五个月,楚声王围困宋国十个月。楚国围困过宋国三次,却不能灭亡它。并不是不可以灭亡,拿一个像宋国一样无德的国家去攻打宋国,什么时候才能结束呢?凡是功业的建立,都是因为贤与不肖、强与弱、治与乱不相同啊。

　　齐简公有臣曰诸御鞅①,谏于简公曰:"陈成常与宰予②,之二臣者,甚相憎也。臣恐其相攻也。相攻唯固③,则危上矣。愿君之去一人也。"简公曰:"非而细人所能识也④。"居无几何,陈成常果攻宰予于庭,即简公于庙。简公喟焉太息曰:"余不能用鞅之言,以至此患也。"失其数,无其势,虽悔无听鞅也,与无悔同。是不知恃可恃,而恃不恃也。周鼎著象,为其理之通也。理通,君道也。

【注释】

①齐简公:公元前484年—前481年在位。诸御鞅:人名,齐简公臣。

②陈成常:即陈成子(又称"田常"、"田成子"),名恒(又作"常"),春秋时齐国大臣。简公四年,他杀死简公,拥立齐平公,任相国,专齐国政。按:"成"是谥号,此处不当如此称,当是衍文。宰予:字子我,孔子的学生。

③固:固执,执一不通。

④而:你。

【译文】

齐简公有个臣子叫诸御鞅,他向简公进谏说:"陈常与宰予,这两个臣子,彼此非常仇恨。我担心他们互相攻打。他们一味固执地要互相攻打，就会危害到君王。希望您罢免一个人。"简公说："这不是你这样的浅陋之人所能知道的。"过了没多久，陈常果然在朝廷上攻打宰予，在宗庙里追上了简公。简公长叹着说："我不能采纳诸御鞅的意见，以至于遭到这样的祸患。"失去了驾驭臣下的方法，丧失了君主的权势，虽然后悔没有听从诸御鞅的话，与不后悔的结果是一样的。这就是不知道依靠可以依靠的东西，却依靠不可依靠的东西。周鼎上刻铸物像，是为了让事理贯通。事理贯通，这是当君主应该掌握的原则啊。

不二

【题解】

本篇主要论述君主要集中统一，使愚智工拙皆尽力竭能，国家才能治理好而没有危险。文章明确提出："一则治，异则乱；一则安，异则危。"如何做到"一"，文章开宗明义地提出"听群众人议以治国，国危无日矣"，并列举了老聃等十家的主张，他们各执一说，如果不加选择的听从他们的议论来治国，国家很快就会遭遇危险。正确的方法是，兼采众家之长，形成自己的主张，以此"齐万不同"，使"如出一穴"，这正是文章标题"不二"的意义所在。

本篇文意不完整，且与八览各篇长短不一，恐多有脱漏。

七曰：

听群众人议以治国①，国危无日矣。何以知其然也？老耽贵柔，孔子贵仁，墨翟贵廉②，关尹贵清③，子列子贵虚④，陈骈贵齐⑤，阳生贵己⑥，孙膑贵势⑦，王廖贵先⑧，兒良贵后⑨。此十人者，皆天下之豪士也。

【注释】

①群众人：即众人。

②墨翟：即墨子。墨子名翟。

③关尹：相传为春秋末期道家人物，曾为函谷关尹，故名"关尹"。

④子列子：即列子、列御寇，战国时期道家人物。

⑤陈骈：即田骈，战国时期齐国人，彭蒙的学生，与慎到同为一派。

⑥阳生：即杨朱，战国初期魏国人。

⑦孙膑：战国时期兵家代表人物，齐国人，孙武的后代。

⑧王廖：当为战国时期的兵家。他善将兵，战前仔细谋划，所以这里说他"贵先"。

⑨兒（ní）良：当为战国时期的兵家。他善兵家权谋之学，注重战后认真总结，所以这里说他"贵后"。按：此处文意未完，其下当有脱文。

【译文】

第七：

听从众人的议论来治理国家，国家很快就会遇到危险。根据什么知道会是这样呢？老耽崇尚柔弱，孔子崇尚仁德，墨翟崇尚节俭，关尹崇尚清静，列子崇尚虚无，陈骈崇尚齐同，阳生崇尚自身，孙膑崇尚势力，王廖崇尚先谋，兒良崇尚后发。这十个人，都是天下的豪杰之士。

有金鼓，所以一耳也；同法令，所以一心也；智者不得巧，愚者不得拙，所以一众也；勇者不得先，惧者不得后，所以一力也。故一则治，异则乱；一则安，异则危。夫能齐万不同，愚智工拙皆尽力竭能，如出乎一穴者①，其唯圣人矣乎！无术之智，不教之能，而恃强速贯习②，不足以成也。

【注释】

①如出乎一穴：这是比喻说法，意思是说从一个起点出发。

②速：敏捷。贯：贯通。习：熟习。

【译文】

军队里设置锣鼓，是为了用来统一士兵的听闻；法令一律，是为了用来统一人们的思想；聪明的人不得灵巧，愚蠢的人不得笨拙，是为了用来统一众人的智力；勇敢的人不得抢先，胆怯的人不得落后，是为了用来统一大家的力量。所以，统一就治理得好，不统一就治理得混乱，统一就平安，不统一就危险。能够使众多不同的事物齐同，使愚蠢、聪明、灵巧、笨拙的人都能用尽力气和才能，就像由一个起点出发一样的，大概只有圣人吧！没有驾驭臣下方法的智谋，不经过教化而具有的才能，依仗强力、敏捷、贯通、熟习，是不足以实现这些的。

执 一

【题解】

所谓"执一"，就是执守根本。本篇旨在论述君主必须"执一"的道理。文章说："天下必有天子，所以一之也。天子必执一，所以抟之也。一则治，两则乱。"这就是说，"执一"的目的是为了统一、集权，"执一"是实现大治的保证。执一就是加强自身修养，自身修养好了，国家、天下就能治理好。

八曰：

天地阴阳不革，而成万物不同。目不失其明，而见白黑之殊。耳不失其听①，而闻清浊之声。王者执一，而为万物正②。军必有将，所以一之也；国必有君，所以一之也；天下必有天子，所以一之也；天子必执一，所以抟之也③。一则治，两则乱。今御骊马者④，使四人人操一策⑤，则不可以出于门闾者⑥，不一也。

【注释】

① 听：当作"聪"（依陈昌齐说）。

②正：主。

③抟：通"专"。

④骊马：并列驾车的马。古时一般以四马并驾一车。骊，并驾。

⑤策：马鞭。

⑥闾：街巷之门。

【译文】

第八：

　　天地阴阳不改变规律，生成的万物却各不相同。眼睛不丧失视力，就能看出黑白的差别；耳朵不丧失听力，就能听出清浊不同的乐音；称王的人掌握住根本，就能成为万物的主宰。军队一定要有将帅，这是为了统一军队的行动；国家一定要有君主，这是为了统一全国的行动；天下一定要有天子，这是为了统一天下的行动；天子一定要掌握住根本，这是为了使权力集中。统一就能治理好天下，不统一就会天下大乱。譬如并排驾驭四匹马，让四个人每人拿一根马鞭，那就连街门都出不去，这是因为行动不统一啊。

　　楚王问为国于詹子①，詹子对曰："何闻为身，不闻为国。"詹子岂以国可无为哉？以为为国之本，在于为身。身为而家为，家为而国为，国为而天下为。故曰以身为家，以家为国，以国为天下。此四者，异位同本。故圣人之事，广之则极宇宙，穷日月，约之则无出乎身者也。慈亲不能传于子，忠臣不能入于君②，唯有其材者为近之。

【注释】

①为：治理。詹子：名何，当时的隐者。

②入：纳。

【译文】

　　楚王向詹何问如何治理国家,詹何回答说:"我只听说过如何修养自身,没有听说过如何治理国家。"詹何难道认为国家可以不要治理吗?他是认为治理国家的根本在于修养自身。自身修养好了,家庭就能理好。家庭治理好了,国家就能治理好。国家治理好了,天下就能治理好。所以说,靠自身的修养来治理家庭,靠家庭的治理来治理国家,靠国家的治理来治理天下。这四种情况,所处的地位虽不一样,可根本却是相同的。所以圣人所做的事情,往大处说可以大到天地四方、日月所能照到之处,往简要处说只在于修养自身。慈父慈母不一定能把好品德传给儿子,忠臣的意见不一定能被君主听取,只有修养自身的儿子和君主才接近于做到这一点。

　　田骈以道术说齐①,齐王应之曰:"寡人所有者,齐国也,愿闻齐国之政。"田骈对曰:"臣之言,无政而可以得政。譬之若林木,无材而可以得材。愿王之自取齐国之政也。"骈犹浅言之也,博言之,岂独齐国之政哉? 变化应求而皆有章,因性任物而莫不宜当,彭祖以寿,三代以昌,五帝以昭,神农以鸿②。

【注释】

　　①田骈:战国时齐国人,属道家。

　　②鸿:昌盛。

【译文】

　　田骈以道术劝说齐王,齐王回答他说:"我所拥有的只是齐国,希望听听如何治理齐国的政事。"田骈回答说:"我说的虽然没有政事,但可以由此推知政事。这就好像树木一样,本身虽不是木材,但可以由此得到木材。希望您从我的话中自己选取治理齐国政事的道理。"田骈还是就浅显的方面说的,就广博的方面而言,岂只是治理齐国的政事是如此呢？万物的变化应和,都是有规律的,根据其本性来使用万物,就没有什么不恰当不合适的,彭祖因此而长寿,三代因此而昌盛,五帝因此而卓著,神农因此而兴盛。

吴起谓商文曰①："事君果有命矣夫!"商文曰："何谓也?"吴起曰："治四境之内,成训教,变习俗,使君臣有义,父子有序,子与我孰贤?"商文曰："吾不若子。"曰："今日置质为臣②,其主安重③;今日释玺辞官,其主安轻。子与我孰贤?"商文曰："吾不若子。"曰："士马成列,马与人敌,人在马前④,援枹一鼓⑤,使三军之士乐死若生,子与我孰贤?"商文曰："吾不若子。"吴起曰："三者子皆不吾若也,位则在吾上,命也夫事君⑥!"商文曰："善。子问我,我亦问子。世变主少,群臣相疑,黔首不定,属之子乎,属之我乎?"吴起默然不对,少选⑦,曰："与子。"商文曰："是吾所以加于子之上已!"吴起见其所以长,而不见其所以短;知其所以贤,而不知其所以不肖。故胜于西河⑧,而困于王错⑨,倾造大难⑩,身不得死焉⑪。

夫吴胜于齐⑫,而不胜于越⑬。齐胜于宋⑭,而不胜于燕⑮。故凡能全国完身者,其唯知长短赢绌之化邪⑯!

【注释】

①商文:魏臣。

②置质:义同。质,古代初次见人时所送的礼物。这个意义后"委

质"来写作"贽"。古代臣子献礼物于君主,表示献身的意思。

③安:乃,则。

④"马与"二句:义未详。据文意,似指士马成列将要发动进攻的具体情况。

⑤枹(fú):鼓槌。鼓:击鼓。

⑥命也夫事君:即"事君命也夫"的倒装句。夫,表感叹的语气词。

⑦少选:一会儿。

⑧胜于西河:指吴起为魏夺取西河地。西河,地名,在今陕西东部黄河西岸一带。

⑨困于王错:为王错所困。指文侯死后,王错向武侯讲吴起的坏话,吴起被迫逃到楚国。

⑩倾造大难:不久遭遇大难。指吴起在楚国被旧贵族射死事。倾,通"顷",不久。造,遭到。

⑪身不得死焉:自身不得善终。

⑫吴胜于齐:指吴王夫差在艾陵打败齐国。

⑬不胜于越:指吴王夫差被越王勾践打败。

⑭齐胜于宋:指齐湣王灭宋。

⑮不胜于燕:指齐湣王被乐毅率六国兵打败。

⑯赢绌:如同说"伸屈"。

【译文】

　　吴起对商文说:"侍奉君主果真是靠命运吧!"商文说:"您说的是什么意思?"吴起说:"治理全国,完成教化,改变习俗,使君臣之间有道义,父子之间有次序,您跟我比哪一个强些?"商文说:"我不如您。"吴起说:"一旦献身君主当臣子,君主的地位就尊贵;一旦交出印玺辞去官职,君主的地位就轻微。在这方面您跟我比哪一个强些?"商文说:"我不如您。"吴起说:"兵士战马已经排成行列,战马与人相匹敌,人在马的前面将要发起进攻,拿起鼓槌一击鼓,让三军的兵士视死如归,在这方面您跟我比哪一个强些?"商文说:"我不如您。"吴起说:"这三样您都不如我,职位却在我之上,侍奉君主果真是靠命运啊!"商文说:"好。您问我,我也问问您。世道改变,君主年少,臣子们疑虑重重,百姓们很不安定,遇到这种情况,把政权托付给您呢,还是托付给我呢?"吴起沉默不语,过了一会儿,说:"托付给您。"商文说:"这就是我的职位在您之上的原因啊。"吴起看到了自己的长处,却看不到自己的短处;知道自己的优点,却不知道自己的缺点。所以他能在西河打胜仗,但却被王错弄得处境困难,不久就遇到大难,自身不得善终。

吴国战胜了齐国,却不能战胜越国。齐国战胜了宋国,却不能战胜燕国。所以凡是能够保全国家和自身不被灭亡的,大概只有知道长短伸屈的变化才能做到吧!

审应览第六

审 应

【题解】

《审应览》八篇，主旨在于劝说君主应该重言慎言，反对淫辞辩说。本篇论述君主应当详察自己的应对举止。作者认为，后三例中公孙龙、薄疑等的应对是得当的。这三例意在说明，君主言谈应对时要反躬自求，这是详察自己音容举止的正确方法。文章列举了鲁君问孔思、魏惠王使人谓韩昭侯、魏昭王问田诎等六例来证明这一观点。文章指出，这些君主由于不审"出声应容"，所以言语失当，而对于那些饰非遂过之言则无从辨察。

一曰：

人主出声应容①，不可不审。凡主有识，言不欲先。人唱我和，人先我随，以其出为之入，以其言为之名，取其实以责其名，则说者不敢妄言，而人生之所执其要矣②。

【注释】

①出声：说话。应容：脸上做出反应。

②执：掌握。要：根本。

【译文】

第一：

君主对自己的言语神态，不可不慎重。凡是有见识的君主，言谈时都不愿先开口。别人倡导，自己应和；别人先做，自己随着。根据他外在的表现，考察他的内心；根据他的言论，考察他的名声；根据他的实际，推求他的名声。这样，游说的人就不敢胡言乱语，而君主就能掌握住根本了。

孔思请行①，鲁君曰："天下主亦犹寡人也，将焉之②？"孔思对曰："盖闻君子犹鸟也，骇则举③。"鲁君曰："主不肖而皆以然也，违不肖④，过不肖⑤，而自以为能论天下之主乎⑥？凡鸟之举也，去骇从不骇。去骇从不骇，未可知也。去骇从骇，则鸟何为举矣？"孔思之对鲁君也，亦过矣。

【注释】

①孔思：孔伋，字子思，孔子之孙。

②焉：何。之：往。

③举：这里是起飞的意思。

④违：离开。

⑤过：往。

⑥论：通"抡"，选择。

【译文】

孔思请求离开鲁国，鲁国君主说："天下的君主也都像我一样啊，你将要到哪里去？"孔思回答说："我听说君子就像鸟一样，受到惊吓就飞走。"鲁国君主说："君主不贤德，天下都是这样啊。离开不贤德的君主，还到不贤德的君主那去，你自己认为这是能选择天下的君主吗？凡是鸟飞走,都是离开惊吓它的地方还到惊吓它的地方去。惊吓与不惊吓,并不能知道。如果离开惊吓它的地方到不惊吓它的地方去,那么鸟为什么要飞走呢?"孔思那样回答鲁国君主,是不对的。

　　魏惠王使人谓韩昭侯曰①:"夫郑乃韩氏亡之也②,愿君之封其后也。此所谓存亡继绝之义。君若封之,则大名③。"昭侯患之,公子食我曰④:"臣请往对之。"公子食我至于魏,见魏王,曰:"大国命弊邑封郑之后⑤,弊邑不敢当也。弊邑为大国所患。昔出公之后声氏为晋公⑥,拘于铜鞮⑦,大国弗怜也,而使弊邑存亡继绝,弊邑不敢当也。"魏王惭曰:"固非寡人之志也,客请勿复言。"是举不义以行不义也。魏王虽无以应,韩之为不义,愈益厚也。公子食我之辩,适足以饰非遂过⑧。

【注释】

①魏惠王:公元前369年—前319年在位。韩昭侯:《任数》篇作"韩昭釐侯"。

②"夫郑"句:郑国是被韩哀侯(韩昭侯的祖父)灭亡的,所以这里这样说。

③大名:使名声显扬。大,用如使动。

④公子食我:人名。

⑤大国:对别国的尊称。弊邑:对别国谦称自己的国家。弊,通"敝"。

⑥出公:晋出公,公元前474年—前452年在位,为智伯及韩、魏、赵四卿所攻,出奔齐,死于途中。声氏:疑即静公(孙诒让说)。静公名俱酒,出公五世孙,立二年,韩、赵、魏三家分晋,静公迁为

家人。

⑦铜鞮(dī)：地名，在今山西沁县南。

⑧饰非遂过：文过饰非的意思。遂，成。

【译文】

魏惠王派人对韩昭侯说："郑国是韩国灭亡的，希望您封郑国君主的后代。这就是所说的使灭亡的国家得以存在、使灭绝的诸侯得以延续的道义。您如果封郑国君主的后代，您的名声就会显赫。"昭侯对此感到忧虑，公子食我说："请您允许我去回答他。"公子食我到了魏国，见到魏王说："贵国命令我国封郑国君主的后代，我国不敢应承。我国一向被贵国视为祸患。从前晋出公的后代声氏当晋国君主，后来被囚禁在铜鞮，贵国不怜悯他，却让我国保存灭亡的国家、延续灭绝的诸侯，我国不敢应承。"魏王惭愧地说："这本来不是我的意思，请客人不要再说了。"这是举出别人的不义行为来为自己做不义的事辩解。魏王虽然无话回答，但韩国做不义的事却更加厉害了。公子食我的善辩，恰好足以文过饰非。

魏昭王问于田诎曰①："寡人之在东宫之时，闻先生之议曰：'为圣易。'有诸乎②？"田诎对曰："臣之所举也③。"昭王曰："然则先生圣于④？"田诎对曰："未有功而知其圣也，是尧之知舜也；待其功而后知其舜也，是市人之知圣也⑤。今诎未有功，而王问诎曰'若圣乎'，敢问王亦其尧邪？"昭王无以应。田诎之对，昭王固非曰"我知圣也"耳，问曰"先生其圣乎"，已因以知圣对昭王。昭王有非其有⑥，田诎不察。

【注释】

①魏昭王：公元前295年—前277年在位。田诎：魏昭王臣。

②诸:之。

③举:提出,说出。

④于:乎。

⑤"待其"二句:这两句当作"待其功而后知其圣也,是市人之知舜也。"今本"舜""圣"二字互易(依陈昌齐说)。

⑥有非其有:这里指尧之知舜而言。

【译文】

　　魏昭王向田诎问道:"我在东宫当太子的时候,听到先生您议论说:'当圣贤很容易。'有这样的话吗?"田诎回答说:"这是我说的话。"昭王说:"那么先生您是圣贤吗?"田诎回答说:"还没有功绩时就能知道这人是圣贤,这是尧对舜的了解;等到这人有了功绩然后才知道他是圣贤,这是一般人对舜的了解。现在我没有功绩,可是您却问我说'你是圣贤吗',请问您也是尧吗?"昭王无话回答。田诎回答昭王的时候,昭王本来不是说"我了解圣贤",而是问他说"先生您是圣贤吗",田诎自己于是就用了解圣贤的话回答昭王,这样,就使昭王享有了自己不应该享有的声誉,而田诎在对答时也不省察。

　　赵惠王谓公孙龙曰①:"寡人事偃兵十余年矣,而不成,兵不可偃乎?"公孙龙对曰:"偃兵之意,兼爱天下之心也。兼爱天下,不可以虚名为也,必有其实。今蔺、离石入秦②,而王缟素布总③;东攻齐得城,而王加膳置酒。秦得地而王布总,齐亡地而王加膳,所非兼爱之心也④。此偃兵之所以不成也。"今有人于此,无礼慢易而求敬,阿党不公而求令⑤,烦号数变而求静,暴戾贪得而求定,虽黄帝犹若困。

【注释】

①赵惠王：公元前298年—前266年在位。公孙龙：战国时期赵国
　人，属名家。

②蔺、离石：二县名，原属赵，后被秦夺去。其地在今山西省西部。

③缟素布总：指丧国之服。缟素，白色的丧服。布总，以布束发，是
　古人服丧时的一种装束。

④所：是，此。

⑤阿党：阿私，偏袒一方。令：善，好。

【译文】

赵惠王对公孙龙说："我致力于消除战争有十多年了，可是却没有成功。战争不可以消除吗？"公孙龙回答说："消除战争的本意，体现了兼爱天下人的思想。兼爱天下人，不可以靠虚名实现，一定要有实际。现在赵国的蔺、离石二县归属了秦国，您就穿上丧国之服；赵国向东攻打齐国夺取了城邑，您就安排酒筵加餐庆贺。秦国得到土地您就穿上丧服，齐国丧失土地您就加餐庆贺，这都不符合兼爱天下人的思想。这就是您致力消除战争之所以不能成功的原因啊。"假如有这样一个人，傲慢无礼却想受到尊敬，结党营私处事不公却想得到好名声，号令烦难屡次变更却想平静，乖戾残暴贪得无厌却想安定，即使是黄帝也会束手无策的。

卫嗣君欲重税以聚粟，民弗安，以告薄疑曰①："民甚愚矣。夫聚粟也，将以为民也。其自藏之与在于上，奚择②？"薄疑曰："不然。其在于民而君弗知③，其不如在上也；其在于上而民弗知，其不如在民也。"凡听必反诸己，审则令无不听矣。国久则固，固则难亡。今虞、夏、殷、周无存者④，皆不知反诸己也。

【注释】

①薄疑:卫嗣君之臣。

②奚:何。择:区别。

③知:晓得,这里是得到的意思。

④虞:即有虞氏,古部落名,其首领舜继尧而为帝,故又称虞舜。

【译文】

卫嗣君想加重赋税来聚积粮食,人民对此感到不安,他就把这种情况告诉薄疑说:"人民非常愚昧啊。我聚积粮食,是为人民着想。他们自己保存粮食与保存在官府里,有什么区别呢?"薄疑说:"不对。粮食保存在人民手里,您就不能得到,这就不如保存在官府里了;粮食保存在官府里,人民就不能得到,这就不如保存在人民手里了。"凡是听到某种意见一定要反躬自求,能详察,那么命令就没有不被听从的了。立国时间长了就稳固,国家稳固就难以灭亡。现在虞、夏、商、周没有一直存在下来的,都是因为不知道反躬自求啊。

公子沓相周①,申向说之而战②。公子沓訾之曰③:"申子说我而战,为吾相也夫?"申向曰:"向则不肖,虽然,公子年二十而相,见老者而使之战,请问孰病哉④?"公子沓无以应。战者,不习也;使人战者,严驵也⑤。意者恭节而人犹战,任不在贵者矣。故人虽时有自失者,犹无以易恭节。自失不足以难,以严驵则可。

【注释】

①公子沓:人名。

②申向:周人。战:战栗,恐惧。

③訾(zǐ):毁谤非议。

④病:瑕疵,过失。

⑤严骃:严厉骄横。骃,通"悒(jù)",骄。

【译文】

　　公子沓当周国的相,申向劝说他时战栗不止。公子沓责备他说:"您劝说我时战栗不止,是因为我是相吧?"申向说:"我很不贤德,虽说这样,但是您年纪二十岁就当了相,会见年老的人却让他战栗不止,请问这是谁的过错呢?"公子沓无话回答。战栗不止是因为不习惯见尊者,让人战栗不止是因为严厉骄横。倘或谦虚恭敬待人而别人还是战栗不止,那么责任就不在尊贵的人了。所以,别人虽说时常有犯过失的,但自己还是不能改变谦虚恭敬待人的态度。别人犯过失不足以责难,用严厉骄横的态度待人则应该责难。

重　言

【题解】

本篇论述君主说话应该慎重。文章列举了殷高宗居丧三年不言、周成王桐叶封弟以及荆庄王"不鸣则已,一鸣惊人"等故事,说明"人主之言,不可不慎",只有"重言",才能做到言语不失误。齐桓公与管仲谋伐莒,谋未发而闻于国的例子,与下篇《精谕》相通。

二曰:

人主之言,不可不慎。高宗①,天子也,即位,谅闇三年不言②。卿大夫恐惧,患之。高宗乃言曰:"以余一人正四方③,余唯恐言之不类也④,兹故不言。"古之天子,其重言如此,故言无遗者。

【注释】

①高宗:殷王小乙(盘庚之弟)之子武丁,德义高厚,殷人尊之为"高宗"。

②谅闇(ān):或作"谅阴"、"亮阴"等,指帝王居丧。

③余一人:古代天子自称。

④类:善。

【译文】

第二：

君主说话，不可不慎重。殷高宗是天子，即位以后，守孝三年不说话。卿、大夫们很恐惧，对此感到忧虑。高宗这才说道："凭我自己的力量使四方得到匡正，我惟恐说的话不恰当啊，因此才不说话。"古代的天子，他们对说话慎重到如此地步，所以说的话没有失误的。

成王与唐叔虞燕居①，援梧叶以为珪②，而授唐叔虞曰："余以此封女。"叔虞喜，以告周公。周公以请曰："天子其封虞邪？"成王曰："余一人与虞戏也。"周公对曰："臣闻之，天子无戏言。天子言，则史书之，工诵之，士称之。"于是遂封叔虞于晋。周公旦可谓善说矣，一称而令成王益重言，明爱弟之义，有辅王室之固③。

【注释】

①成王：周成王，周武王之子。唐叔虞：成王之弟，封于唐（即后来的晋），故称"唐叔虞"。燕居：退朝而居，闲居。

②珪：也作"圭"，古玉名，诸侯用为守邑符信。

③有：通"又"。辅王室之固：古代诸侯乃天子屏障，叔虞封于晋，可藩屏周王室，使之巩固，所以这里这样说。

【译文】

周成王与唐叔虞闲居时，摘下梧桐叶子当珪，交给唐叔虞说："我拿这个来封你。"叔虞很高兴，把这事告诉了周公。周公向成王请示说："天子您封叔虞了吧？"成王说："我是跟叔虞开玩笑呢。"周公回答说："我听说过，天子没有开玩笑的话。天子一说话，史官就记下来，乐人就吟诵，士就颂扬。"成王于是就把叔虞封到晋。周公旦可以说是善于劝说了，他一劝说就让成王对言谈更加慎重，使爱护弟弟的情义彰明，又因为封叔虞于晋而使周王室更加稳固。

荆庄王立三年①，不听而好讔②。成公贾入谏③，王曰："不穀禁谏者，今子谏，何故？"王曰："臣非敢谏也，愿与君王讔也。"对曰："胡不设不穀矣④？"对曰："有鸟止于南方之阜，三年不动不飞不鸣，是何鸟也？"王射之⑤，曰："有鸟止于南方之阜，其三年不动，将以定志意也；其不飞，将以长羽翼也；其不鸣，将以览民则也。是鸟虽无飞，飞将冲天；虽无鸣，鸣将骇人。贾出矣，不穀知之矣。"明日朝，所进者五人，所退者十人。群臣大说，荆国之众相贺也。故《诗》曰⑥："何其久也，必有以也⑦。何其处也，必有与也⑧。"其庄王之谓邪！成公贾之讔也，贤于太宰嚭之说也。太宰嚭之说，听乎夫差，而吴国为墟⑨；成公贾之讔，喻乎荆王，而荆国以霸。

【注释】

①荆庄王：即楚庄王，公元前 613 年—前 591 年在位。

②听：指听朝，听政。讔（yǐn）：隐语。

③成公贾：楚庄王之臣。

④设：施，行，这里有讲隐语之意。

⑤射：猜度，揣测。

⑥《诗》曰：下引诗句见《诗经·邶风·旄丘》，原诗作："何其处也，必有与也。何其久也，必有以也。"

⑦有以：有原因。以，原因。

⑧处：居，安居。有与：义同"有以"。

⑨吴国为墟：指吴国被越国灭亡。

【译文】

楚庄王立为国君三年，不理政事，却爱好隐语。成公贾入朝劝谏，庄王说："我禁止人们来劝谏，现在你却来劝谏，这是为什么?"成公贾回答说："我不敢来劝谏，我希望跟您讲隐语。"庄王说："你何不对我讲隐语呢?"成公贾回答说："有只鸟停在南方的土山上，三年不动不飞不鸣，这是什么鸟啊?"庄王猜测说："有只鸟停在南方的土山上，它之所以三年不动，是要借此安定意志;它之所以不飞，是要借此生长羽翼;它之所以不鸣，是要借此观察民间法度。这鸟虽然不飞，一飞就将冲上天空;虽然不鸣，一鸣就将使人惊恐。你出去吧，我知道隐语的含义了。"第二天上朝，提拔的有五个人，罢免的有十个人。臣子们都非常高兴，楚国的人们都互相庆贺。所以《诗》上说："为什么这么久不行动呢，一定是有原因的。为什么安居不动呢，一定是有缘故的。"这大概说的就是庄王吧! 成公贾讲的隐语，胜过太宰嚭劝说的言论。太宰嚭劝说的言论被夫差听从了，吴国因此成为废墟;成公贾讲的隐语，被楚王理解了，楚国因此称霸诸侯。

齐桓公与管仲谋伐莒①，谋未发而闻于国，桓公怪之，曰："与仲父谋伐莒，谋未发而闻于国，其故何也?"管仲曰："国必有圣人也。"桓公曰："嘻! 日之役者，有执蹠癵而上视者②，意者其是邪!"乃令复役，无得相代。少顷，东郭牙至。管仲曰："此必是已。"乃令宾者延之而上③，分级而立。管子曰："子邪言伐莒者?"对曰："然。"管仲曰："我不言伐莒，子何故言伐莒?"对曰："臣闻君子善谋，小人善意④。臣窃意之也。"管仲曰："我不言伐莒，子何以意之?"对曰："臣闻君子有三色:显然喜乐者⑤，钟鼓之色也;湫然清静者⑥，衰绖之色也⑦;艴然充盈、手足矜者⑧，兵革之色也。日者臣望君之在台上也,魃然充盈、手足矜者,此兵革之色也。君呿而不唫⑨,所言者'莒'也;君举臂而指,所当者莒也。臣窃以虑诸侯之不服者,其惟莒乎! 故臣言之。"凡耳之闻,以声也。今不闻其声,而以其容与臂,是东郭牙不以耳听而闻也。桓公、管仲虽善匿,弗能隐矣。故圣人听于无声,视于无形。詹何、田子方、老耽是也⑩。

【注释】

①莒(jǔ):西周时分封的诸侯国,战国初期为楚所灭,后属齐,在今山东莒县一带。

②蹠(zhí)痟:当指可以用足踏的耒。蹠,蹈,踏。痟,字书无考,疑为"枱"(sì)之异文(依孙诒让说)。枱,古代翻土农具上的木柄。

③宾者:即傧相,接引宾客和赞礼的人。延:引,领。

④意:猜测,揣度。

⑤显然:欢乐的样子。

⑥湫(jīu)然:清冷的样子。

⑦衰绖(cuīdié):指丧服。衰,丧衣,以麻布制成。绖,围在头上、缠在腰间的散麻绳。

⑧魃(bó)然:恼怒的样子。矜:奋,挥动。

⑨呿(qù):张口。唫(jìn):闭口。

⑩詹何:道家人物。田子方:战国时人,学于子贡,崇尚礼义。老耽:即老聃,老子。

【译文】

齐桓公与管仲谋划攻打莒国,谋划的事尚未公布就被国人知道了,桓公感到很奇怪,说:"与仲父谋划攻打莒国,谋划的事尚未公布就被国人知道了,这是什么原因呢?"管仲说:"国内一定有聪明睿智的人。"桓公说:"嘻！那天服役的人中有拿着耒向上张望的,我料想大概就是这个人吧!"于是就命令那天服役的人再来服役,不得替代。过了一会儿,东郭牙来了。管仲说:"这一定是那个把消息传播出去的人了。"于是就派礼宾官员领他上来,管仲和他分宾主在左右台阶上站定。管仲说:"传播攻打莒国消息的是你吧?"东郭牙回答说:"是的。"管仲说:"我没有说过攻打莒国的话,你为什么要传播攻打莒国的消息呢?"东郭牙回答说:"我听说君子善于谋划,小人善于揣测,我是私下里揣测出来的。"管仲说:"我没有说过攻打莒国的话,你根据什么揣测出来的?"东郭牙回答说:"我听说君子有三种神色:面露喜悦之色,这是欣赏钟鼓等乐器时的神色;面带清冷安静之色,这是居丧时的神色;怒气冲冲、手足挥动,这是要用兵打仗的神色。那天我望见您在台上怒气冲冲、手足挥动,这就是要用兵打仗的神色。您的嘴张开了,没有闭上,这表明您所说的是'莒'。您举起胳膊指点,被指的正是莒国。我私下考虑,诸侯当中不肯归服齐国的,大概只有莒国了吧！因此我就传播了攻打莒国的消息。"大凡耳朵能听到,是因为有声音。现在没有听到声音,却根据别人的面部表情与手臂动作了解别人的意图,这是东郭牙不靠耳朵就能听到别人的话啊。桓公、管仲虽然善于保守秘密,也不能掩盖住。所以,圣人能在无声之中有所闻,能在无形之中有所见。詹何、田子方、老耽就是这样啊。

精　谕

【题解】

　　所谓"精谕"，是说人们的思想可以通过精神表现出来。文章一开始所举的一则寓言——海上之人有好蜻者，就是为了说明"精谕"的。文章所举例证，说明"圣人相谕不待言"，人的思想可以通过"容貌音声"、"行步气志"表现出来，圣贤之人对此能够体察，因而能做出正确的决断。因此主张"至言去言，至为无为"。

　　三曰：

　　圣人相谕不待言，有先言言者也①。

　　海上之人有好蜻者②，每居海上，从蜻游，蜻之至者百数而不止，前后左右尽蜻也，终日玩之而不去。其父告之曰："闻蜻皆从女居③，取而来，吾将玩之。"明日之海上，而蜻无至者矣。

【注释】

　　①言言：第一个"言"是名词，第二个"言"是动词。

　　②蜻：通"青"，青鸟，一种水鸟（依王引之说）。

③居：处，在一起。

【译文】

第三：

圣人相互晓谕不需言语，思想可以先于言语表达出来。

海边有个喜欢青鸟的人，每当他停留在海边，总跟青鸟在一起嬉戏，飞来的青鸟数以百计都不止，前后左右尽是青鸟，整天玩赏它们，它们都不离开。他的父亲告诉他说："听说青鸟都跟你在一起，你把它们带来，我也要玩赏它们。"第二天到了海边，青鸟没有一个飞来的了。

胜书说周公旦曰①："廷小人众，徐言则不闻，疾言则人知之。徐言乎，疾言乎？"周公旦曰："徐言。"胜书曰："有事于此，而精言之而不明②，勿言之而不成。精言乎，勿言乎？"周公旦曰："勿言。"故胜书能以不言说，而周公旦能以不言听。此之谓不言之听。不言之谋，不闻之事，殷虽恶周，不能疵矣。口嚠不言③，以精相告，纣虽多心，弗能知矣。目视于无形，耳听于无声，商闻虽众，弗能窥矣。同恶同好，志皆有欲，虽为天子，弗能离矣。

【注释】

①胜书：人名。

②精：微。

③嚠（wěn）：同"吻"。

【译文】

胜书劝说周公旦道："廷堂小而人很多，轻声说听不到，大声说别人就会知道。是轻声说呢，还是大声说呢？"周公旦说："轻声说。"胜书说："假如有件事情，隐微地说不能说明白，不说就不能办成。是隐微地说呢,还是不说呢?"周公旦说:"不说。"所以胜书能凭着不说话劝说周公,而周公旦也能凭着对方的不说话听懂他的意思。这就叫做不用别人说话就能听懂。不说出来的计谋,不能听到的事情,商虽然厌恶周,也不能挑毛病。嘴巴不讲话,通过神情告诉对方,纣虽然多心,也不能知道周的计谋。眼睛看到的都是无形的东西,耳朵听到的都是无声的东西,商朝探听消息的人虽然很多,也不能窥见周的秘密。听者与说者好恶相同,志欲一样,虽然是天子,也不能把他们隔断。

　　孔子见温伯雪子①,不言而出。子贡曰:"夫子之欲见温伯雪子好矣②,今也见之而不言,其故何也?"孔子曰:"若夫人者③,目击而道存矣④,不可以容声矣。"故未见其人而知其志,见其人而心与志皆见,天符同也⑤。圣人之相知,岂待言哉?

【注释】

①温伯雪子:当时的贤者。

②好:义未详。《庄子·田子方》作"久",译文姑依《庄子》。

③夫:彼,那。

④击:触,接触。

⑤天符:天道。同:相合。

【译文】

　　孔子去见温伯雪子,不说话就出来了。子贡说:"先生您希望见到温伯雪子已经很久了,现在见到了却不说话,这是什么原因呢?"孔子说:"像那个人那样,用眼一看就知道他是有道之人,用不着再讲话了。"所以,还没有见到那个人就能知道他的志向,见到那个人以后他的内心与志向都能看清楚,这是因为彼此都与天道相合。圣人相互了解,哪里需要言语呢?

　　白公问于孔子曰①:"人可与微言乎②?"孔子不应。白公曰:"若以石投水,奚若?"孔子曰:"没人能取之。"白公曰:"若以水投水,奚若?"孔子曰:"淄、渑之合者③,易牙尝而知之④。"白公曰:"然则人不可与微言乎?"孔子曰:"胡为不可?唯知言之谓者为可耳⑤。"白公弗得也。知谓则不以言矣⑥。言者谓之属也。求鱼者濡,争兽者趋,非乐之也⑦。故至言去言,至为无为。浅智者之所争则末矣⑧。此白公之所以死于法室⑨。

【注释】

①白公:楚大夫,名胜,楚平王之孙,太子建之子。太子建因受陷害而出奔郑,后被郑人杀死。为报父仇,他谋划杀死楚国领兵救郑的令尹子西、司马子期。下文的问"微言"即指此。

②微言:不明言,以暗喻示意。

③淄、渑:齐国境内二水名。合:汇合。

④易牙:齐桓公近臣,善别滋味。

⑤谓:意思,思想。

⑥"知谓"句:"言"字当叠(依陶鸿庆说)。

⑦"求鱼"三句:以上几句是说,濡、趋是为了得鱼、得兽,如果不需濡、趋便可得鱼、得兽,人们就不会濡、趋了。以此喻言、谓的关系。

⑧末:微小,渺小。

⑨法室:刑室,监狱。

【译文】

白公向孔子问道:"可以跟人讲隐秘之言吗?"孔子不回答。白公说:"讲的隐秘之言就如同把石头投入水中一样不为人所知,怎么样?"孔子说:"在水中潜行的人能得到它。"白公说:"就如同把水倒入水中一样不为人所知,怎么样?"孔子说:"淄水、渑水汇合在一起,易牙尝尝就能区分它们。"白公说:"这样说来,那么不可以跟人讲隐秘之言了吗?"孔子说:"为什么不可以?只有懂得言语的真实含意的人才可以啊。"白公不懂得这些。懂得言语的真实含意就可以不用言语了,因为言语是表达思想的。捕鱼的要沾湿衣服,争抢野兽的要奔跑,并不是他们愿意沾湿衣服或奔跑。所以,最高境界的言语是抛弃言语,最高境界的作为是无所作为。才智短浅的人,他们所争的就很渺小了。这就是白公后来死在监狱里的原因。

齐桓公合诸侯,卫人后至。公朝而与管仲谋伐卫,退朝而入,卫姬望见君^①,下堂再拜,请卫君之罪。公曰:"吾于卫无故^②,子曷为请?"对曰:"妾望君之入也,足高气强,有伐国之志也。见妾而有动色,伐卫也。"明日君朝,揖管仲而进之。管仲曰:"君舍卫乎?"公曰:"仲父安识之?"管仲曰:"君之揖朝也恭,而言也徐,见臣而有惭色,臣是以知之。"君曰:"善。仲父治外,夫人治内,寡人知终不为诸侯笑矣。"桓公之所以匿者不言也,今管子乃以容貌音声,夫人乃以行步气志。桓公虽不言,若暗夜而烛燎也。

【注释】

①卫姬:齐桓公夫人,娶于卫,故称"卫姬"。

②故:事,指战争之事。

【译文】

齐桓公盟会诸侯,卫国人来晚了。桓公上朝时与管仲谋划攻打卫国。退朝以后进入内室,卫姬望见君主,下堂拜了两拜,为卫国君主请罪。桓公说:"我对卫国没有战事,你为什么要请罪?"卫姬回答说:"我望见您进来的时候,迈着大步,怒气冲冲,有攻打别国的意思。见到我就变了脸色,这表明是要攻打卫国啊。"第二天桓公上朝,向管仲行揖让之礼请他进来。管仲说:"您不攻打卫国了吧?"桓公说:"仲父您怎么知道的?"管仲说:"您升朝时行揖让之礼很恭敬,说话很和缓,见到我面有愧色,我因此知道的。"桓公说:"好。仲父治理宫外的事情,夫人治理宫内的事情,我知道自己终究不会被诸侯们耻笑了。"桓公用以掩盖自己意图的办法是不说话,现在管子却凭着容貌声音、夫人却凭着走路气质察觉到了。桓公虽然不说话,他的意图就像黑夜点燃烛火一样看得清楚明白。

晋襄公使人于周曰[①]:"弊邑寡君寝疾,卜以守龟[②],曰:'三涂为祟[③]。'弊邑寡君使下臣愿藉途而祈福焉。"天子许之,朝,礼使者事毕,客出。苌弘谓刘康公曰[④]:"夫祈福于三涂,而受礼于天子,此柔嘉之事也,而客武色,殆有他事,愿公备之也。"刘康公乃儆戎车卒士以待之[⑤]。晋果使祭事先,因令杨子将卒十二万而随之[⑥],涉于棘津[⑦],袭聊、阮、梁、蛮氏[⑧],灭三国焉。此形名不相当,圣人之所察也,苌弘则审矣。故言不足以断小事[⑨],唯知言之谓者可为[⑩]。

【注释】

①晋襄公:晋文公之子,公元前627年—前621年在位。

②守龟:占卜用的龟甲。

③三涂：古山名，在今河南嵩县西南、伊河北岸。这里的"三涂"指
　　三涂山山神。祟：神降灾。

④苌弘：周景王、敬王大臣刘文公所属大夫。刘康公：周定王之子
　　（一说为周匡王之子），食邑在"刘"，谥"康公"。刘在今河南偃
　　师南。

⑤儆（jǐng）：使人警惕。戎车：兵车，战车。

⑥杨子：晋国的将帅。

⑦棘津：此处当指孟津（依服虔说），古黄河渡口，在今河南孟州南。

⑧聊、阮、梁、蛮氏：小国名。

⑨"故言"句："小"字当为衍文（依陶鸿庆说。）

⑩可为：当作"为可"（依王念孙说。）

【译文】

　　晋襄公派人去周朝说："我国君主卧病不起，用龟甲占卜，卜兆说：
'是三涂山山神降下灾祸。'我国君主派我来，希望借条路去向三涂山山
神求福。"周天子答应了他，于是升朝，按礼节接待完使者，宾客出去了。
苌弘对刘康公说："向三涂山山神求福，在天子这里受礼遇，这是温和美
善的事情，可是宾客却表现出勇武之色，恐怕有别的事情，希望您加以
防备。"刘康公就让战车士卒做好戒备等待着。晋国果然先做祭祀的
事，趁机派杨子率领十二万士兵跟随着，渡过棘津，袭击聊、阮、梁、蛮氏
等小国，灭掉了其中三国。这就是实际和名称不相符，这种情况是圣人
所能明察的，苌弘对此就审察清楚了。所以单凭言语不足以决断事情，
只有懂得了言语的真实含意才可以决断事情。

离　谓

【题解】

　　所谓"离谓"，指的是言辞与思想相违背。本篇旨在论述"言意相离"的危害。文章指出，言辞是表达思想的，如果"言意相离"，必定凶险。流言泛滥，随意毁誉，贤与不肖不分，这正是乱国之俗。只有"以言观意"，"得其意则舍其言"才是正确的做法。

　　四曰：

　　言者以谕意也。言意相离，凶也。乱国之俗，甚多流言，而不顾其实，务以相毁，务以相誉，毁誉成党，众口熏天①，贤不肖不分。以此治国，贤主犹惑之也，又况乎不肖者乎？惑者之患，不自以为惑，故惑惑之中有晓焉②，冥冥之中有昭焉③。亡国之主，不自以为惑，故与桀、纣、幽、厉皆也④。然有亡者国⑤，无二道矣⑥。

【注释】

　　①熏天：形容气势之盛。熏，侵袭。

　　②惑惑：迷惑。

③冥冥:昏暗。

④皆:通"偕",偕同,相同。

⑤者:通"诸",之。

⑥无二道矣:没有另外的途径了。意思是,被灭亡的国家,都是由于"不自以为惑"。

【译文】

第四:

　　言语是为了表达意思的。言语和意思相违背,是凶险的。造成国家混乱的习俗是,流言很多,却不顾事实如何,一些人极力互相诋毁,一些人极力互相吹捧,诋毁的、吹捧的分别结成朋党,众口喧嚣,气势冲天,贤与不肖不能分辨。靠着这些来治理国家,贤明的君主尚且会感到困惑,更何况不贤明的君主呢?困惑之人的祸患是,自己不感到困惑。所以得道之人能在困惑之中悟出事物的道理,能在昏暗之中看到光明的境界。亡国的君主,自己不感到困惑,所以就与夏桀、商纣、周幽王、周厉王一样了。这样看来,那些遭到灭亡的国家,都是沿着这条路走的了。

　　郑国多相县以书者①,子产令无县书②,邓析致之③。子产令无致书,邓析倚之④。令无穷,则邓析应之亦无穷矣。是可不可无辨也。可不可无辨,而以赏罚,其罚愈疾,其乱愈疾。此为国之禁也。故辨而不当理则伪⑤,知而不当理则诈。诈伪之民,先王之所诛也。理也者,是非之宗也⑥。

　　洧水甚大⑦,郑之富人有溺者,人得其死者⑧。富人请赎之,其人求金甚多。以告邓析,邓析曰:"安之。人必莫之卖矣。"得死者患之,以告邓析,邓析又答之曰:"安之。此必无所更买矣。"夫伤忠臣者有似于此也。夫无功不得民,则以其无功不得民伤之；有功得民，则又以其有功得民伤之。人主之无度者，无以知此，岂不悲哉？ 比干、苌弘以此死，箕子、商容以此穷⑨，周公、召公以此疑⑩，范蠡、子胥以此流⑪，死生存亡安危，从此生矣。

　　子产治郑，邓析务难之，与民之有狱者约⑫：大狱一衣，小狱襦裤⑬。民之献衣襦裤而学讼者，不可胜数。以非为是，以是为非，是非无度，而可与不可日变。所欲胜因胜，所欲罪因罪。郑国大乱，民口谰哗。子产患之，于是杀邓析而戮之，民心乃服，是非乃定，法律乃行。今世之人，多欲治其国，而莫之诛邓析之类⑭，此所以欲治而愈乱也。

【注释】

①相县以书：指把法令悬挂出来以示人。县，悬挂，这个意义后来写作"悬"。书，当指邓析所作《竹刑》而言。

②子产：公孙侨，名侨，字子产，春秋时郑国执政大臣，实行过一系列政治改革。

③邓析：春秋末期郑国人，做过大夫，曾将刑法书于竹简，即《竹刑》。致：细密。这里有修饰之意。

④倚：偏颇，邪曲。这里用如动词。

⑤辨：通"辩"，善辩。

⑥宗：根本。

⑦洧（wěi）水：水名，即今双洎河，在河南省境内。

⑧死：尸，尸体。

⑨箕子：纣之诸父，因劝谏纣而被囚禁。商容：商代贵族，相传被纣废黜。穷：困窘。

⑩周公：即周公旦。召（shào）公：指召公奭（shì）。周公旦和召公奭

都是周初大臣。武王死后,他们辅佐成王,管叔、蔡叔散布流言,
他们因此而被怀疑。

⑪范蠡、子胥以此流:范蠡辅佐越王勾践灭吴后,泛舟五湖,所以这
里说"流"。伍子胥因劝谏吴王夫差拒越求和,被赐死,死后其尸
被装在口袋内流于江,所以这里也说"流"。

⑫狱:狱讼。

⑬襦(rú):短衣。袴(kù):胫衣,类似后来的裤子。"袴"的这一意
义后来为"裤"所取代。

⑭莫之诛:即莫诛之。之,代词。

【译文】

郑国很多人把新法令悬挂起来,子产命令不要悬挂法令,邓析就对
新法加以修饰。子产命令不要修饰新法,邓析就把新法弄得很偏颇。
子产的命令无穷无尽,邓析对付的办法也就无穷无尽。这样一来,可以
的与不可以的就无法辨别了。可以的与不可以的无法辨别,却用以施
加赏罚,那么赏罚越厉害,混乱就会越厉害。这是治理国家的禁忌。所
以,如果善辩但却不符合事理就会奸巧,如果聪明但却不符合事理就会
狡诈。狡诈奸巧的人,是先王所惩处的人。事理,是判断是非的根
本啊。

洧水很大,郑国有个富人淹死了,有人得到了这人的尸体。富人家
里请求赎买尸体,得到尸体的那个人要的钱很多。富人家里把这情况告
诉了邓析,邓析说:"你安心等待。那个人一定无处去卖尸体了。"得到尸
体的人对此很担忧,把这情况告诉了邓析,邓析又回答说:"你安心等待。
这人一定无处再去买尸体了。"那些诋毁忠臣的人,与此很相似。忠臣没
有功劳不能得到人民拥护,就拿他们没有功劳不能得到人民拥护诋毁他
们;他们有功劳得到人民拥护,就又拿他们有功劳得到人民拥护诋毁他
们。君主中没有原则的,就无法了解这种情况。无法了解这种情况,难
道不是很可悲吗? 比干、苌弘就是因此而被杀死的,箕子、商容就是因此

而困窘的,周公、召公就是因此而受到猜疑的,范蠡、伍子胥就是因此而泛舟五湖、流尸于江的。生死、存亡、安危,都由此产生出来了。

　　子产治理郑国,邓析极力刁难他,跟有狱讼的人约定:学习大的狱讼要送上一件上衣,学习小的狱讼要送上短衣下衣。献上上衣和短衣下衣以便学习狱讼的人不可胜数。把错的当成对的,把对的当成错的,对的错的没有标准,可以的与不可以的每天都在改变。想让人诉讼胜了就能让人诉讼胜了,想让人获罪就能让人获罪。郑国大乱,人民吵吵嚷嚷。子产对此感到忧虑,于是就杀死了邓析并且陈尸示众,民心才顺服了,是非才确定了,法律才实行了。如今世上的人,大都想治理好自己的国家,可是却不杀掉邓析之类的人,这就是想把国家治理好而国家却更加混乱的原因啊。

　　齐有事人者,所事有难而弗死也。遇故人于涂,故人曰:“固不死乎^①?”对曰:“然。凡事人,以为利也。死不利,故不死。”故人曰:“子尚可以见人乎?”对曰:“子以死为顾可以见人乎?”是者数传。不死于其君长,大不义也,其辞犹不可服,辞之不足以断事也明矣。夫辞者,意之表也。鉴其表而弃其意,悖。故古之人,得其意则舍其言矣。听言者以言观意也,听言而意不可知,其与桥言无择^②。

【注释】

①固:果真,诚然。

②桥:乖戾。择:区别。

【译文】

　　齐国有个侍奉人的人,所侍奉的人遇难他却不殉死。这个人在路上遇到熟人,熟人说:“你果真不殉死吗?”这个人回答说:“是的。凡是侍奉人,都是为了谋利。殉死不利,所以不殉死。"熟人说:"你这样还可以见人吗?"这个人回答说:"你认为殉死以后反而可以见人吗?"这样的话他多次传述。不为自己的君主上司殉死,是非常不义的,可是这个人还振振有词。凭言辞不足以决断事情,是很清楚的了。言辞是思想的外在表现,欣赏外在表现却抛弃思想,这是胡涂的。所以古人懂得了人的思想就用不着听他的言语了。听别人讲话是要通过其言语观察其思想。听别人讲话却不了解他的思想,那样的言语就与乖戾之言没有区别了。

　　齐人有淳于髡者①,以从说魏王②。魏王辩之③,约车十乘,将使之荆。辞而行,有以横说魏王④,魏王乃止其行。失从之意,又失横之事,夫其多能不若寡能,其有辩不若无辩。周鼎著倕而齕其指⑤,先王有以见大巧之不可为也。

【注释】

①淳于髡(kūn):战国时期齐国人,以博学著称,曾被齐威王任为大夫。

②从:纵,即合纵(六国联合拒秦)。魏王:指魏惠王。

③辩之:以之为辩,认为他说得好。

④有:通"又"。横:即连横(六国分别事秦)。

⑤倕(chuí):相传为尧时的巧匠。齕(hé):咬。

【译文】

　　齐国人有个叫淳于髡的,他用合纵之术劝说魏王。魏王认为他说得好,就套好十辆车,要派他到楚国去。他告辞要走的时候,又用连横之术劝说魏王,魏王于是就不让他去了。既让合纵的主张落空,又让连横的事落空,那么他才能多就不如才能少,他有辩才就不如没有辩才。周鼎刻铸上倕的图像却让他咬断自己的手指,先王以此表明大巧是不可取的。

淫　辞

【题解】

本篇旨在反对诡辩淫辞。文章指出，言辞是表达思想的，如果言辞与思想相背离，而君主又无法加以检验，那么下面的人就会"言行相诡"、"所言非所行"、"所行非所言"，这样会给国家带来极大的危害。文章列举的秦、赵相与约，孔穿、公孙龙相与论于平原君所等事例，都是为论证这一观点服务的。

五曰：

非辞无以相期①，从辞则乱。乱辞之中又有辞焉②，心之谓也。言不欺心，则近之矣。凡言者以谕心也。言心相离，而上无以参之③，则下多所言非所行也，所行非所言也。言行相诡，不祥莫大焉。

【注释】

①相期：这里是互相交往的意思。期，会合。

②"乱辞"句："乱"字涉上文而衍（依陈昌齐说）。

③参：检验，考察。

【译文】

第五：

没有言辞就无法互相交往，只听信言辞就会发生混乱。言辞之中又有言辞，这指的就是思想。言语不违背思想，那就差不多了。凡是言语，都是为了表达思想的。言语和思想相背离，可是在上位的却无法考察，那么在下位的就多有很多言语与行动不相符，行为与言语不相符的情况。言语行动互相背离，没有什么比这更不吉祥的了。

空雄之遇①，秦、赵相与约，约曰："自今以来，秦之所欲为，赵助之；赵之所欲为，秦助之。"居无几何，秦兴兵攻魏，赵欲救之。秦王不说②，使人让赵王曰③："约曰：'秦之所欲为，赵助之；赵之所欲为，秦助之。'今秦欲攻魏，而赵因欲救之，此非约也。"赵王以告平原君④，平原君以告公孙龙，公孙龙曰："亦可以发使而让秦王曰：'赵欲救之，今秦王独不助赵，此非约也。'"

【注释】

①空雄：当作"空雒"（依毕沅说），前《听言》篇作"空洛"（洛古作"雒"），可以为证。遇：盟会。

②秦王：指秦昭王。说：高兴。这个意义后来写作"悦"。

③让：责备。赵王：指赵惠文王。

④平原君：即赵胜，战国时期赵国贵族，惠文王之弟，封于东武城，号"平原君"，为赵相，有门客数千人。

【译文】

在空洛盟会的时候，秦国、赵国相互订立盟约，盟约说："从今以后，秦国想做的事，赵国予以帮助；赵国想做的事，秦国予以帮助。"过了不久,秦国发兵攻打魏国,赵国想援救魏国。秦王很不高兴,派人责备赵王说:"盟约说:'秦国想做的事,赵国予以帮助;赵国想做的事,秦国予以帮助。'现在秦国想攻打魏国,而赵国却想援救它,这不符合盟约。"赵王把这些话告诉了平原君,平原君把这些话告诉了公孙龙,公孙龙说:"赵王也可以派使臣去责备秦王说:'赵国想援救魏国,现在秦国却偏偏不帮助赵国,这不符合盟约。'"

孔穿、公孙龙相与论于平原君所①,深而辩,至于藏三耳②,公孙龙言藏之三耳甚辩。孔穿不应,少选③,辞而出。明日,孔穿朝,平原君谓孔穿曰:"昔者公孙龙之言甚辩。"孔穿曰:"然。几能令藏三耳矣。虽然,难,愿得有问于君:谓藏三耳甚难而实非也,谓藏两耳甚易而实是也。不知君将从易而是者乎,将从难而非者乎?"平原君不应。明日,谓公孙龙曰:"公无与孔穿辩。"

【注释】

①孔穿:字子高,孔子的后代。

②藏三耳:《孔丛子·公孙龙》篇有"臧三耳"语。按"藏"即"臧"之借字,"臧"通"牂"(zāng),母羊。

③少选:一会儿。

【译文】

孔穿、公孙龙在平原君那里互相辩论,言辞精深而雄辩,谈到羊有三耳的命题,公孙龙说羊有三耳,说得头头是道。孔穿不回答,过了一会儿,就告辞走了。第二天,孔穿来见平原君,平原君对孔穿说:"昨天公孙龙说的话非常雄辩。"孔穿说:"是的。几乎能让羊有三耳了,尽管如此,这说法还是很难成立,我想问问您,说羊有三耳难度很大,而实际上却不是这样；说羊有两耳很容易，而事实确实是这样。不知您将赞同容易而正确的说法呢，还是赞同困难而不正确的说法呢？"平原君不回答。第二天，平原君对公孙龙说："你不要跟孔穿辩论了。"

　　荆柱国庄伯令其父视①，曰："日在天"；视其奚如，曰"正圆"；视其时，曰"当今"。令谒者驾②，曰"无马"。令涓人取冠③，"进上"。问马齿④，圉人曰"齿十二与牙三十"⑤。人有任臣不亡者⑥，臣亡，庄伯决之，任者无罪⑦。

【注释】

①柱国：也称，战国时期楚国官职名，原为保卫国都之官，后"上柱国"为最高武官，其地位仅次于令尹。庄伯：人名。以下几句，文字难通，当有讹误。原文疑当作："荆柱国庄伯令其父（父字疑误）视日，曰'在天'；视其奚如，曰'正圆'；视其时，曰'当今'。令谒者驾，曰'无马'。令涓人取冠，曰'进上'。"（依陈昌齐、孙诒让说）这段文字义亦难晓。据上下文，讲的似乎都是所答非所问之事。庄伯前三问，其意都在问时辰早晚，而其父却以"在天"、"正圆"、"当今"回答。令谒者驾，是令其通报驾车者驾车，谒者误以为令己驾车，故以"无马"对。惟令涓人取冠事未详其义。

②谒者：官名，负责为国君传达命令。

③涓人：在君主左右掌管洒扫的人。

④马齿：本指马的牙齿，由于牙齿的生长情况与年龄有关，所以齿又指年龄。这里"问马齿"是问马的年龄。

⑤圉人：官名，掌养马刍牧之事。齿：门牙。牙：槽牙。马有齿十二个，牙十八个，合在一起共三十个。圉人不明庄伯问马年齿之意，而以马牙齿之实际数目作答，亦属答非所问。

⑥任：担保。臣：奴隶，奴仆。亡：逃跑。

⑦任者无罪：担保的人本应判罪，而庄伯断其无罪，可能是曲解了
　　法律原文。但具体情况如何，则未详。

【译文】

　　楚国的柱国庄伯让父亲去看看太阳是早是晚，父亲却说"太阳在天上"；看看太阳怎么样了，却说"太阳正圆"；看看是什么时辰，却说"正是现在"。让谒者去传令驾车，却回答说"没有马"。让涓人去拿帽子，回答说"呈上去了"。问马的年齿，围人却说"齿十二个，加上牙共三十个"。有个担保人家的奴仆不逃跑的人，奴仆逃跑了，庄伯判决，担保的人却没有罪。

　　宋有澄子者，亡缁衣①。求之涂，见妇人衣缁衣，援而弗舍，欲取其衣，曰："今者我亡缁衣。"妇人曰："公虽亡缁衣，此实吾所自为也。"澄子曰："子不如速与我衣。昔吾所亡者，纺缁也②；今子之衣，禅缁也③。以禅缁当纺缁，子岂不得哉④?"

【注释】

①亡：丢失。缁衣：用黑色帛所做的朝服，也用以指黑色衣服。

②纺：纺帛，用纺丝的方法织成的丝织品。

③禅（dān）：单衣，无里的衣服。

④得：合适，便宜。

【译文】

　　宋国有个叫澄子的，丢了一件黑色衣服。他到路上去寻找，看见一个妇女穿着黑色衣服，就抓住她不放手，要脱掉她的衣服，说："如今我丢了件黑色衣服。"妇女说："您虽然丢了黑色衣服，不过这件衣服确实

是我自己做的。"澄子说:"你不如赶快把衣服给我。昨天我丢的是纺丝的黑衣服,如今你的衣服是单面的黑衣服。用单面的黑衣服抵偿纺丝的黑衣服,你难道还不占便宜吗?"

　　宋王谓其相唐鞅曰①:"寡人所杀戮者众矣,而群臣愈不畏,其故何也?"唐鞅对曰:"王之所罪,尽不善者也。罪不善,善者故为不畏。王欲群臣之畏也,不若无辨其善与不善而时罪之②,若此则群臣畏矣。"居无几何,宋君杀唐鞅。唐鞅之对也,不若无对。

【注释】

　　①宋王:指宋康王。唐鞅:宋康王相。
　　②时:时常,经常。

【译文】

　　宋王对他的相唐鞅说:"我杀死的人很多了,可是臣子们却越发不畏惧我,这是什么原因呢?"唐鞅回答说:"您治罪的,都是不好的人。对不好的人治罪,所以好人不畏惧。您想让臣子们畏惧您,不如不要区分好与不好,不断地治罪臣子,这样,臣子们就会畏惧了。"过了不久,宋国君主杀死了唐鞅。唐鞅的回答,还不如不回答。

　　惠子为魏惠王为法①。为法已成,以示诸民人,民人皆善之。献之惠王,惠王善之,以示翟翦②,翟翦曰:"善也。"惠王曰:"可行邪?"翟翦曰:"不可。"惠王曰:"善而不可行,何故?"翟翦对曰:"今举大木者,前呼舆谑③,后亦应之,此其于举大木者善矣。岂无郑、卫之音哉④?然不若此其宜也。夫国亦木之大者也⑤。"

【注释】

①惠子：即惠施。

②翟翦：魏国人，翟黄（又作"翟璜"）之后人。

③舆讴（xū）：抬举重物时所唱的号子声。

④郑、卫之音：春秋战国时期郑、卫两国的民间音乐。

⑤"夫国"句：意思是，治理国家也像举大木一样，自有其宜用之法，
　　而惠子之法如同郑、卫之音，众人虽善之，但不可行于国。

【译文】

　　惠子给魏惠王制定法令。法令已经制定完了，拿来让人们看，人们都认为法令很好。把法令献给惠王，惠王认为法令很好，拿来让翟翦看，翟翦说："好啊。"惠王说："可以实行吗？"翟翦说："不可以。"惠王说："好却不可以实行，为什么？"翟翦回答说："如今抬大木头的，前面的唱号子，后面的来应和，这号子对于抬大木头的来说是很好了。难道没有郑国、卫国那样的音乐吗？然而唱那个不如唱这个适宜。治理国家也像抬大木头一样，自有其适宜的法令啊。"

不　屈

【题解】

"不屈"是指言辞不可驳倒,难以穷尽。本篇论述巧言诡辩的危害。文章指出,善于辨察的人未必"得道",尽管他们应对事物言辞难以穷尽,但未必有利于国家。辨察如果用以"达理明义",那就会带来幸福;如果用以"饰非惑愚",那就会带来灾祸。文章以惠子应对之辞为例,说明其言辞使君主受辱,使国家衰微。像惠子那样的人,对天下的危害是最大的,这就是本篇的结论。

六曰:

察士以为得道则未也①,虽然,其应物也,辞难穷矣。辞虽穷,其为祸福犹未可知。察而以达理明义,则察为福矣;察而以饰非惑愚②,则察为祸矣。古者之贵善御也③,以逐暴禁邪也。

【注释】

①察士:明察之士,此指善辩之人。
②惑愚:惑弄愚笨的人。

③贵善御：看重善于驾车的。贵，用如意动，以……为贵。

【译文】

第六：

　　明察的士人，认为他得到了道术，那倒未必。虽说这样，他对答事物，言辞是难以穷尽的。言辞即使穷尽了，这到底是祸是福，还是不可以知道。明察如果用以通晓事理弄清道义，那么明察就是福了；明察如果用以掩饰错误愚弄蠢人，那么明察就是祸了。古代之所以看重善于驾车的，是因为可以借以驱逐残暴的人、制止邪恶的事。

　　魏惠王谓惠子曰："上世之有国，必贤者也。今寡人实不若先生，愿得传国。"惠子辞。王又固请曰："寡人莫有之国于此者也①，而传之贤者，民之贪争之心止矣。欲先生之以此听寡人也。"惠子曰："若王之言，则施不可而听矣②。王固万乘之主也，以国与人犹尚可③。今施，布衣也，可以有万乘之国而辞之，此其止贪争之心愈甚也。"惠王谓惠子曰：古之有国者，必贤者也。夫受而贤者，舜也，是欲惠子之为舜也；夫辞而贤者，许由也，是惠子欲为许由也；传而贤者，尧也，是惠王欲为尧也。尧、舜、许由之作，非独传舜而由辞也④，他行称此。今无其他，而欲为尧、舜、许由，故惠王布冠而拘于鄄⑤，齐威王几弗受⑥；惠子易衣变冠，乘舆而走，几不出乎魏境⑦。凡自行不可以幸为，必诚。

【注释】

①之：此。

②而：以。

③犹尚可：指尚且可以止贪争之心。

④“非独”句:大意是,不单单是尧把帝位传给舜而舜接受了,尧把帝位传给许由而许由谢绝了。

⑤“故惠”句:指魏惠王穿上丧国之服自拘于鄄,请求归服齐国。布冠,丧国之服饰。鄄,魏邑名,在今山东鄄城北。

⑥齐威王:田姓,战国时齐国君主,公元前356年—前320年在位。

⑦“几不”句:意思是说,几乎在魏国境内遇难。乎,于。

【译文】

魏惠王对惠子说:“前代享有国家的,一定是贤德的人。如今我确实不如先生您,我希望能把国家传给您。”惠子谢绝了,魏王又坚决请求道:“假如我不享有这个国家,而把它传给贤德的人,人们贪婪争夺的想法就可以制止了。希望先生您因此而听从我的话。”惠子说:“像您说的这样,那我就更不能听从您的话了。您本来是大国的君主,把国家让给别人尚且可以制止人们贪婪争夺的想法;如今我是个平民,可以享有大国却谢绝了,这样,那就更能制止人们贪婪争夺的想法了。”惠王对惠子说:古代享有国家的,一定是贤德的人。接受别人的国家而且自己又贤德的,是舜,这是想让惠子成为舜那样的人;谢绝享有别人的国家而且自己又贤德的,是许由,这是惠子想成为许由那样的人;把国家传给别人而且自己又贤德的,是尧,这是惠王想成为尧那样的人。尧、舜、许由所以名闻天下,不单单是尧把帝位传给舜而舜接受了,尧把帝位传给许由而许由谢绝了,他们其他的行为也与此相称。如今没有其他的行为,却想成为尧、舜、许由那样的人,所以后来惠王穿着丧国之服把自己拘禁在鄄请求归服齐国,齐威王几乎不肯接受他的归服;惠子改换了衣帽,乘车逃走,几乎逃不出魏国国境。大凡自己做事,不可以凭侥幸之心去行动,一定要诚恳。

匡章谓惠子于魏王之前曰[①]:“蝗螟,农夫得而杀之,奚故?为其害稼也。今公行,多者数百乘,步者数百人;少者数十乘,步者数十人。此无耕而食者,其害稼亦甚矣。"惠王曰:"惠子施也难以辞与公相应②。虽然,请言其志。"惠子曰:"今之城者,或者操大筑乎城上③,或负畚而赴乎城下,或操表掇以善睎望④。若施者,其操表掇者也。使工女化而为丝,不能治丝;使大匠化而为木,不能治木;使圣人化而为农夫,不能治农夫。施而治农夫者也⑤,公何事比施于螣螟乎?"惠子之治魏为本,其治不治。当惠王之时,五十战而二十败,所杀者不可胜数,大将、爱子有禽者也⑥。大术之愚,为天下笑,得举其讳⑦。乃请令周太史更著其名⑧。围邯郸三年而弗能取,士民罢潞⑨,国家空虚,天下之兵四至,众庶诽谤,诸侯不誉。谢于翟翦,而更听其谋,社稷乃存。名宝散出,土地四削,魏国从此衰矣。仲父,大名也;让国,大实也。说以不听不信。听而若此,不可谓工矣。不工而治,贼天下莫大焉。幸而独听于魏也。以贼天下为实,以治之为名,匡章之非,不亦可乎!

【注释】

①匡章:战国时齐将,齐威王、宣王、潜王时均有战功。

②惠子施:当是惠王对惠施的尊称。公:指匡章。

③筑:捣土的杵。

④表掇:本指用来表示分界的挂有毛皮的直木,因其为分界的标准,引申而有仪范、楷模、标志等意义。睎(xī)望:远望,观望,此指观望方位的斜正。睎,望。

⑤而:乃。

⑥大将、爱子有禽者:大将指钻茶、庞涓,爱子指太子申。禽,俘获。

这个意义后来写作"擒"。

⑦讳:所隐讳的事情,此指过错。

⑧更著其名:魏惠王尊惠子为仲父,这里的"更著其名"指更改其仲父之名。

⑨罢潞:疲惫羸弱。罢,通"疲"。潞,通"露"。疲劳,羸弱。

【译文】

匡章在惠王面前对惠子说:"螟虫,农夫捉住就弄死它,为什么?因为它损害庄稼。如今您一行动,多的时候跟随着几百辆车、几百个步行的人,少的时候跟随着几十辆车、几十个步行的人。这些都是不耕而食的人,他们损害庄稼也太厉害了。"惠王说:"惠子很难用言辞回答您,虽然如此,还是请惠子谈谈自己的想法。"惠子说:"如今修筑城墙的,有的拿着大杵在城上捣土,有的背着畚箕在城下来来往往运土,有的拿着标志仔细观望方位的斜正。像我这样的,就是拿着标志的人啊。让善于织丝的女子变成丝,就不能织丝了;让巧匠变成木材,就不能处置木材了;让圣人变成农夫,就不能管理农夫了。我就是能管理农夫的人啊。您为什么把我比做螟虫呢?"惠子以治理魏国为根本,他却治理得不好。在惠王的时代,作战五十次却失败了二十次,被杀死的人不计其数,惠王的大将、爱子有被俘虏的。惠子治国之术的愚惑,被天下人耻笑,天下人都得以称举他的过错。惠王这才请求让周天子的太史改变惠子仲父的名号。惠王包围邯郸三年却不能攻下来,兵士和人民很疲惫,国家弄得很空虚,天下诸侯的救兵从四面到来解救邯郸之围,百姓们责难他,诸侯们不赞誉他。他向翟翦道歉,重新听取翟翦的计谋,国家才保住。名贵的宝物都失散到国外,土地被四邻割去,魏国从此衰弱了。仲父是显赫的名号,把国家让给别人是高尚的行动。惠子用不可听不可信之言劝说惠王。惠王如此听从意见,不能叫做善于听取意见。不善于听取意见却来治理国家,对天下人的危害没有比这更大的了。幸好惠子的话只是被魏国听从了。以危害天下人为实,却以治理国家为名,匡章非难惠子,不是应该的吗!

　　白圭新与惠子相见也,惠子说之以强①,白圭无以应。惠子出,白圭告人曰:"人有新取妇者②,妇至,宜安矜烟视媚行③。竖子操蕉火而钜④,新妇曰:'蕉火大钜'。入于门,门中有欿陷⑤,新妇曰:'塞之!将伤人之足。'此非不便之家氏也⑥,然而有大甚者。今惠子之遇我尚新,其说我有大甚者。"惠子闻之,曰:"不然。《诗》曰⑦:'恺悌君子,民之父母。'恺者大也,悌者长也。君子之德,长且大者,则为民父母。父母之教子也,岂待久哉?何事比我于新妇乎?《诗》岂曰'恺悌新妇'哉?"诽污因污,诽辟因辟⑧,是诽者与所非同也。白圭曰:惠子之遇我尚新,其说我有大甚者。惠子闻而诽之,因自以为为之父母,其非有甚于白圭亦有大甚者⑨。

【注释】

①白圭:魏人,名丹,字圭。强:强力,此指使国家强大。

②取:娶妻,这个意义后来写作"娶"。

③安矜:安稳持重。烟视:微视。人在烟中目不能张,故用以形容目微视之状。媚行:徐行。

④竖子:童仆。蕉火:通"爝火",小火把。钜:大。

⑤欿(hān):疑为"欿"字之误(依毕沅校说)。欿(kǎn),同"坎",坑。

⑥之:于。家氏:夫家。

⑦《诗》曰:下引诗句见《诗经·大雅·泂酌》。"恺悌"作"岂弟"。

⑧辟:邪僻。这个意义后来写作"僻"。

⑨"其非"句:大意是,其错误比白圭说的太过分了还要严重。有,通"又"。

【译文】

白圭刚与惠子相见，惠子就用如何使国家强大来劝说他，白圭无话回答。惠子出去以后，白圭告诉别人说：“有个刚娶媳妇的人，媳妇到来时，应该安稳持重，微视慢行。童仆拿的火把烧得太旺，新媳妇说：‘火把太旺。’进了门，门里有陷坑，新媳妇说：‘填上它！它将跌伤人的腿。’这对于她的夫家不是没有利，然而太过分了些。如今惠子刚刚见到我，他劝说我的话太过分了些。”惠子听到这话以后，说：“不对。《诗》上说：‘具有恺悌之风的君子，如同人民的父母。’恺是大的意思，悌是长的意思。君子的品德，高尚盛大的，就可以成为人民的父母。父母教育孩子，哪里要等好久呢？为什么把我比做新媳妇呢？《诗》上难道说过‘具有恺悌之风的新媳妇’吗？”用污秽责难污秽，用邪僻责难邪僻，这样就是责难的人与被责难的人相同了。白圭说：惠子刚刚见到我，他劝说我的话太过分了些。惠子听到这话以后就责难他，于是自认为可以成为他的父母，那惠子的错误比白圭说的太过分了还要严重得多。

应　言

【题解】

本篇列举的六个例子都是有关应对的。从中可以看出，作者主张，应对要善于抓住要害与实质，抓住对方言行方面的矛盾予以驳难，对方就会理屈词穷。文章劝告君主应该善于分析情势，依理判断，这样就能辨察那些谋求一己之利的虚言浮辞了。

七曰：

白圭谓魏王曰①："市丘之鼎以烹鸡②，多洎之则淡而不可食③，少洎之则焦而不熟，然而视之蜗焉美④，无所可用。惠子之言，有似于此。"惠子闻之，曰："不然。使三军饥而居鼎旁，适为之甑⑤，则莫宜之此鼎矣。"白圭闻之，曰："无所可用者，意者徒加其甑邪？"白圭之论自悖，其少魏王大甚。以惠子之言蜗焉美，无所可用，是魏王以言无所可用者为仲父也，是以言无所用者为美也。

【注释】

①魏王：指魏惠王。

②市丘之鼎：市丘所出之鼎，盖为当时大鼎。市丘，魏邑名，所在
　　不详。

③洎（jì）：往锅里添水。

④蜾（qǔ）焉：高大美好的样子。

⑤甑：古代蒸食炊具，底部有许多透气的孔，置于鬲、釜之上蒸煮
　　食物。

【译文】

第七：

白圭对魏王说："用帝丘出产的大鼎来煮鸡，多加汤汁就会淡得没法吃，少加汤汁就会烧焦而且不熟，然而这鼎看起来非常高大漂亮，不过没有什么用处。惠子的话，就跟这大鼎相似。"惠子听到这话以后，说："不对。假使三军士兵饥饿了停留在鼎旁边，恰好弄到了蒸饭用的大甑，和甑搭配起来蒸饭，就没有比这鼎更合适的了。"白圭听到这话以后，说："没有什么用处的东西，想来只能在上面放上甑蒸饭用啦！"白圭的评论自然是错的，他太轻视魏王了。认为惠子的话只是说得漂亮，但没什么用处，这样就是魏王把说话没什么用处的人当成仲父了，这样就是把说话没什么用处的人当成完美的人了。

公孙龙说燕昭王以偃兵，昭王曰："甚善。寡人愿与客计之。"公孙龙曰："窃意大王之弗为也。"王曰："何故？"公孙龙曰："日者大王欲破齐①，诸天下之士其欲破齐者，大王尽养之；知齐之险阻要塞、君臣之际者，大王尽养之；虽知而弗欲破者，大王犹若弗养②。其卒果破齐以为功。今大王曰：我甚取偃兵。诸侯之士在大王之本朝者，尽善用兵者也。臣是以知大王之弗为也。"王无以应。

【注释】

①日者:往日,先前。

②犹若:还是。"弗养"当作"养之"。(依陶鸿庆说)

【译文】

公孙龙用如何消除战争的话劝说燕昭王,昭王说:"很好。我愿意跟宾客们商议这件事。"公孙龙说:"我私下里估计大王您不会消除战争的。"昭王说:"为什么?"公孙龙说:"从前大王您想打败齐国,天下杰出的人士中那些想打败齐国的人,大王您全都收养了他们;那些了解齐国的险阻要塞和君臣之间关系的人,大王您全都收养了他们;那些虽然了解这些情况但却不想打败齐国的人,大王您仍旧收养了他们。最后果然打败了齐国,并以此为功劳。如今大王您说:我很赞成消除战争。可是其他诸侯国的人士在大王您朝廷里的,都是善于用兵的人。我因此知道大王您不会消除战争的。"昭王无话回答。

司马喜难墨者师于中山王前以非攻①,曰:"先生之所术非攻夫②?"墨者师曰:"然。"曰:"今王兴兵而攻燕,先生将非王乎?"墨者师对曰:"然则相国是攻之乎③?"司马喜曰:"然。"墨者师曰:"今赵兴兵而攻中山,相国将是之乎?"司马喜无以应。

【注释】

①司马喜:中山国相。墨者师:墨家,名师。非攻:墨家学派的主张,即反对不义战争。

②所术:所信奉推行的主张。

③是:用如意动,以……为是,即赞成的意思。

【译文】

司马喜在中山国王前就"非攻"的主张诘责墨家学派名叫师的人，说："先生您所主张的是'非攻'吧?"师说："是的。"司马喜说："假如中山王发兵攻打燕国，先生您将责备国王吗?"师回答说："这样说来，那么相国您赞成攻打燕国吗?"司马喜说："是的。"师说："假如赵国发兵攻打中山国，相国您也将赞成攻打中山国吗?"司马喜无话回答。

路说谓周颇曰①："公不爱赵，天下必从。"周颇曰："固欲天下之从也。天下从，则秦利也。"路说应之曰："然则公欲秦之利夫?"周颇曰："欲之。"路说曰："公欲之，则胡不为从矣②?"

【注释】

①路说：人名。其事未详。周颇：人名。其事未详。

②"路说"以下数句：上面一段话，所指不详。译文姑依字面意义译出。

【译文】

路说对周颇说："您如果不爱赵国，那么天下人一定会跟随您。"周颇说："我本来想让天下人跟随我啊。天下人跟随我，那么秦国就有利。"路说回答他说："这样说来，那么您想让秦国有利啦?"周颇说："想让秦国有利。"路说说："您想让秦国有利，那么为什么不因此而让天下人跟随您呢?"

魏令孟卬割绛、汾、安邑之地以与秦王①。王喜，令起贾为孟卬求司徒于魏王②。魏王不说，应起贾曰："卬，寡人之臣也。寡人宁以臧为司徒③，无用卬。愿大王之更以他人诏之也。"起贾出，遇孟卬于廷。曰："公之事何如?"起贾曰："公甚贱于公之主。公之主曰：宁用臧为司徒，无用公。"孟卬入见，谓魏王曰："秦客何言?"王曰："求以女为司徒。"孟卬曰："王应之谓何?"王曰："宁以臧，无用卬也。"孟卬太息曰："宜矣王之制于秦也！王何疑秦之善臣也？以绛、滶、安邑令负牛书与秦④，犹乃善牛也。卬虽不肖，独不如牛乎？且王令三将军为臣先，曰：'视卬如身⑤'，是臣重也。令二轻臣也⑥，令臣责⑦，卬虽贤，固能乎?"居三日，魏王乃听起贾。凡人主之与其大官也，为有益也。今割国之锱锤矣⑧，而因得大官，且何地以给之？大官，人臣之所欲也。孟卬令秦得其所欲，秦亦令孟卬得其所欲，责以偿矣⑨，尚有何责？魏虽强，犹不能责无责⑩，又况于弱？魏王之令乎孟卬为司徒，以弃其责，则拙也。

【注释】

①孟卬：当作"孟卬"（依毕沅说），齐人，仕于魏。绛：古邑名，战国魏地，在今山西新绛。滶：当为"汾"字异文（依毕沅说）。汾，古邑名。安邑：古邑名，战国初为魏国都，在今山西夏县西北。

②起贾：人名，其事迹不详。司徒：古代官名，掌管国家的土地和人民。

③臧：古代对奴隶的贱称。

④"以绛"句：让牛驮着绛、滶、安邑的地图送给秦（古代以地予人，即将该地地图献给人）。负牛书，即使牛负书（书指地图）。

⑤身：指魏王自身。

⑥令二：当为"今王"之误（依俞樾说）。

⑦令臣责：意思是，日后让我去秦责求秦答应的东西。责，责求，

索取。

⑧锱锤：比喻国家的小块土地。锱和锤都是古代重量单位，六铢等
于一锱，八铢等于一锤（二十四铢为一两）。这里锱锤比喻小块
的土地。

⑨责以偿矣：双方（秦与孟卯）所欠对方之债（土地与官职）都已偿
还了。责，债务，这个意义后来写作"债"。以，同"已"。

⑩责无责：向不欠债者索债。前"责"，索取。后"责"，债。

【译文】

魏王派孟卯割让绛、汾、安邑等地给秦王。秦王很高兴，让起贾去向
魏王为孟卯请求司徒的官职。魏王很不高兴，回答起贾说："孟卯是我
的臣子。我宁肯用奴仆当司徒，也不用孟卯。希望大王另用其他的人
诏示我。"起贾出来，在庭院里遇到孟卯。孟卯说："您说的事情怎么
样？"起贾说："您太受您的君主轻视了。您的君主说：宁肯用奴仆当司
徒，也不用您。"孟卯进去谒见，对魏王说："秦国客人说什么？"魏王说：
"请求用你当司徒。"孟卯说："您怎样回答他的？"魏王说："我说'宁肯任
用奴仆，也不用孟卯'。"孟卯长叹道："您受秦国控制是应该的了！您为
什么要猜疑秦国善待我呢？把绛、汾、安邑的地图让牛驮着献给秦国，秦
国尚且会好好对待牛。我虽然不好，难道还不如牛吗？况且，您让三位
将军先去秦国为我致意，说'看待孟卯如同看待我一样'，这是重视我
啊。如今您轻视我，以后让我去索取秦国答应过的东西，我即使贤德，
难道还能做到吗？"过了三天，魏王才答应了起贾的请求。大凡君主给
人大的官职，是因为他有益于国家。如今割让国家一些土地，因而得到
了大的官职，以后哪有那么多土地供他割让？大的官职，是臣子所希望
得到的。孟卯让秦国得到了它所希望的土地，秦国也让孟卯得到了他
所希望的官职。对方所欠的债已经偿还了，还有什么可索取的呢？魏
国即使强大，也还不能向不欠债的索取债务，更何况它本身是弱小的国
家呢？魏王让孟卯当了司徒，从而失掉了自己向秦国提出要求的地位，

这就很笨拙了。

秦王立帝[①]，宜阳令许绾诞魏王[②]，魏王将入秦。魏敬谓王曰[③]：“以河内孰与梁重[④]？”王曰：“梁重。”又曰：“梁孰与身重？”王曰：“身重。”又曰：“若使秦求河内，则王将与之乎？”王曰：“弗与也。”魏敬曰：“河内，三论之下也[⑤]；身，三论之上也。秦索其下而王弗听，索其上而王听之，臣窃不取也。”王曰：“甚然。”乃辍行[⑥]。秦虽大胜于长平[⑦]，三年然后决，士民倦，粮食[⑧]。当此时也，两周全[⑨]，其北存，魏举陶削卫，地方六百，有之势是而入[⑩]，大蚤，奚待于魏敬之说也？夫未可以入而入，其患有将可以入而不入[⑪]。入与不入之时，不可不熟论也。

【注释】

①秦王立帝：指秦昭王立为西帝事。《史记·秦本纪》：“昭襄王十七年，王之宜阳。十九年，王为西帝，复去之。”

②宜阳：战国时韩邑，后归秦。许绾：秦臣（依高诱说）。诞：诈，欺骗。按：秦昭王实未称帝于天下，且称西帝不久“复去之”，许绾这样说，是为了骗魏王去朝拜。魏王：指魏昭王。

③魏敬：魏臣。

④河内：古地区名，此指魏国境内黄河以北地区。梁：即大梁，魏惠王自安邑迁都于此，在今河南省开封市西北。

⑤三论：指上文提到的河内、梁、身三种情况的比较。

⑥辍（chuò）：停止。

⑦秦虽大胜于长平：秦国虽然在长平大败赵军。长平，战国时赵邑，在今山西高平西北。

⑧粮食：后当脱一字（依毕沅说）。据文意，此句当是粮食匮乏之类
　　的意思。

⑨两周全：指东周、西周尚未灭亡。

⑩有之势是：当作"有之是势"（依陈昌齐、陶鸿庆说），有这样的形
　　势。是，此。

⑪有：通"又"。

【译文】

　　秦王立为帝，宜阳令许绾骗魏王，魏王要去秦朝拜。魏敬对魏王
说："拿河内和大梁比，哪一个重要？"魏王说："大梁重要。"魏敬又说：
"大梁跟您自身比，哪一个重要？"魏王说："自身重要。"魏敬又说："假如
秦国索取河内，那么您将给它吗？"魏王说："不给它。"魏敬说："河内在
三者之中占最下等，您自身在三者之中占最上等。秦国索取最下等的，
您不答应，索取最上等的，您却答应了。我认为入秦是不可取的。"魏王
说："很对。"于是不去秦国了。秦国虽然在长平打了大胜仗，但打了三
年然后才决定胜负，它的兵士和人民很疲惫，粮食很匮乏。正当那个时
候，东周、西周两国尚未灭亡，大梁以北的地区仍未失去，魏国攻下了
陶，夺取了卫国城邑，土地有六百里见方。具有这样的形势，却要去秦
朝拜，那是太早了，何必要等魏敬劝说之后才不去秦朝拜呢？在不可去
的时候却要去，这种祸患与将来可以去的时候却不去是一样的。去与
不去的时机，不可不仔细考察啊。

具　备

【题解】

本篇旨在论述建立功名必须具备条件。古代圣贤如汤、武、伊尹、太公也曾处于困境，那是因为他们不具备成功的条件，所以，"凡立功名，虽贤，必有其具，然后可成"。文中以大量篇幅叙述了宓子贱治亶父的事迹，说明怀有至诚之心，创造条件是宓子贱的成功根本。

八曰：

今有羿、蠭蒙、繁弱于此①，而无弦，则必不能中也。中非独弦也，而弦为中之具也②。夫立功名亦有具，不得其具，贤虽过汤、武，则劳而无功矣。汤尝约于郼、薄矣③，武王尝穷于毕、郢矣④，伊尹尝居于庖厨矣，太公尝隐于钓鱼矣。贤非衰也，智非愚也，皆无其具也。故凡立功名，虽贤，必有其具，然后可成。

【注释】

①羿：即后羿，传说中夏代东夷族的首领，以善射箭著称。蠭（páng）蒙：也作"蠭门"、"逄蒙"，传说中夏代善于射箭的人，曾学

射于羿。繁弱：古代良弓名。

②具：器具，这里指条件。

③约：穷困。薄：通"亳"。汤时的都城，故址在今河南商丘北。

④毕、郢：毕，即毕原，在今陕西咸阳北。郢，也作"程"，古邑名，周
　　文王曾迁居于此。故址在今陕西咸阳东。

【译文】

假如有羿、蠭蒙这样的善射之人和繁弱这样的良弓，却没有弓弦，那么必定不能射中。射中不仅仅是靠了弓弦，可弓弦是射中的条件。建立功名也要有条件。不具备条件，即使贤德超过了汤、武王，那也会劳而无功。汤曾经在郭、亳受困，武王曾经在毕、郢受困窘，伊尹曾经在厨房里当仆隶，太公望曾经隐居钓鱼。他们的贤德并不是衰微了，他们的才智并不是愚蠢了，都是因为没有具备条件。所以凡是建立功名，即使贤德，也必定要具备条件，然后才可以成功。

宓子贱治亶父①，恐鲁君之听谗人，而令己不得行其术也，将辞而行，请近吏二人于鲁君与之俱。至于亶父，邑吏皆朝。宓子贱令吏二人书。吏方将书，宓子贱从旁时掣摇其肘，吏书之不善，则宓子贱为之怒。吏甚患之，辞而请归。宓子贱曰："子之书甚不善，子勉归矣②！"二吏归报于君，曰："宓子不可为书。"君曰："何故？"吏对曰："宓子使臣书，而时掣摇臣之肘，书恶而有甚怒③，吏皆笑宓子。此臣所以辞而去也。"鲁君太息而叹曰："宓子以此谏寡人之不肖也。寡人之乱子④，而令宓子不得行其术，必数有之矣。微二人⑤，寡人几过。"遂发所爱而令之亶父，告宓子曰："自今以来，亶父非寡人之有也，子之有也。有便于亶父者，子决为之矣。五岁而言其要⑥。"宓子敬诺，乃得行其术于亶父。三年，巫马

旗短褐衣弊裘而往观化于亶父^⑦，见夜渔者，得则舍之。巫马旗问焉，曰："渔为得也，今子得而舍之，何也？"对曰："宓子不欲人之取小鱼也。所舍者小鱼也。"巫马旗归，告孔子曰："宓子之德至矣，使民暗行若有严刑于旁。敢问宓子何以至于此？"孔子曰："丘尝与之言曰：'诚乎此者刑乎彼^⑧'。宓子必行此术于亶父也。"夫宓子之得行此术也，鲁君后得之也。鲁君后得之者，宓子先有其备也。先有其备，岂遽必哉^⑨？此鲁君之贤也。

【注释】

①宓（作姓古读 fú，今读 mì）子贱：孔子弟子宓不齐，字子贱。亶父（dǎnfǔ）：即单父，春秋时鲁邑，在今山东单县。

②勉：尽力，这里是赶快的意思。

③有：通"又"。

④乱子：当作"乱宓子"，"宓"字误脱（依陶鸿庆说）。

⑤微：假如没有。

⑥言其要：报告施政的主要情况。要，要点。

⑦巫马旗：通作"巫马期"，孔子的弟子。短褐：古代平民所穿的粗陋衣服。短，通"裋（shù）"，僮仆所穿的衣服。褐，粗毛编织的衣服。衣（yì）：穿。弊裘：破旧的皮衣。弊，通"敝"。

⑧诚乎此者刑乎彼：即诚于心而形于外之意。刑，通"形"。

⑨岂遽：义同"岂"，难道。

【译文】

宓子贱去治理亶父，担心鲁国君主听信谗人的坏话，从而使自己不能实行自己的主张，将要告辞走的时候，向鲁国君主请求君主身边的两个官吏跟自己一起去。到了亶父，亶父的官吏都来朝见。宓子贱让那两个官吏书写。官吏刚要书写,宓子贱从旁边不时地摇动他们的胳膊肘,官吏写得很不好,宓子贱就为此而发怒。官吏对此厌恨,就告辞请求回去。宓子贱说:"你们写得很不好,你们赶快回去吧!"两个官吏回去以后向鲁国君主禀报说:"宓子这个人不可以给他书写。"鲁国君主说:"为什么?"官吏回答说:"宓子让我们书写,却不时地摇动我们的胳膊肘,写得不好又大发脾气,亶父的官吏都因宓子这样做而发笑。这就是我们所以要告辞离开的原因。"鲁国君主长叹道:"宓子是用这种方式对我的缺点进行劝谏啊。我扰乱宓子,使宓子不能实行自己的主张,这样的事一定多次发生过了。假如没有这两个人,我几乎要犯错误。"于是就派所喜欢的人让他去亶父,告诉宓子说:"从今以后,亶父不归我所有,归你所有。有对亶父有利的事情,你自己决断去做吧。五年以后报告施政的要点。"宓子恭敬地答应了,这才得以在亶父实行自己的主张。过了三年,巫马旗穿着粗劣的衣服,到亶父去观察施行教化的情况,看到夜里捕鱼的人,得到鱼以后就扔回水里。巫马旗问他说:"捕鱼是为了得到鱼,现在你得到鱼却把它扔回水里,这是为什么呢?"那人回答说:"宓子不想让人们捕取小鱼。我扔回水里的都是小鱼。"巫马旗回去以后,告诉孔子说:"宓子的德政达到极点了,他能让人们黑夜中独自做事,就像有严刑在身旁一样不敢为非作歹。请问宓子用什么办法达到这种境地的?"孔子说:"我曾经跟他说过:'自己内心赤诚,就能在外实行。'宓子一定是在亶父实行这个主张了。"宓子得以实行这个主张,是因为鲁国君主后来领悟到这一点。鲁国君主之所以后来能领悟到这一点,是因为宓子事先有了准备。事先有了准备,难道就一定能让君主领悟到吗? 这就是鲁国君主的贤明之处啊。

三月婴儿,轩冕在前①,弗知欲也;斧钺在后②,弗知恶也;慈母之爱,谕焉。诚也。故诚有诚乃合于情,精有精乃通于天。乃通于天,水木石之性,皆可动也,又况于有血气者乎？故凡说与治之务莫若诚。听言哀者，不若见其哭也；听言怒者，不若见其斗也。说与治不诚，其动人心不神。

【注释】

①轩冕：古代卿大夫的车服。轩，古代大夫以上的人乘坐的车子。冕，古代大夫以上的人穿的礼服。

②钺：古代兵器，形似斧，比斧大。

【译文】

三个月的婴儿，轩冕在前边不知道美慕，斧钺在后边不知道厌恶，对慈母的爱却能懂得。这是因为婴儿的心赤诚啊。所以诚而又诚才合乎真情，精而又精才与天性相通。与天性相通，水、木、石的本性都可以改变，更何况有血气的人呢？所以凡是劝说别人与治理政事，要做的事没有比赤诚更重要的了。听别人说的话很悲哀，不如看到他哭泣；听别人说的话很愤怒，不如看到他搏斗。劝说别人与治理政事不赤诚，那就不能感化人心。

离　俗

【题解】

《离俗览》八篇，主要论述君主役使人民的方法。概括起来，就是"太上以义，其次以赏罚"（《用民》）。论述时，各篇侧重有所不同。

本篇旨在宣扬以理义为本、超世离俗的高节厉行。文章列举了石户之农等六人的事例加以论证。文章赞扬了石户之农等人非难舜、汤，超世离俗的思想，同时又对舜、汤即帝位"以爱利为本，以万民为义"的作法表示了肯定。这里表现出的矛盾显然是由于作者兼收道家、儒家的思想造成的。

一曰：

世之所不足者，理义也；所有馀者，妄苟也①。民之情，贵所不足，贱所有馀。故布衣、人臣之行，洁白清廉中绳②，愈穷愈荣，虽死，天下愈高之，所不足也。然而以理义斫削③，神农、黄帝犹有可非，微独舜、汤④。飞兔、要袅⑤，古之骏马也，材犹有短。故以绳墨取木，则宫室不成矣⑥。

【注释】

①妄苟：妄作苟为，指违背理义的行为。

②中绳：指符合原则法度。

③斫(zhuó)削：砍削。这里是衡量的意思。

④微独：非但，不只是。

⑤飞兔：骏马名。要袅(niǎo)：也作"骒袅"、"腰袅"，骏马名。

⑥"故以"二句：以上两句意思是，如果用墨绳严格量取木材，那么
　木材就难以符合要求，因此房屋就不能建成了。

【译文】

第一：

　　社会上不足的东西，是理义；有馀的东西，是胡作非为。人之常情
是，以不足的东西为贵，以有馀的东西为贱。所以平民、臣子的品行，应
该纯洁清廉，合乎法度，越穷困越感到荣耀，即使死了，天下的人也越发
尊崇他们，这是因为社会上这种品行不足啊。然而如果按照理义的标
准来衡量，连神农、黄帝都还有可以非难的地方，不仅仅是舜、汤而已。
飞兔、要袅，是古代的骏马，它们的力气尚且有所不足。所以如果用墨
绳严格地量取木材，那么房屋就不能建成。

　　舜让其友石户之农①，石户之农曰："捲捲乎后之为人
也②！ 葆力之士也③。"以舜之德为未至也，于是乎夫负妻戴，
携子以入于海，去之终身不反。舜又让其友北人无择④，北
人无择曰："异哉后之为人也！ 居于畎亩之中，而游入于尧
之门。不若是而已⑤，又欲以其辱行漫我⑥，我羞之。"而自投
于苍领之渊⑦。

　　汤将伐桀，因卞随而谋⑧，卞随辞曰："非吾事也。"汤曰：
"孰可？"卞随曰："吾不知也。"汤又因务光而谋⑨，务光曰：

"非吾事也。"汤曰:"孰可?"务光曰:"吾不知也。"汤曰:"伊尹何如?"务光曰:"强力忍诟⑩,吾不知其他也。"汤遂与伊尹谋夏伐桀,克之。以让卞随,卞随辞曰:"后之伐桀也,谋乎我,必以我为贼也;胜桀而让我,必以我为贪也。吾生乎乱世,而无道之人再来诟我⑪,吾不忍数闻也。"乃自投于颍水而死。汤又让于务光曰:"智者谋之,武者遂之⑫,仁者居之,古之道也。吾子胡不位之⑬?请相吾子⑭。"务光辞曰:"废上⑮,非义也;杀民,非仁也;人犯其难,我享其利,非廉也。吾闻之,非其义,不受其利;无道之世,不践其土。况于尊我乎?吾不忍久见也。"乃负石而沉于募水⑯。

故如石户之农、北人无择、卞随、务光者,其视天下,若六合之外⑰,人之所不能察。其视贵富也,苟可得已,则必不之赖⑱。高节厉行⑲,独乐其意,而物莫之害。不漫于利,不牵于势,而羞居浊世。惟此四士者之节。

若夫舜、汤,则苞裹覆容⑳,缘不得已而动,因时而为,以爱利为本,以万民为义。譬之若钓者,鱼有小大,饵有宜适,羽有动静㉑。

【注释】

①石户之农:在石户种田的农夫。石户,地名。

②棬(quān)棬:用力的样子。后:君。这里指舜。

③葆力:勤劳任力。

④北人无择:姓北人,名无择。

⑤若是:如此。已:止。

⑥漫:玷污。

⑦苍领：他书或作"清泠"，古代传说中的大泽名，《山海经》谓在江南。

⑧卞随：传说中夏时的高士。

⑨务光：传说中夏时的高士。

⑩诟：同"诟"，耻辱。

⑪无道之人：指汤而言。卞随认为汤作为一个诸侯不应伐天子（桀），所以称他为"无道之人"。再：二，两次。

⑫遂：成。

⑬位之：指居天子之位。位，用如动词，居……位。

⑭相：辅佐。吾子：对对方的尊称。

⑮上：天子。这里指桀。

⑯募水：水名。

⑰六合：指天、地、四方。

⑱赖：利，用如意动。

⑲厉行：使自己的品行受到磨砺，即品行坚贞的意思。厉，磨砺，这里用如使动。

⑳苞裹覆容：包装容纳的意思。苞，通"包"。按："苞"和"裹"是同义词，"覆"和"容"是同义词。

㉑羽：钓鱼用的浮漂。

【译文】

　　舜把帝位让给自己的朋友石户之农，石户之农说："君王您的为人真是不知疲倦啊！不过只是个勤劳任力的人。"认为舜的品德尚未完备，于是丈夫肩背着东西，妻子头顶着东西，领着孩子去海上隐居，离开了舜，终身不再回来。舜又把帝位让给自己的朋友北人无择，北人无择说："君王您的为人真是与众不同啊！本来居住在乡野之中，却到尧那里继承了帝位。不仅仅是这样就罢了，又想用自己耻辱的行为玷污我，我对此感到羞耻。"因而自己跳到苍领的深渊中。

　　汤将要讨伐桀,去找卞随谋划,卞随谢绝说:"这不是我的事情。"汤说:"谁可以谋划?"卞随说:"我不知道。"汤又去找务光谋划,务光说:"这不是我的事情。"汤说:"谁可以谋划?"务光说:"我不知道。"汤说:"伊尹怎么样?"务光说:"他能奋力做事,忍受耻辱,我不知道他别的情况了。"汤于是就跟伊尹谋划讨伐夏桀,战胜了夏桀。汤把王位让给卞随,卞随谢绝说:"君王您讨伐桀的时候,要跟我谋划,一定是认为我残忍;战胜桀后要把王位让给我,一定是认为我贪婪。我生在乱世,而无道之人两次来污辱我,我不忍心屡次听这样的话。"于是就自己跳入颍水而死。汤又把王位让给务光,说:"聪明的人谋划它,勇武的人实现它,仁德的人享有它,这是自古以来的原则。您何不居王位呢? 让我来辅佐您。"务光谢绝说:"废弃君王桀,这是不义的行为;作战杀死人民,这是不仁的行为;别人冒战争的危险,我享受战争的利益,这是不廉洁的行为。我听说过这样的话,不符合义,就不接受利益;不符合道义的社会,就不踏上它的土地。更何况使我处于尊位呢? 我不忍心长久地看到这种情况。"于是就背负石头沉没在募水之中。

　　所以像石户之农、北人无择、卞随、务光这样的人,他们看待天下,就如同天外之物一样,这是一般人所不能理解的。他们看待富贵,即使可以得到,也一定不把它当作有利的事。他们节操高尚,品行坚贞,独自为坚持自己的理想而感到快乐,因而外物没有什么可以危害他们。他们不为利益玷污,不受权势牵制,以居于污浊的社会为耻。只有这四位贤士具有这样的节操。

　　至于舜、汤,则无所不包,无所不容,因为迫不得已而采取行动,顺应时势而有所作为,把爱和利作为根本,把为万民谋利作为义的准则。这就如同钓鱼的人一样,鱼有小有大,钓饵与之相应,浮飘有动有静,都要相机而行。

　　齐、晋相与战,平阿之馀子亡戟得矛[1],却而去,不自快,谓路之人曰:"亡戟得矛,可以归乎?"路之人曰:"戟亦兵也,矛亦兵也,亡兵得兵,何为不可以归?"去行,心犹不自快,遇高唐之孤叔无孙②,当其马前曰:"今者战,亡戟得矛,可以归乎?"叔无孙曰:"矛非戟也,戟非矛也,亡戟得矛,岂亢责也哉③?"平阿之余子曰:"嘻!"还反战,趋尚及之,遂战而死。叔无孙曰:"吾闻之,君子济人于患④,必离其难⑤。"疾驱而从之,亦死而不反。令此将众,亦必不北矣;令此处人主之旁,亦必死义矣。今死矣而无大功,其任小故也。任小者,不知大也。今焉知天下之无平阿馀子与叔无孙也? 故人主之欲得廉士者,不可不务求。

【注释】

①平阿:齐邑名。馀子:周代兵制规定,每户以一人为正卒,馀者为羡卒,即"馀子"。

②高唐:齐邑名,故城在今山东禹城西南。孤:古代官名,本指少师、少傅、少保,这里指守邑大夫。叔无孙:人名,高唐邑守邑大夫。

③亢:抵,当。

④济人于患:让人蒙难的意思。济,入,使进入,把……引到。

⑤离:通"罹",遭遇,遭受。

【译文】

　　齐国、晋国相互作战,平阿邑的士卒丢失了戟,得到了矛,后退时,自己很不高兴,对路上的人说:"我丢失了戟,得到了矛,可以回去吗?"路上的人说:"戟也是兵器,矛也是兵器,丢失了兵器又得到了兵器,为什么不可以回去?"士卒又往回走,自己心里还是不高兴,遇到高唐邑的守邑大夫叔无孙,就站在他的马前说:"今天作战时,我丢失了戟,得到了矛,可以回去吗?"叔无孙说:"矛不是戟,戟不是矛,丢失了戟,得到了矛,怎么能交待得了呢?"那个士卒说了声:"嘿!"又返回去作战,跑到战场,还赶上作战,终于战死了。叔无孙说:"我听说过,君子让人遭受祸患,自己一定要跟他共患难。"急速赶马去追他,也死在战场上没有回来。假使让这两个人统率军队,一定不会战败逃跑;假使让他们处于君主身边,一定会为道义而献身。如今他们死了,却没有什么大功劳,这是因为他们职位低的缘故。职位低的人是不考虑大事情的。现在怎么知道天下没有平阿的士卒与叔无孙那样的人呢? 所以君主中那些希望得到廉正之士的人,不可不努力寻求这样的人。

　　齐庄公之时①,有士曰宾卑聚②。梦有壮子,白缟之冠③,丹绩之枸④,东布之衣⑤,新素履⑥,墨剑室,从而叱之,唾其面。惕然而寤,徒梦也。终夜坐,不自快。明日,召其友而告之曰:"吾少好勇,年六十而无所挫辱。今夜辱,吾将索其形,期得之则可,不得将死之。"每朝与其友俱立乎衢,三日不得,却而自殁⑦。谓此当务则未也,虽然,其心之不辱也,有可以加乎⑧?

【注释】

①齐庄公:春秋时齐国国君,前553年—前548年在位。

②宾卑聚:人名。

③缟:未经染色的绢。

④丹绩:红丝带。枸(xuàn):缨,系帽子的带。

⑤东布:"东"当为"柬"之误(依谭戒甫引文廷式说)。柬布,即练帛,白色的熟绢。

⑥素:白色的生绢。

⑦殁:同"歾","歾"与"刎"同。

⑧加:超过。

【译文】

  齐庄公时,有个士人名叫宾卑聚。他梦见有个强壮的男子,戴着白绢做的帽子,系着红麻线做的帽带,穿着熟绢做的衣服,白色的新鞋,佩带着黑鞘宝剑,走上前来叱责他,用唾沫吐他的脸。他吓醒了,原来只是一个梦。坐了整整一夜,心里很不高兴。第二天,召来他的朋友告诉说:"我年轻时就爱好勇力,年纪六十了,没有遭受过挫折侮辱。现在夜里遭到侮辱,我将寻找这个人,如期找到还可以,如果找不到我将为此而死。"每天早晨跟他的朋友一起站在四通八达的街道上,过了三天没有找到,回去以后就自刎而死。要说这是应当尽力去做的却未必,虽说如此,但是他的内心不可受辱,这一点还有能超过的吗?

高　义

【题解】

本篇主旨在于推崇"义"。文章说，不管世俗的看法如何，君子"动必缘义，行必诚义"，即一举一动都必须依照"义"的原则。文章列举孔子、墨子、子囊、石渚的事例，说明君子对待赏罚的态度是："当功以受赏，当罪以受罚。赏不当，虽与之必辞；罚诚当，虽赦之不外。"这样做，符合"义"的原则。

二曰：

君子之自行也，动必缘义，行必诚义，俗虽谓之穷，通也。行不诚义，动不缘义，俗虽谓之通，穷也。然则君子之穷通，有异乎俗者也。故当功以受赏，当罪以受罚。赏不当，虽与之必辞；罚诚当①，虽赦之不外②。度之于国③，必利长久。长久之于主，必宜内反于心不惭然后动。

【注释】

①诚：如果。

②不外：不敢推却，指不敢不受惩罚。外，摒弃，推却掉。

③度（duó）：衡量。

【译文】

第二：

　　君子自身的所作所为，举动必须遵循义的原则，行为必须忠于义的原则，世俗虽然认为行不通，但君子认为行得通。行为不忠于义的原则，举动不遵循义的原则，世俗虽然认为行得通，但君子认为行不通。这样看来，君子的所谓行不通或行得通，就跟世俗不同了。所以有功就接受相应的奖赏，有罪就接受相应的惩罚。如果不该受赏，那么即使赏给自己，也一定谢绝；如果应该受罚，那么即使赦免自己，也不躲避惩罚。用这种原则考虑国家大事，一定会对国家有长远的利益。要对君主有长远的利益，君子一定要内心反省不感到惭愧然后才行动。

　　孔子见齐景公①，景公致廪丘以为养②。孔子辞不受，入谓弟子曰③："吾闻君子当功以受禄。今说景公④，景公未之行而赐之廪丘，其不知丘亦甚矣！"令弟子趣驾⑤，辞而行。孔子，布衣也，官在鲁司寇，万乘难与比行⑥，三王之佐不显焉⑦，取舍不苟也夫！

【注释】

①齐景公：春秋时齐国君主，前547年—前490年在位。

②廪丘：齐邑名，在今山东郓城西北。以为养：指把它（廪丘）作为食邑。

③入：当为"出"字之误（依松皋圆说）。

④说（shuì）：游说，劝说别人使之听从自己的主张。景公："景"是谥号，此处不该如此称呼，当是追书之辞。

⑤趣（cù）：赶快。

⑥比：并。

⑦不显焉：不比他显赫。

【译文】

　　孔子谒见齐景公，景公送给他廪丘作为食邑。孔子谢绝了，不肯接受，出来以后对学生们说："我听说君子有功因而接受俸禄，现在我劝说景公听从我的主张，景公还没有实行，却要赏赐给我廪丘，他太不了解我了！"让学生们赶快套好车，告辞以后就走了。孔子这时是平民，他在鲁国只任过司寇之职，然而拥有万辆兵车的大国君主难以跟他相提并论，禹、汤、文武的辅佐之臣不比他显赫，这是因为他取舍都不苟且啊！

　　子墨子游公上过于越①。公上过语墨子之义，越王说之，谓公上过曰："子之师苟肯至越，请以故吴之地阴江之浦书社三百以封夫子②。"公上过往复于子墨子，子墨子曰："子之观越王也，能听吾言、用吾道乎？"公上过曰："殆未能也。"墨子曰："不唯越王不知翟之意，虽子亦不知翟之意。若越王听吾言、用吾道，翟度身而衣，量腹而食，比于宾萌③，未敢求仕。越王不听吾言、不用吾道，虽全越以与我，吾无所用之。越王不听吾言、不用吾道，而受其国，是以义翟也④。义翟何必越，虽于中国亦可⑤。"凡人不可不熟论。秦之野人⑥，以小利之故，弟兄相狱，亲戚相忍。今可得其国，恐亏其义而辞之，可谓能守行矣。其与秦之野人相去亦远矣。

【注释】

①游：用如使动，使……游。公上过：墨子的弟子。

②阴江：江名。浦：江边。书社：古代二十五家为一社，书写社人姓名于册籍，称"书社"。借指一定数量的土地及附着于土地的

人口。

③宾萌：客居之民，从外地迁入的人。萌，民。

④翟：当是"枭"（繁体作"糶"，与"翟"形近）字之误（依毕沅说）。枭，卖。

⑤中国：指中原各国。

⑥野人：义同"鄙人"。四郊以外地区为"野"或"鄙"，"野人"即指郊野之农。

【译文】

墨子让公上过到越国游说。公上过讲述了墨子的主张，越王很喜欢，对公上过说："您的老师如果肯到越国来，我愿把过去吴国的土地阴江沿岸三百社的地方封给他老先生。"公上过回去禀报给墨子，墨子说："你看越王能听从我的话、采纳我的主张吗？"公上过说："恐怕不能。"墨子说："不仅越王不了解我的心意，就是你也不了解我的心意。假如越王听从我的话、采纳我的主张，我衡量自己的身体穿衣，估量自己的肚子吃饭，我将处于客居之民的地位，不敢要求做官；假如越王不听从我的话、不采纳我的主张，即使把整个越国给我，我也用不着它。越王不听从我的话、不采纳我的主张，我却接受他的国家，这就是拿原则做交易。拿原则做交易，何必到越国去？即使中原之国也是可以的。"大凡对于人不可不仔细考察。秦国的鄙野之人，因为一点小利的缘故，弟兄之间就相互打官司，亲人之间就相互残害。现在墨子可以得到越王的国土，却担心损害了自己的道义，因而谢绝了，这可以说是能保持操行了。秦国的鄙野之人与他相距也太远了。

荆人与吴人将战，荆师寡，吴师众。荆将军子囊曰①："我与吴人战，必败。败王师，辱王名，亏壤土，忠臣不忍为也。"不复于王而遁。至于郊，使人复于王曰："臣请死。"王曰："将军之遁也，以其为利也。今诚利，将军何死？子囊曰:"遁者无罪,则后世之为王臣者,将皆依不利之名而效臣遁。若是,则荆国终为天下挠②。"遂伏剑而死。王曰:"请成将军之义。"乃为之桐棺三寸③,加斧锧其上。人主之患,存而不知所以存,亡而不知所以亡。此存亡之所以数至也。郼、岐之广也④,万国之顺也,从此生矣⑤。荆之为四十二世矣⑥,尝有乾谿、白公之乱矣⑦,尝有郑襄、州侯之避矣⑧,而今犹为万乘之大国,其时有臣如子囊与! 子囊之节,非独厉一世之人臣也⑨。

【注释】

①子囊:春秋时楚庄王之子。

②挠:挫,挫败。

③桐棺三寸:指刑人之棺。棺木只有三寸厚,以此表明是受刑而死。

④郼:汤灭桀前的封国。岐:武王灭纣前所居之地。广:扩大。

⑤"万国"二句:这几句大意是说,汤、武王之所以能灭掉桀、纣,统一天下,天下诸侯都归服,正是由于这个原因(指桀、纣不知存亡的道理)。

⑥"荆之"句:"为"下当脱"荆"或"国"字(王念孙、孙锵鸣说)。

⑦乾谿、白公之乱:楚灵王伐徐,驻扎在乾谿;公子弃疾为司马,派人去乾谿瓦解灵王的军队,灵王在乾谿自缢而死。"乾谿之乱"即指此而言。白公,指白公胜,楚平王太子建之子,太子建为郑人所杀,白公胜为报父仇,杀死领兵救郑的楚令尹子西、司马子旗,并占据了楚都。"白公之乱"即指此事而言。

⑧郑襄、州侯之避:指郑袖、州侯助楚王行邪僻。襄,当作"褭"(袖)字(依王念孙说)。郑袖,楚怀王幸姬。州侯,楚襄王宠臣。避:

通"辟",邪僻。

⑨厉：磨砺，勉励。

【译文】

楚国人与吴国人将要作战，楚国军队人少，吴国军队人多。楚国将军子囊说："我国与吴国作战，必定失败。让君主的军队失败，让君主的名声受辱，使国家的土地受损失，忠臣不忍心这样做。"没有向楚王禀告就逃回来了。到了郊外，派人向楚王禀告说："我请求被处死。"楚王说："将军你逃回来，是认为这样做有利啊。现在确实有利，将军你为什么要死呢？"子囊说："逃回来的如果不加惩处，那么后世当君主将领的人，都会借口作战不利而效法我逃跑。这样，楚国最终就会被天下的诸侯挫败。"于是就用剑自杀而死。楚王说："让我成全将军他的道义。"就给他做了三寸厚的桐木棺表示惩处，把斧子砧子等刑具放在棺上表示处以死刑。君主的弊病是，保存住国家却不知道为什么会保存住，丧失掉国家却不知道为什么会丧失掉。这就是保存住国家与丧失掉国家的情况频繁出现的原因。郢、岐的扩大，各国的归顺，就是由此产生的。楚国成为国家已经四十二代了，曾经有过灵王被迫在乾谿自缢而死、白公胜杀死子西、子旗攻陷楚都那样的祸乱，曾经有过郑袖、州侯帮楚王行邪僻的事情，可是如今仍然是个拥有万辆兵车的大国，这大概就是因为它经常有像子囊那样的臣子吧！子囊的气节，不只是磨砺一代的臣子啊！

荆昭王之时①，有士焉曰石渚。其为人也，公直无私，王使为政。道有杀人者，石渚追之，则其父也。还车而反②，立于廷曰："杀人者，仆之父也③。以父行法，不忍；阿有罪④，废国法，不可。失法伏罪，人臣之义也。"于是乎伏斧锧，请死于王。王曰："追而不及，岂必伏罪哉！子复事矣。"石渚辞曰:"不私其亲,不可谓孝子;事君枉法,不可谓忠臣。君令赦之,上之惠也;不敢废法,臣之行也。"不去斧锧,殁头乎王廷⑤。正法枉必死,父犯法而不忍,王赦之而不肯,石渚之为人臣也,可谓忠且孝矣。

【注释】

①荆昭王:楚昭王,前515年—前489年在位。

②还车:掉转车头。

③仆:自称谦词。

④阿(ē):偏袒,庇护。

⑤殁头:刎颈。

【译文】

楚昭王时,有个贤士名叫石渚。他为人公正无私,昭王让他治理政事。有个在道上杀人的人,石渚去追赶这个人,原来是他父亲。他掉转车子返回来,站在朝廷上说:"杀人的人是我父亲。对父亲施刑法,我不忍心;偏袒有罪之人,废弃国家刑法,这不可以。执法有失要受惩处,这是臣子应遵守的道义。"于是就趴伏在刑具上,请求在昭王面前受死。昭王说:"追赶杀人的人而没有追上,哪里一定要受惩处呢?你重新担任职务吧。"石渚说:"不偏爱自己的父亲,不可以叫做孝子;侍奉君主而违法曲断,不可以叫做忠臣。您命令赦免我,这是君主的恩惠;不敢废弃刑法,这是臣子的操行。"不让拿掉刑具,在昭王朝廷上自刎而死。按照公正的刑法,违法必定处死,父亲犯法,自己不忍心处以死刑;君主赦免了自己,却不肯接受赦免。石渚作为臣子,可以说是又忠又孝了。

上　德

【题解】

　　所谓"上德"，即以德为上、崇尚道德之意。本篇旨在论述德、义是治理天下和国家的根本。文章指出，"为天下及国，莫如以德，莫如行义"，做到"以德以义"，那么就能"不赏而民劝，不罚而邪止"。文章宣扬德义的威力。同时反对"严罚厚赏"，认为这是"衰世之政"。

　　三曰：

　　为天下及国，莫如以德，莫如行义。以德以义，不赏而民劝，不罚而邪止。此神农、黄帝之政也。以德以义，则四海之大，江河之水，不能亢矣^①；太华之高^②，会稽之险^③，不能障矣；阖庐之教^④，孙、吴之兵^⑤，不能当矣。故古之王者，德回乎天地^⑥，澹乎四海^⑦，东西南北，极日月之所烛^⑧。天覆地载，爱恶不臧^⑨。虚素以公^⑩，小民皆之^⑪，其之敌而不知其所以然^⑫，此之谓顺天。教变容改俗，而莫得其所受之，此之谓顺情。故古之人，身隐而功著，形息而名彰^⑬，说通而化奋^⑭，利行乎天下，而民不识。岂必以严罚厚赏哉？严罚厚赏，此衰世之政也。

【注释】

①亢：通"抗"，抵御。

②太华(huà)：即西岳华山。

③会稽(kuàijī)：即会稽山，在浙江省中部。

④阖庐：通作"阖闾"，春秋末期吴国君主，前514年—前496年在
　位。本书《用民》云："阖庐试其民于五湖，剑皆加于肩，地流血几
　不可止。"所谓"阖庐之教"，即指此类事而言。

⑤孙：指孙武，字长卿，春秋时期齐国人，著名的兵家。吴：指吴起，
　战国时期卫国人，善用兵。初为鲁将，继为魏将，后至楚，为令
　尹，实行变法。楚悼王死后，被旧贵族射死。

⑥回：转，运转。

⑦澹：通"赡"，足。

⑧烛：照耀。

⑨臧：隐匿。这个意义后来写作"藏"。

⑩虚素：处虚服素，恬淡质朴的意思。

⑪偕：通"偕"。

⑫之：与。敌：通"适"，往。（以上皆从许维遹说）这句意思是，小民
　与王皆往(指行公正)而不知其所以然。

⑬形息：指身死。

⑭化奋：教化大行。奋，发扬。

【译文】

第三：

　　治理天下和国家，莫过于用德，莫过于行义。用德用义，不靠赏赐
人民就会努力向善，不靠刑罚邪恶就能制止。这是神农、黄帝的政治。
用德用义，那么四海的广大，长江黄河的流水，都不能抵御；华山的高
大，会稽山的险峻，都不能阻挡；阖庐的教化，孙武、吴起的军队，都不能
抵挡。所以古代称王的人，他们的道德流布天地之间，充满四海之内，

东西南北,一直到达日月所能照耀到的地方。他们的道德像天一样覆盖万物,像地一样承载万物,无论对喜爱的还是厌恶的,都不藏匿其道德。他们恬淡质朴,处事公正,小民们也都随之公正,小民与王一起公正处事,自己却不知道为什么会这样,这就叫做顺应了天性。王的教化改变了小民的面貌和习俗,小民自己却不知道受了教化,这就叫做顺应了人情。所以古代的人,他们自身隐没了,可是功绩却卓著;他们本身死了,可是名声却显扬。他们的主张畅通,教化大行。他们给天下人带来利益,可是人民并不能察觉到。哪里一定要用严刑厚赏呢?严刑厚赏,这是衰落社会的政治。

　　三苗不服①,禹请攻之,舜曰:"以德可也。"行德三年,而三苗服。孔子闻之,曰:"通乎德之情,则孟门、太行不为险矣②。故曰德之速,疾乎以邮传命③。"周明堂金在其后④,有以见先德后武也⑤。舜其犹此乎!其臧武通于周矣。

【注释】

①三苗:也称"有苗",古部族名,居住在江、淮、荆州一带。传说舜时被迁到三危(今甘肃敦煌一带)。

②孟门:古山名,在山西、陕西交界处,绵亘黄河两岸。太行:山名,在山西、河北交界处,多横谷,故有"太行八陉"之称。这里"孟门、太行"指二山之要塞。

③疾:速。邮:古代传递文书、供应食宿车马的驿站。

④明堂:古代天子宣明政教举行大典的地方。金在其后:指金属乐器及器具陈列于后。依五行说,金主杀气,所以把它作为"武"的象征。

⑤见(xiàn):显示,表明。

【译文】

　　三苗不归服，禹请求攻打它，舜说："用德政就可以了。"实行德政三年，三苗就归服了。孔子听到了这件事，说："通晓了德教的实质，那么孟门、太行山都算不得险峻了。所以说德教的迅速，比用驿车传递命令还快。"周代的朝堂把金属乐器和器物摆在后边，这是用来表示先行德教后用武力啊。舜大概就是这样做的吧！他不轻易动用武力的精神流传到周代了。

　　晋献公为丽姬远太子①。太子申生居曲沃②，公子重耳居蒲③，公子夷吾居屈④。丽姬谓太子曰："往昔君梦见姜氏⑤"。太子祠而膳于公⑥，丽姬易之。公将尝膳，姬曰："所由远⑦，请使人尝之。"尝人，人死；食狗，狗死。故诛太子。太子不肯自释，曰："君非丽姬，居不安，食不甘。"遂以剑死。公子夷吾自屈奔梁⑧。公子重耳自蒲奔翟⑨。去翟过卫，卫文公无礼焉⑩。过五鹿⑪，如齐，齐桓公死。去齐之曹，曹共公视其骈胁⑫，使袒而捕池鱼。去曹过宋，宋襄公加礼焉⑬。之郑，郑文公不敬⑭，被瞻谏曰⑮："臣闻贤主不穷穷⑯。今晋公子之从者，皆贤者也。君不礼也，不如杀之。"郑君不听。去郑之荆，荆成王慢焉⑰。去荆之秦，秦缪公入之⑱。晋既定，兴师攻郑，求被瞻。被瞻谓郑君曰："不若以臣与之。"郑君曰："此孤之过也。"被瞻曰："杀臣以免国，臣愿之。"被瞻入晋军，文公将烹之，被瞻据镬而呼曰⑲："三军之士皆听瞻也：自今以来⑳，无有忠于其君，忠于其君者将烹。"文公谢焉，罢师，归之于郑。且被瞻忠于其君，而君免于晋患也；行义于郑，而见说于文公也。故义之为利博矣。

【注释】

①晋献公：春秋时晋国国君，前676年—前651年在位。丽姬：即骊姬。晋献公伐骊戎，获骊姬。有宠，生奚齐，欲立之，故陷害太子申生。

②曲沃：古邑名，晋的别都，在今山西闻喜东北。

③公子重耳：即后来的晋文公。蒲：晋邑名，在今山西隰县西北。

④公子夷吾：晋献公之子。屈：晋邑名，在今山西吉县北。

⑤昔：通"夕"。姜氏：即齐姜，太子申生之母，其时已死。

⑥膳：进食，奉献食物。下文"尝膳"之"膳"指食物。

⑦所由远：意思是，膳食是从远处送来的。其时太子居曲沃，自曲沃进膳，所以说"所由远"。由，从。

⑧梁：春秋时国名，嬴姓，后为秦穆公所灭。

⑨翟：也作"狄"，古部族名。

⑩卫文公：春秋时卫国君主，前659年—前635年在位。

⑪五鹿：卫邑名，在今河南濮阳东北。

⑫曹共公：曹国君主，前652年—前618年在位。骈胁：肋骨紧密相连，是一种生理畸形。

⑬宋襄公：春秋时宋国君主，前650年—前637年在位。加：施加。

⑭郑文公：春秋时郑国君主，前672年—前628年在位。

⑮被瞻：郑大夫。

⑯不穷穷：不永远困窘。前"穷"字，终的意思。后"穷"字，困窘，困厄。

⑰荆成王：楚成王，春秋时楚国君主，前671年—前626年在位。慢：怠慢，不敬。

⑱秦缪公：即秦穆公（缪通"穆"），春秋时秦国君主，前659年—前621年在位。入之：指将重耳送入晋国为君。

⑲镬（huò）：无足的鼎，形似大锅。

⑳自今以来:从今以后。来,往。

【译文】

晋献公为了丽姬的缘故而疏远了太子。太子申生住在曲沃,公子重耳住在蒲邑,公子夷吾住在屈邑。丽姬对太子说:"前几天夜里君主梦见了姜氏。"太子就祭祀姜氏,并把食品奉献给献公,丽姬用毒食替换了太子进献的膳食。献公要吃膳食,丽姬说:"膳食从远处送来的,请让人先尝尝。"让人尝,人死了;让狗吃,狗死了。所以要杀太子。太子不肯为自己申辩,说:"君主如果没有丽姬,睡觉就不安稳,吃饭就不香甜。"于是就用剑自杀了。公子夷吾从屈邑逃到梁国。公子重耳从蒲城逃到翟。离开翟,经过卫国,卫文公不以礼相待。经过五鹿,到了齐国,正赶上齐桓公死了。又离开齐国到了曹国,曹共公想看看他紧紧相连的肋骨,就让他脱了衣服去捕池里的鱼。离开曹国,经过宋国,宋襄公以礼相待。到了郑国,郑文公不尊重他,被瞻劝告说:"我听说贤明的君主不会永远困窘。现在晋公子随行的人,都是贤德之人。您不以礼相待,不如杀了他。"郑国君主不听从他的劝告。离开郑国,到了楚国,楚成王对他很不敬。离开楚国,到了秦国,秦穆公把他送回晋国。重耳即位以后,发兵攻打郑国,索取被瞻。被瞻对郑国君主说:"不如把我交给晋国。"郑国君主说:"这是我的过错。"被瞻说:"杀死我从而使国家免于灾难,我愿意这样做。"被瞻到了晋国军队里,晋文公要煮死他,被瞻抓住大锅喊道:"三军的兵士都听我说:从今以后,不要再忠于自己的君主了,忠于自己君主的人将被煮死。"文公向他道歉,撤回了军队,让被瞻回到了郑国。被瞻忠于自己的君主,因而君主避免了晋国的祸患;他在郑国按义的原则行事,因而受到了晋文公的喜欢。所以义带来的利益太大了。

墨者钜子孟胜①,善荆之阳城君。阳城君令守于国②,毁璜以为符③,约曰:"符合听之。"荆王薨,群臣攻吴起,兵于丧所④,阳城君与焉。荆罪之⑤,阳城君走。荆收其国。孟胜曰:"受人之国,与之有符。今不见符,而力不能禁,不能死,不可。"其弟子徐弱谏孟胜曰:"死而有益阳城君,死之可矣;无益也,而绝墨者于世,不可。"孟胜曰:"不然。吾于阳城君也,非师则友也,非友则臣也。不死,自今以来,求严师必不于墨者矣,求贤友必不于墨者矣,求良臣必不于墨者矣。死之,所以行墨者之义,而继其业者也。我将属钜子于宋之田襄子⑥。田襄子,贤者也,何患墨者之绝世也?"徐弱曰:"若夫子之言,弱请先死以除路。"还殁头前于孟胜⑦。因使二人传钜子于田襄子。孟胜死,弟子死之者百八十。三人以致令于田襄子⑧,欲反死孟胜于荆,田襄子止之曰:"孟子已传钜子于我矣,当听。"遂反死之。墨者以为不听钜子不察⑨。严罚厚赏,不足以致此。今世之言治,多以严罚厚赏,此上世之若客也⑩。

【注释】

①钜子:也作"巨子",战国时期墨家称其学派有重大成就的人为"钜子",如同说"大师"。钜子之职是由前任钜子认可并传给的。

②国:指阳城君的食邑。

③璜(huáng):古玉器名,形状像璧的一半。符:古代传达命令或调兵将用的凭证,以铜、玉、竹、木等制成,中间剖分开,双方各执一半,合之以验真伪。

④兵于丧所:在停丧的地方动起了兵器。楚悼王死后,旧贵族们箭射吴起,吴起伏于王尸而死,所以这里说"兵于丧所"。

⑤荆罪之:楚肃王即位以后,因为旧贵族们射吴起时射中悼王尸

体,所以对这些人治罪。这里的"荆罪之"即指此事而言。

⑥属(zhǔ):托付。田襄子:事迹无考,当为墨家首领。

⑦还:转过身去。歾头:刎颈。

⑧三人:当作"二人"(依吴闿生说)。以:已。

⑨不察:不知,指不知墨家之义。察,知。

⑩若客:义未详。许维遹疑为"苛察"之误,译文姑从之。苛察,以
　繁烦苛酷为明察。

【译文】

　　墨家学派的钜子孟胜,与楚国的阳城君友好。阳城君让他守卫自
己的食邑,剖分开璜玉作为符信,与他约定说:"合符以后才能听从命
令。"楚王死了,大臣们攻打吴起,在停丧的地方动起了兵器,阳城君参
与了这件事。楚国治罪这些大臣,阳城君逃走了。楚国要收回他的食
邑。孟胜说:"我接受了人家的食邑,与人家有符信为凭证。现在没有
见到符信,而自己的力量又不能禁止楚国收回食邑,不能为此而死,是
不行的。"他的学生徐弱劝阻说:"死了如果对阳城君有好处,那么为此
而死是可以的;如果对阳城君没有好处,却使墨家在社会上断绝了,这
不可以。"孟胜说:"不对。我对于阳城君来说,不是老师就是朋友,不是
朋友就是臣子。如果不为此而死,从今以后,寻求严师一定不会从墨家
中寻求了,寻求贤友一定不会从墨家中寻求了,寻求良臣一定不会从墨
家中寻求了。为此而死,正是为了实行墨家的道义从而使墨家的事业
得以继续啊!我将把钜子的职务传给宋国的田襄子。田襄子是贤德的
人,哪里用得着担心墨家在社会上断绝呢?"徐弱说:"像先生您说的这
样,那我请求先死以便扫清道路。"转过身去在孟胜之前刎颈而死。孟
胜于是就派两个人把钜子的职务传给田襄子。孟胜死了,学生们为他
殉死的有一百八十人。那两个人把孟胜的命令传达给田襄子,想返回
去在楚国为孟胜殉死,田襄子制止他们说:"孟子已把钜子的职务传给
我了,你们应当听我的。"两个人终于返回去为孟胜殉死。墨家认为不

听从钜子的话，就是不知墨家之义。严刑厚赏，不足以达到这样的地步。现在社会上谈到治理天下国家，大都认为要用严刑厚赏，这就是古代所认为的以繁烦苛酷为明察啊。

用　民

【题解】

　　本篇旨在论述使用人民的方法。文章认为，君主能否得当地使用自己的人民，是国家存亡的关键。君主使用人民的正确的方法是"太上以义，其次以赏罚"。义是根本，赏罚是义的辅助。

　　文章最后提出"威不可无有，而不足专恃"，与下篇《适威》相通。

　　四曰：

　　凡用民，太上以义，其次以赏罚。其义则不足死^①，赏罚则不足去就^②，若是而能用其民者，古今无有。民无常用也，无常不用也，唯得其道为可。阖庐之用兵也，不过三万。吴起之用兵也，不过五万。万乘之国，其为三万五万尚多，今外之则不可以拒敌，内之则不可以守国，其民非不可用也，不得所以用之也。不得所以用之，国虽大，势虽便，卒虽众，何益？古者多有天下而亡者矣，其民不为用也。用民之论，不可不熟^③。

【注释】

①则：若，如果。

②去就：指去恶就善。

③熟：深知，详尽了解。

【译文】

第四：

凡是使用人民，最上等的是靠义，其次是靠赏罚。义如果不足以让人民效死，赏罚如果不足以让人民去恶向善，这样却能使用自己人民的人，从古到今都没有。人民并不永远被使用，也不永远不被使用，只有掌握了正确的方法，人民才可以被使用。阖庐用兵，不超过三万。吴起用兵，不超过五万。拥有万辆兵车的大国，它们用兵比三万五万还多，可是如今对外不可以御敌，对内不可以保国，它们的人民并不是不可以使用，只是没有掌握恰当的使用人民的方法。没有掌握恰当的使用人民的方法，国家即使很大，形势即使很有利，士兵即使很多，有什么益处？古代有很多享有天下可是最后却遭到灭亡的，就是因为人民不被他们使用啊。使用人民的道理，不可不详尽了解。

剑不徒断①，车不自行，或使之也。夫种麦而得麦，种稷而得稷②，人不怪也。用民亦有种，不审其种，而祈民之用，惑莫大焉。

当禹之时，天下万国，至于汤而三千馀国，今无存者矣，皆不能用其民也。民之不用，赏罚不充也③。汤、武因夏、商之民也，得所以用之也。管、商亦因齐、秦之民也④，得所以用之也。民之用也有故，得其故，民无所不用。用民有纪有纲⑤。壹引其纪，万目皆起⑥；壹引其纲，万目皆张。为民纪纲者何也？欲也恶也。何欲何恶？欲荣利，恶辱害。辱害所以为罚充也,荣利所以为赏实也。赏罚皆有充实,则民无不用矣。阖庐试其民于五湖⑦,剑皆加于肩,地流血几不可止。句践试其民于寝宫,民争入水火,死者千馀矣,遽击金而却之⑧。赏罚有充也。莫邪不为勇者兴惧者变⑨,勇者以工,惧者以拙,能与不能也。

【注释】

①徒:凭空,无故。断:指断物。

②穄:谷物名,不粘的黍子,即糜子。

③充:充实。

④管:指管仲。商:指商鞅。

⑤纪:本指丝缕的头绪,又可指网上的绳,引申而有法纪、法度义。
　　纲:提网的绳,引申而有纲纪义。

⑥目:网上的孔眼,引申而有细目义。

⑦试:演习,检验。

⑧遽:速。金:金属之器,指钲铙之类,古代军队中以击金作为退兵的信号。

⑨莫邪:也作“镆铘”、“镆釾”、“镆邪”,古代良剑名。兴:当作“与”(依王念孙说)。

【译文】

剑不会自己凭空砍断东西,车不会自己行走,是有人让它们这样的。播种麦子就收获麦子,播种糜子就收获糜子,人们对此并不感到奇怪。使用人民也有播什么种子的问题,不考察播下什么种子,却要求人民被使用,没有比这更胡涂的了。

在禹那个时代,天下有上万个诸侯国,到汤那个时代有三千多个诸侯国,这些诸侯国现在没有存在的了,都是因为不能使用自己的人民啊。人民不被使用，是因为赏罚不能兑现。汤、武王凭借的是夏朝、商朝的人民，这是因为他们掌握了恰当的使用人民的方法。管仲、商鞅也是凭借齐国、秦国的人民，这是因为他们掌握了恰当的使用人民的方法。人民被使用是有原因的，懂得了这原因，人民就会听凭使用了。使用人民也有纪有纲，一举起纪和纲来，万目都随之举起张开。成为人民纲纪的是什么呢？是希望和厌恶。希望什么厌恶什么？希望荣耀利益，厌恶耻辱祸害。耻辱祸害是用来兑现惩罚的，荣耀利益是用来兑现赏赐的。赏赐惩罚都能兑现，那么人民就没有不被使用的了。阖庐在五湖检验他的人民，剑都刺到了肩头，血流遍地，几乎都不能制止人民前进。勾践在寝宫着火时检验他的人民，人民争着赴汤蹈火，死的人有一千多，赶紧鸣金才能让人民后退。这是因为赏罚都能兑现。莫邪那样的良剑不因为勇敢的人或怯懦的人而改变锋利的程度，勇敢的人靠了它更加灵巧，怯懦的人靠了它更加笨拙，这是由于他们善于使用或不善于使用造成的。

夙沙之民[1]，自攻其君而归神农。密须之民[2]，自缚其主而与文王[3]。汤、武非徒能用其民也，又能用非己之民。能用非己之民，国虽小，卒虽少，功名犹可立。古昔多由布衣定一世者矣，皆能用非其有也。用非其有之心，不可察之本[4]。三代之道无二，以信为管[5]。

【注释】

①夙沙：传说中上古部族名。

②密须：也作"密"，古国名，姞姓，后为周文王所灭。故址在今甘肃灵台西南。

③与：亲附，归附。

④不可察："察"上当脱一"不"字(依毕沅说)。

⑤管：枢要，准则。

【译文】

　　夙沙国的人民，自己杀死自己的君主来归附神农。密须国的人民，自己捆上自己的君主来归附周文王。汤、武王不只是能使用自己的人民，还能使用不属于自己的人民。能使用不属于自己的人民，国家即使小，士兵即使少，功名仍然可以建立。古代有很多由平民而平定天下的人，这是因为他们都能使用不属于自己的人民啊。使用不属于自己的人民这种心思，是不可不考察清楚的根本啊。夏、商、周三代的法则没有别的，就是把信用作为准绳。

　　宋人有取道者①，其马不进，倒而投之潾水②。又复取道，其马不进，又到而投之潾水。如此者三。虽造父之所以威马③，不过此矣。不得造父之道，而徒得其威，无益于御。人主之不肖者，有似于此。不得其道，而徒多其威。威愈多，民愈不用。亡国之主，多以多威使其民矣。故威不可无有，而不足专恃。譬之若盐之于味，凡盐之用，有所托也。不适，则败托而不可食。威亦然，必有所托，然后可行。恶乎托④？托于爱利。爱利之心谕⑤，威乃可行。威太甚则爱利之心息，爱利之心息，而徒疾行威，身必咎矣。此殷、夏之所以绝也。君，利势也，次官也⑥。处次官，执利势，不可而不察于此。夫不禁而禁者，其唯深见此论邪。

【注释】

①取道：出行，赶路。

②倒：当为"到"字之误。到：杀。"潾水"当作"谿水"。（皆依王念孙

　　说）。

　　③造父：古代善于驾马的人，曾为周穆王御者。

　　④恶（wū）乎：于何。恶，何。乎，于。

　　⑤谕：知晓，这里是被知晓的意思。

　　⑥次官：义未详。似指决定官吏的等次。次，等次。

【译文】

　　宋国有个赶路的人，他的马不肯前进，就杀死它把它扔到溪水里。又重新赶路，他的马不肯前进，又杀死它把它扔到溪水里。这样反复了三次。即使是造父对马树立威严的方法，也不过如此。那个宋国人没有学到造父驭马的方法，却仅仅学到了威严，这对于驾驭马没有什么好处。君主当中那些不贤德的人，与此相似。他们没有学到当君主的方法，却仅仅学到很多当君主的威严。威严越多，人民越不被使用。亡国的君主，大都凭着威严使用人民。所以威严不可以没有，也不足以专门依仗。这就譬如盐对于味道一样，凡是使用盐，一定要有凭借的东西。用量不适度，就毁坏了所凭借的东西，因而就不可食用了。威严也是这样，一定要有所凭借，然后才可以施以威严。凭借什么？凭借爱和利。爱和利的心被人晓喻了，威严才可以施行。威严太过分了，那么爱和利的心就会消失。爱和利的心消失了，却只是厉行威严，自身必定遭殃。这就是夏、商之所以灭亡的原因。君主有利有势，能决定官吏的等级。处于决定官吏等级的地位，掌握着利益和权势，君主对这种情况不可不审察清楚。不须刑罚禁止就能禁止人们为非的，大概只有深刻地认识到这个道理才能做到吧！

适　威

【题解】

　　所谓“适威”，指君主树立威严应该适度。本篇旨在论述君主役使人民的方法。首先，君主只有善待人民，才能得到人民的拥戴；只有为民除患致福，才能无敌于天下。第二，君主树立威严应该适度，超过限度走到极端必然失败。这些观点，反映了作者的民本思想。

　　五曰：

　　先王之使其民，若御良马，轻任新节①，欲走不得，故致千里。善用其民者亦然。民日夜祈用而不可得，若得为上用，民之走之也，若决积水于千仞之溪②，其谁能当之？

　　《周书》曰③：“民，善之则畜也④，不善则雠也⑤”。有雠而众，不若无有。厉王⑥，天子也，有雠而众，故流于彘⑦，祸及子孙，微召公虎而绝无后嗣⑧。今世之人主，多欲众之，而不知善，此多其雠也。不善则不有⑨。有必缘其心，爱之谓也。有其形不可谓有之。舜布衣而有天下，桀，天子也，而不得息⑩，由此生矣。有无之论，不可不熟。汤、武通于此论，故功名立。

古之君民者,仁义以治之,爱利以安之,忠信以导之,务除其灾,思致其福。故民之于上也,若玺之于涂也⑪,抑之以方则方⑫,抑之以圜则圜⑬;若五种之于地也,必应其类,而蕃息于百倍。此五帝三王之所以无敌也。身已终矣,而后世化之如神,其人事审也。

【注释】

①任:载,负担。新节:当作"执节"(依许维遹说)。节,策,马鞭。

②仞:周代以七尺或八尺为仞。

③《周书》:古逸书。

④畜:通"慉(xù)",喜爱,爱护。

⑤雠:仇。

⑥厉王:周厉王,有名的暴君。后被国人逐出,逃到彘,十四年后死在那里。

⑦彘(zhì):古地名,在今山西霍县东北。

⑧"微召"句:厉王被逐后,太子靖藏在召公虎家中,国人包围了召公虎家,召公虎以己子代替太子,太子才免于死,所以这里这样说。召公虎,即召伯虎,召公奭的后代。厉王死后,他拥立太子靖(即周宣王)即位。

⑨不有:指不能得到人民拥护。

⑩息:安,指安居其位。

⑪玺:印。涂:指"封泥"。古代公私简牍封闭时,捆以绳,于绳端或交叉处加以检木,封以粘土,上盖印章,作为信验,以防私拆。这种钤有印章的泥块称为"封泥"。

⑫抑:按压。

⑬圜:通"圆"。

【译文】

第五：

先王役使自己的百姓，就像驾驭好马一样，让马拉着轻载，手里拿着马鞭，马想乱跑也办不到，所以能达到千里远的地方。善于役使自己百姓的人也是这样。百姓日夜祈求被使用却不能够被使用，如果能够被君主使用，百姓为君主奔走，就像积水从万丈深的溪流中决口冲出来，谁又能阻挡得住呢？

《周书》上说："百姓，善待他们，他们就喜爱君主；不善待他们，他们就和君主成为仇人。"有很多仇人，就不如没有好。周厉王是天子，他有很多仇人，所以被放逐到彘，灾祸连累到子孙，如果没有召公虎，就断绝了后嗣。现在世上的君主，大都想使自己百姓众多，却不知道善待百姓，这只是使仇人增多啊。不善待百姓，就不能得到百姓拥护。得到百姓拥护，必须让百姓从内心里拥护，这就是所说的爱戴了。只占有百姓的躯体不能叫做得到百姓拥护。舜是平民，却占有了天下。桀是天子，却不得安居其位。这些都取决于能否得民心。得民心与失民心的道理，不可不认真审察。汤、武王精通这个道理，所以功成名就。

古代当君主的人，用仁和义治理百姓，用爱和利使百姓安定，用忠和信引导百姓，致力于为民除害，思考着为民造福。所以百姓对于君主来说，就像把玺印打在封泥上一样，用方形的按压就成为方形的，用圆形的按压就成为圆形的；就像把五谷种在土地上一样，收获的果实必定与种子同类，而且能成百倍地增长。这就是五帝三王之所以无敌于天下的原因。他们自己虽然去世了，可是后世如同神灵一般蒙受他们的教化，这是因为他们对世间之事经过认真审察。

魏武侯之居中山也[①]，问于李克曰[②]："吴之所以亡者何也？"李克对曰："骤战而骤胜[③]。"武侯曰："骤战而骤胜，国家之福也，其独以亡，何故？"对曰："骤战则民罢，骤胜则主骄。

以骄主使罢民,然而国不亡者,天下少矣。骄则恣,恣则极物④;罢则怨,怨则极虑。上下俱极,吴之亡犹晚。此夫差之所以自殁于干隧也⑤。"

东野稷以御见庄公⑥,进退中绳⑦,左右旋中规⑧。庄公曰:"善。"以为造父不过也。使之钩百而少及焉⑨。颜阖入见⑩,庄公曰:"子遇东野稷乎?"对曰:"然,臣遇之。其马必败⑪。"庄公曰:"将何败?"少顷,东野之马败而至。庄公召颜阖而问之曰:"子何以知其败也?"颜阖对曰:"夫进退中绳,左右旋中规,造父之御,无以过焉。乡臣遇之⑫,犹求其马,臣是以知其败也。"

故乱国之使其民,不论人之性,不反人之情,烦为教而过不识,数为令而非不从,巨为危而罪不敢,重为任而罚不胜。民进则欲其赏,退则畏其罪。知其能力之不足也,则以为继矣⑬。以为继知,则上又从而罪之,是以罪召罪。上下之相雠也,由是起矣。

【注释】

①魏武侯:名击,魏文侯之子,前395年—前370年在位。文侯攻灭中山国后,封太子击为中山君,所以这里说他"居中山"。

②李克:战国初期政治家,子夏的学生。太子击为中山君时,他任中山相。

③骤:屡次。

④极:尽。这里用如动词,用尽。

⑤自殁:自刎。干隧:也作"干遂",吴地名,在今江苏苏州西北。夫差被勾践打败后,在干隧自刎而死。

⑥东野稷:姓东野,名稷。见(xiàn):展现,显示。庄公:指卫庄公。

⑦中：符合。绳：墨绳，木工取直的工具。

⑧规：木工取圆的工具。

⑨"使之"句：义未详。按：《庄子·达生》载此作"使之钩百而反"，疑此亦应作"使之钩百而反"，"及"乃"反"之形误，又与"少"误倒。"少焉"（须臾之义）另作一读属下。钩百，绕一百个圈子。钩，圆形，用如动词，则有绕圈义。

⑩颜阖：战国时期鲁国人。

⑪败：坏，这里是累坏的意思。

⑫乡：通"向"，刚才。

⑬为：通"伪"。

【译文】

　　魏武侯当中山君的时候，向李克问道："吴国之所以灭亡的原因是什么呢？"李克回答说："是因为屡战屡胜。"武侯说："屡战屡胜，这是国家的福分，它却偏偏因此灭亡，是什么原因呢？"李克回答说："多次作战，百姓就疲惫；多次胜利，君主就骄傲。用骄傲的君主役使疲惫的百姓，这样国家却不灭亡的，天下太少了。骄傲就会放纵，放纵就会用尽所欲之物；疲惫就会怨恨，怨恨就会用尽巧诈之心。君主用尽所欲之物，百姓用尽巧诈之心，吴国被灭亡还算晚了呢。这就是夫差之所以在干隧自刎的原因。"

　　东野稷在庄公面前表演自己的驾车技术，前进后退符合规则，左转右转都合乎规矩。庄公说："好。"认为造父也不能超过他。又让他的马绕一百个圈之后再回来。过了一会儿，颜阖来谒见庄公，庄公说："你遇到东野稷了吗？"颜阖回答说："是的，我遇到了他。他的马一定要累坏。"庄公说："怎么会累坏呢？"过了一会儿，东野稷的马累坏回来了。庄公召来颜阖问他说："你怎么知道他的马要累坏呢？"颜阖回答说："前进后退都符合规则，左转右转都合乎规矩，造父驾车的技术都无法超过他了。刚才我遇到他，他还在无止境地苛求自己的马，我因此知道他的马要累坏。"

　　所以，混乱的国家役使自己百姓的情况是，不了解人的本性，不反求人的常情，频繁地制订教令，而责备人们不了解；屡次下达命令，而非难人们不听从；制造巨大的危难，而对人们不敢赴难加以治罪；把任务弄得十分繁重，而对人们不能胜任加以惩罚。百姓前进是希望得到赏赐，后退是害怕受到惩处，当知道自己的能力不足时，就会做虚假的事了。做虚假的事，君主知道了，跟着又加以惩处。这样就是因为畏罪而获罪。君主和百姓相互仇恨，就由此产生了。

　　故礼烦则不庄，业烦则无功，令苛则不听，禁多则不行。桀、纣之禁，不可胜数，故民因而身为戮，极也，不能用威适①。子阳极也好严②，有过而折弓者，恐必死，遂应猘狗而弑子阳③，极也。周鼎有窃曲④，状甚长，上下皆曲，以见极之败也⑤。

【注释】

①不能用威适：此五字当是注文而窜入正文（依陈昌齐说）。

②子阳：郑相，驷氏之后。极也：此二字涉上文而误行（依陈昌齐说）。

③猘：狗发疯。

④窃曲：古代铜器上的一种花纹。

⑤见（xiàn）：显示，表示。

【译文】

　　所以，礼节繁琐就不庄重，事情繁琐就不能成功，命令严苛就不被听从，禁令多了就行不通。桀、纣的禁令不可胜数，所以百姓因此而背叛，他们自己也被杀死，这是因为他们过分到极点了。子阳喜好严厉，有个人犯了过失弄断了弓，担心一定会被杀死，于是就乘追赶疯狗之机杀死了子阳，这是因为他过分到极点了。周鼎上铸有窃曲形花纹，花纹很长，上下都呈弯曲状，以此表明过分到极点的害处。

为 欲

【题解】

本篇主要阐述要使人民有欲望。然后君主利用人民的欲望役使人民，从而达到治国的目的。文章指出："使民无欲，上虽贤，犹不能用。"因此，人民有欲望，这是君主役使人民的基础。文章认为，君主使人民得到欲望的恰当的方法是"审顺其天而以行欲"，就是说，君主应该仔细审辨，顺应人民的天性，使人民满足欲望，那样，人民就会"无不令矣"。

文章最后以晋文公攻原得卫为例，说明君主必须诚信。这与下篇《贵信》相通。

六曰：

使民无欲，上虽贤，犹不能用。夫无欲者，其视为天子也，与为舆隶同①；其视有天下也，与无立锥之地同；其视为彭祖也②，与为殇子同③。天子，至贵也；天下，至富也；彭祖，至寿也。诚无欲，则是三者不足以劝④。舆隶，至贱也；无立锥之地，至贫也；殇子，至夭也。诚无欲，则是三者不足以禁。会有一欲⑤，则北至大夏⑥，南至北户⑦，西至三危⑧，东至扶木⑨，不敢乱矣；犯白刃，冒流矢，趣水火⑩，不敢却也；晨窳兴,务耕疾庸⑪,楑为烦辱⑫,不敢休矣。故人之欲多者,其可得用亦多;人之欲少者,其得用亦少⑬;无欲者,不可得用也。人之欲虽多,而上无以令之,人虽得其欲,人犹不可用也。令人得欲之道,不可不审矣。

【注释】

①舆隶:"舆"和"隶"是同义词,都指奴隶,奴仆。

②彭祖:古代传说中长寿的人。

③殇(shāng)子:未成年而死的孩子。

④是:此。劝:勉励,鼓励。

⑤会:适逢。

⑥大夏:古湖泽名。

⑦北户:上古国名,所谓南荒之国。

⑧三危:山名,在今甘肃敦煌东。

⑨扶木:即扶桑,古代传说中的东方之国。

⑩趣:趋,奔赴。

⑪庸:佣,受雇佣代人种田。

⑫楑:古"耕"字(依高诱说)。烦辱:繁杂劳苦。

⑬得用亦少:"得"上当脱一"可"字(依孙锵鸣说)。

【译文】

第六:

假使人们没有欲望,君主即使贤明,还是不能使用他们。没有欲望的人,他们看待当天子,跟当奴仆相同;他们看待享有天下,跟没有立锥之地相同;他们看待当个彭祖那样长寿的人,跟当个夭折的孩子相同。天子是最尊贵的了,天下是最富饶的了,彭祖是最长寿的了,如果没有欲望,那么这三种情况都不足以鼓励人们;奴仆是最低贱的了,没有立锥之地是最贫穷的了,夭折的孩子是最短命的了,如果没有欲望,那么这三种情况都不足以禁止人们。如果有一种欲望,那么向北到大夏,向南到北户,向西到三危,向东到扶桑,人们就都不敢作乱了;迎着闪光的刀,冒着飞来的箭,奔赴水火之中,人们也不敢后退;清早就起身,致力于耕种,受人雇佣,从事繁杂劳苦的耕作,也不敢休息。所以,欲望多的人,可以使用的地方也就多;欲望少的人,可以使用的地方也就少;没有欲望的人,就无法使用了。人们的欲望即使很多,可是君主没有恰当的方法役使他们,人们虽然满足了自己的欲望,还是不可以使用。让人们满足欲望的方法,不可不审察清楚。

善为上者,能令人得欲无穷,故人之可得用亦无穷也。蛮夷反舌殊俗异习之国①,其衣服冠带、宫室居处、舟车器械、声色滋味皆异,其为欲使一也②。三王不能革,不能革而功成者,顺其天也;桀、纣不能离,不能离而国亡者,逆其天也。逆而不知其逆也,湛于俗也③。久湛而不去则若性。性异非性,不可不熟。不闻道者,何以去非性哉?无以去非性,则欲未尝正矣。欲不正,以治身则夭,以治国则亡。故古之圣王,审顺其天而以行欲,则民无不令矣,功无不立矣。圣王执一④,四夷皆至者,其此之谓也!执一者至贵也,至贵者无敌。圣王托于无敌,故民命敌焉⑤。

群狗相与居,皆静无争。投以炙鸡,则相与争矣。或折其骨,或绝其筋⑥,争术存也。争术存,因争;不争之术存,因不争。取争之术而相与争⑦,万国无一。

【注释】

①蛮夷:古代对我国境内少数民族的泛称。反舌:蛮夷与华夏言语

异声,故称"反舌"。

②为欲使:为欲望所驱使。一:一样,相同。

③湛:通"沉"。

④执一:指掌握住根本之道。

⑤敌:通"适",往,归附。

⑥绝:断。

⑦"取争"句:此句义不可通,当有脱文。前"争"字上当有"不"字
(依孙锵鸣说)。

【译文】

　　善于当君主的人,能够让人们无穷无尽地满足欲望,所以人们也就
可以无穷无尽地被役使。言语、风俗、习惯与华夏都不相同的蛮夷之
国,他们的衣服、帽子、衣带,房屋、住处,车船、器物,声音、颜色、饮食,
都与华夏不同,但是他们为欲望所驱使却与华夏是一样的。三王不能
改变这种情况,不能改变这种情况而能成就功业,这是因为顺应了人们
的天性;桀、纣不能背离这种情况,不能背离这种情况而国家遭到灭亡,
这是因为违背了人们的天性。违背了天性却还不知道,这是因为沉溺
在习俗中了。长期沉溺在习俗中而不能自拔,那就变成自己的习性了。
本性与非本性不同,这是不可不认真分辨清楚的。不懂得让人们得到
欲望的方法的人,怎么能去掉非本性的东西呢? 没有办法去掉非本性
的东西,那么欲望就不会正当了。欲望不正当,用它来治理自身,就会
夭亡;用它来治理国家,就会亡国。所以古代的圣贤君王,审察并顺应
人们的天性,以便满足人们的欲望,人们就没有不听从命令的了,功业
就没有不建立的了。圣贤的君王执守根本,四方部族都来归服,大概说
的就是这种情况吧! 执守根本的人是最尊贵的,最尊贵的人没有对手。
圣贤的君王立身于没有对手的境地,所以人们的命运就都依附于他
们了。

　　一群狗相互呆在一起,都安安静静地无所争夺。把烤熟的鸡扔给

它们，就相互争夺了。有的被咬折了骨，有的被咬断了筋，这是因为存在着争夺的条件。存在着争夺的条件，就争夺；不存在争夺的条件，就不争夺。不存在争夺的条件却相互争夺，所有的国家没有任何一国有这种事。

　　凡治国，令其民争行义也①；乱国，令其民争为不义也。强国，令其民争乐用也；弱国，令其民争竞不用也。夫争行义乐用与争为不义竞不用，此其为祸福也，天不能覆，地不能载②。

　　晋文公伐原③，与士期七日。七日而原不下，命去之。谋士言曰："原将下矣。"师吏请待之，公曰："信，国之宝也。得原失宝，吾不为也。"遂去之。明年，复伐之，与士期必得原然后反。原人闻之，乃下。卫人闻之，以文公之信为至矣，乃归文公。故曰"攻原得卫"者，此之谓也。文公非不欲得原也，以不信得原，不若勿得也，必诚信以得之，归之者非独卫也。文公可谓知求欲矣。

【注释】

①治国：治理得好的国家。下句"乱国"指治理得不好的国家。

②"天不"二句：这两句是极言其祸福之大。

③原：古国名，在今山西沁水，周文王之子始封于此。后东迁，在今河南济源西北。重耳（即晋文公）回国即位，原不顺服，故伐之。

【译文】

　　凡是安定的国家，都是让人们争着做符合道义的事；混乱的国家，都是让人们争着做不符合道义的事。强大的国家，都是让人们争着乐于为君主所使用；弱小的国家，都是让人们争着不为君主所使用。争着做符合道义的事、争着为君主所使用与争着做不符合道义的事、争着不为君主所使用,这两种不同情况带来的祸和福,天都不能覆盖住,地都不能承载起。

晋文公攻打原国,与士兵约定七天为期。过了七天没有攻下原国,文公就命令离开。谋士们说:"原国就要投降了。"军官们都请求等待一下,文公说:"信用是国家的珍宝。得到原国失掉珍宝,我不这样做。"于是离开了。第二年,又攻打原国,与士兵约定一定得到原国然后才返回。原国人听到了这约定,于是就投降了。卫国人听到这件事,认为文公的信用真是达到极点了,就归顺了文公。所以人们说的"攻打原国同时得到了卫国",指的就是这个。文公并不是不想得到原国,以不守信用为代价得到原国,不如不得到,一定要靠诚信来得到,归顺的不仅仅是卫国啊。文公可以说是懂得如何实现自己的欲望了。

贵　信

【题解】

　　本篇主要论述君主必须诚信的道理。诚信是君主治国的基本准则，君主能做到诚信，人民就会亲附，万物就会为己所用，就能称王于天下。君主如果丧失诚信，就会带来极大的危害。文章通过管仲劝说齐桓公对仇敌信守盟誓，最终成就霸业的事例，强调了诚信对国君的重要意义。

　　七曰：

　　凡人主必信，信而又信，谁人不亲？故《周书》曰①："允哉②！允哉！"以言非信则百事不满也③。故信之为功大矣。信立则虚言可以赏矣④。虚言可以赏，则六合之内皆为己府矣。信之所及，尽制之矣。制之而不用，人之有也；制之而用之，己之有也。己有之，则天地之物毕为用矣。人主有见此论者⑤，其王不久矣；人臣有知此论者，可以为王者佐矣。

【注释】

　　①《周书》：古逸书，记载周代训诰誓命之书。

②允：诚信，真诚。

③满：完，成。

④赏：鉴别。

⑤见：知道。

【译文】

第七：

　　凡是君主一定要诚信，诚信而又诚信，谁能不亲附？所以《周书》上说"诚信啊：！诚信啊！"这是说如果不诚信，那么所有的事情都不能成功。因此诚信所产生的功效太大了。诚信树立了，虚假的话就可以鉴别了。虚假的话可以鉴别，整个天下就都成为自己的了。诚信所达到的地方，就都能够控制了。能够控制却不加以利用，仍然会为他人所有；能够控制而又加以利用，才会为自己所有。为自己所有，那么天地间的事物就全都为自己所用了。君主如有知道这个道理的，那他很快就能称王了；臣子如有知道这个道理的，那就可以当帝王的辅佐了。

　　天行不信，不能成岁；地行不信，草木不大。春之德风①，风不信，其华不盛②，华不盛，则果实不生。夏之德暑，暑不信，其土不肥，土不肥，则长遂不精。秋之德雨，雨不信，其谷不坚③，谷不坚，则五种不成。冬之德寒，寒不信，其地不刚，地不刚，则冻闭不开④。天地之大，四时之化，而犹不能以不信成物，又况乎人事？

　　君臣不信，则百姓诽谤⑤，社稷不宁。处官不信，则少不畏长，贵贱相轻。赏罚不信，则民易犯法，不可使令。交友不信，则离散郁怨，不能相亲。百工不信，则器械苦伪⑥，丹漆染色不贞⑦。夫可与为始，可与为终，可与尊通，可与卑穷者，其唯信乎！信而又信，重袭于身⑧，乃通于天。以此治人,则膏雨甘露降矣,寒暑四时当矣。

【注释】

①德:事物的属性,这里有表征、象征的意思。

②华:古"花"字。

③坚:坚实,指谷粒成熟,坚实饱满。

④冻闭不开:指地冻得不能裂开。按:本书《仲冬》有"冰益壮,地始
　坼"之语,"地始坼"即地冻得开始裂开缝隙。此处"冻闭不开"其
　意正与"地始坼"相反,乃是"地不刚""寒不信"所致。

⑤诽谤:批评议论,指责。

⑥苦(gǔ):粗劣。伪:作假。

⑦丹漆:二者均为颜料。丹,红色。漆,黑色。贞:纯正。

⑧重袭:重叠。

【译文】

　　天的运行不遵循规律,就不能形成岁时;地的运行不遵循规律,草
木就不能长大。春天的特征是风,风不能按时到来,花就不能盛开,花
不能盛开,那么果实就不能生长。夏天的特征是炎热,炎热不能按时到
来,土地就不肥沃,土地不肥沃,那么植物生长成熟的情况就不好。秋
天的特征是雨,雨不能按时降下,谷粒就不坚实饱满,谷粒不坚实饱满,
那么五谷就不能成熟。冬天的特征是寒冷,寒冷不能按时到来,地冻得
就不坚固,地冻得不坚固,那么就不能冻开裂缝。天地如此之大,四时
如此变化,尚且不能以不遵循规律生成万物,更何况人事呢?

　　君臣不诚信,那么百姓就会批评指责,国家就不得安宁。当官不诚
信,那么年轻的就不敬畏年长的,地位尊贵的和地位低下的就会互相轻
视。赏罚不诚信,那么百姓就会轻易犯法,不可以役使。结交朋友不诚
信,那么就会离散怨恨,不能互相亲近。各种工匠不诚信,那么器物就
会粗劣作假,丹和漆等颜料就不纯正。可以跟它一块开始,可以跟它一

块终止，可以跟它一块尊贵显达，可以跟它一块卑微穷困的，大概只有诚信吧！诚信而又诚信，诚信重叠于身，就能与天意相通。靠这个来治理人，那么滋润大地的雨水和甜美的露水就会降下来，寒暑四季就会得当。

　　齐桓公伐鲁。鲁人不敢轻战，去鲁国五十里而封之①。鲁请比关内侯以听②，桓公许之。曹翙谓鲁庄公曰③："君宁死而又死乎④，其宁生而又生乎⑤？"庄公曰："何谓也？"曹翙曰："听臣之言，国必广大，身必安乐，是生而又生也；不听臣之言，国必灭亡，身必危辱，是死而又死也。"庄公曰："请从。"于是明日将盟，庄公与曹翙皆怀剑至于坛上⑥。庄公左搏桓公，右抽剑以自承⑦，曰："鲁国去境数百里，今去境五十里，亦无生矣。钧其死也⑧，戮于君前⑨。"管仲、鲍叔进，曹翙按剑当两陛之间曰⑩："且二君将改图，毋或进者⑪！"庄公曰："封于汶则可⑫，不则请死。"管仲曰："以地卫君，非以君卫地。君其许之！"乃遂封于汶南，与之盟。归而欲勿予，管仲曰："不可。人特劫君而不盟⑬，君不知，不可谓智；临难而不能勿听，不可谓勇；许之而不予，不可谓信。不智不勇不信，有此三者，不可以立功名。予之，虽亡地，亦得信。以四百里之地见信于天下，君犹得也。"庄公，仇也；曹翙，贼也⑭。信于仇贼，又况于非仇贼者乎？夫九合之而合，壹匡之而听⑮，从此生矣。管仲可谓能因物矣。以辱为荣，以穷为通，虽失乎前，可谓后得之矣。物固不可全也。

【注释】

①去：距离，离。国：都城。封：封土为界。

②比：比照。关：国家的关隘。侯：指国内有食邑的大官。

③曹翙（huì）：他书或作"曹刿"、"曹沫"。鲁庄公：春秋时鲁国君主，
　　前693年—前662年在位。

④死而又死：指身危国亡。

⑤生而又生：指身安国存。"宁……宁……"是表示选择的习惯
　　句式。

⑥坛：指土坛，古代盟誓时要积土为坛。

⑦自承：指把剑冲着自己。庄公这样做是表示自己决心同齐桓公
　　拼命。

⑧钧：通"均"，同。

⑨戮于君前：死在您面前。意思是和您同归于尽。

⑩陛：殿或坛的台阶。

⑪毋或进者：谁也不要上去。毋，不要。或，语气词。

⑫汶：水名，泰山一带水皆名汶，靠近齐国。

⑬特：仅，只是。不盟：指不订立"去鲁国五十里"为界的盟约。

⑭贼：与"仇"义近，指外敌。

⑮壹匡：指齐桓公"一匡天下"。壹，一切，全部。听：听从。

【译文】

　　齐桓公攻打鲁国。鲁国人不敢轻率作战，离鲁国都城五十里封土
为界。鲁国请求像齐国的封邑大臣一样服从齐国，桓公答应了。曹翙
对鲁庄公说："您是愿意死而又死呢，还是愿意生而又生？"庄公说："你
说的是什么意思呢？"曹翙说："您听从我的话，国土必定广大，您自身必
定安乐，这就是生而又生；您不听从我的话，国家必定灭亡，您自身必定
遭到危险耻辱，这就是死而又死。"庄公说："我愿意听从你的话。"第二
天将要盟会时，庄公与曹翙都怀揣着剑到了盟会的土坛上。庄公左手

抓住桓公,右手抽出剑来指着自己,说:"鲁国都城本来离边境几百里,如今离边境只有五十里,反正也无法生存了。削减领土不能生存与跟你拼命同样是死,让我死在您面前。"管仲、鲍叔要上去,曹翙手按着剑站在两阶之间说:"两位君主将另作商量,谁都不许上去!"庄公说:"在汶水封土为界就可以,不然的话就请求一死。"管仲对桓公说:"是用领土保卫君主,不是用君主保卫领土。您还是答应了吧!"于是终于在汶水之南封土为界,跟鲁国订立了盟约。桓公回国以后想不还给鲁国土地,管仲说:"不可以。人家只是要劫持您,并不想跟您订立盟约,可是您却不知道,这不能说是聪明;面对危难却不能不受人家胁迫,这不能说是勇敢;答应了人家却不还给人家土地,这不能算作诚信。不聪明、不勇敢、不诚信,有这三种行为的,不可以建立功名。还给它土地,这样虽说失去了土地,也还能得到诚信的名声。用四百里土地就在天下人面前显示出诚信来,您还是合算的。"庄公是仇人,曹翙是敌人,对仇人敌人都讲诚信,更何况对不是仇人敌人的人呢?桓公多次盟会诸侯而能成功,使天下一切都得到匡正而天下能听从,就由此产生出来了。管仲可以说是能因势利导了。他把耻辱变成光荣,把困窘变成通达。虽说前边有所失,不过可以说后来有所得了。事情本来就不可能十全十美啊。

举　难

【题解】

　　本篇旨在论述选拔任用人才之难。选拔任用人才不能求全责备，"以全举人固难物之情也"。文章通过大量事例说明在选拔任用人方面应该责人宽，责己严；对于一心建立功名的人，不能要求他们一举一动都符合原则；应该从众人中广泛地选取人才，贵在取其所长；不应该"以人之小恶，亡人之大美"。

　　八曰：

　　以全举人固难，物之情也。人伤尧以不慈之名^①，舜以卑父之号^②，禹以贪位之意^③，汤、武以放弑之谋^④，五伯以侵夺之事。由此观之，物岂可全哉？故君子责人则以人^⑤，自责则以义。责人以人则易足，易足则得人；自责以义则难为非，难为非则行饰^⑥。故任天地而有馀。不肖者则不然。责人则以义，自责则以人。责人以义则难赡^⑦，难赡则失亲；自责以人则易为，易为则行苟。故天下之大而不容也，身取危，国取亡焉。此桀、纣、幽、厉之行也。尺之木必有节目^⑧，寸之玉必有瑕璔^⑨。先王知务之不可全也，故择务而贵取一也^⑩。

【注释】

①"人伤"句：尧传位与舜而不与子，所以有人以"不慈"之名诋毁他。伤：诋毁。

②舜以卑父之号：即"伤舜以卑父之号"，"伤"字承上文而省略。下三句与此同。

③禹以贪位之意：舜推荐禹为继承人，舜死后，禹避舜之子于阳城，而天下百姓却跟从禹，禹这才继承了帝位。所以有人诋毁他"贪位"。位，指帝位。

④汤、武以放弑之谋：汤打败桀，桀出奔南方。武王伐商，纣兵败自焚而死。所以有人诋毁他们放、弑其君。放，逐。弑，下杀上。

⑤以人：指按一般人的标准。

⑥饰：通"饬"，端正，严整。

⑦难赡：义不可通，疑当作"难赡"（依毕沅校说），难以满足要求。赡，供之使足。

⑧节目：树木枝干交接之处为节，文理纠结不顺的部分为目。

⑨瑕瓋(tì)：玉上的斑点。

⑩务：事务。取一：指取其长处。

【译文】

第八：

用十全十美的标准举荐人必定很难，这是事物的实情。有人用不爱儿子的名声诋毁尧，用不孝顺父亲的称号诋毁舜，用内心贪图帝位来诋毁禹，用谋划放逐、杀死君主来诋毁汤、武王，用侵吞掠夺别国来诋毁五霸。由此看来，事物怎么能十全十美呢？所以，君子按照一般的标准要求别人，按照义的标准要求自己。按照一般的标准要求别人就容易得到满足，容易得到满足就能受到人民拥护；按照义的标准要求自己就难以做错事，难以做错事行为就严正。所以他们承担天地间的重任还游刃有馀。不贤德的人就不是这样了。他们按照义的标准要求别人，按照一般的标准要求自己。按照义的标准要求别人就难以满足，难以满足就连最亲近的人也会失去；按照一般的标准要求自己就容易做到，容易做到行为就苟且。所以天下如此之大他们却不能容身，自身招致危险，国家招致灭亡。这就是桀、纣、周幽王、周厉王的所作所为啊。一尺长的树木必定有节结，一寸大的玉石必定有瑕疵。先王知道事物不可能十全十美，所以对事物的选择只看重其长处。

　　季孙氏劫公家①，孔子欲谕术则见外②，于是受养而便说③。鲁国以訾④。孔子曰："龙食乎清而游乎清，螭食乎清而游乎浊⑤，鱼食乎浊而游乎浊。今丘上不及龙，下不若鱼，丘其螭邪！"夫欲立功者，岂得中绳哉⑥？救溺者濡⑦，追逃者趋。

【注释】

　　①季孙氏：春秋时鲁国最有权势的贵族，此当指季平子。劫公家：把持鲁国公室政权。

　　②谕术：即"谕以术"，以道理使之晓谕。见外：被疏远。

　　③便说：便于劝说。

　　④訾(zǐ)：毁谤非议。

　　⑤螭(chī)：古代传说中的一种动物，龙之属。

　　⑥中绳：指符合规则、原则。

　　⑦濡：沾湿。

【译文】

　　季孙氏把持公室政权，孔子想晓之以理，但这样就会被疏远，于是就去接受他的衣食,以便向他进言。鲁国人因此责备孔子。孔子说:"龙在清澈的水里吃东西,在清澈的水里游动;螭在清澈的水里吃东西,在浑浊的水里游动;鱼在浑浊的水里吃东西,在浑浊的水里游动。现在我往上赶不上龙,往下不像鱼那样,我大概像螭一样吧!"那些想建立功业的人,哪能处处都合乎规则呢?援救溺水之人的人要沾湿衣服,追赶逃跑之人的人总要奔跑。

魏文侯弟曰季成,友曰翟璜。文侯欲相之,而未能决,以问李克①,李克对曰:"君欲置相,则问乐腾与王孙苟端孰贤②。"文侯曰:"善。"以王孙苟端为不肖,翟璜进之③;以乐腾为贤,季成进之。故相季成。凡听于主,言人不可不慎。季成,弟也,翟璜,友也,而犹不能知,何由知乐腾与王孙苟端哉? 疏贱者知,亲习者不知,理无自然④。自然而断相⑤,过。李克之对文侯也亦过。虽皆过,譬之若金之与木,金虽柔,犹坚于木⑥。

孟尝君问于白圭曰:"魏文侯名过桓公,而功不及五伯,何也?"白圭对曰:"文侯师子夏,友田子方,敬段干木,此名之所以过桓公也。卜相曰'成与璜孰可'⑦,此功之所以不及五伯也。相也者,百官之长也,择者欲其博也。今择而不去二人,与用其雠亦远矣⑧。且师友也者⑨,公可也;戚爱也者⑩,私安也⑪。以私胜公,衰国之政也。然而名号显荣者,三士羽翼之也。"

【注释】

①李克:战国初期人,子夏的学生,仕于魏。

②乐腾与王孙苟端：都是魏文侯之臣。

③进：举荐。

④理无自然：不会有这样的道理。无自，无从。然，这样。

⑤"自然"句："自然"上当脱"理无"二字（依俞樾说）。

⑥金虽柔，犹坚于木：这是比喻说法，喻李克之过较文侯之过为轻。

⑦卜：选择。孰：哪一个。

⑧用其雠：指齐桓公任用管仲为相。管仲初辅佐公子纠，曾箭射公
　　子小白。公子小白即位后（即齐桓公），任用管仲为相。所以这
　　里说"用其雠"。雠，仇。

⑨师友：指任用师友为相。师友指上文提到的子夏、田子方。

⑩戚爱：指任用弟弟与所宠爱之人为相。戚，近亲，此指弟弟，即上
　　文的季成。爱，所宠爱之人，此指上文的翟璜。

⑪私安：私利。

【译文】

　　魏文侯的弟弟名叫季成，朋友名叫翟璜。文侯想让他们当中的一
个人当相，可是不能决断，就询问李克，李克回答说："您想立相，那么看
看乐腾与王孙苟端哪一个好些就可以了。"文侯说："好。"文侯认为王孙
苟端不好，而他是翟璜举荐的；认为乐腾好，而他是季成举荐的。所以
就让季成当了相。凡是言论被君主听从的人，谈论别人不可不慎重。
季成是弟弟，翟璜是朋友，而文侯尚且不能了解，又怎么能够了解乐腾
与王孙苟端呢？对疏远低贱的人却了解，对亲近熟悉的人却不了解，没
有这样的道理。没有这样的道理却要以此决断相位，这就错了。李克
回答文侯的话也错了。他们虽然都错了，但是就如同金和木一样，金虽
然软，但还是比木硬。

　　孟尝君向白圭问道："魏文侯名声超过了齐桓公，可是功业却赶不
上五霸，这是为什么呢？"白圭回答说："文侯以子夏为师，以田子方为
友，敬重段干木，这就是他的名声超过桓公的原因。选择相的时候说

'季成与翟璜哪一个可以'，这就是他的功业赶不上五霸的原因。相是百官之长，选择时要从众人中挑选。现在选择相却离不开那两个人，这跟桓公任用自己的仇人管仲为相相差太远了。况且以师友为相，是为了公利；以亲属宠爱的人为相，是为了私利。把私利放在公利之上，这是衰微国家的政治。然而他的名声却显赫荣耀，这是因为有三位贤士辅佐他。"

　　宁戚欲干齐桓公①，穷困无以自进，于是为商旅将任车以至齐②，暮宿于郭门之外。桓公郊迎客，夜开门，辟任车③，爝火甚盛④，从者甚众。宁戚饭牛居车下，望桓公而悲，击牛角疾歌。桓公闻之，抚其仆之手曰："异哉！之歌者非常人也！"命后车载之⑤。桓公反，至，从者以请。桓公赐之衣冠，将见之。宁戚见，说桓公以治境内。明日复见，说桓公以为天下。桓公大说，将任之。群臣争之曰⑥："客，卫人也。卫之去齐不远，君不若使人问之。而固贤者也，用之未晚也。"桓公曰："不然。问之，患其有小恶。以人之小恶，亡人之大美，此人主之所以失天下之士也已。"凡听必有以矣，今听而不复问，合其所以也。且人固难全，权而用其长者，当举也。桓公得之矣。

【注释】

①宁戚：即宁速。干：谋求官职。

②任车：装载货物的车子。任，装载。

③辟：躲避。这个意义后来写作"避"。这里用如使动，使……躲避。

④爝（jué）火：小火把。

⑤后车：副车，侍从之车。

⑥争：劝谏。这个意义后来写作"诤"。

【译文】

　　宁戚想向齐桓公谋求官职，但处境穷困，没有办法使自己得到举荐，于是就给商人赶着装载货物的车子到了齐国，傍晚住在城门外。桓公到郊外迎客，夜里打开城门，让装载货物的车子躲开，火把很明亮，跟随的人很多。宁戚在车下喂牛，望见桓公，心里很悲伤，就敲着牛角大声唱起歌来。桓公听到歌声，抚摸着自己车夫的手说："真是与众不同啊！这个唱歌的不是一般人！"就命令副车载着他。桓公回去，到了朝廷里，跟随的人请示桓公如何安置宁戚。桓公赐给他衣服帽子，准备召见他。宁戚见到桓公，用如何治理国家的话劝说桓公。第二天又谒见桓公，用如何治理天下的话劝说桓公。桓公非常高兴，准备任用他。臣子们劝谏说："这个客人是卫国人。卫国离齐国不远，您不如去询问一下。如果确实是贤德的人，再任用他也不晚。"桓公说："不是这样。去询问，担心他有小毛病。因为人家的小毛病，丢掉人家的大优点，这是君主失掉天下杰出人才的原因。"凡是听取别人的主张一定是有根据的，现在听从了他的主张而不再去追究他的为人如何，这是因为其主张符合听者心目中的标准。况且人本来就难以十全十美，衡量以后用其所长，这是举荐人才的恰当做法。桓公算是掌握住这个原则了。

恃　君

【题解】

《恃君览》八篇，主要论述如何为君。

本篇试图通过论述君道产生的原因，证明君道的必然性、合理性。文章认为，就人自身来说，不能单独抵御各种自然灾害，然而，人却能主宰万物，这是由于群居的缘故。人之所以能够聚居在一起，是由于相互都能获得好处。为生存而群居，并从中相互获得好处，这就是君道必然产生的根基。文章在列举了太古时代无君的祸患之后，提出"为天下长虑，莫如置天子也；为一国长虑，莫如置君也"。同时认为"置君非以阿君也，置天子非以阿天子也"，君主要"利而物利章"，以为人民谋利益而不谋私利为壮则。

一曰：

凡人之性，爪牙不足以自守卫，肌肤不足以扞寒暑①，筋骨不足以从利辟害，勇敢不足以却猛禁悍。然且犹裁万物②，制禽兽，服狡虫③，寒暑燥湿弗能害，不唯先有其备，而以群聚邪！群之可聚也，相与利之也。利之出于群也，君道立也④。故君道立则利出于群，而人备可完矣。

昔太古尝无君矣，其民聚生群处，知母不知父，无亲戚兄弟夫妻男女之别⑤，无上下长幼之道，无进退揖让之礼，无衣服、履带、宫室、畜积之便，无器械、舟车、城郭、险阻之备。此无君之患。故君臣之义，不可不明也。

自上世以来，天下亡国多矣，而君道不废者，天下之利也。故废其非君，而立其行君道者。君道何如？利而物利章⑥。

【注释】

①扞（hàn）：也作"捍"，抵御。

②裁：主宰。

③狡虫：指毒虫。狡，凶暴。

④"利之"二句：古人把能群聚百姓作为君主的职守，而能群聚，百姓自然彼此都有利，所以这里说"利之出于群也，君道立也"。

⑤亲戚：近亲，这里指父母。

⑤物：通"勿"。章：章则，准则。

【译文】

第一：

就人的本能来说，爪牙不足以保卫自己，肌肤不足以抵御寒暑，筋骨不足以使人趋利避害，勇敢不足以使人击退制止凶猛强悍之物。然而人还是能够主宰万物，制服毒虫猛兽，使寒暑燥湿不能为害，这不正是人们事先有准备，并且能结成群体吗！人们可以聚集，是因为彼此都能使对方得利。人们在群聚中相互得利，为君的原则就确立了。所以，为君的原则确立了，那么利益就会从群聚中产生出来，而人事方面的准备就可以齐全了。

从前，远古时期曾经没有君主，那时的人民过着群居的生活，只知道母亲而不知道父亲,没有父母兄弟夫妻男女的区别,没有上下长幼的准则,没有进退揖让的礼节,没有衣服、鞋子、衣带、房屋、积蓄这些方便人的东西,不具备器械、车船、城郭、险隘这些东西。这就是没有君主的祸患。所以君臣之间的原则,不可不明察啊。

从上古以来,天下灭亡的国家很多了,可是为君的原则却不废掉,这是因为对天下有利啊。所以要废掉那些不按为君原则行事的人,拥立那些按为君原则行事的人。为君的原则是什么? 就是把为人民谋利而自己不谋私利作为准则。

非滨之东①,夷秽之乡②,大解、陵鱼、其、鹿野、摇山、扬岛、大人之居③,多无君;扬、汉之南④,百越之际⑤,敝凯诸、夫风、余靡之地⑥,缚娄、阳禺、驩兜之国⑦,多无君;氐、羌、呼唐、离水之西⑧,僰人、野人、篇笮之川⑨,舟人、送龙、突人之乡⑩,多无君;雁门之北⑪,鹰隼、所鸷、须窥之国⑫,饕餮、穷奇之地⑬,叔逆之所⑭,儋耳之居⑮,多无君。此四方之无君者也。其民麋鹿禽兽,少者使长,长者畏壮,有力者贤,暴傲者尊,日夜相残,无时休息⑯,以尽其类。圣人深见此患也,故为天下长虑,莫如置天子也;为一国长虑,莫如置君也。置君非以阿君也⑰,置天子非以阿天子也,置官长非以阿官长也。德衰世乱,然后天子利天下⑱,国君利国,官长利官。此国所以递兴递废也,乱难之所以时作也。故忠臣廉士,内之则谏其君之过也,外之则死人臣之义也。

【注释】

①非滨:未详。毕沅谓"非"当作"北"。北滨当即北海。

②夷秽："夷"指东方少数民族，"秽"是国名。

③大解、陵鱼、其、鹿野、摇山、扬岛、大人：未详。疑皆为部族名。

④扬：扬州。汉：汉水。

⑤百越："越"是古代部族名，居于长江中下游以南，部落众多，故称"百越"。

⑥敝凯诸、夫风、余靡：未详。疑皆为部族或国家名。

⑦缚娄、阳禺：未详。疑皆为古国名。驩兜之国：疑即"驩头之国"，传说中的南方国名。

⑧氐、羌：都是古代我国西北方部族名。呼唐、离水：呼唐，未详，疑为水名。离水，古水名，黄河的支流，在西方。

⑨僰（bó）：古部族名，居住在川南及滇东一带。篇笮（zuó）川：当为水名。

⑩舟人、送龙、突人：未详。疑皆为古部族名。

⑪雁门：雁门山，即句注山，在山西代县西北。

⑫鹰隼、所鸷、须窥：未详。疑皆为古国名。

⑬饕餮（tāotiè）、穷奇：未详。疑皆为古部族名。

⑭叔逆：未详。疑为古部族名。

⑮儋耳：古部族名，在北部边远地区。

⑯休息：止息，停止。

⑰阿（ē）：私。

⑱利天下：以有天下为己利。利，用如意动。下两句结构同此。

【译文】

　　北滨以东，夷人居住的秽国，大解、陵鱼、其、鹿野、摇山、扬岛、大人等部族居住的地方，大都没有君主；扬州、汉水以南，百越人住的地方，敝凯诸、夫风、余靡等部族那里，缚娄、阳禺、驩兜等国家，大都没有君主；氐族、羌族、呼唐、离水以西，僰人、野人、篇笮川那里，舟人、送龙、突人等部族居住的地方，大都没有君主；雁门以北，鹰隼、所鸷、须窥等国家，饕餮、穷奇等部族那里，叔逆族那里，儋耳族居住的地方，大都没有君主。这是四方没有君主的地方。那里的人民像麋鹿禽兽一样，年轻人役使老年人，老年人畏惧壮年人，有力气的人就被认为贤德，残暴骄横的人地位就尊贵，人们日夜互相残害，没有停息的时候，以此来灭绝自己的同类。圣人清楚地看到这样做的危害，所以，为天下做长远的考虑，没有比立天子更好的了；为一国做长远的考虑，没有比立国君更好的了。立国君不是为了让国君谋私利，立天子不是为了让天子谋私利，立官长不是为了让官长谋私利。到了道德衰微世道混乱的时代，天子才凭借天下谋私利，国君才凭借国家谋私利，官长才凭借官职谋私利。这就是国家一个接一个兴起、一个接一个灭掉的原因，这就是混乱灾难之所以时时发生的原因。所以忠臣和廉正之士，对内就要敢于谏止自己国君的过错，对外就要敢于为维护臣子的道义而献身。

豫让欲杀赵襄子①，灭须去眉，自刑以变其容，为乞人而往乞于其妻之所。其妻曰："状貌无似吾夫者，其音何类吾夫之甚也？"又吞炭以变其音。其友谓之曰："子之所道甚难而无功。谓子有志则然矣，谓子智则不然。以子之材而索事襄子②，襄子必近子。子得近而行所欲，此甚易而功必成。"豫让笑而应之曰："是先知报后知也③，为故君贼新君矣④，大乱君臣之义者无此，失吾所为为之矣。凡吾所为为此者，所以明君臣之义也，非从易也。"

【注释】

①豫让：晋国人，智伯的家臣。韩、赵、魏三家共灭智氏后，他为给智伯报仇，几次谋刺赵襄子，被俘后，求得襄子之衣，拔剑击衣后自杀。

②索:求。

③先知:即先知己者,先了解自己的人,这里指智伯。后知:即后知己者,后了解自己的人,这里指赵襄子。

④故君:过去的主人,这里指智伯。贼:杀害。新君:新主人,这里指赵襄子。

【译文】

豫让想刺杀赵襄子,就剃掉胡须眉毛,自己动手毁坏了面容,装扮成乞丐去他妻子那里乞讨。他的妻子说:"这个人相貌没有像我丈夫的地方,他的声音怎么这样像我的丈夫呀?"他又吞炭改变了自己的声音。他的朋友对他说:"您所选取的道路很艰难而且没有什么功效。要说您有决心那是对的,要说您聪明那就不对了。凭着您的才干去请求侍奉襄子,襄子必定亲近您。您受到亲近然后再做您想做的事,这样就会很容易而且必定能成功。"豫让笑着回答他说:"这样就是为了先知遇自己的人而去报复后知遇自己的人,就是为了过去的主人而去杀害新的主人,使君臣之间的准则大乱的事,没有比这更大的了,这就失去我所以要行刺的目的了。我要行刺的目的,是为了让君臣之间的道义彰明,并不是要抛弃君臣之义选取容易的道路。"

柱厉叔事莒敖公①,自以为不知,而去居于海上。夏日则食菱芡②,冬日则食橡栗③。莒敖公有难,柱厉叔辞其友而往死之。其友曰:"子自以为不知故去,今又往死之,是知与不知无异别也。"柱厉叔曰:"不然。自以为不知故去,今死而弗往死,是果知我也。吾将死之,以丑后世人主之不知其臣者也④,所以激君人者之行,而厉人主之节也。行激节厉,忠臣幸于得察⑤。忠臣察则君道固矣。"

【注释】

①柱厉叔：他书或作"朱厉附"，人名。莒敖公：他书或作"莒穆公"，春秋时莒国君主。莒，古国名，在今山东莒县。

②菱：植物名，俗称"菱角"，生于水中。芡：植物名，也称"鸡头"，生于水中。

③橡栗：橡树的果实，即栎实，形状似栗子。

④丑：惭愧。这里用如使动，使……惭愧。

⑤察：知，了解。

【译文】

柱厉叔侍奉莒敖公，自己认为不被知遇，因而离开莒敖公到海边居住。夏天吃菱角芡实，冬天吃橡树籽。莒敖公遇难，柱厉叔辞别他的朋友要为莒敖公去死。他的朋友说："您自己认为不被知遇，所以离开了他，如今又要为他去死，这样看来，被知遇与不被知遇就没有什么区别了。"柱厉叔说："不是这样。我自己认为不被知遇，所以离开了他，如今他死了，我却不为他去死，这就表明他果真了解我是不忠不义之臣了。我将为他而死，以便使后世当君主却不了解自己臣子的人感到惭愧，用以激励君主的品行，磨砺君主的节操。君主的品行得到激励，节操受到磨砺，忠臣就有可能被了解。忠臣被了解，那么为君之道就牢固了。"

长 利

【题解】

本篇主要论述考虑天下长远利益的重要性。文章通过伯成子高辞为诸侯而耕"以禁后世之乱"、周公受封于鲁以避免子孙"阻山林之险以长为无道"、戎夷解衣救活弟子"以必死见其义"等事例，阐明"天下之士也者，虑天下之长利，而固处之以身"的主张。同时批评了那种只贪图眼前利益，只顾子孙私利的错误做法。

二曰：

天下之士也者，虑天下之长利，而固处之以身若也[1]。利虽倍于今，而不便于后，弗为也；安虽长久，而以私其子孙，弗行也。由此观之，陈无宇之可丑亦重矣[2]，其与伯成子高、周公旦、戎夷也[3]，形虽同[4]，取舍之殊，岂不远哉？

【注释】

[1] 固处之以身若也：王念孙校本改"若"为"者"，应是。这句意思是，必定要身体力行。

[2] 陈无宇：齐国大夫，谥"桓子"。丑：耻辱。按：陈无宇与鲍文子攻

打栾氏、高氏,栾、高出奔,陈、鲍乃分其土地财产,所以这里说他
"可丑"。

③伯成子高:相传为尧、舜时的诸侯。戎夷:齐国的仁者。

④形:身形。

【译文】

第二:

天下杰出的人士,考虑的是天下长远的利益,而自己必定要身体力行。即使对现在有加倍的利益,只要对后世不利,也不去做;即使能长久安定,只要这些是为自己的子孙谋利,也不去做。由此看来,陈无宇的贪婪可耻也很严重了,他与伯成子高、周公旦、戎夷相比,虽然同样是人,但取舍的不同,相差难道不是很远吗?

尧治天下,伯成子高立为诸侯。尧授舜,舜授禹,伯成子高辞诸侯而耕。禹往见之,则耕在野。禹趋就下风而问曰:①"尧理天下,吾子立为诸侯②。今至于我而辞之,故何也③?"伯成子高曰:"当尧之时,未赏而民劝④,未罚而民畏。民不知怨,不知说,愉愉其如赤子⑤。今赏罚甚数,而民争利且不服,德自此衰,利自此作,后世之乱自此始。夫子盍行乎⑥?无虑吾农事⑦!"协而耰⑧,遂不顾。夫为诸侯,名显荣,实佚乐,继嗣皆得其泽,伯成子高不待问而知之,然而辞为诸侯者,以禁后世之乱也。

【注释】

①趋就下风:快步走到下风头。这样做是为了表示谦卑。下风,风
　　向的下方,喻下位或劣势。

②吾子:对人的敬称。

③故何也:什么缘故呢。《庄子·天地》作"其故何也"。

④劝:勉力向善。

⑤愉愉:和悦的样子。

⑥盍:"何不"的合音词。

⑦虑:乱,打扰。

⑧协:和悦。耰(yōu):播种后用土盖上种子。

【译文】

尧治理天下时,伯成子高立为诸侯。尧把帝位让给舜,舜把帝位让给禹,伯成子高就辞去诸侯去耕种。禹去见他,他正在田里耕种。禹快步走到下风头问道:"尧治理天下时,您立为诸侯。现在传到我这里,您却辞去诸侯,这是什么原因呢?"伯成子高说:"尧的时候,不奖赏而人们却勉力向善,不惩罚而人们却畏惧为非。人们不知道什么是怨恨,不知道什么是高兴,就像小孩子一样和悦。现在奖赏和惩罚很频繁,而人们却争利而且不顺服,道德从此衰微了,谋私利的事从此兴起了,后世的混乱从此开始了。先生您为什么不走呢? 您不要打扰我耕种!"说罢,面带和悦之色去覆盖种子,不再回头看禹。当个诸侯,名声显赫荣耀,实际情况又很安逸快乐,后嗣都能得到恩惠,这些,伯成子高不须问便能知道,然而却推辞不当诸侯,这是为了以此制止后世的混乱啊!

辛宽见鲁缪公曰①:"臣而今而后,知吾先君周公之不若太公望封之知也②。昔者太公望封于营丘之渚③,海阻山高,险固之地也。是故地日广,子孙弥隆。吾先君周公封于鲁,无山林溪谷之险,诸侯四面以达。是故地日削,子孙弥杀④。"辛宽出,南宫括入见。公曰:"今者宽也非周公,其辞若是也⑤。"南宫括对曰:"宽少者,弗识也。君独不闻成王之定成周之说乎⑥? 其辞曰:'惟余一人⑦,营居于成周。惟余一人,有善易得而见也,有不善易得而诛也⑧。'故曰善者得之,不善者失之,古之道也。夫贤者岂欲其子孙之阻山林之险以长为无道哉? 小人哉宽也!"今使燕爵为鸿鹄凤皇虑⑨,则必不得矣。其所求者,瓦之间隙,屋之翳蔚也⑩,与一举则有千里之志,德不盛、义不大则不至其郊⑪。愚庳之民,其为贤者虑,亦犹此也。固妄诽訾⑫,岂不悲哉?

【注释】

①辛宽:鲁穆公臣。鲁缪公:即鲁穆公,战国时期鲁国君主,前407年—前376年在位。

②"知吾"句:后"知"字,明智,聪明。这个意义后来写作"智"。

③营丘:古邑名,齐国国都,在今山东临淄北。渚:水边。

④杀:衰弱。

⑤若是:如此。

⑥成周:古邑名,在今河南洛阳东北。周初成王时,为防止殷顽民作乱,周公营建成周,迁殷顽民于此。

⑦余一人:古代帝王自称。

⑧诛:责备。

⑨爵:通"雀"。燕雀皆为小鸟,喻胸无大志目光短浅者(此处喻辛宽)。鸿鹄:即鹄,天鹅。凤皇:俗作"凤凰",古代传说中的鸟名。鸿鹄凤皇喻志向远大之人。

⑩翳(yì)蔚:遮盖。翳,遮蔽。

⑪"德不"句:"则不至其郊"下疑有脱文(依孙锵鸣说)。

⑫固:执一不通,固陋。诽訾:诽谤。

【译文】

辛宽谒见鲁穆公说:"我从今以后,知道了我们先君周公在受封这件事上不如太公望聪明。从前太公望被封到营丘一带滨海之地,那里是海阻山高、险要坚固的地方,所以地域日益广大,子孙越来越昌盛。我们先君周公被封到鲁国,这里没有山林溪谷之险,诸侯从四面都可以侵入,所以地域日益缩小,子孙越来越衰微。"辛宽出去以后,南宫括进来见穆公。穆公说:"刚才辛宽责备周公,他的话是如此如此说的。"南宫括回答说:"辛宽是个年幼无知的人,不懂道理。您难道没有听说过成王建成成周时说的话吗? 他说的是:'我营建并居住在成周,我有好的地方容易被发现,不好的地方容易受责备。'所以说,做好事的人得天下,干坏事的人失天下,这是自古以来的规律。贤德的人难道想让自己的子孙凭借山林之险来长久地干无道之事吗? 辛宽是个小人啊!"如果让燕雀为鸿鹄凤凰谋划,那一定不会得当。它们所谋求的,只不过是瓦缝之间、屋檐之下罢了,哪里比得上鸿鹄凤凰一飞就有飞千里的志向,如果君主品德不隆厚、道义不宏大,就不飞到他的郊野。愚昧卑下之人,他们为贤德之人谋划,也与此相同。固陋狂妄,横加诽谤,难道不是很可悲吗?

　　戎夷违齐如鲁①,天大寒而后门②,与弟子一人宿于郭外。寒愈甚,谓其弟子曰:"子与我衣,我活也;我与子衣,子活也。我,国士也,为天下惜死;子,不肖人也,不足爱也③。子与我子之衣。"弟子曰:"夫不肖人也,又恶能与国士之衣哉?"戎夷太息叹曰:"嗟乎! 道其不济夫④!"解衣与弟子,夜半而死。弟子遂活。谓戎夷其能必定一世,则未之识⑤。若夫欲利人之心,不可以加矣。达乎分⑥,仁爱之心识也⑦,故能以必死见其义。

【注释】

①违：离开。如：往，到……去。

②后门：后于门。门，用如动词，关城门。

③爱：舍不得。

④济：成功。夫：语气词。

⑤未之识：不能知道是否是这样。之，代词，是"识"的宾语。

⑥达乎分：指达乎死生之分，意思是，通晓生和死的区别，当生则生，当死则死。

⑦识：当为"诚"字之误（依陈昌齐说）。

【译文】

戎夷离开齐国到鲁国去，天气非常寒冷，城门关闭后才到达，就跟一个学生露宿城外。天冷得越来越厉害，他就对自己的学生说："你把衣服给我，我就能活命；我把衣服给你，你就能活命。我是国家杰出的人，为天下着想舍不得死；你是个不贤德的人，不值得爱惜生命。你把你的衣服给我吧。"学生说："不贤德的人，又怎么能给国家杰出的人衣服呢？"戎夷长叹一声说："哎！道义大概行不通啦！"说罢就脱下自己的衣服给了学生，半夜里冻死了。学生终于活命了。要说戎夷的才能一定能让整个社会安定，还不能确切知道。至于他想对别人有利的思想，那是无以复加了。他通晓死和生的区别，仁爱之心是很诚恳的，所以他能用必死的行为来显示自己的道义。

知　分

【题解】

　　本篇旨在论述明辨死生之分、据义行事的必要。文章一开始就指出："达士者，达乎死生之分。达乎死生之分，则利害存亡弗能惑矣。"文章又指出："以义为之决而安处之"。全文就是围绕这一中心论点展开论述的。文中列举了次非舍身刺蛟、禹渡江黄龙负舟而色不变、晏子与崔杼盟而不变其义等事例，都是为了说明明死生之分，据义行事的意义。

　　三曰：

　　达士者，达乎死生之分。达乎死生之分，则利害存亡弗能惑矣。故晏子与崔杼盟而不变其义①。延陵季子②，吴人愿以为王而不肯。孙叔敖三为令尹而不喜③，三去令尹而不忧。皆有所达也。有所达则物弗能惑。

　　荆有次非者④，得宝剑于干遂⑤。还反涉江，至于中流，有两蛟夹绕其船。次非谓舟人曰："子尝见两蛟绕船能两活者乎？"船人曰："未之见也。"次非攘臂袪衣⑥，拔宝剑曰："此江中之腐肉朽骨也⑦！弃剑以全己，余奚爱焉⑧！"于是赴江刺蛟，杀之而复上船。舟中之人皆得活。荆王闻之，仕之执圭⑨。孔子闻之曰："夫善哉！不以腐肉朽骨而弃剑者，其次非之谓乎！"

禹南省，方济乎江，黄龙负舟。舟中之人五色无主。禹仰视天而叹曰："吾受命于天，竭力以养人。生，性也；死，命也。余何忧于龙焉？"龙俯耳低尾而逝。则禹达乎死生之分、利害之经也。

凡人物者，阴阳之化也。阴阳者，造乎天而成者也。天固有衰嗛废伏⑩，有盛盈蚠息⑪；人亦有困穷屈匮⑫，有充实达遂。此皆天之容物理也，而不得不然之数也。古圣人不以感私伤神，俞然而以待耳。

【注释】

①晏子：名婴，字平仲，齐国大夫。历仕齐灵公、齐庄公、齐景公三朝。崔杼：齐国大夫。他与庆封杀庄公，立景公，劫持齐国将军大夫等盟誓。

②延陵季子：季札，吴王寿梦少子，受封于延陵，故号"延陵季子"。季札贤，寿梦欲立之，季札不受。后吴人固立季札，季札于是弃其室而耕。所以下文说"吴人愿以为王而不肯"。

③孙叔敖：春秋时期楚国人，名敖，字孙叔，官令尹。

④次非：人名。

⑤干遂：又作"干隧"，吴邑名，在今江苏苏州西北。

⑥攘臂：捋衣出臂，表示振奋。袪（qū）衣：撩起衣服。

⑦腐肉朽骨：次非自指，表示自己决心与蛟龙以死相拼。

⑧"弃剑"二句：大意是，如果丢弃剑而能保全自己，我何必要舍不得这剑呢。言外之意是说，即使丢弃剑，亦不得保全自身，故决

心赴江与蛟拼死。

⑨执圭：春秋时期诸侯国爵位名。以圭赐给功臣，使持圭朝见，因称"执圭"。

⑩嗛(qiàn)：通"歉"，不足，亏缺。废：毁坏。伏：伏藏，隐蔽不明。

⑪坌：通"坌"(bèn)，坌起，聚积起。息：繁殖，生息。

⑫屈(jué)：竭尽。匮：缺乏，不足。

【译文】

第三：

通达事理的人士，通晓死生之义。通晓死生之义，那么利害存亡就不能使之迷惑了。所以，晏子与崔杼盟誓时，能够不改变自己遵守的道义；延陵季子，吴国人愿意让他当王他却不肯当；孙叔敖几次当令尹并不显得高兴，几次不当令尹并不显得忧愁。这是因为他们都通晓理义啊。通晓理义，那么外物就不能使之迷惑了。

楚国有个叫次非的，在干遂得到了一把宝剑。回来的时候渡长江，到了江心，有两条蛟龙从两边围绕他乘坐的船。次非对船工说："你曾见到过两条蛟龙围绕着船，龙和船上的人都能活命的吗？"船工说："没有见到过。"次非捋起袖子，伸出胳膊，撩起衣服，拔出宝剑，说："我至多不过成为江中的腐肉朽骨罢了！如果丢掉剑能保全自己，我何必要舍不得宝剑呢！"于是跳到江里去刺蛟龙，杀死蛟龙后又上了船。船里的人全都得以活命了。楚王听到这事以后，封给他执圭之爵。孔子听到这事以后说："好啊！不因为将成为腐肉朽骨而丢掉宝剑的，大概只有次非能做到吧！"

禹到南方巡视，当他渡江的时候，一条黄龙把他乘的船驮了起来。船上的人大惊失色。禹仰脸朝天感慨地说："我从上天接受使命，尽力养育人民。生和死都是命中注定的。我对龙有什么害怕的呢？"龙伏下耳朵垂下尾巴游走了。这样看来，禹是通晓死生之义、利害之道了。

凡是人和物，都是阴阳化育而成的。阴阳是由天创造而形成的。

天本来就有衰微、亏缺、毁弃、隐伏，有兴盛、盈余、聚积、生息；人也有困顿、窘迫、贫穷、匮乏，有充足、富饶、显贵、成功。这些都是天地万物的规律，因而不得不如此啊。古代的圣人不因自己的私念伤害天性，只是安然地加以对待罢了。

　　晏子与崔杼盟。其辞曰："不与崔氏而与公孙氏者①，受其不祥！"晏子俯而饮血②，仰而呼天曰："不与公孙氏而与崔氏者，受此不祥！"崔杼不说，直兵造胸③，句兵钩颈④，谓晏子曰："子变子言，则齐国吾与子共之；子不变子言，则今是已！"晏子曰："崔子，子独不为夫《诗》乎！《诗》曰⑤：'莫莫葛藟⑥，延于条枚。凯弟君子⑦，求福不回⑧。'婴且可以回而求福乎？子惟之矣⑨！"崔杼曰："此贤者，不可杀也。"罢兵而去。晏子援绥而乘⑩，其仆将驰，晏子抚其仆之手曰："安之！毋失节！疾不必生，徐不必死。鹿生于山，而命悬于厨⑪。今婴之命有所悬矣⑫。"晏子可谓知命矣。命也者，不知所以然而然者也。人事智巧以举错者，不得与焉。故命也者，就之未得，去之未失。国士知其若此也，故以义为之决而安处之。

【注释】

①与：亲附。公孙氏：齐群公子之子，故称"公孙氏"。此指齐公室而言。

②饮血：即歃（shà）血，古代盟会时的一种仪式，口含牲血表示信誓。

③直兵：矛一类兵器。造：到，触到。

④句（gōu）兵：戟一类兵器。句，弯曲。这个意义后来写作"勾"。

⑤《诗》曰：下引诗句见《诗经·大雅·旱麓》。

⑥莫莫：繁茂的样子。葛藟：植物名，木质，藤本。

⑦凯弟(tì)：今本《诗经》作"岂弟"，皆通"恺悌"。和易近人。

⑧回：邪曲，邪僻。

⑨惟：思，思考。

⑩绥：车上供上车拉扶的绳子。

⑪悬：系，这里是掌握的意思。

⑫"今婴"句：这句意思是，自己的生命掌握在别人(指崔杼)手里。

【译文】

晏子与崔杼盟誓。崔杼的誓词说："不亲附崔氏而亲附齐国公室的，遭受祸殃！"晏子低下头含了血，仰起头向上天呼告说："不亲附齐国公室而亲附崔氏的，遭受这祸殃！"崔杼很不高兴，用矛顶着他的胸，用戟勾住他的颈，对晏子说："你改变你的话，那么我跟你共同享有齐国；你不改变你的话，那么现在就杀死你！"晏子说："崔子，你难道没有学过《诗》吗？《诗》中说：'密麻麻的葛藟，爬上树干枝头。和悦近人的君子，不以邪道求福。'我难道能够以邪道求福吗？你考虑考虑这些话吧！"崔杼说："这是个贤德的人，不可杀死他。"于是崔杼撤去兵器离开了。晏子拉着车上的绳索上了车，他的车夫要赶马快跑，晏子抚摸着车夫的手说："安稳点！不要失去常态！快了不一定就能活，慢了不一定就会死。鹿生长在山上，可是它的命却掌握在厨师手里。如今我的命也有人掌握着。"晏子可以说是懂得命了。命指的是不知为什么会这样但却终于这样了。靠耍聪明乖巧来做事的人，是不能领会这些的。所以命这东西，靠近它未必能得到，离开它未必能失去。国家杰出的人知道命是如此，所以按照义的原则决断，安然地对待它。

白圭问于邹公子夏后启曰①："践绳之节②，四上之志③，三晋之事④，此天下之豪英。以处于晋，而迭闻晋事，未尝闻践绳之节、四上之志。愿得而闻之。"夏后启曰:"鄙人也,焉足以问?"白圭曰:"愿公子之毋让也!"夏后启曰:"以为可为,故为之,为之,天下弗能禁矣;以为不可为,故释之,释之,天下弗能使矣。"白圭曰:"利弗能使乎? 威弗能禁乎?"夏后启曰:"生不足以使之,则利曷足以使之矣? 死不足以禁之,则害曷足以禁之矣?"白圭无以应。夏后启辞而出。

凡使贤不肖异:使不肖以赏罚,使贤以义。故贤主之使其下也必义,审赏罚,然后贤不肖尽为用矣。

【注释】

①邹公子夏后启:夏后启是邹公子之名。邹,古国名,本作"邾",在今山东邹城东南。

②践绳之节:未详。高诱注为"正直"。如此,似指正直人士之节操。践,踏,履行。绳,墨绳,木工用以取直。

③四上:义未详。俞樾谓当作"匹士",指普通平民士人。

④三晋之事:战国初期,韩、魏、赵三家专晋国政,最后分晋而自立为侯。"三晋之事"即指此而言。

【译文】

白圭向邹公子夏后启问道:"正直之士的节操,平民百姓的志向,三家分晋的事情,这些都是天下最杰出的。因为我住在晋国,所以能经常听到晋国的事情,不曾听到过正直之士的节操、平民百姓的志向。希望能听您说一说。"夏后启说:"我是鄙陋之人,哪里值得问?"白圭说:"希望您不要推辞。"夏后启说:"认为可以做,所以就去做,做了,天下谁都不能禁止他;认为不可以做,所以就不去做,不去做,天下谁都不能驱使他。"白圭说:"利益也不能驱使他吗? 威严也不能禁止他吗?"夏后启说:"就连生存都不能驱使他,那么利益又怎么足以驱使他呢? 连死亡都不足以禁止他,那么祸害又怎么足以禁止他呢?"白圭无话回答。夏后启告辞走了。

役使贤德之人和不肖之人方法不同:役使不肖之人用赏罚,役使贤德之人用道义。所以贤明的君主役使自己的臣属一定要根据道义,慎重地施行赏罚,然后贤德之人和不肖之人就都能为自己所使用了。

召 类

【题解】

本篇思想内容与《应同》篇大致相同，文字亦多有重复，可看作对《应同》篇的补充。本篇论述"类同相召"，重点放在国家的治乱兴亡上。文章认为，外患是由内乱招致的，国家有了内乱外患，必亡无疑。因此，要想阻止这种情况发生，只有把国家治理好。治理好国家的关键在于君主贤明，任用贤良，据义行事。这样，就可以"修之于庙堂之上，而折冲乎千里之外"了。

四曰：

类同相召，气同则合，声比则应①。故鼓宫而宫应，鼓角而角动。以龙致雨，以形逐影。祸福之所自来，众人以为命，焉不知其所由②。故国乱非独乱，有必召寇③。独乱未必亡也，召寇则无以存矣。

【注释】

①比：并，相近。应：和。

②焉不知其所由：当作"焉知其所"（依王念孙说）。焉，哪里。

③有:通"又"。下文"有况于贤主乎"之"有"亦通"又"。寇:外敌。

【译文】

第四:

物类相同就互相招引,气味相同就互相投合,声音相同就互相应和。所以敲击宫音的乐器则其他宫音的乐器与之共鸣,敲击角音的乐器则其他角音的乐器与之协振。用龙就能招来雨,凭形体就能找到影子。祸与福的到来,一般人认为是天命,哪里知道它们到来的原因?所以国家混乱不仅仅是内部混乱,又必定会招致外患。国家仅仅是内部混乱未必会灭亡,招致外患就无法生存了。

凡兵之用也,用于利,用于义。攻乱则服,服则攻者利;攻乱则义,义则攻者荣。荣且利,中主犹且为之,有况于贤主乎?故割地宝器戈剑,卑辞屈服,不足以止攻,唯治为足。治则为利者不攻矣,为名者不伐矣。凡人之攻伐也,非为利则固为名也。名实不得,国虽强大,则无为攻矣。

兵所自来者久矣。尧战于丹水之浦①,以服南蛮;舜却苗民②,更易其俗;禹攻曹、魏、屈骜、有扈③,以行其教。三王以上,固皆用兵也。乱则用,治则止。治而攻之,不祥莫大焉;乱而弗讨,害民莫长焉。此治乱之化也,文武之所由起也。文者爱之征也,武者恶之表也。爱恶循义,文武有常,圣人之元也④。譬之若寒暑之序,时至而事生之。圣人不能为时,而能以事适时。事适于时者,其功大。

【注释】

①丹水:又称"丹江",在今河南、陕西两省间。浦:水滨。

②却:退。苗民:即"有苗"、"三苗",古部族名。

③曹、魏、屈骜、有扈：都是远古时期的国名。

④元：这里是根本的意思。

【译文】

凡是用兵作战，应该用在有利的地方，用在符合道义的地方。攻打混乱的国家就能使之屈服，敌国屈服，那么进攻的国家就有利；攻打混乱的国家就符合道义，符合道义，那么进攻的国家就荣耀。既荣耀又有利，中等才能的君主尚且会去做，更何况贤明的君主呢？所以割让土地，献出宝器，奉上金戈利剑，言辞卑谦，屈服于人，这些都不足以制止别国的进攻，只有把国家治理好才足以制止别国的进攻。国家治理得好，那么图利的就不来进攻了，图名的就不来讨伐了。凡是发动攻伐的，不是图利就一定是图名。名和利都得不到，国家即使强大，也不会发动进攻了。

战争的由来已经很久了。尧在丹水岸边作战，而使南蛮归服；舜击退苗民，改变了他们的习俗；禹攻打曹、魏、屈骜、有扈，以便推行自己的教化。由三王往上，本来都用过兵。对发生混乱的国家就用兵，对治理得好的国家就不用兵。一个国家治理得很好却去攻打它，没有比这更不吉祥的了；一个国家发生混乱却不去讨伐它，对人民的残害没有比这更大的了。这就是根据治乱不同而采取的不同策略，用文和用武就是由此发生的。用文是喜爱的表露，用武是厌恶的表现。喜爱或厌恶都遵循义的原则，用文或用武都有常规，这是圣人的根本。这就如同寒暑的更迭一样，时令到了就做相应的事情。圣人不能改变时令，却能使所做的事情适应时令。做事适应时令，取得的功效就大。

士尹池为荆使于宋①，司城子罕觞之②。南家之墙犨于前而不直③，西家之潦径其宫而不止④。士尹池问其故，司城子罕曰⑤："南家工人也，为鞔者也⑥。吾将徙之，其父曰：'吾恃为鞔以食三世矣，今徙之，是宋国之求鞔者不知吾处也，吾将不食。愿相国之忧吾不食也。’为是故，吾弗徙也。西家高，吾宫庳，潦之经吾宫也利，故弗禁也。”士尹池归荆，荆王适兴兵而攻宋，士尹池谏于荆王曰："宋不可攻也。其主贤，其相仁。贤者能得民，仁者能用人。荆国攻之，其无功而为天下笑乎!"故释宋而攻郑⑦。孔子闻之曰："夫修之于庙堂之上，而折冲乎千里之外者⑧，其司城子罕之谓乎!"宋在三大万乘之间⑨，子罕之时，无所相侵⑩，边境四益，相平公、元公、景公以终其身⑪，其唯仁且节与？故仁节之为功大矣。故明堂茅茨蒿柱⑫，土阶三等⑬，以见节俭。

【注释】

①士尹池：姓士尹，名池，楚国人。

②司城：即司空，官名，掌工程。宋国因武公名"司空"，故改官名司空为司城。子罕：乐喜，字子罕。觞：向人敬酒。

③犨(chōu)：突出。

④潦(lǎo)：地面的积水、雨水。径：经过。宫：室，这里指庭院。

⑤司城子罕：毕本误作"司马子罕"，今依众本改。

⑥鞔(mán)：本指鞋帮，引申指鞋。

⑦释：舍弃。

⑧折冲：指击退敌军。冲，战车。

⑨宋在三大万乘之间：宋国南有楚国，北有晋国，东有齐国，所以这样说。万乘，指拥有万辆兵车的大国。

⑩相：偏指一方，这里指宋国。

⑪"相平"句：平公(前575—前532在位)、元公(前531—前517在位)、景公(前516—前451在位)，都是宋国君主。

⑫茅茨：用茅草覆盖屋顶。茨，芦苇、茅草盖的屋顶。蒿柱：用蒿秆

做柱子。

⑬等:级。

【译文】

士尹池为楚国出使宋国,司城子罕宴请他。子罕南邻的墙向前突出却不拆了它取直,西邻家的积水流过子罕的院子却不加制止。士尹池询问这是为什么,司城子罕说:"南邻家是工匠,是做鞋的。我要让他搬家,他的父亲说:'我家靠做鞋谋生已经三代了,现在如果搬家,宋国那些要买鞋的,就不知道我的住处了,我将不能谋生。希望相国您怜悯我。'因为这个缘故,我没有让他搬家。西邻家院子地势高,我家院子地势低,积水流过我家院子很便利,所以没有加以制止。"士尹池回到楚国,楚王正要发兵攻打宋国,士尹池劝阻楚王说:"宋国不可攻打。它的君主贤明,它的国相仁慈。贤明的人能得民心,仁慈的人别人能为他出力。楚国去攻打它,大概不会有功,而且还要为天下所耻笑啊!"所以楚国放弃了宋国而去攻打郑国。孔子听到这事以后说:"在朝廷上修养自己的品德,却能制胜敌军于千里之外,这大概说的就是司城子罕吧!"宋国处在三个拥有万辆兵车的大国之间,子罕当相的时候,一直没有受到侵犯,四方边境都很安宁,子罕辅佐平公、元公、景公一直到身终,这大概正是因为他既仁慈又节俭吧!所以仁慈和节俭的功效太大了。因此,天子理事的朝堂用茅草覆盖屋顶,用蒿秆做柱子,土台阶只有三级,用这些来表示节俭。

赵简子将袭卫,使史默往睹之①,期以一月。六月而后反,赵简子曰:"何其久也?"史默曰:"谋利而得害,犹弗察也。今蘧伯玉为相②,史鳅佐焉③,孔子为客,子贡使令于君前④,甚听。《易》曰⑤:'涣其群,元吉⑥。'涣者,贤也;群者,众也,元者吉之始也。'涣其群,元吉'者,其佐多贤也。"赵简子按兵而不动。

凡谋者，疑也。疑则从义断事。从义断事，则谋不亏。谋不亏，则名实从之。贤主之举也，岂必旗偾将毙而乃知胜败哉⑦？察其理而得失荣辱定矣。故三代之所贵，无若贤也。

【注释】

①史默：晋史官。《应同》篇作"史墨"。

②蘧伯玉：名瑗，字伯玉，卫大夫。

③史鳅(qiū)：字子鱼，也称"史鱼"，卫大夫。

④子贡：孔子的学生端木赐，字子贡。

⑤《易》曰：下引文见《周易·涣》。

⑥涣其群，元吉：大意是，贤者很多，大吉。

⑦偾(fèn)：仆倒。

【译文】

赵简子要攻打卫国，派史默去卫国观察动静，约定一个月为期。过了六个月史默才回来，赵简子说："怎么去了这么长时间呢？"史默说："您要攻打卫国是为了谋取利益，结果反要遭受祸害，这个情况您还不了解啊。如今卫国蘧伯玉当相，史鳅辅佐卫君，孔子当宾客，子贡在卫君面前供差遣，他们都很受卫君信任。《周易》中说：'涣其群，元吉。''涣'是贤德的意思，'群'是众多的意思，'元'是吉祥开始的意思。'涣其群元吉'，是说他的辅臣有很多贤德之人。"于是赵简子才按兵不动。

凡是进行谋划，都是因为有疑惑。有疑惑，就要按照义的原则决断事情。按照义的原则决断事情，那么谋划就不会失当。谋划不失当，那么名声和实利就会跟着到来。贤明的君主行事，难道一定要弄得旗倒将死然后才知道胜败吗？明察事理，得失荣辱就能确定了。所以夏商周三代所尊崇的，没有什么比得上贤德了。

达　郁

【题解】

所谓"达郁"，就是排除壅塞，使其通达的意思。本篇从"达郁"的角度论述了君主应当重视贤臣的道理。文章由人体郁结会生病，水木郁结会腐臭生虫，论及国家："主德不通，民欲不达。"会"百恶并起"、"万灾丛至"。因此，君主应该重视忠臣豪杰，只有他们才敢直言劝谏，排除国家的壅闭。文中列举了周厉王弭谤而被国人流于彘、管仲谏桓公而使之称霸诸侯等事例，从正反两方面阐明了上述思想。

五曰：

凡人三百六十节，九窍、五藏、六府①。肌肤欲其比也②，血脉欲其通也，筋骨欲其固也，心志欲其和也，精气欲其行也。若此则病无所居，而恶无由生矣③。病之留、恶之生也，精气郁也。故水郁则为污，树郁则为蠹，草郁则为蒉④。国亦有郁。主德不通，民欲不达，此国之郁也。国郁处久，则百恶并起，而万灾丛至矣⑤。上下之相忍也，由此出矣。故圣王之贵豪士与忠臣也，为其敢直言而决郁塞也。

【注释】

①九窍：耳、目、口、鼻七窍加上前阴、后阴（肛门），总称九窍。五藏：也作"五脏"，心、肝、脾、肺、肾五个脏器的总称。六府：也作"六腑"，胆、胃、小肠、大肠、三焦、膀胱谓之六府。

②比：致密，细密。

③恶：指恶疾。

④黄：当为"蕃"（zī，今作"菑"）之误（依毕沅校说），本指树木植立而死，这里指草枯死。

⑤丛：并，一起。

【译文】

第五：

凡是人都有三百六十个骨节，有九窍、五脏、六腑。肌肤应该让它细密，血脉应该让它通畅，筋骨应该让它强壮，心志应该让它平和，精气应该让它运行。这样，病痛就无处滞留，恶疾就无法产生了。病痛的滞留，恶疾的产生，是因为精气闭结。所以，水闭结就会变污浊，树闭结就会生蛀虫，草闭结就会干枯死。国家也有闭结的情形。君主的道德不通达，百姓的愿望不能实现，这就是国家的闭结。国家的闭结长期存在，那么各种邪恶都会一齐产生，所有灾难都会一起到来了。高官与下民互相残害，就由此产生了。所以圣贤的君王尊重豪杰和忠臣，这是因为他们敢于直言劝谏而且能排除闭结阻塞。

周厉王虐民，国人皆谤。召公以告①，曰："民不堪命矣！"王使卫巫监谤者，得则杀之。国莫敢言，道路以目。王喜，以告召公，曰："吾能弭谤矣②！"召公曰："是障之也，非弭之也。防民之口，甚于防川。川壅而溃，败人必多③。夫民犹是也。是故治川者决之使导，治民者宣之使言。是故天子听政，使公卿列士正谏，好学博闻献诗④，矇箴⑤，师诵⑥，庶人传语，近臣尽规，亲戚补察，而后王斟酌焉。是以下无遗善，上无过举。今王塞下之口，而遂上之过，恐为社稷忧。”王弗听也。三年，国人流王于彘⑦。此郁之败也。郁者不阳也。周鼎著鼠，令马履之，为其不阳也。不阳者，亡国之俗也。

【注释】

①召公：指召穆公，名虎，为周厉王卿士。

②弭（mǐ）：止，消除。

③败：伤害。

④诗：指讽谏之诗。古有“采风”之制，好学博闻者采民间诗歌献给君王。

⑤矇（méng）：盲人，指乐官。古代乐官由盲人充当，故称为“矇”。

　箴（zhēn）：箴言，一种寓有劝诫意义的文辞。这里用作动词。

⑥师：乐官。诵：诵读。

⑦彘：地名，在今山西霍县东北。

【译文】

　　周厉王残害百姓，国人都指责他。召公把这情况告诉了周厉王，说：“百姓们不能忍受您的政令了！”厉王派卫国的巫者监视敢于指责的人，抓到以后就杀掉。都城内没有人敢再讲话，彼此在道上相遇只是用眼看看而已。厉王很高兴，把这种情况告诉了召公，说：“我能消除人们的怨言了！”召公说：“这只是阻止人们的指责，并不是消除人们的怨言啊。堵塞人们的嘴，其危害比堵塞流水还厉害。流水被堵塞，一旦决口，伤人必定很多。人民也是这样。因此，治水的人应该排除阻塞，使水畅流；治理人民的人应该引导人民，让人民尽情讲话。所以，天子处理政事,让公卿列士直言劝谏,让好学博闻之人献上讽谏诗歌,让乐官进箴言,让乐师吟诵讽谏之诗,让平民把意见转达上来,让身边的臣子把规劝的话全讲出来,让同宗的大臣弥补天子的过失、监督天子的政事,然后由天子斟酌去取,加以实行。因此,下边没有遗漏的善言,上边没有错误的举动。如今您堵住下边人的嘴,从而铸成君王的过错,恐怕要成为国家的忧患。"厉王不听他的劝告。过了三年,国人把厉王放逐到彘地。这就是闭结造成的祸害。闭结就是丧失阳气。周鼎上刻铸着鼠形图案,让马踩着它,就是因为它不属于阳。丧失阳气,这是亡国的习俗。

　　管仲觞桓公。日暮矣,桓公乐之而征烛。管仲曰:"臣卜其昼,未卜其夜。君可以出矣。"公不说,曰:"仲父年老矣,寡人与仲父为乐将几之!请夜之①。"管仲曰:"君过矣。夫厚于味者薄于德,沈于乐者反于忧。壮而怠则失时,老而解则无名②。臣乃今将为君勉之,若何其沉于酒也!"管仲可谓能立行矣。凡行之堕也于乐,今乐而益饬③;行之坏也于贵,今主欲留而不许。伸志行理,贵乐弗为变,以事其主。此桓公之所以霸也。

【注释】

①夜之:指夜里继续饮酒。

②解:懈怠。这个意义后来写作"懈"。

③饬:严正。

【译文】

　　管仲宴请齐桓公。天已经黑了,桓公喝得很高兴,让点上烛火接着喝。管仲说:"白天招待您喝酒,我占卜过;至于晚上喝酒,我没有占卜过。您可以走了。"桓公很不高兴,说:"仲父您年老了,我跟您一块享乐还能有多久呢! 希望夜里继续喝酒。"管仲说:"您错了。贪图美味的人道德就微薄,沉湎于享乐的人最终要忧伤。壮年懈怠就会失去时机,老年懈怠就会丧失功名。我从现在开始将努力为您做事,怎么可以沉湎在饮酒中呢!"管仲可以说是能树立品行了。凡是行为的堕落在于过分享乐,现在虽然宴乐,态度却越发严正;品行的败坏在于过分尊贵,现在君主想留下,他却不答应。他申明自己的意志,按照原则行事,不因为尊贵和享乐就加以改变,用这种态度来侍奉自己的君主。这就是桓公之所以成就霸业的原因啊。

　　列精子高听行乎齐湣王①,著柬布衣②,白缟冠③,颡推之履④,特会朝而祛步堂下⑤,谓其侍者曰:"我何若?"侍者曰:"公姣且丽。"列精子高因步而窥于井,粲然恶丈夫之状也⑥。喟然叹曰:"侍者为吾听行于齐王也,夫何阿哉! 又况于所听行乎⑦?"万乘之主,人之阿之亦甚矣,而无所镜⑧,其残亡无日矣。孰当可而镜? 其唯士乎! 人皆知说镜之明己也,而恶士之明己也。镜之明己也功细,士之明己也功大。得其细,失其大,不知类耳。

【注释】

①列精子高:战国时期的贤人。齐湣王:田姓,战国时齐国君主。

②柬布:练布,也就是练帛,白色的熟绢。

③缟:未染色的绢。

④颡推之履:义未详。高诱注为"敝履",许维通谓"殆亦指粗恶言"。

⑤特:特意。会朝:指天黎明(依许维通说)。祛步:撩起衣服走路。

⑥粲然：显明的样子。

⑦所听行：所听所行之人，听从意见加以实行的人。这里指齐王。

⑧镜：用如动词，照。

【译文】

齐湣王对列精子高言听计从。一次列精子高穿着熟绢做的衣服，戴着白绢做的帽子，穿着粗劣的鞋子，天刚亮就特意在堂下撩起衣服走来走去，对自己的侍从说："我的样子怎么样？"侍从说："您又美好又漂亮。"列精子高于是走到井边去照看，分明是个丑陋男子的形象。他慨叹着说："侍从因为齐王对我言听计从，就这样曲意迎合我啊！更何况对于听信实行我的主张的齐王呢？"对大国君主来说，人们曲意迎合他，也就更厉害了，可他自己却无法照见自己的缺点，这样，国破身亡也就没有多久了。谁能够帮他照见自己的缺点？大概只有贤士吧！人都知道喜欢镜子能照出自己的形象，却厌恶贤士指明自己的缺点。镜子能照出自己的形象，功用很小；贤士能指明自己的缺点，功绩很大。如果只知得到小的，而丢掉大的，这是不知道类比啊。

　　赵简子曰："厥也爱我①，铎也不爱我②。厥之谏我也，必于无人之所；铎之谏我也，喜质我于人中③，必使我丑。"尹铎对曰："厥也爱君之丑也，而不爱君之过也；铎也爱君之过也，而不爱君之丑也。臣尝闻相人于师④，敦颜而土色者忍丑⑤。不质君于人中，恐君之不变也。"此简子之贤也。人主贤则人臣之言刻。简子不贤，铎也卒不居赵地，有况乎在简子之侧哉！

【注释】

①厥：人名，高诱注为"赵厥"，《说苑》作"赦厥"。赵简子家臣。

②铎：尹铎，赵简子家臣。

③质：质正。

④相人：观察人的相貌以判断贵贱安危等，是一种迷信行为。

⑤敦颜：面色敦厚。土色：黄色。"敦颜土色"都指赵简子之颜色。

【译文】

　　赵简子说："赵厥爱护我，尹铎不爱护我。赵厥劝谏我的时候，一定在没有人的地方；尹铎劝谏我的时候，喜欢当着别人的面纠正我，一定让我出丑。"尹铎回答说："赵厥顾惜您的出丑，却不顾惜您的过错；我顾惜您的过错，却不顾惜您的出丑。我曾经从老师那里听到过如何观察人的相貌。相貌敦厚而且是黄色的，能够承受住出丑。我如果不在别人面前纠正您，恐怕您不能改正啊。"这就是简子的贤明之处。君主贤明，那么臣子的谏言就严刻。如果简子不贤明，那么尹铎最终连在赵地存身都不能，更何况呆在简子身边呢？

行　论

【题解】

　　本篇旨在论述君主处于逆境时应该如何行事。文章认为,君主是
"执民之命"的,因此,在"势不便,时不利"的情况下,应该"事雠以求
存",而不应以"快志"为能事。文章进一步认为君主的进与退,要根据
义的准则行事。恃强骄恣,只能落得国破身辱的下场。

　　六曰:

　　人主之行,与布衣异。势不便,时不利,事雠以求存①。
执民之命。执民之命,重任也,不得以快志为故。故布衣行
此指于国,不容乡曲②。

　　尧以天下让舜。鲧为诸侯③,怒于尧曰:"得天之道者为
帝,得地之道者为三公④。今我得地之道,而不以我为三
公。"以尧为失论,欲得三公。怒甚猛兽,欲以为乱。比兽之
角,能以为城⑤;举其尾,能以为旌⑥。召之不来,仿佯于野以
患帝⑦。舜于是殛之于羽山⑧,副之以吴刀⑨。禹不敢怨,而
反事之。官为司空⑩,以通水潦。颜色黎黑,步不相过⑪,窍
气不通,以中帝心⑫。

　　昔者纣为无道，杀梅伯而醢之⑬，杀鬼侯而脯之⑭，以礼诸侯于庙。文王流涕而咨之⑮。纣恐其畔，欲杀文王而灭周。文王曰："父虽无道，子敢不事父乎？君虽不惠，臣敢不事君乎？孰王而可畔也？"纣乃赦之。天下闻之，以文王为畏上而哀下也。《诗》曰⑯："惟此文王，小心翼翼。昭事上帝，聿怀多福⑰。"

【注释】

①雠：仇。

②乡曲：乡里，乡间。

③鲧（gǔn）：也作"鮌"，禹之父。

④三公：尧、舜时代未有三公之称，此系传闻。周代三公有二说：一说指司马、司徒、司空；一说指太师、太傅、太保。

⑤能：而。以为城：指像城池一样坚固。

⑥旄：旗上的装饰物，以兽尾制成。此处指旄旗。按：以上几句是以兽之怒喻鲧之怒。

⑦仿佯（pángyáng）：通作"彷徉"，游荡无定。

⑧殛（jí）：诛杀。羽山：古地名，在今山东郯城东北（一说在今山东蓬莱东南）。

⑨副（pì）：剖开，即分尸。吴刀：吴地制造的快刀。

⑩司空：官职名，掌营建、治水土等。

⑪步不相过：形容极度疲劳、步履艰难的样子。极其疲劳时走路，一只脚不能超过另一只脚，故曰"步不相过"。

⑫中（zhòng）：适合，合。

⑬梅伯：纣时的诸侯。醢（hǎi）：肉酱。这里用如动词，做成肉酱。

⑭鬼侯：纣时的诸侯。脯：肉干。这里用如动词，做成肉干。

⑮咨(zī):叹息。按:文王当时也是诸侯。

⑯《诗》曰:下引诗句见《诗经·大雅·大明》。

⑰聿:语气词,无实在意义。

【译文】

第六:

君主的所作所为,与平民不同。形势不好,时机不利,可以侍奉仇敌以便求得生存。君主掌握着人民的命运。掌握着人民的命运,是重大的责任,不能以随心所欲为能事。平民如果在国内也这样做,那就不能在乡里容身了。

尧把帝位让给了舜。鲧当诸侯,他对尧发怒说:“符合天道的当帝王,符合地道的当三公。如今我符合地道,却不让我当三公。”鲧认为尧这样做是丧失了原则,想得到三公的职位。他的愤怒超过了猛兽,想发动叛乱。他像猛兽把角并排起来一样固城自守,像猛兽举起尾巴一样立旗为号。舜召见他他不来,在野外游荡,以便给舜制造祸患。舜于是在羽山杀死了他,用锋利的吴刀肢解了他。禹对此不敢怨恨,反而侍奉舜。他担任了司空之职,疏导洪水。晒得面孔黧黑,累得步履艰难,七窍不能畅通,因而很得舜的欢心。

从前纣王暴虐无道,杀死梅伯把他做成肉酱,杀死鬼侯把他做成肉干,在宗庙里用来宴请诸侯。文王流着眼泪为此叹息。纣王担心他背叛自己,想杀死文王灭掉周国。文王说:“父亲即使无道,儿子敢不侍奉父亲吗?君主即使不仁惠,臣子敢不侍奉君主吗?君主怎么可以背叛呢?”纣王于是赦免了他。天下人听到这件事,认为文王畏惧在上位的人而哀怜在下位的人。所以《诗经》中说:“就是这个周文王,言与行小心翼翼。心地光明侍奉上帝,因而得来大福大吉。”

齐攻宋,燕王使张魁将燕兵以从焉①,齐王杀之。燕王闻之,泣数行而下,召有司而告之曰:“余兴事而齐杀我使,请令举兵以攻齐也②。"使受命矣。凡繇进见③,争之曰:"贤主故愿为臣。今王非贤主也,愿辞不为臣。"昭王曰:"是何也?"对曰:"松下乱④,先君以不安弃群臣也。王苦痛之,而事齐者,力不足也。今魁死而王攻齐,是视魁而贤于先君。"王曰:"诺。"请王止兵,王曰:"然则若何?"凡繇对曰:"请王缟素辟舍于郊⑤,遣使于齐,客而谢焉⑥,曰:'此尽寡人之罪也。大王贤主也,岂尽杀诸侯之使者哉? 然而燕之使者独死,此弊邑之择人不谨也。愿得变更请罪。'"使者行至齐,齐王方大饮,左右官实御者甚众⑦,因令使者进报。使者报,言燕王之甚恐惧而请罪也。毕,又复之,以矜左右官实。因乃发小使以反令燕王复舍。此济上之所以败,齐国以虚也⑧。七十城,微田单,固几不反⑨。湣王以大齐骄而残,田单以即墨城而立功。诗曰⑩:"将欲毁之,必重累之;将欲踣之⑪,必高举之。"其此之谓乎! 累矣而不毁,举矣而不踣,其唯有道者乎!

【注释】

①张魁:人名。将:率领。

②请令:当作"请今"(依毕沅说)。今:即刻。

③凡繇:燕昭王臣。

④松下乱:即松下之难。齐伐燕,燕王子哙(昭王之父)与之战于松下(地名),被齐俘获。"松下乱"即指此而言。下文"弃群臣"是被俘的委婉说法。

⑤缟素:白色的衣服,指丧服。辟舍:指离开自己的官室。辟,避开。这个意义后来写作"避"。按:"缟素辟舍"是自责的一种表示。

⑥客：指以客人身分。谢：谢罪，道歉。

⑦官实：官属，僚属。御者：指侍御，侍从。

⑧"此济"二句：燕昭王派乐毅伐齐，大败齐于济水边，下七十余城，齐国因此几乎成为废墟。这两句即指此而言。

⑨"七十"三句：燕昭王死后，子惠王立，惠王与乐毅有隙，派骑劫代乐毅为将。齐田单率即墨（齐邑名，在今山东平度东南）民以火牛阵大败燕军，全部收复了失地。所以这里说"七十城，微田单，固几不反"。

⑩《诗》曰：下引诗句是逸诗。

⑪踣（bó）：仆倒。这里用如使动，使……仆倒。

【译文】

齐国攻打宋国，燕王派张魁率领燕国士兵去帮助齐国，齐王却杀死了张魁。燕王听到这消息，眼泪一行行落下来，召来有关官员告诉他说："我派兵参战，可是齐国却杀死了我的使臣，我要立即发兵攻打齐国。"官员接受了命令。凡繇进来谒见燕王，劝谏说："从前认为您是贤德的君主，所以我愿意当您的臣子。现在看来您不是贤德的君主，所以我希望辞官不再当您的臣子。"燕昭王说："这是什么原因呢？"凡繇回答说："松下之难，我们的先君不得安宁而被俘。您对此感到痛苦，但却侍奉齐国，是因为力量不足啊。如今张魁被杀死，您却要攻打齐国，这是把张魁看得比先君还重。"燕王说："好吧。"凡繇请燕王停止出兵，燕王说："然而应该怎么办？"凡繇回答说："请您穿上丧服离开宫室住到郊外，派遣使臣到齐国，以客人的身份去谢罪，说：'这都是我的罪过。大王您是贤德的君主，哪能全部杀死诸侯们的使臣呢？然而燕国的使臣独独被杀死，这是我国选择人不慎重啊。希望能够让我改换使臣以表示请罪。'"使臣到了齐国，齐王正在举行盛大宴会，参加宴会的近臣、官员、侍从很多，于是让使臣进来禀告。使臣禀告，说是燕王非常恐惧，因而来请罪。使臣说完了，齐王又让他重复一遍，以此来向近臣、官员、侍从炫耀。于是齐王就派出地位低微的使臣去让燕王返回宫室居住。这就是后来齐国之所以在济水一带被燕国打败的原因,齐国因而几乎变成废墟。七十余座被攻下的城邑,如果没有田单,几乎不能收复。齐湣王凭借着强大的齐国,因为骄横而使国家残破;田单凭借着即墨城,却能立下大功。古诗说:"要想毁坏它,必先把它重叠起;要想摔倒它,必先把它高举起。"大概说的就是这个吧! 重叠起来却能不被毁坏,高举起来却能不被摔倒,大概只有有道之人能做到吧!

　　楚庄王使文无畏于齐①,过于宋,不先假道。还反,华元言于宋昭公曰②:"往不假道,来不假道,是以宋为野鄙也③。楚之会田也④,故鞭君之仆于孟诸⑤。请诛之。"乃杀文无畏于扬梁之堤⑥。庄王方削袂⑦,闻之曰:"嘻!"投袂而起。履及诸庭⑧,剑及诸门⑨,车及之蒲疏之市⑩。遂舍于郊。兴师围宋九月。宋人易子而食之,析骨而爨之。宋公肉袒执牺⑪,委服告病⑫,曰:"大国若宥图之,唯命是听。"庄王曰:"情矣宋公之言也⑬!"乃为却四十里,而舍于卢门之阖⑭,所以为成而归也⑮。凡事之本在人主,人主之患,在先事而简人。简人则事穷矣。今人臣死而不当,亲帅士民以讨其故⑯,可谓不简人矣。宋公服以病告而还师,可谓不穷矣。夫舍诸侯于汉阳而饮至者⑰,其以义进退邪! 强不足以成此也。

【注释】

　　①楚庄王:春秋时期楚国君主,前613年—前591年在位。文无畏:申舟(也作"申周"),名无畏,字舟,申是其食邑,文是其姓氏。楚

大夫。

②华元：宋大夫。宋昭公：宋国君主，前 619 年—前 611 年在位。

③"是以"句：这是把宋国当成了它的边远城邑。野鄙：边邑。

④会田：会猎。田，打猎。这个意义后来写作"畋"。

⑤鞭：用如动词，用鞭打。孟诸：古泽名，在今河南商丘东北、虞城西北。

⑥扬梁：宋地名，在今河南商丘东南三十里。地近涣水，故有堤防。

⑦削袂(mèi)：义未详。似指将双手揣入衣袖之中，是悠闲时的一种动作。袂，衣袖。

⑧庭：指路寝(正寝，治事之所)前面的空地。

⑨门：指寝门。寝门在庭之外。

⑩蒲疏：街市名。

⑪肉袒：脱去衣服，露出臂膀。这是古人谢罪时表示敬畏的一种方式。牺：供祭祀用的纯色牲。

⑫委服：表示屈服的意思。委，曲。病：困乏，困苦。

⑬情：真诚，诚恳。

⑭卢门：宋城门名。阖：门扇。

⑮成：讲和。

⑯故：通"辜"，罪(依谭戒甫说)。

⑰"夫舍"句：其义难晓。"舍"疑"合"字之误(毕沅说)。合诸侯于汉阳，当指楚庄王称霸诸侯事。饮至：国君外出回国以后祭告祖庙并宴饮群臣以慰劳从者，这种仪式叫"饮至"。

【译文】

楚庄王派文无畏出使齐国，途经宋国，没有事先借道。等他返回的时候，华元对宋昭公说："他去的时候不借道，回来的时候也不借道，这是把宋国当成楚国的边远城邑了。从前楚王跟您会猎时，在孟诸故意鞭打您的车夫。请您允许杀掉文无畏。"于是就在扬梁的堤防上杀死了文无畏。楚庄王正悠闲地把手揣在衣袖里,听到这消息后说:"哼!"就拂袖而起,来不及穿鞋、佩剑、乘车,奉鞋的侍从追到庭院中才给他穿上鞋,奉剑的侍从追到寝门才给他佩上剑,驾车的驭者追到蒲疏街市上才让他乘上车。接着住在了郊外。发兵围困宋国九个月。宋国人彼此交换孩子杀了吃掉,劈开尸骨来烧火做饭。宋国君主脱去衣服,露出臂膀,牵着纯色牲,表示屈服,述说困苦状况,说:"贵国如果打算赦免我的罪过,我将惟命是从。"庄王说:"宋国君主的话很诚恳啊!"因此就后退了四十里,驻扎在卢门那里,两国媾和以后就返回去了。大凡事情的根本在于君主,君主的弊病,在于看重事而轻视人。轻视人,那么事情就会处于困境。现在臣子死得不应该,楚庄王亲自率领士兵讨伐罪人,可以说是不轻视人了。宋国君主表示屈服述说困苦状况之后,楚庄王就退军了,可以说是不会处于困境了。他在汉水之北盟会诸侯,回国之后用饮至之礼向祖先报功,所以能如此,大概是因为他一进一退都根据义的原则吧!单凭强大是不足以达到这种地步的。

骄　恣

【题解】

本篇旨在劝说君主要防止骄傲恣肆。文章说："亡国之主，必自骄，必自智，必轻物。""自骄"就会傲视贤士，"自智"就会独断专行，就会没有准备。"轻物"其结果必然是听闻闭塞，地位危殆，招致祸患。文章认为，要想防止上述灾祸，必须礼贤下士，必须获得民心，必须准备周详，这三方面是君道的核心。文章列举了周厉王、魏武侯、齐宣王、赵简子的事例，说明必须重视、采纳贤士的意见，对待谗人必须予以严厉惩罚，这样就可以避免骄恣的危害了。

七曰：

亡国之主，必自骄，必自智，必轻物。自骄则简士，自智则专独，轻物则无备。无备召祸，专独位危，简士壅塞。欲无壅塞，必礼士；欲位无危，必得众；欲无召祸，必完备。三者，人君之大经也①。

晋厉公侈淫②，好听谗人，欲尽去其大臣而立其左右。胥童谓厉公曰③："必先杀三郤④。族大多怨，去大族不逼⑤。"公曰："诺。"乃使长鱼矫杀郤犫、郤锜、郤至于朝⑥，而陈其尸。于是厉公游于匠丽氏⑦，栾书、中行偃劫而幽之⑧。诸侯莫之救，百姓莫之哀。三月而杀之。人主之患，患在知能害人，而不知害人之不当而反自及也。是何也？智短也。智短则不知化，不知化者举自危。

【注释】

①经：道，常道。

②晋厉公：春秋时期晋国君主，前580年—前573年在位。

③胥童：晋大夫，厉公用为卿，后被栾书、中行偃杀死。

④三郤(xì)：即下文所说的郤犨、郤锜、郤至。郤氏是晋国的大族。

⑤不逼：指不逼迫公室，即不威胁公室。

⑥长鱼矫：晋厉公嬖臣。

⑦匠丽氏：《史记·晋世家》作"匠骊氏"，裴骃《集解》引贾逵曰："匠骊氏，晋外嬖大夫在翼者。"（翼，晋旧都，在今山西翼城东南。）

⑧栾书：即栾武子，晋大夫。中行偃：即荀偃，字伯游。幽：囚禁。

【译文】

亡国的君主，必然骄傲自满，必然自以为聪明，必然轻视外物。骄傲自满就会傲视贤士，自以为聪明就会独断专行，看轻外物就会没有准备。没有准备就会招致祸患，独断专行君位就会危险，傲视贤士听闻就会闭塞。要想不闭塞，必须礼贤下士；要想君位不危险，必须得到众人辅佐；要想不招致祸患，必须准备齐全。这三条，是君主治理国家的最大原则。

晋厉公奢侈放纵，喜欢听信谗人之言，他想把他的大臣们都除掉，提拔他身边的人为官。胥童对厉公说："一定要先杀掉三个姓郤的。他们家族大，对公室有很多怨恨，除掉大家族，就不会威逼公室了。"厉公说："好吧。"于是就派长鱼矫在朝廷上杀死了郤犨、郤锜、郤至，陈列他们的尸体示众。接着厉公到匠丽氏那里游乐，栾书、中行偃劫持并囚禁了他。诸侯没有人援救他,百姓没有人哀怜他。过了三个月,就把他杀死了。君主的弊病,在于只知道自己能危害别人,却不知道如果所害的人是不该害的,反而会自己遭殃。这是为什么呢? 这是因为智谋短浅啊。智谋短浅就不知道事物的变化,不知道事物变化的人,一举一动都会危害自己。

　　魏武侯谋事而当,攘臂疾言于庭曰①:"大夫之虑,莫如寡人矣!"立有间,再三言。李悝趋进曰②:"昔者楚庄王谋事而当,有大功,退朝而有忧色。左右曰:'王有大功,退朝而有忧色,敢问其说?'王曰:'仲虺有言③,不穀说之④。曰:"诸侯之德,能自为取师者王,能自取友者存,其所择而莫如己者亡。"今以不穀之不肖也,群臣之谋又莫吾及也,我其亡乎!'"曰⑤:"此霸王之所忧也,而君独伐之⑥,其可乎!"武侯曰:"善。"人主之患也,不在于自少,而在于自多。自多则辞受⑦,辞受则原竭⑧。李悝可谓能谏其君矣,壹称而令武侯益知君人之道。

【注释】

①攘臂:捋袖伸臂,振奋的样子。疾言:大声说话。

②李悝(kuī):战国时期法家代表人物,曾为魏文侯相。

③仲虺(huī):相传为汤的左相,奚仲的后代。

④不穀:诸侯的谦称。说:喜欢。这个意义后来写作"悦"。

⑤"曰"以下数句:"曰"下的话仍是李悝所说。前面是转述别人的话,下面是直接对武侯所说的话,故这里用一"曰"字作转。

⑥伐:自夸,夸耀。

⑦辞受:对该接受的意见加以推辞。辞,推辞。

⑧原竭：源泉枯竭，这里指进言之路堵塞。原，水源。

【译文】

　　魏武侯谋划事情总是很得当，有一次他在朝廷中将袖伸臂大声说：“大夫们的谋虑，没有人赶得上我了！”只站了一会儿，这句话就说了好几遍。李悝快步走上前说：“从前楚庄王谋划事情很得当，成就了很大功业，退朝以后却面有忧色。身边的人说：‘大王您成就了很大功业，退朝以后却面有忧色，请问这是什么原因？’庄王说：‘仲虺有话，我很喜欢。他说：“诸侯的品德，能为自己选取老师的，就会称王天下；能为自己选取朋友的，就会保存自身；所选取的人不如自己的，就会遭到灭亡。”如今像我这样不贤德，臣子们的谋划，又都赶不上我，我大概要灭亡了吧！’”李悝接着又说道：“这就是成就霸王之业的人所忧虑的，可是您却偏偏自夸，那怎么可以呢！”武侯说：“你说得好。”君主的弊病，不在于自己看轻自己，而在于自己看重自己。自己看重自己，该接受的意见就会加以拒绝。该接受的意见加以拒绝，进谏之路就堵塞了。李悝可以说是善于劝谏自己的君主了，他一劝谏，就让武侯更加懂得了当君主的原则。

　　齐宣王为大室①，大益百亩，堂上三百户②。以齐之大，具之三年而未能成③。群臣莫敢谏王。春居问于宣王曰④：“荆王释先王之礼乐，而乐为轻⑤，敢问荆国为有主乎？”王曰：“为无主。”“贤臣以千数而莫敢谏，敢问荆国为有臣乎？”王曰：“为无臣。”“今王为大室，其大益百亩，堂上三百户。以齐国之大，具之三年而弗能成。群臣莫敢谏，敢问王为有臣乎？”王曰：“为无臣。”春居曰：“臣请辟矣！”趋而出。王曰：“春子！春子！反！何谏寡人之晚也？寡人请今止之。”遽召掌书曰⑥：“书之！寡人不肖，而好为大室。春子止寡人。"箴谏不可不熟。莫敢谏若⑦,非弗欲也。春居之所以欲之与人同,其所以入之与人异⑧。宣王微春居,几为天下笑矣。由是论之,失国之主,多如宣王,然患在乎无春居。故忠臣之谏者,亦从入之,不可不慎。此得失之本也。

【注释】

①齐宣王:战国时期齐国君主,前319年—前301年在位。

②户:门。

③具:备办,修建。

④春居:齐宣王臣。

⑤为轻:为之轻,因此而轻浮。

⑥遽:立刻。掌书:主管书写记事的人。

⑦若:当作"者"字之误(依王念孙、俞樾说)。

⑧所以入之:指用来劝阻的方法。

【译文】

　　齐宣王修建大宫室,规模之大超过了一百亩,堂上设置三百座门。凭着齐国这样的大国,修建了三年还没有能修建成。臣子们没有人敢劝阻齐王。春居问宣王说:"楚王抛弃了先王的礼乐,音乐因此变得轻浮了,请问楚国算是有贤明君主吗?"宣王说:"没有贤明君主。"春居说:"所谓的贤臣数以千计,却没有人敢劝谏,请问楚国算有贤臣吗?"宣王说:"没有贤臣。"春居说:"如今您修建大宫室,宫室之大超过了一百亩,堂上设置三百座门。凭着齐国这样的大国,修建了三年仍不能够修建成。臣子们没有人敢劝阻,请问您算是有贤臣吗?"宣王说:"没有贤臣。"春居说:"请您允许我离开吧!"说完就快步走出去。宣王说:"春子!春子!回来!为什么这么晚才劝阻我呢?我现在就停止修建大宫室。"赶紧召来记事的官员说:"写上!我不贤德,喜欢修建大宫室。春子阻止了我。"对于劝谏,不可不认真考虑。不敢劝谏的人,并不是不想劝谏。春居想要做的跟别人相同,而他采用的劝谏方法跟别人不一样。宣王如果没有春居,几乎要被天下人耻笑了。由此说来,亡国的君主,大都像宣王一样,然而他们的祸患在于没有春居那样的臣子。所以那些敢于劝谏的忠臣,也应顺势加以劝谏,这是不可不慎重对待的。这是成败的根本啊。

赵简子沈鸾徼于河①,曰:"吾尝好声色矣,而鸾徼致之;吾尝好宫室台榭矣,而鸾徼为之;吾尝好良马善御矣,而鸾徼来之。今吾好士六年矣,而鸾徼未尝进一人也。是长吾过而绌善也②。"故若简子者,能厚以理督责于其臣矣。以理督责于其臣,则人主可与为善,而不可与为非;可与为直,而不可与为枉。此三代之盛教。

【注释】

①鸾徼:赵简子臣。

②绌(chù)善:当作"绌吾善"(依陶鸿庆、孙人和说)。绌,减损。

【译文】

赵简子把鸾徼沉没到黄河里,说:"我曾经爱好音乐女色,鸾徼就给我弄来;我曾经爱好宫室台榭,鸾徼就给我修建;我曾经爱好良马好驭手,鸾徼就给我找来。如今我爱好贤士六年了,可鸾徼不曾举荐过一个人。这是助长我的过错、磨灭我的长处啊。"所以像简子这样的人,是能严格地依照原则审察责求自己的臣子了。依照原则审察责求自己的臣子,那么人主就可以跟他一起为善,而不可以跟他一起为非;可以跟他一起做正直的事,而不可以跟他一起做邪曲的事。这是夏商周三代的美好教化。

观　表

【题解】

　　本篇旨在论述君主应该善于通过观察人和事物的征兆表象了解它们的实质。文章指出："凡论人心，观事传，不可不熟，不可不深。"就是说，观察人和事物必须深刻细致。文章以相马为例，指出"人亦有征，事与国皆有征"，主张通过其征兆表象而加以观察。文章认为，圣人之所以先知先觉，就在于他们善于透过表象洞察实质。

　　文中所举吴起去西河之例与《长见》篇文字基本相同，可参看。

八曰：

　　凡论人心，观事传①，不可不熟，不可不深。天为高矣，而日月星辰云气雨露未尝休也；地为大矣，而水泉草木毛羽裸鳞未尝息也②。凡居于天地之间、六合之内者③，其务为相安利也，夫为相害危者，不可胜数。人事皆然。事随心，心随欲。欲无度者，其心无度。心无度者，则其所为不可知矣。人之心隐匿难见，渊深难测。故圣人于事志焉④。圣人之所以过人以先知，先知必审征表⑤。无征表而欲先知，尧、舜与众人同等。征虽易，表虽难，圣人则不可以飘矣⑥。众人则无道至焉。无道至则以为神，以为幸。非神非幸，其数不得不然。邸成子、吴起近之矣^⑦。

【注释】

①事传：事迹，事情。

②毛：指虎狼之类有毛皮的动物。羽：指飞禽。裸：指麋鹿牛羊之类裸蹄动物。鳞：指龙鱼之类。以上两句意思是说，天地之间的事物都有可以察见的征兆。

③六合：天、地、四方谓之"六合"。

④志焉：观其志。志，用如动词。

⑤征：这里指与内心相一致的征兆（依高诱说）。表：这里指与内心不同的虚假的表象（依高诱说）。

⑥飘：迅疾。

⑦邸成子：鲁国大夫。

【译文】

第八：

凡是衡量人心，观察事物，不可不精审，不可不深入。天算是很高了，而日月星辰云气雨露却不曾休止过；地算是很大了，而水泉草木飞禽走兽却不曾灭绝过。凡是处于天地之间四方之内的，本来都应该尽力做到互安互利，可是它们之间互相危害的，却数不胜数。人和事情也都是如此。事情取决于人心，人心取决于欲望。欲望没有限度的，人心也没有限度。人心没有限度的，他的所作所为就不可以被了解了。人的心思隐藏着，难以窥见，就像深渊难以测量一样。所以圣人考察事情必先观察行事之人的志向。圣人之所以超过一般人，是因为能先知先觉，要先知先觉必须审察征兆和表象。没有征兆表象却想先知先觉，就是尧、舜也和一般人一样不能做到。虽然真相易于观察，假相难于考查，圣人不论对哪种情况都不可以匆忙下结论。一般人不能审察征兆和表象,所以就无法达到先知先觉了。无法达到先知先觉,就认为先知者是靠神力,是靠侥幸。其实先知并不是靠神力,并不是靠侥幸,而是圣人根据征兆表象看到事理不得不如此。郈成子、吴起就接近于先知先觉了。

郈成子为鲁聘于晋①,过卫,右宰谷臣止而觞之②。陈乐而不乐③,酒酣而送之以璧。顾反,过而弗辞。其仆曰:"向者右宰谷臣之觞吾子也甚欢,今侯渫过而弗辞④?"郈成子曰:"夫止而觞我,与我欢也。陈乐而不乐,告我忧也。酒酣而送我以璧,寄之我也。若由是观之,卫其有乱乎!"倍卫三十里⑤,闻宁喜之难作⑥,右宰谷臣死之,还车而临⑦,三举而归⑧。至,使人迎其妻子,隔宅而异之⑨,分禄而食之。其子长而反其璧。孔子闻之,曰:"夫智可以微谋、仁可以托财者,其郈成子之谓乎!"郈成子之观右宰谷臣也,深矣妙矣。不观其事而观其志,可谓能观人矣。

【注释】

①聘:出使,国与国之间派使臣通问修好。

②右宰谷臣:卫大夫。右宰本是官名,此以官为姓。

③陈乐而不乐:前"乐"(yuè),指乐器。后"乐"(lè),是快乐的意思。

④侯(xiè)渫过:重过(依高诱说)。

⑤倍:通"背",相背,离开。

⑥宁喜:即宁悼子,卫大夫宁惠子之子。卫献公被逐,他杀死卫侯剽而纳献公。这里的"宁喜之难"即指杀卫侯剽而言(参高诱注)。

⑦临(lìn):哭悼死者。

⑧三举:举哀三次,即哭了三次。

⑨异之:使之异,让他们与自己分开住。异,分开,这里用如使动。

【译文】

　　郈成子为鲁国聘问晋国,路过卫国,卫国的右宰谷臣留下并宴请他。右宰谷臣陈列乐器奏乐,乐曲却不欢快;喝酒喝到正畅快之际,把璧玉送给了郈成子。郈成子从晋国回来,经过卫国,却不向右宰谷臣告别。他的车夫说:"先前右宰谷臣宴请您,感情很欢洽,如今为什么再经过这里却不向他告别?"郈成子说:"他留下我并宴请我,是要跟我欢乐一番。可陈列乐器奏乐,乐曲却不欢快,这是向我表示他的忧愁啊。喝酒喝得正畅快之际,他把璧玉送给了我,这是把璧玉托付给我啊。如果从这些迹象来看,卫国大概有祸乱吧!"郈成子离开卫国三十里,听到宁喜作乱杀死卫君,右宰谷臣为卫君殉难,就掉转车子回去哭悼谷臣,哭了三次然后才回国。到了鲁国,派人去接右宰谷臣的妻子孩子,把住宅隔开让他们与自己分开居住,分出自己的俸禄来养活他们。右宰谷臣的孩子长大了,郈成子把璧玉还给了他。孔子听到这件事,说:"论智慧可以通过隐微的方式跟他进行谋划,论仁德可以托付给他财物的,大概就是郈成子吧!"郈成子观察右宰谷臣,真是深入精妙了。不观察他做的事情,而观察他的思想,可以说是能观察人了。

　　吴起治西河之外①,王错谮之于魏武侯②,武侯使人召之。吴起至于岸门③,止车而休,望西河,泣数行而下。其仆谓之曰:"窃观公之志,视舍天下若舍屣。今去西河而泣,何也?"吴起雪泣而应之曰④:"子弗识也。君诚知我,而使我毕能,秦必可亡,而西河可以王。今君听谗人之议,而不知我,西河之为秦也不久矣,魏国从此削矣。"吴起果去魏入荆,而西河毕入秦。魏日以削,秦日益大。此吴起之所以先见而泣也。

【注释】

①西河:魏地名,吴起曾为西河守,辖今陕西东部黄河西岸地区。

②谮(zèn):诬陷。

③岸门:地名,在今山西河津南。

④雪:擦拭。

【译文】

　　吴起治理西河,王错向魏武侯诬陷他,武侯派人召他回来。吴起到了岸门,停下车子休息,望着西河,眼泪一行行流了下来。他的车夫对他说:"我私下观察您的志向,您把抛弃天下看得像抛弃鞋子一样。如今离开西河却哭泣,这是为什么呢?"吴起擦掉眼泪回答他说:"你不知道啊。国君如果真的了解我,让我把自己的才能都发挥出来,秦国一定可以灭掉,凭着西河就可以成就王业。现在国君听信谗人之言,不了解我,西河成为秦国的土地用不了多久了,魏国从此就要削弱了。"结果吴起离开魏国到了楚国,西河全部归入秦国。魏国一天天削弱,秦国一天比一天强大。这就是吴起事先预见到这种情况因而哭泣的原因啊。

　　古之善相马者,寒风是相口齿①,麻朝相颊,子女厉相目,卫忌相髭,许鄙相胝②,投伐褐相胸胁,管青相膹肳③,陈悲相股脚④,秦牙相前,赞君相后。凡此十人者,皆天下之良工也。其所以相者不同,见马之一征也,而知节之高卑,足之滑易⑤,材之坚脆,能之长短。非独相马然也,人亦有征,事与国皆有征。圣人上知千岁,下知千岁,非意之也⑥,盖有自云也⑦。绿图幡薄⑧,从此生矣。

【注释】

①寒风是:即"韩风氏",与下文的"麻朝"、"子女厉"、"卫忌"、"许

鄙"、"投伐褐"、"管青"、"陈悲"、"秦牙"、"赞君"都是古代善相
马者。

②脪（kāo）：臀部。

③膹：当作"唇"字之误。肠：同"吻"。

④股：大腿。脚：小腿。

⑤滑易：义未详。据文意，疑指快慢。

⑥意：猜想，测度。

⑦有自：有原因。云：语气词。

⑧绿图幡薄：说法不一，难以详考。按：绿图，似指"河图"。据古代
　　传说，江河所出图皆为绿色，故别称"绿图"。幡薄，当即簿册。
　　"幡"与"薄"义同，"薄"通"簿"。河出绿图幡薄，古人以为帝王圣
　　者受命之瑞。

【译文】

古代善于相马的人，寒风是观察品评马的口齿，麻朝观察品评马的
面颊，子女厉观察品评马的眼睛，卫忌观察品评马的须髭，许鄙观察品
评马的臀部，投伐褐观察品评马的胸肋，管青观察品评马的嘴唇，陈悲
观察品评马腿，秦牙观察品评马的前部，赞君观察品评马的后部。所有
这十个人，都是天下的相马良工。他们用来相马的方法不同，但他们看
到马的一处征象，就能知道马骨节的高低，腿脚的快慢，体质的强弱，才
能的高下。不仅相马是这样，人也有征兆，事情和国家都有征兆。圣人
往上知道千年以前的事，往下知道千年以后的事，并不是靠猜想，而是
有根据的。绿图幡薄这些吉祥征兆，就从此产生了。

开春论第一

开　春

【题解】

本书多处论及"善说",《开春论》即专门讨论这一问题。作者认为,论说成功的关键在于"言尽理"。从文中谈到的具体内容看,所谓"理",主要是指节用爱人、明德慎罚等"礼义仁德"方面的道理。文章列举的惠施、封人子高、祁奚三个"善说者"的例子,都是为了论证"言尽理而得失利害定矣"这一论断。文章开头讲"物之相应",意在说明论说能获得成功的理论根据。把"善说"同"物之相应"联系到一起,显得非常勉强。文章撮取首句"开春始雷"的前二字作为篇名,也与本书其他篇章以义名篇的体例不同。

一曰:

开春始雷①,则蛰虫动矣。时雨降,则草木育矣。饮食居处适,则九窍百节千脉皆通利矣。王者厚其德,积众善,而凤皇圣人皆来至矣。共伯和修其行②,好贤仁,而海内皆以来为稽矣③。周厉之难④,天子旷绝⑤,而天下皆来谓矣⑥。以此言物之相应也,故曰行也成也⑦。善说者亦然。言尽理而得失利害定矣,岂为一人言哉!

【注释】

①开春：当指夏历二月。《仲春》："日夜分，雷乃发生，始电，蛰虫咸动苏。"

②共（gōng）伯和：西周诸侯。共，国名。伯，爵位名。和，人名。公元前841—前828年，共伯和代周天子行政，史称"共和时期"。

③稽：停留，这里有归附的意思。"以、为"二字疑为衍文。

④周厉之难（nàn）：指周厉王末年的国内动乱。周厉，指周厉王，西周第十代国君，名胡，由于暴虐无道，被国人驱逐，逃亡在外十四年而死。

⑤旷：废缺。

⑥谓：当作"请"。请，请谒。

⑦成：成就，这里有结果的意思。

【译文】

第一：

开春一开始打雷，蛰伏的动物就苏醒活动了。应时之雨降落下来，草木就滋生了。饮食居处适度，身体的各种器官和骨节经脉就都通畅了。治理天下的人增加自己的美德，积累各种善行，凤凰和圣人就都到他身边来了。共伯和修养他的品行，喜好贤士仁人，海内就都因此来归附了。厉王之乱，王位废缺，天下诸侯就都来朝见共伯和了。这些事情说明事物是互相应和的，所以任何行为都有其相应的结果。善于说服别人的人也是这样。把道理说透，事情的得失利害就确定了，他们的议论哪里是为了某一个人随意而发呢！

魏惠王死，葬有日矣。天大雨雪，至于牛目。群臣多谏于太子者，曰："雪甚如此而行葬，民必甚疾之，官费又恐不给①，请弛期更日②。"太子曰："为人子者，以民劳与官费用之故，而不行先王之葬，不义也。子勿复言。"群臣皆莫敢谏，而以告犀首③。犀首曰:"吾未有以言之。是其唯惠公乎④!请告惠公。"惠公曰:"诺。"驾而见太子曰:"葬有日矣?"太子曰:"然。"惠公曰:"昔王季历葬于涡山之尾⑤,銮水啮其墓⑥,见棺之前和⑦。文王曰:'嘻!先君必欲一见群臣百姓也天⑧!故使銮水见之。'于是出而为之张朝⑨,百姓皆见之,三日而后更葬。此文王之义也。今葬有日矣,而雪甚,及牛目,难以行。太子为及日之故,得无嫌于欲亟葬乎⑩?愿太子易日。先王必欲少留而抚社稷安黔首也⑪,故使雨雪甚。因弛期而更为日,此文王之义也。若此而不为,意者羞法文王也⑫?"太子曰:"甚善。敬弛期,更择葬日。"惠子不徒行说也,又令魏太子未葬其先君而因有说文王之义⑬。说文王之义以示天下,岂小功也哉!

【注释】

①给(jǐ):充足。

②弛:延缓。

③犀首:即公孙衍,战国时魏人,纵横家,曾在魏、秦等国为相。

④惠公:指惠施。

⑤王季历:周文王之父,名季历,武王灭商后追尊为"王季"。涡山:
　山名。《战国策·魏策》作"楚山"。尾:指山脚。

⑥銮(luán)水:渗入地下而形成的水流。啮(niè):咬,这里指浸渍。

⑦见(xiàn):显现,露出。和:棺材两头的木板。

⑧天:当为"夫"字之误。夫,句尾语气词。

⑨张朝:设置帷幕,让群臣百姓朝见。

⑩得无:莫不是,恐怕。亟(jí):急。

⑪少:稍。

⑫意者:表示推测和估计,想来。

⑬有:通"又"。说(yuè):喜欢。

【译文】

　　魏惠王死了,安葬的日期已经临近。正遇上天下大雪,雪深得几乎埋住牛的眼睛。群臣多劝谏太子,说:"雪下得这样大还要举行葬礼,百姓们一定非常困苦,国家的费用也恐怕不够。请您把日期推迟,改日安葬。"太子说:"做子女的,如果因为百姓劳苦和国家费用不足的缘故就不举行先王的葬礼,是不义的。你们不要再说了。"臣子们都不敢再劝谏,就把这件事告诉了犀首。犀首说:"我也没有办法去劝说,能做这件事的恐怕只有惠公吧!请让我告诉惠公。"惠公听了说:"好吧。"就坐着车来见太子,说:"安葬的日期临近了吧?"太子说:"是的。"惠公说:"从前王季历葬在涡山脚下,渗漏下来的水流浸坍了他的坟墓,露出了棺木的前脸。周文王说:'啊,先王一定是想看一看臣下和百姓吧!所以才让漏水浸渍使棺木显露出来。'于是就把棺木挖出,给它设置帷幕,举行朝会,百姓都来谒见,三天以后才改葬。这是文王的义呀!现在安葬的日期已经临近,但雪大得几乎埋住牛的眼睛,路难以行走,太子您为了赶上既定日期而坚持按期安葬,恐怕有想快点安葬了事之嫌吧?希望您改个日子。先王一定是想稍作停留以便安抚国家和百姓,所以才使雪下得这样大。因此推迟葬期另择日子,这样做正是文王的义啊!像目前这种情况还不改日安葬,想来是羞于效法文王了?"太子说:"您说得太好了!我谨奉命延缓葬期,另选安葬的日子。"惠子不仅使自己的主张得以实行,又使魏太子由暂时不安葬先君又进而喜好文王之义。喜好文王之义,并以此宣示天下,难道是小功劳吗!

　　韩氏城新城①,期十五日而成。段乔为司空②,有一县后二日,段乔执其吏而囚之③。囚者之子走告封人子高曰④:"唯先生能活臣父之死,愿委之先生。"封人子高曰:"诺。"乃见段乔。自扶而上城⑤。封人子高左右望曰："美哉城乎！
一大功矣，子必有厚赏矣！自古及今，功若此其大也，而能
无有罪戮者，未尝有也。"封人子高出，段乔使人夜解其吏之
束缚也而出之。故曰封人子高为之言也，而匿己之为而为
也；段乔听而行之也，匿己之行而行也。说之行若此其精
也，封人子高可谓善说矣。

【注释】

①城新城：城，修筑城墙。新城，地名。即阳翟（dí），因为是韩国的
　　新都，所以称"新城"，故址在今河南禹县。

②段乔：战国时韩国大臣。司空：官名，掌土木工程等。

③吏：指县的官长。

④封人：管理疆界的官。子高：当时的贤者。

⑤扶：攀缘。

【译文】

韩国修筑新城的城墙，规定十五天完成。段乔做司空，主管这件
事。有一个县拖延了两天，段乔就逮捕了这个县的主管官吏，把他囚禁
起来。这个官吏的儿子跑来告诉封人子高，说："只有先生您才能把我
父亲从死罪中拯救出来，我想把这件事托付给先生。"封人子高说："好
吧。"就去拜见段乔。子高自己攀登上城墙，向左右张望说："这城墙修
得真漂亮呀！真算得上一件大功了！您一定能得到重赏了。从古到
今，功劳这样大，而又能不处罚杀戮一个人的，还没有过。"封人子高离
开以后，段乔就派人在夜里解开被囚禁的官吏的绳索，释放了他。所以
可以说，封人子高说服别人，说了又不让人看出是在说服他；段乔听从
别人的意见并加以实行，做了又不让人看出是自己做的。说服别人的
做法如此精妙，封人子高可算是善于说服别人了。

　　叔向之弟羊舌虎善栾盈①。栾盈有罪于晋，晋诛羊舌虎，叔向为之奴而缧②。祁奚曰：“吾闻小人得位，不争不祥③；君子在忧，不救不祥。”乃往见范宣子而说也④，曰：“闻善为国者，赏不过而刑不慢⑤。赏过则惧及淫人，刑慢则惧及君子。与其不幸而过，宁过而赏淫人，毋过而刑君子。故尧之刑也殛鲧⑥，于虞而用禹⑦；周之刑也戮管、蔡，而相周公，不慢刑也。”宣子乃命吏出叔向。救人之患者，行危苦，不避烦辱，犹不能免；今祁奚论先王之德，而叔向得免焉。学岂可以已哉！类多若此⑧。

【注释】

①叔向：春秋晋大夫，姓羊舌，名肸（xī），字叔向，以贤能著称。羊舌虎：叔向异母弟，晋大夫。栾盈：晋大夫。

②缧（zōng）：系缚。

③争（zhèng）：谏诤。

④范宣子：即范匄（gài），又名士匄，晋平公时为正卿，谥宣子。

⑤慢：懈怠，轻忽。

⑥殛（jí）：杀。鲧（gǔn）：人名。大禹之父，为人刚愎凶顽，为尧时“四凶”之一，受命治水，九年不成，被诛于羽山。

⑦虞：指舜。舜为有虞氏，所以称虞舜，又简称为虞。

⑧类：事类。

【译文】

　　叔向的弟弟羊舌虎与栾盈友善，栾盈在晋国犯了罪，晋国杀了羊舌虎，叔向为此受牵连没入官府为奴，戴上了刑具。祁奚说：“我听说当小人得到官位时，不谏诤是不善；当君子处于忧患时，不援救是不善。”于是就去拜见范宣子，劝他说：“我听说善于治国的人，行赏不过度，施刑不轻忽。行赏过度,恐怕会赏到奸人;施刑轻忽,恐怕会处罚到君子。如果不得已做得过分了,那么宁可行赏过度赏赐了奸人,也不要施刑过度处罚了君子。所以尧施刑罚杀死了鲧,而在舜的时候却仍起用了鲧的儿子禹;周施刑罚诛杀了管叔、蔡叔,而仍任用他们的弟兄周公为相。这都是施刑不轻忽啊!"于是范宣子命令官吏把叔向放了出来。解救别人危难的人,冒着危险和困苦,不怕麻烦和屈辱,有时仍然不能使人免于患难;如今祁奚论说先王的德政,叔向却因而得以免遭危难。由此看来,学习怎么能废止呢!很多事情都像这种情形一样。

察 贤

【题解】

本篇强调君主立功名关键在于得贤,得贤方可以垂拱而治。文中比较了宓子贱任人而治与巫马期任力而治的优劣,认为任力而治"中治犹未至",实不可取。

二曰:

今有良医于此,治十人而起九人①,所以求之万也②。故贤者之致功名也,比乎良医,而君人者不知疾求,岂不过哉!今夫塞者③,勇力、时日、卜筮、祷祠无事焉,善者必胜。立功名亦然,要在得贤④。魏文侯师卜子夏,友田子方,礼段干木,国治身逸。天下之贤主,岂必苦形愁虑哉⑤!执其要而已矣。雪霜雨露时,则万物育矣,人民修矣⑥,疾病妖厉去矣⑦。故曰尧之容若委衣裘⑧,以言少事也。

【注释】

①起:使……起,治愈。

②所以求之万也:这是找他治病的人成千上万的原因。

③塞：古代一种棋类游戏，又名"格五"。字又作"簺"。

④要：要领，关键。

⑤愁：通"揫(jiū)"，聚。

⑥修：善，好。

⑦厉：灾害，祸害。

⑧委衣裳：义同"垂衣裳"，喻无为而治。委，下垂。

【译文】

第二：

假如有这样一个良医，给十个人治病治好了九个，找他治病的人必定会成千上万。所以，贤人能为君主求致功名，就好比良医能给人治好病一样，可是当君主的却不知赶快去寻找，这难道不是错了吗！如今下棋的人，用不着凭借勇力、时机、占卜、祭祷，技巧高的一定获胜。建立功名也是如此，关键在于得到贤人。魏文侯以卜子夏为师，与田子方交友，礼敬段干木，就使得国家太平，自身安逸。天下贤明的君主哪里必定要劳身费神呢？掌握治国要领就行了。霜雪雨露合乎时节，万物就会生长了，人们就会舒适了，疾病和怪异灾祸就不会发生了。所以人们说到尧的仪表形容，就说他穿着宽大下垂的衣服，这是说他很少有政务啊！

宓子贱治单父①，弹鸣琴，身不下堂，而单父治。巫马期以星出②，以星入，日夜不居③，以身亲之，而单父亦治。巫马期问其故于宓子。宓子曰："我之谓任人，子之谓任力；任力者故劳，任人者故逸。"宓子则君子矣。逸四肢，全耳目，平心气，而百官以治，义矣④，任其数而已矣⑤。巫马期则不然，弊生事精⑥，劳手足，烦教诏，虽治犹未至也。

【注释】

①宓（fú）子贱：春秋末期鲁国人，名不齐，字子贱，孔子弟子。单父（shànfǔ）：春秋时鲁邑，在今山东单县南。

②巫马期：姓巫马，名施，字子期，孔子弟子。他书或作"巫马旗"。

③居：止息，休息。

④义：宜，合宜，应该。

⑤数：术，方法。

⑥弊：毁坏，损害。事：用，耗费。精：指人的精气。

【译文】

　　宓子贱治理单父，每天在堂上静坐弹琴，单父就治理得很好。巫马期披星戴月，早朝晚退，昼夜不休息，亲自处理各种政务，单父也治理得很好。巫马期向宓子询问其中的缘故。宓子说："我的做法叫做使用人才，你的做法叫做使用力气。使用力气的人当然劳苦，使用人才的人当然安逸。"宓子算得上君子了。使四肢安逸，耳目保全，心气平和，而官府的各种事务处理得很好，这是应该的了，他只不过使用正确的方法罢了。巫马期却不是这样。他损伤生命，耗费精气，手足疲劳，教令烦琐，尽管也治理得不错，但还未达到最高境界。

期　贤

　　本篇与上篇《察贤》主题相同。所谓"期贤"，就是期待贤者。文章先以明火照蝉为喻，指出君主只要德行明盛，贤士就会像蝉投奔明火那样来归附。接着，文章举卫有十士而赵简子不敢伐、魏礼段干木而秦不加兵两个事例，说明贤士对安定国家、树立功名的重要作用。其中段干木偃息藩魏一事尤其受到后世推崇，成为不少文人吟咏的题材。

　　三曰：

　　今夫爚蝉者①，务在乎明其火、振其树而已。火不明，虽振其树，何益？明火不独在乎火，在于暗。当今之时，世暗甚矣，人主有能明其德者，天下之士，其归之也，若蝉之走明火也。凡国不徒安②，名不徒显，必得贤士。

【注释】

　　①爚（yuè）：用火照。

　　②徒：白白地，无缘无故地。

【译文】

　　第三：

　　如今用火照蝉的人，务必把火光弄亮、并摇动树的枝干罢了。火光不明,即使摇动那些树木,又有什么用处？弄亮火光,不仅在于火光本身,还在于黑暗的映衬。现在这个时候,社会黑暗到极点了,国君中如有能昭明自己德行的,天下的士人归附他,就像蝉奔向明亮的火光那样。凡国家不会无缘无故地安定,名声不会无缘无故地显赫,一定要得到贤士才行。

　　赵简子昼居①,喟然太息曰:"异哉！吾欲伐卫十年矣,而卫不伐②。"侍者曰:"以赵之大而伐卫之细③,君若不欲则可也;君若欲之,请令伐之④。"简子曰:"不如而言也⑤。卫有士十人于吾所,吾乃且伐之,十人者其言不义也,而我伐之,是我为不义也。"故简子之时,卫以十人者按赵之兵,殁简子之身⑥。卫可谓知用人矣,游十士而国家得安。简子可谓好从谏矣,听十士而无侵小夺弱之名。

【注释】

①居:闲坐。

②伐:被伐

③细:小。

④令:当为"今"字之误。今,立即。

⑤而:人称代词,你。

⑥殁:终。

【译文】

　　赵简子白天闲坐,慨然长叹,说:"真是不寻常啊！我想伐卫已经有十年了,可是卫国总是伐不成。"侍从的人说:"凭赵国这样的大国来伐卫国那样的小国,您要是不想伐它也就罢了;您要是想这样做,只管立即动手就是了。"赵简子说:"事情不像你说的那样啊！卫国有十位士人在我这里。我确实想伐卫,可是这十个人都说伐卫不义,如果我还硬去伐它,那我就是做不义的事了。"所以说,赵简子的时候,卫国用十个人就遏止了赵国的军队,直到简子去世。卫国可以算是懂得使用人才了,让十位士人出游赵国,国家就获得了安全。简子可以算是喜欢听从劝谏了,听从了十位士人的劝说,从而避免了侵夺弱小的坏名声。

魏文侯过段干木之闾而轼之①,其仆曰②:"君胡为轼?"曰:"此非段干木之闾欤?段干木盖贤者也,吾安敢不轼?且吾闻段干木未尝肯以己易寡人也,吾安敢骄之?段干木光乎德③,寡人光乎地④;段干木富乎义,寡人富乎财。"其仆曰:"然则君何不相之?"于是君请相之,段干木不肯受。则君乃致禄百万,而时往馆之⑤。于是国人皆喜,相与诵之曰:"吾君好正,段干木之敬⑥;吾君好忠,段干木之隆⑦。"居无几何,秦兴兵欲攻魏,司马唐谏秦君曰⑧:"段干木,贤者也,而魏礼之,天下莫不闻,无乃不可加兵乎?"秦君以为然,乃按兵,辍不攻之。魏文侯可谓善用兵矣。尝闻君子之用兵,莫见其形,其功已成,其此之谓也。野人之用兵也,鼓声则似雷,号呼则动地,尘气充天,流矢如雨,扶伤舆死⑨,履肠涉血,无罪之民,其死者量于泽矣⑩,而国之存亡、主之死生犹不可知也。其离仁义亦远矣!

【注释】

①闾(lǘ):里巷的门,这里指里巷。轼:凭轼。这是古人乘车时表示礼敬的动作。

②仆:驾车的人。

③光：明亮，这里比喻显耀。

④地：指地位，权势。

⑤馆：这里是到其住处探望的意思。

⑥段干木之敬：即"敬段干木"。

⑦段干木之隆：即"隆段干木"。隆，尊显。

⑧司马唐：战国秦大夫，他书或作"司马庚"。

⑨舆：抬。死：尸。

⑩量：满。

【译文】

　　魏文侯从段干木居住的里巷前经过，手扶车轼表示敬意。他的车夫说："您为什么要扶轼致敬？"魏文侯说："这不是段干木住的里巷吗？段干木是个贤者呀，我怎么敢不致敬呢？而且我听说，段干木把操守看得比什么都重要，即使拿我的君位同他的操守相交换，他也绝不会同意，我怎么敢对他骄慢无礼呢？段干木充满美好的德行，而我只占有广袤的土地；段干木是富有道义，而我只是富有财物。"他的车夫说："既然如此，那么您为什么不让他做国相呢？"于是魏文侯就请段干木做国相，段干木不肯接受。文侯就给了他丰厚的俸禄，并且时常到家里去探望他。于是国人都很高兴，共同吟咏道："我们国君喜欢廉正，把段干木来敬重；我们国君喜欢忠诚，把段干木来尊崇。"过了没多久，秦国起兵想去攻魏，司马唐劝谏秦君说："段干木是个贤者，魏国礼敬他，天下没有谁不知道，恐怕不可对魏国动兵吧？"秦君认为司马唐说得很对，于是止住军队，不再攻魏。魏文侯可以说是善于用兵了。曾听说君子用兵，没有人看见用兵的形迹，大功已经告成，恐怕说的就是魏文侯这种情况。鄙陋无知的人用兵，鼓声如雷，喊声动地，烟尘满天，飞箭如雨，扶救伤兵，抬运死尸，踩着尸体，趟着血泊，使无辜百姓尸横遍野。尽管这样，国家的存亡、君主的生死仍然不可料定。这种做法离仁义也太远了！

审 为

【题解】

　　"审为"之"为（wèi）"，当包括"所以为"（手段）和"所为"（目的）两个方面。审为，就是要弄清哪个是目的，哪个是手段。文章一开始就提出"身者所为也"的观点，把自身看作一切行为的终极目的。从这点出发，文章列举了太王亶父、韩昭釐侯、中山公子牟之事，主张"重生"、"轻利"，"不以养伤身"，"不以利累形"；如果做不到这一点，就宁可放纵私欲，以免"重伤"。这些思想，当源于杨朱"贵己"、"为我"的学说，与书中多次强调的君主无为的政治主张有着密切联系。

　　四曰：

　　身者，所为也①；天下者，所以为也②。审所以为，而轻重得矣。今有人于此，断首以易冠，杀身以易衣，世必惑之。是何也？冠，所以饰首也，衣，所以饰身也，杀所饰要所以饰③，则不知所为矣。世之走利有似于此。危身伤生、刈颈断头以徇利，则亦不知所为也。

【注释】

①所为(wèi)：指行为动作的目的。

②所以为：指用以达到目的的凭借、手段。

③要(yāo)：求。

【译文】

第四：

自身的生命是目的，天下是用来保养生命的凭借。弄清哪个是目的，哪个是凭借，二者孰轻孰重就知道了。假如有这样一个人，为了换帽子而砍掉头颅，为了换衣服而残杀身躯，世上的人一定认为他胡涂。这是为什么呢？因为帽子是用来打扮头部的，衣服是用来打扮身体的，残杀要打扮的头颅身躯以求得作打扮用的衣帽的完好，这就是不懂得自己行为的目的了。世上的人趋向财利跟这种情形相似。他们危害身体，损伤生命，甚至不惜割断脖子、砍掉头颅来追求财利，这也是不懂得自己行为的目的啊。

太王亶父居邠①，狄人攻之。事以皮帛而不受，事以珠玉而不肯，狄人之所求者，地也。太王亶父曰："与人之兄居而杀其弟，与人之父处而杀其子，吾不忍为也。皆勉处矣②！为吾臣与狄人臣，奚以异？且吾闻之，不以所以养害所养③。"杖策而去④。民相连而从之，遂成国于岐山之下⑤。太王亶父可谓能尊生矣。能尊生，虽贵富，不以养伤身；虽贫贱，不以利累形。今受其先人之爵禄，则必重失之⑥。生之所自来者久矣，而轻失之⑦，岂不惑哉！

【注释】

①太王亶父(dǎnfǔ)：即古公亶父，周人祖先，文王祖父。自邠迁居

岐山之下，领导周人开发周原，周部族势力从此日渐强盛。武王
灭商后追尊为太王。邠（bīn）：地名，在今陕西旬邑西。又作
"豳"。

②勉处（chǔ）：好好住下去。

③所以养：指土地。所养：指百姓。

④杖：拄着。策：手杖。

⑤岐山：在今陕西岐山东北。

⑥重：把……看得严重，舍不得。

⑦轻：把……看得轻易，不在乎。

【译文】

太王亶父居住在邠地，北方狄人攻打他。太王亶父把皮毛丝帛献
给他们，狄人不接受；把珍珠美玉献给他们，狄人不应允。狄人所要的
是土地。太王亶父说："跟人家的哥哥在一起，却使他的弟弟被杀；跟人
家的父亲在一起，却使他的儿子被杀，我不忍心这样做。你们都好好在
这里住下去吧！给我做臣民和给狄人做臣民有什么不同呢？而且我听
说，不应当用养育百姓的土地来危害所要养育的百姓。"于是拄着手杖
离开了邠。百姓们成群结队地跟着他，于是在岐山下又建起了国家。
太王亶父可算是能够看重生命了。能够看重生命，即使富贵，也不因为
供养丰足损害生命；即使贫贱，也不为了财利而拖累身体。如今人们继
承了先人的官爵俸禄，一定舍不得失去。而生命的由来长久多了，人们
却不把失去生命放在心上，这难道不是胡涂吗？

韩魏相与争侵地。子华子见昭釐侯①，昭釐侯有忧色。
子华子曰："今使天下书铭于君之前②，书之曰：'左手攫之则
右手废③，右手攫之则左手废，然而攫之必有天下。'君将攫
之乎？亡其不与④？"昭釐侯曰："寡人不攫也。"子华子曰：

"甚善。自是观之，两臂重于天下也。身又重于两臂。韩之轻于天下远；今之所争者，其轻于韩又远。君固愁身伤生以忧之戚不得也⑤？"昭釐侯曰："善。教寡人者众矣，未尝得闻此言也。"子华子可谓知轻重矣。知轻重，故论不过。

【注释】

①昭釐(xī)侯：韩昭釐侯，战国韩国国君，谥昭釐。

②铭：书写或刻镂于器物之上用以记功、记事或自警的文字。

③废：这里指砍掉。

④亡(wú)其：选择连词，还。不(fǒu)：否。

⑤固：通"顾"，反而。之：衍文。也：同"邪"，表达疑问语气。

【译文】

韩魏两国互相争夺侵占来的土地。子华子拜见韩昭釐侯，昭釐侯面有忧色。子华子说："假如使天下人在您面前写下铭文，这样写道：'左手抓取这篇铭文就砍去右手，右手抓取这篇铭文就砍去左手，但是抓取它就一定占有天下。'您是抓取呢，还是不抓取呢？"昭釐侯说："我是不会抓取的。"子华子说："很好。由此看来，两臂比天下重要。而身体又比两臂重要。韩国比天下轻微得多了，如今韩魏争夺的土地又比韩国轻微得多了。您丢掉两臂占有天下尚且不愿去做，反倒要劳神伤生为得不到这些土地而忧愁吗？"昭釐侯说："好！教诲我的人已有很多了，但我从未听到过这样的话。"子华子可说是知道轻重了。知道轻重，所以议论不犯错误。

中山公子牟谓詹子曰①："身在江海之上，心居乎魏阙之下②，奈何？"詹子曰："重生。重生则轻利。"中山公子牟曰："虽知之，犹不能自胜也。"詹子曰："不能自胜则纵之，神无恶乎③！不能自胜而强不纵者，此之谓重伤④。重伤之人无寿类矣。"

【注释】

①中山公子牟：战国魏公子，名牟，封于中山，所以称为中山公子牟。又名魏牟。詹子：即詹何，魏人，道家人物。

②魏阙：宫门两侧高大的楼观，其下两旁为悬布法令的地方，因以为朝廷的代称。

③神：精神。恶：害。

④重(chóng)伤：再伤。不能自胜，神已伤；又强制不纵，神又伤。

【译文】

中山公子牟对詹子说："我隐居江海之上，可是心却在朝廷之中，怎么办？"詹子说："看重生命。看重生命就会轻视名利了。"中山公子牟说："虽然知道这个道理，还是不能克制自己。"詹子说："不能克制自己就放纵它，这样，精神就不会受到伤害了吧！不能克制自己，又强迫自己不放纵，这叫做双重伤害，受到双重伤害的人没有长寿的。"

爱　类

【题解】

"爱类"的意思是仁爱自己的同类。对"仁人"来说，就是要爱人，把为百姓谋利作为要务，要"当世之急，忧民之利，除民之害"。作者认为，神农亲耕，墨子非攻，大禹治水，直至惠施以尊齐王为王换取百姓的安宁，都是爱民的行为。这说明利民不只一道，只要适合时势需要就可以了。

文章把"仁"解释为"仁乎其类"，颇近于墨家的无差等的"兼爱"说。所载墨子、大禹事迹，也是墨家所乐道的。与此同时，文章还以大量篇幅褒扬了惠施这样的名家人物，表现了作者兼容并包的杂家风格。

五曰：

仁于他物，不仁于人，不得为仁。不仁于他物，独仁于人，犹若为仁①。仁也者，仁乎其类者也。故仁人之于民也，可以便之②，无不行也。神农之教曰："士有当年而不耕者③，则天下或受其饥矣；女有当年而不绩者④，则天下或受其寒矣。"故身亲耕，妻亲绩，所以见致民利也⑤。贤人之不远海内之路，而时往来乎王公之朝，非以要利也，以民为务故也。

人主有能以民为务者，则天下归之矣。王也者，非必坚甲利兵选卒练士也⑥，非必隳人之城郭杀人之士民也⑦。上世之王者众矣，而事皆不同，其当世之急、忧民之利、除民之害同⑧。

【注释】

①犹若：犹然，仍然。

②便：利。

③当年：壮年，成年。

④绩：缉麻，把麻纤维析成缕连接起来搓成线。

⑤见（xiàn）：显示，表示。致民利：给人民利益。

⑥练：拣，挑选。

⑦隳（huī）：毁坏。

⑧当：承担。

【译文】

第五：

对其他物类仁爱，对人却不仁爱，不能算是仁；对其他物类不仁爱，只对人仁爱，仍然算是仁。所谓仁，就是对自己的同类仁爱。所以具有仁爱之心的人对于百姓，只要可以使他们得利，就没有什么不可以做的。神农的教令说："男子如有正当成年却不种田的，那么天下就会有人挨饿；女子如有正当成年却不缉麻的，那么天下就会有人受冻。"所以神农亲自种田，他的妻子亲自缉麻，以此表示要为百姓谋利。贤人不嫌海内路途遥远，时来时往于君主的朝廷，并不是以此谋求私利，而是为百姓谋利的缘故。国君如有能为百姓谋利的，那么天下就会归附他了。称王天下，并不一定要靠坚固锐利的兵器和经过挑选的精兵猛士，不一定非要毁坏人家的城郭杀戮人家的臣民。上古称王天下的人很多，他们的事迹都不相同，但他们在承担社会的急难、关心百姓的利益、消除百姓的祸害上，是相同的。

公输般为高云梯①，欲以攻宋。墨子闻之，自鲁往，裂裳裹足，日夜不休，十日十夜而至于郢。见荆王曰："臣北方之鄙人也②，闻大王将攻宋，信有之乎？"王曰："然。"墨子曰："必得宋乃攻之乎？亡其不得宋且不义犹攻之乎③？"王曰："必不得宋且有不义④，则曷为攻之？"墨子曰："甚善。臣以宋必不可得。"王曰："公输般，天下之巧工也，已为攻宋之械矣。"墨子曰："请令公输般试攻之，臣请试守之。"于是公输般设攻宋之械，墨子设守宋之备。公输般九攻之，墨子九却之，不能入。故荆辍不攻宋。墨子能以术御荆免宋之难者，此之谓也。

【注释】

①公输般：古代著名工匠，春秋时鲁国人，世称鲁班。

②鄙：鄙野，偏远之地。

③亡（wú）其：还是。

④有：通"又"。

【译文】

公输般制造了高高的云梯，想用它来进攻宋国。墨子听说这件事，从鲁国出发赶往楚国。他撕了衣裳裹脚，日夜兼行，一直走了十天十夜才到达郢都。墨子拜见楚王，说："我是北方的鄙野之人，听说大王将进攻宋国，确实有这回事吗？"楚王说："有。"墨子说："您是一定要得到宋国才进攻它呢，还是即使得不到宋国并且要落下不义的名声仍要进攻它呢？"楚王说："如果一定得不到到宋国而且又不义，那么为什么还进攻它？"墨子说："您说得很好。我认为宋国您一定得不到。"楚王说："公输般是天下最有名的巧匠,已经制造出进攻宋国的器械了。"墨子说:"请您让公输般试着攻一攻,我来试着守一守。"于是公输般设置攻宋的器械,墨子设置守宋的设备。公输般多次进攻,墨子多次把他打退,公输般不能攻入城中。所以楚国不再进攻宋国。墨子能够设法抵御楚国而解救宋国的危难,说的就是这件事。

圣王通士①,不出于利民者无有。昔上古龙门未开②,吕梁未发③,河出孟门④,大溢逆流,无有丘陵沃衍、平原高阜⑤,尽皆灭之,名曰"鸿水"⑥。禹于是疏河决江,为彭蠡之障⑦,干东土,所活者千八百国。此禹之功也。勤劳为民,无苦乎禹者矣。

【注释】

①通士:知识渊博、通达事理的读书人。

②龙门:山名,在今山西河津,位于黄河河道,传说禹曾凿龙门以通河水。

③吕梁:山名,即《尚书·禹贡》"治梁及岐"的梁山,在今陕西韩城。梁山也正当黄河河道,传说为大禹所开凿。发:开。

④孟门:山名,在山西吉县西,绵亘黄河两岸,位于梁山、龙门之北。出:高出,超过。

⑤沃衍:肥沃而平坦的土地。阜:高山。

⑥鸿:大。

⑦彭蠡:泽名,即鄱阳湖。障:堤防。

【译文】

圣明的君主和通达的士人,言行不出自为百姓谋利的人是没有的。上古时代,龙门山尚未开凿,吕梁山尚未打通,黄河从孟门山漫过,大水泛滥横流,不管丘陵、沃野、平原、高山,全部淹没,人们把它叫做"鸿水"。禹于是疏通黄河,导引长江,筑起彭蠡泽的堤防,使东方洪水消退,拯救的国家有一千八百多个。这是禹的功绩啊! 为百姓辛苦操劳,没有比禹更艰苦的了。

　　匡章谓惠子曰:"公之学去尊①,今又王齐王,何其到也②?"惠子曰:"今有人于此,欲必击其爱子之头,石可以代之——"匡章曰:"公取之代乎? 其不与③?""施取代之④。子头,所重也;石,所轻也。击其所轻以免其所重,岂不可哉!"匡章曰:"齐王之所以用兵而不休,攻击人而不止者,其故何也?"惠子曰:"大者可以王,其次可以霸也。今可以王齐王而寿黔首之命,免民之死,是以石代爱子头也,何为不为?"民寒则欲火,暑则欲冰,燥则欲湿,湿则欲燥。寒暑燥湿相反,其于利民一也。利民岂一道哉! 当其时而已矣⑤。

【注释】

①去尊:废弃尊位。

②到:倒,相反。

③不(fǒu):否。

④施:惠子自称其名。

⑤当:适合。

【译文】

　　匡章对惠子说:"您的学说主张废弃尊位,现在却尊奉齐王为王,为什么言行如此矛盾呢?"惠子说:"假如有这样一个人,迫不得已,一定得击打自己爱子的头,而石头又可以代替他爱子的头——"匡章接过来说:"您是拿石头代替呢,还是不这样做呢?"惠子说:"我要拿石头来代替爱子的头。爱子的头是重要的,石头是轻贱的,击打轻贱之物而使重要之物避免受害,为什么不可以呢?"匡章又问:"齐王用兵不休,攻战不止,是什么缘故呢?"惠子说:"因为这样做功效大的话可以称王天下,次一等也可以称霸诸侯。现在可以用尊齐王为王的方法使齐王罢兵,使百姓得以寿终,免于死亡,这正是用石头代替爱子的头啊!为什么不去做呢?"百姓寒冷了就希望得到火,炎热了就希望得到冰,干燥了就希望潮湿,潮湿了就希望干燥。寒冷与炎热、干燥与潮湿互相对立,但它们在利于百姓方面是一样的。为百姓谋利岂止一种办法呢!只不过要适合时宜罢了。

贵　卒

【题解】

"贵卒"即以敏捷为贵。文章列举事例,从正反两个方面说明在激烈的争战对抗中,反应敏捷、随机应变是何等重要。

六曰:

力贵突①,智贵卒②。得之同则速为上,胜之同则湿为下③。所为贵骥者,为其一日千里也;旬日取之④,与驽骀同⑤。所为贵镞矢者⑥,为其应声而至;终日而至,则与无至同。

【注释】

①突:突然,出其不意。

②卒(cù):同"猝",迅疾,敏捷。

③湿:迟滞。

④取:通"趣(qū)",趋向。

⑤驽(nú)骀(tái):都是劣马。

⑥镞(zú):轻疾锋利。

【译文】

第六：

用力贵在突发，用智贵在敏捷。同样获得一物，速度快的为优；同样战胜对手，时间拖得久的为劣。人们看重骐骥，是因为它能日行千里；如果走上十天才到，就与劣马相同了。人们看重利箭，是因为它能应声而至；如果整整一天才到达目标，就跟没有达到相同了。

　　吴起谓荆王曰①："荆所有余者地也；所不足者民也。今君王以所不足益所有余，臣不得而为也。"于是令贵人往实广虚之地。皆甚苦之。荆王死，贵人皆来。尸在堂上，贵人相与射吴起。吴起号呼曰："吾示子吾用兵也。"拔矢而走，伏尸插矢而疾言曰："群臣乱王！"吴起死矣，且荆国之法，丽兵于王尸者②，尽加重罪，逮三族③。吴起之智可谓捷矣。

【注释】

①荆王：指楚悼王，战国楚国君，名熊疑，公元前401年—前381年在位。

②丽：附着。

③逮：连及。三族：说法不一，一般认为指父族、母族、妻族。

【译文】

吴起对楚王说："楚国有余的是土地，不足的是百姓。现在您想用本就不足的百姓作战来增加本就有余的土地，我是无法办到的。"于是下令显贵们迁居到荒无人烟的地方去。显贵们都深以为苦。楚王死了，显贵们都回到京城。楚王尸体停在堂上，显贵们共同射吴起。吴起高喊着说："我让你们看看我怎样用兵！"拔下箭跑到堂上，卧在楚王尸体上，并把箭插在王的尸体上，大声喊道："臣子们作乱射王尸！"吴起虽说死了，而按楚国的法律，将兵器碰到君王身体的都要处以重罪，连及三族。吴起的智慧可说是敏捷了。

　　齐襄公即位①，憎公孙无知②，收其禄。无知不说，杀襄公。公子纠走鲁，公子小白奔莒。既而国杀无知，未有君，公子纠与公子小白皆归，俱至，争先入公家③。管仲扜弓射公子小白④，中钩。鲍叔御公子小白僵⑤。管子以为小白死，告公子纠曰："安之，公子小白已死矣！"鲍叔因疾驱先入，故公子小白得以为君。鲍叔之智应射而令公子小白僵也，其智若镞矢也。

【注释】

①齐襄公：春秋齐国君，名诸儿，公元前 697 年—前 686 年在位。

②公孙无知：齐庄公之孙，僖公之侄，与襄公为堂兄弟。僖公在位时宠爱无知，使其衣服礼遇与太子诸儿同等，所以襄公厌恶他。

③公家：指朝廷。

④扜（yū）：把弓拉满。

⑤御：使。僵：仰倒。

【译文】

　　齐襄公即位，厌恶公孙无知，收回了他的禄位。无知很不高兴，杀死了襄公。公子纠逃到鲁国，公子小白出逃奔莒国。不久国内杀死了无知，齐国没有君主。公子纠与公子小白都动身回国，二人同时到达国内，争先入主朝廷。管仲开弓射公子小白，射中了衣带钩。鲍叔牙让公子小白仰面倒下。管仲以为小白死了，告诉公子纠说："安心地走吧，公子小白已经死了！"鲍叔牙乘机赶车快跑，首先进入朝廷，所以公子小白得以做国君。鲍叔牙的智慧在于应付管仲射来的箭而让公子小白仰面倒下,他的智慧像箭一样快啊!

　　周武君使人刺伶悝于东周①。伶悝僵,令其子速哭曰:"以谁刺我父也②?"刺者闻,以为死也。周以为不信③,因厚罪之。

【注释】

①周武君:战国时西周国君。伶悝(kuī):东周之臣。

②以:此。

③信:言语诚实。

【译文】

　　周武君派人到东周刺杀伶悝。伶悝装死仰面倒下,让他的儿子赶快哭着说:"这是谁刺杀了我的父亲啊?"行刺的人听到哭声,以为伶悝死了。事后,周武君认为刺客说话不诚实,于是重重地治了他的罪。

　　赵氏攻中山。中山之人多力者曰吾丘鸩①,衣铁甲操铁杖以战,而所击无不碎,所冲无不陷,以车投车,以人投人也。几至将所而后死。

【注释】

①吾丘鸩(yù):姓吾丘,名鸩,据文意当为中山国力士。鸩,同"䰩"。

【译文】

　　赵国进攻中山。中山国有个力士叫吾丘鸩,穿着铁甲,拿着铁杖作战。打到什么,什么就被打碎;冲向哪里,哪里就被冲垮。举起车来投击敌方的战车,举起人来投击敌方的将士。几乎打到赵军主帅所在之处,才被杀死。

慎行论第二

慎　行

【题解】

本篇强调言行要以"义"为准则。文章把对待"义"和"利"的不同态度作为区分"君子"、"小人"的标准。这种观点与孔子"君子喻于义,小人喻于利"的标准相近,说:"君子计行虑为义,小人计行其(期)利"。

但是,作者并不是真正反对和抛弃功利的。其所以主张"计行虑义",是因为这样做可获得"不利之利",即治国治身这一根本大利;其所以反对"计行其(期)利",即不顾道义去追求私利,是因为这样做"乃不利"。文章举费无忌和庆封为例,说明背义求利终会招致灭亡,意在使"乱人"吸取教训。

一曰:

行不可不孰①。不孰,如赴深豀,虽悔无及。君子计行虑义,小人计行其利②,乃不利。有知不利之利者③,则可与言理矣。

【注释】

①孰:"熟",这里是熟虑的意思。

②其:通"期",期求。

③不利之利：不谋私利所带来的好处。

【译文】

第一：

行动不可不深思熟虑。不深思熟虑，就像跳入深谷，即使后悔也来不及。君子谋划行动时考虑道义，小人谋划行动时期求利益，结果反而不利。假如有人懂得不谋求利益实际上就包含着利益，那么就可以跟他谈论道义了。

荆平王有臣曰费无忌①，害太子建②，欲去之。王为建取妻于秦而美，无忌劝王夺。王已夺之，而疏太子。无忌说王曰："晋之霸也，近于诸夏；而荆僻也，故不能与争。不若大城城父而置太子焉③，以求北方④，王收南方⑤，是得天下也。"王说，使太子居于城父。居一年，乃恶之曰："建与连尹将以方城外反⑥。"王曰："已为我子矣，又尚奚求？"对曰："以妻事怨，且自以为犹宋也⑦。齐晋又辅之。将以害荆，其事已集矣。"王信之，使执连尹，太子建出奔。左尹郤宛⑧，国人说之。无忌又欲杀之，谓令尹子常曰⑨："郤宛欲饮令尹酒。"又谓郤宛曰："令尹欲饮酒于子之家。"郤宛曰："我贱人也，不足以辱令尹⑩。令尹必来辱，我且何以给待之⑪？"无忌曰："令尹好甲兵，子出而寘之门，令尹至，必观之已⑫，因以为酬⑬。"及飨日⑭，惟门左右而寘甲兵焉⑮。无忌因谓令尹曰："吾几祸令尹。郤宛将杀令尹，甲在门矣。"令尹使人视之，信。遂攻郤宛，杀之。国人大怨，动作者莫不非令尹⑯。沈尹戍谓令尹曰⑰："夫无忌，荆之谗人也。亡夫太子建，杀连尹奢，屏王之耳目⑱。今令尹又用之杀众不辜，以兴大谤，患几及令尹。"令尹子常曰:"是吾罪也,敢不良图?"乃杀费无忌,尽灭其族,以说其国⑲。动而不论其义,知害人而不知人害己也,以灭其族,费无忌之谓乎!

【注释】

①荆平王:楚平王,春秋楚国君,名熊居,公元前528年—前516年在位。费无忌:平王臣,姓费,名无忌。《左传》作"费无极",为太子少师。

②害:嫉恨。

③城父(fǔ):楚北部边邑,在今河南宝丰东四十里。

④北方:指北方宋、郑、鲁、卫等中原各国。

⑤南方:指吴越等国。

⑥连尹:楚官名。这里指伍奢。方城:山名,在今河南叶县南,春秋时为楚国北部要塞。外:城父在方城之北,所以称"外"。

⑦自以为犹宋:意思是自视为像宋那样的独立小国。

⑧左尹:楚官名,位在令尹之下。郄(xì)宛:楚大夫,字子恶。

⑨令尹:楚官名,百官之长。

⑩辱:这里是表示尊敬的委婉语。

⑪给(jǐ):供给,这里是酬报的意思。

⑫已:句末语气词。

⑬酬:报献。这里指宴饮中主人劝客饮酒时报献宾客的礼物。

⑭飨(xiǎng):以酒食招待人。

⑮帷:通"帷",设置帷幕。

⑯动作者:疑当作"进胙(zuò)者",指卿大夫。胙,祭庙之肉。卿大夫祭祀后要把祭肉进献给国君,叫做"进胙"。非:批评,指责。

⑰沈尹戌:楚国沈县之尹(官长),名戌。《左传》作"沈尹戍"。

⑱屏:蔽,闭塞。

⑲说(yuè)其国:取悦于国人。

【译文】

楚平王有个臣子叫费无忌,嫉恨太子建,想除掉他。平王为太子建从秦国娶了个妻子,长得很美,费无忌就鼓动平王强占为己有。平王强占这个女子以后,就疏远了太子。费无忌又劝平王说:"晋国称霸,是因为靠近华夏各国,而楚国地域偏远,所以不能同晋国争霸。不如扩大城父,把太子安置在那里,以谋求北方各国的尊奉,您自己收取南方各国,这样就能得到天下了。"平王很高兴,让太子居住在城父。过了一年,费无忌又诋毁太子建说:"太子建和连尹伍奢将凭借方城以外作乱。"平王说:"他已经做了我的太子,还谋求什么?"费无忌回答说:"他因为您娶他妻子的事怨恨您,而且自以为就像宋国那样的独立小国一样。齐国和晋国又帮助他。他将要以此危害楚国,事情已经快要成功了。"平王相信了费无忌的话,派人逮捕了连尹伍奢。太子建出逃到国外。左尹郤宛,国人很爱戴他,费无忌又想杀掉郤宛。他对令尹子常说:"郤宛想请您喝酒。"又对郤宛说:"令尹想到你家来喝酒。"郤宛说:"我是个卑贱的人,不值得令尹光临。假如令尹一定屈尊光临,我该拿什么来招待他呢?"费无忌说:"令尹喜欢铠甲兵器,你把这些东西搬出来放在门口,令尹来了一定会观赏它们,你就乘势把这些东西作为礼物进献给他。"等到宴享这天,郤宛把门口两旁用帷幕遮起来,把铠甲兵器放在里边。费无忌于是对令尹说:"我差一点害了您。郤宛想杀您,已经把铠甲兵器藏在门口了。"令尹派人去察看,真是这样。于是派兵进攻郤宛,杀死了他。国人非常痛恨令尹,卿大夫没有一个人不指责他。沈尹戌对令尹说:"费无忌是楚国的谗谀小人,他逼迫太子建出亡,杀了连尹伍奢,掩蔽国君的耳目。现在您又听信他的话杀害了许多无辜的人,从而招致了各种严厉的指责,祸害很快就会来到您身上。"令尹子常说:"这是我的罪过,怎么敢不好好地想法对付呢?"于是杀死了费无忌,并把他的宗族全部诛灭,以此取悦于国人。做事情不讲道义,只知道害别人却不知道别人也会害自己，致使宗族被诛灭，指的就是费无忌吧！

　　崔杼与庆封谋杀齐庄公①。庄公死，更立景公②，崔杼相之。庆封又欲杀崔杼而代之相。于是椓崔杼之子③，令之争后④。崔杼之子相与私哄。崔杼往见庆封而告之。庆封谓崔杼曰："且留，吾将兴甲以杀之。"因令卢满嫳兴甲以诛之⑤。尽杀崔杼之妻子及枝属，烧其室屋，报崔杼曰："吾已诛之矣。"崔杼归，无归，因而自绞也。庆封相景公，景公苦之。庆封出猎，景公与陈无宇、公孙灶、公孙虿诛封⑥。庆封以其属斗，不胜，走如鲁。齐人以为让⑦，又去鲁而如吴，王予之朱方⑧。荆灵王闻之⑨，率诸侯以攻吴，围朱方，拔之。得庆封，负之斧质⑩，以徇于诸侯军⑪，因令其呼之曰："毋或如齐庆封⑫，弑其君而弱其孤⑬，以亡其大夫⑭。"乃杀之。黄帝之贵而死，尧舜之贤而死，孟贲之勇而死，人固皆死，若庆封者，可谓重死矣⑮。身为僇⑯，支属不可以见⑰，行忮之故也⑱。

【注释】

①崔杼：春秋齐大夫，谥武子。庆封：齐大夫，字子家。齐庄公：春秋齐国君，名光，公元前553年—前548年在位。

②景公：齐景公，齐庄公弟，名杵臼，公元前547年—前490年在位。

③椓（zhuó）：挑拨（依毕沅说）。

④争后：争立为后嗣。

⑤卢满嫳（piè）：齐大夫，庆封之党。他书或作"卢蒲嫳"。

⑥陈无宇：齐大夫，谥桓子。公孙灶：齐大夫，字子雅。公孙虿

(chài)：齐大夫，字子尾。灶、蛋二人都是齐国宗室，于景公为伯叔。

⑦以为让：用接纳庆封事责备鲁。让，责备。

⑧朱方：春秋吴邑，在今江苏镇江丹徒镇南。

⑨荆灵王：楚灵王，春秋楚国君，初名围，即位后改名虔，公元前540年—前529年在位。

⑩质：杀人时垫于身下的砧板。

⑪徇(xùn)：巡行示众。

⑫或：句中语气词。

⑬弱：以……为弱，欺凌。孤：幼而无父，这里指新君景公。

⑭亡：通"盟"，盟誓。

⑮重(chóng)死：被戮为一死，戮前受辱为一死，所以说"重死"。

⑯僇：通"戮"。

⑰支属：义同"枝属"。宗族亲属。见：当作"完"，保全。

⑱忮(zhì)：嫉恨。

【译文】

崔杼和庆封合谋杀死了齐庄公。庄公死后，二人另立景公为君，由崔杼做相。庆封又想杀掉崔杼，自己代他为相。于是就挑拨崔杼的儿子们，让他们争夺继承人的资格。崔杼的儿子们私自争斗起来。崔杼去见庆封，告诉他这件事。庆封对崔杼说："你姑且留在这里，我将派兵去把他们杀掉。"于是派了卢满嫳起兵去诛杀他们。卢满嫳把崔杼的妻儿老小以及宗族亲属全部杀光，烧了他的房屋住宅，回报崔杼说："我已经把他们杀死了。"崔杼回去，已经无家可归，因而自缢而死。庆封做了齐景公的相，景公深以为苦。庆封外出打猎，景公乘机与陈无宇、公孙灶、公孙蛋起兵讨伐庆封。庆封率领自己的家丁同景公交战，未能取胜，就逃到鲁国。齐国就这件事责备鲁国。庆封又离开鲁国去吴国，吴王把朱方邑封给了他。楚灵王听说了，就率领诸侯进攻吴国，包围朱方,攻占了它。灵王俘获了庆封,让他背着斧质在诸侯军中巡行示众,并让他喊道:"不要像齐国庆封那样,杀害他的君主,欺凌丧父的新君,强迫大夫盟誓!"然后才杀死了他。黄帝那样尊贵,最后也要死亡;尧舜那样贤圣,最后也要死亡;孟贲那样勇武,最后也要死亡;人本来都要死亡,但像庆封这样的人,受尽凌辱而死,可以说是死而又死了。自己被杀,宗族亲属也不能保全,这是嫉害别人的缘故。

凡乱人之动也,其始相助,后必相恶。为义者则不然,始而相与,久而相信,卒而相亲,后世以为法程。

【译文】

大凡邪恶的小人做事,开始的时候互相帮忙,而到后来一定互相憎恶。坚守道义的人却不是这样。他们开始时互相帮助,时间越长越互相信任,最后更是互相亲近。后代把他们作为效法的准则。

无 义

【题解】

本篇主要是批判"小人"的见利忘义。文章列举了公孙鞅等人"欺交反主"的行为,虽一时得逞,但终为人所不齿,累及子孙,从而证明"趋利固不可必"。

本篇主题与上篇《慎行》一致,文中关于"义者,百事之始也,万利之本也"的论述,可以做上篇"不利之利"的注脚。

二曰:

先王之于论也极之矣。故义者,百事之始也,万利之本也,中智之所不及也。不及则不知,不知趋利①。趋利固不可必也②。公孙鞅、郑平、续经、公孙竭是已③。以义动则无旷事矣④,人臣与人臣谋为奸,犹或与之⑤;又况乎人主与其臣谋为义,其孰不与者?非独其臣也,天下皆且与之。

【注释】

①不知趋利:似当作"不知则趋利",脱一"则"字。

②必:绝对相信、依赖。

③公孙鞅：即商鞅。郑平：当即《史记·范雎列传》中的郑安平，秦
　　将，后降赵。续经：赵人。公孙竭：秦臣。

④旷：废。

⑤与（yǔ）：赞同。

【译文】

第二：

　　先王对于事理论述得非常透彻了。义是各种事情的开端，是一切
利益的本源，这是才智平庸的人认识不到的。认识不到就不明事理，不
明事理就会追逐私利。追逐私利的做法肯定是靠不住的。公孙鞅、郑
平、续经、公孙竭等人的情形就是这样。根据道义去行动就不会有做不
成的事情了。臣子与臣子谋划做坏事，尚且有人赞同；又何况国君和他
的臣子谋划做符合道义的事，还会有谁不赞同呢？不只是他的臣子赞
同，天下的人都将会赞同他。

　　公孙鞅之于秦，非父兄也，非有故也①，以能用也。欲埋
之责②，非攻无以③。于是为秦将而攻魏。魏使公子卬将而
当之④。公孙鞅之居魏也，固善公子卬。使人谓公子卬曰：
"凡所为游而欲贵者，以公子之故也。今秦令鞅将，魏令公
子当之，岂且忍相与战哉？公子言之公子之主，鞅请亦言之
主，而皆罢军。"于是将归矣，使人谓公子曰："归未有时相
见，愿与公子坐而相去别也。"公子曰："诺。"魏吏争之曰：
"不可。"公子不听，遂相与坐。公孙鞅因伏卒与车骑以取公
子卬。秦孝公薨，惠王立，以此疑公孙鞅之行，欲加罪焉。
公孙鞅以其私属与母归魏，襄疵不受⑤，曰："以君之反公子
卬也，吾无道知君。"故士自行不可不审也。

【注释】

①故：旧交。

②堙(yīn)之责：对秦尽到责任。堙，塞。

③以：用，这里指所用的方法。

④公子卬(áng)：战国魏人，魏惠王时为将。当：抵御。

⑤襄疵：魏人，魏惠王时曾为邺令。他书或作"穰疵"。

【译文】

公孙鞅对于秦王来说，既不是宗亲，又没有旧谊，只是凭着才能被任用的。他要对秦国尽职，除了进攻别的国家没有其他办法。于是为秦国统兵进攻魏国。魏国派公子卬率兵抵御秦军。公孙鞅在魏国时，原本和公子卬很要好。他派人对公子卬说："我之所以出游并希望显贵，都是为了公子您的缘故。现在秦国让我统兵，魏国让公子同我相拒，难道我们忍心互相交战吗？请公子向公子的君主报告，我也向我的君主报告，双方都罢兵。"双方都准备回师的时候，公孙鞅又派人对公子卬说："回去以后再也无日相见，希望同公子聚一聚再离别。"公子说："好吧。"魏国的军校们谏诤说："不能这样做。"公子卬不听。于是两人相聚叙旧。公孙鞅乘机埋伏下步卒车骑俘虏了公子卬。秦孝公死后，惠王即位，因为这件事而怀疑公孙鞅的品行，想加罪于公孙鞅。公孙鞅带着自己的家众与母亲返回魏国，魏国大臣襄疵不接纳，说："因为您对公子卬背信弃义，我无法了解您。"所以，士人对自己的行为不可不审慎。

郑平于秦王①，臣也；其于应侯，交也②。欺交反主③，为利故也。方其为秦将也，天下所贵之无不以者，重也。重以得之，轻必失之。去秦将，入赵、魏，天下所贱之无不以也，所可羞无不以也。行方可贱可羞④，而无秦将之重，不穷奚待？

【注释】

①秦王：指秦昭王。

②应侯：即范雎，魏人，入秦为昭王相，封于应（今山西临猗），所以称为应侯。

③欺交反主：指郑平兵败降赵。郑平为秦将是范雎保举的。按：当时法律规定，被保举的人犯了罪，保举者要连坐，所以说郑平欺交。

④方：比并。

【译文】

郑平对秦王来说是臣子，对应侯来说是朋友。他欺骗朋友，背叛君主，是因为追求私利的缘故。当他做秦将的时候，天下认为尊贵显耀的事情没有一件不能做，这是因为他位尊权重。靠位尊权重得到的东西，一旦权位丧失，一定都会失去。郑平离开秦将的地位，进入赵国和魏国以后，天下认为轻贱的事情没有一件不做，天下认为羞耻的事情没有一件不做。行为降至可贱可耻一流，又没有做秦将时的重权尊位，不潦倒还等什么？

赵急求李欬①。李言续经与之俱如卫，抵公孙与②。公孙与见而与人③。续经因告卫吏使捕之。续经以仕赵五大夫④。人莫与同朝，子孙不可以交友。

【注释】

①李欬（kài）：人名。事未详。

②抵：归。公孙与：卫人，事未详。

③与(yǔ):同意。入:接纳。

④五大夫:爵位名。

【译文】

　　赵国紧急搜捕李欬,李欬劝说续经跟他一起去卫国投奔公孙与。公孙与会见并同意接纳他们。续经乘机向卫国官员告发了李欬,让他们逮捕了李欬。续经靠这个在赵国做了五大夫。人们没有谁愿意跟他同朝为官,就连他的子孙也交不到朋友。

　　公孙竭与阴君之事①,而反告之樗里相国②,以仕秦五大夫。功非不大也,然而不得入三都③,又况乎无此其功而有行乎④!

【注释】

①与(yù):参与。阴君之事:未详。

②樗(chū)里相国:即樗里疾,又称樗里子,战国时秦惠王异母弟,秦武王、昭王时为相。

③三都:指赵、卫、魏三国国都。

④无此其功而有行:"其"字疑当在"有"字之下。

【译文】

　　公孙竭参与阴君之事,却又反过来向相国樗里疾告发,靠这个在秦国做了五大夫。他的功劳并不是不大,但却为人们所鄙夷,不能进入赵、卫、魏三国国都。公孙竭告密立功尚且如此,又何况没有这种功劳而只有背信弃义的行为的人呢!

疑　似

【题解】

　　本篇强调对相似之物要认真辨察。相似之物往往使人迷惑，不注意辨察就会造成严重后果。周幽王无寇击鼓而"失真寇"，黎丘丈人惑于奇鬼而"杀其真子"，都说明了辨察疑似之迹的重要。文章指出，对于疑似之迹，"察之必于其人"，即使是尧、舜、禹那样的圣贤，进入水泽也要问于牧童、渔师，因为他们了解得最清楚。

　　三曰：

　　使人大迷惑者，必物之相似也。玉人之所患，患石之似玉者；相剑者之所患，患剑之似吴干者[①]；贤主之所患，患人之博闻辩言而似通者。亡国之主似智，亡国之臣似忠。相似之物，此愚者之所大惑，而圣人之所加虑也，故墨子见歧道而哭之[②]。

【注释】

　　①吴干：宝剑名，传为春秋时吴人干将所铸，故称"吴干"，又名"干将"。

②"故墨"句：一说哭歧路的是杨朱。《淮南子·说林训》："杨子见
　歧路而哭之，为其可以南可以北；墨子见练丝而哭之，为其可以
　黄可以黑"。

【译文】

第三：

　　让人深感迷惑的，一定是事物中那些相似的东西。玉工所忧虑的，
是像玉一样的石头；相剑的人所忧虑的，是像吴干一样的剑；贤明的君
主所忧虑的，是见闻广博、能言善辩像是通达事理的人。亡国的君主好
像很聪明，亡国的臣子好像很忠诚。相似的事物，是愚昧的人深感迷
惑、圣人也要用心思索的，所以墨子看见歧路而为之哭泣。

　　周宅酆、镐①，近戎人。与诸侯约：为高葆祷于王路②，置
鼓其上，远近相闻；即戎寇至，传鼓相告，诸侯之兵皆至，救
天子。戎寇当至③，幽王击鼓，诸侯之兵皆至，褒姒大说④，喜
之。幽王欲褒姒之笑也，因数击鼓，诸侯之兵数至而无寇。
至于后戎寇真至，幽王击鼓，诸侯兵不至，幽王之身乃死于
丽山之下⑤，为天下笑。此夫以无寇失真寇者也。贤者有小
恶以致大恶，褒姒之败，乃令幽王好小说以致大灭。故形骸
相离，三公九卿出走。此褒姒之所用死，而平王所以东徙
也⑥，秦襄、晋文之所以劳王劳而赐地也⑦。

【注释】

①宅：居。酆(fēng)：周文王时周的国都，在今陕西户县东。字又作
　"丰"。镐(hào)：周武王的国都，又名镐京、宗周，在今陕西西安
　市西南，沣水东岸。
②葆：通"堡"，小城。祷：当为衍文。王路：大路。

③当：通"尝"，曾经。

④褒姒（bāosì）：周幽王宠妃，本为褒国女子，姒姓，周幽王伐褒时
　　所得。

⑤丽（lí）山：在陕西临潼东南，又作"骊山"。

⑥平王：周平王，名宜臼，幽王子，公元前770年—前720年在位。
　　幽王死，平王为避戎人，迁都于洛邑（今河南洛阳），是为东周。

⑦秦襄：秦襄公，公元前777年—前766年在位。晋文：晋文侯，名
　　仇，公元前780年—前746年在位。劳王劳：下一"劳"字当为衍
　　文。劳王，即勤王的意思。秦襄公、晋文侯都曾护卫平王东迁，
　　有功于周王朝。

【译文】

　　周建都于丰、镐，靠近戎人。和诸侯约定：在大路上修筑高大的土
堡，台上设置大鼓，使远近都能听到鼓声。如果戎兵入侵，就由近及远
击鼓传告，诸侯的军队就都来援救天子。戎兵曾经来侵，周幽王击鼓，
诸侯军队都如约而至，褒姒看了非常高兴，很喜欢幽王这种做法。幽王
希望看到褒姒的笑容，于是屡屡击鼓，诸侯的军队多次到来，却没有敌
兵。到后来戎兵真的来了，幽王击鼓，但诸侯的军队不再到来，幽王于
是被杀死在骊山之下，被天下人耻笑。这是因为没有敌寇而乱击鼓，从
而误了真的敌寇啊！贤明的人有小的过失尚且会招致大的灾祸，又何
况不肖的人呢？褒姒败坏国事，是让幽王喜好无足轻重的欢乐而导致
国灭身亡。所以幽王身首分离，三公九卿出逃。这也是褒姒所以身死、
平王所以东迁的原因，也是秦襄公、晋文侯所以起兵勤王、被赐以土地
的原因。

　　　梁北有黎丘部①，有奇鬼焉，喜效人之子侄昆弟之状②。
邑丈人有之市而醉归者，黎丘之鬼效其子之状，扶而道苦
之③。丈人归，酒醒，而诮其子曰④："吾为汝父也，岂谓不慈

哉？我醉，汝道苦我，何故？”其子泣而触地曰⑤：“孽矣！无此事也。昔也往责于东邑⑥，人可问也。”其父信之，曰：“嘻！是必夫奇鬼也！我固尝闻之矣。”明日端复饮于市⑦，欲遇而刺杀之。明旦之市而醉，其真子恐其父之不能反也，遂逝迎之⑧。丈人望其真子，拔剑而刺之。丈人智惑于似其子者，而杀于真子。夫惑于似士者而失于真士，此黎丘丈人之智也。

【注释】

①梁：周时诸侯国，后为秦所灭。部：《后汉书·张衡传》李贤注引作“乡”。

②喜：当作“善”。子侄：当作“子姓”。指子孙。

③苦之：折磨他。

④诮（qiào）：责备。

⑤触地：指叩头。

⑥责：同“债”，讨债。

⑦端：故意。

⑧逝：往。

【译文】

梁国北部有个黎丘乡，那里有个奇鬼，善于模仿人的子孙兄弟的样子。乡中有个老者到市上去，喝醉了酒往家走，黎丘奇鬼模仿他儿子的样子，搀扶他回家，在路上苦苦折磨他。老者回到家里，酒醒后责问他的儿子说：“我是你的父亲，难道说不慈爱吗？我喝醉了，你在路上折磨我，这是为什么？”他的儿子哭着以头碰地说：“您遇到鬼怪了！没有这回事呀！昨天我去东乡讨债，这是可以问别人的。”父亲相信了儿子的话，说：“哼，这一定是那个奇鬼！我早就听人说起过它了。”第二天老者特意又到市上饮酒，希望再次遇见奇鬼，把它杀死。天刚亮就到市上去，又喝醉了，他的儿子怕父亲回不了家，就去接他。老者望见儿子，拔剑就刺。老者的思想被像他儿子的奇鬼所迷惑，从而杀死了自己的真儿子。那些被像是贤士的人所迷惑的人，错过了真正的贤士，这就像黎丘老者的思想一样啊！

　　疑似之迹，不可不察，察之必于其人也①。舜为御②，尧为左③，禹为右④，入于泽而问牧童，入于水而问渔师，奚故也？其知之审也。夫孪子之相似者，其母常识之，知之审也。

【注释】

①其人：指适当的人，即熟悉了解这方面情况的人。

②御：御者，驾车的人。

③左：古时乘车，尊者居左。

④右：车右，职责是保卫尊者。

【译文】

　　对于相似的现象，不可以不审察清楚。要审察清楚，一定要找熟悉了解情况的人。即使舜做车夫，尧做主人，禹做车右，进入草泽也要问牧童，到了水边也要问渔夫。什么缘故呢？因为他们对情况了解得清楚。孪生子长得很相像，但他们的母亲总是能够辨认，这是因为母亲对他们了解得清楚。

壹 行

【题解】

"壹行"就是使言行诚信专一。作者认为,不论是国家还是个人,言行都应自始至终坚持一定的准则,使人可以信赖,这样才可成就大功。文章集中批评了那种言行反复无常的做法。

四曰:

先王所恶,无恶于不可知①。不可知,则君臣、父子、兄弟、朋友、夫妻之际败矣②。十际皆败,乱莫大焉。凡人伦,以十际为安者也,释十际则与麋鹿虎狼无以异,多勇者则为制耳矣。不可知,则知无安君、无乐亲矣③,无荣兄、无亲友、无尊夫矣。

【注释】

①不可知:指言行无信、反复无常,令人不可捉摸。

②际:界限,指人们各自应遵守的礼法和道德规范。败:坏。

③知:当是衍文。

【译文】

第四：

先王所厌恶的，莫过于言行反复无常。言行反复无常，君臣、父子、兄弟、朋友、夫妻各自的界限就要被破坏。十者的界限都遭到破坏，祸乱没有比这再大的了。大凡人与人之间的伦理关系，是靠十者的界限保持安定的。舍弃这十者的界限，人和麋鹿虎狼就没什么区别了，勇悍多力的人就会辖制别人了。言行反复无常。就没有人安定国君了，没有人取悦父母了，没有人敬重兄长了，没有人亲近朋友了，没有人尊敬丈夫了。

强大未必王也，而王必强大。王者之所藉以成也何？藉其威与其利。非强大则其威不威，其利不利。其威不威则不足以禁也，其利不利则不足以劝也①，故贤主必使其威利无敌。故以禁则必止，以劝则必为。威利敌，而忧苦民、行可知者王；威利无敌，而以行不知者亡。小弱而不可知，则强大疑之矣。人之情不能爱其所疑，小弱而大不爱，则无以存。故不可知之道，王者行之，废；强大行之，危；小弱行之，灭。

【注释】

①劝：鼓励（向善）。

【译文】

国家强大不一定称王天下，但称王天下一定要国家强大。称王天下的人赖以成功的是什么呢？是凭借他的威势和给人的利益。国家不强大，他的威势就不成其为威势，他的利益就不能给人好处。他的威势不成其为威势，就不足以禁止人们为恶；他的利益不成其为利益，就不足以鼓励人们行善。所以贤明的君主一定要使自己的威势和给人的利益都无可匹敌。因此,他禁止为恶,人们就一定住手;鼓励为善,人们就一定去做。双方威势和利益相当,那么为百姓忧虑辛劳、言行诚信可知的人就会统一天下;威势和利益无可匹敌,但言行反复无常,这样的人就会灭亡。国家弱小而言行又反复无常,强大的国家就会猜疑它了。人之常情,不能爱自己猜疑的人,国家弱小而又不被大国喜爱,就没有办法生存。所以,言行反复让人不可察知这种做法,称王天下的人实行它就会衰落,强大的国家实行它就会危险,弱小的国家实行它就会灭亡。

今行者见大树,必解衣县冠倚剑而寝其下。大树非人之情亲知交也,而安之若此者,信也。陵上巨木,人以为期①,易知故也。又况于士乎? 士义可知故也②,则期为必矣。又况强大之国? 强大之国诚可知,则其王不难矣。

【注释】

①期:约会。

②故也:当为衍文。

【译文】

行路的人看见大树,就一定会脱下外衣,挂上帽子,把佩剑靠在树边,躺在树下休息。大树并不是人们的亲朋好友,但人们却对它如此放心,是因为它可以信赖。高山上的大树,人们常用来作为约会之处,是因为它容易看到的缘故。树木尚且如此,又何况士人呢! 士人的道义如果诚信可知,那么他为人所瞩目就是必然的了。士人尚且如此,又何况强大的国家呢! 强大的国家确实诚信可知,那么它称王天下就不难了。

人之所乘船者，为其能浮而不能沈也①。世之所以贤君子者，为其能行义而不能行邪辟也。

【注释】

①沈：同"沉"。

【译文】

人们之所以乘船，是因为它能浮在水面而不会沉下去；世间之所以敬重君子，是因为他能实行信义而不会做邪恶的事。

孔子卜，得贲①。孔子曰："不吉②。"子贡曰："夫贲亦好矣③，何谓不吉乎？"孔子曰："夫白而白，黑而黑，夫贲又何好乎？"故贤者所恶于物，无恶于无处④。

【注释】

①贲（bì）：卦名，六十四卦之一。

②不吉："贲"是文饰的意思，其色斑驳不纯，这里说贲卦"不吉"，表示贵在纯粹专一。

③夫贲亦好矣：《周易》贲卦卦辞说："小利有攸往"，所以子贡说"夫贲亦好矣"。

④处（chǔ）：审度，辨察。

【译文】

孔子占卜，得到贲卦。孔子说："不吉利。"子贡说："贲卦也很好了，为什么说不吉利呢？"孔子说："白就应该是白，黑就应该是黑，贲卦又好在哪里呢？"所以贤者所厌恶的事物莫过于那些不纯粹专一的东西。

夫天下之所以恶，莫恶于不可知也。夫不可知，盗不与期,贼不与谋。盗贼大奸也,而犹所得匹偶①,又况于欲成大功乎? 夫欲成大功,令天下皆轻劝而助之②,必之士可知。

【注释】

①所得:当作"得所"。

②轻:疾,迅猛。

【译文】

天下所厌恶的,莫过于言行反复无常。一个人如果言行反复无常,就连窃贼也不约他结伙,就连强盗也不与他谋议。窃贼强盗是非常邪恶的人,尚且要找合适的伙伴,又何况打算成就大功的人呢! 想要成就大功,让天下人都竞相努力来帮助自己,一定要依赖于士的诚信专一。

求　人

　　本篇旨在阐发"贤主劳于求人而佚于治事"的政治主张,着重论述君主求贤的态度。作者把这种态度概括为八个字:"极卑极贱,极远极劳",要君主屈尊下士,惟贤是举,不避遥远劳苦。即使如此,有些贤士仍然难以求致,坚辞天下的许由就是这样。因此,贤主求贤还需排除干扰,精诚专一,孜孜不息。最后,文章以皋子和郑国赖贤者得安为例,说明"身定、国安、天下治,必贤人"的道理。

　　五曰:

　　身定、国安、天下治,必贤人。古之有天下也者七十一圣,观于《春秋》,自鲁隐公以至哀公十有二世,其所以得之,所以失之,其术一也:得贤人,国无不安,名无不荣;失贤人,国无不危,名无不辱。

【译文】

第五:

　　要使自身安定、国家安宁、天下太平,必须依靠贤人。古代治理天下的共有七十一位圣王,从《春秋》看,自鲁隐公到鲁哀公共十二代,在那二百多年中,诸侯获得君位或失去君位,其道理是一样的:得到贤人,国家没有不安定的,名声没有不显荣的;失去贤人,国家没有不危险的,名声没有不耻辱的。

先王之索贤人,无不以也①。极卑极贱,极远极劳。虞用宫之奇、吴用伍子胥之言②,此二国者,虽至于今存可也。则是国可寿也。有能益人之寿者,则人莫不愿之;今寿国有道,而君人者而不求,过矣。

【注释】

①以:用。

②“虞用”二句:这是假设之辞。春秋时期,虞国国君没有听从宫之奇的劝谏,吴国国君没有听从伍子胥的劝谏,最终都导致了灭亡。

【译文】

先王为了寻求贤人,是无所不做的:他们可以对贤人极其谦卑,可以举用极为卑贱的人,可以到极远的地方去,可以付出极大的辛劳。假如虞国采用宫之奇的意见,吴国采用伍子胥的意见,这两个国家存在到今天也是可能的。由此看来,国运是可以使之长久的。如果有人能延长人的寿命,那么人们没有不愿意的;现在有办法使国运长久,而做君主的却不去努力寻求,这就错了。

尧传天下于舜,礼之诸侯,妻以二女①,臣以十子,身请北面朝之:至卑也。伊尹,庖厨之臣也②;傅说,殷之胥靡也③,皆上相天子:至贱也。禹东至榑木之地④,日出九津⑤,

青羌之野⑥,攒树之所⑦,揺天之山⑧,鸟谷、青丘之乡⑨,黑齿之国⑩;南至交阯、孙朴续樠之国⑪,丹粟、漆树、沸水、漂漂、九阳之山⑫,羽人、裸民之处⑬,不死之乡⑭;西至三危之国⑮,巫山之下⑯,饮露吸气之民⑰,积金之山⑱,其肱、一臂、三面之乡⑲;北至人正之国⑳,夏海之穷㉑,衡山之上㉒,犬戎之国㉓,夸父之野㉔,禺强之所㉕,积水、积石之山㉖。不有懈堕㉗,忧其黔首,颜色黎黑,窍藏不通㉘,步不相过㉙,以求贤人,欲尽地利:至劳也。得陶、化益、真窥、横革、之交五人佐禹㉚,故功绩铭乎金石㉛,著于盘盂㉜。

【注释】

①妻:以女嫁人。

②臣:奴隶。

③胥靡:刑徒,受刑而罚作劳役的罪人。

④榑(fú)木:传说中的地名,即扶桑,太阳升起的地方,是东方的尽头。

⑤九津:当为传说中的山名,日出之处。津:崖。

⑥青羌之野:东方的原野。

⑦攒(cuán):聚集。

⑧揺(mín):抚。

⑨鸟谷:未详。疑作"旸谷",传说太阳升起的地方。青丘:传说中东方海外之国,产九尾狐。

⑩黑齿之国:传说中东方国名,其民皆黑齿。

⑪交阯:古地名,指五岭以南,今广东、广西一带。孙朴续樠:未详,疑为二地名。

⑫丹粟:丹砂,因为形状如粟,故称"丹粟"。沸:泉水喷涌的样子。

　　漂漂：水流急速的样子。九阳之山：南方山名。依五行学说，南方积阳，阳数终于九，故称"九阳之山"。

⑬羽人、裸民：神话传说中的两个国家，据说羽人国的人长着翅膀，裸民国的人不穿衣服。

⑭不死之乡：传说中的国家，据说那里的人长生不老。

⑮三危：神话中的西方山名，传说山上住着西王母的三只青鸟。

⑯巫山：山名，在今重庆巫山东，属巴山山脉。

⑰饮露吸气之民：以清虚之道养生全性的仙人。这里指其民所居之处。

⑱积金之山：西方山名。西方属金，所以称为"积金之山"。

⑲其肱：即"奇(jī)肱"。奇肱、一臂、三面：都是神话传说中的西方国家。奇肱国的人"一臂三目"，一臂国的人"一臂一目一鼻孔"，三面国人则生着三张脸。

⑳人正：地名，据说在北海。

㉑夏海：大海，指传说中的北海。夏，大。穷：尽头。

㉒衡山：传说中最北方的山。

㉓犬戎：神话传说中的北方之国。

㉔夸父(fǔ)：神话中的勇士，曾与太阳赛跑，半路渴死。

㉕禺强：北海之神，传说人面鸟身。

㉖积水：当为山名。积石：山名，大积石山在今青海省南部，小积石山在今甘肃临夏西北，传说禹疏导河水曾至此二山。

㉗堕：通"惰"，懈怠。

㉘窍：九窍。藏(zàng)：五脏。

㉙步不相过：走路后脚不能超过前脚，步子很小，行动很慢，形容非常疲惫。

㉚陶(yáo)：即皋陶。化益：即伯益。真窥：疑为"直窥(chēng)"之讹，《荀子·成相》作"直成"。直成、横革、之交：禹的辅臣，事

　不详。

㉛金:钟鼎等铜器。石:指碑碣等。

㉜盘盂:两种器皿。用于盛物,古代亦于其上刻文纪功。

【译文】

　　尧把天下传给舜,在诸侯面前礼敬他,把两个女儿嫁给他,让自己的十个儿子给他做臣属,自己要求以臣子身份朝拜他:这是把自己降到最低下的地位了。伊尹是在厨房中服役的奴隶,傅说是殷商的刑徒,两个人都做了天子之相:这是举用最卑贱的人了。禹东行到达榑木之地,太阳升起的九津之山,青羌之野,林木茂密之处,耸入云天之山,鸟谷青丘之国,黑齿之国;南行到达交阯,孙朴续樠之国,盛产丹砂、生长漆树、泉水喷涌的九阳之山,羽人、裸民之国,不死之国;西行到达三危之国,巫山之下,饮露吸气之民所居之处,积金之山,奇肱、一臂、三面之国;北行到达人正之国,大海之滨,衡山之上,犬戎之国,夸父逐日之野,禺强居住之所,积水、积石之山。他四处奔走,毫不懈怠,为百姓忧虑,面色黧黑,周身不适,步履艰难,去寻求贤人,想要充分发挥土地的效益:这是辛劳到极点了。结果得到皋陶、伯益、直成、横革、之交五人为佐,所以功绩铭刻在金石上,书写在盘盂上,流传后世。

　　昔者尧朝许由于沛泽之中①,曰:"十日出而焦火不息②,不亦劳乎? 夫子为天子,而天下已治矣,请属天下于夫子③。"许由辞曰:"为天下之不治与? 而既已治矣。自为与? 啁噍巢于林④,不过一枝;偃鼠饮于河,不过满腹。归已⑤,君乎! 恶用天下?"遂之箕山之下⑥,颍水之阳⑦,耕而食,终身无经天下之色。故贤主之于贤者也,物莫之妨,戚爱习故不以害之⑧,故贤者聚焉。贤者所聚,天地不坏,鬼神不害,人事不谋,此五常之本事也⑨。

【注释】

①沛泽：水草丰茂的大泽。

②焦：通"爝"，火炬。

③属（zhǔ）：同"嘱"，交付，委托。

④啁噍（zhōujiāo）：鸟名，即鹪鹩（jiāoliáo），又名桃雀。

⑤已：句尾语气词。

⑥箕山：在河南登封东南，后世又名"许由山"。

⑦颍水：源出河南登封西南。阳：水的北岸。

⑧戚：亲属。爱：爱幸的人。习：近习，身边的人。故：故旧。

⑨五常：五种封建伦理道德，即父义、母慈、兄友、弟恭、子孝。

【译文】

从前尧到大泽之中拜见许由，说："十个太阳都出来了，火把却还不熄灭，不是白费心力吗？您来做天子，天下一定能够大治，我愿把天下交给您治理。"许由推辞说："这是为什么呢？要说是因为天下还不太平吧，可如今天下已经太平了；说是为了自己吧，要知道鹪鹩在树林中筑巢，树木再多，也只不过占据一棵树枝；偃鼠到河里喝水，河水再多，也只不过喝饱肚皮。您回去吧！我哪里用得着天下？"说罢，就去箕山脚下、颍水北岸种田为生，终生也没有过问天下的表示。所以贤明的君主任用贤者，不因外界事物而使它受到妨害，不因亲人、爱幸、近习、故旧而使之受到破坏，因而贤者聚集到他这里来。贤者所聚之处，天地不会降灾，鬼神不会作祟，人事用不着谋划。这是五种伦常道德的根本。

皋子①，众疑取国，召南宫虔、孔伯产而众口止②。

【注释】

①皋子：人名，当为贤者，其事未详。

②南宫虔、孔伯产：据文意，当是皋子罗致门下的贤者。

【译文】

　　人们怀疑皋子窃国，皋子召来了贤者南宫虔、孔伯产，那些议论才停止。

　　晋人欲攻郑，令叔向聘焉①，视其有人与无人。子产为之诗曰②："子惠思我，褰裳涉洧③；子不我思，岂无他士④！"叔向归曰："郑有人，子产在焉，不可攻也。秦、荆近，其诗有异心⑤，不可攻也。"晋人乃辍攻郑。孔子曰："《诗》云：'无竞惟人⑥。'子产一称而郑国免。"

【注释】

①聘：聘问，诸侯间派大夫问候修好。

②为之诗：子产所诵见《诗经·郑风·褰裳》。

③褰(qiān)：把衣服提起来。裳：下衣。洧(wěi)：水名，源出河南登封东阳城山，春秋时其地属郑。

④士：未婚男子。

⑤其诗有异心：子产以男女情爱喻晋郑两国关系，意思是说如果晋不与郑修好（"子不我思"），郑就将与他国结盟（"岂无他士"），所以说"其诗有异心"。在外交场合赋诗言志，这是春秋时期的普遍风气。

⑥无竞惟人：国家强大完全在于有贤人。无，发语词，无义。竞，强。诗句见《诗经·大雅·抑》。

【译文】

　　晋君想进攻郑国，派叔向到郑国聘问，借以察看郑国有没有贤人。子产对叔向诵诗说："如果你心里思念我，就请提起衣服涉过洧河；如果你不再把我思念，难道就没有其他伴侣？"叔向回到晋国，说："郑国有贤人,那里有子产在,进攻不得。郑国跟秦国楚国临近,子产赋的诗已流露出二心,郑国攻不得。"晋国于是停止攻郑。孔子说:"《诗经》上说:'国家强大完全在于有贤人',子产只是诵诗一首,而使郑国免遭灾难。"

察　传

【题解】

"察传"就是对传言加以辨察，以定其是非。作者认为这是关系到国家生死存亡的大事。

那么如何才能弄清楚传言的是非呢？作者提出"缘物之情及人之情以为所闻"，即根据情理加以判断，那样就可以得到真实情况了。

六曰：

夫得言不可以不察。数传而白为黑，黑为白。故狗似玃①，玃似母猴②，母猴似人，人之与狗则远矣。此愚者之所以大过也。闻而审③，则为福矣；闻而不审，不若无闻矣。齐桓公闻管子于鲍叔，楚庄闻孙叔敖于沈尹筮，审之也，故国霸诸侯也。吴王闻越王句践于太宰嚭④，智伯闻赵襄子于张武⑤，不审也，故国亡身死也。

【注释】

①玃(jué)：兽名，似猕猴而形体较大。

②母猴：兽名，又称猕猴、沐猴。

③而：如果。审：审察。

④太宰嚭（pǐ）：伯嚭，春秋楚人，为吴王夫差太宰，所以称为“太宰嚭”。夫差败越之后，伯嚭接受越人贿赂，极力劝说夫差允许越国求和，使吴国终为越王勾践所灭。

⑤智伯：名瑶，春秋晋哀公卿。赵襄子：名无恤，晋卿。张武：智伯的家臣。张武劝智伯纠合韩康子、魏桓子把赵襄子围困在晋阳，后韩、赵、魏三家暗中联合，反灭了智伯。

【译文】

第六：

听到传闻不可不审察清楚。经过多次转述，白的就成了黑的，黑的就成了白的。狗像玃，玃像母猴，母猴像人，但是人和狗就差远了。这是愚蠢的人犯大错误的原因。听到传闻如果加以审察，就会带来好处；听到传闻如果不加审察，就不如没有听到。齐桓公从鲍叔那里听到关于管仲的情况，楚庄王从沈尹筮那里听到关于孙叔敖的情况，听到以后加以审察，所以称霸诸侯；吴王夫差从太宰嚭那里听到关于越王勾践的议论，智伯从张武那里听到关于赵襄子的议论，听到以后不加审察，所以国破身亡。

凡闻言必熟论，其于人必验之以理。鲁哀公问于孔子曰：“乐正夔一足①，信乎？”孔子曰：“昔者舜欲以乐传教于天下，乃令重黎举夔于草莽之中而进之②，舜以为乐正。夔于是正六律，和五声，以通八风③，而天下大服。重黎又欲益求人，舜曰：‘夫乐，天地之精也，得失之节也④，故唯圣人为能和。乐之本也⑤。夔能和之，以平天下，若夔者，一而足矣。’故曰‘夔一足’，非‘一足’也。”宋之丁氏，家无井而出溉汲，常一人居外。及其家穿井，告人曰：“吾穿井得一人。”有闻而传之者曰:"丁氏穿井得一人。"国人道之,闻之于宋君。宋君令人问之于丁氏。丁氏对曰:"得一人之使,非得一人于井中也。"求能之若此⑥,不若无闻也。子夏之晋,过卫,有读史记者曰⑦:"晋师三豕涉河"。子夏曰:"非也,是己亥也⑧。夫'己'与'三'相近,'豕'与'亥'相似"。至于晋而问之,则曰"晋师己亥涉河"也。

【注释】

①乐正:乐官之长。夔(kuí):人名,善音律。

②重(chóng)黎:相传尧时掌管时令,后为舜臣。草莽:草野,指民间。

③通:调和。八风:八方之风。

④节:关键。

⑤乐之本也:这句话当作"和,乐之本也",脱一"和"字。

⑥能:疑为"闻"字之误。

⑦史记:记载历史的书。

⑧己亥:干支纪日。

【译文】

　　凡是听到传闻一定要深入考察,涉及到人的传闻一定要用常理加以验证。鲁哀公问孔子说:"听说乐正夔只有一只脚,是真的吗?"孔子说:"从前舜想利用音乐把教化传布到天下,于是让重黎从民间把夔选拔出来,进荐给君主。舜任用他为乐正。于是夔正定六律,和谐五声,以调和八风,因而天下完全归服。重黎还想多找些像夔这样的人,舜说:'音乐是天地之气的精华,是政治得失的关键,所以只有圣人才能使音乐和谐。和谐是音乐的根本。夔能使音乐和谐,用以安定天下。像夔这样的人,有一个就足够了。'所以说'夔一足',并不是说夔只有一只脚啊!"宋国有一户姓丁的人家,家里没有井,要外出打水,经常有一个专门负责打水的人在外。等到他家挖了井,就告诉别人说:"我挖井得到一个人。"有人听到了,传言说:"丁氏挖井挖得一个人。"国人谈论这件事,让宋国国君听到了,派人去问丁氏。丁氏说:"我是说得到一个人使唤,并不是从井里挖到一个人。"对传闻如果这样不得法地寻根究底,就不如没有听到。子夏到晋国去,路过卫国,听到有人读史书,说:"晋国军队三豕渡过黄河。"子夏说:"这是不对的。'三豕'应是'己亥'。'己'和'三'相近,'豕'和'亥'相似。"到了晋国一问,果然回答说晋国军队己亥那天渡过黄河。

　　辞多类非而是,多类是而非。是非之经①,不可不分。此圣人之所慎也。然则何以慎?缘物之情及人之情以为所闻,则得之矣。

【注释】

①经:界限。

【译文】

　　言辞有很多似乎错误其实是正确的,也有很多似乎正确其实是错误的。正确和错误的界限,不能不分清。这是连圣人都要慎重对待的。那么怎样慎重对待呢?就是要顺着自然的情理和人事的情理来考察听到的传闻,那样就可以得到真实的情况了。

贵　直

【题解】

　　封建社会中，君主能否虚心纳谏是关系功业成败、国家存亡的重要问题。对于这个问题，本书多处论及，本论大部分篇目则集中加以讨论。

　　本篇主要论述君主要尊崇直言敢谏之士，虚心听取他们的逆耳之言。文章赞扬了狐援、烛过这样的"直士"的耿介忠贞，同时以齐湣王和赵简子为例，说明对直士态度不同，结果也就不同。

　　一曰：

　　贤主所贵莫如士。所以贵士，为其直言也。言直则枉者见矣①。人主之患，欲闻枉而恶直言。是障其源而欲其水也，水奚自至？是贱其所欲而贵其所恶也②，所欲奚自来？

【注释】

　　①枉：邪曲。见（xiàn）：显露。

　　②所欲：指"闻枉"。所恶（wù）：指恶闻直言的做法。

【译文】

　　第一：

贤明的君主所崇尚的莫过于士人。之所以崇尚士人,是因为他们言谈正直。言谈正直,邪曲就会显现出来了。君主的弊病,在于想闻知邪曲却又厌恶正直之言。这就等于阻塞水源又想得到水,水又从何而来?这是轻贱自己想要得到的而尊尚自己所厌恶的,想要得到的又从何而来?

能意见齐宣王①。宣王曰:"寡人闻子好直,有之乎?"对曰:"意恶能直? 意闻好直之士,家不处乱国,身不见污君。身今得见王②,而家宅乎齐,意恶能直?"宣王怒曰:"野士也!"将罪之。能意曰:"臣少而好事,长而行之,王胡不能与野士乎③,将以彰其所好耶?"王乃舍之。若能意者④,使谨乎论于主之侧,亦必不阿主。不阿⑤,主之所得岂少哉? 此贤主之所求,而不肖主之所恶也。

【注释】

①能意:战国时齐国人,姓能,名意。

②身今得见王:当作"今身得见王"。

③与:用,听取。

④能意者:当作"若能意者"。

⑤不阿:当作"不阿主"。

【译文】

能意见齐宣王。宣王说:"我听说你喜好正直,有回事吗?"能意回答说:"我哪里能做到正直? 我听说喜好正直的士人,家不住在政治混乱的国家,自身不见德行污浊的君主。如今我来见您,家又住在齐国,我哪里能算得上正直!"宣王生气地说:"真是个鄙野的家伙!"打算治他的罪。能意说:"我年少时喜好直言争辩,长大以后一直这样做,您为什么不能听取鄙野之士的言论，来彰明他们的爱好呢?"宣王于是赦免了他。像能意这样的人，如果让他在君主身边谨慎地议事，一定不会曲从君主。不曲从君主，君主得到的教益难道会少吗? 这正是贤明的君主所追求的，不肖的君主所厌恶的。

　　狐援说齐湣王曰①:"殷之鼎陈于周之廷②，其社盖于周之屏③，其干戚之音在人之游④。亡国之音不得至于庙，亡国之社不得见于天，亡国之器陈于廷，所以为戒。王必勉之! 其无使齐之大吕陈之廷⑤，无使太公之社盖之屏⑥，无使齐音充人之游。"齐王不受。狐援出而哭国三日，其辞曰:"先出也，衣缔纻⑦;后出也，满囹圄。吾今见民之洋洋然东走而不知所处⑧。"齐王问吏曰:"哭国之法若何?"吏曰:"斮⑨。"王曰:"行法!"吏陈斧质于东闾⑩，不欲杀之，而欲去之。狐援闻而蹶往过之⑪。吏曰:"哭国之法斮，先生之老钦? 昏钦?"狐援曰:"曷为昏哉?"于是乃言曰:"有人自南方来，鲋入而鲵居⑫，使人之朝为草而国为墟⑬。殷有比干，吴有子胥，齐有狐援。已不用若言⑭，又斮之东闾，每斮者以吾参夫二子者乎⑮!"狐援非乐斮也，国已乱矣，上已悖矣，哀社稷与民人，故出若言。出若言非平论也，将以救败也，固嫌于危⑯。此触子之所以去之也，达子之所以死之也⑰。

【注释】

①狐援:战国齐臣，他书或作"狐咺"、"狐爰"。齐湣王:战国齐国君，名地，齐宣王子。

②鼎:古代一种礼器，被视为立国的重器，政权的象征。

③社:祭祀土神处,也是国家政权的象征。屏:屏障,这里指遮盖神社的棚屋之类。

④干戚之音:武舞的音乐。古代舞蹈分文、武两种,文舞执羽旄,武舞执干戚。干,盾牌。戚,大斧。这里以"干戚之音"指代殷商的宫廷音乐。游:游乐。

⑤大吕:齐钟名。

⑥太公:战国田齐的开国始祖,姓田,名和,原为齐康公相,后逐康公,取代姜姓自立为诸侯。

⑦衣绤纻(chīzhù):意思是生活可得温饱。绤,用葛草纤维织成的较细的布。纻,用苎麻织的粗布。

⑧洋洋然:犹"茫茫然",心神不定,无所依归的样子。

⑨斵(zhuó):斩。

⑩东闾:齐国都的东门。

⑪蹶:跌倒,这里指走路跌跌撞撞。过:访,见。

⑫鲋(fù)入:像鲫鱼一样地进来。鲋,鲫鱼。鲫鱼体小,用以形容恭谨谦卑。鲵(ní)居:像鲸鲵一样地处于齐国。鲵,雌鲸。鲸体大,吞食小鱼,用以形容凶残。

⑬为草:变为草莽。狐援这些话当有所指。史载,齐湣王四十年(前284),燕、秦、韩、赵、魏等国伐齐,齐湣王奔卫。楚派淖(zhuō)齿率兵救齐,遂为湣王相,继而淖齿杀湣王,与燕国瓜分了齐国原来侵占的土地和宝器。狐援之言或与当时形势有关。《战国策·齐策》以狐咺(援)说湣王与湣王被杀事为一章。

⑭若:代词,这。

⑮每:当,将。参(sān):使比并为三。

⑯嫌:近。危:言语惊人。

⑰触子、达子:都是齐湣王之臣,其事见《慎大览·权勋》篇。

【译文】

　　狐援劝齐湣王说:"殷商的九鼎被摆放在周的朝廷上,它的神社被盖上周的庐棚,它的舞乐被人们用在游乐中。亡国的音乐不准进入宗庙,亡国的神社不准见到天日,亡国的重器被摆放在朝廷上,这些都是用来警戒后人的。您一定要好自为之啊!千万不要让齐国的大吕摆在别国的朝廷,不要让太公建起的神社被人罩盖上庐棚,不要让齐国的音乐充斥在别人的游乐之中。"齐王不听他的劝谏。狐援离开朝廷以后,为国家即将到来的灾难哭了三天,哭道:"先离开的,尚可穿布衣;后离开的,遭难满监狱。我即将看到百姓仓惶东逃,不知道在哪里安居。"齐王问狱官说:"国家太平无事却给它哭丧的,按法令该治什么罪?"狱官回答说:"当斩。"齐王说:"照法令行事!"狱官把刑具摆在国都东门,不愿杀死狐援,只想把他吓跑。狐援听到这个消息,反倒跌跌撞撞地去见狱官。狱官说:"国家无事而为国哭丧的依法当斩,您这样做,是老糊涂了呢,还是头脑发昏呢?"狐援说:"怎么是发昏呢!"于是进一步说道:"有人从南方来,进来时像鲫鱼那样恭顺谦卑,住下以后却像鲸鲵那样凶狠残暴,使别人朝廷变为草莽,国都变为废墟。殷商有个比干,楚国有个伍子胥,齐国有个狐援。既不听我的这些话,又要在东门把我杀掉,这是要把我同比干、伍子胥比并为三吧!"狐援并不是乐于被杀,国家太混乱了,君主太昏愦了,他哀怜国家和人民,所以才说这样的话。这些话并不是持平之论,他是想用以挽救国家的危亡,所以讲的话才近于危言耸听。湣王不纳忠言却戮辱直士,这正是触子弃之而去的原因,也正是达子战败而死于齐难的原因。

　　赵简子攻卫,附郭①。自将兵,及战,且远立,又居于屏蔽犀橹之下②。鼓之而士不起。简子投枹而叹曰③:"呜呼!士之速弊一若此乎!"行人烛过免胄横戈而进曰④:"亦有君不能耳,士何弊之有?"简子艴然作色曰⑤:"寡人之无使,而身自将是众也,子亲谓寡人之无能,有说则可,无说则死!"
对曰:"昔吾先君献公即位五年⑥,兼国十九,用此士也。惠
公即位二年⑦,淫色暴慢,身好玉女,秦人袭我,逊去绛七
十⑧,用此士也。文公即位二年,厎之以勇⑨,故三年而士尽
果敢;城濮之战⑩,五败荆人,围卫取曹,拔石社⑪,定天子之
位⑫,成尊名于天下,用此士也。亦有君不能耳,士何弊之
有?"简子乃去屏蔽犀橹,而立于矢石之所及,一鼓而士毕乘
之。简子曰:"与吾得革车千乘也⑬,不如闻行人烛过之一
言。"行人烛过可谓能谏其君矣。战斗之上⑭,桴鼓方用,赏
不加厚,罚不加重,一言而士皆乐为其上死。

【注释】

①附:迫近。郭:外城。

②屏蔽屏橹:当作"屏掩犀橹"。屏蔽,掩蔽物。犀橹:犀皮制作的
　大盾牌。

③桴(fú):鼓槌。

④行人:官名,负责外交事务。胄:头盔。"免胄横戈"是手执武器、
　甲胄在身的臣下谒见君主时的礼节,以示恭敬。

⑤艴(bó)然:盛怒的样子。作色:因发怒脸上变色。

⑥献公:晋献公,春秋晋国君。

⑦惠公:晋惠公,晋献公之子。

⑧逊:逃遁。去:离,距离。绛:指新绛,晋国都,在今山西曲沃
　西南。

⑨厎(dǐ):通"砥",磨砺。

⑩城濮之战:公元前632年晋楚两国在城濮进行的一次战争,结果
　晋获全胜。城濮:春秋卫地,在今河南范县南。

⑪石社:地名,所在不详。

⑫定天子之位:晋文公元年(前636),周襄王之弟叔带率狄人伐周,襄王出奔郑。第二年,晋文公兴兵诛叔带,复纳襄王。"定天子之位"即指这件事。

⑬与:与其。革车:兵车。

⑭上:等于说"时"。

【译文】

赵简子进攻卫国,逼近外城。他亲自统率军队,可是到了交战的时候,却站得远远的,躲在屏障和盾牌后面。简子击鼓,士卒却动也不动。简子扔下鼓槌感叹道:"哎!士卒变坏竟然快到这个地步!"这时,行人烛过摘下头盔,横拿着戈走上前说:"只不过是您有些地方没能做到罢了,士卒有什么不好!"简子气得勃然变色,说:"我不委派他人而亲自统率这些士卒,你却当面说我无能。你说的有理便罢,没理就治你死罪!"烛过回答说:"从前我们先君献公,即位五年就兼并了十九个国家,用的就是这些士卒。惠公即位二年,纵情声色,残暴傲慢,喜好美女,秦人袭击我国,晋军溃逃到绛绛城只有七十里的地方,用的也是这些士卒。文公即位二年,以勇武砥砺士卒,所以三年之后士卒都变得坚毅果敢;城濮之战,五次打败楚军,围困卫国,夺取曹国,攻占石社,安定天子的王位,显赫的名声扬于天下,用的还是这些士卒。所以说只不过是您有些地方没能做到罢了,士卒有什么不好?"简子于是离开屏障和盾牌,站立到箭矢可以射到的地方,只击鼓一通士卒就全都登上了城墙。简子说:"与其让我获得兵车千辆,不如听到行人烛过一席话!"行人烛过可算得上能劝谏他的君主了。正当击鼓酣战之时,赏赐不增多,刑罚不加重,只说了一席话,就使士卒都乐于为君上效死。

直　谏

【题解】

　　本篇意在告诫君主，直士都是不求私利、敢于犯危的贤者，对此应予体察，使自己"可与言极言"，这样才能国存身安。齐桓公称霸、楚文王兼国三十九就是最好的例证。文章通过对鲍叔牙和葆申的赞扬，也为臣下树立了直言的榜样。

　　本篇与上篇立意相同，都是从君臣两个方面讨论听谏和进言的原则的。

　　二曰：

　　言极则怒，怒则说者危。非贤者孰肯犯危？而非贤者也，将以要利矣①；要利之人，犯危何益？故不肖主无贤者。无贤则不闻极言，不闻极言，则奸人比周②，百邪悉起。若此则无以存矣。凡国之存也，主之安也，必有以也③。不知所以，虽存必亡，虽安必危。所以不可不论也。

【注释】

　　①要（yāo）：求。

②比周：为私利而结合。

③以：因，原因。

【译文】

第二：

　　臣下直言不讳，君主就会发怒。君主一发怒，劝谏的人就危险了。除了贤明的人，谁肯去冒这危险？如果是不贤明的人，就要凭着进言谋求私利了。谋求私利的人，冒这危险有什么好处？所以不贤明的君主身边没有贤人。没有贤人就听不到不加隐讳的直言，听不到不加隐讳的直言，奸人就会结党营私，各种邪说恶行就会一起产生。像这样，国家就无法生存了。凡是国家的生存，君主的平安，肯定是有原因的。不了解这个原因，即使目前生存也必定要灭亡，即使目前平安也必定遭遇危险。所以其原因是不可不察知的。

　　齐桓公、管仲、鲍叔、宁戚相与饮。酒酣，桓公谓鲍叔曰："何不起为寿①？"鲍叔奉杯而进曰："使公毋忘出奔在于莒也，使管仲毋忘束缚而在于鲁也，使宁戚毋忘其饭牛而居于车下。"桓公避席再拜曰②："寡人与大夫能皆毋忘夫子之言，则齐国之社稷幸于不殆矣！"当此时也，桓公可与言极言矣。可与言极言，故可与为霸。

【注释】

①为寿：敬酒并献祝寿之辞，这是古人饮酒时的一种礼节。

②避席：离开坐席，这是恭敬惶恐的表示。

【译文】

　　齐桓公、管仲、鲍叔牙、宁戚在一起喝酒。喝到尽兴时，桓公对鲍叔说："何不起身敬酒祝寿？"鲍叔捧起酒杯上前敬酒说："希望您不要忘记逃亡在莒国的情景,希望管仲不要忘记被囚禁在鲁国的情景,希望宁戚不要忘记自己喂牛住在车下的情景。"桓公离席对鲍叔再拜,说:"如果我和各位大夫能都不忘记您说的话,那么齐国的江山就能有幸不危险了!"在这个时候,桓公是可以尽情进言的了。正因为可以尽情进言,所以可以跟他一起成就霸业。

　　荆文王得茹黄之狗①,宛路之矰②,以畋于云梦③,三月不反。得丹之姬④,淫,期年不听朝⑤。葆申曰⑥:"先王卜以臣为葆,吉。今王得茹黄之狗,宛路之矰,畋三月不反;得丹之姬,淫,期年不听朝。王之罪当笞。"王曰:"不穀免衣襁褓而齿于诸侯⑦,愿请变更而无笞。"葆申曰:"臣承先王之令,不敢废也。王不受笞,是废先王之令也。臣宁抵罪于王,毋抵罪于先王。"王曰:"敬诺。"引席,王伏。葆申束细荆五十,跪而加之于背,如此者再,谓王:"起矣!"王曰:"有笞之名一也,遂致之⑧!"申曰:"臣闻君子耻之,小人痛之。耻之不变,痛之何益?"葆申趣出⑨,自流于渊,请死罪。文王曰:"此不穀之过也,葆申何罪?"王乃变更,召葆申,杀茹黄之狗,析宛路之矰⑩,放丹之姬。后荆国兼国三十九。令荆国广大至于此者,葆申之力也,极言之功也。

【注释】

①荆文王:楚文王,春秋楚国君。茹黄:猎犬名,他书或作"如黄"、"如簧"。

②宛路:竹名,即讽隉,细长而直,可做箭杆。矰(zēng):带丝绳的短箭。

③畋(tián)：打猎。云梦：古楚地薮泽名。

④丹：地名。《太平御览》卷二零六、《艺文类聚》四十六均引作"丹阳"。丹阳，在今湖北秭归。姬：美女。

⑤期(jī)年：一周年。

⑥葆申：名叫申的太葆。太葆，即太保，官名。

⑦衣：穿，裹。

⑧遂致之：索性真的抽打我吧！致，使实现。之，指代"笞"这一行为。

⑨趣(qū)：疾行，快步走。

⑩析：这里是折的意思。

【译文】

　　楚文王得到茹黄之狗和宛路之箭，就用它们到云梦泽去打猎，三个月不回来。又得到丹地的美女，纵情女色，整整一年不上朝听政。葆申说："先王占卜让我做太葆，卦象吉利。如今您得到如黄之狗和宛路之箭，前去打猎，三个月不回来。又得到丹地的美女，纵情女色，一年不上朝听政。您的罪应该受到笞刑。"文王说："我从离开襁褓就列位于诸侯，请您换一种刑法，不要鞭打我。"葆申说："我敬受先王之命，不敢废弃。您不接受笞刑，这是废弃了先王之命。我宁可获罪于您，不能获罪于先王。"文王说："遵命。"于是葆申拉过席子，文王伏在席上。葆申把五十根细荆条捆在一起，跪着放在文王的背上。像这样反复做了两次，而后对文王说："请您起来吧！"文王说："同样是有了受笞刑的名声，索性真的打我一顿吧！"葆申说："我听说，对于君子，要使他心里感到羞耻；对于小人，要让他皮肉觉得疼痛。如果让您感到羞耻仍不能改正，那么让您觉得疼痛又有什么用处？"葆申说完，快步离开了朝廷，自行流放到深渊之滨，并请求文王治自己死罪。文王说："这是我的过错，葆申有什么罪？"于是文王改弦更张，召回葆申，杀了茹黄之狗，折了宛路之箭，放了丹地的美女。后来楚国兼并了三十九个国家。使楚国疆土广阔到这种程度，这是葆申的力量，是直言切谏的功效。

知　化

【题解】

　　本篇以吴王夫差国灭身亡的历史教训为例，说明君主贵在知化。所谓知化，就是要预见到事物发展变化的趋然趋势，而及早采取有针对性的措施。吴王夫差所以不能"知化"，除了好大喜功、贪图眼前利益之外，主要是因为顽固拒谏，作者着意告诫君主的也正是这一点。这种治国需要虚心纳谏、听取直言的主张，是同前两篇相承的。

　　三曰：

　　夫以勇事人者，以死也。未死而言死，不论①。以虽知之②，与勿知同。凡智之贵也，贵知化也③。人主之惑者则不然。化未至则不知；化已至，虽知之，与勿知一贯也④。

【注释】

①论：察，知。

②以：通"已"，指死亡之后。

③化：变化，指事物发展变化的必然趋势。

④一贯：一样。

【译文】

第三：

以勇力侍奉别人的人，将为别人而死。勇士没有死的时候谈论以死侍奉别人，人们不会了解；等到勇士真的死了以后，人们虽然已经了解了他，但为时已晚，和不了解是一样的。大凡智慧的可贵，就贵在能事先察知事物变化的趋势。君主中的胡涂人却不是这样，变化没有到来时不能预知，变化出现后，一切都来不及了，虽然知道了，其实和不知道是一样的。

事有可以过者^①，有不可以过者。而身死国亡，则胡可以过？此贤主之所重，惑主之所轻也。所轻，国恶得不危？身恶得不困？危困之道，身死国亡，在于不先知化也。吴王夫差是也。子胥非不先知化也，谏而不听，故吴为丘墟，祸及阖庐^②。

【注释】

①过：错，失误。

②阖庐：春秋吴国君，夫差之父。夫差国破身死，阖庐不得享受祭祀，所以说"祸及阖庐"。

【译文】

事情有些是可以失误的，有些是不可以失误的。对于会导致身死国亡的大事，怎么能够失误呢！这是贤明的君主所重视的，胡涂的君主所轻忽的。轻忽这一点，国家怎么能不危险，自身怎么能不困厄？行于危险困厄之道，遭致身死国亡，在于不能事先察知事物发展变化的趋势。吴王夫差就是这样。伍子胥并不是事先没有预知事物变化的趋势，但他劝谏夫差而夫差不听，所以吴国成为废墟，殃及先君阖庐。

吴王夫差将伐齐,子胥曰:"不可。夫齐之与吴也,习俗不同,言语不通,我得其地不能处,得其民不得使①。夫吴之与越也,接土邻境,壤交通属②,习俗同,言语通,我得其地能处之,得其民能使之。越于我亦然。夫吴、越之势不两立。越之于吴也,譬若心腹之疾也,虽无作,其伤深而在内也。夫齐之于吴也,疥癣之病也,不苦其已也③,且其无伤也。今释越而伐齐,譬之犹惧虎而刺猯④,虽胜之,其后患无央⑤。"太宰嚭曰:"不可。君王之令所以不行于上国者⑥,齐、晋也。君王若伐齐而胜之,徙其兵以临晋,晋必听命矣。是君王一举而服两国也,君王之令必行于上国。"夫差以为然,不听子胥之言,而用太宰嚭之谋。子胥曰:"天将亡吴矣,则使君王战而胜;天将不亡吴矣,则使君王战而不胜。"夫差不听。子胥两袪高蹶而出于廷⑦,曰:"嗟乎!吴朝必生荆棘矣!"夫差兴师伐齐,战于艾陵⑧,大败齐师,反而诛子胥。子胥将死,曰:"与!吾安得一目以视越人之入吴也?"乃自杀。夫差乃取其身而流之江,抉其目⑨,著之东门⑩,曰:"女胡视越人之入我也?"居数年,越报吴,残其国,绝其世,灭其社稷,夷其宗庙,夫差身为擒。夫差将死,曰:"死者如有知也,吾何面以见子胥于地下?"乃为幎以冒面而死⑪。夫患未至,则不可告也;患既至,虽知之无及矣。故夫差之知惭于子胥也,不若勿知。

【注释】

①不得使:据上下文,"得"当作"能"。

②通:当为"道"字之误。属(zhǔ):连。

③已:治愈。

④豜(jiān):同"豣",三岁的猪。

⑤央:尽。

⑥上国:指中原地区各国,因地势高于吴越等南方国家,所以称"上国"。

⑦袪(qū):举,这里指提起衣服。高蹶:高蹈,把脚抬得高高地走路。"两袪高蹶"是形容很生气的样子。

⑧艾陵:春秋齐地,在今山东莱芜东。

⑨抉(jué):挖。

⑩著(zhuó):附着,这里是挂的意思。

⑪幎(mì):这里指幎目,覆盖死者面部的巾。冒:覆盖。

【译文】

　　吴王夫差将要进攻齐国,伍子胥说:"不行。齐国和吴国习俗不同,言语不通,即使我们得到齐国的土地也不能居住,得到齐国的百姓也不能役使。而吴国和越国疆土毗邻,田地交错,道路相连,习俗一样,言语相通。我们得到越国的土地能够居住,得到越国的百姓能够役使。越国对于我国也是如此。吴越两国从情势上看不能并存。越国对于吴国如同心腹之疾,即使一时没有发作,但它造成的伤害严重而且在体内。而齐国对于吴国只是癣疥之疾,不愁治不好,再说治不好也没什么伤害。现在舍弃越国去进攻齐国,这就像担心虎患却去猎杀野猪一样,即使获胜,但后患无穷。"太宰嚭说:"伍子胥的话不可听信。君王您的命令所以不能推行到中原各国,就是由于齐晋的缘故。君王如果进攻齐国并战胜了它,然后移兵晋国,以大军压境,晋国一定会俯首听命。君王这是一举而征服两个国家啊!这样,君王的命令一定可以在中原各国推行了。"夫差认为太宰嚭说得对,不听从子胥的意见,而采用了太宰嚭的计谋。伍子胥说:"上天如果将要灭亡吴国,就会让君王打胜仗;上天如果不想灭亡吴国,就会让君王打败仗。"夫差不听。伍子胥两手提起衣服,迈着大步从朝廷中走了出去,说:"唉!吴国的朝廷一定会生满荆棘了!"夫差兴兵伐齐,和齐军在艾陵交战,把齐军打得大败。回来以后就要杀伍子胥。伍子胥将死时说:"啊!我怎么才能留下一只眼睛看着越军入吴呢?"说完就自杀了。夫差把他的尸体投到江中冲走,把他的眼睛挖出来挂在国都的东门,说:"你怎么能看到越军侵入我的吴国?"过了几年,越人报复吴国,攻破了吴国的国都,灭绝了吴国的世系,毁灭了吴国的社稷,夷平了吴国的宗庙,夫差本人也被活捉。夫差临死时说:"死人如果有知的话,我在地下有什么脸面见子胥呢?"于是用巾盖上脸自杀了。胡涂的君王,祸患还没有到来时无法使他明白;祸患到来以后,他们即使知道了也来不及了。所以夫差死到临头才知道愧对伍子胥,还不如不知道。

过　理

【题解】

　　本篇是总结亡国之君的经验教训以为当世君主借鉴的。文章开宗明义,指出"亡国之主一贯",其共同点是"乐不适"。所谓"不适",即思想行为不合礼义,有悖常理。篇名"过理",也是这个意思。文章列举商纣王、晋灵公的凶残暴虐,齐湣王、宋康王的昏愦狂乱,客观上集中揭露了剥削阶级的凶残和腐朽没落。

　　四曰:

　　亡国之主一贯①。天时虽异,其事虽殊,所以亡同者②,乐不适也。乐不适则不可以存。

【注释】

　　①一贯:一样。

　　②所以亡同者:当作"所以亡者同"。

【译文】

　　第四:

　　亡国的君主都是一样的。天时虽然各异,行事虽然不同,但他们灭亡的原因相同,都是把不合礼义当作快乐。把不合礼义当作快乐,就不可能生存。

　　糟丘酒池①，肉圃为格②，雕柱而桔诸侯③，不适也。刑鬼侯之女而取其环④，截涉者胫而视其髓，杀梅伯而遗文王其醢⑤，不适也。文王貌受以告诸侯⑥。作为琁室⑦，筑为顷宫⑧，剖孕妇而观其化⑨，杀比干而视其心⑩，不适也。孔子闻之曰："其窍通⑪，则比干不死矣。"夏、商之所以亡也。

【注释】

①糟丘：用酒糟堆起的小山。

②肉圃：肉林。为格：设置炮格。炮格，烤肉用的铜架。格，铜架。

③雕：通"铸"。铸柱，铸造铜柱。这是纣设置的一种酷刑。下面点火，让人爬行柱上。桔：通"酷"（依许维遹说）。虐害。

④刑：杀。鬼侯：商末诸侯，纣时为三公之一。鬼侯的女儿为商纣之妾。

⑤梅伯：纣时诸侯。遗（wèi）：送给。醢（hǎi）：肉酱。

⑥貌：表面。

⑦琁室：用美玉装饰的房屋。琁（xuán），美玉。据其他文献，作为琁室的是夏桀。

⑧顷宫：高大巍峨的宫殿。顷，通"倾"。形容高高耸立，好像要倾倒一样。

⑨化：指未成形的胎儿。

⑩比干：纣的叔父，多次力谏纣王，纣说："我听说圣人的心有七窍，确实是这样吗？"于是剖比干之心。

⑪其：指纣。窍：心窍。

【译文】

商纣设置糟丘、酒池、肉圃、炮格，奢侈之极，又铸造铜柱以虐害诸侯，这是不合礼义的。商纣杀死鬼侯的女儿摘取她的玉环，截断涉水者的小腿观看他的骨髓，杀害梅伯，用他的尸体制作的肉酱送给文王，这是不合礼义的。文王表面接受下来，暗中把这件事告诉了其他诸侯。商纣建造琁室，修筑顷宫，剖开孕妇之腹观看她的胎儿，杀死比干观看他的心脏，这是不合礼义的。孔子听到商纣的暴行，说："他的心窍如果通达，比干就不会被杀了。"这是商纣灭亡的原因。

晋灵公无道①，从上弹人，而观其避丸也。使宰人臑熊蹯②，不熟，杀之，令妇人载而过朝以示威，不适也。赵盾骤谏而不听③，公恶之，乃使沮麑④。沮麑见之不忍贼⑤，曰："不忘恭敬，民之主也。贼民之主，不忠；弃君之命，不信。一于此，不若死。"乃触廷槐而死⑥。

【注释】

①晋灵公：春秋晋国君，文公之孙，暴虐无道，为臣下所杀。

②宰人：厨师。臑：通"胹(ér)"。煮。蹯(fán)：野兽的足掌。

③赵盾：春秋晋大夫，灵公时为正卿（执政大臣），谥宣子。骤：
　　屡次。

④沮麑(jūmí)：灵公的武士，他书或作"钽麑"。

⑤贼：杀。

⑥廷：通"庭"，院子。

【译文】

晋灵公暴虐无道，从高处用弹弓射人，观看被射的人怎样躲避弹丸。他让厨师煮熊掌，熊掌没有煮熟，就把厨师杀了，命令妇人用车拉着尸体从朝廷中经过,借以显示淫威,不合礼义。赵盾多次劝谏也不听。灵公厌恶赵盾,就派沮麛去刺杀他。沮麛看到赵盾,不忍心杀害,说:"时刻不忘恭谨,这是百姓的主宰啊! 杀害百姓的主宰,这是对百姓的不忠;抛弃国君的命令,这是对国君不守信用。两条中有一条,这不如死了好。"于是就在院中槐树上撞死了。

　　齐湣王亡居卫①,谓公玉丹曰②:"我何如主也?"玉丹对曰:"王贤主也。臣闻古人有辞天下而无恨色者③,臣闻其声,于王而见其实。王名称东帝④,实辨天下⑤。去国居卫,容貌充满⑥,颜色发扬⑦,无重国之意。"王曰:"甚善! 丹知寡人。寡人自去国居卫也,带益三副矣⑧。"

【注释】

①齐湣王亡居卫:指齐湣王末年为燕秦等国所伐逃亡奔卫之事。

②公玉丹:湣王的幸臣,参见《季秋纪·审己》。

③辞:离别,这里是抛弃、失掉的意思。恨:遗憾。

④东帝:据《史记·田敬仲完世家》和《六国年表》所载,齐湣王三十六年(前288)自称东帝,秦武王同时自称西帝。

⑤辨:治理。

⑥充满:充盈,肌肉丰满。

⑦发扬:焕发。

⑧带益三副:极言其肥。副,高诱注:"副,或作倍。"

【译文】

　　齐湣王逃亡,寓居卫国,对公玉丹说:"我是怎样的一个君主呢?"公玉丹回答说:"大王是个贤明的君主啊! 我听说古时有人抛弃天下也没有憾色,从前我只是耳闻其名,今天在您身上眼见其实了。您名义上称为东帝,实际是平治天下,但离开齐国住到卫国以后,体貌丰盈,容光焕发,毫无看重国家的意思。"湣王说:"说得太好了! 还是公玉丹了解我呀! 我自从离开齐国居住在卫国,衣带已经增加三倍了!"

宋王筑为蘖帝,鸱夷血,高悬之,射著甲胄,从下,血坠流地①。左右皆贺曰:"王之贤过汤、武矣。汤、武胜人,今王胜天,贤不可以加矣。"宋王大说,饮酒。室中有呼万岁者,堂上尽应;堂上已应,堂下尽应;门外庭中闻之,莫敢不应。不适也。

【注释】

①"宋王"以下六句:此段文字错讹较多,不可通读,只能译其大意。《史记·宋微子世家》记述此事,作:"盛血以韦(皮革)囊,县(悬)而射之,命曰'射天'。"宋王:指宋康王。蘖:通"轍(niè)"。高大的样子。帝:高诱说为"台"字之误。鸱(chī)夷:大的皮口袋,他书或作"鸱鵊"。著(zhuó):穿。胄:头盔。

【译文】

宋康王筑起高台,用大皮口袋盛上血,给它穿上铠甲头盔,高高地悬挂起来当作天帝,站在下边射它,血一直流到地上。左右侍从都祝贺说:"您的贤明超过商汤和周武王了! 商汤、周武王只能胜人,如今您却能胜天,您的贤明无法超越了!"宋康王非常高兴,于是设宴饮酒。室中有人喊万岁,堂上的人都应和;堂上一应和,堂下的人也都应和;门外和庭院中的人听到了,没有谁敢不应和。这是不合礼义的。

雍　塞

　　本篇承《贵直》、《直谏》等篇，继续论述君主听言纳谏的重要性。

　　文章开篇明义，指出"亡国之主不可以直言"，继而列举了四位"雍塞"的君主，戎王沉湎于享乐，宋王拒不正视现实，齐王狂妄自大，宣王好人恭维。他们都不能听取直言，结果造成耳目心志的闭塞不通，最终导致国破身亡。

　　五曰：

　　亡国之主不可以直言。不可以直言，则过无道闻，而善无自至矣。无自至则雍①。

【注释】

　　①雍：阻塞，指思想闭塞不通。

【译文】

　　第五：

　　亡国的君主，不可直言相谏。不可直言相谏，过失就无法听到，贤人就无从到来。贤人无从到来，君主的思想就会雍塞不通。

秦缪公时，戎强大。秦缪公遗之女乐二八与良宰焉①。戎王大喜，以其故数饮食，日夜不休。左右有言秦寇之至者，因扞弓而射之②。秦寇果至，戎王醉而卧于樽下，卒生缚而擒之。未擒则不可知，已擒则又不知。虽善说者，犹若此何哉？

【注释】

①女乐（yuè）：女子歌舞队。二八：古代歌舞，八人为一行，叫一佾（yì），"二八"即二佾，二列。宰：宰夫，厨师。

②扞（yū）：把弓拉满。

【译文】

秦穆公时，戎人势力强大。秦穆公就送给他们十六人的女子歌舞队和技术高超的厨师。戎王非常高兴。因为这个缘故，不管白天黑夜，不停地大吃大喝。身边的人有谁说秦军将会到来，戎王就挽弓射他。后来秦军果然到了，这时戎王正醉卧在酒尊旁边，最终被秦军活活地捆起来捉住了。戎王被捉以前，不可能使他知道将会被捉；就是被捉以后，自己还睡在梦中，仍然不知道已经被捉。即使是善于劝谏的人，对于这样的君主，又有什么办法呢？

齐攻宋①，宋王使人候齐寇之所至②。使者还，曰："齐寇近矣，国人恐矣。"左右皆谓宋王曰："此所谓'肉自生虫'者也③。以宋之强，齐兵之弱，恶能如此？"宋王因怒而诎杀之④。又使人往视齐寇，使者报如前，宋王又怒诎杀之。如此者三，其后又使人往视。齐寇近矣，国人恐矣。使者遇其兄，曰："国危甚矣，若将安适？"其弟曰："为王视齐寇。不意其近而国人恐如此也。今又私患，乡之先视齐寇者⑤，皆以寇之近也报而死;今也报其情,死,不报其情,又恐死。将若何?"其兄曰:"如报其情,有且先夫死者死,先夫亡者亡⑥。"于是报于王曰:"殊不知齐寇之所在⑦,国人甚安。"王大喜。左右皆曰:"乡之死者宜矣。"王多赐之金。寇至,王自投车上⑧,驰而走,此人得以富于他国。夫登山而视牛若羊,视羊若豚⑨。牛之性不若羊⑩,羊之性不若豚,所自视之势过也⑪。而因怒于牛羊之小也,此狂夫之大者。狂而以行赏罚,此戴氏之所以绝也⑫。

【注释】

①齐攻宋:此为战国时齐湣王灭宋之役,据《史记·六国年表》,事在齐湣王三十六年(前286)。

②宋王:指宋康王。候:伺探,侦察。

③肉自生虫:比喻无事自扰。

④诎(qū):屈。

⑤乡(xiàng):同"向",从前,先前。

⑥"有且"二句:有(yòu),又。且,将。夫,指示代词,那。死者、亡者,指国破后被杀和逃亡的人。

⑦殊:极,非常。

⑧投:奔向。

⑨豚(tún):小猪。

⑩性:实情,实质。

⑪所自视之势:所从视的地势。自,介词,从,由。

⑫戴氏:指宋国。宋本为子姓国,后政权为其国内贵族戴氏所篡夺,所以称宋国为戴氏。

【译文】

　　齐国进攻宋国，宋王派人去侦察齐军到了什么地方。派去的人回来说："齐寇已经逼近了，国人已经恐慌了。"左右近臣都对宋王说："这完全是俗话说的'肉自己生出蛆虫'啊！凭着宋国的强大，齐兵的弱小，怎么可能这样？"于是宋王大怒，把派去的人屈杀了。接着又派人去察看，派去的人的回报仍像前一个人一样，宋王又大怒，把他屈杀了。这样的事接连发生了几次，之后又派人去察看。发现齐军确实已经逼近了，国人确实已经恐慌了。派去的人路上遇见了自己的哥哥。他的哥哥说："国家已经十分危险了，你将要到哪儿去？"弟弟说："替君王察看齐寇。没想到齐寇已经离得这么近，国人已经这么恐慌了。现在我担心的是，先前察看齐军动静的人，都是因为回报齐军迫近被屈杀了。如今我禀报真情是死，不禀报真情恐怕也是一死。将怎么办呢？"他的哥哥说："如果禀报实情，你又将比那些因国破而死的人先死，比那些因国破而逃亡的人先逃亡。"于是这个派去的人向宋王禀报说："根本没看到齐寇在哪里，国人也非常安定。"宋王十分高兴。左右近臣都说："可见先前被杀的人是该杀的了！"宋王就赏赐给这个人许多钱财。齐军一到，宋王自己奔到车上，赶着车飞快地逃命去了，这个得到赏赐的人得以徙居他国，生活非常富足。登上高山往下看，就会觉得牛像羊一样，羊像小猪一样。牛实际上不像羊那样小，羊实际上不像小猪那样小，之所以觉得它们像羊或小猪一样，是因为观察它们时站的地势不对。如果因此对牛羊这样小而发怒，这种人可算是最大的狂夫。在狂乱状态下施行赏罚，这是宋国所以灭绝的原因。

　　齐王欲以淳于髡傅太子①，髡辞曰："臣不肖，不足以当此大任也，王不若择国之长者而使之。"齐王曰："子无辞也。寡人岂责子之令太子必如寡人也哉②？寡人固生而有之也。子为寡人令太子如尧乎？其如舜也③？"凡说之行也，道不智听智④,从自非受是也⑤。今自以贤过于尧舜,彼且胡可以开说哉? 说必不入,不闻存君。

【注释】

①淳于髡(kūn):战国齐人,姓淳于,名髡,博学善辩,滑稽多智,齐威王、宣王时游于稷下,被待以大夫之礼。傅:做老师。

②责:要求。

③其:表示选择问,还是。

④道:由,从。

⑤自非:自以为非。是:指正确的意见。

【译文】

齐王想用淳于髡做太子的老师,淳于髡推辞说:"我才德低下,不足以担当这样的重任,您不如挑选国中德高望重的人予以委派。"齐王说:"你不要推辞了。我哪能要求你让太子一定像我一样呢! 我的贤德本来是天生就具备的。你替我把太子教得像尧那样? 或者像舜那样?"凡是臣下的主张得以实行,都是因为君主能够从自以为愚的认识出发去听从别人高明的见解,能够从自以为非的认识出发去接受别人正确的意见。现在齐王自以为贤明超过了尧舜,这还怎么让人对他陈说劝谏呢? 对臣下的劝谏如果一点也听不进去,没听说过这样的君主还能享有国家的。

齐宣王好射,说人之谓己能用强弓也。其尝所用不过三石①,以示左右,左右皆试引之,中关而止②。皆曰:"此不下九石,非王其孰能用是?"宣王之情,所用不过三石,而终身自以为用九石,岂不悲哉! 非直士其孰能不阿主? 世之直士,其寡不胜众,数也③。故乱国之主,患存乎用三石为九石也。

【注释】

①石（shí）：古代重量单位，一百二十斤为一石。

②中：半。关（wān）：把弓拉满。

③数：定数，常理。

【译文】

　　齐宣王爱好射箭，喜欢别人说自己能用硬弓。他平时所使用的弓力量不过三石，拿给左右侍从看，侍从们试着拉这张弓，都只拉到一半就停了下来，说："这张弓的弓力不低于九石，除了您，谁还能用这样的弓！"宣王的实际情况是所用的弓不超过三石，但一辈子都自认为用的弓是九石，这难道不可悲吗！不是正直之士，有谁能做到不奉迎君主？世上的正直之士寡不敌众，这是情势注定的。所以说，给国家造成祸乱的君主，他们的弊病就在于用的弓实际只有三石而自以为是九石啊！

原　乱

【题解】

　　"原乱"，意思是推究祸乱的根源。春秋时期，晋国从骊姬之乱开始，发生了一系列动乱，直到晋文公即位以后，动乱才得以平息。本篇即根据这一历史事实，指出国家一旦发生动乱，势必引起连锁反应，不会很快安定下来。那种认为祸乱可以"一而已"的想法，是不符合实际的。所以，随意制造祸乱的人"祸希不及身"。作者的目的是告诫君主要慎重持国，"虑福未及，虑祸〔过〕之"，不要轻启祸端。

　　六曰：

　　乱必有弟①。大乱五②，小乱三，讪乱三③。故《诗》曰"毋过乱门"④，所以远之也。虑福未及，虑祸之⑤，所以兒之也⑥。武王以武得之，以文持之⑦，倒戈弛弓，示天下不用兵，所以守之也。

【注释】

　　①弟：次序，这里指发展过程。

　　②五：与下两句的"三"都是泛指多次，不一定实指下文晋国之乱。

③讨:毕沅疑为"讨"字之误,译文姑依毕说。

④毋过乱门:这句话不见于今《诗经》。高诱认为是逸诗。《左传·
　昭公十九年》引作"谚曰"。

⑤虑祸之:当作"虑祸过之",脱一"过"字。

⑥兒:当为"完"字之讹。完:保全。

⑦文:指礼乐教化。

【译文】

第六:

祸乱的发生一定有其发展过程。大乱多次发生以后,还会有数次小乱,然后经过数次讨伐祸乱,祸乱才能平息。所以古诗中说"不要从祸乱的门前走过",这是远离祸乱的方法。对福祉宁可估计不足,对灾祸宁可估计过分,这是保全自身的方法。武王以武力得天下,以文德治天下,倒置干戈,松开弓弦,向天下表示不再用兵,这是保有天下的方法。

晋献公立骊姬以为夫人①,以奚齐为太子②。里克率国人以攻杀之③。荀息立其弟公子卓④。已葬⑤,里克又率国人攻杀之。于是晋无君。公子夷吾重赂秦以地而求入,秦缪公率师以纳之。晋人立以为君,是为惠公。惠公既定于晋,背秦德而不予地。秦缪公率师攻晋,晋惠公逆之⑥,与秦人战于韩原⑦。晋师大败,秦获惠公以归,囚之于灵台⑧。十月,乃与晋成⑨,归惠公而质太子圉⑩。太子圉逃归也。惠公死,圉立为君,是为怀公。秦缪公怒其逃归也,起奉公子重耳以攻怀公⑪,杀之于高梁⑫,而立重耳,是为文公。文公施舍,振废滞⑬,匡乏困⑭,救灾患,禁淫慝⑮,薄赋敛,宥罪戾⑯,节器用,用民以时,败荆人于城濮,定襄王⑰,释宋⑱,出榖戍⑲,外内皆服,而后晋乱止。故献公听骊姬,近梁五、优施^⑳,杀太子申生,而大难随之者五^㉑,三君死^㉒,一君虏^㉓,大臣卿士之死者以百数,离咎二十年^㉔。

【注释】

①骊姬:骊戎国君的女儿,初为献公妾,后立为夫人,谗害太子申生等,乱晋国。

②奚齐:献公之子,骊姬所生。

③里克:晋大夫。

④荀息:晋大夫,奚齐的老师,晋献公临终曾向他托孤。公子卓:晋献公之子,骊姬之妹所生,又称卓子。

⑤已葬:指葬晋献公以后。里克杀奚齐在晋献公死而未葬的时候,已葬之后又杀公子卓。

⑥逆:迎。

⑦韩原:晋地,在今山西省境内。

⑧灵台:高台名。

⑨成:平,媾和。

⑩归:送回。质:以……为人质。圉(yǔ):晋惠公太子的名字。

⑪起:举,扶植。奉:帮助。

⑫高粱:晋地,在今山西临汾东北。

⑬振:举,指起用。废:被废弃罢黜的人。滞:沉滞于下不得升迁的人。

⑭匡:救济。乏困:缺少资财的人。

⑮淫慝(tè):邪恶。

⑯宥(yòu):赦免。戾:罪。

⑰定襄王:指安定周襄王的王位。

⑱释宋:"宋"下当有"围"字。

⑲出穀戍:使驻守穀邑的楚军撤离。穀,春秋齐邑,在今山东东阿。

⑳梁五：人名。优施：名叫施的扮演杂戏的人。梁五、优施都是晋
　献公的嬖幸之臣。

㉑大难随之者五：指下文"三君死"、"一君虏"及惠公入晋为君后杀
　其大夫里克、丕郑等五次大的祸乱。

㉒三君：指奚齐、卓子、怀公。

㉓一君：指惠公。

㉔离：通"罹（lí）"，遭受。咎：灾祸。

【译文】

　　晋献公立骊姬为夫人，以奚齐为太子。献公刚死，里克就率领国人
攻杀了奚齐。荀息又立奚齐的弟弟公子卓为君。安葬献公以后，里克
又率领国人攻杀了公子卓。这时晋国没有君主，公子夷吾把土地当作
厚礼送给秦国，以求借秦国的力量回国为君。秦穆公带领军队把他送
入晋国。晋人立夷吾为国君，这就是惠公。惠公在晋国安定下来以后，
背弃秦国的恩德，不给秦国土地。秦穆公率领军队进攻晋国，晋惠公迎
敌，与秦军战于韩原。晋军大败，秦俘获晋惠公，带回秦国，囚禁在灵
台。到了十月，才同晋媾和，释放惠公回国，而以他的太子圉为人质。
后来太子圉逃回晋国。惠公死了，圉立为国君，这就是怀公。秦穆公恼
怒太子圉逃回晋国，就扶植公子重耳，帮助他进攻怀公，把怀公杀死在
高梁，立重耳为国君，这就是文公。文公施布德惠，举用被废黜的旧臣
和长期不得升迁的人，救助钱财匮乏生活困难的人，赈济遭受灾荒祸患
的人，禁绝邪恶，减轻赋税，赦免罪犯，减省器物用度，按时令使役民众，
在城濮打败楚军，安定周襄王的王位，为宋国解围，使戍守穀邑的楚军
撤离，国外国内都很敬服，而后晋国祸乱才停息。所以献公听信骊姬，
宠幸梁五、优施，杀害太子申生，随之而来的大祸有五次，三个国君被
杀，一个国君被俘，大臣卿士死于祸乱的数以百计，使晋国遭受灾祸二
十年之久。

　　自上世以来,乱未尝一。而乱人之患也,皆曰一而已^①,此事虑不同情也^②。事虑不同情者,心异也。故凡作乱之人,祸希不及身^③。

【注释】

①已:止。

②情:实情,实际。

③希:同"稀",少。

【译文】

　　从上古以来,祸乱从来没有只发生一次就停息的。而作乱的人的弊病,正在于全都认为祸乱只发生一次就会停息。这种想法和事实不一致。想法和事实不一致,都是由于思想不符合实际造成的。所以凡是作乱的人,灾祸很少不降到自己身上。

不苟论第四

不　苟

【题解】

　　本篇论臣下应持的操守。所谓"不苟"有两个含义：一是笃行礼义，即"必中理然后动，必当义然后举"。五人之佐不肯为武王系、蹇叔不肯为穆公出不义之谋、赵衰辞赏三例都是说明这一点的。二是谨守分职。公孙枝请见客而受罚，说明不得越职而行。前者是儒家"非礼勿言，非礼勿动"的翻版，后者则是法家"治不逾官"思想的体现。

　　一曰：

　　贤者之事也，虽贵不苟为，虽听不自阿①，必中理然后动，必当义然后举。此忠臣之行也，贤主之所说，而不肖主之所不说。非恶其声也。人主虽不肖，其说忠臣之声与贤主同，行其实则与贤主有异。异，故其功名祸福亦异。异，故子胥见说于阖闾，而恶乎夫差；比干生而恶于商，死而见说乎周②。

【注释】

　　①阿：私。

②死而见说(yuè)乎周：武王灭商后，曾封比干表彰他的忠义。

【译文】

第一：

贤明的人做事，即使地位尊贵也不随意而行，即使为君主所听信也不借以谋私，一定要合于事理然后才行动，符合道义然后才去做。这是忠臣的德行，是贤明的君主所赏识的，不肖的君主所厌恶的。不肖的君主并不是厌恶忠臣的声音。他们虽然不肖，喜欢忠臣的声音跟贤明的君主还是相同的，但实际做起来却跟贤明的君主不同。实际行动不同，所以他们的功名祸福也就不同。正因为不同，所以伍子胥被阖闾赏识，却被夫差厌恶；比干活着时被商纣厌恶，死后却被周朝赞赏。

武王至殷郊，系堕①。五人御于前②，莫肯之为，曰："吾所以事君者，非系也。"武王左释白羽③，右释黄钺④，勉而自为系。孔子闻之曰："此五人者之所以为王者佐也，不肖主之所弗安也。"故天子有不胜细民者，天下有不胜千乘者。

【注释】

①系：带子，这里指袜带。

②五人：指周武王的五个辅臣，即周公旦、召公奭、太公望、毕公高、苏公忿生。御：侍。

③白羽：用白色羽毛装饰的旗帜。

④黄钺：用黄金作装饰的大斧。白羽、黄钺都是古代的仪仗。

【译文】

周武王率大军伐纣，到了殷都郊外，袜带掉了下来。当时他的五个辅臣都在身边陪侍，没有一个人肯替他把带子系上，他们说："我们来侍奉君主，并不是替他系带子的。"武王左手放下白羽，右手放下黄钺，自己费力地把带子系上了。孔子听到这件事后说:"这正是五个人之所以成为王者辅臣的原因,也正是不肖的君主所不能容忍的。"所以天子有时不能胜过小民,占有天下者有时不能胜过只有千辆兵车的诸侯国。

秦缪公见戎由余①,说而欲留之,由余不肯。缪公以告蹇叔。蹇叔曰:"君以告内史廖②。"内史廖对曰:"戎人不达于五音与五味③,君不若遗之④。"缪公以女乐二八人与良宰遗之⑤。戎王喜,迷惑大乱,饮酒昼夜不休。由余骤谏而不听⑥,因怒而归缪公也。蹇叔非不能为内史廖之所为也,其义不行也⑦。缪公能令人臣时立其正义,故雪殽之耻⑧,而西至河雍也⑨。

【注释】

①由余:祖先为晋人,亡入西戎,后归附秦穆公,辅佐穆公霸西戎。

②内史廖:名字叫廖的内史。内史,官名,周代开始设置,掌管爵禄赏罚。

③达:通晓。

④遗(wèi):赠送,送给。

⑤二八人:"人"字为衍文。

⑥骤:屡次。

⑦其义不行:遗女乐良宰使戎王迷乱,并使其君臣不和,这是不义的事,所以蹇叔不做。

⑧雪殽之耻:秦穆公三十六年(前624,秦晋殽之战后三年),秦伐晋,取晋地,并埋葬死于殽的秦军尸骨,起土为坟。"雪殽之耻"即指这件事。雪,洗刷。

⑨河雍:指古雍州,包括今陕西、甘肃两省大部及青海省一部分

地区。

【译文】

秦穆公见到戎国的由余,很赏识他,想把他留下。由余不答应。穆公将此事告诉了蹇叔。蹇叔说:"您可以把此事告诉给内史廖。"内史廖听了,回答说:"戎人不懂得音乐和美味,您不如把这些东西送给他们。"穆公就把两队女乐和技艺高超的厨师送给了戎人。戎王十分高兴,神魂颠倒,饮酒昼夜不止。由余多次劝谏,戎王不听,因而一怒之下归附了秦穆公。蹇叔并不是不能做内史廖做的事,而是他所遵守的道义不允许这样做。秦穆公能让臣下时时坚持自己的道义,所以能洗刷殽之战的耻辱,把疆土向西开拓到雍州。

　　秦缪公相百里奚。晋使叔虎、齐使东郭蹇如秦①,公孙枝请见之②。公曰:"请见客,子之事欤?"对曰:"非也。""相国使子乎?"对曰:"不也。"公曰:"然则子事非子之事也③。秦国僻陋戎夷④,事服其任⑤,人事其事,犹惧为诸侯笑,今子为非子之事!退!将论而罪⑥。"公孙枝出,自敷于百里氏⑦。百里奚请之。公曰:"此所闻于相国欤?枝无罪,奚请?有罪,奚请焉?"百里奚归,辞公孙枝。公孙枝徙⑧,自敷于街。百里奚令吏行其罪。定分官⑨,此古人之所以为法也。今缪公乡之矣⑩。其霸西戎,岂不宜哉?

【注释】

①叔虎:晋大夫,即下文的郤子虎。姓郤,名豹,字叔虎。东郭蹇:齐大夫,姓东郭,名蹇。

②公孙枝:秦大夫,字子桑。

③子事非子之事:第一个"事"字为动词,做。第二个"事"字为名

词,指按职分应做的事。

④僻陋戎夷:指处于戎夷所居的僻陋之地。

⑤服:任用。

⑥而:你。

⑦敷:陈说。

⑧徙:指离开百里奚处。

⑨分(fèn)官:名分职守。

⑩乡(xiàng):向,趋向。

【译文】

　　秦穆公任命百里奚为相国。这时,晋派叔虎、齐派东郭蹇出使秦国,公孙枝请求会见他们。穆公说:"请求会见客人,这是你职分内的事吗?"公孙枝回答说:"不是。"穆公又问:"是相国委派你了吗?"回答说:"没有。"秦穆公说:"既然这样,你是要做不该你做的事。秦国偏僻荒远,处于戎夷之地,即使是事事都有专职,人人各守其责,仍然怕被诸侯耻笑,而现在你竟然要做不该你做的事!下去吧!将审理惩治你的罪过!"公孙枝出来,到百里奚那里陈述事情的原委。百里奚替他向穆公求情。穆公说:"这样的事是相国该过问的吗?公孙枝没有罪的话,有什么必要求情?要是有罪的话,求情又有什么用?"百里奚回来,回绝了公孙枝。公孙枝转而又到闹市中去陈诉。百里奚命令官吏对公孙枝论罪行罚。确定官员的名分职守,这是古人实行法治的方法。如今秦穆公已朝这个方向努力了。他称霸西戎,难道不是情理之中的吗?

　　晋文公将伐邺①,赵衰言所以胜邺之术②。文公用之,果胜。还,将行赏。衰曰:"君将赏其本乎?赏其末乎?赏其末,则骑乘者存③;赏其本,则臣闻之郤子虎。"文公召郤子虎曰:"衰言所以胜邺,邺既胜,将赏之,曰:'盖闻之于子虎,请赏子虎。'"子虎曰："言之易，行之难，臣言之者也。"公曰："子无辞。"邻子虎不敢固辞，乃受矣。凡行赏欲其博也，博则多助。今虎非亲言者也，而赏犹及之，此疏远者之所以尽能竭智者也。晋文公亡久矣，归而因大乱之余^④，犹能以霸，其由此欤？

【注释】

①邺：春秋卫地，在今河北临漳。

②赵衰：晋大夫，曾从晋文公出亡，谥成子。

③骑乘者：泛指将士。

④因：承袭。

【译文】

　　晋文公将要伐邺，赵衰提出了胜邺的方法。文公采纳了他的建议，果然获得胜利。伐邺归来，文公将要赏赐他。赵衰说："您是要赏赐根本呢，还是要赏赐末节呢？如果赏赐末节，那么有参战的将士在；如果赏赐根本，那么我的建议是从邻子虎那里听来的。"文公召见邻子虎，说："赵衰提出了胜邺的方法，现在伐邺已经获胜，我要赏赐他，他说：'我是从子虎那里听来的，请赏赐子虎。'"邻子虎说："事情谈起来容易，做起来难，我只是个谈了几句的人。"文公说："你就不要推辞了。"邻子虎不敢坚决推辞，才接受了赏赐。凡是奖赏，赏赐的范围应该越大越好，范围大，得到的帮助就多。如今邻子虎并不是直接进言的人，而奖赏仍然赏赐到他，这是关系疏远的人之所以能为君主竭尽才智的原因。晋文公流亡在外很久了，回国后继承的又是大乱以后的残破局面，但仍能凭这种条件成就霸业，大概就是这个原因吧！

赞　能

【题解】

"赞能"即举任贤能。本篇以鲍叔牙和沈尹茎举贤为例,从举荐人才的角度阐述任贤的思想。文章指出"功无大乎进贤","得地千里,不若得一圣人",旨在倡导为臣者当以举贤为己任,并强调了得贤对于成就王霸之业的决定性作用。

二曰:

贤者善人以人[1],中人以事,不肖者以财。得十良马,不若得一伯乐;得十良剑,不若得一欧冶[2];得地千里,不若得一圣人。舜得皋陶而舜授之,汤得伊尹而有夏民,文王得吕望而服殷商。夫得圣人,岂有里数哉[3]?

【注释】

[1]善:亲善。以人:指根据这个人的仁德。人,通"仁"。

[2]欧冶:春秋时冶工,善铸剑。

[3]岂有里数哉:得圣人即可得天下,而天下土地不止千里,所以说"岂有里数哉"。

【译文】

第二：

　　贤明的人同人亲善是根据这个人的仁德，一般的人同人亲善是根据这个人的功业，不肖的人同人亲善是根据这个人的财富。得到十匹好马，不如得到一个善于相马的伯乐；得到十口宝剑，不如得到一个善于铸剑的欧冶；得到千里土地，不如得到一个圣人。舜得到皋陶就用他治好了天下，汤得到伊尹就拥有了夏的民众，周文王得到吕望就征服了殷商。得到圣人，所能得到的土地哪能以里数计量呢！

　　管子束缚在鲁，桓公欲相鲍叔。鲍叔曰：“吾君欲霸王，则管夷吾在彼。臣弗若也。”桓公曰：“夷吾，寡人之贼也[①]，射我者也，不可。”鲍叔曰：“夷吾，为其君射人者也。君若得而臣之，则彼亦将为君射人。”桓公不听，强相鲍叔。固辞让，而相桓公果听之[②]。于是乎使人告鲁曰：“管夷吾，寡人之雠也，愿得之而亲加手焉。”鲁君许诺[③]，乃使吏鞟其拳[④]，胶其目，盛之以鸱夷[⑤]，置之车中。至齐境，桓公使人以朝车迎之[⑥]。祓以爟火[⑦]，衅以牺猳焉[⑧]，生与之如国。命有司除庙筵几[⑨]，而荐之曰[⑩]：“自孤之闻夷吾之言也，目益明，耳益聪，孤弗敢专，敢以告于先君。”因顾而命管子曰：“夷吾佐予！”管仲还走[⑪]，再拜稽首，受令而出。管子治齐国，举事有功，桓公必先赏鲍叔，曰：“使齐国得管子者，鲍叔也。”桓公可谓知行赏矣。凡行赏欲其本也，本则过无由生矣。

【注释】

①贼：杀人者。

②相：当是由于与下文"桓"字形近而衍。

③鲁君：指鲁庄公。

④鞹（kuò）：皮革，这里用如动词，用皮革套住。

⑤鸱（chī）夷：大的皮口袋。

⑥朝车：重臣朝见君主所乘的车。

⑦祓（fú）：举行仪式以去灾祈福。爟（guàn）火：祭祀时点的火炬。

⑧衅：血祭。牺豭（jiā）：祭祀用的纯色的公猪。

⑨除：扫除。筵：竹席。几（jī）：设于座侧供凭倚的矮桌。这里"筵几"用如动词，设置筵几（供神坐和凭依）。

⑩荐：进献。

⑪还（xuán）走：逡巡退避，表示惶恐。

【译文】

　　管仲被囚禁在鲁国的时候，齐桓公想用鲍叔牙为相。鲍叔说："您如果想成就王霸之业，那么有管夷吾在鲁国，我不如他。"桓公说："管夷吾是杀我的凶手，是用箭射我的人，不能用他。"鲍叔说："夷吾是为他的君主射人的人，您如果得到他，用他为臣，他也将为您射别人。"桓公不听，坚持要用鲍叔为相。鲍叔坚辞，最后，桓公终于听从了鲍叔的意见。于是派人告诉鲁国说："管夷吾是我的仇人，希望能得到他，亲手把他杀死。"鲁君答应了，派官吏用皮革套住管仲的双手，用胶粘上他的眼睛，把他装在大皮口袋里，放在车中。送到齐国边境，齐桓公派人用朝车来迎接管仲。点起火把被除不祥，杀了公猪举行血祭，恢复了他的自由，跟他一起回到国都。桓公命令主管官吏扫除宗庙，设置筵几，把管仲进荐给祖先，说："自从我听了夷吾的谈论，眼睛越发明亮，耳朵越发灵敏，我准备用他为相，不敢擅自决定，冒昧地将此事告请先君。"桓公说完，就回过头来命令管仲说："夷吾辅佐我！"管仲惶恐退避了几步，向桓公再拜叩头，接受了命令，而后离开了宗庙。管仲治理齐国，只要做事有功，桓公就一定先赏鲍叔，说："使齐国得到管子的是鲍叔啊！"桓公可以说是知道如何行赏了。凡是行赏,应该赏赐根本,赏赐根本,过失就无从发生了。

　　孙叔敖、沈尹茎相与友①。叔敖游于郢三年,声问不知②,修行不闻③。沈尹茎谓孙叔敖曰:"说义以听,方、术信行④,能令人主上至于王,下至于霸,我不若子也。耦世接俗⑤,说义调均⑥,以适主心,子不若我也。子何以不归耕乎?吾将为子游。"沈尹茎游于郢五年,荆王欲以为令尹,沈尹茎辞曰:"期思之鄙人有孙叔敖者⑦,圣人也。王必用之,臣不若也。"荆王于是使人以王舆迎叔敖,以为令尹,十二年而庄王霸。此沈尹茎之力也。功无大乎进贤。

【注释】

①沈尹茎:与他篇的"沈尹筮"、"沈尹蒸"、"沈尹巫"等实为一人。

②问:通"闻(wén)",名声。

③修行:好的品行。

④方、术:都是道的意思,指主张和学说。信:确实。

⑤耦、接:都是合的意思。

⑥调均:调和。

⑦期思:春秋楚邑,在今河南固始西北。鄙人:等于说草野之民。鄙,边邑。

【译文】

　　孙叔敖和沈尹茎彼此交好。孙叔敖在郢都出游了三年,名声不为人所知,美德不为人了解。沈尹茎对孙叔敖说:"陈说道理能让人听从,所持方策确实能够实行,能使君主上至于称王天下,下至于称霸诸侯,这方面我不如你。随顺社会,附和世俗,陈说道理,调和适中,以投合君主的心意,这方面你不如我。你何不先回去耕田隐居呢? 我将留在这里为你奔走游说。"沈尹茎在郢都奔走游说了五年,楚王想任命他做令尹。沈尹茎推辞说:"期思有个叫孙叔敖的草野之民,是个圣人。请您一定要任用他,我比不上他。"于是楚王派人用自己所乘的王车把孙叔敖接来,任命他做了令尹,过了十二年楚庄王成就了霸业。这是沈尹茎的力量啊! 功劳没有比举荐贤人再大的了。

自　知

【题解】

　　“自知”就是自己了解自己的过失。本篇规劝君主要听取直言，做到自知。文章认为，人要做到自知很难，君主尤其如此。而自知又是存亡安危的关键。文章以掩耳椎钟的比喻，批评了君主恶闻其过的自欺欺人的行为。同时指出，“入主欲自知，则必直士”，认为直士就如规矩准绳那样，可以矫正君主的过失。最后，通过翟黄“上顺乎主心以显贤者”的做法，说明向君主进谏时宜讲求方法。

　　三曰：

　　欲知平直，则必准绳；欲知方圆，则必规矩；人主欲自知，则必直士。故天子立辅弼①，设师保②，所以举过也。夫人故不能自知③，人主犹其④。存亡安危，勿求于外，务在自知。尧有欲谏之鼓，舜有诽谤之木⑤，汤有司过之士⑥，武王有戒慎之鼗⑦，犹恐不能自知。今贤非尧、舜、汤、武也，而有掩蔽之道，奚繇自知哉？荆成、齐庄不自知而杀⑧，吴王、智伯不自知而亡⑨，宋、中山不自知而灭⑩，晋惠公、赵括不自知而虏⑪，钻荼、庞涓、太子申不自知而死⑫，败莫大于不自知。

【注释】

①辅弼：辅政大臣，古代有天子"左辅右弼"之说。弼，辅佐。

②师保：负责教养、辅导帝王的官，有师有保，统称师保。

③故：本来。

④犹其：当作"独甚"。

⑤诽谤：批评指责。

⑥司过之士：当作"司直之士"，主管匡正错误的官吏。司，主管。直，匡正。

⑦鼗（táo）：长柄的摇鼓。

⑧"荆成"句：楚成王不听令尹子上的劝谏，立商臣为太子，后又欲废黜商臣，结果被商臣率兵包围，被逼自杀。齐庄公与其臣崔杼妻私通，后为崔杼所杀。

⑨"吴王"句：吴王夫差被杀事，参本书《贵直论·知化》。智伯：即智伯瑶。智伯瑶刚愎自用，与韩、魏围赵襄子于晋阳，后赵与韩、魏暗中联合，灭了智伯。

⑩"宋、中山"句：宋康王狂乱暴虐，为齐所灭，参本书《贵直论·壅塞》。中山国君荒淫无道，为魏文侯所灭，参本书《先识览·先识》。

⑪"晋惠"句：晋惠公被俘事，参本书《贵直论·原乱》。赵括，战国赵人，名将赵奢之子，性高傲，尚空谈，赵孝成王时代廉颇为将，与秦战于长平，全军覆没。据《史记·廉颇蔺相如列传》，赵括战败被杀，与这里被俘的记述不同。

⑫"钻荼"句：钻荼、庞涓都是魏惠王将。太子申，魏惠王太子。据《史记·魏世家》，魏惠王三十年（前340），魏伐赵，齐救赵击魏，太子申等与齐战于马陵，大败，太子申被俘，庞涓被杀。

【译文】

第三：

想要知道平直，就一定要依靠水准墨线；想要知道方圆，就一定要依靠圆规矩尺;君主要想了解自己的过失,就一定要依靠正直之士。所以天子设立辅弼,设置师保,是用来举发天子过错的。人本来就不能了解自己的过失,天子尤为严重。国家和自身的存亡安危不用到外部寻求,关键在于了解自己的过失。尧有供想要进谏的人敲击的鼓,舜有书写批评意见的木柱,汤有主管纠正过失的官吏,武王有供劝戒君主的人所用的摇鼓。即使这样,他们仍担心不能了解自己的过失。而当今的君主,贤能并比不上尧舜汤武,却采取掩蔽视听的做法,还靠什么了解自己的过失呢? 楚成王、齐庄公因为不了解自己的过失而杀灭,吴王、智伯因为不了解自己的过失而灭亡,宋、中山因为不了解自己的过失而绝国,晋惠公、赵括因为不了解自己的过失而被俘,钻荼、庞涓、太子申因为不了解自己的过失而兵败身死。所以没有什么比不了解自己的过失更坏的了。

范氏之亡也^①,百姓有得钟者。欲负而走,则钟大不可负。以椎毁之^②,钟况然有音^③。恐人闻之而夺己也,遽掩其耳。恶人闻之可也,恶己自闻之,悖矣。为人主而恶闻其过,非犹此也? 恶人闻其过尚犹可。

【注释】

①范氏:指范昭子,名吉射(yì),春秋末年晋六卿之一。亡:出亡,逃亡。范吉射于晋定公二十二年(前 490)为赵简子所伐,出亡齐国。

②椎(chuí):木槌。

③况:击钟的声音。

【译文】

范氏出亡的时候,有个百姓得到了他的一口钟。这个人想要背着钟跑，可是钟太大，没法背，于是就用木槌把钟敲碎，钟轰然作响。他怕别人听见钟声来同自己争夺，就急忙把耳朵捂了起来。不愿让别人听到钟声是可以的，不愿自己听到就是胡涂了。身为君主却不愿听到自己的过失，不正像这样吗？不愿别人听到自己的过失倒还可以。

　　魏文侯燕饮①，皆令诸大夫论己。或言君之智也②。至于任座③，任座曰："君不肖君也。得中山不以封君之弟，而以封君之子，是以知君之不肖也。"文侯不说，知于颜色④。任座趋而出。次及翟黄，翟黄曰："君贤君也。臣闻其主贤者，其臣之言直。今者任座之言直，是以知君之贤也。"文侯喜曰："可反欤？"翟黄对曰："奚为不可？臣闻忠臣毕其忠，而不敢远其死。座殆尚在于门。"翟黄往视之，任座在于门，以君令召之。任座入，文侯下阶而迎之，终座以为上客。文侯微翟黄，则几失忠臣矣。上顺乎主心以显贤者，其唯翟黄乎？

【注释】

①燕：通"宴"。

②或言君之智也：此处疑有脱文。《太平御览》六二二引作"或言君仁，或言君义，或言君智"。

③任座：魏文侯臣。

④知：表现，显露。

【译文】

　　魏文侯宴饮，让大夫们评论自己。有的人说君主很仁义，有的人说君主很英明。轮到任座，任座说："您是个不肖的君主。得到中山国后，不把它封给您的弟弟，却把它封给了您的儿子，因此知道您不肖。"文侯听了很不高兴,脸色上表现了出来。任座快步走了出去。按次序轮到翟黄,翟黄说:"您是个贤明的君主。我听说君主贤明的,他的臣子言语就直率。现在任座的言语直率,因此我知道您贤明。"文侯很高兴,说:"可以让他回来吗?"翟黄回答说:"怎么不可以? 我听说忠臣竭尽自己的忠心,即使因此获得死罪也不敢躲避。任座恐怕还在宫门口。"翟黄出去看他,任座当真还在宫门口。翟黄以君主的命令召他进去。任座进来了,文侯走下台阶来迎接他,终生都把任座待为上宾。文侯如果没有翟黄,就差点儿失掉忠臣了。对上能够顺应君主的心意来尊显贤者,大概只有翟黄吧!

当　赏

【题解】

"当赏"意为使赏罚适当。作者认为,臣民通过赏罚爵禄如何施行来了解君主,君主赏罚适当,就能使臣民尽心效力。文章肯定了晋文公在行赏时所遵循的"先德而后力"的原则,也肯定了秦献公不以个人爱憎而据实际后果施行赏罚的做法。

四曰:

民无道知天,民以四时寒暑日月星辰之行知天。四时寒暑日月星辰之行当,则诸生有血气之类皆为得其处而安其产①。人臣亦无道知主,人臣以赏罚爵禄之所加知主。主之赏罚爵禄之所加者宜,则亲疏远近贤不肖皆尽其力而以为用矣。

【注释】

①得其处:等于说得其所。安其产:安其生,安于自己的处境。

【译文】

第四:

　　人们没有途径了解上天,人们依据四季寒暑日月星辰的运行了解上天。四季寒暑日月星辰的运行适宜,那么各种有生命有血气的物类,就能各得其所、各安其生了。臣下也没有途径了解君主,臣下依据君主赏罚爵禄如何施予来了解君主。君主赏罚爵禄施予恰当,那么无论亲疏远近、贤和不肖的人就都竭尽其力为君主所用了。

　　晋文公反国,赏从亡者,而陶狐不与①。左右曰:"君反国家,爵禄三出,而陶狐不与,敢问其说。"文公曰:"辅我以义,导我以礼者,吾以为上赏;教我以善,强我以贤者②,吾以为次赏;拂吾所欲③,数举吾过者,吾以为末赏。三者所以赏有功之臣也。若赏唐国之劳徒④,则陶狐将为首矣。"周内史兴闻之曰⑤:"晋公其霸乎! 昔者圣王先德而后力,晋公其当之矣!"

【注释】

①陶狐:跟随晋文公出亡的贱臣。他书或作"陶叔狐"、"壶叔"。不与(yù):不在其中。

②强(qiǎng):勉强,强迫,这里有约束的意思。

③拂(fú):违背,不顺从。

④唐国:晋国。周成王封其弟叔虞于唐,叔虞子燮父徙居晋水,始改国名为晋。劳徒:辛劳的徒役。

⑤内史:官名。兴:人名。他书或作"叔兴"、"叔兴父"。

【译文】

　　晋文公回到晋国,赏赐跟随他流亡的人,而陶狐不在其中。左右侍从说:"您回到晋国,三次拿出爵禄赏人,而陶狐却不在其中,冒昧地请教您这样做的道理。"文公说:"用义来辅佐我,用礼来引导我的,我给他最高的赏赐；用善道来教育我，用贤德来约束我的，我给他次一等的赏赐；违背我的意愿，多次举发我的过失的，我给他末等的赏赐。这三种赏赐，是用来赏有功之臣的。如果赏赐晋国辛劳的隶役，那么陶狐将是第一个受到赏赐的人。"周内史兴听到这件事，说："晋侯大概会成就霸业吧！从前圣王把德行放在首位，而把武力放在其次，晋侯的做法与此相符了！"

秦小主夫人用奄变①，群贤不说自匿，百姓郁怨非上。公子连亡在魏②，闻之，欲入，因群臣与民从郑所之塞③。右主然守塞④，弗入，曰："臣有义，不两主⑤，公子勉去矣！"公子连去，入翟⑥，从焉氏塞⑦，菌改入之⑧。夫人闻之，大骇，令吏兴卒。奉命曰："寇在边。"卒与吏其始发也，皆曰："往击寇。"中道，因变曰："非击寇也，迎主君也。"公子连因与卒俱来，至雍⑨，围夫人，夫人自杀。公子连立，是为献公。怨右主然，而将重罪之；德菌改，而欲厚赏之。监突争之曰⑩："不可。秦公子之在外者众，若此，则人臣争入亡公子矣，此不便主。"献公以为然，故复右主然之罪⑪，而赐菌改官大夫⑫，赐守塞者人米二十石。献公可谓能用赏罚矣。凡赏非以爱之也，罚非以恶之也，用观归也⑬。所归善，虽恶之，赏；所归不善，虽爱之，罚。此先王之所以治乱安危也。

【注释】

①小主：战国秦国君，秦惠公之子出子。出子即位时仅两岁，所以称之为"小主"。小主夫人：当指出子的母亲。奄变：宦者，名变。

②公子连：秦灵公之子，出子堂兄，后杀出子而自立，是为献公。

③从：就，走近。郑所：地名。塞(sài)：要塞。

④右主然：秦守塞之吏。

⑤不两主：不同时侍奉两个君主。

⑥翟(dí)：通"狄"。指狄人所居之地。

⑦焉氏(zhī)：地名，地在汉之乌氏县，当今甘肃平凉西北。

⑧菌改：秦守塞之吏。

⑨雍：当时秦国的都城，在今陕西凤翔南。

⑩监突：秦大夫。争(zhèng)：同"诤"，规谏。

⑪复：免除。

⑫官大夫：秦国爵位名。

⑬用观归也：根据观察到的行为所导致的结果来决定。用，以，凭。归，归宿，结果。

【译文】

　　秦小主夫人任用奄变，贤人们心中不快，隐匿不出；百姓忧郁怨恨，指责君主。公子连出亡居住在魏国，听到这种情况，想要乘机入秦，取代小主为君，于是凭借臣下和百姓的帮助来到郑所要塞。右主然把守着要塞，不放他进去，说："我要坚守为臣的道义，不同时侍奉两个君主，公子您赶快离开吧！"公子连离开郑所要塞，进入北狄，去往焉氏塞。守塞的菌改把他放了进去。小主夫人听到这个消息，十分惊骇，命令将帅起兵拦截。将士们接到命令说："敌寇在边境上。"将士们刚出发的时候，都说："去迎击敌寇。"走到半路，乘机发动哗变，说："不是迎击敌寇，而是去迎接君主。"公子连于是与士卒一起回来，到了雍城，包围了小主夫人，小主夫人自杀了。公子连立为国君，这就是献公。献公怨恨右主然，将要重重地处罚他；感激菌改，想要多多地赏赐他。大夫监突谏诤说："这样做不行。秦公子流亡在外的很多，如果这样做，那么臣子们就会争相把流亡的公子放进来了。这对您是不利的。"献公认为他说得对，所以赦免了右主然的罪，而赐给菌改官大夫的爵位，赏给守塞的士卒每人二十石米。献公可说是能够善用赏罚了。大凡赏赐一个人，并不是因为喜爱他；处罚一个人，并不是因为憎恶他。赏罚是根据观察到的行为将会导致什么结果来决定的。导致的结果好，即使憎恶他，也要给予赏赐；导致的结果不好，即使喜爱他，也要给予处罚。这是先王用来使乱世转为太平、使危局转为平安的方法。

博　志

"博志"当是"抟志"传写之讹。抟志就是专一其志的意思。本篇主张,不论做什么事情,都应排除各种干扰,专心致志,锲而不舍,"精而熟之",这样才能获得成功,使技艺达到出神入化的境界。

五曰：

先王有大务①,去其害之者,故所欲以必得,所恶以必除,此功名之所以立也。俗主则不然,有大务而不能去其害之者,此所以无能成也。夫去害务与不能去害务,此贤不肖之所以分也。

【注释】

①务：事。

【译文】

第五：

先王有了大事,就要除去那些妨害大事的因素,所以他想要得到的一定能得到,他所憎恶的一定能除掉,这是功名之所以成就的原因。平庸的君主就不是这样,有了大事却不能除去妨害它的因素,这是他不能成功的原因。能不能除去妨害大事的因素,这是贤和不肖判然不同的原因。

使獐疾走,马弗及至,已而得者,其时顾也①。骥一日千里,车轻也;以重载则不能数里,任重也。贤者之举事也,不闻无功,然而名不大立、利不及世者,愚不肖为之任也②。

【注释】

①顾:回头看。獐性多疑善顾,所以拿来作比喻。

②为之任:成为他的负担。

【译文】

假使獐飞快地奔逃,马也追不上它。但是不久就被捕获,原因是它时时回头张望。良马日行千里,是因为车载轻;拉重载就一天走不了几里,是因为车载重。贤明的人做事,没有听说不成成功的,但是名声不能显赫、福泽不能传及后世,是因为有愚昧不肖的人做了他的拖累啊。

冬与夏不能两刑①,草与稼不能两成,新谷熟而陈谷亏,凡有角者无上齿②,果实繁者木必庳③,用智褊者无遂功④,天之数也。故天子不处全⑤,不处极,不处盈。全则必缺,极则必反,盈则必亏。先王知物之不可两大,故择务,当而处之⑥。

【注释】

①刑:通"形"。成。

②凡有角者无上齿:指长角的动物如牛、羊、鹿等上颚多缺门齿及

犬齿。

③庳(bì)：低矮。

④褊(biǎn)：狭窄。无遂功：当作"功无遂"，与上文"亏"、"齿"、"庳"
　　押韵。遂，成。

⑤处(chǔ)：做。

⑥当(dàng)：适宜。

【译文】

　　冬夏两季不能同时而至，野草与庄稼不能一起长大，新谷成熟了，陈粮就必然亏缺，凡是长角的动物就没有上齿，果实繁多的树木一定长得低矮，思想褊狭的人做事就不会成功，这些都是自然的法则。所以天子做事情，不做得很完美，不做得很极端，不做得很圆满。完美了就一定会出现缺损，太极端了就一定会走向反面，太圆满了就一定会出现亏失。先王知道事物不能两方面同时发展壮大，所以对于事务加以选择，适宜做的才做。

　　孔、墨、宁越①，皆布衣之士也，虑于天下，以为无若先王之术者，故日夜学之。有便于学者，无不为也；有不便于学者，无肯为也。盖闻孔丘、墨翟，昼日讽诵习业，夜亲见文王、周公旦而问焉。用志如此其精也，何事而不达？何为而不成？故曰："精而熟之，鬼将告之②。"非鬼告之也，精而熟之也。今有宝剑良马于此，玩之不厌，视之无倦；宝行良道③，一而弗复④。欲身之安也，名之章也⑤，不亦难乎！

【注释】

①宁越：战国时赵人，曾为周威王师。

②"精而"二句：这两句应是当时谚语。

③宝行：可宝贵的行为。良道：善道，好的学说。

④一：做一次。复：再次。

⑤章：显扬。

【译文】

孔丘、墨翟、宁越，都是没有地位的读书人。他们考虑天下的事务，认为没有比先王道术再重要的，所以日夜学习。有利于学习的，无不去做；不利于学习的，不肯去做。据说孔丘、墨翟白天背诵经典研习学业，夜里就梦见亲自拜见文王和周公，并当面向他们请教。他们用心如此精深，还有什么做不到？还有什么办不成？所以说："精心习熟，鬼将告之。"并不是真的有鬼神告知，是精心习熟所致啊！假如有宝剑良马在此，人们一定会把玩起来不知满足，观赏起来不觉疲倦。而对于嘉言懿行，却稍加尝试就不再钻研实行。这样做，还想要使自身平安，名声显扬，不也太难了吗！

宁越，中牟之鄙人也①。苦耕稼之劳，谓其友曰："何为而可以免此苦也？"其友曰："莫如学。学三十岁则可以达矣。"宁越曰："请以十五岁。人将休，吾将不敢休；人将卧，吾将不敢卧。"十五岁而周威公师之②。矢之速也，而不过二里，止也；步之迟也，而百舍③，不止也。今以宁越之材而久不止，其为诸侯师，岂不宜哉？

【注释】

①中牟：战国赵地，在今河南汤阴西。

②周威公：战国西周国君。

③舍：古代度量单位，三十里为一舍。

【译文】

宁越是中牟的草野之民,苦于耕作的辛劳,对他的友人说:"怎样做才能免除这种劳苦呢?"他的友人说:"做什么也比不上学习。学习三十年就可以显达了。"宁越说:"让我用十五年来实现。别人休息,我不敢休息;别人睡觉,我不敢睡觉。"学了十五年,周威公拜他做了老师。箭的速度很快,射程却不超过二里,因为它飞一段就停了下来。步行速度很慢,却可以走到几百里之外,因为脚步不停。如今凭宁越的才干,又长久不停地努力,他成为诸侯的老师,难道不应该吗?

养由基、尹儒①,皆文艺之人也②。荆廷尝有神白猿,荆之善射者莫之能中,荆王请养由基射之。养由基矫弓操矢而往③,未之射而括中之矣④,发之则猿应矢而下,则养由基有先中中之者矣⑤。尹儒学御,三年而不得焉,苦痛之,夜梦受秋驾于其师⑥。明日往朝其师,望而谓之曰:"吾非爱道也,恐子之未可与也。今日将教子以秋驾。"尹儒反走,北面再拜曰:"今昔臣梦受之⑦。"先为其师言所梦,所梦固秋驾已。上二士者,可谓能学矣,可谓无害之矣,此其所以观后世已⑧。

【注释】

①养由基:春秋楚人,以善射著称。尹儒:人名,善御。
②文艺:指高超的技艺。文,美,善。
③矫:举。
④"未之"句:意思是,箭还没射出去,实际上就已经把白猿射中了。括,箭末端扣弦处,这里指箭。
⑤有先中中之者:大意是,具有在射中目标之前就从精神上把它射

　　中的技艺。极言其用心精深,技艺纯熟。

⑥秋驾:一种驾驭车马的高超技术。

⑦今昔:指昨夜。昔,通"夕"。

⑧观:显示。

【译文】

　　养由基和尹儒都是具有高超技艺的人。楚国朝廷中曾有一只神奇的白猿,楚国善射的人没有一个人能射中它,楚王就请养由基来射它。养由基拿着弓箭去了。还没开弓射箭,实际上就把白猿射中了;箭一射出去,白猿就应声坠落。由此看来,养由基具有在射中目标以前就能从精神上把它射中的技艺。尹儒学习驾车,学了三年还没有学到手,为此很苦恼。夜里做梦,梦见从老师那里学习秋驾的技艺。第二天去拜见老师,老师望着他对他说:"我从前并不是吝惜技艺舍不得教你,是担心你还不能接受。今天我将教给你秋驾的技艺。"尹儒转身后退几步,向北再拜说:"这种技艺我昨天夜里在梦中已经学了。"他先向老师叙述自己所梦到的,梦到的正是秋驾的技艺。以上这两位士人,可算是能学习了,可以说没有什么东西能妨害他们了,这正是他们之所以扬名后世的原因啊!

贵　当

【题解】

　　"贵当"指举措贵在恰当。所渭"当",就是文中所说的"为之必繇其道"。文章一开始就指出,治国之本在于治身,治身之本在于顺应自然之性,所以要"审在己者"。中间一段着重阐述"事无大小,固相与通"的道理,要贤主善于因小事而就大务。最后以齐人疾耕得兽的故事,生动说明了求所欲必须从根本入手的道理。

　　六曰:

　　名号大显,不可强求,必繇其道。治物者,不于物于人。治人者,不于事于君①。治君者,不于君于天子。治天子者,不于天子于欲。治欲者,不于欲于性。性者,万物之本也,不可长,不可短,因其固然而然之,此天地之数也。窥赤肉而乌鹊聚,狸处堂而众鼠散②,衰绖陈而民知丧③,竽瑟陈而民知乐,汤武修其行而天下从,桀纣慢其行而天下畔④,岂待其言哉? 君子审在己者而已矣。

【注释】

①事：当作"人"。

②狸：猫。

③衰绖(cuīdié)：丧服。衰，丧服的上衣。绖，服丧的人头上或腰间
　系的麻带。

④慢：简慢，轻忽。畔：通"叛"。

【译文】

第六：

名声显赫是不可强求的，必须遵循恰当的途径。整治器物，不在于器物本身而在于人；治理人民，不在于人民本身而在于诸侯；辖制诸侯，不在于诸侯本身而在于天子；制约天子，不在于天子本身而在于他的欲望；节制欲望，不在于欲望本身而在于天性。天性是万物的根本，它不能增益，不能减损，只能顺应它的本性加以引导，这是天地自然的法则。鳖见鲜红的肉乌鹊就会聚合，猫在堂上老鼠就会逃散，穿着丧服出来人们就知道有了丧事，竽瑟等乐器摆出来人们就知道有了喜事，商汤周武修养自己的德行天下就顺从他们，夏桀商纣轻忽自己的道德修养天下就叛离他们，这些难道还用说吗？君子只要详察存在于自身的因素就行了。

　　荆有善相人者，所言无遗策①，闻于国。庄王见而问焉。对曰："臣非能相人也，能观人之友也。观布衣也，其友皆孝悌纯谨畏令②，如此者，其家必日益③，身必日荣，此所谓吉人也④。观事君者也，其友皆诚信有行好善，如此者，事君日益，官职日进，此所谓吉臣也。观人主也，其朝臣多贤，左右多忠，主有失，皆交争证谏⑤，如此者，国日安，主日尊，天下日服，此所谓吉主也。臣非能相人也，能观人之友也。"庄王

善之,于是疾收士⑥,日夜不懈,遂霸天下。故贤主之时见文艺之人也,非特具之而已也,所以就大务也。夫事无大小,固相与通。田猎驰骋弋射走狗⑦,贤者非不为也,为之而智日得焉,不肖主为之而智日惑焉。志曰⑧:"骄惑之事⑨,不亡奚待?"

【注释】

①遗策:失策,谋划考虑不周不当之处。

②悌(tì):顺从兄长。纯:忠厚。

③益:增益,这里指富足。

④吉人:善人,贤人。

⑤证:谏。

⑥疾:大力。

⑦弋(yì)射:用带丝绳的箭射猎。走狗:使狗跑,放出猎狗追捕禽兽。

⑧志:古代记载。

⑨骄惑之事:即"事骄惑"。事,做。

【译文】

楚国有个善于给人看相的人,他所说的话不曾有过失误,名声闻于全国。楚庄王召见他,向他询问这件事。他回答说:"我不是能给人看相,而是能观察人们的朋友。观察平民,如果他的朋友都很孝敬父兄,忠厚恭谨,敬畏王命,像这样的人,他家里一定日益富足,自身一定日益显荣,这是所谓的吉祥之人。观察侍奉君主的臣子,如果他的朋友都很忠诚可靠,品德高尚,乐善好施,像这样的臣子,侍奉君主就会日益长进,官职就会日益升迁,这是所谓的吉祥之臣。观察君主,如果他的朝臣多是贤能,侍从多是忠良,君主有了过失都争相进谏,像这样的君主,他的国家就会日益安定，自身就会日益尊贵，天下就会日益归服，这是所谓的吉祥之主。我并不是能给人看相，而是能观察人们的朋友啊！"庄王认为他说得很好，于是大力收罗贤士，日夜坚持不懈，于是称霸天下。所以贤明的君主时时召见擅长各种技艺的人，并不只是做做样子就罢了，而是要用他们成就大业。事情不论大小，道理本来都是彼此相通的。驰骋射猎，箭飞犬逐，这些事贤明的君主不是不做，而是做了能使心智日有所得；不肖的君主做了，却使心智越发昏惑。古书上说："做事骄慢昏惑，不灭亡还等什么！"

　　齐人有好猎者，旷日持久而不得兽。入则愧其家室，出则愧其知友州里。惟其所以不得之故[①]，则狗恶也。欲得良狗，则家贫无以[②]。于是还疾耕。疾耕则家富，家富则有以求良狗，狗良则数得兽矣，田猎之获常过人矣。非独猎也，百事也尽然。霸王有不先耕而成霸王者，古今无有。此贤者不肖之所以殊也。贤不肖之所欲与人同，尧、桀、幽、厉皆然，所以为之异。故贤主察之，以为不可，弗为；以为可，故为之。为之必繇其道，物莫之能害，此功之所以相万也[③]。

【注释】

①惟：思考。

②无以：没有用来买狗的钱。

③相万：相差万倍。

【译文】

　　齐国有个好打猎的人，耗费了许多时日也没有猎到野兽。在家愧对家人，在外愧对邻里朋友。他琢磨自己猎获不到野兽的原因，认为是猎狗不好。想要弄到一只好猎狗，家里又穷得没钱买。于是他就回家奋力耕作。奋力耕作,家里就富足了;家里富足了,就有了钱买好猎狗;猎狗好了,就屡屡猎到野兽,打猎的收获就经常超过别人了。不只是打猎,各种事情都是如此。成就王霸之业的人,不先经过艰苦的努力就获得成功的,从古到今都不曾有过。这是贤明的君主和不肖的君主之所以不同的原因。贤明的君主和不肖的君主,他们的欲望与常人相同,尧这样的圣王和夏桀、周幽王、周厉王这样的昏君都是这样,但他们用来实现欲望的做法不同。贤明的君主对事情加以审察,认为不能做就不去做,认为可以做就去做。做事一定遵循恰当的途径,所以外物没有什么能够妨害他,这是他们的功业之所以超过不肖君主成千上万倍的原因。

似顺论第五

似　顺

【题解】

本篇旨在强调要正确认识事物的本质。文章指出："事多似倒而顺，多似顺而倒。有知顺之为倒、倒之为顺者，则可与言化矣。"并通过庄王伐陈、完子败军、尹铎增垒三个事例，说明只有从事物的联系、发展、转化入手，深入地进行分析，才能获得符合实际的认识。

一曰：

事多似倒而顺①，多似顺而倒。有知顺之为倒、倒之为顺者，则可与言化矣②。至长反短，至短反长③，天之道也。

【注释】

①倒：逆，指违背事理。

②化：事物发展变化的趋势。

③"至长"二句：高诱注："夏至极长，过至极短，故曰'至长反短'；冬至极短，过至则长，故曰'至短反长'也。"

【译文】

第一：

事情有很多看似悖理其实是合理的，有很多看似合理其实是悖理的。如果有人知道表面合理其实悖理、表面悖理其实合理的道理，就可以跟他谈论事物发展变化的趋势了。白天到了最长的时候就要转而变短，到了最短的时候就要转而变长，这是自然的规律。

　　荆庄王欲伐陈，使人视之。使者曰："陈不可伐也。"庄王曰："何故？"对曰："城郭高^①，沟洫深^②，蓄积多也。"宁国曰^③："陈可伐也。夫陈，小国也，而蓄积多，赋敛重也，则民怨上矣。城郭高，沟洫深，则民力罢矣。兴兵伐之，陈可取也。"庄王听之，遂取陈焉。

【注释】

①郭：外城。

②洫（xù）：沟渠。

③宁国：楚臣。

【译文】

　　楚庄王想要攻打陈国，派人去察看陈国的情况。派去的人回来说："陈国不可以攻打它。"庄王说："什么缘故？"回答说："陈国城墙很高，护城河很深，蓄积的粮食财物很多。"宁国说："照这样说，陈国是可以攻打的。陈国是个小国，蓄积的粮食财物多，赋税必然繁重，那么人民就怨恨君主了。城墙高，护城河深，那么民力就凋敝了。起兵攻打它，陈国是可以攻取的。"庄王听从了宁国的意见，于是攻取了陈国。

　　田成子之所以得有国至今者^①，有兄曰完子，仁且有勇。越人兴师诛田成子，曰："奚故杀君而取国^②？"田成子患之。完子请率士大夫以逆越师，请必战，战请必败，败请必死。田成子曰："夫必与越战可也，战必败，败必死，寡人疑焉。"

完子曰："君之有国也,百姓怨上,贤良又有死之臣蒙耻。以完观之也,国已惧矣。今越人起师,臣与之战,战而败,贤良尽死,不死者不敢入于国。君与诸孤处于国③,以臣观之,国必安矣。"完子行,田成子泣而遣之。夫死败,人之所恶也,而反以为安,岂一道哉? 故人主之听者与士之学者,不可不博。

【注释】

①田成子:春秋末齐国大夫,名田恒(陈恒),又称田常(陈常),谥成子。为齐简公、平公相,独揽齐国大权,注意争取民心,其后代取代姜姓做了齐国国君。

②君:指齐简公,为田成子所杀。

③孤:指战死者的后代。

【译文】

田成子之所以能够享有齐国直至今天,是因为他有个哥哥叫完子,仁爱而且勇敢。越国起兵讨伐田成子,说:"为什么杀死国君而窃取他的国家?"田成子对此很忧虑。完子请求率领士大夫迎击越军,并且请求准许自己一定同越军交战,交战还要一定战败,战败还要一定战死。田成子说:"一定同越国交战是可以的,交战一定要战败,战败还要一定战死,这我就不明白了。"完子说:"你拥有齐国,百姓怨恨你,贤良之中又有敢死之臣认为蒙受了耻辱。在我看来,国家已经令人忧惧了。如今越国兴兵伐我,我去同他们交战,如果交战失败,随我去的贤良之人就会全部死掉,即使不死的人也因羞耻而不敢回到齐国来。你和那些遗孤居于齐国,在我看来,国家就一定会安定了。"完子出发时,田成子哭着为他送别。死亡和失败,这是人们所厌恶的,而完子反借此使齐国得以安定。做事情哪能只有一种方法呢! 所以君主听取意见和士人学习道术,不可以不广博。

　　尹铎为晋阳①,下②,有请于赵简子。简子曰:"往而夷夫
垒③。我将往,往而见垒,是见中行寅与范吉射也。"铎往而
增之。简子上之晋阳,望见垒而怒曰:"嘻! 铎也欺我!"于
是乃舍于郊④,将使人诛铎也。孙明进谏曰⑤:"以臣私之⑥,
铎可赏也。铎之言固曰:见乐则淫侈,见忧则诤治⑦,此人之
道也。今君见垒念忧患,而况群臣与民乎? 夫便国而利于
主,虽兼于罪,铎为之。夫顺令以取容者,众能之,而况铎
欤? 君其图之!"简子曰:"微子之言,寡人几过。"于是乃以
免难之赏赏尹铎⑧。人主太上喜怒必循理⑨,其次不循理,必
数更,虽未至大贤,犹足以盖浊世矣。简子当此。世主之
患,耻不知而矜自用⑩,好愎过而恶听谏⑪,以至于危。耻无
大乎危者。

【注释】

①尹铎:赵简子的家臣。为:治。晋阳:春秋晋邑,赵简子的封地,
　　在今山西太原。
②下:指由晋阳来到晋国国都新绛(今山西曲沃)。晋阳和新绛分
　　别处于汾水上、下游,晋阳地势高,新绛地势低,所以从晋阳到新
　　绛称"下"。当时赵简子为晋国执政大臣,居于国都。
③夷:平。夫:指示代词,那。垒:军营的墙壁。晋卿中行(háng)寅
　　(荀寅)与范吉射曾率军围赵简子于晋阳,这些营垒即中行氏与
　　范氏所筑。
④舍:驻扎。
⑤孙明:赵简子家臣。

⑥私：私下考虑。

⑦诤：争，竞相。

⑧免难之赏：使君主免于患难的重赏。尹铎增高营垒，使简子警惧戒备，这样就可以免于患难。

⑨太上：指德行最高的。

⑩矜：骄傲自负。自用：自以为是，依己意而行。

⑪愎(bì)过：坚持错误。愎，固执。

【译文】

尹铎治理晋阳，下行到新绛向简子请示事情。简子说："去把中行氏和范氏修筑的那些营垒拆平。我将到晋阳去，如果去了看到那些营垒，就像是看见了中行寅和范吉射似的。"尹铎回去以后，反倒把原有的营垒增高了。简子上行到晋阳，望见营垒，生气地说："哼！尹铎欺骗了我！"于是住在郊外，将要派人把尹铎杀掉。孙明进谏说："据我私下考虑，尹铎是该奖赏的。尹铎的意思本来是说：遇见享乐之事就会恣意放纵，遇见忧患之事就会励精图治，这是人之常理。如今君主见到营垒就想到了忧患，又何况群臣和百姓呢！有利于国家和君主的事，即使加倍获罪，尹铎也宁愿去做。顺从命令以取悦于君主，一般人都能做到，又何况尹铎呢！希望您好好考虑一下。"简子说："如果没有你这一番话，我几乎犯了错误。"于是就按使君主免于患难的奖赏赏赐了尹铎。德行最高的君主，喜怒一定依理而行；次一等的，虽然有时不依理而行，但一定经常改正。这样的君主虽然还没有达到大贤的境地，仍足以超过乱世的君主了。简子跟这类人相当。当今世上君主的弊病，在于把不知当作羞耻，把自行其是当作荣耀，喜欢坚持错误而厌恶听取规谏之言，以至于陷入危险的境地。耻辱当中没有比使自己陷入危险再大的了。

别 类

【题解】

本篇重点阐述"类固不必"的思想。文章以莘藟金锡等物为例,说明事物都有其特殊性,而且都处在发展变化之中。文章批评了不知别类、对事物笼统类推的错误做法,并指出,人对客观事物的认识是不可穷尽的,对于一时尚未知其所以然的事物,首先要顺应其自然,而不要凭主观进行猜测。

二曰:

知不知,上矣①。过者之患,不知而自以为知。物多类然而不然,故亡国僇民无已②。夫草有莘有藟③,独食之则杀人,合而食之则益寿。万堇不杀④。漆淖水淖⑤,合两淖则为蹇⑥,湿之则为干。金柔锡柔⑦,合两柔则为刚,燔之则为淖⑧。或湿而干,或燔而淖,类固不必⑨,可推知也?小方,大方之类也;小马,大马之类也;小智,非大智之类也⑩。

【注释】

①上:高明。

②僇：通"戮"。杀戮。

③莘（xīn）、藟（lěi）：都是有毒的药草。

④虿："虿（chài）"的古字。虿，蝎子，可以作为药物使用。堇（jǐn）：
　　紫堇，药草名，有毒。

⑤淖（nào）：本为烂泥，这里指流体。

⑥蹇（jiǎn）：凝固，干硬。漆遇到水气容易干燥。

⑦金：指铜。

⑧燔（fán）：烧。

⑨必：这里指固定不变。

⑩小智：指孤立地、片面地看问题的思想方法，如下文公孙绰、高阳
　　应之类。小智"好小察而不通乎大理"，所以和"通乎大理"的"大
　　智"不同类。

【译文】

第二：

　　知道自己有所不知，就可以说是高明了。犯错误人的弊病，正在于
不知却自以为知。很多事物都是好像如此而其实并不如此，所以国家
灭亡、百姓被杀戮的事情不断地发生。药草有莘有藟，单独服用会致
死，合在一起服用却能使人长寿。蝎子和紫堇都是毒药，配在一起反倒
毒不死人。漆是流体，水也是流体，漆与水相遇却会凝固，使潮湿反而
变干。铜很柔软，锡也很柔软，二者熔合起来反而变硬，如果用火焚烧
又会变成流体。有的东西弄湿反倒变得干燥，有的东西焚烧后反倒变
成流体，物类本来就不是固定不变的，怎么能够推知呢？小的方形跟大
的方形是同类的，小马跟大马是同类的，小聪明跟大聪明却不是同
类的。

　　鲁人有公孙绰者，告人曰："我能起死人①。"人问其故，
对曰："我固能治偏枯②，今吾倍所以为偏枯之药③，则可以起

死人矣。"物固有可以为小，不可以为大，可以为半，不可以为全者也。

【注释】

①起：治活。

②偏枯：偏瘫，半身不遂。

③倍：加倍。为：治。

【译文】

鲁国有个叫公孙绰的人，告诉别人说："我能把死人医活。"别人问他其中的缘故，他回答说："我本来就能治疗偏瘫，现在我把治疗偏瘫的药加倍，就可以把死人医活了。"公孙绰不懂得，事物本来就是有的只能在小处起作用却不能在大处起作用，有的只能对局部起作用却不能对全局起作用。

　　相剑者曰："白所以为坚也①，黄所以为牣也②，黄白杂则坚且牣，良剑也。"难者曰③："白所以为不牣也，黄所以为不坚也，黄白杂则不坚且不牣也。又柔则锩④，坚则折。剑折且锩，焉得为利剑？"剑之情未革⑤，而或以为良，或以为恶，说使之也。故有以聪明听说，则妄说者止；无以聪明听说，则尧、桀无别矣。此忠臣之所患也，贤者之所以废也。

【注释】

①白：锡所表现出的颜色。这里指锡。铜中加锡可增加合金硬度。

②黄：铜所表现出的颜色。这里指铜。牣：通"韧"。

③难(nàn)：诘责，反驳。

④锩(juǎn)：刀剑的刃卷曲。

⑤革:改变。

【译文】

相剑的人说:"色白表示剑坚硬,色黄表示剑柔韧,黄白相杂,就表示剑既坚硬又柔韧,就是好剑。"反驳的人说:"色白表示剑不柔韧,色黄表示剑不坚硬,黄白相杂,就表示剑既不坚硬又不柔韧。而且柔韧就会卷刃,坚硬就会折断,剑既易折断又易卷刃,怎么能算利剑?"剑的实质没有变化,而有的人认为好,有的人认为不好,这是人为的议论造成的。所以,如果能凭耳聪目明来听取议论,那么胡乱议论的人就得住口;不能凭耳聪目明听取议论,就会连尧和桀也分辨不清了。这正是忠臣对君主感到忧虑的地方,也是贤人之所以被废弃不用的原因。

义,小为之则小有福,大为之则大有福。于祸则不然,小有之不若其亡也①。射招者欲其中小也②,射兽者欲其中大也。物固不必,安可推也?

【注释】

①亡:通"无"。

②招:射箭的目标,箭靶。

【译文】

符合道义的事,小做就得到小福,大做就得到大福。灾祸则不是这样,有灾祸也不如没有灾祸。射靶子的人希望射中的目标越小越好,射野兽的人则希望射中的野兽越大越好。事物本来就不是固定不变的,怎么可以推知呢?

高阳应将为室家①,匠对曰:"未可也。木尚生,加涂其上,必将挠。以生为室,今虽善,后将必败。"高阳应曰:"缘子之言，则室不败也。木枯则益劲②，涂干则益轻，以益劲任益轻③，则不败。"匠人无辞而对，受令而为之。室之始成也善，其后果败。高阳应好小察，而不通乎大理也。

【注释】

①高阳应：宋人，姓高阳，名应。

②劲（jìng）：坚强有力。

③任：承担。

【译文】

　　高阳应将要建造房舍，木匠答复说："现在还不行。木料还湿，如果上面再加上泥，一定会被压弯。用湿木料盖房子，现时虽然很好，以后一定要倒塌。"高阳应说："照你所说，房子恰恰不会倒塌。木料干了就会更加结实有力，泥干了重量就会更轻，用越来越结实的木料承担越来越轻的泥，肯定不会倒塌。"木匠无言以对，只好奉命建造房舍。房子刚落成时很好，后来果然倒塌了。高阳应喜欢在小处明察，却不懂得大道理啊！

　　骥、骜、绿耳背日而西走①，至乎夕则日在其前矣。目固有不见也，智固有不知也，数固有不及也②。不知其说所以然而然，圣人因而兴制③，不事心焉④。

【注释】

①骥、骜（ào）：千里马。绿耳：良马名，传为周穆王八骏之一。

②数：术，道术。

③兴制：创订制度。

④事心：用心，指凭主观进行判断。

【译文】

　　骥、骜、绿耳等良马背朝太阳向西奔跑,到了傍晚,太阳在它们的前方。眼睛本来就有看不到的东西,智慧本来就有不明白的道理,道术本来就有达不到的地方。人们不知道一些事物的所以然,但它们确实就是这样。圣人就顺应自然创制制度,不在一时不懂的地方主观臆断。

有　度

【题解】

　　本篇论君道，主张君主要"有度"、"执一"。所谓"度"指的是准则，所谓"一"，指的是根本之道，即清静无为的性命之情。作者认为，君主只有坚持一定的准则，并通晓性命之情，才能正确地听言知人，去私心，行仁义。达到"无为而无所不为"的境地。

　　三曰：

　　贤主有度而听①，故不过。有度而以听，则不可欺矣，不可惶矣②，不可恐矣，不可喜矣。以凡人之知，不昏乎其所已知，而昏乎其所未知，则人之易欺矣，可惶矣，可恐矣，可喜矣，知之不审也。

【注释】

①度：法度，准则。

②惶：惶惑。

【译文】

第三：

　　贤明的君主坚持一定的准则听取议论,所以不犯错误。坚持一定的准则来听取议论,别人就不可以欺骗他了,不可以使他惶惑了,不可以使他恐惧了,不可以使他喜悦了。以普通人的智慧而论,不会在自己已经知道的事情上犯胡涂,而是在自己不知道的事情上犯胡涂。所以别人就容易欺骗他们了,就可以使他们惶惑了,可以使他们恐惧了,可以使他们喜悦了。这是对事物知道得不清楚造成的。

　　客有问季子曰①:"奚以知舜之能也?"季子曰:"尧固已治天下矣,舜言治天下而合己之符②,是以知其能也。""若虽知之③,奚道知其不为私④?"季子曰:"诸能治天下者,固必通乎性命之情者,当无私矣。"夏不衣裘,非爱裘也⑤,暖有余也。冬不用箑⑥,非爱箑也,清有余也⑦。圣人之不为私也,非爱费也⑧,节乎己也⑨。节己,虽贪污之心犹若止⑩,又况乎圣人?

【注释】

①季子:东户季子,传说尧时诸侯。

②符:道。

③若:你。

④道:由。

⑤爱:吝惜,舍不得。

⑥箑(shà):扇子。

⑦清:寒凉。

⑧费:费用,指财货。

⑨节:克制。

⑩犹若:犹然,尚且。

【译文】

有个客人问季子说:"尧根据什么知道舜有才能呢?"季子说:"尧本来已经治理好天下了,舜谈论治理天下的想法符合尧的道义,因此知道他有才能。"客人问:"你虽然知道他有才能,又根据什么知道他不会谋求私利呢?"季子说:"那些能治理天下的人,一定是通晓生命本性的人,应该是没有私心的了。"夏天不穿皮裘,并不是吝惜皮裘,而是因为温暖有余。冬天不用扇子,并不是吝惜扇子,而是因为寒凉有余。圣人不追求私利,并不是吝惜财货,而是因为要节制自己。如能节制自己,即使是贪心浊欲尚且能够抑止,又何况圣人呢?

许由非强也^①,有所乎通也^②。有所通则贪污之利外矣^③。孔墨之弟子徒属充满天下,皆以仁义之术教导于天下,然而无所行。教者术犹不能行,又况乎所教? 是何也?仁义之术外也^④。夫以外胜内^⑤,匹夫徒步不能行^⑥,又况乎人主? 唯通乎性命之情,而仁义之术自行矣。

【注释】

①强(qiǎng):勉强。

②有所乎通:指对"性命之情"有所通晓。乎,于。

③外:排除,抛弃。

④外:外在的,不是本性所具有的。

⑤内:内在的,指私欲。

⑥徒步:徒步行走的人,指平民。

【译文】

许由辞让天下并不是勉强做出来的,而是因为对生命本性有所通晓。有所通晓,就会屏弃贪婪污浊之利了。孔丘墨翟的弟子门徒布满天下,他们都用仁义之道教导天下的人,但是他们的主张在哪个地方也得不到推行。作为施教者的孔丘墨翟尚且不能使自己的主张得以推行,又何况被他们教导的弟子? 这是什么缘故呢? 因为仁义之道是外在的。用外在的仁义克服内在的私心,平民百姓尚且做不到,又何况君主! 只要通晓了生命的本性,仁义之道才能得以自然推行。

先王不能尽知,执一而万物治^①。使人不能执一者,物感之也。故曰:通意之悖^②,解心之缪^③,去德之累,通道之塞。贵富显严名利^④,六者悖意者也。容动色理气意^⑤,六者缪心者也。恶欲喜怒哀乐,六者累德者也。智能去就取舍,六者塞道者也。此四六者不荡乎胸中则正^⑥。正则静,静则清明^⑦,清明则虚,虚则无为而无不为也。

【注释】

①一:根本之道,这里指清虚无为的"性命之情"。

②悖:惑乱。

③缪(liǎo):缠绕。

④严:威。

⑤理:辞理。

⑥正:指思想纯正。

⑦清明:清净明澈。

【译文】

先王不能无所不知,他们坚守根本之道,就把天下万物治理好了。使人不能执守根本之道的原因,是外物的扰动。所以说,要疏通思想上的惑乱,解开心志上的纠结,去掉德行上的拖累,打通大道上的阻塞。高贵、富有、显荣、威严、声名、财利,这六种东西是惑乱思想的。容貌、举止、神情、辞理、意气、情意,这六种东西是缠绕心志的。嫌恶、爱恋、欣喜、愤怒、悲伤、欢乐,这六种东西是拖累德行的。智慧、才能、背离、趋就、择取、舍弃,这六种东西是阻塞大道的。这四个方面各六种东西不在心中扰动,思想就纯正了。纯正就会平静,平静就会清净明澈,清净明澈就会虚无,做到虚无就会无为而又无所不为了。

分　职

【题解】

本篇也是讲君道的。文章多方设喻、反复申说,君臣各有其职,善于为君的,应该执守"无智、无能、无为",做到"用非其有如已有之"。如果君主事事都强力疾作,"处人臣之职",结果必然会"壅塞"。

四曰:

先王用非其有如己有之①,通乎君道者也。夫君也者,处虚素服而无智②,故能使众智也。智反无能③,故能使众能也。能执无为,故能使众为也。无智无能无为,此君之所执也。人主之所惑者则不然。以其智强智④,以其能强能,以其为强为。此处人臣之职也。处人臣之职,而欲无壅塞,虽舜不能为。

【注释】

①非其有:不是自身所有的东西,指下文的"众智"、"众能"、"众为"。

②处虚:居于清虚。素服:疑当作"服素",执守素朴,即返朴归真的

意思。服，执，持。无智：大智若愚之意。

③反：同"返"，回归。无能：大巧若拙之意。

④强（qiǎng）：勉强。

【译文】

第四：

先王使用不是自身所有的东西就像自己所有的一样，这是因为他们通晓为君之道。君主这种人，居于清虚，执守素朴，看来没有什么智慧，所以能使用众人的智慧。智慧回归到无所能的境地，所以能使用众人的才能。能执守无所作为的原则，所以能使用众人的作为。这种无智、无能、无为，是君主所执守的。君主中的胡涂人却不是这样。他们硬凭自己有限的智慧逞聪明，硬凭自己有限的才能逞能干，硬凭自己有限的作为做事情。这是使自己处于人臣的职位。君主处于人臣的职位，又想不耳目闭塞，即使是舜这样的圣人也办不到。

武王之佐五人①，武王之于五人者之事无能也，然而世皆曰：取天下者武王也。故武王取非其有如己有之，通乎君道也。通乎君道，则能令智者谋矣，能令勇者怒矣②，能令辩者语矣。夫马者，伯乐相之，造父御之，贤主乘之，一日千里。无御相之劳而有其功，则知所乘矣③。今召客者，酒酣，歌舞鼓瑟吹竽，明日不拜乐己者④，而拜主人，主人使之也。先王之立功名有似于此。使众能与众贤，功名大立于世，不予佐之者，而予其主，其主使之也。譬之若为宫室，必任巧匠，奚故？曰：匠不巧则宫室不善。夫国，重物也，其不善也岂特宫室哉！巧匠为宫室，为圆必以规，为方必以矩，为平直必以准绳。功已就，不知规矩绳墨，而赏匠巧匠之⑤。宫室已成，不知巧匠，而皆曰："善，此某君、某王之宫室也。"此不可不察也。

人主之不通主道者则不然。自为人则不能^⑥，任贤者则恶之，与不肖者议之。此功名之所以伤，国家之所以危。

【注释】

①五人：周公旦、召（shào）公奭（shì）、太公望、毕公高、苏公忿生。

②怒：振奋。

③所乘：乘车的原则。

④乐己者：指歌舞弹唱的倡优。

⑤而赏匠巧匠之：此句当作"而赏巧匠也"，第一个"匠"字为衍文，"之"字当作"也"。

⑥人：当作"之"。

【译文】

　　周武王的辅佐大臣有五个人，武王对于这五个人的职事一样也做不来，但世上都说取得天下的是武王。武王取用不是他自身所有的东西就像自己所有的一样，这是通晓为君之道啊！通晓为君之道，就能让聪明的人谋划了，就能让勇武的人振奋了，就能让善于言辞的人议论了。譬如马，伯乐这种人相察它，造父这种人驾御它，贤明的君主乘坐它，可以日行千里。没有相察和驾御的辛劳，却有一日千里的功效，这就是知道乘马之道了。譬如召请客人，饮酒酣畅之际，倡优歌舞弹唱，第二天，客人不拜谢使自己快乐的倡优，而拜谢主人，因为是主人命他们这样做的。先王建立功名与此相似。使用众多能人和贤人，在世上功名卓著，人们不把功名归于辅佐他的人，而归于君主，因为是君主使辅臣这样做的。又譬如建造宫室一定要任用巧匠，什么缘故呢？回答是：工匠不巧，宫室就造不好。国家是极重要的东西，如果国家治理不好，所带来的危害岂止是宫室建造不好那样呢！巧匠建造宫室的时候，画圆一定要用圆规，画方一定要用矩尺，取平直一定要用水准墨线。事情完成以后，主人不知圆规、矩尺和水准墨线，只是赏赐巧匠。宫室造好以后，人们不知巧匠，而都说："造得好，这是某某君主、某某帝王的宫室。"这个道理是不可不明察的。君主中不通晓为君之道的人则不是这样。自己去做又做不了，任用贤者又厌恶他们，跟不肖的人议论他们。这是功名之所以毁败、国家之所以倾危的原因。

枣，棘之有；裘，狐之有也。食棘之枣，衣狐之皮，先王固用非其有而已有之^①。汤武一日而尽有夏商之民，尽有夏商之地，尽有夏商之财。以其民安，而天下莫敢之危^②；以其地封^③，而天下莫敢不说；以其财赏，而天下皆竞^④。无费乎郢与岐周^⑤，而天下称大仁，称大义，通乎用非其有。

【注释】

①而：如。

②莫敢之危：没有人敢危害他。

③封：分土地给诸侯或臣子。

④竞：进，奋发努力。

⑤郢（yī）：商汤统一天下前所在封国的国名。

【译文】

枣子是酸枣树结的，皮裘是狐皮做的。而人们吃酸枣树结的枣子，穿狐皮做的皮裘，先王本来就是把不是自身所有的当作自己所有的来使用。商汤、周武王在短短的时间内就完全占有了夏、商的百姓，完全占有了夏、商的土地，完全占有了夏、商的财富。他们凭借夏、商的百姓安定自身，天下没有人敢危害他们；他们利用夏、商的土地分封诸侯，天下没有人敢表示不悦；他们利用夏、商的财富赏赐臣下，天下人都争相效力。没有耗费自己封邑一点东西，可是天下都称颂他们大仁，称颂他们大义，这是因为他们通晓了使用不是自身所有的东西的道理。

　　白公胜得荆国^①，不能以其府库分人。七日，石乞曰^②："患至矣，不能分人则焚之，毋令人以害我。"白公又不能。九日，叶公入^③，乃发太府之货予众^④，出高库之兵以赋民^⑤，因攻之。十有九日而白公死。国非其有也，而欲有之，可谓至贪矣。不能为人^⑥，又不能自为^⑦，可谓至愚矣。譬白公之嗇，若枭之爱其子也^⑧。

【注释】

①白公胜：春秋楚人，楚平王太子建之子，惠王十年（前479）作乱，杀令尹、司马，后事败自杀。

②石乞：白公胜的党羽。

③叶公：楚叶县大夫沈诸梁。

④发：打开。太府：国家储藏财物的仓库。货：财物。

⑤高库：国家盛兵车武器的仓库。赋：分发。

⑥为（wèi）人：指以府库分人，为人谋利。

⑦自为（wèi）：指焚烧府库以防他人用以危害自己。

⑧枭（xiāo）：猫头鹰。据说枭子长大后食其母。白公胜爱惜财物，反被敌方利用而招致杀身之祸，就像猫头鹰爱其子而终于被其子吃掉一样。

【译文】

　　白公胜作乱，控制了楚国，舍不得把楚国仓库的财物分给别人。过了七天，石乞说："祸患就要到了，舍不得分给别人就把它烧掉，不要让别人利用它来危害我们。"白公胜又舍不得这样做。到了第九天，叶公进入国都，就打开太府将财物发放给民众，拿出高库的兵器分配给百姓，借以进攻白公。到了第十九天，白公失败身死。国家不是自己所有的，却想占有它，可以说是贪婪到极点了。占有了国家，不能用来为别人谋利，又不能用来为自己谋利，可以说是愚蠢到极点了。拿白公的吝啬打个比喻，就像猫头鹰疼爱自己的子女而最后反被子女吃掉一样。

卫灵公天寒凿池①，宛春谏曰②："天寒起役③，恐伤民。"公曰："天寒乎？"宛春曰："公衣狐裘，坐熊席，陬隅有灶④，是以不寒。今民衣弊不补，履决不组⑤，君则不寒矣，民则寒矣。"公曰："善。"令罢役。左右以谏曰："君凿池，不知天之寒也，而春也知之。以春之知之也而令罢之，福将归于春也，而怨将归于君。"公曰："不然。夫春也，鲁国之匹夫也，而我举之，夫民未有见焉。今将令民以此见之。曰春也有善于寡人有也⑥，春之善非寡人之善欤？"灵公之论宛春，可谓知君道矣。

【注释】

①卫灵公：春秋卫国君，姓姬，名元，公元前534年—前493年在位。
②宛春：卫灵公臣。
③起役：兴工。役，劳役，这里指土木工程。
④陬（zōu）、隅（yú）：角落。
⑤决：裂开。组：编织。
⑥曰：当作"且"。于：如。

【译文】

卫灵公让民众在天气寒冷时开凿池塘，宛春劝谏说："天气寒冷时开工，恐怕伤害百姓。"灵公说："天气寒冷吗？"宛春说："您穿着狐皮裘，坐着熊皮席，屋角又有火灶，所以不觉得寒冷。如今百姓衣服破旧不得缝补，鞋子裂开了不得编织，您是不冷了，百姓可冷呢！"灵公说："你说得好。"就下令停止工程。侍从们劝谏说："您下令开凿池塘，不知道天气寒冷,宛春却知道。因为宛春知道就下令停止工程,恩德将归于宛春,而怨恨将归于您。"灵公说:"不是这样。宛春只是鲁国的一个平民,我举用了他,百姓对他还没有什么了解。现在要让百姓通过这件事了解他。而且宛春有善行就如同我有一样,宛春的善行不就是我的善行吗?"灵公这样议论宛春,可算是懂得为君之道了。

　　君者固无任,而以职受任^①。工拙^②,下也^③;赏罚,法也;君奚事哉? 若是则受赏者无德,而抵诛者无怨矣^④,人自反而已^⑤。此治之至也。

【注释】

①职:指臣下的职位。受:同"授",给予。

②工:巧。

③下:臣下。

④抵诛:因犯罪而处死。抵,抵挡罪过。臣下分职既定,赏罚都依法而行,并无君主个人爱憎于其中,所以说"无德"、"无怨"。

⑤自反:反躬求己,自省。

【译文】

　　做君主的人,本来就没有具体职责,而是要根据臣下的职位委派他们责任。事情做得好坏,由臣下负责;该赏该罚,由法律规定。君主何必亲自去做呢? 像这样,受赏的人就无须感激谁,被处死的人也无须怨恨谁,人人都反躬自省就够了。这是治理国家最高明的做法。

处　方

【题解】

“处方”，意为使臣民各居其分。“方”即《季春纪·圜道》篇“天道圜，地道方”、“君执圜，臣处方”之“方”。本篇旨在言臣道，故以“处方”名篇。文章开篇名义，指出“凡为治必先定分”。所谓“定分”即确定上下尊卑的等级名分。作者反复强调“定分”的重要，把它视为治国之本，认为只有君臣父子夫妇各安其分，社会才能安定。

五曰：

凡为治必先定分①：君臣父子夫妇②。君臣父子夫妇六者当位，则下不逾节而上不苟为矣，少不悍辟而长不简慢矣③。金木异任④，水火殊事⑤，阴阳不同，其为民利一也。故异所以安同也，同所以危异也⑥。同异之分，贵贱之别，长少之义⑦，此先王之所慎，而治乱之纪也⑧。

【注释】

①分（fèn）：名分，职分。

②君臣父子夫妇：这是解释“定分”的具体内容，所谓定分，就是确

定这六者的名分。

③悍：凶暴。辟：同"僻"，奸邪。简慢：怠惰轻忽。

④任：职责，这里指功用，与下句"事"同义。

⑤事：职务，这里指用途。

⑥"故异"二句：同：同一，这里指人的共同欲望。异：差异，这里指
　人贵贱尊卑的不同等级。所谓异安同，指不同的等级名分才能
　保证人们的欲望得到适当满足；所谓同危异，意指放纵人们的欲
　望就会危害贵贱尊卑的等级名分。

⑦义：宜，这里指适当的关系。

⑧纪：关键。

【译文】

第五：

　　凡治国一定要先确定名分，使君臣父子夫妇名实相副。君臣父子
夫妇六种人各居其位，那么地位低下的就不会超越礼法，地位尊贵的就
不会随意而行了，晚辈就不会凶暴邪僻，长者就不会怠惰轻忽了。金和
木功用各异，水和火用途有别，阴和阳性质不同，但它们作为对人们有
用之物则是相同的。所以说，差异是保证同一的，而同一是危害差异
的。同一和差异的区分，尊贵和卑贱的区别，长辈和晚辈的伦理，这是
先王所慎重的，是国家太平或者混乱的关键。

　　今夫射者仪毫而失墙①，画者仪发而易貌②，言审本也。
本不审，虽尧舜不能以治。故凡乱也者，必始乎近而后及
远，必始乎本而后及末。治亦然。故百里奚处乎虞而虞亡，
处乎秦而秦霸；向挚处乎商而商灭③，处乎周而周王。百里
奚之处乎虞，智非愚也；向挚之处乎商，典非恶也④：无其本
也。其处于秦也，智非加益也；其处于周也，典非加善也：有

其本也。其本也者,定分之谓也。

【注释】

①仪:察。亳:亳毛,比喻细微之物。

②易貌:忽略容貌。此句和上句都是谨小而失大的意思。

③向挚:商朝太史令,谏纣不听而归周,周武王采用他的建议而称王天下。

④典:指太史所掌的国家法典。

【译文】

如今射箭的人,仔细观察毫毛而看不见墙壁;画画的人,仔细观察毛发而忽略容貌。这是说应该审察根本。根本的东西不审察清楚,即使尧舜也不能治理好天下。所以凡是祸乱,一定先从身边产生而后延及远处,一定先从根本产生而后延及微末。国家太平也是如此。百里奚处在虞国而虞国灭亡,处在秦国而秦国称霸;向挚处在殷商而殷商覆灭,处在周国而周国称王。百里奚处在虞国的时候,他的才智并非愚笨;向挚处在殷商的时候,他所掌管的典籍并非不好。虞、商之所以灭亡,是因为没有治国之本。百里奚处在秦国的时候,他的才智并没有进一步增加;向挚处在周国的时候,他所掌管的典籍并没有进一步完善。秦、周之所以兴盛,是因为具有治国之本。所谓治国之本,说的就是确定名分啊!

齐令章子将而与韩魏攻荆①,荆令唐蔑将而应之②。军相当③,六月而不战。齐令周最趣章子急战④,其辞甚刻⑤。章子对周最曰:"杀之免之,残其家,王能得此于臣。不可以战而战,可以战而不战,王不能得此于臣。"与荆人夹泚水而军⑥。章子令人视水可绝者⑦,荆人射之,水不可得近。有刍水旁者⑧,告齐候者曰⑨:"水浅深易知。荆人所盛守,尽其浅者也;所简守,皆其深者也。"候者载刍者,与见章子。章子甚喜,因练卒以夜奄荆人之所盛守⑩,果杀唐篾。章子可谓知将分矣。

【注释】

①章子:战国时人,齐威王、宣王时为将。

②唐篾:楚怀王将。

③当:面对,对峙。

④周最:战国周人,纵横家。趣(cù):通"促",催促。

⑤刻:尖刻,严峻。

⑥沘(bǐ)水:安徽淠河的古称,发源于沘山,北入淮河。军:驻军。

⑦绝:横渡。

⑧刍(chú):割草。

⑨候:伺探,侦察。

⑩奄:通"掩",突袭。

【译文】

　　齐王命令章子率兵与韩魏两国联合攻楚,楚命唐篾率兵应敌。两军对峙,六个月不交战。齐王命周最催促章子迅速开战,言辞非常尖刻。章子回答周最说:"杀死我,罢免我,杀戮我的全族,这些大王对我都可以做到;不可交战而硬要交战,可以交战而不去交战,这些,大王在我这里办不到。"齐军与楚军隔沘水驻军对垒。章子派人察看河水可以横渡之处,楚军放箭,派去侦察的人无法靠近河边。有一个人在河边割草,告诉齐军的侦察人员说:"河水的深浅很容易知道。凡是楚军防守严密的,都是水浅的地方;防守粗疏的,都是水深的地方。"齐军的侦察人员让割草的人上车,和他一起来见章子。章子非常高兴,于是就乘着黑夜用精兵突袭楚军严密防守的地方,果然大胜,杀死了唐篾。章子可说是知道为将的职分了。

　　韩昭釐侯出弋①，靷偏缓②。昭釐侯居车上，谓其仆③：
"靷不偏缓乎？"其仆曰："然。"至，舍④，昭釐侯射鸟，其右摄
其一靷⑤，适之。昭釐侯已射，驾而归。上车，选间⑥，曰："乡
者靷偏缓，今适，何也？"其右从后对曰："今者臣适之。"昭釐
侯至，诘车令⑦，各避舍⑧。故擅为妄意之道，虽当，贤主不
由也。

【注释】

①弋（yì）：以带有丝线的箭射鸟，这里泛指射猎。

②靷（yǐn）：骖马拉车所用的皮带。偏缓：骖马居于服马两侧，偏缓
　　指一侧的皮带松了。

③仆：车夫。

④舍：车停下来。

⑤右：车右。摄：收束，结系。

⑥选间：一会儿。

⑦诘（jié）：责问。车令：官名，负责管理君主所乘车马。"靷偏缓"
　　是车令失职，所以责问他。

⑧各：指车令和车右。避舍：离开住室而露宿于外，这是惶恐请罪
　　的表示。车令失职，车右侵职，都是不守其分，所以避舍请罪。

【译文】

　　韩昭釐侯外出射猎，边马拉车的皮带有一侧松了。昭釐侯在车上，
对他的车夫说："皮带不是有一侧松了吗？"车夫说："是的。"到了猎场，
车停了下来，昭釐侯去射鸟，他的车右把那侧松了的皮带收紧，使它长
短适宜。昭釐侯射猎结束，驾车回去，上车以后，过了一会儿，说："先前
皮带有一侧松了，现在长短适宜，这是怎么回事？"他的车右从身后回答
说："刚才我把它调整合适了。"昭釐侯回到朝中，就此事责问车令，车令

和车右都惶恐地退避请罪。所以,擅自行动、凭空猜测的做法,即使恰当,贤主也不会应允。

今有人于此,擅矫行则免国家①,利轻重则若衡石②,为方圜则若规矩③,此则工矣巧矣,而不足法。法也者,众之所同也,贤不肖之所以其力也④。谋出乎不可用,事出乎不可同,此为先王之所舍也。

【注释】

①矫(jiǎo)行:假托君命所采取的行动。矫,假托。

②利:当为"制"字之误。制,裁断,确定。衡石:对衡器的通称。衡,测定重量的器具。石,重量单位,一百二十斤为一石。

③圜:同"圆"。

④以:用。

【译文】

假如有这样一个人,擅自假托君命行事可使国家免于祸患,判断轻重可以像衡器那样准确,画方圆可以像用圆规矩尺那样标准,这种人精巧是很精巧,但是不值得效法。所谓法,是众人共同遵守的,是使贤与不肖都竭尽其力的。计谋想出来而不能采用,事情做出来而不能普遍推行,这是先王所舍弃的。

慎 小

【题解】

本篇旨在告诫君主要慎于小事,防微杜渐。文章列举了卫献公、卫庄公、齐桓公、吴起等人的事例,反复说明,慎于小事,就会取信于民,取贤名于天下;对小事不慎,就可能酿成杀身失国的大祸。

六曰:

上尊下卑。卑则不得以小观上。尊则恣,恣则轻小物,轻小物则上无道知下,下无道知上。上下不相知,则上非下,下怨上矣。人臣之情,不能为所怨;人主之情,不能爱所非。此上下大相失道也。故贤主谨小物以论好恶。

【译文】

第六:

主上地位尊贵,臣下地位卑贱。地位卑贱就不能通过小事观察主上。地位尊贵就会骄恣,骄恣就会忽视小事,忽视小事,主上就没有途径了解臣下,臣下也没有途径了解主上。上下互相不了解,主上就会责怪臣下,臣下就会怨恨主上了。就人臣的常情来说,不能为自己所怨恨的君主尽忠竭力；就君主的常情来说，也不能喜爱自己所责怪的臣下。这样，主上和臣下就大大地违背了君臣的道义。所以贤明的君主慎重对待小事，以表明自己的爱憎。

巨防容蝼^①，而漂邑杀人；突泄一熛^②，而焚宫烧积^③；将失一令，而军破身死；主过一言，而国残名辱，为后世笑。

【注释】

①防：堤。

②突：烟囱。熛（biāo）：迸飞的火花。

③积：积聚，指粮食财物。

【译文】

大堤中伏藏一只蝼蛄，就会引起水灾，冲毁城邑，淹死民众。烟囱里漏出一个火星，就会引起大火，焚毁宫室，烧掉积聚。将军下错一道命令，就会招致兵败身死。君主说错一句话，就会导致国破名辱，被后世讥笑。

卫献公戒孙林父、宁殖食^①。鸿集于囿^②，虞人以告^③，公如囿射鸿。二子待君，日晏^④，公不来至。来，不释皮冠而见二子^⑤。二子不说，逐献公，立公子黚^⑥。

【注释】

①卫献公：春秋卫国君，名衎（kàn），公元前576年即位，前559年被
　逐出亡，前547年又返国复位，前544年卒。戒：告诫，叮嘱，这里
　是相约的意思。孙林父（fǔ）、宁殖：都是卫大夫，又称孙文子、宁
　惠子。

②鸿：大雁。囿：天子诸侯畜养禽兽以供打猎的地方。

③虞人：管理苑囿的官吏。

④晏：晚。

⑤皮冠：田猎时戴的用白鹿皮制成的帽子。按照礼节，国君见臣属应脱去皮冠，"不释皮冠"是一种不礼貌的举动。

⑥公子黚（qián）：据《左传》，二人所立为献公之弟公孙剽，即卫殇公，《史记·卫世家》则谓"立定公弟秋为卫君"。

【译文】

卫献公约孙林父、宁殖吃饭。正巧有雁群落在苑囿，虞人报告给献公，献公就去苑囿射雁。孙林父、宁殖两个人等待国君，天色已晚，献公还不回来。回来以后，又连皮冠也不摘就去见孙林父和宁殖。二人很不高兴，就驱逐了献公，立公子黚为君。

卫庄公立①，欲逐石圃②。登台以望，见戎州，而问之曰："是何为者也？"侍者曰："戎州也。"庄公曰："我姬姓也③，戎人安敢居国？"使夺之宅，残其州。晋人适攻卫，戎州人因与石圃杀庄公，立公子起④。此小物不审也。人之情，不蹶于山而蹶于垤⑤。

【注释】

①卫庄公：春秋末卫国君，卫灵公之子，名蒯聩（kuǎikuì），公元前534年—前493年在位。

②石圃：卫大夫。

③姬姓：周王室之姓。卫国祖先卫康叔为周武王之弟，卫为姬姓国。这里庄公是说自己为周宗室，地位尊贵。

④公子起：卫灵公之子，卫庄公弟，名起。

⑤蹷:跌倒。垤(dié):蚁封,蚂蚁做窝时堆在穴口的小土堆。

【译文】

卫庄公立为国君,打算驱逐石圃。有一次,他登上高台远望,看到了戎州,就问道:"这是做什么的?"侍从说:"这是戎州。"庄公说:"我和周天子同为姬姓,戎人怎么敢住在我的国家!"于是派人抢夺了戎人的住宅,毁坏了他们的州邑。这时恰好晋国攻卫,戎州人乘机跟石圃一起杀死了庄公,立公子起为君。这就是对小事不谨慎造成的。人之常情都是如此,谁也不会被高山绊倒,却往往会被小小的土堆绊倒。

　　齐桓公即位,三年三言,而天下称贤,群臣皆说:去肉食之兽,去食粟之鸟,去丝罝之网①。

【注释】

①罝(jū):捕兽的网。

【译文】

　　齐桓公即位以后,三年只说了三句话,天下人都称颂他的贤德,群臣也都很高兴。这三句话是:去掉苑囿中吃肉的野兽,去掉宫廷中吃粮食的鸟雀,去掉用丝编织的兽网。

　　吴起治西河①,欲谕其信于民,夜日置表于南门之外②,令于邑中曰:"明日有人偾南门之外表者③,仕长大夫④。"明日日晏矣,莫有偾表者。民相谓曰:"此必不信。"有一人曰:"试往偾表,不得赏而已,何伤?"往偾表,来谒吴起。吴起自见而出,仕之长大夫。夜日又复立表,又令于邑中如前。邑人守门争表,表加植⑤,不得所赏。自是之后,民信吴起之赏罚。赏罚信乎民,何事而不成,岂独兵乎?

【注释】

①西河：战国魏地，地在黄河以西。在今陕西大荔。

②夜日：前一天。表：木柱。

③偾（fèn）：仆倒。

④长（zhǎng）大夫：上大夫，古官名。

⑤植：树立。

【译文】

吴起治理西河，想向百姓表明自己的信用，就派人前一天在南门外树起一根木柱，对全城百姓下令说："明天如果有人把南门外的木柱扳倒，就任用他做长大夫。"第二天直到天黑，也没有人去扳倒木柱。人们一起议论说："这话一定不是真的。"有一个人说："我去试试把木柱扳倒，最多得不到赏赐罢了，有什么妨害？"这个人去扳倒了木柱，来禀告吴起。吴起亲自接见他，把他送出来，任用他为长大夫。而后又在前一天立起木柱，像前一次一样又对全城百姓下了命令。全城人都围在南门争相去扳木柱，木柱埋得很深，谁也没有得到赏赐。从此以后，百姓相信了吴起的赏罚。赏罚取信于百姓，什么事做不成？岂止是用兵呢！

士 容

【题解】

"士容"指士人的仪容风范。文章开篇即具体阐述了士人应该具有的仪容风范。而后通过捕鼠之狗、田骈论客、唐尚羞于为史等事例，赞美士人志存高远、"慎谨畏化，而不肯自足"、"取舍不说，而心甚素朴"的品格。

一曰：

士不偏不党①。柔而坚，虚而实②。其状朗然不儇③，若失其一④。傲小物而志属于大⑤，似无勇而未可恐狼⑥，执固横敢而不可辱害⑦。临患涉难而处义不越⑧，南面称寡而不以侈大⑨。今日君民而欲服海外，节物甚高而细利弗赖⑩。耳目遗俗而可与定世⑪，富贵弗就而贫贱弗竭⑫。德行尊理而羞用巧卫⑬，宽裕不訾而中心甚厉⑭，难动以物而必不妄折⑮。此国士之容也。

【注释】

①偏：偏私。党：结党。

②虚:空虚,指表面看来一无所知,一无所能。实:充实。

③朗然:心地光明的样子。朗,明亮。儇(xuān):乖巧。

④若失其一:好像忘记了他自身。这是形容精神专注沉寂。一,指自身。

⑤属(zhǔ):聚集,集中。

⑥恐狼:当为"恐猲(hè)"之误。恐猲:恐吓。

⑦执固:意志坚定,不可动摇。横(hèng)敢:犹勇敢。

⑧涉:经历。处(chǔ):守。越:失坠。

⑨侈大:骄恣,自大。侈,开张。

⑩节物:指士人的作为。赖:利,以为利。

⑪遗俗:超脱世俗,屏弃世俗之见。

⑫揭(qiè):离开,舍弃。

⑬卫:通"夔",诈伪。

⑭宽裕:指心胸开阔。訾(zǐ):诋毁。厉:飞扬,这里是高远的意思。

⑮折:折节,屈节。

【译文】

第一:

士人不偏私不结党。柔弱而又刚强,清虚而又充实。他们的仪表堂堂正正而不刁滑乖巧,好像忘记了自身的存在。他们藐视琐事而专心于远大目标,看似没有勇气却又不可恐吓威胁,坚定勇悍而不可污辱伤害。面对祸患、经历危难能够坚守正义、不失节操,南面称王也不傲慢恣睢。一旦君临天下就想要收服海外,行事高瞻远瞩而不热衷小利。视听超尘绝俗可以安定社会,不追求富贵不屏弃贫贱。德行尊重理义而羞于使用奸巧诈伪,胸怀宽广不诋毁他人而心志非常高远,难用外物打动而决不妄自屈节。这些就是国士的仪表风范。

齐有善相狗者,其邻假以买取鼠之狗①。期年乃得之,

曰:"是良狗也。"其邻畜之数年而不取鼠,以告相者。相者
曰:"此良狗也。其志在獐麋豕鹿,不在鼠。欲其取鼠也则
桎之②。"其邻桎其后足,狗乃取鼠。夫骥骜之气③,鸿鹄之
志,有谕乎人心者,诚也。人亦然,诚有之则神应乎人矣,言
岂足以谕之哉? 此谓不言之言也。

【注释】

①假:借,凭借。

②桎:束缚双足的刑具,这里指用器械束缚。

③骜(áo):良马名。

【译文】

　　齐国有个擅长相狗的人,邻居委托他买一条捕鼠的狗。过了整整
一年时间才买到,说:"这是一条好狗。"他的邻居喂养了好几年,狗却不
捕鼠,邻居把这种情况告诉给相狗的人。相狗的人说:"这是一条好狗。
它的志向在于猎取獐麋猪鹿,而不在捕鼠。想让它捕鼠就要把它的腿
束缚起来。"邻居拴住了狗的后腿,狗这才捕鼠。骥骜的气质,鸿鹄的心
志,能够使人们知晓,是因为具有这种气质和心志。人也是如此,确实
具备了,精神就能使别人感知了,言语哪能完全使人知晓呢? 这叫做不
言之言啊。

　　客有见田骈者①,被服中法②,进退中度③,趋翔闲雅④,
辞令逊敏⑤。田骈听之毕而辞之。客出,田骈送之以目。弟
子谓田骈曰:"客士欤?"田骈曰:"殆乎非士也。今者客所弆
敛⑥,士所术施也⑦;士所弆敛,客所术施也。客殆乎非士
也。"故火烛一隅,则室偏无光⑧。骨节蚤成⑨,空窍哭历⑩,
身必不长。众无谋方,乞谨视见⑪,多故不良⑫。志必不公,

不能立功。好得恶予，国虽大不为王，祸灾日至。故君子之容，纯乎其若钟山之玉^⑬，桔乎其若陵上之木^⑭；淳淳乎慎谨畏化^⑮，而不肯自足；乾乾乎取舍不俍^⑯，而心甚素朴。

【注释】

①田骈：战国道家人物。

②被（pī）服：穿戴，服饰。中（zhòng）：合。

③进退：指进退的礼节。

④趋翔：同"趋跄（qiāng）"，步履有节奏。闲雅：娴静文雅。

⑤逊敏：恭顺敏捷。

⑥弇（yǎn）敛：掩蔽收藏，这里指弃置不为。

⑦术施：申说施行。术，通"述"。

⑧偏：半。这两句是拘守小礼而忽视大节的意思。

⑨蚤：通"早"。

⑩空：通"孔"。哭历：空疏，不细密。

⑪视见，指外表。

⑫故：巧诈。

⑬纯：美好。钟山：昆仑山的别名。

⑭桔（jié）：挺直。

⑮淳淳：朴实敦厚的样子。化：教令。

⑯乾乾（qiánqián）：自强不息的样子。俍（tuō）：简易，轻忽。

【译文】

有个客人前来拜见田骈，服饰合于法式，进退合于礼仪，举止娴静文雅，言辞恭顺敏捷。田骈听他说完后，便把他打发走了。客人出去的时候，田骈一直注视着他。弟子们对田骈说："来客是位士人吧？"田骈说："恐怕不是士人啊！刚才来客掩藏收敛的地方，正是士人申说施行的地方；而士掩藏收敛的地方，也正是来客申说施行的地方，来客恐怕不是个士人啊!"所以,火光照亮一个角落,就有半间房屋没有光亮。骨骼过早长成,质地就疏松,身材一定长不高大。常人不谋求道义,只是拘谨于外部仪表,就会巧诈多端。心志如果不正,就不能建立功业。喜好聚敛而厌恶施舍,国家再大也不能统一天下,灾祸就会天天发生。所以,君子的仪容风范,像昆仑山的玉石一样美好,像高山上的大树一样挺拔。他们朴朴实实,言行谨慎,敬畏教令,而不敢骄傲自满;他们息强不息,取舍严肃不苟,而心地非常淳朴。

　　唐尚敌年为史①,其故人谓唐尚愿之,以谓唐尚。唐尚曰:"吾非不得为史也,羞而不为也。"其故人不信也。及魏围邯郸②,唐尚说惠王而解之围③,以与伯阳④,其故人乃信其羞为史也。居有间,其故人为其兄请,唐尚曰:"卫君死,吾将汝兄以代之。"其故人反兴再拜而信之⑤。夫可信而不信,不可信而信,此愚者之患也。知人情不能自遗⑥,以此为君,虽有天下何益? 故败莫大于愚。愚之患,在必自用⑦。自用则戆陋之人从而贺之⑧。有国若此,不若无有。古之与贤从此生矣⑨。非恶其子孙也,非徼而矜其名也⑩,反其实也⑪。

【注释】

①唐尚:战国时人。敌年:年龄相当,这里指年龄相当的人。史:负责起草、抄写文书的小官。

②魏围邯郸:据《史记·赵世家》,赵成侯二十一年(魏惠王十七年,前354),魏围邯郸,第二年攻占邯郸,成侯二十四年魏复以邯郸归赵。本书这里所说可能就是这件事。

③惠王:指魏惠王。

④伯阳：邑名，先属赵，赵惠文王时归魏，在今河南安阳西北。

⑤反兴：站起来转身退避。

⑥自遗：指丢弃自己的私欲。

⑦自用：固执自信，一味照自己想法而行。

⑧戆（zhuàng）：刚直而愚。陋：鄙陋无知。

⑨与贤：给予贤者，让贤。

⑩徼（yāo）：求。矜：夸耀。

⑪反：本，根据。

【译文】

　　唐尚的同龄人有的做了史官，他的旧友以为他希望做史官，就把消息告诉给了唐尚。唐尚说："我并不是没有机会做史官，而是感到羞耻不去做。"他的旧友并不相信。到了魏国围困邯郸的时候，唐尚通过劝说魏惠王解了邯郸之围，赵国就把伯阳邑赏给了唐尚。他的旧友这才相信他真的羞于做史官。过了一些日子，他的旧友来向唐尚为自己的哥哥请求官职。唐尚说："等卫国君主死了，我用你哥哥代替他。"他的旧友起身离席，退避再拜，竟然信以为真。可信的不相信，不可信的反倒相信，这是蠢人的通病。知道贪求私利是人之常情，自己却不能去掉这种欲望，靠这个做君主，即使据有天下，又有什么益处？所以没有比愚蠢更坏事的了。愚蠢的弊病，在于固执自信。固执自信，那些憨直无知的人就会都来祝贺他。像这样据有国家，还不如没有。古代君主让贤的事情就是由此产生的。让贤的君主并不是憎恶自己的子孙，也不是追求和夸耀让贤的名声，而是基于实际情况才这样做的。

务　大

【题解】

"务大"即致力于大事。文章指出,个人的荣辱取决于国家的安危,所以,人臣应该首先致力于为国家建功立业,而不应像燕雀那样只顾追求个人的安乐,否则就会"欲荣而逾辱","欲安而逾危"。"务大"的另一层意义,在于要追求远大的目标,那样,即使"大义之不成",结果也不定会"既有成已"。

本篇主题和部分段落与《有始览·谕大》篇同。

二曰:

尝试观于上志①,三王之佐②,其名无不荣者,其实无不安者,功大故也。俗主之佐,其欲名实也与三王之佐同,其名无不辱者,其实无不危者,无功故也。皆患其身不贵于其国也,而不患其主之不贵于天下也,此所以欲荣而逾辱也,欲安而逾危也。

【注释】

①上志:古代的文献记载。

②三王:夏、商、周三代的开国君主,禹、汤、文、武。

【译文】

第二:

试看古代记载,禹、汤、文、武的辅佐之臣,他们的名声没有不荣耀的,他们的地位没有不安稳的,这是由于功劳大的缘故。平庸君主的辅佐之臣,他们希望获得荣耀的名声和安稳的地位,这和三王的辅佐之臣是相同的,但他们的名声没有不耻辱的,他们的地位没有不危险的,这是因为没有功劳的缘故。他们都担心自身在国内不显贵,却不担心他们的君主在天下不显贵,这是他们希望荣耀反而更加耻辱、希望安定反而更加危险的原因。

孔子曰:"燕爵争善处于一屋之下①,母子相哺也,区区焉相乐也②,自以为安矣。灶突决③,上栋焚,燕爵颜色不变,是何也? 不知祸之将及之也,不亦愚乎! 为人臣而免于燕爵之智者寡矣。夫为人臣者,进其爵禄富贵,父子兄弟相与比周于一国④,区区焉相乐也,而以危其社稷,其为灶突近矣,而终不知也,其与燕爵之智不异。"故曰:天下大乱,无有安国;一国尽乱,无有安家;一家尽乱,无有安身。此之谓也。故细之安必待大,大之安必待小。细大贱贵交相为赞⑤,然后皆得其所乐。

【注释】

①爵:通"雀"。

②区区:怡然自得的样子。

③突:烟囱。决:缺,裂。

④比周:结党营私。

⑤赞:助。

【译文】

孔子说:"燕雀争相在屋檐下找好地方筑巢,母鸟喂养着小鸟,怡然自得地一起嬉戏,自以为很安全了。即使烟囱破裂,头上的房梁燃烧起来,燕雀仍然面不改色,这是什么缘故呢?是因为它们不知道灾祸将延及自身啊!这不是很愚蠢的吗!做臣子的,能够避免燕雀这种见识的人太少了。那些做臣子的,只顾增益自己的爵禄富贵,父子兄弟一起在国中结党营私,怡然自得地一起游乐,以此危害他们的国家,他们离烟囱很近了,但始终察觉不到,这同燕雀的见识没有什么区别。"所以说,天下大乱,就没有安定的国家;国家大乱,就没有安定的家室;家室大乱,就没有安定的自身。说的就是上述情况。所以,局部的安定,一定要靠全局的安定;全局的安定,也一定要靠局部的安定。全局和局部、尊贵和卑贱相辅相成,然后都各得其乐。

薄疑说卫嗣君以王术①,嗣君应之曰:"所有者千乘也,愿以受教。"薄疑对曰:"乌获举千钧,又况一斤②?"杜赫以安天下说周昭文君③,昭文君谓杜赫曰:"愿学所以安周。"杜赫对曰:"臣之所言者不可,则不能安周矣;臣之所言者可,则周自安矣。"此所谓以弗安而安者也。

【注释】

①薄疑:战国时人,曾居赵、卫等国。卫嗣君:战国卫国君,秦惠文王至秦昭王时期在位,其时卫国小如县,所以贬称"君"。

②"乌获"二句:比喻如果能行王术,那么治千乘之国就像能举千钧的乌获举一斤的重物那样容易。

③杜赫:战国时谋士,曾游说于东周、齐、楚等国。昭文君:战国时

东周国君。

【译文】

薄疑用统一天下的方略游说卫嗣君,卫嗣君对他说:"我拥有的只是个有着千辆兵车的小国,希望就此听取您的指教。"薄疑回答说:"乌获能够力举千钧,又何况举一斤呢?"杜赫用安定天下的方法游说周昭文君,昭文君对杜赫说:"我希望学习安定周国的方法。"杜赫回答说:"我所说的如果您做不到,那么周国也就不能安定;我所说的您做到了,那么周国自然就会安定了。"这就是所谓不去安定它而使它自然得以安定啊!

郑君问于被瞻曰①:"闻先生之义,不死君②,不亡君③,信有之乎?"被瞻对曰:"有之。夫言不听,道不行,则固不事君也。若言听道行,又何死亡哉?"故被瞻之不死亡也,贤乎其死亡者也。

【注释】

①郑君:指郑穆公,春秋郑国君。被瞻:郑人,曾事文公、穆公。
②死君:为君主而死。
③亡君:为君主出亡。

【译文】

郑君问被瞻说:"听说您的主张是不为君主而死,不为君主出亡,真的有这样的话吗?"被瞻说:"有。如果我的言论不被君主听从,主张不能得以实行,那么这本来就不算侍奉君主;如果言论能被听从,主张得以实行,君主自然身安,又哪里用得着为君主去死、为君主出亡呢?"所以,被瞻不为君主殉死出亡,胜过那些为君主殉死出亡的人。

　　昔有舜欲服海外而不成①，既足以成帝矣。禹欲帝而不成，既足以王海内矣。汤武欲继禹而不成，既足以王通达矣②。五伯欲继汤武而不成，既足以为诸侯长矣。孔墨欲行大道于世而不成，既足以成显荣矣。夫大义之不成，既有成已③，故务事大。

【注释】

①有：当作"者"（依王念孙说）。

②通达：指人力和舟车等交通工具能够到达的地方。

③已：矣。

【译文】

　　从前舜想要收服海外而没有成功，但已经足以成就帝业了；禹想要成就帝业而没有成功，但已经足以统一海内了；商汤周武想要继承禹的事业而没有成功，但已经足以统一人力舟车所能到达的地方了；五霸想继承商汤周武而没有成功，但已经足以做诸侯之长了；孔丘墨翟想在天下实行大道而没有成功，但已经足以成为显荣之人了。大事虽然没有成功，但已经有所成就了，所以一定要致力于大事。

上 农

"上农"的意思是尊尚农业,也就是重农。本篇旨在阐述农业生产的重要性和农业政策。作者认为,重农不只是为了获得土地生产之利,更重要的是可以使农民淳朴易用,安居死处。因此,重农实为消除动乱、富国强兵的根本,是一种重要的治国方略。作者正是从这一认识出发,提出了关于农业生产的各种政令,中心思想是要强本抑末,不违农时,以利于发展农业生产。

本篇与下面的《任地》、《辩土》、《审时》都是关于农业的论文,是现存最早的关于古代农业生产的文字材料。这几篇文章,对于研究吕不韦的重农思想,研究古代农业生产发展史和农学史,都有非常重要的价值。

三曰:

古先圣王之所以导其民者,先务于农。民农非徒为地利也,贵其志也。民农则朴,朴则易用,易用则边境安,主位尊。民农则重,重则少私义①,少私义则公法立,力专一。民农则其产复②,其产复则重徙,重徙则死其处而无二虑。民舍本而事末则不令③,不令则不可以守,不可以战。民舍本而事末则其产约④,其产约则轻迁徙,轻迁徙则国家有患皆有远志,无有居心。民舍本而事末则好智,好智则多诈,多诈则巧法令⑤,以是为非,以非为是。

【注释】

①义:通"议"。

②复:繁多。

③本:根本,指农业。末:末业,指工商。不令:不受令,不听从命令。

④约:简易。商人家产主要是金钱货物,较农民的土地农具易于搬迁。

⑤巧法令:在法令上耍机巧。

【译文】

第三:

古代圣王用来引导百姓的方略,首先是致力于农业。使百姓从事农业,不仅是为了土地生产之利,而且是为了陶冶他们的心志。百姓从事农业思想就会淳朴,淳朴就容易役使,容易役使边境就会安全,君主的地位就会尊崇。百姓从事农业就会持重,持重就会很少私下发表议论,私下议论少国家的法制就能确立,民力就能专一。百姓从事农业家产就繁多,家产繁多就难于迁徙,难于迁徙就会老死故乡而没有别的考虑。百姓舍弃农业而从事工商就会不听从命令,不听从命令就不能依靠他们防守,不能依靠他们攻战。百姓舍弃农业从事工商家产就简单,家产简单就易于迁徙,易于迁徙,国家遭遇患难就都有远走高飞的打算,没有安居之心。百姓舍弃农业从事工商,就会喜好耍弄智谋,喜好耍弄智谋行为就诡诈多端,诡诈多端就会在法令上投机取巧,把对的说成错的,把错的说成对的。

后稷曰①:"所以务耕织者,以为本教也②。"是故天子亲率诸侯耕帝籍田③,大夫士皆有功业④。是故当时之务⑤,农不见于国⑥,以教民尊地产也。后妃率九嫔蚕于郊,桑于公田,是以春秋冬夏皆有麻枲丝茧之功⑦,以力妇教也⑧。是故丈夫不织而衣,妇人不耕而食,男女贸功以长生⑨,此圣人之制也。故敬时爱日⑩,非老不休,非疾不息,非死不舍。

【注释】

①后稷曰:下面所引后稷之言当是古农书上的话,出自古农家的假托。

②本教:根本的教化。

③籍田:古代供帝王举行亲耕仪式的田地,其出产用于宗庙祭祀。

④功业:职事,这里指在举行籍田之礼时需要完成的劳动。《孟春纪》载籍田之礼,"天子三推,三公五推,卿诸侯大夫九推"。

⑤时:农时。

⑥见(xiàn):出现。国:这里指都邑。

⑦枲(xǐ):麻的雄株。功:事。

⑧力:致力,尽力。

⑨贸:交换。长(zhǎng)生:延续生命,生存。

⑩敬:慎。

【译文】

后稷说:"之所以要致力于耕织,是把它作为教化的根本。"因此天子亲自率领诸侯耕种籍田,大夫、士也都有各自的职事。因此当农忙的时候,农民不得在都邑出现,以此教育他们重视田地里的生产。后妃率领九嫔到郊外养蚕,到公田采桑,因而春夏秋冬都有绩麻缲丝等事情要做,以此致力于对妇女的教化。因此男子不织布却有衣穿,妇女不种田却有饭吃,男女交换劳动所得以维持生活,这是圣人的法度。所以,要慎守农时,爱惜光阴,不到年老不得停止劳作,不患疾病不得休息,不到死日不得弃舍农事。

上田夫食九人^①,下田夫食五人,可以益,不可以损。一人治之,十人食之,六畜皆在其中矣^②。此大任地之道也^③。

【注释】

①上田:上等田地。夫:成年男子,这里指一夫所耕之田。《司马法》:"亩百为夫。"食(sì):供养。

②六畜皆在其中:指把饲养的六畜也包括在内统一计算。古代耕牧结合,每个农夫配给的耕地数量相同,但上等田地配给的牧地少,下等田地配给的牧地多,以期每个农夫总的生产量(包括粮食、牲畜)相当。

③任地:使用土地。

【译文】

种上等田地,每个农夫要供养九个人,种下等田地,每个农夫要供养五个人,供养的人数只能增加,不能减少。总之,一个人种田,要供养十个人,饲养的各种家畜都包括在这一农夫的劳动之内,可以折合计算。这是充分利用土地的方法。

故当时之务,不兴土功,不作师徒^①,庶人不冠弁、娶妻、嫁女、享祀^②,不酒醴聚众^③;农不上闻^④,不敢私籍于庸^⑤:为害于时也。然后制野禁^⑥。苟非同姓,农不出御^⑦,女不外嫁^⑧,以安农也。野禁有五:地未辟易^⑨,不操麻,不出粪;齿年未长^⑩,不敢为园圃;量力不足,不敢渠地而耕^⑪;农不敢行贾;不敢为异事:为害于时也。然后制四时之禁⑫:山不敢伐材下木,泽人不敢灰僇⑬,缳网罝罦不敢出于门⑭,眾罟不敢入于渊⑮,泽非舟虞不敢缘名⑯:为害其时也。若民不力田,墨乃家畜⑰。国家难治,三疑乃极⑱。是谓背本反则,失毁其国。

【注释】

①作:兴。师徒:军队。

②冠(guàn)弁(biàn):指举行冠礼。弁,皮冠。古代男子二十岁时要举行冠礼,以示进入成年。享祀:祭祀。享,进献。

③酒醴:指置酒。醴,甜酒。

④上闻:赐爵的一种,得此爵则名字可通于官府。

⑤籍:通"藉(jiè)",借。庸:同"傭",雇工。"农不上闻,不敢私籍于庸"是为了使富裕农民也不脱离劳动。

⑥然后制野禁:此句疑为错简,当在下文"以安农也"句下,与"野禁有五"句相连。野禁,关于乡野的禁令。

⑦出御:从外地娶妻。御,娶妻。

⑧外嫁:古代男女同姓不婚,以上三句是规定男女嫁娶要在本地异姓中择偶,但如本地皆为同姓,则可不受此规定限制。

⑨辟易:整治。辟,耕垦。易,治。

⑩齿年:年龄。长(zhǎng):上年纪。

⑪渠:大,扩大。

⑫四时之禁:在各个季节所应遵守的禁令。

⑬灰:烧草木成灰。僇:通"戮",这里指割草。

⑭缳(huán):罗网。罝(jū):捕兽网。罦(fú):捕鸟网。

⑮眾(gū)、罟(gǔ):都是捕鱼的网。

⑯舟虞:官名,负责管理舟船。缘名:未详。译文姑参照李宝洤、夏
　纬瑛说。

⑰墨:通"没",没收。乃:略同"其"。畜:通"蓄",积蓄,财产。

⑱三:指农、工、商三类人。疑:通"拟",仿效。

【译文】

　　所以,当农忙的时候,不要大兴土木,不要进行战争。平民不举行加冠礼,不娶妻,不嫁女,不祭祀,不聚众饮宴。农民如果不是名字通于官府,就不得私自雇人代耕。因为这些事都妨害农时。如果不是因为同姓不婚的缘故,男子不从外地娶妻,女子也不出嫁到外地,以此让农民安定。然后制定关于乡野的禁令。乡野的禁令有五条:土地尚未整治,不得绩麻,不得扫除污秽;未上年纪,不得从事园囿中的劳动;估计力量不足,不得扩大耕地;农民不得经商;不得去做其他的事情。因为这些事都妨害农时。然后制定四季的禁令:不到适当季节,不得在山中伐木取材,不得在草泽地区烧灰割草,捕取鸟兽的罗网不得带出门外,鱼网不得下水,不是主管舟船的官员不得借口行船。因为这些事都妨害农时。如果百姓不尽力于农耕,就没收他们的家产。因为不这样做,农、工、商就会互相仿效,国家难于治理就会达到极点。这就叫做背离根本、违反法则,就会导致国家的毁灭。

　　凡民自七尺以上①,属诸三官②:农攻粟③,工攻器,贾攻货。时事不共④,是谓大凶。夺之以土功,是谓稽⑤,不绝忧唯⑥,必丧其秕⑦。夺之以水事,是谓籥⑧,丧以继乐⑨,四邻来虚⑩。夺之以兵事,是谓厉⑪,祸因胥岁⑫,不举铚艾⑬。数夺民时,大饥乃来。野有寝耒⑭,或谈或歌,旦则有昏⑮,丧粟甚多。皆知其末,莫知其本真。

【注释】

①七尺：指成年。古代尺小，七尺为成人身高。

②三官：指农、工、商三种职业。官，这里指职业、职事。

③攻：治，进行、从事某种工作。

④时：农时。事：农事。共：同，一致。

⑤稽：迟延，指延误农时。

⑥唯：通"惟"，思虑。

⑦秕（bǐ）：空的不饱满的子粒。

⑧籥（yuè）：通"瀹"，浸渍。这是一种比喻说法，意思是"夺之以水事"就像把农民浸泡在水里一样。

⑨丧以继乐：意思是，治水本是好事，但由于时间不对，结果使农民丧失收成。

⑩虚：当作"虐"。虐：残害。

⑪厉：虐害。

⑫胥岁：这里是整年连续不断的意思。胥，皆，尽。

⑬铚（zhì）：收割用的短镰。艾（yì）：通"刈"，收割。

⑭寝耒（lěi）：闲置不用的农具。耒，泛指农具。

⑮有：又。

【译文】

凡是百姓，自成年以上，就分别归属于农、工、商三种职业。农民生产粮食，工匠制作器物，商人经营货物。举措与农时不相适应，这叫做不祥之至。以大兴土木侵夺农时，这叫做"延误"，百姓就会忧思不断，田里一定连秕谷也收不到。以治理水患侵夺农时，这叫做"浸渍"，悲丧就会继欢乐之后来到，四方邻国就会来侵害。用进行战争侵夺农时，这叫做"虐害"，灾祸就会终年不断，用不着开镰收割。屡屡侵夺百姓农时，严重的饥荒就会发生。田中到处是闲置的农具，农民有的闲谈，有的唱歌，日以继夜，损失的粮食必定很多。人们都知道事物的末节，却没有谁知道重农这个根本。

任　地

【题解】

　　本篇及以下两篇都是总结具体农业生产技术和经验的,反映了当时对耕作技术的重视。

　　本篇重点论述如何使用土地。文章开篇提出了土质改造、灌溉、除草、耕作等十个问题,而后,具体论述了"耕之大方",反复强调了精耕细作、掌握农时的重要。

　　四曰:

　　后稷曰:子能以窒为突乎①?子能藏其恶而揖之以阴乎②?子能使吾土靖而咖浴土乎③?子能使保湿安地而处乎④?子能使雚夷毋淫乎⑤?子能使子之野尽为泠风乎⑥?子能使藁数节而茎坚乎⑦?子能使穗大而坚均乎⑧?子能使粟圜而薄糠乎⑨?子能使米多沃而食之强乎⑩?无之若何⑪?

【注释】

　　①窒(wā):同"洼",低洼。突:高出。

②藏:收藏。恶:这里指劣土。揖:让。之:指代前面所说的劣土。
　　阴:湿润,这里指湿润的土。

③靖:安,指土壤状况适宜。甽(quǎn):同"畎",田垄间的小水沟。
　　浴:指排水。

④保湿:指种子保持湿润。安地:与土地相适应,指种子埋在土中
　　深浅适宜。

⑤蕻:通"萑(huán)"。生于旱地的一种较小的苇子。夷:通"荑
　　(yí)",茅草。淫:蔓延滋长。

⑥泠(líng)风:和风。

⑦藁(gǎo):谷物的茎秆。数(shuò):密。

⑧坚均:坚实均匀。

⑨粟圜:指籽粒饱满。圜:同"圆"。薄糠:指籽粒外皮薄,外皮薄则
　　出米(粉)率高。

⑩多沃:油性大。沃,肥厚润泽。食之强:吃着有咬劲。强,有力。

⑪无:当为"为"字之误。

【译文】

第四:

　　后稷说:你能把洼地改造成高地吗? 你能把劣土除掉而代之以湿
润的土吗? 你能使土地状况合宜并用垄沟排水吗? 你能使种子播得深
浅适度并在土里保持湿润吗? 你能使田里的杂草不滋长蔓延吗? 你能
使你的田地吹遍和风吗? 你能使谷物节多而茎秆坚挺吗? 你能使庄稼
穗大而且坚实均匀吗? 你能使籽粒饱满而麸皮又薄吗? 你能使谷米多
油性而吃着有咬劲吗? 这些应该怎样做到呢?

　　凡耕之大方①:力者欲柔②,柔者欲力;息者欲劳③,劳者
欲息;棘者欲肥④,肥者欲棘;急者欲缓⑤,缓者欲急;湿者欲
燥,燥者欲湿。

【注释】

①大方：大道，大原则。

②力：土性刚强。柔：土性柔和。

③息：指休耕。劳：指频作，指连年种植。

④棘：贫瘠。

⑤急：指土质坚实。缓：指土质疏松。

【译文】

耕作的大原则是：刚硬的土地要使它柔和，柔和的土地要使它刚硬；休耕的土地要频种，频种的土地要休耕；贫瘠的土地要使它肥沃，过于肥沃的土地要使它贫瘠；坚实的土地要使它疏松，疏松的土地要使它坚实；过湿的土地要使它干燥，干燥的土地要使它湿润。

上田弃亩①，下田弃甽②。五耕五耨③，必审以尽④。其深殖之度⑤，阴土必得⑥。大草不生，又无螟蜮⑦。今兹美禾⑧，来兹美麦。是以六尺之耜⑨，所以成亩也⑩；其博八寸⑪，所以成甽也⑫；耨柄尺⑬，此其度也⑭；其耨六寸⑮，所以间稼也⑯。地可使肥，又可使棘：人肥必以泽⑰，使苗坚而地隙⑱；人耨必以旱，使地肥而土缓。

【注释】

①上田：地势高的田地。弃亩：不把庄稼种在"亩"上。亩，高的田垄。

②下田：地势低洼的田地。弃甽：不把庄稼种在垄沟里。

③耨（nòu）：锄地。

④审：仔细。以：而。

⑤殖：种植。度：标准。

⑥阴土:湿土。

⑦螟:食苗心的害虫。蟘(yù):食苗叶的害虫。

⑧兹:年。

⑨耜(sì):古代一种人力翻土的农具,柄叫耒,装在柄端用以插入土中的平板叫耜,这里"耜"指整个农具。

⑩所以成亩:亩的宽度为六尺,耒耜的长度也为六尺,正可做亩宽的标准。

⑪其博:耜面的宽度。

⑫所以成甽:甽的宽、深各为一尺,把耜面做成八寸,正适合使用。

⑬耨:一种用来耘田锄草的短柄锄。

⑭此其度:指耨柄的长度可做作物行距的标准。

⑮耨:当作"博"。

⑯间(jiàn)稼:间苗。

⑰肥:疑当作"耕"。泽:润泽,指土地湿润。

⑱隙:有空隙,即疏松。

【译文】

　　高处的田地,不要把庄稼种在田垄上;低洼的田地,不要把庄稼种在垄沟里。播种之前耕五次,播种之后锄五次,一定要做得仔细彻底。耕种的深度,以见到湿土为准。这样,田里就不生杂草,又没有各种害虫。今年种谷子,就收好谷子;明年种麦子,就收好麦子。耜的长度六尺,是为了用来测定田垄的宽窄;它的刃宽八寸,是为了用来挖出标准的垄沟。锄的柄长一尺,这是作物行距的标准;它的刃宽六寸,这是为了便于间苗。土地,可以使它肥沃,也可以使它贫瘠:耕地一定要趁湿润,这样可使土质疏松,苗根扎得牢固;锄地一定要在旱时,这样可使地表松软,保持土壤肥力。

　　草諯大月①。冬至后五旬七日,菖始生②。菖者,百草之

先生者也。于是始耕。孟夏之昔③，杀三叶而获大麦④。日
至⑤，苦菜死而资生⑥，而树麻与菽⑦。此告民地宝尽死⑧。
凡草生藏⑨，日中出⑩，狶首生而麦无叶⑪，而从事于蓄藏。
此告民究也⑫。五时见生而树生⑬，见死而获死。天下时⑭，
地生财，不与民谋⑮。

【注释】

①草诸大月：义未详。高诱注："大月，孟冬月也。"夏纬瑛认为"诸"
　　为"诎"字之误，"诎"即衰萎的意思，译文姑从夏说。

②菖：菖蒲，一种生于浅水中的多年生草本植物。

③昔：通"夕"，下句。

④杀：枯死。三叶：指荠(jì)、葶苈(tínglì)、菥蓂(xīmì)三种植物，都
　　是夏历四月末枯死，这时正是大麦成熟的时候。

⑤日至：夏至、冬至都称为日至，这里指夏至。

⑥苦菜：指苣荬菜，味苦，嫩叶可食。资：当作"赍(cí)"，蒺藜。

⑦树：种植。麻：大麻，古人除用其纤维外，还以麻子供食用。菽：
　　豆，这里指小豆类作物。

⑧地宝：指种地的宝贵时令。死：疑为"矣"字之误。

⑨凡草生藏：此句疑为错简，当移至"五时见生而树生"之前。生
　　藏，生死。

⑩日中：指秋分。

⑪狶首：一种野生植物。麦：疑当为"禾"字。

⑫究：尽，指全年农事活动都已结束。

⑬五时：指春、夏、季夏、秋、冬，这是阴阳家把五行与四季相配而产
　　生的观念。见生而树生：前一个"生"字指百草言，后一个"生"字
　　指农作物言。下句"见死而获死"的两个"死"字同此。

⑭下:降。时:四时。

⑮不与民谋:意思是说,这是不以人的意志为转移的自然法则。

【译文】

草到十月就要枯萎。冬至后五十七天,菖蒲开始萌生。菖蒲是百草中最先萌生的。这时开始耕地。四月下旬,荠、葶苈、菥蓂枯死,就要收获大麦。夏至,苦菜枯死,蔏藜长出,就要种植麻和小豆。这是告诉人们种地的宝贵时节已到尽头。秋分,猕首生出,谷子黄熟叶枯,就要进行收打蓄藏。这是告诉人们一年的农事已毕。百草的生死可作农事活动的依据。一年四季,见到某种草萌生,就要种植相应的作物;见到某种草枯死,就要收获相应的作物。上天降四时,土地生财富,这是自然之道,不同下民商量的。

有年瘗土①,无年瘗土。无失民时,无使之治下②。知贫富利器③,皆时至而作,渴时而止④。是以老弱之力可尽起,其用日半⑤,其功可使倍。不知事者,时未至而逆之⑥,时既往而慕之⑦,当时而薄之⑧,使其民而郄之⑨。民既郄,乃以良时慕,此从事之下也。操事则苦⑩。不知高下,民乃逾处⑪。种稑禾不为稑⑫,种重禾不为重⑬,是以粟少而失功。

【注释】

①年:收成。瘗(yì)土:祭祀土神。"有年瘗土"是为报谢土神。下句"无年瘗土"是为禳除灾祸。

②治:做,从事。下:指违背农时的做法。

③贫富利器:等于说为贫为富之道。利器,比喻最有效的措施和方法。

④渴:通"竭",尽。

⑤用：指花费的气力。

⑥逆：迎，这里指提前行动。

⑦慕：思念。

⑧当时：正值其时。薄：轻视，不在意。

⑨郤：当作"卻"（今"却"字）。却，退，这里有延迟的意思。

⑩苦(gǔ)：粗劣。

⑪逾处(chǔ)：苟且偷安。逾，通"偷"，苟且，懈怠。

⑫穋(lù)：晚种早熟的谷物品种。

⑬重：通"穜(tóng)"，早种晚熟的谷物品种。

【译文】

　　丰收要祭祀土神，歉收也要祭祀土神。不要使百姓丧失农时，不要使他们做蠢事。要使民众懂得治贫致富之道，做到农时一到就行动，农时结束就停止。这样连老弱的力量都可以完全调动起来，收到事半功倍之效。不懂农事的人，农时未到就提前行动，农时已过思念不已，而正当农时却又毫不在意，役使百姓而延误农时。已经把百姓的农时延误了，事后却又因此对大好时光思念不已，这是管理农事最愚笨的方法。这样就会把事情办坏。不知怎样做是高明，怎样做是愚笨，百姓就会苟且偷安。种早庄稼不像个早庄稼，种晚庄稼不像个晚庄稼，因此收的粮食甚少而没有成效。

辩　土

【题解】

"辩土"指耕作要分别土质不同而采取不同措施,也就是要因地制宜。文中讲到耕田要分别土地的刚柔干湿,种田要分别土地的肥瘠,这些都是讨论辩土的。但本文内容并不限于此,而是对由耕田到整地、下种、覆土、间苗、除草等一系列农业生产技术都作了论述,可以说是继续回答《任地》篇开头提出的十个问题的。

五曰:

凡耕之道,必始于垆①,为其寡泽而后枯②。必厚其靮③,为其唯厚而及④。镵者艿之⑤,坚者耕之,泽其靮而后之⑥。上田则被其处⑦,下田则尽其污⑧。无与三盗任地⑨。夫四序参发⑩,大甽小亩,为青鱼胠⑪,苗若直猎⑫,地窃之也⑬。既种而无行,耕而不长,则苗相窃也⑭。弗除则芜,除之则虚⑮,则草窃之也。故去此三盗者,而后粟可多也。

【注释】

①垆(lú):性质刚硬的黑土。

②后:通"厚"。

③厚:通"后",置于后。下句同。衲:当作"衲(nà)"。衲,松软,这里
　指柔润的土地。

④唯:通"虽"。

⑤䬻:当即"饱"字。饱者,指水分饱和的土地。荎:音义均不详,夏
　纬瑛疑为迟缓之义。

⑥泽:当作"释"。释,舍弃。

⑦被:覆盖,这里指耕后用工具把土块弄碎、弄平,这样可以保墒。
　处:指耕过的地方。

⑧尽其污:排净积水。污,积水。

⑨三盗:即下文所说的地窃、苗窃、草窃。

⑩四序参发:未详。夏纬瑛解"四序"为"四时","参"为"参验",认
　为此句是说"四时与耕稼有所参验而发",译文姑依夏说。

⑪为青鱼胠:由于亩小畎大,亩就像一条条被困住的青鱼一样。
　胠,通"阹(qū)",围困。

⑫猎:通"鬣(liè)",兽颈上的毛。这句是指由于亩面窄,种在上面
　的庄稼只有窄窄的一条,看上去像兽颈上的鬃毛一样。

⑬地窃之:因为整地不合理,而使农作物种植面积大为缩小,就像
　土地把苗偷走了一样,所以说"地窃之"。

⑭苗相窃:庄稼没有行列,说明种得太密,太密就会互相妨害,如争
　夺养分、遮挡阳光和空气等,这就像禾苗互相偷盗一样。

⑮虚:指苗根虚活不实。

【译文】

第五:

　　耕地的原则是:一定要从垆土开始,因为这种土水分少,干土层厚。
一定要把柔润的地放到后面耕,因为即使拖延一下再耕也还来得及。
水分饱和的土地要缓耕,坚硬的土地要立即耕,柔润的土地可以先放一

放再耕。高处的土地耕后要把地面耙平，低湿的土地首先要把积水排净。不要让"三盗"和自己一起使用土地。四时依次出现，是和农事相参验的。有些人田畦做得太窄，垄沟做得太宽，田畦看上去就像一条条被困在地上的青鱼，上面的禾苗长得像兽颈上直立的鬃毛，这是地盗，地把苗侵吞了。庄稼种下去却密密麻麻地没有行列，尽力耕耘也难以长大，这是苗盗，苗与苗相互侵吞了。不除杂草地就要荒芜，清除杂草又会弄活苗根，这是草盗，草把苗侵吞了。所以必须除掉这三盗，然后才能多打粮食。

所谓今之耕也营而无获者，其蚤者先时，晚者不及时，寒暑不节，稼乃多菑。实其为亩也①，高而危则泽夺②，陂则埒③，见风则僵④，高培则拔⑤，寒则雕⑥，热则脩⑦，一时而五六死⑧，故不能为来⑨。不俱生而俱死，虚稼先死⑩，众盗乃窃⑪。望之似有余，就之则虚⑫。农夫知其田之易也⑬，不知其稼之疏而不适也；知其田之际也⑭，不知其稼居地之虚也。不除则芜，除之则虚，此事之伤也。故亩欲广以平⑮，甽欲小以深，下得阴，上得阳⑯，然后咸生。

【注释】

①实：是。

②危：陡。夺：脱失。

③陂（bì）：斜而险。埒（liè）：倾颓。

④僵（jué）：倒伏。

⑤拔：指庄稼遇到大风连根拔出。

⑥雕：通"凋"，凋零。

⑦脩：干缩，枯萎。

⑧五六死：指上文说的"撅"、"拔"、"雕"、"脩"等致死之道。

⑨来：好收成。

⑩虚稼：根部不牢的庄稼。

⑪众盗：即上文的"三盗"。

⑫虚：不结籽实。

⑬易：治。

⑭际：当作"除"。除：治。

⑮以：而。

⑯阳：阳光。

【译文】

当今有些人从事农耕，尽力经营却没有收获，这是因为他们行动早的先于农时，行动迟的赶不上农时，四季的劳作不合时节，所以庄稼多遭灾害。他们修治田畦，修得又高又陡，这样水分就容易散失；畦坡过于斜险，畦面就容易倾塌。庄稼种在这样的田畦上，遇风就会倒伏，培土过高就会连根拔出，天气寒冷就会凋零，天气炎热就会枯萎。同时有五六种灾害伤害庄稼，所以不可能有好收成。庄稼不同时出土生长，却同时死亡。根虚活的提前死掉，于是地盗、苗盗、草盗就会发生。这种庄稼，远望似乎长势很旺，走近一看，原来没有什么籽实。农夫只知道他的田地已经整治了，却不知道他的庄稼过于稀疏，密度不够；只知道他的田地已经除治了，却不知道他的庄稼在地里扎根不牢。杂草不除，土地就要荒芜；清除杂草，又会弄活苗根。这是农事的大害。所以，田畦应该又宽又平，垄沟应该又小又深。这样，庄稼下得水分，上得阳光，才能苗全苗壮。

稼欲生于尘而殖于坚者①。慎其种，勿使数②，亦无使疏。于其施土③，无使不足，亦无使有余。熟有稷也④，必务其培⑤。其稷也植⑥，植者其生也必先。其施土也均，均者其生也必坚。是以亩广以平则不丧本。茎生于地者,五分之以地⑦。茎生有行,故速长;弱不相害,故速大。衡行必得⑧,纵行必术⑨。正其行,通其风,夬必中央⑩,帅为泠风⑪。苗,其弱也欲孤⑫,其长也欲相与居,其熟也欲相扶。是故三以为族⑬,乃多粟。

【注释】

①尘:指细小的尘土。殖:生长。

②数(shuò):密。

③施土:覆土盖种。

④有:通"为"。櫌(yōu):用土覆盖种子,与"施土"同义。

⑤培:指覆盖的土。

⑥植:当作"稹(zhěn)"字之误。稹:细密。

⑦五分之以地:把亩面分成五等分。《任地》篇说:"是以六尺之耜,所以成亩也",则亩宽当为六尺。但这六尺包括一尺的甽在内,亩面的实际宽度只有五尺,在这五尺宽的亩面上种植作物,要把亩面分成一尺宽的五条。

⑧衡行:指各行谷物间横向的排列。衡,通"横"。得:恰当。

⑨术:大路,这里意思是像道路那样笔直。

⑩夬必中央:大意是,一定要使田地的中心地块也都疏通。因为中心地块不易通风,所以特意加以强调。夬(guài),决,打开,疏导。

⑪帅:通"率",都。

⑫其弱也欲孤:禾苗幼小时应让它们单独生长。

⑬三以为族:禾苗每三四株成为一簇。族,聚集。

【译文】

庄稼应在细软的土中萌发,而在坚实的土中生长。播种一定要慎重,不要使它过密,也不要使它过稀。在覆土盖种时,不要使土不足,也不要使土过厚。这件事要仔细去做,一定要在培土上多下功夫。盖种的土要打得细碎,细碎了庄稼出苗就一定快;盖种的土要撒得均匀,均匀了庄稼扎根就一定牢。所以,田畦又宽又平,就不会伤害庄稼根部。禾苗生长在畦中,要把田畦均分为五分。禾苗出土成行,所以迅速生长;小时互不妨害,所以发育很快。横行一定要恰当,纵行一定要端直。要使行列端正,和风通畅,一定注意疏通田地的中心,使田中到处吹到和风。禾苗幼小时以独生为宜,长起来以后应靠拢在一起,成熟时应互相依扶。因此,禾苗三四株长成一簇,就能多打粮食。

凡禾之患,不俱生而俱死。是以先生者美米,后生者为秕。是故其耨也[①],长其兄而去其弟[②]。树肥无使扶疏[③],树墝不欲专生而族居[④]。肥而扶疏则多秕,墝而专居则多死。不知稼者,其耨也,去其兄而养其弟,不收其粟而收其秕。上下不安[⑤],则禾多死。厚土则孽不通[⑥],薄土则蕃辐而不发[⑦]。垆埴冥色[⑧],刚土柔种[⑨],免耕杀匿[⑩],使农事得。

【注释】

①耨:兼指锄草和间苗。

②兄:比喻先生的壮苗。弟:比喻晚出的弱苗。

③肥:肥沃的土壤。扶疏:茂盛。

④墝(qiāo):瘠薄的土地。专:通"抟(tuán)",聚集。

⑤上:指苗。下:指土地。

⑥孽:通"蘖",萌芽。通:当作"达",这里指钻出地面。

⑦蕃辐(fān)而不发:种子闭锢不得发芽。蕃,通"藩",闭藏。辐,这里是遮蔽的意思。

⑧埴(zhí):粘土。冥:暗。

⑨柔种:使刚土软熟以后再种。

⑩免:通"勉"。匿:通"慝(tè)",害,指田中的杂草害虫。

【译文】

　　大凡禾苗的失患,在于尽管不是同时出土生长,时令一到却要一齐死去。所以先出土的得农时之利而籽粒饱满,后出土的就成为秕子。因此,锄草间苗的时候,要使先生的禾苗茁壮成长,而去掉后生的弱苗。在肥沃的土地上种植,不要种得过稀而使庄稼疯长;在贫瘠的土地上种植,不要种得过密而使庄稼挤在一起。土地肥沃庄稼又长势过旺,就会多生秕子;土地贫瘠庄稼又挤在一起,禾苗就多枯死。不会种田的人,他们间苗时,去掉先生的壮苗而留下后生的弱苗,结果收不到粮食而只能收些秕子。对禾苗和土地都处理不当,禾苗就会大量死亡。覆土过厚,萌芽就钻不出地面;覆土过薄,种子就会遭到闭锢而不能发芽。垆土埴土颜色发暗,这些刚硬的土地要使它软熟以后再种。要勉力耕种,消灭杂草害虫,使农事活动得当。

审　时

"审时"指审察天时。本篇专论耕作要适应天时。文章对禾、黍、稻、麻、菽、麦等七种主要农作物得时与失时的情况做了非常具体的描述，反复说明"得时之稼兴，失时之稼约"，反映了古代劳动人民丰富的农业生产经验。

本篇也可看作《任地》篇的继续。

六曰：

凡农之道，厚之为宝①。斩木不时，不折必穗②；稼就而不获③，必遇天菑④。夫稼，为之者人也，生之者地也，养之者天也。是以人稼之容足⑤，耨之容耨⑥，据之容手⑦。此之谓耕道。

【注释】

①厚：重视。之：当为"时"字之讹。
②穗：未详，疑为"桡"字之误。桡，弯曲。
③就：成熟。

④菑:同"灾"。

⑤稼:种。之:指代上文的"稼(庄稼)"。

⑥耨之容耨:第一个"耨"字为动词,锄地。第二个"耨"字为名词,指锄。

⑦据:抓,握,指收获时的动作。

【译文】

第六:

大凡农作的原则,以笃守天时最为重要。伐木不顺应天时,木材不是折断就是弯曲。庄稼熟了不及时收获,一定会遭遇天灾。庄稼,种它的是人,生它的是地,养它的是天。因此播种要使田间放得下脚,锄地要使田间伸得进锄,收摘要使田间插得进手。这叫做耕作之道。

是以得时之禾,长秱长穗①,大本而茎杀②,疏穖而穗大③,其粟圆而薄糠,其米多沃而食之强。如此者不风④。先时者,茎叶带芒以短衡⑤,穗钜而芳夺⑥,秐米而不香⑦。后时者,茎叶带芒而末衡,穗阅而青零⑧,多秕而不满。

【注释】

①秱(tóng):禾穗的总梗。

②杀:指有节制不徒长。

③穖(jǐ):组成总穗的小穗,现在北方一些地区叫做"码"。

④风:指籽实被风吹落。

⑤带:围绕。衡:未详。夏纬瑛认为应该就是上文的"秱",译文姑从夏说。

⑥钜:大。芳:通"房",草木结果实的子房。夺:脱失。

⑦秐:未详。于鬯以为当为"饴"字之误,译文姑依于说。

⑧阅:通"锐",指穗端尖细。青零:青色,指后时不熟。

【译文】

　　因此,适时种的谷子,穗的总梗长,穗也长,根部发达,秸秆较矮,谷码疏落而穗大,谷粒圆而皮薄,米有油性,吃着有咬劲。这样的谷子,籽粒不因刮风而散落。先于时令种的谷子,秸秆和叶子上布满细毛,穗的总梗短,穗大,但子房易于脱落,米容易变味,又没有香气。后于时令种的谷子,秸秆和叶子布满细毛,总梗短,谷穗尖而颜色发青,秕子多,籽粒不饱满。

　　得时之黍,芒茎而徽下①,穗芒以长,抟米而薄糠②,舂之易,而食之不嚘而香③。如此者不饴④。先时者,大本而华⑤,茎杀而不遂⑥,叶膏短穗⑦。后时者,小茎而麻长⑧,短穗而厚糠,小米钳而不香⑨。

【注释】

①徽:通"檄(xí)",本指树木光秃无枝,这里当指根部不分蘖。

②抟(tuán):圆。

③嚘(yuán):过分甘美。

④饴:通"餲(ài)",食物经久而变味。

⑤华:繁茂纷披。

⑥遂:条达顺畅。

⑦膏:肥润。

⑧麻:未详。夏纬瑛解为像麻一样细长,译文姑依夏说。

⑨钳:当作"黔"。黔(qián):黄黑色。

【译文】

　　适时种的黍子,秸秆布满细毛,底部不出枝杈,穗生芒刺而长,米粒圆而糠皮薄，舂起来容易，吃起来香而不腻。这样的黍子，做出饭来不易变味。先于时令种的黍子，根部发达，植株阔大，秸秆低矮而不条畅，叶子肥厚，穗子短小。后于时令种的黍子，茎秆又细又小，穗子短，糠皮厚，米粒小而颜色发黑，后于时令没有香气。

　　得时之稻，大本而茎葆①，长桐疏机，穗如马尾，大粒无芒，抟米而薄糠，舂之易而食之香。如此者不益②。先时者，本大而茎叶格对③，短桐短穗，多秕厚糠，薄米多芒。后时者，纤茎而不滋④，厚糠多秕，庢辟米⑤，不得恃定熟⑥，卬天而死⑦。

【注释】

①葆：草木丛生，此指稻分蘖多。

②益：通"嗌(ài)"，噎。

③格对：这里指互相迫近(依夏纬瑛说)。

④滋：繁衍，这里指分蘖。

⑤庢：当为衍文。辟：半，指谷粒小而壳内不实。

⑥恃：当作"待"。定熟：等于说成熟。

⑦卬："仰"的本字。稻谷不熟而死，穗子轻而上扬，所以说"卬天"。

【译文】

　　适时种的稻子，根部发达，茎秆丛生，总梗长，谷码稀，穗子像马尾，籽粒大，而没有稻芒，米粒圆，糠皮薄，舂起来容易，吃起来香。这样的稻子，吃着适口。先于时令种的稻子，根部发达，秸秆和叶子挤在一起，总梗和穗子短，秕子多，糠皮厚，籽粒少而稻芒多。后于时令种的稻子，秸秆细又不分蘖，糠皮厚，秕子多。籽粒不实，等不到成熟，就仰首朝天枯死。

得时之麻，必芒以长，疏节而色阳①，小本而茎坚，厚枲以均②，后熟多荣③，日夜分复生④。如此者不蝗⑤。

【注释】

①阳：鲜明。

②枲(xǐ)：这里指麻秆的外皮，即麻的纤维。

③荣：花。

④日夜分：春分、秋分都称日夜分，这里指秋分。复生：指结籽很
　　多。复，重累。

⑤不蝗：指不受蝗虫之害。

【译文】

适时种的麻，必定带有细毛而且较长，茎节稀疏，色泽鲜亮，根部小但茎秆坚实，纤维又厚又均匀，成熟晚的开花多，到了秋分麻果累累。像这样的麻不受蝗虫危害。

得时之菽，长茎而短足①，其荚二七以为族②，多枝数节，竞叶蕃实③，大菽则圆，小菽则抟以芳，称之重，食之息以香④。如此者不虫。先时者，必长以蔓，浮叶疏节，小荚不实。后时者，短茎疏节，本虚不实。

【注释】

①茎：指上部的分枝。足：指植株下部近地的总干。

②二七以为族：两排豆荚簇生在一起，每排七个。

③竞：盛。蕃：多。

④息：增益。这里指吃起来有越嚼越多的感觉。

【译文】

适时种的豆子，分枝长而总干短，豆荚两排为一簇，每排七个。分枝多，茎节密，叶子繁茂，籽实盛多，大豆籽粒滚圆，小豆籽粒鼓胀，而且有香气，称起来重，吃起来有嚼头而且很香。这样的豆子不受虫害。先于时令种的豆子，一定长得过长而且爬蔓，叶子虚弱，茎节稀疏，豆荚小而不结籽实。后于时令种的豆子，茎短小，茎节稀，根虚弱，不结籽。

　　得时之麦，秱长而颈黑①，二七以为行②，而服薄稰而赤色③，称之重，食之致香以息④，使人肌泽且有力。如此者不蚼蛆⑤。先时者，暑雨未至，胕动蚼蛆而多疾⑥，其次羊以节⑦。后时者，弱苗而穗苍狼⑧，薄色而美芒⑨。

【注释】

①颈：疑为"颖"字之误。颖，穗。黑：指深绿色。

②二七以为行：长得好的麦穗，每面常有七八个小穗，从侧面看，就像七八个麦粒排成两行的样子。

③服：穿，包裹。稰（zhuó）：本指禾茎的外皮，此指麦粒的外壳。

④致：至，极。

⑤蚼蛆（qújū）：一种害禾稼的昆虫。

⑥胕动：当作"府（fù）动"，指生病。府，病。

⑦其次羊以节：疑为"其粢羸以节"之讹（依夏纬瑛说）。粢（zī），谷类籽粒，这里指麦粒。羸（léi）：瘦。节：约，限制，这里有小的意思。

⑧苍狼：与上文"青零"同义，青色。

⑨薄色：颜色暗淡无光。

【译文】

适时种的小麦,总梗长,穗呈深绿色,麦粒两排成一行,每排七粒,麦壳薄,麦粒颜色发红,称起来重,吃起来特别香而且有嚼劲,使人肌肤润泽而且有力。像这样的麦子不生蚰蛆。先于时令种的麦子,暑雨没到就发生病虫害,麦粒又瘦又小。后于时令种的麦子,麦苗弱,麦穗发青,颜色暗,只是麦芒长得好。

是故得时之稼兴,失时之稼约①。茎相若②,称之,得时者重,粟之多。量粟相若而舂之,得时者多米。量米相若而食之,得时者忍饥。是故得时之稼,其臭香③,其味甘,其气章④,百日食之,耳目聪明,心意睿智⑤,四卫变强⑥,殃气不入⑦,身无苛殃⑧。黄帝曰:"四时之不正也⑨,正五谷而已矣。"

【注释】

①约:衰。

②茎:指带着穗子的秸秆。相若:相当。

③臭:气味。

④气:力。章:显著。

⑤睿(ruì):有远见。

⑥四卫:四肢。四肢保卫身体,有如四方诸侯保卫王畿,所以称为"四卫"。

⑦殃(xiōng):恶。

⑧苛:当作"疴"。疴(kē),病。

⑨四时:指人体的"四时之气",古代认为人的精气随四时变化而不同。

【译文】

所以,适时种植的庄稼产量就高,违背农时种植的庄稼产量就低。茎秆数量相等,称一称,适时种植的分量重;脱了粒,适时种植的粟谷多。同样多的粟谷,舂出米来,适时种植的出米多。同样多的米,做出饭来,适时种植的吃了经饿。所以,适时种植的庄稼,它的气味香,它的味道美,它的咬劲大。吃上一百天,就能耳聪目明,心神清爽,四肢强健,邪气不入,不生灾病。黄帝说:"四时之气不正的时候,只要使所吃的五谷纯正就可以了。"

中华经典名著
全本全注全译丛书
（已出书目）

读通鉴论

宋论

文史通义

老子

道德经

帛书老子

鹖冠子

黄帝四经·关尹子·尸子

孙子兵法

墨子

管子

孔子家语

曾子·子思子·孔丛子

吴子·司马法

商君书

慎子·太白阴经

列子

鬼谷子

庄子

公孙龙子(外三种)

荀子

六韬

吕氏春秋

韩非子

山海经

黄帝内经

素书

新书

淮南子

九章算术(附海岛算经)

新序

说苑

列仙传

盐铁论

法言

方言

白虎通义

论衡

潜夫论

政论·昌言

风俗通义

申鉴·中论

太平经

伤寒论

周易参同契

人物志

博物志

抱朴子内篇

抱朴子外篇

西京杂记

神仙传

搜神记

楚辞

文心雕龙

文选

玉台新咏

二十四诗品·续诗品

词品

闲情偶寄

古文观止

聊斋志异

唐宋八大家文钞

浮生六记

三字经·百家姓·千字
　文·弟子规·千家诗

经史百家杂钞

中华经典名著

全本全注全译丛书

张双棣　张万彬　殷国光　陈　涛◎译注

吕氏春秋 上

中华书局

图书在版编目（CIP）数据

吕氏春秋/张双棣等译注. —2 版. —北京:中华书局,2022.9
(2025.2 重印)
（中华经典名著全本全注全译丛书）
ISBN 978-7-101-15870-0

Ⅰ.吕… Ⅱ.张… Ⅲ.①杂家②《吕氏春秋》-译文③《吕氏春秋》-注释 Ⅳ.B229.2

中国版本图书馆 CIP 数据核字(2022)第 157879 号

书　　名	吕氏春秋（全二册）	
译 注 者	张双棣　张万彬　殷国光　陈　涛	
丛 书 名	中华经典名著全本全注全译丛书	
文字编辑	王水涣	
责任编辑	张彩梅	
装帧设计	毛　淳	
责任印制	管　斌	
出版发行	中华书局	
	（北京市丰台区太平桥西里 38 号　100073）	
	http://www.zhbc.com.cn	
	E-mail:zhbc@zhbc.com.cn	
印　　刷	北京中科印刷有限公司	
版　　次	2011 年 10 月第 1 版	
	2022 年 9 月第 2 版	
	2025 年 2 月第 20 次印刷	
规　　格	开本/880×1230 毫米　1/32	
	印张 32　字数 550 千字	
印　　数	170001－180000 册	
国际书号	ISBN 978-7-101-15870-0	
定　　价	80.00 元	

目　录

上　册

下　册

前　言

　　《吕氏春秋》是先秦的一部重要典籍，有着十分丰富的内容。它的哲学思想、政治思想以及它所保留的科学文化方面的历史资料，是我们民族的一份珍贵遗产，我们应该给予充分的重视，进行深入的研究。这对我们了解战国末期的思想政治文化状况，具有重要的意义。

一

　　《吕氏春秋》是秦相吕不韦召集诸门客集体编纂的一部著作。

　　吕不韦，濮阳人，阳翟的富商，家累千金。他曾在赵国的首都邯郸经商。当时秦国的庶子异人正在邯郸做人质。因为他在秦国的地位低下，赵国对他很不礼貌，其处境十分窘迫。吕不韦看到这种情况，认为时机到了，他说："此奇货也，不可失。"当时秦昭襄王立安国君为太子，而安国君最宠幸的华阳夫人没有子嗣。吕不韦抓住这点，便游说异人，说可以帮助他回国登上王位。异人十分感激，说"必如君策，请得分秦国与君共之"。吕不韦通过各种手段，首先博得华阳夫人的信任，使子楚（华阳夫人是楚国人，异人改名子楚）成为安国君的太子。安国君继承王位不到一年便去世，子楚便顺利地成为秦国的国君，即庄襄王。庄襄王即位后，拜吕不韦为丞相，封为文信侯，食河南洛阳十万户。吕不韦一跃成为秦国最有权势的人。

吕不韦在庄襄王、秦王政时期为相十三年。庄襄王在位三年而死，秦王政即位时仅十三岁，尊吕不韦为相国，号称仲父。此时秦国的大政方针，都由吕不韦掌控。吕不韦主政时期，为秦国完成统一大业，作出了积极的贡献。吕不韦主张并致力于对六国的战争。他亲自率军消灭东周，使作为号召力的形式上的周天子不复存在，这是对东方诸侯的一次沉重打击。吕不韦主政时期，对六国发动一连串的战争，取得重大胜利，大大扩展了秦国的疆域，为秦国统一天下奠定了坚实的基础。在内政方面，吕不韦一反秦国传统的独尊法家的政策，广收天下之士，尤其是引进大量儒士。在经济上，吕不韦在主张尚农的同时，也鼓励工商，他曾说："凡民自七尺以上者属诸三官，农攻粟，工攻器，贾攻货。"当时秦国的工商业者"礼抗万乘，名显天下"，都是吕不韦鼓励工商政策的结果。秦国经济的全面发展，为它消灭六国统一天下奠定了丰厚的物质基础。然而吕不韦内政方面的诸多政策，与秦王政是格格不入的。所以秦王政在亲政后的第二年，便以吕不韦牵连嫪毐与太后的事件为借口，免去了吕不韦的丞相之职，使他回河南封邑。两年以后，又怕他作乱，将他徙居蜀地。吕不韦见大势已去，便饮鸩自杀。

二

吕不韦在秦王政六年（前239），即秦王政亲政前两年，召集天下名士，共同编纂了《吕氏春秋》。吕不韦是这部书的主持人，这部书体现了他的思想。吕不韦为什么在这个时候做这样一部书呢？要弄清这个问题，还是要从当时的政治形势入手来分析。当时，秦国统一天下的大势已定，六国诸侯已无力阻挡这一历史潮流。吕不韦清楚地认识到这一形势，并且凭着他政治家的敏感，感到秦国统一天下已经不是很困难的事了，而保持住天下才是真正困难的事。他说："胜非其难者也，持之其难者也。"作为相国的吕不韦，他必须考虑统一后的秦国如何治理？实行什么政策才能使秦国长治久安？吕不韦不同意用自秦孝公以来几乎处于独尊地位的法家思想作为治国的基本国策,他必须提出自己的理论,作为统一的秦帝国的治国纲领。这一部《吕氏春秋》就是他为秦帝国维持长治久安所提出的治国方略。他曾公开宣示自己的主张,将《吕氏春秋》"布咸阳市门,悬千金其上,延诸侯游士宾客有能增损一字者予千金"。吕不韦企图以相国之位,仲父之尊,迫使秦王政完全依照自己的主张行事,使自己的主张定于一尊,从而维持秦国的长治久安,也维持他自己的权势地位。如果说战国时期百家并起是与诸侯纷争的政治形势相适应的,那么,《吕氏春秋》也正是适应秦国统一天下的需要而出现的。

《吕氏春秋》是一部结构体系十分完备的著作,这在先秦著作中是绝无仅有的。全书分为三个部分:纪、览、论。"纪"按春夏秋冬十二个月分为十二纪,如春分三纪,孟春、仲春、季春。每纪包括五篇文章,总共60篇。"览"按照内容分为八览,每览八篇,八八六十四篇(第一览有始览缺一篇,现有63篇)。"论"也是按内容分为六论,每论六篇,六六三十六篇。还有一篇序意,即全书的序言(今本已残缺),放在十二纪后边。总括起来《吕氏春秋》全书共160篇,结构完整,自成体系。

三

《吕氏春秋》的哲学思想具有朴素的唯物主义和朴素的辩证法的性质。它明显地受到道家思想的影响,而又对道家思想进行了较大的改造,摒弃了道家思想中某些唯心的成分。

关于宇宙本源的认识,是战国时期各家学派争论的焦点。《吕氏春秋》继承并发挥了唯物主义的精气说,认为宇宙的本源是一种极其精微的物质即精气,这种精气又叫做太一,又称作道。正是由于这种精气或太一或道的运动和结合而产生千姿百态、性质迥异的天地万物。《吕氏春秋》在两千多年前,能够认识到宇宙是由物质的精气构成,是十分难能可贵的。

　　由于《吕氏春秋》对宇宙本源的认识,它对天道的认识也具有了唯物的性质。他认为天是由精气构成的自然的天,并不是什么有意志的万物的主宰。他认为"类同相召,气同则合,声比则应",自然界中同类事物之间都有一种客观的联系,不是什么超物质的意识在起作用。

　　《吕氏春秋》不相信鬼神,不承认天命。它认为人的生死不是什么命中注定,而具有一种客观的必然性。他说:"凡生于天地之间,其必有死,所不免也。"《吕氏春秋》认为宇宙万物是不断运动的,而且没有终极。《吕氏春秋》还流露了对事物的辩证的认识。它认为事物是互相依存的,他说:"小之定也必恃大,大之安也必恃小,小大贵贱,交相为恃。"而且可以互相转化,这种转化是有一定的条件为前提的。没有适当的条件,转化就无法产生。

　　《吕氏春秋》的哲学思想具有朴素的唯物性质,也有一定的辩证色彩,值得深入研究,赋予它恰当的历史地位。

四

　　《吕氏春秋》作为治国纲领,提出了一整套的政治主张。它的政治主张的基础是"法天地"。它认为只有顺应天地自然的本性,才能达到清平盛世。因此,虚君实臣、民本德治成为《吕氏春秋》政治思想的核心。

　　《吕氏春秋》主张君道虚,臣道实。它认为人类应该按照天地的关系来建立君臣的关系。天无形而万物以成,君主就要如同天一样,没有具体的形象,是空灵无为的。君主要养性保真,以实现无为而治。君主为什么一定要无为呢?它认为,君主与众人一样,受到外界环境的制约而有局限性。要克服这种局限性,就必须充分发挥臣下的聪明才智,让臣下去各司其职。否则,君主有所为,就会使臣下阿主之为,有过则无以责之。所以他说:"君道无知无为而贤于有知有为。"君主的无为就是有为,就是无不为。怎样才能做到无为而无不为呢?《吕氏春秋》认为最主要的是君主加强自身的修养,治其身,反诸己。治身是治天下的根本。他说:"为国之本,在于为身。"其次是必须求贤用贤。他说:"古之善为君者,劳于论人而佚于官事,得其经也。"又说:"得贤人,国无不安,名无不荣。"第三是要正名审分设立官职,使百官各司其职,尽其力。"百官各处其职、治其事,以待主,主无不安矣;以此治国,国无不利矣"。

《吕氏春秋》除了提出虚君实臣的思想之外,还提出一整套以民本思想为基础、以仁政德治为核心的治国方略。

民本思想是儒家思想尤其是孟子思想中的重要组成部分。《吕氏春秋》吸收了儒家这种思想的精华,使之成为自己政治理论的重要方面。它认为,民众是国家存亡安危的关键,它说:"人主有能以民为务者,则天下归之矣。"治理天下首先要得民心,要得民心,就要切实地为民众攘除灾祸,创造福祉。它说:"古之君民者,仁义以治之,爱利以安之,忠信以导之,务除其灾,思致其福。"在民本思想的基础上,《吕氏春秋》提出了以德治为主,以赏罚为辅的方针。他认为用德政治国,民众就会亲近其上,会为君主效死力。它说:"行德爱人,则民亲其上,民亲其上,则皆乐为其君死矣。"用德政治国,就会通达无阻,无往而不胜。同时,它认为在施行德政的前提下,赏罚可以作为一种辅助手段,但只是一种辅助手段而已,不可没有,也不可专恃。它反对以赏罚替代德政,它说:"严刑厚赏,此衰世之政也。"在《吕氏春秋》的德政思想中,教育和音乐占有特别突出的地位。三夏纪中集中阐述了教育和音乐对治国的重要作用。《吕氏春秋》有《劝学》篇,鼓励人们加强学习。它认为学习可以使人们知晓理义,做到忠孝。它说:"不知理义,生于不学。"同时有《尊师》篇,专门论述老师的重要作用以及为师的原则与方法。《吕氏春秋》也十分重视音乐,它认为音乐有潜移默化,移风易俗的功效。它说:"凡音乐通乎政,而移风平俗者也。"又说:"治世之音安以乐,其政平也;乱世之音怨以怒,其政乖也;亡国之音悲以哀,其政险也。"正因为音乐对政治有这么大的作用,所以在《吕氏春秋》的德治中,音乐占有十分突出的位置。

作为德政的补充,《吕氏春秋》主张顺应民心的义兵,诛暴君以振苦民。这种思想是与秦国要用战争平定六国统一天下相一致的。

总之,《吕氏春秋》的政治思想是以儒家思想为主导,以经过改造的道家思想为基础,兼采各家对它有用的成分融合而成的吕氏独特的政治思想。这种思想的产生适应了时代发展的需要。

五

《吕氏春秋》的价值,除了它的哲学思想和政治思想之外,还在于它保存了大量的先秦史料和科学文化方面的珍贵资料。研究战国史的著作,已多所利用《吕氏春秋》所保存的史料。这里不详述。仅就它所保留的科学文化方面的内容作些简单的介绍。

《吕氏春秋》保存了很多古代卫生医学方面的知识。他认为人体有"三百六十节、九窍、五藏、六府",各个器官有各自的生理要求,能够满足它们的要求,疾病就不会发生。因此它要求人们在饮食、情欲、运动等各方面都要多所注意。比如在饮食方面,它要求饮食要按时,要无饥无饱,这样才能保养五脏,没有病灾。在情欲方面,它要求有所节制,不得擅行。在运动方面,强调精气的流通,身体要运动,否则精气就会郁结而生病。它说:"肥肉厚酒,务以自强,命之曰烂肠之食。""靡曼皓齿,郑卫之音,务以自乐,命之曰伐性之斧。""出则以车,入则以辇,务以自佚,命之曰招魔之机。"

《吕氏春秋》记述了音乐的起源及原始音乐。它详细论述了音乐起源的过程,说明了音乐与生活的直接关系。同时,它第一次比较全面地记载了我国乐律的六律六吕及其计算法的三分损益法,是研究古代音乐史的宝贵资料。

《吕氏春秋》还有不少天文历法方面的记载,它第一次完整地记载了九野及二十八宿的名称,并且记载了每月太阳、月亮所在的位次,以及与之相应的物候特征、节气的原始形态等。这些对研究古代天文物候都是十分可贵的。

特别需要说到的是,《吕氏春秋》有四篇关于农业的文章,它保留了我国最早的农业生产技术,是研究战国及其以前的农业发展情况的极其珍贵的资料。

《吕氏春秋》是一部研究中国古代文明的宝藏,值得我们深入地发掘和利用。

现在所能见到的《吕氏春秋》最早的版本是元代至正年间的刻本。明代出现一批刻本。通行的本子是清代乾隆五十三年(1788)毕沅的校本,这也是本书整理译注所采用的底本,参校以元至正刻本和明代弘治到万历年间的多种私人刻本。现在又有许维遹的《吕氏春秋集释》,陈奇猷的《吕氏春秋校释》等著作,后世整理者对通行本的文字常有一些改易补充,其中的合理改动,我们在此次整理译注过程中吸取,并在注释中有相应说明。

本书正文包括题解、原文、注释、译文四部分。原文一律采用简化汉字,若因简化字形没有原繁体字形对应的义项,而导致繁简字无法简单对应时,则保留了少量的繁体字和异体字形。注释不作繁琐考证,力求准确、简明。注释中,凡属假借字,写作"某通某";属《异体字整理表》中没有废除的异体字,写作"某同某";凡属古今字,写作"某同某",译文以直译为主,少数地方若直译晦涩难解,则适当采用意译。

本次整理,以清乾隆五十三年(1788)毕沅新校本《吕氏春秋》为底本,参考了元明两代的众家旧刻本,注释方面较多参考了许维遹《吕氏春秋集释》等书,并尽量吸收前人及今人研究成果,在此一并致谢。本书内容广博,涉及不少专门问题,鉴于译注者知识面和水平有限,疏漏之处在所难免,希望各界方家不吝批评指正。

张双棣　张万彬　殷国光　陈　涛

2011 年 5 月

孟春纪第一

孟　春

【题解】

本书十二月纪以阴阳五行学说为依据，阐明四季十二月的天文、历象、物候等自然现象，说明天子每月在衣食住行等方面所应遵守的规定，以及为顺应时气在郊庙祭祀、礼乐征伐、农事活动等方面所应发布的政令。要求天子行事制令都要"无变天之道，无绝地之理，无乱人之纪"。实际上，这十二月纪是作者构想的一年的施政纲领。本书十二月纪是阴阳明堂思想较早、较有系统的记载。

依五行学说，春季属木，阳气渐盛，万物萌生，是生养的季节。因此，天子发布政令要以宽厚仁恩为主旨，禁止杀伐伤生。天子要劝勉农桑，躬耕帝籍；要抚恤幼孤，赈济贫困；要演乐习舞，亲往观看。以此来顺应时气。

《孟春》《仲春》《季春》所统辖的十二篇文章都是以讲养生为主的。阐述养生的思想，也是为了与春天生养之季相应合。

一曰：

孟春之月①，日在营室②，昏参中③，旦尾中④。其日甲乙⑤，其帝太皞⑥，其神句芒⑦，其虫鳞⑧，其音角⑨，律中太蔟⑩。其数八⑪，其味酸，其臭膻⑫，其祀户⑬，祭先脾。东风解冻⑭,蛰虫始振⑮,鱼上冰⑯,獭祭鱼⑰,候雁北。天子居青阳左个⑱,乘鸾辂⑲,驾苍龙⑳,载青旂㉑,衣青衣㉒,服青玉,食麦与羊㉓,其器疏以达㉔。

【注释】

①孟春:春季的第一个月,即夏历正月。

②日在营室:指视太阳运行的位置在营室宿。营室,二十八宿之一,在今飞马座。

③参:二十八宿之一,在今猎户座。中:指中星,即晨昏时刻出现在正南方中天的星宿。

④旦:平明,拂晓。尾:二十八宿之一,在今天蝎座。

⑤其:指孟春。甲乙:五行说把四时、十天干与五行相配,春季属木,甲乙也属木,所以说"其日甲乙"。下文"其帝太皞"、"其神句芒"、"其虫鳞"、"其音角"、"其味酸"、"其臭膻"、"其祀户"等等,也都是把五帝、五神、五虫等配于五行之后,再配于四时。

⑥太皞(hào):即伏羲氏,本书把它作为五帝之一,五行家说他以木德称王天下,被尊为东方之帝、木德之君。

⑦句(gōu)芒:少氏之子,名重,辅佐木德之帝,被尊为木德之神。

⑧虫:古时对动物的总称。鳞:五虫(羽毛甲鳞倮)之一,指鱼龙之类。

⑨角:五音(宫商角徵羽)之一。

⑩律:律管,即定音的竹管。中(zhòng):相应。太蔟(còu):古代十二律之一。十二律分为阳律(六律)、阴律(六吕),它们的名称是:黄钟、太蔟、姑洗、蕤宾、夷则、无射(六律);大吕、夹钟、中吕、林钟、南吕、应钟(六吕)。据说古人把葭莩(jiāfú)的灰塞在律管里,某月到了,与它相应的律管里的灰就飞动起来,这就叫律中某某;孟春之月,太蔟管中的灰飞动起来,所以叫"律中太蔟"。

⑪八：指木之成数。阴阳五行说认为天地生成五行，一天生水，二地生火，三天生木，四地生金，五天生土；因为阴阳不相配不能相成，所以又六地成水，七天成火，八地成木，九天成金，十地成土。天生木之数是三，天地相配成木之数是八。

⑫臭(xiù)：气味。膻：五臭(膻焦香腥朽)之一。

⑬祀：祭祀。户：户祀，五祀(户灶中雷门行)之一。古人认为春天阳气上升，蛰伏的动物开始活动，由户而出，所以孟春要举行户祀。

⑭东风：春风。五方、春季都属木，所以称春风四时与五行相配，东方、为东风。

⑮蛰(zhé)虫：藏伏的动物。

⑯鱼上冰：冬天寒冷之时，鱼伏在深水处，孟春天气渐暖，鱼就向上游到冰层下。

⑰獭(tǎ)祭鱼：水獭将捕得的鱼陈列在水边，古人称之为"獭祭鱼"。祭，杀。

⑱青阳左个：东向明堂的北侧室。古代帝王居住及宣布政教的明堂，按五行构筑，东向的叫青阳，南向的叫明堂，西向的叫总章，北向的叫玄堂，中央的叫太庙。除太庙只有一个太室之外，其余的在正堂两侧各有一个侧室，叫"个"，左侧室叫"左个"，右侧室叫"右个"，中间的正堂也叫太庙。天子按四时、五行的运行，每月换一个居室。

⑲鸾辂(lù)：饰有鸾铃的车。鸾，鸾铃。辂，车。鸾本是青色凤鸟，这里称春天用的车为鸾辂，是取鸾凤色青。五色与五行相配，青属木，所以用青色的东西命名春天用的器物。下文的御用之物如青龙、青旋、青衣、青玉等都是为顺应春天的苍青之色。

⑳龙：高大的马。马高八尺以上为龙。

㉑载：(把旗帜)插在车上。旂(qí)：古代绘有龙纹的旗帜。

㉒衣(yì)青衣:穿着青色的衣服。

㉓食麦与羊:五谷(麦黍稷麻菽)、五畜(鸡羊牛犬豕)与五行相配,麦属木,羊属火。古人认为吃东西要顺应时气,安生养性,而春气贵在调和,但还有冬日的余寒,所以吃与春同属木的谷物,并用属火之畜来御寒。

㉔器:指宗庙所用的器具。疏以达:指器物镂刻的纹理空疏而通达。

【译文】

第一:

孟春正月,太阳的位置在营室宿;初昏时刻,参宿出现在南方中天;拂晓时刻,尾宿出现在南方中天。孟春在天干中属甲乙,主宰之帝是太皞,佐帝之神是句芒,应时的动物是龙鱼之类的鳞族,声音是中和的角音,音律与太蔟相应。这个月的数字是八,味道是酸,气味是膻,要举行的祭祀是户祭,祭祀时,祭品以脾脏为尊。春风吹融了冰雪,蛰伏的动物开始苏醒活动,鱼儿从深水向上游到冰层下,水獭开始捕鱼,候鸟大雁从南往北飞行。天子居住在东向明堂的左侧室,乘坐饰有用青凤命名的响铃的车子,车前驾着青色的马,车上插着绘有龙纹的青色旗帜;天子穿青色的衣服,佩戴青色的饰玉,吃的食物是麦子和羊肉,使用的器物纹理空疏而通达。

是月也,以立春。先立春三日,太史谒之天子①,曰:"某日立春,盛德在木②。"天子乃斋。立春之日,天子亲率三公、九卿、诸侯、大夫③,以迎春于东郊;还,乃赏公卿、诸侯、大夫于朝。命相布德和令④,行庆施惠,下及兆民。庆赐遂行⑤,无有不当。乃命太史,守典奉法⑥,司天日月星辰之行,宿离不贷⑦,无失经纪⑧。以初为常⑨。

【注释】

①太史：官名，负责记载史事、观测天文、制订历法等。谒：告。

②盛德：大德。古人认为春属木而有生育万物之德，所以说春季盛
　　德在木。

③三公：辅佐天子的最高官吏，这里指太师、太傅、太保。九卿：指
　　少师、少傅、少保、冢宰、司徒、宗伯、司马、司寇、司空。

④相：三公。和：通"宣"。

⑤庆赐：指应该褒奖赏赐之事。遂：通达。

⑥守典奉法：遵奉六典八法。典，指六典，即治典、礼典、刑典、教
　　典、政典、事典。法，八法，即官属、官职、官联、官常、官成、官法、
　　官刑、官计。六典八法是治理邦国官府的法则制度。

⑦宿：指太阳所在的位置。离：指月亮所经过的地方。忒（tè）：
　　差错。

⑧经纪：纲常、法度，这里指日月星辰进退疾迟的度数。

⑨初：指作为历法计算起点的冬至点。当时人们认为冬至点在牵
　　牛初度。常：法。

【译文】

　　这个月有立春的节气。立春前三天，太史向天子禀告说："某日立
春，大德在木。"天子于是斋戒，准备迎春。立春那天，天子亲自率领三
公、九卿、诸侯、大夫到东郊去迎接春的降临；迎春礼毕归来，就在朝中
赏赐公卿、诸侯、大夫。并命令相国宣布教化，发布禁令，实行褒奖，施
予恩惠，一直施及所有百姓。褒奖赏赐之事，要通达施行，不要有不当
之处。于是命令太史遵奉六典八法，主管推算日月星辰运行的工作；太
阳所在的位置、月亮所经过的地方，以及日月星辰运行的度数和轨迹，
要计算得没有一点差错和失误。制定历法仍以冬至点在牵牛初度为
准则。

　　是月也，天子乃以元日祈谷于上帝①。乃择元辰②，天子亲载耒耜③，措之参于保介之御间④，率三公、九卿、诸侯、大夫，躬耕帝籍田⑤。天子三推，三公五推，卿、诸侯、大夫九推。反⑥，执爵于太寝⑦，三公、九卿、诸侯、大夫皆御⑧，命曰"劳酒"。

【注释】

①元日：吉日。

②元辰：吉辰。日为天干，辰为地支，所以有事于天（祈谷）用日，有事于地（耕帝籍）用辰。

③耒耜（sì）：农具，犁。犁柄叫耒，铧叫耜。

④措：放置。参于：疑当作参乘（shèng），"于"为"乘"字之坏脱。保介：车右，即站在车上右侧保护君主的武士。之：与。御：御者，驾车的人。车右和御者都是参乘。

⑤躬：亲自。帝籍田：古时，天子有农田千亩，用民力耕作，来生产祭祀上帝的黍稷，所以称这千亩农田为帝籍田。又简称"帝籍"或"籍田"。

⑥反：同"返"，返回。

⑦爵：饮酒器。太寝：祖庙。

⑧御：侍，指陪天子饮酒。

【译文】

　　这个月，天子在吉日向上帝祈求五谷丰登。并选择好的时辰，亲自用车装载着耒耜，放在参乘——车右和御者中间，率领三公、九卿、诸侯、大夫，到帝籍田亲自耕作。推耒耜入土，天子推三下，三公推五下，卿、诸侯、大夫推九下。礼毕返回，天子在祖庙举行宴饮，慰劳群臣，三公、九卿、诸侯、大夫都去侍酒。这次宴饮命名叫"劳酒"。

是月也，天气下降，地气上腾，天地和同，草木繁动①。王布农事，命田舍东郊②，皆修封疆③，审端径术④。善相丘陵阪险原隰⑤，土地所宜，五谷所殖，以教道民⑥，必躬亲之。田事既饬⑦，先定准直⑧，农乃不惑。

【注释】

①繁：萌。动：生。

②田：指田畯，古代主管农事的官。舍：住。

③封疆：疆界，这里指田地的界限。

④审：周密，详细。端：端正。径、术：都是小路，这里指田间的小路。

⑤相（xiàng）：考察。阪（bǎn）：大坡。险：高低不平的地方。原：广阔平坦的地方。隰（xí）：低洼潮湿的地方。

⑥道：同"导"，引导。

⑦饬（chì）：通"敕"，申明，告诫。

⑧准直：指农产品的价格标准。

【译文】

这个月，上天之气下降，地中之气上升，天地之气混同一体，草木开始萌发。国君宣布农功之事，命令农官住在东郊，监督农民整治田界，审视并端正田间小路；很好地考察丘陵、山地、平原、洼地，各类土地适宜种什么谷物，各种谷物应用什么方法种植，要用这些教诲引导农民，而且务必亲自去做。农功之事布置完毕，先确定农产品的价格标准，农民才没有疑惑。

是月也，命乐正入学习舞①。乃修祭典，命祀山林川泽，牺牲无用牝②，禁止伐木；无覆巢，无杀孩虫、胎夭、飞鸟③，无麛无卵④；无聚大众，无置城郭，掩骼霾髊⑤。

【注释】

①乐正：乐官之长。学：指太学。习舞：指教国子练习舞蹈。

②牺牲：供祭祀用的全色整个牲畜。牝（pìn）：雌性的禽兽，这里指母牲。古人认为春天是生养万物之时，所以禁止在祭祀山林川泽时用母畜做牺牲。

③孩虫：幼兽。孩，幼。胎夭：在母腹中的小兽。夭，麛子叫夭，泛指小兽。飞鸟：刚学飞的小鸟。

④麛（mí）：小鹿，泛指幼兽。卵：鸟卵。

⑤骼：枯骨。霾（mái）：埋。髊（cī）：带有腐肉的骨。孟春掩埋枯骨尸骸，表示顺应时气，崇尚仁恩。

【译文】

这个月，命令乐官进入太学教国子练习舞蹈。同时修订祭祀的规则，命令祭祀山林河流，不用母牲做祭品，禁止砍伐树木；不许捣翻鸟巢，不许杀害幼小的禽兽飞鸟，不许捕捉小兽和掏取鸟卵；不得聚集民众，不得建立城郭；要掩埋枯骨尸骸。

　　是月也，不可以称兵，称兵必有天殃①。兵戎不起，不可以从我始。无变天之道，无绝地之理，无乱人之纪②。

【注释】

①"不可"二句：称，举。古人认为孟春主生养，举兵杀戮有逆天道，所以要遭天殃。

②"无变天"三句：是说发布政令要顺应天地人三者的规律法则。纪，纲纪。

【译文】

这个月，不可以举兵征伐，举兵必定遭到天灾。在不能兴兵征伐的时节，兵戎之事不可以从我开始。发布政令不要违背自然的规律，不要无视土地的条件，不要扰乱人世的纲纪。

孟春行夏令①，则风雨不时②，草木早槁，国乃有恐；行秋令，则民大疫，疾风暴雨数至，藜莠蓬蒿并兴③；行冬令，则水潦为败④，霜雪大挚⑤，首种不入⑥。

【注释】

①令：指政令。

②不时：不合时。

③藜(lí)：像蒿一类的野草。莠(yǒu)：像谷子但不结实的野草。

④潦(lǎo)：雨水大的样子。

⑤挚(zhì)：伤害。

⑥首种：指过冬的麦子。入：收成。

附《吕氏春秋》十二月纪五行相配表

五行	天干	五帝	五神	五虫	五音	五味	五臭	五祀	五脏	五色	五谷	五畜	五方	四季
木	甲乙	太皞	句芒	鳞	角	酸	膻	户	脾	青	麦	鸡	东	春
火	丙丁	炎帝	祝融	羽	徵	苦	焦	灶	肺	赤	黍	羊	南	夏
土	戊己	黄帝	后土	倮	宫	甘	香	中霤	心	黄	稷	牛	中	季夏
金	庚辛	少皞	蓐收	毛	商	辛	腥	门	肝	白	麻	犬	西	秋

水	壬癸	颛顼	玄冥	介	羽	咸	杓	行	肾	黑	菽	彘	北	冬

【译文】

　　孟春正月如果发布应在夏天发布的政令，那么风雨就不能按时来去，草木就会过早干枯，人民就会感到惶恐；如果发布应在秋天发布的政令，那么，百姓就会遭受瘟疫，狂风暴雨就会多次袭来，野草就会蓬生；如果发布应在冬天发布的政令，那么大水就会毁害生物，霜雪就会严重地伤害庄稼，麦子就不能生成收获。

本　生

【题解】

"本生"就是把保全生命作为根本。文章认为外物既可以养生，又可以伤生，而保全生命的方法在于正确地处理人与外物的关系。圣人重生轻物，"以物养性（生命）"，富贵之人则重物轻生，"以性养物"，这样做的结果必然导致伤生亡国。作者的这些议论，是为规劝骄奢淫逸的君主而发的，其思想主要源于杨朱一派的"贵己"学说。

二曰：

始生之者，天也；养成之者，人也。能养天之所生而勿撄之谓天子^①。天子之动也，以全天为故者也^②。此官之所自立也。立官者，以全生也。今世之惑主，多官而反以害生，则失所为立之矣。譬之若修兵者，以备寇也。今修兵而反以自攻，则亦失所为修之矣。

【注释】

①撄（yīng）：触犯。

②天：指天所生育的生命。故：事。

【译文】

第二：

最初创造出生命的是天，养育生命并使它成长的是人。能够保养上天创造的生命而不摧残它，这样的人称作天子。天子一举一动都是把保全生命作为要务的。这是设立职官的由来。天子设立职官，正是用以保全生命啊。如今世上胡涂的君主，大量设立官职却反而因此妨害生命，这就失去设立职官的本来意义了。譬如整饬军备，是用以防备敌寇的。可是如今整饬军备却反而用以攻杀自己，那就失去了整饬军备的本来意义了。

夫水之性清，土者抇之^①，故不得清。人之性寿，物者抇之，故不得寿。物也者，所以养性也^②，非所以性养也^③。今世之人，惑者多以性养物，则不知轻重也^④。不知轻重，则重者为轻，轻者为重矣。若此，则每动无不败。以此为君，悖；以此为臣，乱；以此为子，狂。三者国有一焉，无幸必亡。

【注释】

①抇(gǔ)：搅浑，搅乱。

②性：生命。

③以性养：用生命供养外物。

④轻：喻物。重：喻身。

【译文】

水本来是清澈的，泥土使它浑浊，所以水无法保持清澈。人本来是可以长寿的，外物使他迷乱，所以人无法获得长寿。外物本应是供养生命的，不该损耗生命去追求它。可是如今世上胡涂的人多损耗生命去追求外物，这样做是不知轻重。不知轻重，就会把重的当作轻的，把轻的当作重的了。像这样，无论做什么，没有不失败的。持这种态度做君主，就会惑乱胡涂；持这种态度做臣子，就会败乱纲纪；持这种态度做儿子，就会狂放无礼。这三种情况，国家只要有其中一种，就无可幸免，必定灭亡。

今有声于此，耳听之必慊已^①，听之则使人聋，必弗听。有色于此，目视之必慊已，视之则使人盲，必弗视。有味于此，口食之必慊已，食之则使人喑^②，必弗食。是故圣人之于声色滋味也，利于性则取之，害于性则舍之，此全性之道也。世之贵富者，其于声色滋味也，多惑者。日夜求，幸而得之则遁焉^③。遁焉，性恶得不伤？

【注释】

①慊（qiè）：满足，惬意。

②喑（yīn）：哑。

③遁：通"循"，这里指没有节制。

【译文】

假如有这样一种声音，耳朵听到它肯定感到惬意，但听了就会使人耳聋，人们一定不会去听。假如有这样一种颜色，眼睛看到它肯定感到惬意，但看了就会使人眼瞎，人们一定不会去看。假如有这样一种食物，嘴巴吃到它肯定感到惬意，但吃了就会使人声哑，人们一定不会去吃。因此，圣人对于声音、颜色、滋味这些东西，有利于生命的就取用，有害于生命的就舍弃，这是保全生命的方法。世上富贵的人，对于声色滋味这些东西，大多是胡涂的。他们日日夜夜地追求这些东西，幸运地得到了，就放纵自己不能自禁。这样，生命怎么能不受伤害？

　　万人操弓,共射一招①,招无不中。万物章章②,以害一生,生无不伤;以便一生③,生无不长。故圣人之制万物也,以全其天也。天全,则神和矣,目明矣,耳聪矣,鼻臭矣④,口敏矣,三百六十节皆通利矣⑤。若此人者,不言而信,不谋而当,不虑而得;精通乎天地,神覆乎宇宙;其于物无不受也,无不裹也,若天地然;上为天子而不骄,下为匹夫而不惛⑥。此之谓全德之人。

【注释】

①招:射的目标,箭靶。

②章章:繁盛的样子。

③便:利。

④臭(xiù):这里指嗅觉灵敏。

⑤三百六十节:指人的周身所有关节。阴阳五行学说认为人的关节总数为三百六十五,与周天三百六十五度相应。这里是取其整数。利:通畅。

⑥惛(mèn):通"闷",忧闷。

【译文】

一万人拿着弓箭,共同射向一个目标,那个目标没有不被射中的。万物繁盛茂美,如果用以伤害一个生命,这个生命没有不被伤害的;如果用以长养一个生命,这个生命没有不成长的。所以圣人制约万物,是用以保全自己的生命。生命完好无损,精神就和谐了,眼睛就明亮了,听觉就灵敏了,嗅觉就敏锐了,口齿就伶俐了,全身的筋骨就通畅舒展了。像这样的人,不用说话就能取信于人,不用谋划就做得合适,不用思考就处事得当。他们的精气通达天地,心神覆盖宇宙。对于外物,他们无不承受,无不包容,就像天地一样。他们上做天子而不骄傲,下做百姓而不忧闷。像这样的人，称得上是德行完全的人。

　　贵富而不知道，适足以为患，不如贫贱。贫贱之致物也难，虽欲过之，奚由？出则以车，入则以辇①，务以自佚②，命之曰"招蹷之机"③。肥肉厚酒，务以自强，命之曰"烂肠之食"。靡曼皓齿④，郑卫之音⑤，务以自乐，命之曰"伐性之斧"。三患者，贵富之所致也。故古之人有不肯贵富者矣，由重生故也；非夸以名也，为其实也。则此论之不可不察也。

【注释】

①辇（niǎn）：人推挽的车。

②佚（yì）：同"逸"，逸乐。

③蹷（jué）：病名，这里指脚不能行走。

④靡曼皓齿：指美色。靡曼，皮肤细腻。皓，洁白。

⑤郑卫之音：春秋战国时郑、卫两国的民间音乐。从孔子"放郑声"、"郑声淫"起，古人历来都视之为淫靡之音、乱世之音。

【译文】

　　富贵而不懂得养生之道，恰恰足以成为祸患，与其这样，还不如贫贱。贫贱的人获得东西很难，即使想要过度地沉湎于物质享受之中，又从哪儿去弄到呢？出门乘车，进门坐辇，极力使自己安逸舒适，这种车辇应该叫做"招致脚病的器械"。吃肥肉，喝醇酒，极力勉强自己吃喝，这种酒肉应该叫做"腐烂肠子的食物"。迷恋女色，陶醉于淫靡之音，极力使自己尽享安乐，这种美色、音乐应该叫做"砍伐生命的利斧"。这三种祸患都是富贵所招致的。所以古代就有不肯富贵的人了，这是由于重视生命的缘故；并不是用轻视富贵的虚名来夸耀自己，而是为保全生命。既然这样，那么以上这些道理是不可不明察的。

重　己

【题解】

　　本篇旨在劝说君主要珍重自己的生命。珍重生命的办法是顺生而行，适欲节性，衣食住行、游观娱乐都要适度，只有这样才能“长生久视”。文中批评了对生命“慎之而反害之者”和“弗知慎者”，指出他们不达性命之情，不别死生存亡，逆生而动，其结果必然“死殃残亡”。

　　从养生的角度看，顺生节欲的思想带有某些合理的因素。

　　三曰：

　　倕①，至巧也。人不爱倕之指，而爱己之指，有之利故也。人不爱昆山之玉、江汉之珠②，而爱己之一苍璧小玑③，有之利故也。今吾生之为我有，而利我亦大矣。论其贵贱，爵为天子，不足以比焉；论其轻重，富有天下，不可以易之；论其安危，一曙失之，终身不复得。此三者，有道者之所慎也。

【注释】

　　①倕(chuí)：相传是尧时的巧匠。

②昆山：昆仑山。据说昆仑山产的玉石，用炉炭烧三天三夜，色泽也不
　　改变。因此古人用"昆山之玉"指代上好的美玉。江汉：长江、汉水。
　　传说江汉有夜明珠，因此古人用"江汉之珠"指代上好的珍珠。
③苍璧：含石多的玉。玑(jī)：小而不圆的珍珠。

【译文】

第三：

　　倕是最巧的人，但是人们不爱惜倕的手指，却爱惜自己的手指，这
是由于它属于自己所有而有利于自己的缘故。人们不爱惜昆山的美
玉，江汉的明珠，却爱惜自己的一块次等玉石，一颗不圆的小珠，这是由
于它属于自己所有而有利于自己的缘故。如今我的生命属于我所有，
而给我带来的利益也是极大的。就贵贱而论，即使贵为天子，也不足以
同它相比；就轻重而论，即使富有天下，也不能同它交换；就安危而论，
一旦失掉它，终身不可再得到。正是由于这三个方面的原因，有道之人
对生命特别小心谨慎。

　　有慎之而反害之者，不达乎性命之情也。不达乎性命
之情，慎之何益？是师者之爱子也①，不免乎枕之以穅；是聋
者之养婴儿也，方雷而窥之于堂。有殊弗知慎者？

【注释】

①师：乐官，古代由盲人担任。这里指代盲人。

【译文】

　　有人虽然对生命小心谨慎，却反而损害了生命，这是由于不通晓生
命的天性的缘故。不通晓生命的天性，即使对生命小心谨慎，又有什么
益处？这正如盲人爱儿子，竟免不了把他枕卧在谷糠里，而眯了婴儿的
眼睛；又如聋子养育婴儿，正当响雷的时候却抱着他在堂上向外张望，
而使婴儿受到更大的惊吓。这种情况同不知小心谨慎的人相比，其实

际效果又有什么不同？

　　夫弗知慎者，是死生存亡可不可未始有别也。未始有别者，其所谓是未尝是，其所谓非未尝非。是其所谓非，非其所谓是，此之谓大惑。若此人者，天之所祸也。以此治身，必死必殃；以此治国，必残必亡。

　　夫死殃残亡，非自至也，惑召之也。寿长至常亦然。故有道者不察所召，而察其召之者，则其至不可禁矣。此论不可不熟。

【译文】

　　对生命不知小心爱惜的人，他们对死生、存亡、可与不可从来没有分辨清楚。他们认为正确的从来都不是正确的，他们认为错误的从来都不是错误的。他们把错误的东西当作正确的，把正确的东西当作是错误的，这种情况叫做"大惑"。像这种人，正是上天降祸的对象。持这种态度修身，自身必定遭祸，必定死亡；持这种态度治理国家，国家必定残破，必定灭亡。

　　死亡、灾祸、残破、灭亡，这些东西都不是自己找上来的，而是惑乱所招致的。长寿的得来也常是这样。所以，有道之人不去考察招致的结果，而考察招致它们的原因，那么，结果的实现自然就不可遏止了。这个道理不可不深知。

　　使乌获疾引牛尾①，尾绝力勤②，而牛不可行，逆也。使五尺竖子引其棬③，而牛恣所以之，顺也。世之人主贵人，无贤不肖，莫不欲长生久视，而日逆其生，欲之何益？凡生之长也，顺之也；使生不顺者，欲也。故圣人必先适欲。

【注释】

①乌获：战国时秦国的力士，以勇力仕秦武王。

②勯（dān）：竭尽。

③五尺：古代尺小，当时的五尺约合今天一米多一些。棬（juàn）：同"桊"，牛鼻环。

【译文】

假使叫古代的大力士乌获用力拽牛尾，即使把力气用尽，把牛尾拽断，也不能让牛跟着走，这是违背牛的习性的缘故。如果叫一个小孩牵着牛鼻环，牛就会顺从地听任所往，这是由于顺应牛的习性的缘故。世上的人君、贵人，不论贤与不贤，没有不想长寿的。但是他们每日都在违背生命的天性，即使想要长寿，又有什么益处？大凡生命长久都是顺应它的天性的缘故，使生命不顺的是欲望，所以圣人一定首先节制欲望，使之适度。

　　室大则多阴，台高则多阳；多阴则蹶①，多阳则痿②。此阴阳不适之患也。是故先王不处大室，不为高台，味不众珍，衣不燀热③。燀热则理塞，理塞则气不达；味众珍则胃充，胃充则中大鞔④，中大鞔而气不达。以此长生可得乎？昔先圣王之为苑囿园池也⑤，足以观望劳形而已矣⑥；其为宫室台榭也⑦，足以辟燥湿而已矣⑧；其为舆马衣裘也，足以逸身暖骸而已矣⑨；其为饮食酏醴也⑩，足以适味充虚而已矣；其为声色音乐也，足以安性自娱而已矣。五者，圣王之所以养性也，非好俭而恶费也，节乎性也。

【注释】

①蹶：这里指寒蹶，是一种手足逆冷的病症，古人认为是阴气盛

所致。

②痿：一种肢体萎弱无力的病症，古人认为主要是阳气盛而五脏内
　热所致。蹙、痿之疾都会使人肢体不能活动。

③燀（dǎn）：通"亶"，厚。

④中：指胸腹。鞔（mèn）：通"懑"，闷胀。

⑤苑（yuàn）、囿（yòu）：都是畜养禽兽的地方，大的叫苑，小的叫囿。

⑥劳形：活动身体。古人把劳形作为养生之道的一个重要内容。

⑦台：高而平的建筑物，一般供远眺、游观之用。榭（xiè）：建在高土
　台上的敞屋。

⑧辟：同"避"。

⑨骸：形骸，人的身体。

⑩酏（yí）：稀粥，可用来酿酒。醴（lǐ）：甜酒。

【译文】

　　房屋过大，阴气就会过盛；台过高，阳气就会过盛。阴气过盛就会
生蹙疾，阳气过盛就会得痿病。这是阴阳不适度带来的祸患。因此，古
代帝王不住大房，不筑高台，饮食不求丰盛珍异，衣服不求过厚过暖。
衣服过厚过暖脉理就会闭结，脉理闭结气就会不通畅。饮食丰盛珍异
胃就会过满，胃过满胸腹就会闷胀，胸腹闷胀气就会不通畅。在气不通
畅的状态下还想求得长生，能办到吗？从前，先代圣王建造苑囿园池，
规模只要足以游目眺望、活动身体就行了；他们修筑宫室台榭，大小高
低只要足以避开干燥和潮湿就行了；他们制作车马衣裘，只要足以安身
暖体就行了；他们置备饮食酏醴，只要足以合口味、饱饥肠就行了；他们
创作音乐歌舞，只要足以使自己性情安乐就行了。这五个方面是圣王
用来养生的。他们之所以要这样，并不是喜好节俭，厌恶糜费，而是为
了调节性情使它适度啊。

贵　公

【题解】

　　本篇旨在阐述君主治国、治天下"必先公"的道理。文章认为，君主只有先做到"公"，才能实现"天下平"，"平得于公"。文章提出，天地至公"生而弗子，成而弗有，万物皆被其泽，得其利，而莫知其所由始"，劝说君主效法天地，这与老子提倡的"生而弗有，为而弗恃，长而弗宰"的思想是一致的。文章提出："天下非一人之天下也，天下之天下也。"这显然是针对君主而发的，但其目的仍在于强调"万民之主，不阿一人"，并非主张天下当由天下人治理。

　　四曰：

　　昔先圣王之治天下也，必先公。公则天下平矣①。平得于公。尝试观于上志②，有得天下者众矣，其得之以公，其失之必以偏。凡主之立也，生于公。故《鸿范》曰③："无偏无党④，王道荡荡。无偏无颇⑤，遵王之义⑥。无或作好，遵王之道。无或作恶⑦，遵王之路。"

【注释】

①平：指政治清明安定。

②尝：试。"尝试"为同义连用。上志：古代记载。

③《鸿范》：《尚书·周书》中的一篇，一作《洪范》。鸿，大。范，法。

④无：通"毋"，不要。偏：不平。党：结党。

⑤颇：不正。

⑥遵：沿着……走。义：道理，法度。

⑦恶（wù）：憎恶。

【译文】

第四：

从前，先代圣王治理天下，一定把公正无私放在首位。做到公正无私，天下就安定了。天下获得安定是由于公正无私。试考察一下古代的记载，曾经取得天下的人是相当多的了。如果说他们取得天下是由于公正无私，那么他们丧失天下必定是由于偏颇有私。大凡立君的本意，都是出于公正无私。所以《鸿范》中说："不要偏私，不要结党，王道多么平坦宽广。不要偏私，不要倾侧，遵循先王的法则。不要滥逞个人偏好，遵循先王的正道。不要滥逞个人怨怒，遵循先王的正路。"

天下，非一人之天下也，天下之天下也。阴阳之和，不长一类；甘露时雨，不私一物；万民之主，不阿一人。

伯禽将行①，请所以治鲁。周公曰②："利而勿利也。"

荆人有遗弓者③，而不肯索，曰："荆人遗之，荆人得之，又何索焉？"孔子闻之曰："去其'荆'而可矣。"老聃闻之曰④："去其'人'而可矣。"故老聃则至公矣。

天地大矣，生而弗子，成而弗有，万物皆被其泽，得其利，而莫知其所由始。此三皇五帝之德也⑤。

【注释】

①伯禽：周公旦之子，鲁国始祖。周公相成王，留在东都洛阳，成王封伯禽于鲁。

②周公：姬姓，名旦，周武王之弟，辅佐武王灭商，建立周王朝。相传周代的礼乐制度都是周公制定的。

③荆：古代楚国的别称。因楚国原建国于荆山一带，故名"荆"。

④老聃（dān）：春秋战国时楚人，曾为周藏书室史官。相传《老子》（又名《道德经》）一书为老聃所著。

⑤三皇五帝：传说中的远古帝王。一般的说法是，三皇指伏羲（xī）、神农、燧人，五帝指黄帝、颛顼（zhuānxū）、帝喾（kù）、尧、舜。本书十二月纪则以太皞（伏羲）、炎帝（神农）、黄帝、少皞、颛顼为五帝。

【译文】

天下不是某一个人的天下，而是天下人的天下。阴阳相和，不只长养一种物类。甘露时雨，不偏私某一种生物。万民之主，不偏袒某一个人。

伯禽将去鲁国，临行前请示治理鲁国的方法。周公说："施利给人民而不谋取私利。"

有个荆人丢了弓，却不肯去寻找，他说："荆人丢了它，荆人得到它，又何必寻找呢？"孔子听到这件事说："他的话中去掉那个'荆'字就合适了。"老聃听到以后说："再去掉那个'人'字就合适了。"像老聃这样的人，算是达到公的最高境界了。

天地是多么伟大啊，生育人民而不把他们视为自己的子孙，成就万物而不占为己有。万物都承受它的恩泽，得到它的好处，然而却没有哪一个知道这些是从哪里来的。这也正是三皇五帝的品德。

管仲有病①，桓公往问之②，曰："仲父之病矣③。渍甚④，国人弗讳⑤，寡人将谁属国⑥?"管仲对曰:"昔者臣尽力竭智，犹未足以知之也;今病在于朝夕之中,臣奚能言?"桓公曰:"此大事也,愿仲父之教寡人也。"管仲敬诺,曰:"公谁欲相?"公曰:"鲍叔牙可乎?⑦"管仲对曰:"不可。夷吾善鲍叔牙。鲍叔牙之为人也,清廉洁直;视不己若者,不比于人⑧;一闻人之过,终身不忘。勿已⑨,则隰朋其可乎⑩?隰朋之为人也,上志而下求⑪,丑不若黄帝⑫,而哀不己若者。其于国也,有不闻也;其于物也,有不知也;其于人也,有不见也。勿已乎,则隰朋可也。"

【注释】

①管仲:春秋齐人,名夷吾,字仲。初事公子纠,与齐桓公为敌;后由鲍叔牙推荐,为桓公相,尊称"仲父"。

②桓公:指齐桓公。春秋齐国国君,姜姓,名小白,公元前685年—前643年在位,为春秋五霸之首。

③仲父之病矣:"病"上当有"疾"字。疾,病。病,病重。

④溃:病。

⑤国人弗讳:指发生国人不可避忌的事,即病死。国人,居住在国都的自由民。讳,避忌。

⑥属(zhǔ):托付。

⑦鲍叔牙:齐大夫,管仲的好友,以知人著称。

⑧比:并列,齐等。

⑨勿已:等于说"不得已"。

⑩隰(xí)朋:齐大夫。

⑪上志:记识上世贤人而效法他们。下求:即下问。凡以能问于不能,以多问于少,以上问于下,都称"下问"。

⑫丑：用如动词，以……为羞耻。

【译文】

　　管仲有病，桓公去探问他，说："仲父您的病相当重了。如果病情危急，发生国人无法避忌的事，我将把国家托付给谁呢？"管仲回答说："过去我尽心竭力，尚且不足以明白这件事；如今病得危在旦夕，又怎么能谈论它呢？"桓公说："这是大事啊，望您能教导我。"管仲恭敬地答应了，说："您想用谁为相？"桓公说："鲍叔牙行吗？"管仲回答说："不行。我跟鲍叔牙很要好。鲍叔牙的为人，清白廉正；看待不如自己的人，不屑与之为伍；偶一闻知别人的过失，便终生不忘。不得已的话，隰朋大概还行吧。隰朋的为人，既能记识上世贤人而效法他们，又能不耻下问，自愧其德不如黄帝，又怜惜不如自己的人。他对于国政，不该打听的就不去打听；他对于事务，不需要了解的就不去了解；他对于别人，没必要关注的就不去关注。不得已的话，那么隰朋还行。"

　　夫相，大官也。处大官者，不欲小察①，不欲小智，故曰：大匠不斫，大庖不豆②，大勇不斗，大兵不寇。

　　桓公行公去私恶，用管子而为五伯长③；行私阿所爱，用竖刀而虫出于户④。

【注释】

　　①欲：应该。小察：在小处苛求。

　　②豆：古代食器，这里用如动词，置豆。

　　③五伯(bà)：通常写作"五霸"，指春秋时势力强大称雄一时的五个诸侯首领。通行的说法，五霸指齐桓、晋文、秦穆、宋襄、楚庄。本书《当染》等篇则把齐桓、晋文、楚庄、吴阖闾、越勾践列为春秋五霸。伯，长，首领。

④竖刀(diāo):齐桓公的近侍。他书或作"竖刁"。虫出于户:桓公
　　死,竖刀参与乱齐国,桓公五子争立,无人主丧,尸体停在床上六
　　十多天不予殡殓,以至尸虫流出门外。

【译文】

国相,是一种很高的职位。居于高位的人,不应该在小处苛求,不
应该玩弄小聪明。所以说:高超的木匠不去亲自动手砍削,高超的厨师
不去亲自排列食器,大勇之人不去亲自格斗厮杀,正义之师不去劫掠
为害。

桓公行公正,抛却私恨,起用管子而成为五霸之长;行偏私,庇护所
爱,任用竖刀而致使死后国家大乱,不得殡殓,尸虫流出门外。

人之少也愚,其长也智。故智而用私,不若愚而用公。
日醉而饰服①,私利而立公,贪戾而求王②,舜弗能为。

【注释】

①饰:通"饬(chì)",整顿。服:指丧服制度。据礼,居丧不饮酒
　　食肉。
②戾(lì):贪暴。王(wàng):成就王业。

【译文】

人年幼的时候愚昧,岁数大了聪明。如果聪明而用私,不如愚昧而
行公。天天醉醺醺的却要整饬丧纪,自私自利却要树立公正,贪婪残暴
却要称王天下,这些即使舜也办不到。

去　私

【题解】

本篇以尧舜禅让、祁奚荐贤、腹䵍诛子几个事例，从不同角度说明何谓去私；指出君主只有"诛暴而不私"，才能成就王霸之业。

从标题看，本篇当与《贵公》为同一主旨，但思想倾向不像《贵公》那样属于老子学派。文中记述的几则故事，今天仍可作为借鉴。

五曰：

天无私覆也，地无私载也，日月无私烛也①，四时无私行也。行其德而万物得遂长焉②。

【注释】

①烛：照明。

②遂：成。

【译文】

第五：

天覆盖万物，没有偏私；地承载万物，没有偏私；日月普照万物，没有偏私；春夏秋冬更迭交替，没有偏私。天地、日月、四季施与恩德，于是万物得以成长。

黄帝言曰："声禁重,色禁重,衣禁重,香禁重,味禁重,室禁重。①"

【注释】

①声禁重……室禁重:大意是,音乐、色彩、衣服、香料、饮食、宫室都要适当,禁止过度。重,过甚。按:这段意思与上下文无关,通篇也无此意,疑为《重己》篇所引,后人转写错误而混入本篇。

【译文】

黄帝说过:"音乐禁止淫靡,色彩禁止眩目,衣服禁止厚热,香料禁止浓烈,饮食禁止丰美,宫室禁止高大。"

尧有子十人,不与其子而授舜;舜有子九人,不与其子而授禹:至公也。

【译文】

尧有十个儿子,但他不把帝位传给自己的儿子而传给了舜;舜有九个儿子,但他不把帝位传给自己的儿子而传给了禹:他们是最公正无私的了。

晋平公问于祁黄羊曰①:"南阳无令②,其谁可而为之?"祁黄羊对曰:"解狐可③。"平公曰:"解狐非子之雠邪④?"对曰:"君问可,非问臣之雠也。"平公曰:"善。"遂用之。国人称善焉⑤。居有间⑥,平公又问祁黄羊曰:"国无尉⑦,其谁可而为之?"对曰:"午可⑧。"平公曰:"午非子之子邪?"对曰:"君问可,非问臣之子也。"平公曰:"善。"又遂用之。国人称

善焉。孔子闻之曰："善哉，祁黄羊之论也！外举不避雠，内
举不避子。"祁黄羊可谓公矣。

【注释】

①晋平公：春秋晋国国君，名彪，公元前557年—前532年在位。祁
　黄羊：晋大夫，名奚，字黄羊。据《左传·襄公三年》的记载，祁奚
　荐贤的事发生在晋悼公之时。

②南阳：古地名，在今河南济源一带。

③解（xiè）狐：晋大夫。

④雠（chóu）：仇敌。

⑤国人：居住在国都的自由民。

⑥有间：有一定时间。

⑦尉：军尉，平时管理军政，战时兼任主将的御者。

⑧午：指祁午，祁黄羊之子。

【译文】

晋平公问祁黄羊说："南阳缺个县令，谁可以担任这个职务？"祁黄羊回答说："解狐可以。"平公说："解狐不是你的仇人吗？"祁黄羊回答说："您问谁可以担任这个职务，不是问谁是我的仇人。"平公称赞说："好！"就任用了解狐。国人对此都说好。过了一段时间，平公又问祁黄羊说："国家缺个军尉，谁可以担任这个职务？"祁黄羊回答说："祁午可以。"平公说："祁午不是你的儿子吗？"回答说："您问谁可以担任这个职务，不是问谁是我的儿子。"平公称赞说："好！"就又任用了祁午。国人对此又都说好。孔子听说了这件事，说："祁黄羊的这些话太好了！推举外人不回避仇敌，推举家人不回避儿子。"祁黄羊可称得上公正无私了。

墨者有钜子腹䵍①，居秦，其子杀人，秦惠王曰②："先生

之年长矣，非有他子也，寡人已令吏弗诛矣，先生之以此听寡人也。"腹䵍对曰："墨者之法曰：'杀人者死，伤人者刑。'此所以禁杀伤人也。夫禁杀伤人者，天下之大义也。王虽为之赐，而令吏弗诛，腹䵍不可不行墨者之法。"不许惠王，而遂杀之。子，人之所私也③。忍所私以行大义④，钜子可谓公矣。

【注释】

①墨者：指战国时的墨家学派，创始人为墨翟。钜子：等于说"大师"。战国时墨家对本学派有重大成就的人的称呼。他书或作"巨子"。腹䵍（tūn）：人名。腹，姓；䵍，名。

②秦惠王：战国秦国国君，名驷，公元前337年—前311年在位。

③私：偏爱。

④忍：忍心，这里是忍心杀掉的意思。

【译文】

墨家有个大师腹䵍住在秦国，他的儿子杀了人。秦惠王对腹䵍说："先生您的年纪已经很大了，又没有别的儿子，我已经下令给司法官不杀他了。希望先生您在这件事上听从我的话吧。"腹䵍回答说："墨家的法律规定：'杀人者处死，伤人者受刑。'这样做为的是严禁杀人、伤人。严禁杀人、伤人，这是天下的大理。大王您虽然赐给我恩惠，命令司法官不杀我的儿子，但是我腹䵍却不可不执行墨家的法律。"腹䵍没有应允惠王，最终杀了自己的儿子。儿子是人们所偏爱的，墨家大师腹䵍为遵循天下的大理忍心杀掉自己心爱的儿子，可算得上公正无私了。

庖人调和而弗敢食，故可以为庖。若使庖人调和而食之，则不可以为庖矣。王伯之君亦然。诛暴而不私，以封天下之贤者，故可以为王伯。若使王伯之君诛暴而私之，则亦不可以为王伯矣。

【译文】

　　厨师调和五味而不敢私自食用，所以可以做厨师。假使厨师调和五味却私自把它吃掉，那么这样的人就不可以做厨师了。成就王霸之业的君主也是如此。他们诛杀暴君，自己却不占有他的土地，而是把它分封给有德之人，所以能够成就王霸之业。假使他们诛杀暴君却把他的土地占为己有，那么这样的君主也就不能成就王霸之业了。

仲春纪第二

仲　春

【题解】

见《孟春》。

一曰：

仲春之月，日在奎①，昏弧中②，旦建星中③。其日甲乙，其帝太皞，其神句芒，其虫鳞，其音角，律中夹钟④。其数八，其味酸，其臭膻，其祀户，祭先脾。始雨水，桃李华⑤，苍庚鸣⑥，鹰化为鸠。天子居青阳太庙⑦，乘鸾辂，驾苍龙，载青旂，衣青衣，服青玉，食麦与羊，其器疏以达。

【注释】

①日在奎：指太阳的位置在奎宿。奎，二十八宿之一，在今仙女座。

②弧：星宿名，又名弧矢，在鬼宿之南，今属大犬及船尾座。

③建星：星宿名，在斗宿之上，今属人马座。

④夹钟：十二律之一。参看《孟春》注。

⑤华：花，开花。

⑥苍庚：黄鹂。

⑦青阳太庙：东向明堂的中间正室。参看《孟春》注。

【译文】

第一：

仲春二月，太阳的位置在奎宿。初昏时刻，弧矢星出现在南方中天；拂晓时刻，建星出现在南方中天。这个月在天干中属甲乙，主宰之帝是太皞，佐帝之神是句芒，应时的动物是龙鱼之类的鳞族，声音是中和的角音，音律与夹钟相应。这个月的数字是八，味道是酸，气味是膻，要举行的祭祀是户祭，祭祀时的祭品以脾脏为尊。这个月开始下雨，桃李开始开花，黄鹂开始鸣叫，天空中的鹰逐渐为布谷鸟取代。天子居住在东向明堂的正室，乘坐饰有用青凤命名的响铃的车子，车前驾青色的马，车上插绘有龙纹的青色的旗帜；天子穿青色的衣服，佩戴着青色的饰玉，吃的是麦子和羊，使用的器物纹理空疏而通达。

　　是月也，安萌牙①，养幼少，存诸孤；择元日，命人社②；命有司，省囹圄③，去桎梏④，无肆掠⑤，止狱讼。

【注释】

①萌牙：即萌芽。

②社：土神，意为祭祀土神，以祈求五谷丰登。

③有司：主管的官吏，这里指掌管刑法的官吏。囹圄（língyǔ）：牢狱。

④桎梏（zhìgù）：刑具，在手上的叫梏，在脚上的叫桎。

⑤肆：陈列，这里指执行死刑后陈尸示众。掠：鞭笞。

【译文】

这个月，要保护植物的萌芽，养育儿童和少年，抚恤众多的孤儿。选择好的日子，命令老百姓祭祀土神。命令司法官减少关押的人犯，去掉手铐脚镣，不要杀人陈尸和鞭打犯人，制止诉讼之类的事情。

是月也，玄鸟至①，至之日，以太牢祀于高禖②。天子亲往，后妃率九嫔御③，乃礼天子所御④，带以弓韣⑤，授以弓矢⑥，于高禖之前。

【注释】

①玄鸟：燕子。相传有娀氏女简狄吞玄鸟卵而生契，因此后人把它作为男女婚娶的征兆，在它到来时祭祀媒神以求后嗣。

②太牢：祭品中牛羊豕（猪）三牲具备叫"太牢"。高禖（méi）：即郊禖。禖，主管嫁娶的媒神。因其祠在郊外，故称郊禖。

③嫔（pín）：古代宫廷中女官名。天子有一后、三夫人、九嫔、二十七世妇。这里九嫔泛指宫中所有女眷。御：侍从。

④天子所御：指天子所御幸而有孕的宫眷。

⑤弓韣（dú）：弓套。

⑥授以弓矢：把弓箭授给她。给有孕的女眷带上弓套，授予弓矢，是为了祈求能生男孩，因为弓矢之类都是男子勇士所用之具。

【译文】

这个月，燕子来到。燕子来到的那天，用牛羊豕三牲祭祀高禖之神。天子亲自前往，后妃率领宫中所有女眷陪从，在高禖神前为天子所御幸而有孕的女眷举行礼仪，给她们带上弓套，并授给她弓和箭。

是月也，日夜分①，雷乃发声，始电②。蛰虫咸动，开户始出③，先雷三日，奋铎以令于兆民曰④："雷且发声，有不戒其容止者⑤，生子不备⑥，必有凶灾。"日夜分，则同度量，钧衡石⑦，角斗桶，正权概⑧。

【注释】

①日夜分：日夜时间相等。

②电：打闪。

③户：指穴。

④奋：振动。铎：指木铎，以木为舌的大铃。古代宣布政教法令，要
　　巡行振鸣木铎以引起众人的警觉。

⑤容止：这里指男女房中事。

⑥备：完备。不备指生的小孩有先天残疾。

⑦钧：均等。衡：秤杆。石（shí）：重量单位，古代一百二十斤为
　　一石。

⑧权：秤锤。概：平斗斛的木板。

【译文】

这个月，日夜平分，开始打雷，打闪。蛰伏的动物都苏醒了，开始从
洞穴中钻出来。打雷的前三天，振动木铎向老百姓发布命令说："凡是
不警戒房中之事，在响雷时交合的，生下的孩子必有先天残疾，自己也
必有凶险和灾祸。"日夜平分，所以要统一和校正各种度量衡器具。

　　是月也，耕者少舍①，乃修阖扇②。寝庙必备③。无作大
事④，以妨农功。

【注释】

①少舍：稍稍休息。

②阖扇：门户。用木做的叫阖，用竹苇做的叫扇。

③寝庙：古代宗庙中前边祭祖的部分叫庙，后边住人的部分叫寝。

④大事：指战争。

【译文】

这个月，耕作的农夫稍事休息，修整门扇。祭祀先祖的寝庙一定要

完整齐备。不要兴兵征伐，以免妨害农事。

　　是月也，无竭川泽，无漉陂池①，无焚山林。天子乃献羔开冰②，先荐寝庙③。上丁④，命乐正入舞舍采⑤；天子乃率三公、九卿、诸侯，亲往视之。中丁⑥，又命乐正入学习乐。

【注释】

①漉(lù)：竭，使干涸。陂(bēi)：积蓄水的池塘。

②献羔开冰：古人冬天凿下冰块，藏入冰窖，仲春二月，先要献上羊羔祭祀司寒之神，然后才能打开冰窖取冰。

③荐：向鬼神进献。

④上丁：一月之中的第一个丁日。

⑤舍：放置。采：指彩帛。

⑥中丁：一个月中旬的丁日。

【译文】

　　这个月，不要弄干河川沼泽及蓄水的池塘，不要焚烧山林。天子向司寒之神献上羔羊，打开冰窖，把冰先献给祖先。上旬的丁日，命令乐正进入国学教练舞蹈，把彩帛放在前边行祭祀先师的礼节。天子率领三公、九卿、诸侯亲自去观看。中旬的丁日，又命令乐正进入国学教练音乐。

　　是月也，祀不用牺牲①，用圭璧②，更皮币。

【注释】

①祀不用牺牲：指一般的祈祷之礼不用牺牲。上文提到祀高禖用太牢，开冰窖取冰用羔，都是天子举行的一年一度的大礼，不在

此例。

②圭璧：祭祀时用作符信的玉器。圭，上尖下方的玉器。璧，圆形
而中间有孔的玉器。

【译文】

这个月，一般的祭祀不用牲畜做祭品，而用玉圭、玉璧，或者用皮毛
束帛来代替。

仲春行秋令，则其国大水，寒气总至^①，寇戎来征^②；行冬
令，则阳气不胜^③，麦乃不熟，民多相掠^④；行夏令，则国乃大
旱，暖气早来，虫螟为害^⑤。

【注释】

①总：忽然。

②寇戎：来犯的敌军。

③胜：经受得住。

④掠：劫掠。

⑤虫螟：指吃庄稼心儿的虫子。

【译文】

仲春二月如果发布应在秋天发布的政令，国家就会洪水泛滥，寒气
就会突然到来，敌寇就会来侵犯。如果发布应在冬天发布的政令，阳气
就经受不住，麦子就不能成熟，百姓间就会频繁出现劫掠之事。如果发
布应在夏天发布的政令，国家就会大旱，热气过早来到，庄稼就会遭到
虫害。

贵　生

【题解】

　　本篇旨在论述养生之道。文章提出，凡有害于生命的事就不去做，这就是养生的方法。文中列举的几个事例都是要说明天下"莫贵于生"。这种思想源于杨朱学派的"贵己"说。值得注意的是，文章结尾阐发道家人物子华子关于"迫生为下"的观点时，提出："不义，迫生也。而迫生非独不义也，故曰迫生不若死。"这种把"生"与"义"联系起来，认为不义而生不如为义而死的思想已超出了杨朱"贵己"说的范围，显然是儒家思想的反映。

　　二曰：

　　圣人深虑天下，莫贵于生。夫耳目鼻口，生之役也①。耳虽欲声，目虽欲色，鼻虽欲芬香，口虽欲滋味，害于生则止。在四官者不欲，利于生者则弗为②。由此观之，耳目鼻口不得擅行，必有所制。譬之若官职，不得擅为，必有所制。此贵生之术也。

【注释】

①役：役使。

②弗：当是衍文。

【译文】

第二：

圣人深思熟虑天下的事，认为没有什么比生命更宝贵。耳目鼻口是受生命支配的。耳朵虽然想听乐音，眼睛虽然想看彩色，鼻子虽然想嗅芳香，嘴巴虽然想尝美味，但只要对生命有害就会被禁止。对于这四种器官来说，即使是本身不想做的，但只要有利于生命就去做。由此看来，耳目鼻口不能任意独行，必须有所制约。这就像各种职官，不得独断专行，必须要有所制约一样。这就是珍重生命的方法。

尧以天下让于子州支父①，子州支父对曰："以我为天子犹可也②。虽然，我适有幽忧之病③，方将治之，未暇在天下也。"天下，重物也，而不以害其生，又况于他物乎？惟不以天下害其生者也，可以托天下。

【注释】

①子州支父（fǔ）：传说中的古代隐士，姓子，名州，字支父。

②犹：庶几，还。

③幽忧：深重的忧劳。

【译文】

尧把天下让给子州支父，子州支父回答说："让我做天子还是可以的，虽是这样，但我现在正害着忧劳深重的病，正在治疗，没有余暇顾及天下。"天下是最珍贵的，可是圣人不因它而危害自己的生命，又何况其他的东西呢？只有不因天下而危害自己生命的人，才可以把天下托付给他。

　　越人三世杀其君，王子搜患之^①，逃乎丹穴^②。越国无君，求王子搜而不得，从之丹穴。王子搜不肯出。越人薰之以艾，乘之以王舆。王子搜援绥登车^③，仰天而呼曰："君乎！独不可以舍我乎？^④"王子搜非恶为君也，恶为君之患也。若王子搜者，可谓不以国伤其生矣。此固越人之所欲得而为君也。

【注释】

①王子搜：战国时越王无颛（zhuān），"搜"为无颛的异名。毕沅据《竹书纪年》考证，无颛之前越国三代国君（不寿、朱句、无余）先后被杀。

②丹穴：采丹的矿井。

③援：拉。绥：车绥，上车时挽手所用的绳子。

④舍：舍弃。

【译文】

　　越国人连续杀了他们的三代国君，王子搜对此很是忧惧，于是逃到一个山洞里。越国没有国君，找不到王子搜，一直追寻到山洞。王子搜不肯出来，越国人就用燃着的艾草把他熏了出来，让他乘坐国君的车。王子搜拉着登车的绳子上车，仰望上天呼喊道："国君啊！国君啊！难道不可以放过我吗？"王子搜并不是厌恶做国君，而是害怕做国君招致的祸患。像王子搜这样的人，可说是不肯因国家而伤害自己生命的了。这也正是越国人一定要找他做国君的原因。

　　鲁君闻颜阖得道之人也^①，使人以币先焉^②。颜阖守闾^③，鹿布之衣^④，而自饭牛。鲁君之使者至，颜阖自对之^⑤。使者曰："此颜阖之家耶？"颜阖对曰："此阖之家也。"使者致币^⑥，颜阖对曰："恐听缪而遗使者罪^⑦，不若审之^⑧。"使者还反审之，复来求之，则不得已。故若颜阖者，非恶富贵也，由重生恶之也。世之人主多以贵富骄得道之人，其不相知，岂不悲哉？

【注释】

①颜阖（hé）：战国时鲁国的隐士。颜阖与鲁君事以及上文尧与子州支父、越人与王子搜之事均可参见《庄子·让王》。

②币：币帛。古人用以相互赠送、致意的礼物。先：事先致意。

③守：居。闾（lǘ）：周制，二十五家为里，里必有门，称作闾。这里代指住所。

④鹿：疑是"麤（cū）"字的省文。"麤"，今作"粗"。

⑤对：应答。

⑥致：献，送。

⑦缪：通"谬"，错。

⑧审：审核清楚。

【译文】

鲁国国君听说颜阖是个有道之人，想要请他出来做官，就派人带着礼物先去致意。颜阖住在陋巷，穿着粗布衣裳，自己喂牛。鲁君的使者来了，颜阖亲自接待他。使者问："这是颜阖的家吗？"颜阖回答说："这正是我的家。"使者送上礼物，颜阖说："我担心您把名字听错了而会给您带来处罚，不如搞清楚再说。"使者回去查问清楚了，再来找颜阖，却找不到了。像颜阖这样的人，并不是本来就厌恶富贵，而是由于看重生命才厌恶它。世上的君主，大多凭借富贵傲视有道之人，他们竟如此地不了解有道之人，难道不太可悲了吗？

故曰：道之真①，以持身；其绪余②，以为国家；其土苴③，以治天下。由此观之,帝王之功,圣人之余事也,非所以完身养生之道也。今世俗之君子,危身弃生以徇物④,彼且奚以此之也⑤? 彼且奚以此为也?

【注释】

①真:实质,根本。

②绪余:残余。绪,余。

③土苴(jū):泥土草芥,比喻无足轻重的微贱之物。

④徇(xùn):同"殉",为某一目的而死。

⑤之:往。

【译文】

所以说:道的实体用来保全身体,它的剩余用来治理国家,它的渣滓用来治理天下。由此看来,帝王的功业是圣人闲暇之余的事,并不是用以全身养生的方法。如今世俗所谓的君子危害身体舍弃生命去追求外物,他们这样做要达到什么目的呢? 他们又将采用什么手段达到目的呢?

凡圣人之动作也,必察其所以之与其所以为。今有人于此,以随侯之珠弹千仞之雀①,世必笑之。是何也? 所用重,所要轻也②。夫生,岂特随侯珠之重也哉!

【注释】

①随侯之珠:相传随侯见一条大蛇伤断,给它敷药,后来大蛇从江中衔来一颗明珠报答他。后人把这颗明珠称作"随侯之珠"。随,汉东之国,姬姓。仞:古代长度单位。仞的长度说法不一。清人陶方琦《说文仞字八尺考》认为,周制一仞为八尺,汉制为七尺,东汉末则为五尺六寸。

②要（yāo）：求。

【译文】

大凡圣人有所举动的时候，必定明确知道所要达到的目的和达到目的所应采用的手段。假如有这样一个人，用随侯之珠去弹射千仞高的飞鸟，世上的人肯定会嘲笑他。这是为什么呢？这是因为他所耗费的太贵重，所追求的太轻微了啊。至于生命，其价值贵重又岂只是随侯珠所能相比的！

子华子曰①："全生为上②，亏生次之③，死次之④，迫生为下⑤。"故所谓尊生者，全生之谓；所谓全生者，六欲皆得其宜也⑥。所谓亏生者，六欲分得其宜也⑦。亏生则于其尊之者薄矣⑧。其亏弥甚者也，其尊弥薄。所谓死者，无有所以知⑨，复其未生也。所谓迫生者，六欲莫得其宜也，皆获其所甚恶者。服是也，辱是也。辱莫大于不义，故不义，迫生也。而迫生非独不义也，故曰迫生不若死。奚以知其然也？耳闻所恶，不若无闻；目见所恶，不若无见。故雷则掩耳，电则掩目，此其比也⑩。凡六欲者，皆知其所甚恶，而必不得免，不若无有所以知。无有所以知者，死之谓也，故迫生不若死。嗜肉者，非腐鼠之谓也；嗜酒者，非败酒之谓也⑪；尊生者，非迫生之谓也。

【注释】

①子华子：古代道家人物。传说为战国时魏人，与韩昭釐侯同时。

②全生：保全生命的天性，使其顺应自然，即下文所说的"六欲皆得其宜"。

③亏生：指生命的天性由于受到外物的干扰而亏损，即下文所说的

"六欲分得其宜"。亏,损耗,欠缺。

④死:这里不是指终其天年的自然死亡,而是指为坚守自己的志向
而舍弃生命。

⑤迫生:这里指苟且偷生,使生命的天性完全受到压抑,即下文所
说的"六欲莫得其宜"。

⑥六欲:指生、死及耳、目、口、鼻的欲望。

⑦分:一半。

⑧尊之者:指生命的天性。

⑨所以知:用以知道六欲的凭借,即知觉。

⑩比:相似。

⑪败:腐败变质。

【译文】

子华子说:"全生是最上等,亏生次一等,死又次一等,迫生是最低
下的。"所以,所谓尊生,说的就是全生;所谓全生,是指六欲都能得到适
宜。所谓亏生,是指六欲只有部分得到适宜。生命受到亏损,它的天性
就会削弱;生命亏损得越厉害,它的天性削弱得也就越厉害。所谓死,
是指没有了知觉,等于又回到它未生时的状态。所谓迫生,是指六欲没
有一样得到适宜,六欲所得到的都是它们十分厌恶的东西。屈服属于
这一类,耻辱属于这一类。在耻辱当中没有比不义更大的了。所以,不
义就是迫生。但是迫生不仅仅是不义,所以说,迫生不如死。根据什么
知道是这样呢? 耳朵听到讨厌的声音,就不如什么也没听到;眼睛看到
讨厌的东西,就不如什么也没见到。所以打雷的时候人们就会捂住耳
朵,打闪的时候人们就会遮住眼睛。迫生不如死就像这种不如不听、不
如不看的现象一样。六欲都知道自己十分厌恶的东西是什么,如果这些
东西一定不可避免,那么就不如根本没有办法知道六欲。没有办法知道
六欲就是死。因此迫生不如死。嗜好吃肉,不是说连腐臭的老鼠也吃;
嗜好喝酒,不是说连变质的酒也喝;珍惜生命,不是说连迫生也算。

情　欲

【题解】

本篇旨在论述节欲养生。文章指出，人的感情欲望是天生的，圣人与一般人的不同就在于圣人"得其情"，因此"生以寿长，声色滋味能久乐之"；俗主"亏情"，所以"每动为亡败"。"得其情"与"亏情"的关键就在于是否珍重自己的生命。本篇的思想近于荀子的"节欲"说。老、庄提倡的"无欲"、孟子提倡的"寡欲"，虽从根本上说也是要人们"节欲"但与本篇"节欲"思想仍有着程度的差别。文章还指出，"天地不能两"，因而功业与生命同样不能两全，从"法天地"的观点出发论述了"贵生"的主张。

三曰：

天生人而使有贪有欲。欲有情，情有节。圣人修节以止欲，故不过行其情也。故耳之欲五声，目之欲五色，口之欲五味，情也。此三者，贵贱、愚智、贤不肖欲之若一，虽神农、黄帝①，其与桀、纣同②。圣人之所以异者，得其情也。由贵生动，则得其情矣；不由贵生动，则失其情矣。此二者，死生存亡之本也。

【注释】

①神农：传说中的远古帝名。古史又称炎帝、烈山氏。黄帝：传说中的远古帝名，姬姓，号轩辕氏、有熊氏，是中原各族的共同祖先。古人把神农、黄帝看作圣王的代表。

②桀：夏代最末一个君主，名履癸。纣：商代最末一个君主，名受。古人把桀纣作为暴君的典型。

【译文】

第三：

天生育人而使人有贪心有欲望。欲望产生感情，感情具有节度。圣人修节度以克制欲望，所以不会放纵自己的感情。耳朵想听乐音，眼睛想看彩色，嘴巴想吃美味，这些都是情欲。这三方面，高贵的人和卑贱的人，愚笨的人和聪明的人，贤明的人和不肖的人，欲望都是同样的。即使是神农、黄帝，他们的情欲也跟夏桀、商纣相同。圣人之所以不同于一般人，是由于他们能够控制情欲使它适度。从尊生出发而行动，情欲就会适度；不从尊生出发而行动，情欲就会放纵。这两种情况是决定死生存亡的根本。

俗主亏情，故每动为亡败。耳不可赡，目不可厌，口不可满；身尽府种①，筋骨沈滞②，血脉壅塞，九窍寥寥③，曲失其宜④，虽有彭祖⑤，犹不能为也。其于物也，不可得之为欲，不可足之为求⑥，大失生本；民人怨谤，又树大雠；意气易动，跻然不固⑦；矜势好智，胸中欺诈；德义之缓，邪利之急⑧。身以困穷⑨，虽后悔之，尚将奚及？巧佞之近，端直之远，国家大危，悔前之过，犹不可反。闻言而惊，不得所由。百病怒起⑩，乱难时至。以此君人⑪，为身大忧。耳不乐声，目不乐色，口不甘味，与死无择⑫。

【注释】

①府种:通"腑肿",即浮肿。

②沈(chén)滞:积滞而不通畅。沈,后代多写作"沉"。

③九窍:九孔。包括阳窍七(眼、耳、鼻、口)、阴窍二(大、小便处)。
　寥寥:空虚的样子。

④曲:周遍。

⑤彭祖:传说是颛顼(zhuānxū)帝玄孙陆终氏的第三子篯铿
　(jiānkēng),善养生之道,活了八百岁,尧封之于彭城,故称彭祖。

⑥"不可"二句:等于说"欲不可得,求不可足"。有人认为"之为"在
　语法上标志宾语前置。

⑦趹(jué)然:流行疾速、不坚固的样子。

⑧德义之缓,邪利之急:等于说"缓德义,急邪利"。下文"巧佞之
　近,端直之远"与此句式相同,意为近巧佞,远端直。

⑨以:通"已",已经。

⑩怒:盛,猛烈。

⑪君:给……做君。

⑫择:区别。

【译文】

世俗的君主放纵情欲,所以动辄灭亡。他们耳朵的欲望不可满足,眼睛的欲望不可满足,嘴巴的欲望不可满足,以致全身浮肿,筋骨积滞不通,血脉阻塞不畅,九窍空虚,全都丧失了正常的机能。到了这个地步,即使有彭祖在,也是无能为力的。世俗的君主对于外物,总是想得到不可得到的东西,追求不可满足的欲望,大大丧失生命的根本;百姓也会怨恨指责,这又给自己树起大敌。他们意志动摇,变化迅速而不坚定;夸耀权势,好弄智谋,胸怀欺诈,实行道德正义再拖延,追逐邪恶私利争先恐后,自身因而搞得走投无路。即使事后对此悔恨,还怎么来得及?他们亲近巧诈的人,疏远正直的人,致使国家处于极危险的境地,

这时即使后悔以前的过错,已然不可挽回。闻知自己即将灭亡的话这才惊恐,却仍然不知这种后果由何而至。各种疾病暴发出来,反叛内乱时有发生。靠这些治理百姓,只能给自身带来极大的忧患。以至耳听乐音却不觉得快乐,眼看彩色却不觉得高兴,口吃美味却不觉得香甜,这实际上跟死没什么区别。

　　古人得道者,生以寿长,声色滋味能久乐之,奚故? 论早定也①。论早定则知早啬②,知早啬则精不竭。秋早寒则冬必暖矣,春多雨则夏必旱矣。天地不能两③,而况于人类乎? 人之与天地也同。万物之形虽异,其情一体也。故古之治身与天下者,必法天地也。

【注释】

　　①论:这里指贵生的信念。

　　②啬(sè):爱惜。

　　③两:这里是两全的意思。

【译文】

　　古代的得道之人,生命得以长寿,乐音、彩色、美味能长久地享受,这是什么缘故。这是由于尊生的信念早确立的缘故。尊生的信念及早确立,就可以知道及早爱惜生命;知道及早爱惜生命,精神就不会衰竭。秋天早寒,冬天就必定温暖;春天多雨,夏天就必定干旱。天地尚且不能两全,又何况人类呢? 在这一点上人跟天地相同。万物形状虽然各异,但它们的本性是一样的。所以,古代修养身心与治理天下的人一定效法天地。

　　尊,酌者众则速尽。万物之酌大贵之生者众矣①,故大

贵之生常速尽。非徒万物酌之也，又损其生以资天下之人，
而终不自知。功虽成乎外，而生亏乎内。耳不可以听，目不
可以视，口不可以食，胸中大扰，妄言想见，临死之上，颠倒
惊惧，不知所为。用心如此，岂不悲哉？

①大贵之生：指君主的生命。

【译文】

　　酒樽中的酒，舀的人多，完的就快。万物之中消耗君主生命的太多
了，所以君主的生命常常很快耗尽。不仅万物消耗它，君主自己又损耗
它来为天下人操劳，而自己却始终不察觉。在外虽然功成名就，可是自
身生命却已损耗。以致耳不能听，眼不能看，嘴不能吃，心中大乱，口说
胡话，精神恍惚；临死之前，精神错乱，惊恐万状，不知自己在干什么。
耗费心力到了这个地步，难道不可悲吗？

　　世人之事君者，皆以孙叔敖之遇荆庄王为幸①。自有道
者论之则不然，此荆国之幸。荆庄王好周游田猎，驰骋弋
射②，欢乐无遗，尽傅其境内之劳与诸侯之忧于孙叔敖③。孙
叔敖日夜不息，不得以便生为故④，故使庄王功迹著乎竹帛，
传乎后世。

【注释】

①孙叔敖：即蒍（wěi）敖，字孙叔，春秋楚人，初隐居海滨，后为楚庄
　　王令尹。遇：知遇，受到赏识。荆庄王：即楚庄王，春秋楚国国
　　君，芈（mǐ）姓，名旅（或作吕、侣），公元前613年—前591年在
　　位，为春秋五霸之一。

②弋（yì）：以绳系箭而射。

③傅：付。

④便：利。故：事。

【译文】

　　世上侍奉君主的人都把孙叔敖受到楚庄王的知遇看作是幸运的事。但是由有道之人来评论却不是这样，这只是楚国的幸运。楚庄王喜好四处游玩打猎，跑马射箭，欢乐无余，而把治国的辛苦和做诸侯的忧劳都推给了孙叔敖。孙叔敖日夜操劳不止，无法顾及养生之事。正因为这样，才使楚庄王的功绩载于史册，流传到后代。

当　染

【题解】

本篇与《墨子·所染》篇文字基本相同。文章以染丝为喻,强调了环境对人的决定性作用。文中列举历史事例说明:"所染当",君主就能成就王霸之业,士就能显荣于天下"所染不当";,就会导致国破身辱。因此"劳于论人而佚于官事",才是为君的正确方法。篇末将孔子、墨子及其后学并称,并持同样尊重的态度,这一点与《墨子·所染》篇不同。

四曰:

墨子见染素丝者而叹曰①:"染于苍则苍,染于黄则黄,所以入者变②,其色亦变,五入而以为五色矣。"故染不可不慎也。

【注释】

①墨子:名翟(dí),战国初鲁国人,墨家学派创始人。现存《墨子》五十三篇是墨翟的门徒根据他的遗教编纂而成。素丝:未经染色的生丝。

②所以入者:指染料。

【译文】

第四：

墨子曾看到染素丝的而叹息说："放到青色染料中浸染，素丝就变成青色；放到黄色染料中浸染，素丝就变成黄色；用来放入的染料变了，素丝的颜色也随着变化，染五次就会变出五种颜色了。"所以，染色不可不慎重。

非独染丝然也，国亦有染①。舜染于许由、伯阳②，禹染于皋陶、伯益③，汤染于伊尹、仲虺④，武王染于太公望、周公旦⑤。此四王者，所染当，故王天下，立为天子，功名蔽天地。举天下之仁义显人，必称此四王者。夏桀染于干辛、歧踵戎⑥，殷纣染于崇侯、恶来⑦，周厉王染于虢公长父、荣夷终⑧，幽王染于虢公鼓、祭公敦⑨。此四王者，所染不当，故国残身死，为天下僇⑩。举天下之不义辱人，必称此四王者。齐桓公染于管仲、鲍叔，晋文公染于咎犯、郄偃⑪，荆庄王染于孙叔敖、沈尹蒸⑫，吴王阖庐染于伍员、文之仪⑬，越王句践染于范蠡、大夫种⑭。此五君者，所染当，故霸诸侯，功名传于后世。范吉射染于张柳朔、王生⑮，中行寅染于黄藉秦、高强⑯，吴王夫差染于王孙雄、太宰噽⑰，智伯瑶染于智国、张武⑱，中山尚染于魏义、椻长⑲，宋康王染于唐鞅、田不禋⑳。此六君者，所染不当，故国皆残亡，身或死辱，宗庙不血食㉑，绝其后类，君臣离散，民人流亡。举天下之贪暴可羞人，必称此六君者。

【注释】

①染：这里用作比喻，是熏陶、熏染的意思。

②许由:古代传说中的高士。相传舜想把天下让给许由,许由不接
　受,逃隐于箕山。伯阳:传说为尧时的贤人,舜七友之一。

③皋陶(yáo):舜的法官。伯益:舜臣,与皋陶同族。他书或作"伯
　翳"。

④汤:商朝的建立者,也称天乙。伊尹:商汤的大臣,原是汤妻陪嫁
　的奴隶,后辅佐汤灭桀,建立商朝,被尊为阿衡(宰相)。仲虺
　(huī):汤的左相。

⑤武王:指周武王,姬姓,名发,文王之子,西周王朝的建立者。太
　公望:姜姓,吕氏,名尚,号太公望;周文王立他为师,武王尊他为
　师尚父;辅佐武王灭商,建立周王朝,被封于齐。

⑥干辛、歧踵戎:夏桀的两个臣子。

⑦崇侯:名虎。崇,国名。侯,爵位。恶来:嬴姓,飞廉之子。二人
　是殷纣的臣子。

⑧周厉王:周穆王的四世孙,名胡,因荒淫暴虐而被国人放逐。虢
　(guó)公长父:周厉王的卿士,名长父。虢,国名。荣夷终:周厉
　王的卿士,名终。荣,国名。夷,谥号。

⑨幽王:指周幽王,宣王之子,名宫湦,公元前771年被犬戎杀于骊
　山下,西周从此灭亡。虢公鼓、祭(zhài)公敦:周幽王的两个卿
　士,名鼓、名敦。祭,国名。

⑩僇(lù):同"戮",辱。

⑪晋文公:春秋晋国国君,名重耳,献公之子,公元前636年—前
　628年在位,为春秋五霸之一。咎犯:即狐偃,晋卿,因是晋文公
　的舅父,也称舅犯。郄(xì)偃:当为"郭偃",即卜偃,晋献公时为
　掌卜大夫。

⑫沈尹蒸:春秋时楚国大夫。沈,邑名。尹,官名。蒸,当作"筮",人
　名。又作"沈尹巫"。沈尹筮把孙叔敖推荐给楚庄王。

⑬阖(hé)庐:春秋末年吴国国君,名光,公元前514年—前496年在

位。或作"阖闾"。伍员（yún）：吴大夫，名员，字子胥，本楚国人，
父兄为楚平王所杀，逃至吴国，后辅佐吴王阖庐击败强楚。文之
仪：吴大夫，名之仪。

⑭句（gōu）践：春秋末年越国国君，公元前491年—前465年在位。
按：本篇以齐桓公、晋文公、楚庄王、阖庐、勾践为春秋五霸。范
蠡（lǐ）：越大夫，名蠡，别号陶朱公。大夫种：即文种（zhǒng）。越
大夫。二人辅佐勾践卧薪尝胆，发愤图强，终于灭掉吴国。

⑮范吉射：春秋时晋卿。公元前497年，范氏、中行氏联合发难，攻
打赵氏，结果反被知氏、赵氏、韩氏、魏氏四家逐出晋国。张柳
朔、王生：范吉射的两个家臣，都死于范氏之难。

⑯中行（háng）寅：晋卿荀寅。黄藉秦、高强：荀寅的两个家臣。

⑰夫差：吴王阖庐之子，吴国国君；曾大败越国，后听信谗言，同意
勾践的求和，终导致国灭身死。王孙雄：吴大夫。雄，当作"雒
（luò）"。太宰嚭（pǐ）：吴太宰伯嚭。

⑱智伯瑶：名瑶，晋国荀首的后代，又称荀瑶，晋哀公时为执政大
臣，谥襄子。智国、张武：智氏的两个家臣。他们劝说智伯纠合
韩、魏，把赵襄子围在晋阳，结果韩魏赵三家暗地联合，反灭掉
智氏。

⑲中山：春秋国名，为魏所灭。尚：人名，疑是中山最后一个国君中
山桓公。魏义、椻（yàn）长：中山国的两个大夫。

⑳宋康王：战国时宋国最末一个国君，名偃，以荒淫贪暴著称，诸侯
称他"桀宋"；即位四十七年（《史记》年表云四十三年），被齐、楚、
魏三国所灭。唐鞅、田不禋（yīn）：宋大夫。

㉑血食：指受祭祀。古代祭祀用牲，故称血食。

【译文】

　　不仅染丝这样，国家也有类似于染丝的情形。舜受到许由、伯阳的
熏染，禹受到皋陶、伯益的熏染，商汤受到伊尹、仲虺的熏染，武王受到

太公望、周公旦的熏染。这四位帝王，因为所受的熏陶合宜得当，所以
能够统治天下，立为天子，功名盖天地。凡列举天下仁义、显达之人，一
定都推举这四位帝王。夏桀受到干辛、歧踵戎的熏染，殷纣受到崇侯、
恶来的熏染，周厉王受到虢公长父、荣夷终的熏染，周幽王受到虢公鼓、
祭公敦的熏染。这四位君王，因为所受的熏染不得当，结果国破身死，
被天下人耻笑。凡列举天下不义、蒙受耻辱之人，一定都举这四位君
王。齐桓公受到管仲、鲍叔牙的熏陶，晋文公受到咎犯、卜偃的熏染，楚
庄王受到孙叔敖、沈尹筮的熏染，吴王阖庐受到伍员、文之仪的熏染，越
王勾践受到范蠡、文种的熏染。这五位君主，因为所受的熏陶合宜得
当，所以称霸诸侯，功业盛名流传到后代。范吉射受到张柳朔、王生的
熏染，中行寅受到黄藉秦、高强的熏染，吴王夫差受到王孙雒、太宰嚭的
熏染，智伯瑶受到智国、张武的熏染，中山尚受到魏义、椢长的熏染，宋
康王受到唐鞅、田不禋的熏染。这六位君主，因为所受的熏染不得当，
结果国家都破灭了，他们自身有的被杀，有的受辱，宗庙毁灭不能再享
受祭祀，子孙断绝，君臣离散，人民流亡。凡列举天下贪婪残暴、蒙受耻
辱之人，一定都举这六位君主。

　　凡为君，非为君而因荣也，非为君而因安也，以为行理
也。行理生于当染。故古之善为君者，劳于论人而佚于官
事[1]，得其经也。不能为君者，伤形费神，愁心劳耳目，国愈
危，身愈辱，不知要故也。不知要故[2]，则所染不当；所染不
当，理奚由至？六君者是已。六君者，非不重其国、爱其身
也，所染不当也。存亡故不独是也[3]，帝王亦然[4]。

【注释】

　　①论：选择。

②故：疑承上文而衍。

③故：本来。是：指上文所列举的五霸、六君。

④帝王：指上文所列举的舜、禹、汤、武王、夏桀、殷纣、周厉王、
　　幽王。

【译文】

　　大凡做君，不是为获得显荣，也不是为获得安适，而是为实施大道。
大道的实施产生于熏染合宜得当。所以古代善于做君的把精力花费在
选贤任能上，而对于官署政事则采取安然置之的态度，这是掌握了做君
的正确方法。不善于做君的，伤身劳神，心中愁苦，耳目劳累，而国家却
越来越危险，自身却蒙受越来越多的耻辱，这是由于不知道做君的关键
所在的缘故。不知道做君的关键，所受的熏染就不会得当。所受的熏
染不得当，大道从何而至？以上六个君主就是这样。那六位君主不是
不看重自己的国家，也不是不爱惜自己，而是由于他们所受的熏染不得
当啊。所受的熏染适当与否关系到存亡，不仅诸侯如此，帝王也是
这样。

　　非独国有染也。孔子学于老聃、孟苏、夔靖叔①。鲁惠
公使宰让请郊庙之礼于天子②，桓王使史角往③，惠公止之。
其后在于鲁，墨子学焉。此二士者，无爵位以显人，无赏禄
以利人。举天下之显荣者，必称此二士也。皆死久矣，从属
弥众，弟子弥丰，充满天下。王公大人从而显之；有爱子弟
者，随而学焉，无时乏绝。子贡、子夏、曾子学于孔子④，田子
方学于子贡⑤，段干木学于子夏⑥，吴起学于曾子⑦；禽滑黎学
于墨子⑧，许犯学于禽滑黎⑨，田系学于许犯⑩。孔墨之后学
显荣于天下者众矣，不可胜数，皆所染者得当也。

【注释】

①孟苏、夔(kuí)靖叔：当是与孔子同时的两位有道之人。

②鲁惠公：春秋鲁国国君，名弗皇（一作"弗湟"），公元前768—前
　723年在位。宰让：鲁大夫。郊：祭天。庙：祭祖。天子：指周
　平王。

③桓王：当作"平王"。因惠公死于平王四十八年，其时桓王未立。
　如"桓王使史角往"，其时惠公已死，则又与下文"惠公止之"不
　合。史角：名叫角的史官。

④子贡：孔子的弟子，姓端木，名赐，字子贡。子夏：孔子的弟子，姓
　卜，名商，字子夏，相传曾为魏文侯的老师。曾子：孔子的弟子，
　名参(shēn)，字子舆。

⑤田子方：战国时魏国的贤士，魏文侯尊他为师。

⑥段干木：战国时魏国的隐士，很受魏文侯的尊重。

⑦吴起：战国时魏国人，军事家。先为魏文侯将军，文侯死后，因遭
　陷害而逃到楚国，辅佐楚悼王变法图强，使楚国强盛一时。

⑧禽滑(gǔ)釐(读音未详)：墨子的弟子。他书或作"禽滑厘"、"禽滑
　黎"。

⑨许犯：墨家后学弟子。

⑩田系：墨家后学弟子。

【译文】

　　不仅国家有受染的情形，士也是这样。孔子向老聃、孟苏、夔靖叔
学习。鲁惠公派宰让向天子请示郊祭、庙祭的礼仪，平王派名叫角的
史官前往，惠公把他留了下来，他的后代在鲁国，墨子向他的后代学
习。孔子、墨子这两位贤士，没有爵位来使别人显赫，没有赏赐俸禄来
给别人带来好处，但是，列举天下显赫荣耀之人，一定都举这二位贤
士。这二位贤士都死了很久了，而追随他们的人却更多了，他们的弟
子越来越多，遍布天下。王公贵族因而宣扬他们；那些爱怜子弟的人，

让他们的子弟跟随孔墨的门徒学习，没有一时中断过。子贡、子夏、曾子向孔子学习，田子方向子贡学习，段干木向子夏学习，吴起向曾子学习；禽滑黎向墨子学习，许犯向禽滑黎学习，田系向许犯学习。孔墨后学在天下显贵尊荣的太多了，数也数不尽，这都是由于所受的熏染得当啊。

功 名——作由道

【题解】

本篇旨在论述为君之道。文章以大量生动的比喻说明：要达到目的，必"由其道"。条件具备了，方法对头了，自然水到渠成，否则徒劳无益。本篇劝戒君主要重视人心的向背，指出"欲为天子，民之所走，不可不察"，"所以示民，不可不异"，反映了作者的民本思想。

五曰：

由其道，功名之不可得逃，犹表之与影[①]，若呼之与响[②]。善钓者，出鱼乎十仞之下，饵香也；善弋者，下鸟乎百仞之上，弓良也；善为君者，蛮夷反舌殊俗异习皆服之[③]，德厚也。水泉深则鱼鳖归之，树木盛则飞鸟归之，庶草茂则禽兽归之，人主贤则豪杰归之。故圣王不务归之者，而务其所以归。

【注释】

①表：古代测日影、定时刻所立的标竿。

②响：回声。

③反舌：指四方各族语音与华夏不同。

【译文】

第五：

遵循正确的途径猎取功名，功名就无法逃脱，正像日影无法摆脱测日影月的标杆，回声必然伴随呼声一样。善于钓鱼的人能把鱼从十仞深的水下钓出来，这是由于钓饵香美的缘故；善于射猎的人能把鸟从百仞高的空中射下来，这是由于弓好的缘故；善于做君主的人能够使四方各族归顺他，这是由于恩德崇厚的缘故。水泉深广，鱼鳖就会游向那里；树木繁盛，飞鸟就会飞向那里；百草茂密，禽兽就会奔向那里；君主贤明，豪杰就会归依他。所以，圣明的君主不勉强使人们归依，而是尽力创造使人们归依的条件。

强令之笑不乐；强令之哭不悲；强令之为道也，可以成小①，而不可以成大。

【注释】

①小：这里指虚名。

【译文】

强制出来的笑不快乐，强制出来的哭不悲哀，强制命令这种做法只可以成就虚名，而不能成就大业。

缶醯黄①，蚋聚之②，有酸；徒水则必不可。以狸致鼠③，以冰致蝇，虽工，不能。以茹鱼去蝇④，蝇愈至，不可禁，以致之之道去之也。桀、纣以去之之道致之也，罚虽重，刑虽严，何益？

【注释】

①缶（fǒu）：瓦器。圆腹，小口，有盖，用以汲水或盛流质。醯（xī）：醋。

②蚋（ruì）：蚊类。

③狸（lí）：这里指猫。

④茹（rú）：腐臭。

【译文】

瓦器中的醋黄了，蚊子之类就聚在那里了，那是因为有酸味的缘故。如果只是水，就一定招不来它们。用猫招引老鼠，用冰招引苍蝇，纵然做法再精巧，也达不到目的。用臭鱼驱除苍蝇，苍蝇会越来越多，不可禁止，这是由于用招引它们的方法去驱除它们的缘故。桀纣企图用破坏太平安定的暴政求得太平安定的局面，惩罚即使再重，刑法即使再严，又有什么益处？

　　大寒既至，民暖是利①；大热在上，民清是走②。故民无常处，见利之聚③，无之去。欲为天子，民之所走，不可不察。今之世，至寒矣，至热矣，而民无走者，取则行钧也④。欲为天子，所以示民，不可不异也。行不异乱，虽信令⑤，民犹无走。民无走，则王者废矣，暴君幸矣，民绝望矣。故当今之世，有仁人在焉，不可而不此务⑥；有贤主，不可而不此事。

【注释】

①民暖是利：等于说"民利暖"。下句"民清是走"等于说"民走清"。

②走：奔向。

③见利之聚：等于说"聚见利"。聚于见利之处。下句"无之去"等于说"无去（利）"。

④取：意同"趣（qū）"，奔赴。钧：通"均"。

⑤信（shēn）：通"伸"。

⑥可而：相当于"可以"。

【译文】

　　严寒到了，人民就追求温暖；酷暑临头，人民就奔向清凉。因此，人民没有固定的居处，他们总是聚集在可以看到利益的地方，离开那些没有利益的地方。想要作天子，对于人民奔走的原因不可不仔细察辨。如今的人世，寒冷到极点了，炎热到极点了，而人民之所以不奔向谁，是由于是因为所要去的地方君主所作所为都是同样的坏啊！所以，想作天子，用来显示给人民的就不可不与此相区别。如果君主的言行与暴乱之君的没有什么区别，那么即使下命令，人民也不会趋附他。如果人民不趋附谁，那么，成就王业的人就不会出现了，暴君就庆幸了，人民就绝望了。所以，在今天的世上如果有仁义之人在，不可不勉力从事这件事；如果有贤明的君主在，不可不致力于这件事。

　　贤不肖不可以相分①，若命之不可易，若美恶之不可移。桀、纣贵为天子，富有天下，能尽害天下之民，而不能得贤名之②。关龙逢、王子比干能以要领之死争其上之过③，而不能与之贤名。名固不可以相分，必由其理。

【注释】

①不相分："不"字误衍。分：分给。

②不能得贤名之：意思是，不能获得贤明之名。谥法：贼人多杀曰桀，残义损善曰纣。

③关龙逢（péng）：夏桀之臣。传说夏桀暴虐无道，关龙逢极力劝谏，被桀所杀。王子比干：殷纣的叔伯父（一说纣的庶兄）。传说

纣荒淫暴虐，比干犯颜强谏，被纣剖心而死。要：古"腰"字。领：脖子。争（zhèng）：诤谏。这个意义后来写作"诤"。

【译文】

　　贤明的名声与不肖的名声不能由别人给予，全由自己的言行而定，这就像命运不可更改，美恶不可移易一样。桀纣贵为天子，富有天下，能遍害天下的人，却不能为自己博得一个好名声。关龙逢、王子比干能以死谏诤其君的过错，却不能给他们争得好名声。名声本来就不能由别人给予，它只能遵循一定的途径获得。

季春纪第三

季 春

【题解】

见《孟春》。

一曰：

季春之月，日在胃①，昏七星中②，旦牵牛中③。其日甲乙，其帝太皞，其神句芒，其虫鳞，其音角，律中姑洗④。其数八，其味酸，其臭膻，其祀户，祭先脾。桐始华，田鼠化为鴽⑤；虹始见，萍始生。天子居青阳右个⑥，乘鸾辂，驾苍龙，载青旂，衣青衣，服青玉，食麦与羊，其器疏以达。

【注释】

①日在胃：指太阳的位置在胃宿。胃，星宿名，二十八宿之一，在今白羊座。

②七星：星宿名，即星宿，二十八宿之一，在今长蛇座。

③牵牛：星宿名，即牛宿，二十八宿之一，在今摩羯座。

④姑洗(xiǎn)：十二律之一，属阳律。参见《孟春纪》注。

⑤鴽(rú)：鹌鹑之类的鸟。田鼠化为鴽只是古人的一种传说。

⑥青阳右个:东向明堂的右侧室。

【译文】

第一:

季春三月,太阳的位置在胃宿。初昏时刻,星宿出现在南方中天;拂晓时刻,牛宿出现在南方中天。季春于天干属甲乙,主宰之帝是太皞,佐帝之神是句芒,应时的动物是龙鱼之类的鳞族,声音是中和的角音,音律与姑洗相应。这个月的数字是八,味道是酸,气味是膻,要举行的祭祀是户祭,祭祀时,祭品以脾脏为尊。这个月梧桐树开始开花,鼹鼠变成鹌鹑之类的鸟,彩虹开始出现,浮萍开始长出。天子居住在东向明堂的右侧室,乘坐饰有用青凤命名的响铃的车子,车前驾青色的马,车上插绘有龙纹的青色旗帜;天子穿青色的衣服,佩戴青色的饰玉,吃的是麦子和羊,使用的器物纹理空疏而通达。

是月也,天子乃荐鞠衣于先帝①,命舟牧覆舟②,五覆五反③,乃告舟备具于天子焉。天子焉始乘舟。荐鲔于寝庙④,乃为麦祈实。

【注释】

①鞠衣:指后妃们躬桑时穿的像初生的桑叶那种黄色的衣服。先帝:指太皞等古帝王。

②舟牧:主管船只的官。覆舟:指把船翻过来检查船底有无漏洞。

③反:翻转。

④鲔(wěi):鱼名,即鲟鱼。寝庙:指宗庙。

【译文】

这个月,天子向太皞等先帝进献黄色的衣服,祈求蚕事如意。命令主管船只的官吏把船底翻过来检查,船底船身要反复检查五次,于是向天子报告船只已经齐备。天子于是开始乘船。向祖宗进献鲟鱼,祈求麦子籽实饱满。

　　是月也,生气方盛①,阳气发泄,生者毕出②,萌者尽达,不可以内③。天子布德行惠,命有司发仓窌④,赐贫穷,振乏绝⑤,开府库,出币帛,周天下,勉诸侯,聘名士,礼贤者。

【注释】

①生气:指使万物生长发育之气。

②生:一作"牙",是。牙,萌芽。毕:都,全。

③内(nà):纳入,指纳入财物。

④窌(jiào):地窖。

⑤振:同"赈",救济。乏绝:出门在外而无川资叫乏,居于家中而无饮食叫绝。

【译文】

　　这个月,春天的生养之气正盛,阳气向外发散,植物的萌芽都长出来了。这个时候,不能收纳财货。天子要施德行惠,命令主管官吏打开粮仓地窖,赐与贫困没有依靠的人,赈救缺乏资用衣食的人;打开储藏财物的仓库,拿出钱财,周济天下;鼓励诸侯聘用名士,对贤人以礼相待。

　　是月也,命司空曰①:"时雨将降,下水上腾,循行国邑②,周视原野,修利堤防,导达沟渎,开通道路,无有障塞;田猎罿弋③,罝罘罗网④,喂兽之药,无出九门⑤。"

【注释】

①司空:主管土地、建筑、道路等事的官,周代为六卿之一。

②循:巡视。国邑:国都和城邑。

③罼(bì)：捕捉禽兽的长柄网。弋：拴在生丝线上射出去以后可以收回的箭。

④罝罘(jūfú)：都是捕兔的网。罗：捕鸟的网。这里罝罘罗网泛指一切捕捉禽兽的网。

⑤无：通"毋"，不要。九门：天子的都城有十二个城门，东方主生养，东方三门本来就不许上述猎具出城，这里的九门指东方三门之外的南、西、北三方九个城门。

【译文】

这个月，天子命令司空说："应时的雨水将要降落，地下水将向上翻涌，应该巡视国都和城邑，普遍地视察原野，整修堤防，疏通沟渠，开通道路，使之没有障碍壅塞。打猎所需要的各种网具，毒杀野兽的药，不能带出城去。

是月也，命野虞无伐桑柘①。鸣鸠拂其羽，戴任降于桑②，具桋曲篾筐③。后妃斋戒，亲东乡躬桑④。禁妇女无观⑤，省妇使⑥，劝蚕事。蚕事既登，分茧称丝效功⑦，以共郊庙之服⑧，无有敢堕⑨。

【注释】

①野虞：主管山林田野的官。柘(zhè)：柘树，叶子可以养蚕。

②戴任：鸟名。

③桋(zhèn)曲(jǔ)筐：都是采桑养蚕的用具。桋，放蚕薄的木架的横木。曲，蚕薄（蚕箔）。篾，圆底的筐。筐，方底的筐。

④东乡(xiàng)：向东方。乡，向。

⑤观：指游观。

⑥妇使：指妇女除养蚕之外的工作。

⑦效功：考核功效，即考核完成工作的情况。

⑧共：同"供"，供给。郊：指在郊外祭天。庙：指"供"在宗庙祭祖。

⑨堕：同"惰"，懈怠，懒惰。

【译文】

这个月，命令主管山林的官吏不要砍伐桑树、柘树。此时，斑鸠振翅高飞，戴任落在桑间。人们准备蚕薄、放蚕薄的支架以及各种采桑的筐篮。王后王妃斋戒身心，向东方亲自采摘桑叶。禁止妇女去游玩观赏，减少她们的杂役，鼓励她们采桑养蚕。蚕事已经完成，把蚕茧分给妇女，要她们缫丝，然后称量每人所缫之丝的轻重，考核她们的功效，用这些蚕丝来供给祭天祭祖所用的祭服，不许有人懈怠。

　　是月也，命工师令百工审五库之量①，金铁、皮革筋、角齿、羽箭干、脂胶丹漆，无或不良。百工咸理，监工日号②，无悖于时，无或作为淫巧③，以荡上心。

【注释】

①工师：统领百工的官。百工：指各种工匠。库：储藏器材的五种仓库，金铁为一库，皮革筋为一库，角齿为一库，羽箭杆为一库，脂胶丹漆为一库。

②监工：监督百工的官，由工师担任。日号：每日发布号令。

③淫巧：过分奇巧，这里指过分奇巧之物。淫，过分。

【译文】

这个月，命令主管百工的官吏让百工仔细检查各种库房中器材的数量和质量，金铁、皮革兽筋、兽角兽齿、羽毛箭杆、油脂粘胶丹砂油漆，不许质地不好。各种工匠都从事自己的工作，监督百工的官员每日发布号令，使所制器物不违背时宜，不得制作过分奇巧的器物，来勾动在上位者的奢望。

是月之末，择吉日，大合乐①，天子乃率三公、九卿、诸侯、大夫，亲往视之。

【注释】

①大合乐：各种音乐舞蹈同时演奏。

【译文】

这个月的月末，选择吉日，大规模地进行音乐舞蹈合演，天子亲自率领三公九卿诸侯大夫前去观看。

是月也，乃合纍牛、腾马、游牝于牧①。牺牲驹犊②，举书其数。国人傩③，九门磔禳④，以毕春气。

【注释】

①合：指牝牡交合。纍牛：公牛。腾马：公马。游牝：游动中的母牛母马。

②牺牲：用作祭品的纯色牲畜。

③傩（nuó）：驱除疫鬼的祭祀。

④磔（zhé）：割裂牺牲来祭神。禳（ráng）：祭祀以除去邪恶。

【译文】

这个月，使公牛公马与母牛母马在放牧中交配。选作祭品的牲畜和马驹牛犊，都记下它们的头数。国人举行驱逐灾疫的傩祭，在九门宰割牲畜攘除邪恶，以此来结束春气。

行之是令①，而甘雨至三旬②。

【注释】

①行之是令：行此月之政令。

②甘雨：及时雨。至三旬：甘雨一旬一至，三旬至三次。

【译文】

推行与这个月的时令相应的政令，及时雨就会降落，三旬降落三次。

季春行冬令，则寒气时发，草木皆肃①，国有大恐；行夏令，则民多疾疫，时雨不降，山陵不收②；行秋令，则天多沉阴，淫雨早降，兵革并起。

【注释】

①肃：衰落，萧疏。

②山陵不收：指在山陵所种植的谷物无收成。

【译文】

季春如果如果实行应在冬天实行的政令，那么，寒气就会时时发生，草木都会枝叶萧疏，国人就会惶恐不安；如果实行应在夏天实行的政令，那么，民间就会流行瘟疫，应时之雨就不能按时降落，山坡上的庄稼就不能收获；如果实行应在秋天实行的政令，那么，天气就会经常阴晦，淫雨就会过早降落，战事就会到处发生。

尽　数

【题解】

本篇旨在论述养生之道。"尽数"就是终其寿数、终其天年的意思。文章指出,终其天年的关键在于"去害",在于"知本"。作者认为五味、五情以及寒、热、燥、湿等自然环境,只要超过正常限度就会对生命造成危害。欲使年寿得长,就要"察阴阳之宜,辨万物之利以便去",使"精神安乎形"。作者认为,"精气"是宇宙万物之本。正是由于精气的作用,构成了千姿百态、性质迥异的万物。这种朴素的唯物的"精气"说发生在二千多年以前,应该说是很可贵的。作者还从物质运动的角度看待疾病的发生,指出,"精气"在人体内的郁结是疾病产生的根源。本篇的名言"流水不腐,户枢不蝼",至今脍炙人口,仍然富于教益。

二曰:

天生阴阳、寒暑、燥湿、四时之化、万物之变,莫不为利,莫不为害。圣人察阴阳之宜,辨万物之利以便生①,故精神安乎形,而年寿得长焉。长也者,非短而续之也,毕其数也②。毕数之务,在乎去害。何谓去害?大甘、大酸、大苦、大辛、大咸,五者充形则生害矣。大喜、大怒、大忧、大恐、大哀,五者接神则生害矣。大寒、大热、大燥、大湿、大风、大霖、大雾^③,七者动精则生害矣。故凡养生,莫若知本,知本则疾无由至矣。

【注释】

①便生:给生命带来益处。便,利。

②数:指寿数,人的自然的寿命。

③霖:霖雨,连下几天的大雨。

【译文】

第二:

　　天生出阴阳、寒暑、燥湿、四时的更替、万物的变化,没有一样不给人带来益处,也没有一样不对人产生危害。圣人能洞察阴阳变化的合宜之处,能辨识万物的有利一面,以利于生命,因此,精神安守在形体之中,寿命能够长久。所谓长久,不是说延续本来短促的寿命,而是使寿命终其天年。终其天年的要务在于避害。什么叫避害?过甜、过酸、过苦、过辣、过咸,这五种东西充满形体,那么生命就受到危害了。过喜、过怒、过忧、过恐、过哀,这五种东西和精神交接,那么生命就受到危害了。过冷、过热、过燥、过湿、过多的风、过多的雨、过多的雾,这七种东西摇动人的精气,那么生命就受到危害了。所以,凡是养生,没有比懂得这个根本再重要的了,懂得了根本,疾病就无从产生了。

　　精气之集也^①,必有入也^②。集于羽鸟,与为飞扬^③;集于走兽,与为流行^④;集于珠玉,与为精朗^⑤;集于树木,与为茂长;集于圣人,与为夐明^⑥。精气之来也,因轻而扬之,因走而行之,因美而良之,因长而养之,因智而明之。

【注释】

①精气:指形成万物的阴阳元气。中国古代朴素的唯物观认为,精
　　气是一种原始物质,它可以变化生成万物,而万物的生长变化是
　　精气的表现和作用。

②入:这里指所入之形。

③与:等于说"因",凭借。

④流:流动,这里引申为行走。

⑤精朗:据下文当作"精良"。

⑥夐(xiòng)明:聪明睿智。夐,远。

【译文】

　　精气聚集在一起,一定要有所寄托。聚集在飞禽上,便表现为飞
翔;聚集在走兽上,便表现为行走;聚集在珠玉上,便表现为精美;聚集
在树木上,便表现为繁茂;聚集在圣人身上,便表现为聪明睿智。精气
到来,依附在轻盈的形体上就使它飞翔,依附在可以跑动的形体上就使
它行走,依附在具有美好特性的形体上就使它精美,依附在具有生长特
性的形体上就使它繁茂,依附在具有智慧的形体上就使它聪明。

　　流水不腐,户枢不蝼①,动也。形气亦然②。形不动则精
不流,精不流则气郁。郁处头则为肿、为风③,处耳则为挶、
为聋④,处目则为䁾、为盲⑤,处鼻则为鼽、为窒⑥,处腹则为
张、为疛⑦,处足则为痿、为蹙。

【注释】

①户枢(shū):门上的转轴。蝼(lóu):蝼蛄,天蝼。秦、晋之间谓之
　　"蠹(dù)"。这里用如动词,生虫蛀蚀。

②气:我国古医家把人体生理上的新陈代谢、内部机能活动的原动

力称作"气"。

③肿：指头肿。风：指面肿。

④揭（jū）：耳病。

⑤矊（miè）：眼眶红肿。

⑥齁（qiú）、窒：都指鼻道堵塞不通。

⑦张（zhàng）：腹部胀满。这个意义后来写作"胀"。疛（zhǒu）：小腹
　疼痛。

【译文】

　　流动的水不会腐恶发臭，转动的门轴不会生虫朽烂，这是由于不断运动的缘故。人的形体、精气也是这样。形体不活动，体内的精气就不运行；精气不运行，气就滞积。滞积在头部就造成肿疾、风疾，滞积在耳部就造成揭疾、聋疾，滞积在眼部就造成矊疾、盲疾，滞积在鼻部就造成齁疾、窒疾，滞积在腹部就造成胀疾、疛疾，滞积在脚部就造成痿疾、蹷疾。

　　轻水所，多秃与瘿人；重水所，多尰与躄人①；甘水所，多好与美人；辛水所，多疽与痤人②；苦水所，多尪与伛人③。

【注释】

①尰（zhǒng）：脚肿。躄（bì）：不能行走。

②疽（jū）：结成块状的毒疮。浮浅者为痈（yōng），深厚者为疽。痤
　（cuó）：痈。

③尪（wāng）：骨骼弯曲症。胫、背、胸骨骼弯曲都称"尪"。伛（yǔ）：
　脊背弯曲。

【译文】

　　水中含盐分及其他矿物质过少的地方，多有头上无发和颈上生瘤的人；水中含盐分及其他矿物质过多的地方，多有脚肿和痿躄不能行走

的人；水味甜美的地方，多有美丽和健康的人；水味辛辣的地方，多有生长疽疮和痈疮的人；水味苦涩的地方，多有患鸡胸和驼背的人。

凡食，无强厚^①，烈味重酒，是之谓疾首。食能以时，身必无灾。凡食之道，无饥无饱，是之谓五藏之葆^②。口必甘味，和精端容，将之以神气^③，百节虞欢^④，咸进受气。饮必小咽，端直无戾。

【注释】

①味：涉下句而衍。强厚：指味道浓烈厚重的食物，即下文的"烈味"、"重酒"。

②五藏（zàng）：即五脏，指脾、肾、肺、肝、心。葆（bǎo）：安。古医家以"胃为五藏之本"，认为"五藏皆禀气于胃"。所以这里说"食之道，无饥无饱，是之谓五藏之葆"，意思是要使胃得到调和，胃调和，五脏就安适了。

③将：养。神气：即精气，精神。

④百节：指周身关节。本书《达郁》篇说，"凡人三百六十节"，说"百节"，称其全数。虞：娱，舒适。

【译文】

凡饮食，不要滋味过浓，不要吃厚味，不要饮烈酒，厚味烈酒是导致疾病的开端。饮食能有节制，身体必然没灾没病。饮食的原则，要保持不饥不饱的状态，这样五脏就能得到安适。一定要吃可口的食物；进食的时候，要精神和谐，仪容端正，用精气将养，这样，周身就舒适愉快，都受到了精气的滋养。饮食一定要小口下咽，坐要端正，不要扭曲歪斜。

今世上卜筮祷祠^①，故疾病愈来。譬之若射者，射而不中,反修于招②,何益于中? 夫以汤止沸,沸愈不止,去其火则止矣。故巫医毒药③,逐除治之,故古之人贱之也,为其末也。

【注释】

①上:尚,崇尚。卜筮(shì):卜用龟甲,筮用蓍(shī)草。祷祠:祈神求福叫祷,得福后祭神报谢叫祠。

②招:箭靶。

③毒药:这里指治病的药物,其味多苦辛,故称毒药。

【译文】

如今社会上崇尚占卜祈祷,所以疾病反而愈增。这就像射箭的人,没有射中箭靶,不纠正自己的毛病,反而去修正箭靶的位置,这对射中箭靶能有什么帮助? 用滚开的水阻止水的沸腾,沸腾越发阻止不住,撤去下面的火,沸腾自然就止住了。巫医、药物,其作用只能驱鬼治病,所以古人轻视这些东西,因为这些东西对于养生来说只是细枝末节啊。

先　己

【题解】

　　本篇旨在论述君道。文章指出,为君治理天下,修养自身是根本,是第一位的,这就是"先己"的意思。"治身"的方法在于"无为"、"胜天",即顺应自然,不求有所作为。这样,自然就会达到"身善"、"人善"、"百官已治"、"万民已利"的局面。

　　应该指出的是,本篇所提倡的"无为"只是针对国君说的,是与臣下的"有为"(见《君守》、《分职》、《有度》、《期贤》等篇)相一致的。因此,本篇提倡的"无为"与道家原来意义上的"无为"不完全相同,它只是《吕氏春秋》一书虚君实臣思想的反映罢了。

　　三曰:

　　汤问于伊尹曰:"欲取天下①,若何?"伊尹对曰:"欲取天下,天下不可取;可取,身将先取。"凡事之本,必先治身,啬其大宝②。用其新,弃其陈,腠理遂通③。精气日新,邪气尽去,及其天年。此之谓真人④。

【注释】

①取：等于说"为"、"治"。

②啬（sè）：爱惜。大宝：指上句的"身"。

③腠（còu）理：古医家指皮下肌肉之间的空隙和皮肤的纹理。

④真人：道家称存养本性的得道之人。

【译文】

第三：

汤问伊尹说："要治理天下，该怎么办？"伊尹回答说："一心只想治理天下，天下不可能治理好；如果说天下可以治理好的话，那首先要治理自身。"大凡做事的根本，一定要首先治理自身，爱惜自己的身体。不断吐故纳新，肌理就会保持畅通。精气日益增长，邪气完全除去，就会终其天年。这样的人叫做"真人"。

昔者，先圣王成其身而天下成，治其身而天下治。故善响者不于响于声，善影者不于影于形，为天下者不于天下于身。《诗》曰："淑人君子，其仪不忒。其仪不忒，正是四国。"①言正诸身也。

【注释】

①"《诗》曰"以下数句：引诗见《诗经·曹风·鸤鸠》。淑，善良。忒（tè），差误。正，使……正。四国，四方各国。

【译文】

过去，先代圣王成就了自身，天下自然成就；端正了自身，天下自然太平安定。所以，改善回声的，所致力之处不在于回声，而在于产生回声的声音；改善影子的人，所不致力之处不在于影子，而在于产生影子的形体；治理天下的人，所不致力之处不在于天下，而在于自身。《诗》

中说："那个善人君子,他的仪容很端庄。他的仪容很端庄,给这四方各国做出榜样。"这说的正是端正自身啊。

　　故反其道而身善矣^①;行义则人善矣;乐备君道而百官已治矣^①,万民已利矣。三者之成也,在于无为^②。无为之道曰胜天^③,义曰利身,君曰勿身^④。勿身督听^⑤,利身平静,胜天顺性。顺性则聪明寿长,平静则业进乐乡^⑥,督听则奸塞不皇^⑦。

【注释】

①备:通"服",实施。

②无为:道家提倡的处世原则,即顺应自然,不求有所作为。

③胜天:听凭天道,任其自然。胜,等于说"任",听凭的意思。天,天道。道家庄周学派认为:"无为为之之谓天"(见《庄子·天地》)。意思是,任其自然,不要有半点人为,这样对待一切,就可以说符合天道了。

④义曰利身,君曰勿身:这二句并承上文省"无为之"三字,按句意当是"无为之义曰利身,无为之君曰勿身"。

⑤督:正。这里是使……正的意思。

⑥乡:通"向",趋向。

⑦皇:通"惶",惶惑。

【译文】

　　因此,回心向道,自身就可以达到美好的境界了;行为合宜,就会受到他人的称赞了;乐施君道,百官就能治理好了,万民就能获得好处了。这三方面的成功,都在于实现无为。无为之道就是听任天道,无为之义就是要利于自身,无为之君凡事不亲自做。不亲自做就不会偏听,利于自身就会平和清静,听任天道就会顺应天性。顺应天性就会聪明长寿;平和清静就会事业发展,百姓乐于归依;不偏听就会奸邪闭塞,不至惶惑。

故上失其道,则边侵于敌;内失其行,名声堕于外。是故百仞之松,本伤于下而末槁于上;商、周之国,谋失于胸,令困于彼。故心得而听得,听得而事得,事得而功名得。五帝先道而后德,故德莫盛焉;三王先教而后杀①,故事莫功焉②;五伯先事而后兵③,故兵莫强焉。当今之世,巧谋并行,诈术递用,攻战不休,亡国辱主愈众,所事者末也。

【注释】

①三王:指夏禹、商汤、周文王、武王。

②功:本指器物精好,这里引申为美、善。

③五伯:即春秋五霸。

【译文】

所以,君主不行君道,边境就会遭受侵犯;在国内丧失德行,国外的名声就会败坏。百仞高的松树,下面树根受了伤,上面的枝叶必然干枯;商、周两代末世,国君心中计谋无当,政令在外自然难于推行。所以,内心得当听闻就得当,听闻得当政事就会处理得当;政事处理得当,所获功名就会得当。五帝把道放在首位,而把德放在其次,所以没有任何人的德行比五帝更美好的了。三王把教化放在首位,而把刑罚放在其次,所以没有任何人的功业比三王更出色的了。五霸把功业放在首位,而把武力征伐放在其次,所以没有任何人的军队比五霸更强大的了。当今世上,各种诡计一齐实施,奸诈骗术接连使用,攻战不止,灭亡的国家、蒙辱的君主越来越多,其原因就在于他们致力于细枝末节啊。

　　夏后相与有扈战于甘泽而不胜^①。六卿请复之^②，夏后相曰："不可。吾地不浅，吾民不寡，战而不胜，是吾德薄而教不善也。"于是乎处不重席，食不贰味^③，琴瑟不张，钟鼓不修，子女不饬^④，亲亲长长，尊贤使能。期年而有扈氏服^⑤。故欲胜人者，必先自胜；欲论人者，必先自论；欲知人者，必先自知。

【注释】

①夏后相：当是"夏后启"之讹。启，禹的儿子，姒（sì）姓。后，君。

　有扈：即下文有扈氏，古国名，故址在今陕西户县北。

②六卿：天子设六军，六军的主将称六卿。

③贰味：重（chóng）味，多种菜肴。

④饬：通"饰"，修饰打扮。

⑤期（jī）年：一周年。

【译文】

　　夏君启同有扈氏在甘泽交战，没有取胜。六卿请求再战，夏君启说："不必再战了。我的土地并不小，我的人民也不少，但同有扈氏交战却没能取胜，这是由于我的恩德太少、教化不好的缘故啊！"于是夏君启居处不用两层席，吃饭不吃两样菜，琴瑟不陈设，钟鼓不整治，子女不修饰打扮，亲近亲族，敬爱长者，尊重贤人，任用能士。一年之后，有扈氏就归服了。因此，想要制服别人的人，一定先要克制自己；想要评论别人的人，一定先要评论自己；想要了解别人的人，一定先要了解自己。

　　《诗》曰："执辔如组。^①"孔子曰："审此言也，可以为天下。"子贡曰："何其躁也^②！"孔子曰："非谓其躁也，谓其为之于此，而成文于彼也^③。"圣人组修其身而成文于天下矣^④。

故子华子曰："丘陵成而穴者安矣，大水深渊成而鱼鳖安矣，松柏成而涂之人已荫矣。"

【注释】

①执辔(pèi)如组：引诗见《诗经·郑风·大叔于田》。辔，驾驭牲口的缰绳。组：编织。

②躁：急躁不安。子贡认为，这句诗的意思是说，驭手执辔动作像编织花纹一样，手不能停，所以他说，照此治理天下未免太急躁了。

③文：花纹。孔子说子贡误解了诗意。这句诗的意思是说，驭手执辔像编织花纹一样，织者只要编织手中的丝线，花纹自然成形于外；驭手只要调理好手中的缰绳，马自会在道上奔驰千里。

④组修其身：指修养自身。成文：比喻大业完成。

【译文】

《诗经》中说："手执缰绳驭马如同编织花纹一样。"孔子说："明悉这句话的含义，就可以治理天下了。"子贡说："照《诗》中所说的去做，举止太急躁了吧！"孔子说："这句诗不是说驭者动作急躁，而是说丝线在手中编织，而花纹却在手外成形。"圣人修养自身，而大业成就于天下。所以子华子说："丘陵生成了，穴居的动物就安身了；大水深渊生成了，鱼鳖就安身了；松柏茂盛了，行人就在树阴下歇凉了。"

孔子见鲁哀公，哀公曰："有语寡人曰：'为国家者，为之堂上而已矣。'寡人以为迂言也。"孔子曰："此非迂言也。丘闻之，得之于身者得之人①，失之于身者失之人。不出于门户而天下治者，其唯知反于己身者乎！"

【注释】

①得之人：等于说"得之于人"。下句"失之人"等于说"失之于人"。

【译文】

孔子谒见鲁哀公，哀公说："有人告诉我说：'治理国家的人，在朝堂之上治理就行了。'我认为这是迂阔之言。"孔子说："这不是迂阔之言。我听说，自身有所得的人，在别人那里也会有所得；自身有所失的人，在别人那里也会有所失。不出门却把天下治理得很好，这恐怕只有懂得返回到自身修养的国君才能做到吧！"

论　人

【题解】

　　本篇旨在论述君主"论人"的方法。"论人"就是衡量、识别人。文章指出，君主"论人"，最好的方法是"反诸己"，其次是"求诸人"。所谓"反诸己"就是向自身求得，就是让自己顺乎自然，处于"无为"的境界。这样就能知道事物的精微，事理的玄妙，就能"得一"，无往不胜。所谓"求诸人"，是说向别人寻求。文章指出，要听言观行，要在不同的环境中加以考察识别。对"论人"外要用"八观六验"，对内要用"六戚四隐"，这样"人之情伪、贪鄙、美恶无所失矣"。

　　四曰：

　　主道约，君守近。太上反诸己，其次求诸人。其索之弥远者①，其推之弥疏②；其求之弥强者，失之弥远。

【注释】

　　①之：代上文"主道"、"君守"。

　　②推：这里是离开、远离的意思。

【译文】

　　第四：

　　做君主的方法很简单，君主要遵守的原则就在近旁。首先是向自身求得,其次是向别人寻求。越向远处寻求的,离开它就越远;寻求它越花力气的,失掉它就越远。

何谓反诸己也? 适耳目,节嗜欲,释智谋,去巧故①,而游意乎无穷之次②,事心乎自然之涂③。若此则无以害其天矣④。无以害其天则知精,知精则知神,知神之谓得一⑤。

【注释】

①巧故:伪诈。

②无穷之次:指无限的空间,即道家所推崇的虚无境界。次,泛指所在之处。

③事:等于说"立"。自然之涂:指无为的境界。自然,天然。涂,同"途",路。

④天:指天性。

⑤一:指道。道家把"一"看作数之始,物之极,故称"一"为道。

【译文】

什么叫向自身求得呢? 就是要使耳目适度,节制嗜好欲望,放弃智巧计谋,摒除虚浮伪诈,让自己的意识在无限的空间中遨游,让自己的思想立于无为的境界。像这样,就没有什么可以危害自己的天性了。自己的天性不受到损害,就能够知道事物的精微;知道事物的精微,就能够懂得事理的玄妙;懂得事理的玄妙就叫做得道。

凡彼万形,得一后成。故知一①,则应物变化,阔大渊深,不可测也;德行昭美,比于日月,不可息也;豪士时之②,远方来宾③,不可塞也;意气宣通④,无所束缚,不可收也⑤。故知知一,则复归于朴⑥,嗜欲易足,取养节薄⑦,不可得也^⑧；离世自乐，中情洁白，不可量也^⑨；威不能惧，严不能恐，不可服也。故知知一，则可动作当务^⑩，与时周旋，不可极也^⑪；举错以数^⑫，取与遵理，不可惑也；言无遗者，集于肌肤^⑬，不可革也；谗人困穷，贤者遂兴，不可匿也。故知知一，则若天地然，则何事之不胜？何物之不应？譬之若御者，反诸己，则车轻马利^⑭，致远复食而不倦。

【注释】

①故知一：当重"知"字，作"故知知一"。知一：等于说"得一"。

②之：至。

③宾：归顺。

④意气：指精神、元气。宣：疏通。

⑤收：疑当作"牧"（依华沅说），守，束缚。

⑥朴：指本性。

⑦养：指养身之物。节：节制。薄：少。

⑧得：这里指被人占有、支配。

⑨量：疑为"墨"字之误。墨：染黑。

⑩当（dàng）务：与事合宜。

⑪极：穷，困窘。

⑫错：通"措"，安放。数：礼数，礼仪。

⑬集于肌肤：与肌肤相接为人所感知。集，通"接"。

⑭利：疾，快。

【译文】

所有那万物万形，得道而后才能生成。所以，懂得得道的道理，就会适应事物的变化，博大精深，不可测度；德行就会彰明美好，与日月并列，不可熄灭；豪杰贤士就会随时到来，从远方来归，不可遏止；精神、元气就会畅通，无所束缚，不可拘守。所以懂得得道的道理，就会返朴归真，嗜欲容易满足，所取养身之物少而有节制，不可支配；就会超脱世俗，怡然自乐，内心洁白，不可污染；就会威武不能使他恐惧，严厉不能使他害怕，不可屈服。所以懂得得道的道理，就会举动与事合宜，随着时势应酬交际，不可困窘；就会举止依照礼数，取与遵循事理，不可迷乱；就会言无过失，感于肌肤，不可改变；就会奸人窘困，贤者显达，不可隐匿。所以懂得得道的道理，就会像天地一样，那么，什么事情不能胜任？什么事情不能得当？这就像驾驭马车的人，反躬自求，就会车轻马快，即使跑很远的路再吃饭，中途也不会疲倦。

　　昔上世之亡主，以罪为在人，故日杀僇而不止①，以至于亡而不悟。三代之兴王，以罪为在己，故日功而不衰，以至于王。

【注释】

①僇(lù)：同"戮"，杀戮。

【译文】

　　过去，古代亡国的君主认为罪在别人，所以每天杀戮不停，以至于亡国仍不醒悟。夏、商、周三代的开国之君，认为罪在自己，所以每天勤于功业，从不松懈，以至于成就了王者大业。

　　何谓求诸人？人同类而智殊，贤不肖异，皆巧言辩辞以自防御，此不肖主之所以乱也。凡论人，通则观其所礼，贵则观其所进，富则观其所养，听则观其所行，止则观其所好，习则观其所言，穷则观其所不受，贱则观其所不为。喜之以验其守，乐之以验其僻，怒之以验其节，惧之以验其特，哀之以验其人①，苦之以验其志。八观六验，此贤主之所以论人也。论人者，又必以六戚四隐②。何谓六戚？父、母、兄、弟、妻、子。何谓四隐？交友、故旧、邑里、门郭③。内则用六戚四隐，外则用八观六验，人之情伪、贪鄙、美恶无所失矣④。譬之若逃雨污，无之而非是。此先圣王之所以知人也。

【注释】

①人：通"仁"。

②四隐：指四种亲近的人。隐，私。

③门郭：当作门郎。指左右亲近的人。

④情：真情。

【译文】

什么叫向别人寻求？人同类而智慧不同，贤与不肖相异。人们都用花言巧语来替自己防范，这是昏君惑乱的缘故。大凡衡量、评定人：如果他显达，就观察他礼遇的都是什么人；如果他尊贵，就观察他举荐的都是什么人；如果他富有，就观察他赡养的都是什么人；如果他听言，就观察他采纳的都是什么；如果他闲居在家，就观察他喜好的都是什么；如果他学习，就观察他说的都是什么；如果他困窘，就观察他不接受的都是什么；如果他贫贱，就观察他不做的都是什么。使他高兴，借以检验他的节操；使他快乐，借以检验他的邪念；使他发怒，借以检验他的气度；使他恐惧，借以检验他的品行；使他悲哀，借以检验他的爱心；使他困苦，借以检验他的意志。以上八种观察和六项检验，就是贤明的君主用以衡量、评定人的方法。衡量、评定别人又一定用六戚、四隐。什么叫六戚？即父、母、兄、弟、妻、子六种亲属。什么叫四隐？即朋友、熟人、乡邻、亲信四种亲近的人。在内凭着六戚、四隐，在外凭着八观、六验，这样人们的真伪、贪鄙、美恶就能完全知晓，没有遗漏了。就像是避雨一样，所往之处无一处没有雨水，无所逃避。这就是先代圣王用以识别人的方法。

圜　道

【题解】

　　本篇以"圜道"为题,其旨仍是谈论君道。文章指出:"天道圜,地道方。圣王法之,所以立上下。"这是古人法天地思想的反映。本篇中的"天",不是一切的最高主宰,也不是人格化的上帝,而是与"地"相对的自然物。文章以精气的运动、日月的运行、生物的生长衰杀、云气西行、水泉东流等为例,说明天道的性质和规律,这反映了古人对自然现象的朴素唯物的认识。文章说:"主执圜,臣处方,方圜不易。"指出君道与臣道的区别,强调君道与臣道不可颠倒。文章在论及"臣处方"时指出,"先王之立高官也,必使之,方则分定,分定则下不相隐",提出了君主立官的根本原则,并强调了百官各守其职的重要性。

　　五曰:

　　天道圜①,地道方②。圣王法之,所以立上下。何以说天道之圜也③?精气一上一下,圜周复杂④,无所稽留⑤,故曰天道圜。何以说地道之方也?万物殊类殊形,皆有分职,不能相为⑥,故曰地道方。主执圜,臣处方,方圜不易,其国乃昌。

【注释】

①圜：通"圆"，指周而复始，运而不穷。

②地道：关于地的道理、法则。方：端平正直。

③说：解释。

④杂：通"匝"，循环终始。

⑤稽：留止。

⑥相为：互相替代。

【译文】

第五：

天道圆，地道方。圣王效法它们，据以设立君臣上下。怎样解释天道圆呢？精气一上一下，环绕往复，循环不已，无所留止，所以说天道圆。怎样解释地道方呢？万物异类异形，都有各自的名分、职守，不能互相代替，所以说地道方。君主掌握圆道，臣下处守方道，方道圆道不颠倒改变，这样国家才能昌盛。

日夜一周①，圜道也。月躔二十八宿②，轸与角属③，圜道也。精行四时④，一上一下⑤，各与遇⑥，圜道也。物动则萌⑦，萌而生，生而长，长而大，大而成，成乃衰，衰乃杀，杀乃藏，圜道也。云气西行，云云然⑧，冬夏不辍；水泉东流，日夜不休；上不竭，下不满，小为大，重为轻，圜道也。黄帝曰⑨："帝无常处也，有处者乃无处也。"以言不刑蹇⑩，圜道也。人之窍九，一有所居则八虚⑪，八虚甚久则身毙。故唯而听⑫，唯止；听而视，听止：以言说一⑬。一不欲留，留运为败⑭，圜道也。一也齐至贵⑮，莫知其原⑯，莫知其端，莫知其始，莫知其终，而万物以为宗⑰。圣王法之，以全其性，以定其正⑱，以出号令。令出于主口，官职受而行之，日夜不休，宣通下究⑲，瀸于民心⑳，遂于四方㉑，还周复归㉒，至于主所，圜道也。令圜，则可不可，善不善，无所壅矣。无所壅者，主道通也。故令者，人主之所以为命也，贤不肖、安危之所定也。

【注释】

①日夜一周：当为"日日夜一周"。"日"字当重。

②躔（chán）：指月亮运行与星辰会次。

③轸（zhěn）与角属（zhǔ）：二十八宿始于角宿，终于轸宿。属，连接。

④精行四时：精，精气，即阴阳之气。春夏为阳，秋冬为阴，所以说"精行四时"。

⑤一上一下：指阴气上腾，阳气下降。

⑥与遇：相合，会合。

⑦动：这里指有生机。

⑧云云然：云气周旋回转的样子。

⑨黄帝曰：战国时有很多托名为黄帝著的书出现，据《汉志》记载黄帝之书就有二十一家。这里的"黄帝曰"当是引自此类书文。

⑩刑蹇（jiǎn）：连绵词，义同"形偃"，颠仆障碍，不能行进。

⑪居：这里是壅闭的意思。虚：病。

⑫唯：本是应答之词，这里作"应答"讲。

⑬说一：专精于一官、一窍。说，通"锐"（依许维遹说）。

⑭留运：停止运行。

⑮一：指道。齐：应当为"者"字之误。

⑯原："源"的本字。

⑰宗：本源。

⑱"以令"二句："令"，一作"全"，"正"一作"生"。作"全"、"生"为是。

⑲宣：周遍，普遍。究：穷极，深入到底。

⑳瀸(jiān)：洽，合。

㉑遂：通达。

㉒还(xuán)：通"旋"，旋转。

【译文】

太阳一昼夜绕行一周，这是圆道。月亮历行二十八宿，始于角宿，终于轸宿，角宿与轸宿首尾相接，这是圆道。精气四季运行，阴气上腾，阳气下降，相合而成万物，这是圆道。万物有了活力就会萌发，萌发而后滋生，滋生而后成长，成长而后壮大，壮大而后成熟，成熟而后衰败，衰败而后死亡，死亡而后形迹消失，这是圆道。云气西行，纷纭回转，冬夏不止；水泉东流，日夜不停。上游的泉源永不枯竭，下游的大海永不满盈，小泉汇成大海，重水化作轻云，这是圆道。黄帝说："天帝没有固定的居处。如果它固定在一处，就不会无所不在了。"这是说运行不止，这是圆道。人体共有九个孔窍，其中一窍闭塞，另外八窍就会有病。八窍病得厉害，时间久了，人就会死亡。所以，应答时若要听，应答就会停止；倾听时若要看，倾听就会停止。这是说要专精于一官一窍。一官一窍都不应停滞，停滞就成为祸灾，这是圆道。道是最高的，没有谁知道它的来源，也没有谁知道它的终极，没有谁知道它的开始，也没有谁知道它的归宿，然而万物都把它作为本源。圣王取法它，用来保全自己的天性，用来安定自己的生命，用来发号施令。号令从君主之口发出，百官接受而施行，日夜不停，普遍下达，深入到底，合于民心，通达四方，然后又旋转复回，回到君主那里，这是圆道。号令的施行符合圆道，不合宜的就能使它合宜，不好的就能使它美好，这样就没有壅闭之处了。没有壅闭之处就是君道畅通啊！所以，君主把号令当作生命来看待，臣下的贤与不肖、国家的安危都由它决定。

人之有形体四枝①，其能使之也，为其感而必知也②。感而不知，则形体四枝不使矣。人臣亦然。号令不感，则不得而使矣。有之而不使，不若无有。主也者，使非有者也，舜、禹、汤、武皆然。

【注释】

①枝：通"肢"。

②感：触动。

【译文】

人有形体四肢，人所以能够支使它们，是由于它们受到触动必定有感觉。如果受到触动而没有感觉，那么形体四肢就不会听从支使了。臣下也是这样。如果对君主的号令无动于衷，就无法支配他们了。有臣下却不听从支配，不如没有。所谓君主，就是要支配本不属于自己的臣下，舜、禹、汤、武王都是这样。

先王之立高官也，必使之方，方则分定，分定则下不相隐。尧舜，贤主也，皆以贤者为后，不肯与其子孙，犹若立官必使之方①。今世之人主，皆欲世勿失矣②，而与其子孙，立官不能使之方，以私欲乱之也，何哉？其所欲者之远，而所知者之近也。今五音之无不应也，其分审也。宫、徵、商、羽、角，各处其处，音皆调均③，不可以相违，此所以无不受也④。贤主之立官有似于此。百官各处其职、治其事以待主，主无不安矣；以此治国，国无不利矣；以此备患，患无由至矣。

【注释】

①犹若：等于说"犹然"，仍然。

②世：父死子继叫世。

③均：调和。

④受：这里有应和的意思。

【译文】

先王设立高官，一定要使他遵循臣道。做到遵循臣道，职分才能确定；职分确定了，臣下就不会有隐私壅蔽其上。尧舜是贤明的君主，他们都把贤人作为自己的继承人，不肯把帝位传给自己的子孙，然而设立官职仍然一定要使它遵循臣道。当今世上的君主，都想父子相传世世代代不失君位，从而把它传给自己的子孙。但他们设立官职反而不能使它遵循臣道，用私欲把它搞乱了，这是为什么呢？这是因为他们贪求的太远，而见识太短的缘故。五音无不应和，这是由于它们各自的乐律确定。宫、徵、商、羽、角各处在自己的位置上，音都调得很准确，不可有丝毫差误，这就是五音无不应和的缘故。贤主设立官职与此相似。百官各守其职，治理分内的事，以此侍奉君主，君主就没有不安宁的了；以此治理国家，国家就没有不兴旺的了；以此防备祸患，祸患就无从降临了。

孟夏纪第四

孟　夏

【题解】

依五行学说，夏属火，是万物继续生长繁荣的时期。因此，天子发布政令应以宽厚为主。天子要"劳农劝民，无或失时"，"命农勉作，无伏于都"；要"断薄刑，决小罪，出轻系"，要祭祀山川百神，为民祈福。而"不可以兴土功，不可以合诸侯，不可以起兵动众"。

《孟夏》《仲夏》《季夏》三纪所统辖的文章，主要是有关教育和音乐的内容。因为古人认为人的成长离不开教育和音乐的教化。阐述这些内容，也是为了顺应时气。

　　一曰：

孟夏之月，日在毕①，昏翼中②，旦婺女中③。其日丙丁④，其帝炎帝⑤，其神祝融⑥，其虫羽⑦，其音徵⑧，律中仲吕⑨。其数七⑩，其性礼⑪，其事视⑫，其味苦，其臭焦，其祀灶⑬，祭先肺。蝼蝈鸣⑭，蚯蚓出，王菩生⑮，苦菜秀⑯。天子居明堂左个⑰，乘朱辂⑱，驾赤骝⑲，载赤旂，衣赤衣，服赤玉，食菽与鸡，其器高以觕⑳。

【注释】

①日在毕：指太阳的位置在毕宿。毕，星宿名，二十八宿之一，在今金牛座。

②翼：星宿名，二十八宿之一，在今巨蟹座。中：中星，即晨昏时刻出现在南方中天的星座。

③婺女：星宿名，二十八宿之一，又简称"女"，在今宝瓶座。

④丙丁：五行说认为夏季属火，丙丁也属火，所以说"其日丙丁"。下文"其帝炎帝，其神祝融，其虫羽，其音徵，其味苦，其臭焦，其祀灶"等也都是把五帝等先配五行再配四时的。

⑤炎帝：即神农氏，五帝之一，五行家说他以火德统治天下，被尊为南方火德之帝。

⑥祝融：颛顼氏之后，名吴回，曾为高辛氏火官，死后被尊为火德之神。

⑦羽：指凤鸟之类的羽族。

⑧徵(zhǐ)：五音之一。

⑨仲吕：十二律之一，属阴律。

⑩七：阴阳说认为，火生数为二，成数为七，这里指火的成数。参看《孟春》注。

⑪礼：五性(仁义礼智信)之一。

⑫视：五事(貌言视听思)之一。

⑬灶：五祀之一，指对灶神的祭祀。

⑭蝼蝈：蛤蟆，蛙的一种，似蟾蜍而小，初夏开始鸣叫。

⑮王苦(pú)：即栝楼，根和果实可入药。

⑯苦菜：一种野生草本植物。秀：开花。

⑰明堂左个：南向明堂的左侧室。

⑱朱辂(lù)：赤红色的车。辂，车。

⑲骝(liú)：黑鬣黑尾的红马。

⑳牺(cū)：大（依高诱说）。器物高而且大是顺应夏季长养之气。

【译文】

第一：

孟夏四月，太阳的位置在毕宿，黄昏时刻，翼宿出现在南方中天；拂晓时刻，女宿出现在南方中天。孟夏于天干属丙丁，主宰之帝是炎帝，佐帝之神是祝融，应时的动物是凤鸟之类的羽族，相配的声音是徵音，音律与仲吕相应。这个月的数字是七，情性是礼，修养身心所应做的事是视，味道是苦，气味是焦，要举行的祭祀是灶祭，祭祀时祭品以肺脏为尊。这个月，蛤蟆开始鸣叫，蚯蚓从土里钻出来，栝楼长出来了，苦菜开花了。天子住在南向明堂的左侧室，乘坐朱红色的车子，车前驾赤红色的马，车上插赤色的绘有龙纹的旗帜，天子穿赤色的衣服，佩戴赤色的饰玉，吃的食物是豆子和鸡，用的器物高而且大。

是月也，以立夏。先立夏三日，太史谒之天子曰："某日立夏，盛德在火。"天子乃斋。立夏之日，天子亲率三公九卿大夫，以迎夏于南郊。还，乃行赏、封侯、庆赐，无不欣说①。乃命乐师习合礼乐②。命太尉赞杰俊③，遂贤良，举长大；行爵出禄④，必当其位。

【注释】

①说：同"悦"，高兴。

②乐师：即小乐正，乐官之副职。

③太尉：官名。赞，禀告，这里有举荐的意思。

④行爵：封爵。

【译文】

这个月有立夏的节气。立夏前三天，太史向天子禀告说："某日立夏,大德在于火。"天子于是斋戒,准备迎夏。立夏那天,天子亲自率领三公九卿大夫到南郊迎接夏的来临。礼毕归来,于是赏赐功臣,分封爵位和土地,群臣无不欣喜快乐。命令乐师练习合演礼、乐。命令太尉向天子禀报才能出众的人,举荐德行超群的人、形体高大的人。封给爵位,给予俸禄,一定要与他们的地位相当。

　　是月也,继长增高①,无有坏隳。无起土功②,无发大众,无伐大树。

【注释】

①继长增高:这句是指草木生长繁茂。

②土功:指土木建筑。

【译文】

这个月,万物都在生长壮大,不要让它们毁坏。不要兴动土木工程,不要征发百姓,不要砍伐大树。

　　是月也,天子始绤①。命野虞出行田原,劳农劝民,无或失时;命司徒循行县鄙②,命农勉作,无伏于都。

【注释】

①绤(chī):细葛布。指穿细葛布做的衣服。

②司徒:九卿之一,主管教化。县鄙:二千五百家为县,五百家为鄙。这里泛指天子领地之内。

【译文】

这个月,天子开始穿细葛布的衣服。命令主管山林田野的官吏出去视察田地原野,鼓励百姓努力耕作,不要失掉农时。命令主管教化的官吏巡视天子领地内的县邑,命令农夫努力耕作,不要藏伏在国都之中。

　　是月也,驱兽无害五谷,无大田猎,农乃升麦①。天子乃以彘尝麦②,先荐寝庙。

【注释】

①升:献。

②以彘尝麦:就着猪肉品尝麦子。

【译文】

　　这个月,要驱逐野兽,不要使它们伤害五谷。不要大规模进行狩猎。这个月,农民献上新麦,天子于是就着猪肉品尝麦子,在品尝之前先进献给祖庙。

　　是月也,聚蓄百药,靡草死①,麦秋至。断薄刑,决小罪,出轻系。蚕事既毕,后妃献茧②,乃收茧税,以桑为均③,贵贱少长如一,以给郊庙之祭服④。

【注释】

①靡草:即葶苈,一年生草本药用植物。

②献茧:指后妃献茧于天子,报告蚕事结束。

③以桑为均:意思是茧税应按桑的多少来均分,桑多多交税,桑少少交税。

④郊庙:郊指祭天,庙指祭祖。

【译文】

　　这个月,要积聚蓄藏各种草药。葶苈之类的草药枯死了,麦子成熟的季节来到了。对轻刑和罪小的犯人进行判决,释放不够判刑的犯人。

蚕桑之事已经结束，后妃向天子献上蚕茧，于是向养蚕的人收取茧税，税按照桑树的多少来均分，贵贱长幼一视同仁，用这些税收来供给祭天祭祖时的祭服。

　　是月也，天子饮酎^①，用礼乐。

【注释】

①酎（zhòu）：春天酿的醇酒。

【译文】

这个月，天子欢宴群臣，饮用酎酒，观看礼乐表演。

　　行之是令，而甘雨至三旬^①。

【注释】

①至三旬：指十日一次，三旬降三次。

【译文】

实行与这个月的时令相应的政令，及时雨就会十天一至。

　　孟夏行秋令，则苦雨数来^①，五谷不滋，四鄙入保^②；行冬令，则草木早枯，后乃大水，败其城郭^③；行春令，则虫蝗为败，暴风来格^④，秀草不实^⑤。

【注释】

①苦雨：指伤害庄稼的秋雨。

②鄙：边邑。保：城堡。

③城郭：内城叫城，外城叫郭。

④格：至,到。

⑤秀草：开花的草。实：结果实。

【译文】

　　孟夏如果实行应在秋天实行的政令,那么,伤害庄稼的苦雨就会频繁降落,各种谷物就不能生长,四方边境的百姓就会因敌寇侵扰而躲进城堡。如果实行应在冬天实行的政令,那么,草木就会过早地干枯,然后就有大水毁坏城郭。如果实行应在春天实行的政令,那么,虫螟就会成灾,风暴就会袭来,草木就会只开花不结实。

劝　学——作观师

【题解】

本篇以及下面的《尊师》、《诬徒》两篇都是论述教学之道的，不过侧重点各有不同。本篇旨在勉励学习。文章指出，国君、父母极希望臣下、子女做到"忠孝"，臣下、子女极希望求得"显荣"，而要实现这些，只有通过学习。学习的关键在于尊师。"师尊"是搞好教学的前提，"胜理"、"行义"是做老师的要务。文章提出"圣人生于疾学"，这无疑是对圣人"生而知之"的否定。文章宣扬"忠孝"、"显荣"，并把颜渊事孔子作为尊师的楷模，这些都反映了作者的儒家思想。

二曰：

先王之教，莫荣于孝，莫显于忠。忠孝，人君人亲之所甚欲也①；显荣，人子人臣之所甚愿也。然而人君人亲不得其所欲，人子人臣不得其所愿，此生于不知理义。不知理义，生于不学。

【注释】

①人亲：指父母。

【译文】

第二：

先王的政教中,没有什么比孝更荣耀的了,没有什么比忠更显达的了。忠孝是作君主、父母的十分希望得到的东西,显荣是做子女、臣下的十分愿意获得的东西。然而,做君主、父母的却往往得不到他们所希望的忠孝,做子女、臣下的却往往得不到他们所向往的显荣,这是由于不懂得理义造成的。不懂得理义,是由于不学习的缘故。

学者师达而有材,吾未知其不为圣人。圣人之所在,则天下理焉①。在右则右重,在左则左重,是故古之圣王未有不尊师者也。尊师则不论其贵贱贫富矣。若此则名号显矣,德行彰矣。

【注释】

①理:治,特指政治清明安定。

【译文】

从师学习的人,如果他的老师通达而自己又有才能,我没听说过这样的人不成为圣人的。只要有圣人在,天下就太平安定了。圣人在这个地方,这个地方就受到尊重,圣人在那个地方,那个地方就受到尊重,因此古代的圣王没有不尊重老师的。尊重老师就不会计较他们的贵贱、贫富了。像这样,名号就显达了,德行就彰明了。

故师之教也,不争轻重尊卑贫富,而争于道。其人苟可,其事无不可。所求尽得,所欲尽成,此生于得圣人。圣人生于疾学①。不疾学而能为魁士名人者②,未之尝有也。

【注释】

①疾:努力,尽力。

②魁(kuí)士:贤能之士。魁,大,杰出。

【译文】

　　所以,老师施行教诲的时候,不计较学生的轻重、尊卑、贫富,而看重他们是否能接受理义。他们倘若能够接受理义,对他们的教诲就会无不合宜。所追求的全都能得到,所希望的全都能实现,这种情况只有在得到圣人之后才会发生。圣人是在努力学习中产生的,不努力学习而能成为贤士名人的,未曾有过。

　　疾学在于尊师。师尊则言信矣,道论矣。故往教者不化,召师者不化;自卑者不听,卑师者不听。师操不化不听之术,而以强教之,欲道之行、身之尊也,不亦远乎?学者处不化不听之势,而以自行,欲名之显、身之安也,是怀腐而欲香也,是入水而恶濡也。

【译文】

　　努力学习关键在于尊重老师。老师受到尊重,言语就会被人信从,道义就会被人称述而彰明了。因此,应召去教的老师不可能教化他人,呼唤老师来教的人不可能受到教化;自卑的老师不会被人听信,轻视老师的人不会听从教诲。老师如果采用不可能教化他人、不会被人听信的方法去勉强教育人,尽管想使自己的道义得以施行,使自身得以尊贵,不也差得太远了吗?从师学习的人处于不可能受到教化、不会听从教诲的地位,自己随意行事,尽管想使自己名声显赫,自身平安,这就如同怀揣腐臭的东西却希望芳香,进入水中却厌恶沾湿一样,怎么可能办得到呢?

　　凡说者，兑之也^①，非说之也。今世之说者，多弗能兑，而反说之。夫弗能兑而反说，是拯溺而硾之以石也^②，是救病而饮之以堇也^③。使世益乱、不肖主重惑者^④，从此生矣。

【注释】

①兑：悦。

②硾（zhuì）：使物下沉。

③救：治。堇（jǐn）：草名。有毒，可入药。

④重：深，甚。

【译文】

　　凡说教，应该使对方心情舒畅，而不是硬性说教。如今世上说教的人，大多不能使对方心情舒畅，却反去硬性说教。这样做就如同拯救溺水的人却把石头坠在他身上，如同医治病人却给病人喝下毒药一样，只会适得其反。社会越发混乱、不肖的君主更加昏惑就都由此产生了。

　　故为师之务，在于胜理^①，在于行义。理胜义立则位尊矣，王公大人弗敢骄也，上至于天子，朝之而不惭。凡遇合也，合不可必。遗理释义，以要不可必^②，而欲人之尊之也，不亦难乎？故师必胜理行义然后尊。

【注释】

①胜理：依循事理。

②要（yāo）：求。

【译文】

　　所以，做老师的要务在于依循事理，在于施行道义。只要事理被依循，道义得以树立，那么老师的地位就尊贵了。王公大人对他们不敢轻

慢,即使上至于天子朝拜这样的老师也不会感到羞愧。大凡师徒相遇
而和洽的情况不可能一定实现。如果遗弃事理,抛掉道义,去追求不一
定实现的东西,却想要人们尊重他,这不也太难了吗? 所以,老师一定
要依循事理,施行道义,然后才能尊显。

　　曾子曰①:"君子行于道路,其有父者可知也,其有师者
可知也。夫无父而无师者,馀若夫何哉②!"此言事师之犹事
父也。曾点使曾参③,过期而不至,人皆见曾点曰:"无乃畏
邪?"④曾点曰:"彼虽畏,我存,夫安敢畏?"孔子畏于匡⑤,颜
渊后⑥,孔子曰:"吾以汝为死矣。"颜渊曰:"子在,回何敢
死?"颜回之于孔子也,犹曾参之事父也。古之贤者与⑦,其
尊师若此,故师尽智竭道以教。

【注释】

①曾子:指曾参,字子舆,春秋鲁国人,孔子的弟子。

②馀:指父、师而外的其他人。夫:彼,指上文"无父而无师者"。

③曾点:字皙(xī),曾参之父,孔子的弟子。

④畏:这里是横死的意思。

⑤畏:这里是被围困的意思。

⑥颜渊:名回,字子渊,孔子的弟子。

⑦与:语气词,表停顿。

【译文】

　　曾子说:"君子在道路上行走,其中父亲还在的可以看出来,其中有
老师的也可以看出来。对那些父亲、老师都不在的,其他人又能怎么样
呢?"曾点派他的儿子曾参外出,过了约定的时间却没有回来,人们都来
看望曾点说:"怕不是遇难了吧。"曾点说:"即使他要死,我还活着,他怎

么敢自己不小心遭祸而死!"孔子被围困在匡地,颜渊最后才到,孔子说:"我以为你死了。"颜渊说:"您还活着,我怎么敢死!"颜回对待孔子如同曾参侍奉父亲一样。古代的贤人,他们尊重老师达到这样的地步,所以老师尽心竭力地教诲他们。

尊　师

【题解】

　　本篇旨在论述尊师与敬学。文章列举了古代十六位圣贤从师学习的事例，以及六位"刑戮死辱之人"从师学习而成为"天下名士显人"的事例，说明：无论是圣贤，还是不肖之人，只要尊重老师、努力学习，都能功垂后世，名扬青史。文章提出："教也者，义之大者也；学也者，知之盛者也。"反映了儒家学派对于教学的高度重视。文章还详细地列举了尊师的具体做法，而把不尊师的人称作"背叛之人"，对他们给予了极大的蔑视。

　　三曰：

　　神农师悉诸①，黄帝师大挠②，帝颛顼师伯夷父③，帝喾师伯招④，帝尧师子州支父，帝舜师许由，禹师大成贽⑤，汤师小臣⑥，文王、武王师吕望、周公旦，齐桓公师管夷吾，晋文公师咎犯、随会⑦，秦穆公师百里奚、公孙枝⑧，楚庄王师孙叔敖、沈尹巫，吴王阖闾师伍子胥、文之仪，越王句践师范蠡、大夫种。此十圣人、六贤者未有不尊师者也⑨。今尊不至于帝，智不至于圣，而欲无尊师，奚由至哉？此五帝之所以绝，三代之所以灭。

【注释】

①悉诸:姓悉,名诸,传说为神农之师。

②大挠(náo):传说为黄帝史官,始作甲子,创造了以干支相配纪日的方法。

③颛顼(zhuānxū):传说中的古帝名,号高阳氏。伯夷父(fǔ):传说为颛顼之师,又称伯夷。父,古代对男子的敬称、美称。

④喾(kù):传说中的古帝名,号高辛氏。伯招:传说为帝喾之师。他书或作"柏招"。

⑤大成贽(zhì):传说为禹的老师。

⑥小臣:指伊尹,商王朝的开国功臣。

⑦随会:即士会,字季,晋大夫,食采邑随及范,所以又称随会、随季或范季,死后称随武子、范武子。

⑧秦穆公:春秋时秦国国君,名任好。公元前659年—前621年在位,为春秋五霸之一。百里奚:姓百里,名奚,秦大夫。他书或作"百里傒"。公孙枝:姓公孙,名枝,字子桑,秦大夫。

⑨十圣人:指神农至武王的十位帝王。六贤者:指齐桓公至勾践的六位诸侯。

【译文】

第三:

神农以悉诸为师,黄帝以大挠为师,帝颛顼以伯夷父为师,帝喾以伯招为师,帝尧以子州支父为师,帝舜以许由为师,禹以大成贽为师,汤以小臣伊尹为师,文王、武王以吕望、周公旦为师,齐桓公以管夷吾为师,晋文公以咎犯、随会为师,秦穆公以百里奚、公孙枝为师,楚庄王以孙叔敖、沈尹巫为师,吴王阖闾以伍子胥、文之仪为师,越王勾践以范蠡、文种为师。这十位圣人、六位贤者没有不尊重老师的。如今,人们地位没有达到帝那样尊贵，才智没有达到圣明的境界，却不想尊奉老师，这怎么能获得尊显、达到圣明的境地呢？这正是五帝之所以废绝、三代之所以不可再现的原因。

　　且天生人也，而使其耳可以闻，不学，其闻不若聋；使其目可以见，不学，其见不若盲；使其口可以言，不学，其言不若爽①；使其心可以知，不学，其知不若狂。故凡学，非能益也，达天性也。能全天之所生而勿败之，是谓善学。

【注释】

①爽：口伤病不能言。

【译文】

　　况且，上天造就人，使人的耳朵可以听见，如果不学习，耳有所闻反不如耳聋听不见好；使人的眼睛可以看见，如果不学习，目有所见反不如眼瞎看不见好；使人的口可以说话，如果不学习，口有所言反不如口哑说不出话好；使人的心可以认知事物，如果不学习，心有所知反不如狂乱无知好。因此，凡学习，并不是能给人另增加什么，而是使人通达天性。能够保全天赋予人的本性而不使它受到伤害，这就叫做善于学习。

　　子张①，鲁之鄙家也；颜涿聚②，梁父之大盗也③；学于孔子。段干木，晋国之大驵也④，学于子夏。高何、县子石⑤，齐国之暴者也，指于乡曲⑥，学于子墨子。索卢参⑦，东方之巨狡也⑧，学于禽滑黎⑨。此六人者，刑戮死辱之人也。今非徒免于刑戮死辱也，由此为天下名士显人，以终其寿，王公大人从而礼之，此得之于学也。

【注释】

①子张:姓颛孙,名师,字子张,孔子的弟子。

②颜涿聚:春秋齐大夫。他书或作"颜烛邹"、"颜斫聚"。

③梁父(fǔ):泰山下一座小山名,在今山东新泰西。

④驵(zǎng):牙侩,古时集市贸易中为买卖双方撮合从中取得佣金的人。

⑤高何、县子石:战国时人,墨子的弟子。

⑥指:指斥。乡曲:乡里。

⑦索卢参:复姓索卢,名参,墨家学派禽滑黎的弟子。

⑧狡:指狡诈的人。

⑨禽滑黎:墨子的弟子。他书多作"禽滑釐"。

【译文】

　　子张本是鲁国的鄙俗小人,颜涿聚本是梁父山上的大盗,他们求学于孔子。段干木本是晋国市场上的大牙侩,求学于子夏。高何、县子石本是齐国凶恶残暴的人,被乡里斥逐,求学于墨子。索卢参本是东方有名的狡诈之人,求学于禽滑黎。这六个人本是该受到刑罚、杀戮,蒙受耻辱的人。如今,由于从师学习,他们不仅免于刑罚、杀戮、耻辱,而且成为天下的知名之士、显达之人,得以终其天年,王公大人因而对他们以礼相待,这些都是得力于学习啊。

　　凡学,必务进业,心则无营①。疾讽诵②,谨司闻③,观骦愉④,问书意,顺耳目,不逆志,退思虑,求所谓,时辩说⑤,以论道,不苟辨,必中法,得之无矜⑥,失之无惭,必反其本。

【注释】

①营:通"荧(yíng)",惑乱。

②讽:背诵。

③司(sì)：通"伺"，等候。

④䜌(huān)：同"欢"。

⑤辨说：指推理。辨，通"辩"。

⑥矜：自负贤能。

【译文】

凡学习，一定务求增进学业，这样心中就没有疑惑了。要努力诵习，小心等候机会聆听教诲，看到老师欢悦的时候，请教书中的意旨，要顺适老师的耳目，不违背老师的心意；回来认真思考，探求老师所说的道理，要时时研讨分析，以求阐明老师所说的道理，不苟且巧辩，一定要合乎法度；有所得不要自夸，有所失不要惭愧，一定要回到自己的本性上来。

生则谨养，谨养之道，养心为贵①；死则敬祭，敬祭之术，时节为务②。此所以尊师也。治唐圃③，疾灌寖④，务种树⑤；织葩屦⑥，结罝网⑦，捆蒲苇⑧；之田野，力耕耘，事五谷；如山林，入川泽，取鱼鳖，求鸟兽。此所以尊师也。视舆马，慎驾御；适衣服，务轻暖；临饮食⑨，必蠲絜⑩；善调和，务甘肥；必恭敬，和颜色，审辞令；疾趋翔⑪，必严肃。此所以尊师也。

君子之学也，说义必称师以论道⑫，听从必尽力以光明。听从不尽力，命之曰背；说义不称师，命之曰叛。背叛之人，贤主弗内之于朝⑬，君子不与交友。

【注释】

①养心：这里指使老师心情愉快。《礼记·祭统》中说："养则观其顺也"，古人认为奉养尊亲，当以顺其心为贵。

②时节：合于四时之节。

③唐圃:园地。唐,通"塘",堤。圃,种植果木瓜菜的园子。

④寑:今作"浸",灌溉。

⑤树:种植。

⑥葩:疑"菲(fěi)"字之误。菲屦:即后人所谓麻鞋。

⑦罝(jū):捕兔网。

⑧捆:砸。编织蒲苇要边编边砸,使之牢固。

⑨临:治,备办。

⑩蠲(juān):清洁。絜(jié):同"洁"。

⑪趋翔:行步有节奏的样子。翔,通"跄(qiāng)"。

⑫义:通"议"。论:这里是阐明的意思。

⑬内(nà):接纳。

【译文】

老师活着的时候要小心奉养,小心奉养的方法,以使老师欢娱为贵;老师死了要恭敬祭祀,恭敬祭祀的原则,以合于四时之节为要。这是尊重老师的做法。为老师修整园地,努力灌溉,积极种植;织麻鞋,结兽网,编蒲苇;到田野上,努力耕耘,种植五谷;走进山林,进入川泽,捕捉鱼鳖,猎取鸟兽。这是尊重老师的做法。为老师察看车马,小心驾驭;使衣服适宜,务求轻暖;备办饮食,一定清洁;好好调和五味,务求甘甜肥美;一定恭恭敬敬,和颜悦色,言辞审慎;力求行步快慢有节,一定恭敬庄重。这是尊重老师的做法。

君子学习,谈论道理一定称引老师的话来阐明道义,听从教诲一定尽心竭力去发扬光大。听从教诲而不尽心竭力去发扬它,这种行为叫做"背";谈论道理而不称引老师的话去阐明它,这种行为叫做"叛"。有背叛行为的人,贤明的君主不接纳他们在朝为臣,君子不跟他们交往为友。

故教也者,义之大者也;学也者,知之盛者也①。义之大

者,莫大于利人,利人莫大于教;知之盛者,莫大于成身,成
身莫大于学。身成则为人子弗使而孝矣,为人臣弗令而忠
矣,为人君弗强而平矣,有大势可以为天下正矣②。故子贡
问孔子曰:"后世将何以称夫子?"孔子曰:"吾何足以称哉?
勿已者③,则好学而不厌,好教而不倦,其惟此邪!"天子入太
学祭先圣④,则齿尝为师者弗臣⑤,所以见敬学与尊师也。

【注释】

①知(zhì):才智。这个意义后来写作"智"。盛:大。

②正:长,主。

③已:止。

④太学:这里指明堂。明堂,古代帝王宣明政教的地方。凡朝会、
　祭祀、庆赏、选士、养老、教学等大典均在此举行。关于古代的明
　堂,历代一些礼家认为,太庙、清庙、太室、太学为一事,似可信。

⑤齿:并列。

【译文】

　　因此,教育人是一件非常仁义的事,学习是一件非常聪明的事。仁
义的事没有比给人带来利益更大的了,而给人带来利益最大的,没有什
么能超过教育。聪明的事没有比修养身心更大的了,而修养身心最重
要的,没有什么能超过学习。如果自身的修养完成了,那么,做子女的
不用支使就孝顺了,做臣下的不用命令就忠诚了,做君主的不用勉强就
公正了,其中形势最有利的就可以做天下的君主了。所以,子贡问孔子
说:"后代将用什么话称道您呢?"孔子说:"我哪里值得称道呢? 如果一
定要说的话,那就是喜好学习而不满足,勤于教诲而不疲倦,大概仅此
而已!"天子进入明堂祭祀先代圣人,与曾经做过自己老师的人并排站
立,不把他们做臣子看待,这是用以显示敬重学习和尊重老师啊!

诬 徒 —作诋役

【题解】

就是欺骗弟子的意思，与所谓"诬徒""诋役""诬徒"义同。

本篇旨在论述教学的道理。文章提出，理想的教学效果应该是"使弟子安焉，乐焉，休焉，游焉，肃焉，严焉"，而要达到理想的教学效果，必须讲求教学方法。作者根据"人之情，不能乐其所不安，不能得于其所不乐"，提出了"视徒如己，反己以教"、等教学基本原则，这些都是很重要的。文"师徒同体"章以大量篇幅批评了不善于教学的老师"志气不和"、"喜怒无处"、"言谈日易"、"愎过自用"，趋炎附势，嫉妒成性的错误；批评了不善于求学的人"用心则不专"、"就业则不疾"、"辩论则不审"、"羁神于世"、"矜势好尤"的错误治学态度；从反面论证了教育与治学所应采取的正确的态度与方法。

四曰：

达师之教也，使弟子安焉、乐焉、休焉、游焉、肃焉、严焉①。此六者得于学，则邪僻之道塞矣，理义之术胜矣②；此六者不得于学，则君不能令于臣，父不能令于子，师不能令于徒。

　　人之情，不能乐其所不安，不能得于其所不乐。为之而乐矣，奚待贤者？虽不肖者犹若劝之③。为之而苦矣，奚待不肖者？虽贤者犹不能久。反诸人情，则得所以劝学矣。

　　子华子曰："王者乐其所以王，亡者亦乐其所以亡，故烹兽不足以尽兽，嗜其脯则几矣④。"然则王者有嗜乎理义也⑤，亡者亦有嗜乎暴慢也。所嗜不同，故其祸福亦不同。

【注释】

　　①游：优游，悠闲自得。

　　②胜：等于说"行"。

　　③劝：努力从事。

　　④脯（fǔ）：干肉。

　　⑤有：这里有"专"的意思。

【译文】

　　第四：

　　通达事理的老师施行教育，能使学生安心、快乐、安闲、从容、庄重、严肃。这六方面在教学中实现了，那么邪僻的路就堵死了，正义之道就通行了。这六方面在教学中不能实现，那么君主就不能支使臣下，父亲就不能支使子女，老师就不能支使学生。

　　人之常情，不喜欢自己所不安心的事物，不能从自己所不喜欢的事物中有所得。一件事如果做起来就感到快乐，不用说贤人，即使不肖的人仍然会努力去做。一件事如果做起来就感到苦恼，不用说不肖的人，即使贤人同样不能持久。从人之常情出发，就会得到勉励人们学习的道理了。

　　子华子说："成就王业的人乐意做那些使自己成就王业的事，国破家亡的人也乐意做那些使自己灭亡的事，所以煮食禽兽不可能把所煮的禽兽吃尽，人们专吃自己爱吃的肉就够了。"如此说来，成就王业的人专喜好理义,国破家亡的人专喜好暴慢。他们的喜好不同,因此他们所得到的祸福也不同。

不能教者:志气不和,取舍数变,固无恒心,若晏阴喜怒无处①;言谈日易,以恣自行;失之在己,不肯自非,愎过自用②,不可证移③;见亲权势及有富厚者④,不论其材,不察其行,敭而教之⑤,阿而谄之,若恐弗及;弟子居处修洁⑥,身状出伦⑦,闻识疏达⑧,就学敏疾⑨,本业几终者⑩,则从而抑之,难而悬之⑪,妒而恶之;弟子去则冀终,居则不安,归则愧于父母兄弟,出则惭于知友邑里,此学者之所悲也,此师徒相与异心也。人之情,恶异于己者,此师徒相与造怨尤也。人之情,不能亲其所怨,不能誉其所恶,学业之败也,道术之废也,从此生矣。

【注释】

①晏:清朗无云。处:常。

②愎(bì)过:坚持错误。愎,任性,执拗。

③证:谏。移:改变。

④权亲势:当作"亲权势"。

⑤敭:同"驱",驰。

⑥居处:指平时,日常。修洁:指操守美善清白。

⑦身状:即身貌。出伦:出众。伦,同辈,同类。

⑧疏达:等于说"通达",这里是广博的意思。

⑨就学:学生去向老师请教。敏:疾速。

⑩本业:指主要的学业。

⑪悬:这里有疏远的意思。

【译文】

不善于教育人的老师：心志不和谐，取舍一再变化，根本没有恒心，就像天气的晴阴一样喜怒无常；言谈一天一变，放纵自己的行为；过失在于自己，却不肯自我批评，坚持错误，自以为是，不能接受意见而有所改变；亲近尊贵富有的人，不衡量他们的才能，不考察他们的品行，急忙跑去教他们，迎合奉承他们，惟恐不及；对于学生中平时操守美善清白、品貌出众、见识广博、勤于向老师请教、接近完成学业的人，却由此压制他们，诘难、疏远他们，妒嫉厌恶他们。学生想要离去却又希望完成学业，而留下来又不安心，回家愧见父母兄弟，出门愧见挚友乡亲，这是求学的人所悲伤的，这是由于老师和学生彼此心志不同的缘故。人之常情，憎恶跟自己心志不合的人，这是老师和学生彼此结下怨恨的原因。人之常情，不能亲近自己所怨恨的人，不能称颂自己所憎恶的人，学业的败坏，道术的废弃，就由此产生了。

善教者则不然。视徒如己，反己以教，则得教之情矣[①]。所加于人，必可行于己，若此则师徒同体。人之情，爱同于己者，誉同于己者，助同于己者，学业之章明也[②]，道术之大行也，从此生矣。

【注释】

①情：真情，这里指教育的真谛。

②章：彰明。

【译文】

善于教育人的老师就不是这样。他们看待学生如同自己一样，设身处地施行教育，这样就掌握教育的真谛了。凡施加给别人的，自己一定能够做到，像这样，就做到师生一体了。人之常情，喜爱跟自己心志相同的人,称颂跟自己心志相同的人,帮助跟自己心志相同的人,学业的彰明,道术的弘扬,就由此产生了。

　　不能学者,从师苦而欲学之功也①,从师浅而欲学之深也。草木、鸡狗、牛马,不可谯诟遇之②,谯诟遇之,则亦谯诟报人③,又况乎达师与道术之言乎? 故不能学者:遇师则不中④,用心则不专,好之则不深,就业则不疾,辩论则不审,教人则不精⑤;愠于师⑥,怀于俗⑦,羁神于世,矜势好尤⑧,故湛于巧智⑨,昏于小利,惑于嗜欲;问事则前后相悖,以章则有异心,以简则有相反;离则不能合,合则弗能离,事至则不能受⑩。此不能学者之患也。

【注释】

①苦(gǔ):粗劣。功:精良。

②谯诟:疑即"誧诟(xìgòu)",粗暴、过分的意思。

③"谯诟"二句:草木无知,其"谯诟报人"之义正如《庄子·则阳》中所说:"昔予为禾,耕而卤莽之,则其实亦卤莽而报予;芸而灭裂之,其实亦灭裂而报予。"(为禾,种谷。卤莽,草率,粗糙。实,果实,指生穗结谷。芸,除草。灭裂,苟且,胡乱从事。)

④中:通"忠"。

⑤教:效法。

⑥于师愠(yùn):当作"愠于师"。

⑦怀:安。

⑧矜(jīn):自夸,自恃。

⑨湛(chén):通"沉",没,沉溺。

⑩事:从事,努力。至:极。受:这里有成的意思。

【译文】

　　不善于学习的人，跟随老师学习粗心大意，却想要学得精通；跟随老师学习浅尝辄止，却想要学得深入。草木、鸡狗、牛马，不可粗暴地对待它们，如果粗暴地对待它们，那它们也会粗暴地报复人。草木、鸡狗、牛马尚且如此，又何况对待通达事理的老师和有关道术的言论呢？所以，不善于学习的人：对待老师不忠诚，用心不专一，爱好不深入，求学不努力，辩论不明是非，效法别人不精心；怨恨老师，安于凡庸，精神被时务所束缚，自恃权势，好犯过失，所以沉溺于巧诈，迷恋于小利，惑乱于嗜欲；问事则前后矛盾，言辞详明则又与心相异，言辞简约则又与意相反；分散的事不会综合，复杂的事不会分析，即使再费力气也不能有所成就。这是不善于学习的人的弊病啊！

用　众——作善学

【题解】

　　本篇旨在论述为学的道理。文章以齐王食鸡为喻,论述了博采众长的重要。指出:"物固莫不有长,莫不有短。人亦然。"因此,"无丑不能,无恶不知",要善于"假人之长以补其短"。这些看法很有见地。作者把善学同君道联系起来,指出"取于众"是立君之本。文章强调众人的作用,指出:"以众勇无畏乎孟贲矣,以众力无畏乎乌获矣,以众视无畏乎离娄矣,以众知无畏乎尧、舜矣。"这反映了新兴统治阶级对民心民力的重视。

　　五曰:

　　善学者,若齐王之食鸡也,必食其跖数千而后足①;虽不足,犹若有跖。物固莫不有长,莫不有短。人亦然。故善学者,假人之长以补其短②。故假人者遂有天下。无丑不能③,无恶不知④。丑不能,恶不知,病矣⑤。不丑不能,不恶不知,尚矣⑥。虽桀、纣犹有可畏可取者,而况于贤者乎?

　　故学士曰⑦:辩议不可不为⑧。辩议而苟可为,是教也。教,大议也。辩议而不可为,是被褐而出⑨,衣锦而入⑩。

【注释】

①跖(zhí)：指鸡爪掌。

②假：凭借，利用。

③丑：以……为耻。

④恶(è)：与"丑"义同，用如意动。

⑤病：困窘。

⑥尚：上。

⑦学士：本指在学的贵族子弟，这里指有学问的人。

⑧不可不为：当作"不可为"。

⑨被褐：兽毛或粗麻制成的短衣，古时贫贱之人所穿。这里比喻没有学问，愚昧无知。

⑩锦：锦衣，华美的丝织衣裳，古时富贵之人所穿。这里比喻学业已成，贤明通达。

【译文】

第五：

　　善于学习的人像齐王吃鸡一样，一定要吃上几千鸡跖而后才满足，即使不够，仍然有鸡跖可供取食。事物本来无不有长处，无不有短处。人也是这样。所以，善于学习的人，能借用别人的长处来弥补自己的短处。因此，善于借用众人长处的人便能占有天下。不要把不能看作羞耻，不要把不知看作耻辱。以不能为耻，以不知为辱，就会陷入困境。不把不能看作羞耻，不把不知看作耻辱，这是最高明的。即使桀、纣那样的暴君尚且有令人敬畏、可取之处，更何况贤人呢？

　　所以有学问的人说：求学者不可使用辩议。如果说辩议可以使用的话，这是指施教而言。施教，才是需要大议的。求学者不使用辩议，就可以由无知变为贤达，这就像穿着破衣服出门，穿着华丽的衣服归来一样。

　　戎人生乎戎、长乎戎而戎言①，不知其所受之；楚人生乎

楚、长乎楚而楚言,不知其所受之。今使楚人长乎戎,戎人
长乎楚,则楚人戎言,戎人楚言矣。由是观之,吾未知亡国
之主不可以为贤主也,其所生长者不可耳。故所生长不可
不察也。

【注释】

①戎:古代泛指我国西部的少数民族。

【译文】

　　戎人生在戎地,长在戎地,而说戎人的语言,自己却不知是从谁那
里学来的。楚人生在楚地,长在楚地,而说楚人的语言,自己却不知是
从谁那里学来的。假如让楚人在戎地生长,让戎人在楚地生长,那么楚
人就说戎人的语言,戎人就说楚人的语言了。由此看来,我不相信亡国
的君主不可能成为贤明的君主,只不过是他们所生长的环境不允许罢
了。因此,对于人们所生长的环境不可不注意考察啊!

　　天下无粹白之狐,而有粹白之裘,取之众白也。夫取于
众,此三皇五帝之所以大立功名也。凡君之所以立,出乎众
也。立已定而舍其众,是得其末而失其本。得其末而失其
本,不闻安居。故以众勇无畏乎孟贲矣①,以众力无畏乎乌
获矣,以众视无畏乎离娄矣②,以众知无畏乎尧、舜矣。夫以
众者,此君人之大宝也。

　　田骈谓齐王曰③:“孟贲庶乎患术④,而边境弗患。”楚、魏
之王辞言不说,而境内已修备矣,兵士已修用矣,得之众也。

【注释】

①孟贲：战国时卫国的勇士，据说可以"生拔牛角"。

②离娄：传说为黄帝时视力最好的人，"能见针末于百步之外"。一名"离朱"。

③田骈(pián)：战国时齐人，道家。《不二》作"陈骈"。陈、田古通。

④庶乎患术：几乎苦于无法。庶，庶几，几乎。术，策略，办法。

【译文】

天下没有纯白的狐狸，却有纯白的狐裘，这是从众多白狐狸的皮中取来制成的。善于取用优点于众人，这正是三皇五帝大建功名的原因。大凡君主的确立，都是凭借着众人的力量。君位一经确立就舍弃众人，这是得到细枝末节而丧失了根本。凡是得到细枝末节而丧失了根本的君主，从未听说过他的统治会安定稳固。所以，依靠众人的勇敢就不惧怕孟贲了，依靠众人的力气就不惧怕乌获了，依靠众人的眼力就不惧怕离娄了，依靠众人的智慧就不惧怕赶不上尧、舜了。依靠众人，这是统治百姓的根本大法。

田骈对齐王说："即使孟贲对于众人的力量也感到忧虑，无可奈何，因而齐国的边境无须担忧。"楚国、魏国的君主不贵言辞，而国内备战的各种设施已经修整完备了，兵士已经训练有素可以打仗了，这都是得力于众人的力量啊！

仲 夏

【题解】

见《孟夏》"题解"。

一曰:

仲夏之月,日在东井①,昏亢中②,旦危中③。其日丙丁,其帝炎帝,其神祝融,其虫羽,其音徵,律中蕤宾④。其数七,其味苦,其臭焦,其祀灶,祭先肺。小暑至,螳螂生,鵙始鸣⑤,反舌无声⑥。天子居明堂太庙⑦,乘朱辂,驾赤骝,载赤旂,衣朱衣,服赤玉,食菽与鸡,其器高以觕,养壮狡。

【注释】

①东井:星宿名,二十八宿之一,又简称"井",在今双子座。

②亢:星宿名,二十八宿之一,在今室女座。中:指中星。

③危:星宿名,二十八宿之一,在今宝瓶座及飞马座。

④蕤(ruí)宾:十二律之一,属阳律。

⑤鵙(jú):伯劳鸟,夏至开始鸣叫,冬至而止,鸣叫的声音很难听。

⑥反舌:百舌鸟,立春开始鸣叫,夏至而止。叫声婉转,如百鸟

之音。

⑦明堂太庙：南向明堂的中央正室。

【译文】

第一：

仲夏五月，太阳的位置在井宿。黄昏时刻，亢宿出现在南方中天；拂晓时刻，危宿出现在南方中天。仲夏于天干属丙丁，主宰之帝是炎帝，佐帝之神是祝融，应时的动物是凤鸟一类的羽族，相配的声音是徵音，音律与蕤宾相应。这个月的数字是七，味道是苦，气味是焦，要举行的祭祀是灶祭，祭祀时祭品以肺脏为尊。这个月，小暑节来到了，螳螂出现了，伯劳鸟开始鸣叫，百舌鸟寂然无声。天子住在南向明堂的中间正室，乘坐朱红色的车子，车前驾赤红色的马，车上插赤色的绘有龙纹的旗帜，天子穿着赤色的衣服，佩戴着赤色的饰玉，吃的是豆子和鸡，用的器物高而且大，供养力大勇猛的人。

是月也，命乐师修鼗鞞鼓①，均琴瑟管箫，执干戚戈羽②，调竽笙埙篪③，饬钟磬柷敔④。命有司为民祈祀山川百原⑤，大雩帝⑥，用盛乐。乃命百县雩祭祀百辟卿士有益于民者⑦，以祈谷实。农乃登黍。

【注释】

①鼗鞞（táopí）：用来指挥乐曲演奏的鼓。

②干：盾。戚：斧。羽：古时舞者所持的顶端插有羽毛的用来指挥的旗子，因为上边有羽毛，所以称羽。干戚戈羽都是舞具。

③竽笙：都是管乐器，竽三十六簧，笙大者十九簧，小者十三簧。埙（xūn）：古代陶制吹奏乐器。篪（chí）：竹制吹奏乐器。

④磬（qìng）：石或玉制成的打击乐器。柷（zhù）：打击乐器，状如漆

桶,中间有木椎,可以左右敲击,乐曲开始时击柷。敔(yǔ):打击

乐器,形状像伏虎,背上有钮锯,用杖刷击,乐曲结束时击敔。

⑤百原:众水的发源地。原,同"源",水源。

⑥雩(yú):旱时求雨的祭祀。帝:天帝。

⑦百县:天子领地内的百县大夫。百辟卿士:指前世的百君公卿。

辟,君。这句意思是命令百县大夫祭祀对人民有功的前世百君

公卿,祈求谷物籽实丰满。

【译文】

这个月,命令乐师修整鼗鼓鞞鼓,调节琴瑟管箫,营造干戚戈羽,调

和竽笙埙箎,整饬钟磬柷敔。命令主管官吏为百姓祈求雨水,祭祀名山

大川及众水之源,并且举行盛大的雩祭,使用众多的舞乐,演奏隆重的

乐曲,向天帝祈求风调雨顺。命令天子领地内的各县大夫同时举行雩

祭,祭祀前世有功于百姓的君主公卿,祈求五谷丰登。农民在这个月要

进献黍子。

是月也,天子以雏尝黍,羞以含桃①,先荐寝庙。令民无

刈蓝以染②,无烧炭,无暴布③,门闾无闭④,关市无索;挺重

囚⑤,益其食,游牝别其群⑥,则絷腾驹⑦,班马正⑧。

【注释】

①羞:进献。含桃:樱桃。

②刈(yì):割。蓝:草名,即蓼蓝,可以提炼青色。仲夏月因蓝草尚

未长成,所以禁止刈割。

③暴(pù)布:晒布。暴,同"曝",晒。此月炎热,晒布容易变脆而

损坏。

④门:指城门。闾:里巷的门。门闾不闭是为顺阳气,便利人民

出入。

⑤挺:缓。

⑥游:这里指放牧。牝(pìn):母兽,这里指母马。因母马已怀孕,所以放牧时要使它们与其他马群分开。

⑦絷(zhí):束缚马足。腾驹:公马。

⑧班:颁布。马正:即马政,有关养马的政令教化。正,通"政"。

【译文】

这个月,天子就着雏鸡品尝黍子,连同樱桃一起,先敬献于祖庙。命令百姓不要割蓝草来染东西,不要烧木炭,不要晒布匹,城门和闾门不要关闭,关口和集市不要征税,宽缓重罪的囚犯,增加他们的饮食。放牧时,把怀孕的母马与其他马群分开,要拴住公马,免得他们踢伤母马,要颁布有关养马的政令。

　　是月也,日长至①,阴阳争②,死生分③。君子斋戒,处必掩④,身欲静,止声色,无或进,薄滋味,无致和⑤,退嗜欲,定心气,百官静⑥,事无径⑦,以定晏阴之所成⑧。鹿角解,蝉始鸣,半夏生⑨,木堇荣⑩。

【注释】

①日长至:即夏至,一年中这一天白天最长,夜晚最短。

②阴阳争:仲夏之月,阳气覆盖在上,阴气升起在下,所以说阴阳相遇而争。

③死生分:阴阳相争,使物各有死生。

④处:居处。掩:深。为避暑气,居处必深。

⑤无致和:不要希望各种滋味都调和在一起。致,尽。和,调。

⑥百官:指身体各种器官。

⑦径:急速。

⑧晏阴:阳阴。晏,阳。这句大意是阴阳相争,未知所定,所以君子
　要安静无为,以待阴阳成败的确定。

⑨半夏:药草名,夏历五月而生。

⑩木堇(jǐn):落叶灌木,花早晨开晚上闭。堇也写作槿。荣:花,
　开花。

【译文】

这个月,夏至到来,阴阳相争,死生相别。君子整洁身心,居处必
深邃,身体要安静;禁止女色,不许嫔妃进御;减少美味,不要使它调
和;去掉一切嗜欲,安定心气,各种器官安静无为,做事不要盲动,以待
确定阴阳的成败。这个月,鹿角脱落了,蝉开始鸣叫,半夏长出,木槿
开花。

是月也,无用火南方,可以居高明①,可以远眺望,可以
登山陵,可以处台榭②。

【注释】

①高明:指楼观等高而明之处。

②台:高而上平的建筑物。榭:台上的高屋。

【译文】

这个月,不要在南方用火,可以住在楼阁,可以眺望远方,可以登上
山陵,可以呆在台榭。

仲夏行冬令,则雹霰伤谷,道路不通,暴兵来至①;行春
令,则五谷晚熟,百螣时起②,其国乃饥③;行秋令,则草木零
落,果实早成,民殃于疫④。

【注释】

①暴兵：指不义之兵。暴，害。

②百螣(tè)：指各种类似蝗虫的害虫。螣，虫名，类似蝗虫，吃庄稼的叶子。

③饥：荒年。

④疫：疾疫。

【译文】

仲夏如果实行应在冬天实行的政令，那么，雹霰就会伤害五谷，道路就会毁坏不通，贼兵就会到来；如果实行应在春天实行的政令，那么，五谷就会晚熟，各种虫害就会时时发生，国家就会遇到饥荒；如果实行应在秋天实行的政令，那么，草木就会零落，果实就会过早成熟，百姓就会因疫病流行而遭受灾祸。

大　乐

【题解】

本篇关于音乐的论述与《乐记》相通,反映了儒家的音乐思想。文中提出,"世之学者有非乐者矣,安由出哉",显然是针对墨家"非乐"说而发的,是对墨家"非乐"思想的否定。

本篇的天道观在《吕氏春秋》中是比较完整的。文章说:"太一出两仪,两仪出阴阳。"认为宇宙间的一切东西,包括天地,都是由"太一"派生出来的,"太一"是天地万物之本。那么什么是"太一"呢?文章说:"道也者,至精也,不可为形,不可为名,强为之,谓之太一。""道"就是"太一"。《圜道》中说:"一也者至贵,莫知其原,莫知其端,莫知其始,莫知其终,而万物以为宗。"可见,在《吕氏春秋》一书中,作为万物本原的"太一"、"道"、"一",三者内涵是相同的。这与老子的"道生一,一生二,二生三,三生万物"存在根本不同。在老子学说中,"道"是"无",是超乎"一"的虚构的观念。而在《吕氏春秋》中,"道"是"有",是"太一"、"一"。因此,《吕氏春秋》中的自然观与宇宙起源说同《淮南子》中的"道始于一"是一致的,具有朴素唯物主义的性质。

关于宇宙变化的规律,本篇描述为"天地车轮,终则复始,极则复反",这与《圜道》中的论述是一致的,陷入了简单的循环论。这种循环论,尽管在现在看来是十分浅陋的,但在当时,比之于那些认为万物永恒不变的观点来说，却已经是进步的了。

二曰：

音乐之所由来者远矣。生于度量①，本于太一。太一出两仪②，两仪出阴阳。阴阳变化，一上一下，合而成章③。浑浑沌沌④，离则复合，合则复离，是谓天常。天地车轮⑤，终则复始，极则复反，莫不咸当。日月星辰，或疾或徐，日月不同，以尽其行⑥。四时代兴，或暑或寒，或短或长，或柔或刚⑦。万物所出，造于太一，化于阴阳。萌芽始震，凝寒以形⑧。形体有处，莫不有声。声出于和，和出于适。和适先王定乐⑨，由此而生。

【注释】

①度量：指律管的长度、容积等。

②两仪：天地。

③章：等于说"形"。

④浑浑沌沌：古人想象中世界生成以前的元气状态。

⑤轮：转动。

⑥行：行度，指运行的轨道。

⑦柔：柔和。这里指万物生发的春夏二季。刚：刚厉。这里指万物
　肃杀的秋冬二季。

⑧寒（hán）：同"寒"，凝冻。

⑨和适：二字疑衍。先王：指尧、舜、禹、汤、文王、武王等。

【译文】

第二：

音乐的由来相当久远了，它产生于度量，本源于太一。太一生天

地,天地生阴阳。阴阳变化,一上一下,会合而成形体。混混沌沌,离而复合,合而复离,这就叫做自然的永恒规律。天地像车轮一样转动,到尽头又重新开始,到终极又返回,无不恰到好处。日月星辰的运行,有的快,有的慢。日月轨道不同,都周而复始地运行在各自的轨道上。春夏秋冬四季更迭出现,有的季节炎热,有的季节寒冷;有的季节白天短,有的季节白天长;有的季节属柔,有的季节属刚。万物的产生,从太一开始,由阴阳生成。因阳而萌芽活动,因阴而凝冻成形。万物的形体各占一定的空间,无不发出声音。声音产生于和谐,和谐来源于合度。先王制定音乐,正是从这个原则出发。

天下太平,万物安宁。皆化其上①,乐乃可成。成乐有具②,必节嗜欲。嗜欲不辟③,乐乃可务。务乐有术,必由平出。平出于公,公出于道。故惟得道之人,其可与言乐乎!

【注释】

①上:当作"正"。

②具:准备。这里是条件的意思。

③辟:放纵。

【译文】

天下太平,万物安宁,一切都归化于正道,音乐才可以创作完成。创作音乐有条件,必须节制嗜欲。只有嗜欲不放纵,才可以专心从事音乐。从事音乐有方法,必须从平和出发。平和产生于公正,公正产生于道。所以只有得道的人,大概才可以跟他谈论音乐吧!

亡国戮民,非无乐也,其乐不乐。溺者非不笑也①,罪人非不歌也,狂者非不武也②,乱世之乐有似于此。君臣失位,父子失处^③，夫妇失宜，民人呻吟，其以为乐也，若之何哉？

【注释】

①"溺者"句：《左传·哀公二十年》有"溺人必笑"句，这大概是当时的谚语。

②武：当作"舞"。这里是手足舞动的意思。

③失处：与"失位"义近，指丧失各自的本分，即父不行父道，子不行子道。

【译文】

被灭亡的国家，遭受屠戮的人民，不是没有音乐，只是他们的音乐并不表达欢乐。即将淹死的人不是不笑，即将处死的罪人不是不唱，精神狂乱的人不是不手舞足蹈，但是他们的笑、他们的唱、他们的舞蹈没有丝毫的欢乐。乱世的音乐与此相似。君臣地位颠倒，父子本分沦丧，夫妇关系失当，人民痛苦呻吟，在这种环境中创作音乐，又会怎样呢？

凡乐，天地之和、阴阳之调也。始生人者，天也，人无事焉。天使人有欲，人弗得不求；天使人有恶，人弗得不辟。欲与恶，所受于天也，人不得与焉^①，不可变，不可易。世之学者，有非乐者矣^②，安由出哉？

【注释】

①与（yù）：参与。

②非乐者：指墨家学派，《墨子》中有《非乐》篇。非，否定。

【译文】

凡音乐都是天地和谐、阴阳调和的产物。最初生成人的是天，人不得参与其事。天使人有了欲望，人不得不追求；天使人有了憎恶，人不得不躲避。人的欲望和憎恶是从天那里禀承下来的，人不能参与其事，这不可变更，不能改易。世上的学者有反对音乐的，他们的主张是根据什么产生的呢？

大乐①，君臣、父子、长少之所欢欣而说也。欢欣生于平，平生于道。道也者，视之不见，听之不闻，不可为状。有知不见之见、不闻之闻、无状之状者，则几于知之矣。道也者，至精也，不可为形，不可为名，强为之，谓之太一。

【注释】

①大乐：盛乐，指完美的音乐。

【译文】

大乐，是君臣、父子、老少所欢欣、喜悦的。欢欣从平和中产生，平和从道中产生。所谓道，看它，看不见；听它，听不到；也无法描绘出形状。有谁能够懂得在不见中包含着见，在不闻中包含着闻，在无形中包含着形，那他就差不多懂得道了。所谓道，是最精妙的，无法描绘出它的形状，无法给它命名，勉强给它起个名字，就叫它"太一"。

故一也者制令①，两也者从听②。先圣择两法一③，是以知万物之情。故能以一听政者，乐君臣，和远近，说黔首④，合宗亲⑤；能以一治其身者，免于灾，终其寿，全其天；能以一治其国者，奸邪去，贤者至，成大化⑥；能以一治天下者，寒暑适，风雨时，为圣人。故知一则明，明两则狂⑦。

【注释】

①一：即"太一"、"道"。

②两:指由"一"派生出的、非本原的东西。

③择:弃。法:用。

④黔首:战国及秦代对人民的称谓。黔,黛,黑色。

⑤宗亲:指同母兄弟。后世也指同宗亲属。

⑥大化:广远深入的教化。

⑦明两:等于说"用两"。明,显扬。

【译文】

　　所以"一"处于制约、支配的地位,"两"处于服从、听命的地位。先代圣人弃"两"用"一",因此知道万物生成的真谛。所以,能够用"一"处理政事的,可以使君臣快乐,远近和睦,人民欢悦,兄弟和谐;能够用"一"修养身心的,可以免于灾害,终其天年,保全天性;能够用"一"治理国家的,可以使奸邪远离,贤人来归,实现大治;能够用"一"治理天下的,可以使寒暑适宜,风雨适时,成为圣人。所以懂得用"一"就聪明,持"两"就惑乱。

侈 乐

【题解】

本篇旨在批判"侈乐",体现了儒家"节乐"的思想。所谓"侈乐",即违反平正和适的原则,"以巨为美,以众为观","和以桐过,不用度量",一味追求感官刺激的音乐。文章说:"凡古圣王之所为贵乐者,为其乐也",指出音乐的作用在于使人快乐。然而作为乱世产物的"侈乐",非但不能使人快乐,反而引起人民的怨恨,伤害君主的生命,这就丧失了音乐的本来意义了。文章批评了纵欲的危害,指出"侈乐"的产生是纵欲的结果,如果"嗜欲无穷",那么"贪鄙悖乱之心"、"淫佚奸诈之事"就都由此产生了。

三曰:

人莫不以其生生,而不知其所以生;人莫不以其知知,而不知其所以知。知其所以知之谓知道,不知其所以知之谓弃宝。弃宝者必离其咎①。世之人主,多以珠玉戈剑为宝,愈多而民愈怨,国人愈危②,身愈危累③,则失宝之情矣。乱世之乐与此同。为木革之声则若雷④,为金石之声则若霆⑤,为丝竹歌舞之声则若噪。以此骇心气、动耳目、摇荡生则可矣⑥,以此为乐则不乐。故乐愈侈,而民愈郁,国愈乱,主愈卑,则亦失乐之情矣。

【注释】

①离:通"罹(lí)",遭。

②国人愈危:"人"字疑衍。

③身愈危累:"危"字疑衍。累,忧患,危难。

④木:八音之一。古代称金、石、丝、竹、匏(páo)、土、革、木这八种制造乐器的材料为八音。钟为金,磬为石,琴瑟为丝,箫管为竹,笙竽为匏,埙(xūn)为土,鼓为革,柷敔(yǔ)为木。

⑤霆:疾雷。

⑥生:性情。

【译文】

第三:

人无不依赖自己的生命生存,但是却不知道自己赖以生存的是什么;人无不依赖自己的知觉感知,但是却不知道自己赖以感知的是什么。知道自己能够感知的原因,就叫懂得道;不知道自己能够感知的原因,就叫舍弃宝物。舍弃宝物的人必定遭殃。世上的君主,大多把珍珠、玉石、长戈和利剑看作宝物。这些宝物越多,百姓就越怨恨,国家就越危险,君主自身就越有忧患,那就失掉了宝物的本来意义了。动乱时代的音乐与此相同。演奏木制、革制乐器的声音就像打雷,演奏铜制、石制乐器的声音就像霹雳,演奏丝竹乐器的声音、歌舞的声音就像喧哗。如果用这样的声音惊吓人的精神,震动人的耳目,摇荡人的性情,那是可以的;但是如果把这样的声音作为音乐,那就不能使人快乐了。所以音乐越是奢侈放纵,人民就越是抑郁不乐,国家就越是混乱,君主的地位就越是卑微,这样,也就失去音乐的本来意义了。

凡古圣王之所为贵乐者,为其乐也。夏桀、殷纣作为侈乐,大鼓、钟、磬、管、箫之音,以巨为美,以众为观[1];诐诡殊瑰[2],耳所未尝闻,目所未尝见,务以相过,不用度量。宋之衰也,作为千钟[3];齐之衰也,作为大吕[4];楚之衰也,作为巫音[5]。侈则侈矣,自有道者观之,则失乐之情。失乐之情,其乐不乐。乐不乐者,其民必怨,其生必伤。其生之与乐也,若冰之于炎日,反以自兵[6]。此生乎不知乐之情,而以侈为务故也。

【注释】

①观:景象。这里有壮观的意思。

②诐(chù)诡:奇异。殊瑰:异常的瑰丽。

③千钟:钟律之名。

④大吕:齐钟名,音协大吕之律,故名大吕。

⑤巫音:古代以舞降神的音乐。

⑥兵:伤害。

【译文】

古代圣王之所以重视音乐,是因为它能使人快乐。夏桀、殷纣制作奢侈放纵的音乐,随意增大鼓、钟、磬、管、箫等乐器的声音,把声音巨大当作美好,把乐器众多当作壮观;他们的音乐奇异瑰丽,人们的耳朵不曾听到过,眼睛不曾看到过;他们的音乐务求过分,不遵法度。宋国衰微的时候,制作千钟;齐国衰微的时候,制作大吕;楚国衰微的时候,制作巫音。这些音乐,盛大是够盛大了,然而在有道之人看来,却失去了音乐的真谛。失去了音乐的真谛,这样的音乐不能使人快乐。音乐不能使人快乐,人民必定生怨,生命必定受到伤害。生命相对于这种音乐,就像冰遇到炎热的太阳一样,反倒伤害了自己。产生这种后果是由于不懂得音乐的真谛，而致力于奢侈放纵的缘故啊。

　　乐之有情，譬之若肌肤形体之有情性也。有情性则必有性养矣^①。寒、温、劳、逸、饥、饱，此六者非适也。凡养也者，瞻非适而以之适者也。能以久处其适，则生长矣。生也者，其身固静，感而后知，或使之也。遂而不返^②，制乎嗜欲；制乎嗜欲无穷^③，则必失其天矣。且夫嗜欲无穷，则必有贪鄙悖乱之心、淫佚奸诈之事矣。故强者劫弱，众者暴寡，勇者凌怯，壮者慠幼^④，从此生矣。

【注释】

①性：通"生"。

②遂：顺。这里指顺其放纵之心。返：回，这里有收拢的意思。

③无穷：二字疑因下文而衍。

④慠（ào）：同"傲"。

【译文】

音乐有真谛，就像是肌肤身体有本性一样。有本性，就一定有生长、保养的问题了。寒冷、炎热、劳累、安逸、饥饿、饱足，这六种情况都不是适中。大凡保养，是指要看到不适中的情况，而使之达到适中。能够使生命长久地处于适中的环境，生命就长久了。生命这个东西，自身本是清静无知的，感受到外物而后才有知觉，这是由于有外物影响它啊！如果放纵其心而不约束，就会被嗜欲所牵制；如果被嗜欲所牵制，就必定危害身心了。再说，嗜欲无穷无尽，那就必然会产生贪婪、卑鄙、犯上作乱的思想，产生淫邪放纵、奸佞欺诈的事情了。所以，强横的劫掠弱小的，人多势众的侵害势孤力单的，勇猛的欺凌怯弱的，强壮的轻慢幼小的，诸如此类的事情就都由此而产生了。

适　音——作和乐

【题解】

　　本篇旨在论述儒家"和乐"的思想。文章指出，"和乐"必须具备两个前提，一是"心适"，一是"音适"。"适心之务在于胜理"，而音适则是要做到"衷"，即声音大小、清浊要适中。这样，"以适听适"，即以畅快的心情听适中的乐音，就达到"和"的境界了。文章强调了音乐的作用，指出："凡音乐，通乎政而移风平俗者也"，"故先王之制礼乐也，非特以欢耳目、极口腹之欲也，将教民平好恶、行理义也"。这反映了儒家对于音乐的特殊重视。本篇指出了"欲"与"乐"的区别，这可以说是我国最早提出的美学上的主客观关系的理论。

　　四曰：

　　耳之情欲声，心不乐，五音在前弗听；目之情欲色，心弗乐，五色在前弗视；鼻之情欲芬香，心弗乐，芬香在前弗嗅；口之情欲滋味，心弗乐，五味在前弗食①。欲之者，耳目鼻口也；乐之弗乐者②，心也。心必和平然后乐。心必乐，然后耳目鼻口有以欲之。故乐之务在于和心，和心在于行适。

【注释】

①五味：酸、苦、甘、辛、咸。这里泛指各种滋味。

②之：连词，相当"与"。

【译文】

第四：

耳朵的天性想要听音乐，如果心情不愉快，即使各种音乐在耳边也不听；眼睛的天性想要看彩色，如果心情不愉快，即使各种彩色在眼前也不看；鼻子的天性想要嗅芳香，如果心情不愉快，即使各种香气在身边也不嗅；嘴巴的天性想要尝滋味，如果心情不愉快，即使各种美味在嘴边也不吃。有各种欲望的是耳、目、鼻、口，而决定愉快或不愉快的是心情。心情必须平和然后才能愉快。心情必须愉快，然后耳、目、鼻、口才有各种欲望。所以，愉快的关键在于心情平和，心情平和的关键在于行为合宜适中。

夫乐有适，心亦有适。人之情：欲寿而恶夭，欲安而恶危，欲荣而恶辱，欲逸而恶劳。四欲得，四恶除，则心适矣。四欲之得也，在于胜理①。胜理以治身，则生全以②；生全则寿长矣。胜理以治国，则法立；法立则天下服矣。故适心之务在于胜理。

【注释】

①胜（shēng）理：依循事物的规律。胜，等于说"任"。

②以：通"矣"。

【译文】

愉快有个适中问题，心情也有个适中问题。人的本性是，希望长寿而厌恶短命，希望安全而厌恶危险，希望荣誉而厌恶耻辱，希望安逸而厌恶烦劳。以上四种愿望得到满足，四种厌恶得以免除，心情就适中了。而四种愿望得以满足，在于依循事物的情理。依循事物的情理修身养性，天性就保全了；天性得以保全，寿命就长久了。依循事物的情理治理国家，法度就建立了；法度建立起来，天下就服从了。所以，使心情适中的关键在于依循事物的情理。

　　夫音亦有适：太巨则志荡，以荡听巨则耳不容，不容则横塞，横塞则振；太小则志嫌①，以嫌听小则耳不充，不充则不詹②，不詹则窕③；太清则志危④，以危听清则耳谿极⑤，谿极则不鉴⑥，不鉴则竭；太浊则志下，以下听浊则耳不收，不收则不抟⑦，不抟则怒。故太巨、太小、太清、太浊，皆非适也。何谓适？衷⑧，音之适也。何谓衷？大不出钧⑨，重不过石⑩，小大轻重之衷也。黄钟之宫，音之本也⑪，清浊之衷也。衷也者，适也。以适听适则和矣。乐无太⑫，平和者是也。

【注释】

①嫌：通"慊（qiàn）"，不满足。

②詹：通"赡"，足。

③窕（tiǎo）：细而不满。

④危：高。

⑤谿（xī）极：空虚疲困。

⑥鉴：察，鉴别。

⑦抟（zhuān）：专一。

⑧衷：中。指声音大小清浊适中。

⑨钧：通"均"，古代度量钟音律度的器具。

⑩石：古代重量单位，一百二十斤为一石。

⑪ "黄钟"二句：古乐以律确定五音音高，用黄钟律所定的宫音，叫做黄钟之宫，又称黄钟宫。这是古乐中最基本的乐调之一。古乐中的十二律以黄钟之宫为本，用"三分损益法"（详见《音律》篇）依次相生。

⑫ 太：指上文"太巨"、"太小"、"太清"、"太浊"。

【译文】

音乐也有个适中问题。声音过大就会使人心志摇荡，以摇荡之心听巨大的声音，耳朵就容纳不了，容纳不了就会充溢阻塞，充溢阻塞，心志就会更加摇荡；声音过小就会使人心志得不到满足，以不满足之心听微小的声音，耳朵就充不满，充不满就感到不够，不够，心志就会更加不满足；声音过清就会使人心志高扬，以高扬之心听轻清之音，耳朵就会空虚疲困，空虚疲困就听不清，听不清，心志就会衰竭；声音过浊就会使人心志低下，以低下之心听重浊之音，耳朵就拢不住音，拢不住音就专一不了，专一不了就会动气。所以，音乐的声音过大、过小、过清、过浊都不合宜。什么叫合宜？适中，就是乐音的合宜。什么叫适中？钟音律度最大不超过均的标准，钟的重量最重不超过一石，这就是小大轻重适中。黄钟律的宫音是乐音的根本，是清浊的适中。适中就是适合中道。以适中的心情听适中的声音就和谐了。音乐各方面都不要过分，平正和谐才合宜。

故治世之音安以乐，其政平也；乱世之音怨以怒，其政乖也；亡国之音悲以哀，其政险也。凡音乐，通乎政而移风平俗者也。俗定而音乐化之矣。故有道之世，观其音而知其俗矣，观其俗而知其政矣，观其政而知其主矣①。故先王必托于音乐以论其教。清庙之瑟②，朱弦而疏越③，一唱而三叹④，有进乎音者矣。大飨之礼⑤，上玄尊而俎生鱼⑥，大羹不和⑦,有进乎味者也。故先王之制礼乐也,非特以欢耳目、极口腹之欲也,将教民平好恶、行理义也。

【注释】

①"观其"句:此句前原脱"观其俗而知其政矣"。

②清庙:宗庙。宗庙肃然清静,所以称为清庙。

③疏越(huó):镂刻的小孔。疏,镂刻。越,穴,瑟底的小孔。

④一唱而三叹:宗庙奏乐,一人领唱,三人应和。唱,领唱,也作"倡"。叹,继声和唱。这里是说,宗庙祭祀,奏乐演唱规模很小。

⑤大飨(xiǎng):集合远近祖先神主于太庙合祭。

⑥玄尊:盛玄酒的酒器。玄酒,指上古行祭礼时所用的水。水本无色,古人习以为黑色,故称"玄酒"。俎(zǔ):古代祭祀时用的礼器。这里是把……盛在俎中的意思。

⑦大(tài)羹:古代祭祀时所用的带汁的肉。古代大飨祭祀"上玄尊而俎生鱼,大羹不和",这是表明先王崇尚饮食之本。

【译文】

　　所以,太平盛世的音乐安宁而快乐,是由于它的政治安定;动乱时代的音乐怨恨而愤怒,是由于它的政治乖谬;濒临灭亡的国家的音乐悲痛而哀愁,是由于它的政治险恶。大凡音乐,与政治相通,并起着移风易俗的作用。风俗的形成是音乐潜移默化的结果。所以,政治清明的时代,考察它的音乐就可以知道它的风俗了,考察它的风俗就可以知道它的政治了,考察它的政治就可以知道它的君主了。因此,先王一定要通过音乐来宣扬他们的教化。宗庙里演奏的瑟,安着朱红色的弦,底部刻有小孔;宗庙之乐,只由一人领唱,三人应和,其意义已经超出音乐本身了。举行大飨祭礼时,只献上盛水的酒器,俎中盛着生鱼,大羹不调和五味,其意义已经超出滋味本身了。所以,先王制定礼乐的目的,不仅仅是用来使耳目欢愉,尽力满足口腹的欲望,而是要教导人们端正好恶、实施理义啊。

古　乐

【题解】

　　本篇旨在论述音乐发展的历史。文中保存了许多传说，虽然大都富有神话的意味，但在史料缺乏的情况下，对于我们研究音乐的产生与发展的历史，仍是很有价值的。文章结尾说："故乐之所由来者尚矣，非独为一世之所造也。"这种以发展的眼光来看待音乐的历史的观点，在当时是难能可贵的。但本篇把音乐的产生、发展归结为"圣王"的功绩，则是唯心主义的音乐史观的反映。

　　五曰：

　　乐所由来者尚也，必不可废。有节，有侈，有正，有淫矣。贤者以昌，不肖者以亡。

【译文】

　　第五：

　　音乐的由来相当久远了，定然不可废弃。其中有的适中合宜，有的奢侈放纵，有的纯正，有的淫邪。贤人因音乐而发达昌盛，不肖的人因音乐而国灭身亡。

昔古朱襄氏之治天下也①，多风而阳气畜积，万物散解，果实不成，故士达作为五弦瑟②，以来阴气，以定群生。

【注释】

①朱襄氏：传说中远古部落名，其首领为炎帝。

②士达：朱襄氏之臣。

【译文】

古代，朱襄氏治理天下的时候，经常刮风，因而阳气过盛，万物散落解体，果实不能成熟，所以士达创造出五弦瑟，用以引来阴气，安定众生。

昔葛天氏之乐①，三人操牛尾，投足以歌八阕：一曰《载民》，二曰《玄鸟》，三曰《遂草木》，四曰《奋五谷》，五曰《敬天常》，六曰《达帝功》，七曰《依地德》，八曰《总万物之极》②。

【注释】

①葛天氏：传说中的远古部落名。这里指其部落首领。

②"一曰"八句：以上"八曰"为乐曲八章之名。八阕之乐是反映古代劳动人民生产斗争和原始宗教信仰的舞乐。第一章《载民》是歌颂负载人民的大地；第二章《玄鸟》是歌颂作为氏族标志的图腾——黑色的鸟；第三章《遂草木》是祝草木顺利地生长（遂：顺）；第四章《奋五谷》是祝五种谷物繁茂地生长（奋：茂盛）；第五章《敬天常》是表达他们对自然规律的敬畏；第六章《达帝功》是表达他们要通达天帝之功的愿望（达：通）；第七章《依地德》是表达他们要依照四时的旺气行事（地德：指四时的旺气）；第八章《总万物之极》是说明他们总的愿望是要使万物发展达到最高

限度。

【译文】

古时葛天氏的音乐,演奏时,三人手持牛尾,踏着脚歌唱舞乐八章:第一章叫做"载民",第二章叫做"玄鸟",第三章叫做"遂草木",第四章叫做"奋五谷",第五章叫做"敬天常",第六章叫做"达帝功",第七章叫做"依地德",第八章叫做"总万物之极"。

昔阴康氏之始①,阴多,滞伏而湛积②,水道壅塞,不行其序③,民气郁阏而滞著④,筋骨瑟缩不达,故作为舞以宣导之。

【注释】

①阴康氏:传说中的远古部落名。这里指其部落首领。

②湛(chén):通"沉",厚,浓。

③"水道"二句:当作"阳道壅塞,不行其序"。

④郁阏(è):郁抑阻塞。滞著:不舒畅。

【译文】

古时阴康氏开始治理天下的时候,阴气过盛,凝滞不散,深深聚积,阳气阻塞不通,不能按正常规律运行,人民精神抑郁而不舒畅,筋骨蜷缩而不舒展,所以创作舞蹈来加以疏导。

昔黄帝令伶伦作为律①。伶伦自大夏之西②,乃之阮隃之阴③,取竹于嶰谿之谷④,以生空窍厚钧者⑤,断两节间——其长三寸九分——而吹之,以为黄钟之宫,吹曰舍少。次制十二筒,以之阮隃之下,听凤皇之鸣,以别十二律⑥。其雄鸣为六⑦,雌鸣亦六⑧,以比黄钟之宫,适合,黄钟之宫皆可以生之。故曰:黄钟之宫,律吕之本⑨。黄帝又命伶伦与荣将铸十二钟⑩，以和五音，以施英韶⑪。以仲春之月，乙卯之日，日在奎⑫，始奏之，命之曰《咸池》。

【注释】

①伶伦：传说为黄帝的乐官。伶，乐官。伦，人名。律：古代定音用的竹制律管，相传为伶伦所制。

②大夏：传说中古代西方的山。

③阮隃：当是"昆仑"之讹。

④嶰（xiè）豁：山谷之名。

⑤钧：通"均"。

⑥十二律：中国古代乐制中，以一个八度分为十二个不完全相等的半音，每个半音称为一"律"。

⑦雄鸣为六：指六阳律，即黄钟、太蔟（còu）、姑洗（xiǎn）、蕤（ruí）宾、夷则、无射（yì）。

⑧雌鸣亦六：指六阴律，即大吕、夹钟、仲吕、林钟、南吕、应钟。

⑨律吕：十二律中，阳律称律，阴律称吕。

⑩荣将：传说中的黄帝之臣。

⑪英韶（sháo）：指华美之音。韶，美好。

⑫日在奎：太阳的位置在奎宿。奎，二十八宿之一。

【译文】

古时，黄帝叫伶伦创制乐律。伶伦从大夏山的西方，到达昆仑山的北面，从嶰豁山谷中取来竹子，选择那些中空而壁厚均匀的，截取两个竹节中间的一段——其长度为三寸九分——而吹它，把发出的声音定为黄钟律的宫音，吹出来的声音是"舍少"。接着依次共制作了十二根竹管，带到昆仑山下，听凤凰的鸣叫，借以区别十二乐律。雄凤鸣叫有六个声音，雌凤鸣叫也有六个声音。把根据这些声音定出的乐律同黄钟律的宫音相比照，二者恰恰相合；这些声音都可以由黄钟律的宫音派生出来。所以说：黄钟律的宫音是乐律的本源。黄帝又令伶伦和荣将铸造十二口钟，用以和谐五音，借以展示华美的声音。在仲春之月，乙卯这天，太阳的位置在奎宿的时候，开始演奏它们，奏出的乐曲命名为"咸池"。

　　帝颛顼生自若水①，实处空桑②，乃登为帝。惟天之合，正风乃行，其音若熙熙凄凄锵锵。帝颛顼好其音，乃令飞龙作③，效八风之音，命之曰《承云》，以祭上帝。乃令鱓先为乐倡④。鱓乃偃寝⑤，以其尾鼓其腹，其音英英⑥。

【注释】

①若水：古水名，即今雅砻江。

②空桑：古地名。

③乃令飞龙作："作"字后当补"乐"字。

④鱓(tuó)：通"鼍"，即鳄，皮可制鼓。倡：始。古代奏乐始于击鼓，鱓司击鼓，所以说鱓先为乐始。

⑤偃：仰卧。

⑥英英：形容乐声和盛。

【译文】

　　古帝颛顼生在若水，住在空桑，他登上帝位。德行正与天合，八方纯正之风按时运行，它们发出熙熙、凄凄、锵锵的声音。颛顼喜好那些声音，于是就叫飞龙作乐，摹仿八方的风声，乐曲命名为"承云"，用以祭祀上帝。颛顼叫鱓给乐曲领奏。鱓就仰面躺下，用尾巴敲打自己的肚子，发出和盛的乐声。

　　帝喾命咸黑作为声①，歌《九招》、《六列》、《六英》。有倕作为鼙、鼓、钟、磬、吹苓、管、埙、箎、鼗、椎、钟②。帝喾乃令人抃③，或鼓鼙，击钟磬，吹苓，展管箎④。因令凤鸟、天翟舞之⑤。帝喾大喜，乃以康帝德⑥。

【注释】

①喾(kù)：传说中的五帝之一。咸黑：传说为帝喾之臣。

②有倕(chuí)：传说中的古代巧匠。有，名词词头。倕，人名。鼙(pí)：古代的小鼓。吹苓："吹"字盖涉下文而衍。苓，当是"笭"之讹。笭，笙。埙(xūn)：古代吹奏乐器，陶制。箎(chí)：古代管乐器，竹制，单管，横吹。鼗(táo)：长柄摇鼓，古代打击乐器。椎(chuí)：捶击乐器的工具。钟：或作"衡"，"衡"疑是"衡"的讹字。衡，指悬钟的横木。

③抃(biàn)：两手相击。

④展：这里是演奏的意思。

⑤天翟(dí)：神话中的天鸟。翟，长尾巴的野鸡。

⑥康：褒扬，赞美。

【译文】

帝喾令咸黑作声乐，咸黑唱《九招》、《六列》、《六英》。倕又制作了鼙、鼓、钟、磬、笙、管、埙、箎、鼗等乐器及击钟的椎和悬钟的横木等。帝喾就让人演奏这些乐器，有的击鼙，有的敲钟、磬，有的吹笙，有的演奏管、箎；当时又让凤鸟、天鸟随乐舞蹈。帝喾非常高兴，就用这些乐舞来宣扬天帝的功德。

帝尧立，乃命质为乐①。质乃效山林谿谷之音以歌，乃以麋辂置缶而鼓之②，乃拊石击石③，以象上帝玉磬之音④，以致舞百兽。瞽叟乃拌五弦之瑟⑤，作以为十五弦之瑟。命之曰《大章》，以祭上帝。

【注释】

①质：传说为尧、舜时的乐官。

②鞈（luò）：未经鞣制的皮革。缶（fǒu）：盛酒浆的瓦器，小口大腹。

③拊（fǔ）：击，拍。

④象：摹仿。

⑤瞽（gǔ）叟：舜的父亲。瞽，瞎子。拌（pàn）：分开。

【译文】

尧立为帝，便令质作乐。质于是摹仿山林溪谷的声音而作歌，又把麋鹿的皮蒙在瓦器上敲打它，并敲打石片，以摹仿天帝玉磬的声音，用以引来百兽舞蹈。瞽叟分解五弦瑟的弦数，制成十五弦瑟。演奏的乐曲命名为"大章"，用它祭祀天帝。

舜立，命延①，乃拌瞽叟之所为瑟，益之八弦，以为二十三弦之瑟。帝舜乃令质修《九招》、《六列》、《六英》，以明帝德。

【注释】

①延：相传为舜之臣。

【译文】

舜立为帝，令延改造乐器。延就分解瞽叟创制的瑟的弦数，又增加了八根弦，制成二十三弦瑟。舜还让质研习《九招》、《六列》、《六英》，用以彰明天帝的美德。

禹立，勤劳天下，日夜不懈。通大川，决壅塞，凿龙门①，降通潦水以导河②,疏三江五湖③,注之东海,以利黔首。于是命皋陶作为《夏籥》九成④,以昭其功。

【注释】

①龙门:地名,在今山西河津县西北。黄河至此,两岸峭壁对峙,形如阙门,故名龙门,又名禹门口。

②降:大。潦(liáo)水:指洪水。潦,流。河:黄河。

③三江:长江的三条支流。具体所指,历史上说法不一。这里当泛指长江水系。五湖:这里泛指太湖一带的湖泊。

④夏籥(yuè):古乐名,即《大夏》。传说禹时乐舞《大夏》用龠伴奏,故又名《夏龠》。籥,同“龠”。九成:九段,又称“九奏”、“九变”。

【译文】

禹立为帝,为天下辛勤操劳,日夜不怠。疏通大河,决开壅塞,开凿龙门,大力疏通洪水把它导入黄河,并疏浚三江五湖,使水流入东海,以利于百姓。在这时,禹令皋陶创作《夏籥》九章,来宣扬他的功绩。

殷汤即位,夏为无道,暴虐万民,侵削诸侯,不用轨度,天下患之。汤于是率六州以讨桀罪①。功名大成,黔首安宁。汤乃命伊尹作为《大护》,歌《晨露》,修《九招》、《六列》②,以见其善。

【注释】

①六州:指古九州中的荆、兖、雍、豫、徐、扬六州。

②修九招、六列:据上文,“六列”之后疑脱“六英”二字。

【译文】

殷汤登上君位,当时夏桀胡作非为,残害百姓,侵掠诸侯,不按法度行事。天下人都痛恨他。汤于是率领六州诸侯讨伐桀的罪行。功名大成，百姓安宁。于是汤令伊尹创作了《大护》乐、《晨露》歌，并研习《九招》、《六列》、《六英》，用以展现他的美德。

　　周文王处岐①，诸侯去殷三淫而翼文王②。散宜生曰③："殷可伐也。"文王弗许。周公旦乃作诗曰："文王在上，於昭于天④。周虽旧邦，其命维新⑤。"以绳文王之德⑥。

　　武王即位，以六师伐殷⑦。六师未至，以锐兵克之于牧野⑧。归，乃荐俘馘于京太室⑨，乃命周公作为《大武》。

　　成王立，殷民反，王命周公践伐之⑩。商人服象⑪，为虐于东夷。周公遂以师逐之，至于江南。乃为《三象》，以嘉其德。

【注释】

①岐：古邑名，为周的祖先古公亶父（dǎnfǔ）所建，故址在今陕西岐山县东北。

②三淫：指暴君殷纣所做的三件残暴的事，即"剖比干之心，断材士之股，刳（kū）孕妇之胎"。

③散宜生：周文王之臣。

④於（wū）：叹词，表赞叹。

⑤"文王"四句：引诗见《诗经·大雅·文王》。

⑥绳：赞誉。

⑦六师：即"六军"。周制，天子有六军。

⑧牧野：古地名，在今河南淇县西南。

⑨荐：献。俘馘（guó）：指被歼之敌。俘，俘虏。馘，从敌尸上割下来的左耳。京：国都。太室：太庙的中室。

⑩践：往。

⑪服：役使，驾御。

【译文】

　　周文王住在岐邑，诸侯纷纷叛离罪恶累累的殷纣而拥戴文王。散宜生说："殷可以讨伐。"文王不答应。周公旦于是作诗道："文王高高在上，德行昭明于天。岐周虽然古老，天命却是崭新。"用这首诗来称誉文王的德行。

　　武王即位，率领军队讨伐殷纣。大军还没有到达殷的都城，就凭精锐的士兵在牧野一举打败殷纣。班师归来，就在京城太庙中献上俘虏，禀报斩杀人数，于是令周公创作了《大武》乐。

　　成王即位，殷的遗民叛乱，成王令周公去讨伐他们。商人役使大象在东夷为害。周公率领军队追逐他们，一直追到江南。于是创作了《三象》乐，用以赞美他的功德。

故乐之所由来者尚矣，非独为一世之所造也。

【译文】

　　所以，音乐的由来相当久远了，不单单是哪一个时代所创制的啊。

季 夏

【题解】

　　参见《孟夏纪》。另,本篇末尾有关于中央土的一段记述。五行说把五行、五方与四季相配,五行中的土、五方中的中央,于四季中无与相配,只得附于季夏之末,而且没有天子发布政令的规定。

　　一曰:

　　季夏之月,日在柳①,昏心中②,旦奎中。其日丙丁,其帝炎帝,其神祝融,其虫羽,其音徵,律中林钟③。其数七,其味苦,其臭焦,其祀灶,祭先肺。凉风始至,蟋蟀居宇,鹰乃学习④,腐草化为蚈⑤。天子居明堂右个⑥,乘朱辂,驾赤骝,载赤旂,衣朱衣,服赤玉,食菽与鸡,其器高以觕。

【注释】

　　①柳:星宿名,二十八宿之一,在今长蛇座。

　　②心:星宿名,二十八宿之一,在今天蝎座。

　　③林钟:十二律之一,属阴律。

　　④习:鸟练习飞。

⑤蚈（qiān）：萤火虫。萤火虫生于草中，古人不知，以为是腐草
　　所化。

⑥明堂右个：南向明堂的右侧室。

【译文】

第一：

季夏六月，太阳的位置在柳宿。黄昏时刻，心宿出现在南方中天；拂晓时刻，奎宿出现在南方中天。季夏于天干属丙丁，主宰之帝是炎帝，佐帝之神是祝融，应时的动物是凤鸟之类的羽族，相配的声音是徵音，音律与林钟相应。这个月的数字是七，味道是苦，气味是焦，要举行的祭祀是灶祭，祭祀时祭品以肺脏为尊。这个月，凉风开始到来，蟋蟀住在屋檐下。鹰于是练习飞翔搏击，腐草化作萤火虫。天子住在南向明堂的右侧室，乘坐朱红色的车子，车前驾赤红色的马，车上插赤色的绘有龙纹的旗帜；天子穿赤色的衣服，佩戴赤色的饰玉，吃的食物是豆类和鸡，用的器物高而且大。

是月也，令渔师伐蛟取鼍①，升龟取鼋②。乃命虞人入材苇③。

【注释】

①渔师：掌管水产的官吏。鼍（tuó）：鳄鱼的一种，皮可以蒙鼓。

②升：登。古人认为龟是神灵，所以说"升"。鼋（yuán）：甲鱼，肉可食。

③虞人：掌管山林池泽的官，分为山虞、泽虞，山虞负责山林，泽虞负责池泽。这里的虞人当指泽虞。

【译文】

这个月，命令管渔业的官吏，杀蛟取鼍，献龟取鼋。命令掌管池泽的官吏收纳用来制作器物的芦苇。

是月也，令四监大夫合百县之秩刍①，以养牺牲②。令民无不咸出其力，以供皇天上帝、名山大川、四方之神，以祀宗庙社稷之灵，为民祈福。

【注释】

①四监大夫：周时制度，天子领地内分为百县，每县辖四郡，上大夫受县，下大夫受郡。这里的四监大夫指监四郡的县大夫。秩刍：按规定应交纳的刍草。

②牺牲：供祭祀用的全色牲畜。

【译文】

这个月，命令监管四郡的县大夫聚集各县按常规交纳的刍草，以此来饲养供祭祀用的牲畜。命令百姓都尽力收割聚集，以供祭祀皇天上帝、名山大川、四方神祇、宗庙社稷之用，为百姓祈求幸福。

是月也，命妇官染采①，黼黻文章②，必以法故，无或差忒，黑黄苍赤，莫不质良③，勿敢伪诈，以给郊庙祭祀之服，以为旗章④，以别贵贱等级之度。

【注释】

①妇官：主管治丝麻布帛之事的女官。

②黼（fǔ）：半黑半白的花纹。黻（fú）：半黑半青的花纹。文：半青半红的花纹。章：半红半白的花纹。

③质良：鲜艳良好。质，美。良，善。

④旗章：旌旗和名号。

【译文】

这个月，命令掌管布帛的女官负责印染彩色，各种图案的颜色搭配,一定要按照法规和习惯,不要有一点差错。黑黄苍赤各种颜色样样都鲜艳良好,不许有一点欺诈,用这些布帛供制作祭天祭祖时所穿的礼服,并用它们制作旌旗标志,以此来区分贵贱等级。

是月也,树木方盛,乃命虞人入山行木①,无或斩伐;不可以兴土功,不可以合诸侯,不可以起兵动众,无举大事,以摇荡于气②。无发令而干时③,以妨神农之事④。水潦盛昌,命神农将巡功⑤,举大事则有天殃。

【注释】

①虞人:这里指山虞。

②气:指土气。

③干时:违背农时。干,干犯,抵触。

④神农之事:指农事。

⑤神农:指农官。巡功:巡视田亩修治的情况。功,事。

【译文】

这个月,树木生长正茂盛,于是命令掌管山林的官吏到山里去巡视树木,不许人们砍伐;这个月,不可以兴工建筑,不可以会合诸侯,不可以兴师动众,不要有大的举动来摇动土气。不要发布侵扰农时的命令,从而损害农耕之事。这个月雨水正多,命令农官巡视田亩修治的情况。有违背农时的大举动,就会遭到天灾。

是月也,土润溽暑①,大雨时行,烧薙行水②,利以杀草,如以热汤③,可以粪田畴④,可以美土疆⑤。

【注释】

①溽(rù)暑:指盛暑湿热。溽,湿。暑,指暑热。

②烧薙(tì):指除草后晒干烧掉。薙,除草。行水:引雨水浇灌。

③汤:开水。

④粪田畴:给耕地施肥。粪,施肥。田畴,已耕过的田地。

⑤美土疆:使土地肥美。疆,界畔。土疆,指土地。

【译文】

这个月,土地湿润,天气潮热,大雨常常降落,烧掉割下晒干的野草,灌上雨水,太阳一晒,就像用开水煮一样,这样有利于杀死野草,而且可以用它们肥田,改良土壤。

行之是令,是月甘雨三至①,三旬二日②。

【注释】

①三至:"三"字疑为衍文。

②三旬二日:大意是,除去晦朔两天,三旬中可以有二日降雨。

【译文】

实行这些政令,这个月就会下及时雨,除去晦朔,三旬中可以有两天降雨。

季夏行春令,则谷实解落,国多风欬,人乃迁徙;行秋令,则丘隰水潦①,禾稼不熟,乃多女灾②;行冬令,则寒气不时,鹰隼早鸷③,四鄙入保。

【注释】

①丘:高地。隰(xí):低洼之地。

②女灾:指妇女不能生育之灾。

③隼(sǔn):一种类似鹰的猛禽。鸷(zhì):击杀飞鸟。

【译文】

季夏如果实行应在春天实行的政令,那么,谷物的籽实就会散落,国人就会伤风咳嗽,人们就会迁移搬家;如果实行应在秋天实行的政令,那么,高地洼地都会出现大水,庄稼就不能成熟,妇女多有不能生育之灾;如果实行应在冬天实行的政令,那么,寒冷之气就会不合时地到来,鹰隼等猛禽就会过早地击杀飞鸟,四方边邑的百姓就会为躲避敌寇而逃入城堡。

　　中央土①,其日戊己②,其帝黄帝③,其神后土④,其虫倮⑤,其音宫⑥,律中黄钟之宫⑦。其数五,其味甘,其臭香,其祀中霤⑧,祭先心。天子居太庙太室⑨,乘大辂,驾黄骝,载黄旂,衣黄衣,服黄玉,食稷与牛,其器圜以掩⑩。

【注释】

①中央土:中央于五行属土。

②其日戊己:中央于天干属戊己,所以说"其日戊己"。

③黄帝:即轩辕氏,五帝之一,五行家说他以土德王天下,被尊为中央之帝。

④后土:共工氏之子,名句龙,死后被尊为后土之神。

⑤倮(luǒ):五虫之一,指麒麟之类的倮族。

⑥宫:五音之一。

⑦黄钟之宫:用黄钟律定的宫音。黄钟,十二律之一,属阳律。

⑧中霤(liù):五祀之一,祭祀后土。中霤指屋的中央。

⑨太庙太室:南向居中的明堂。

⑩圜（yuán）：圆。指器中宽大。掩：遮掩，指器口小而敛缩。

【译文】

　　中央于五行属土，于天干属戊己，主宰之帝是黄帝，佐帝之神是后土，应时的动物是麒麟之类的裸族，相配的声音是宫音，音律与黄钟之宫相应。它的数字是五，味道是甜，气味是香，要举行的祭祀是中霤之祀，祭祀时祭品以心脏为尊。天子住在中央明堂的正室，乘坐木质大车，车前驾黄色的马，车上插黄色的绘有龙纹的旗帜，天子穿黄色的衣服，佩戴黄色的佩玉，吃的食物是稷和牛，用的器物中间宽大而口敛缩。

音　律

【题解】

本篇旨在论述音律相生之理。十二律的名称最早见于《国语·周语》伶州鸠答周景王问，但论及十二律相生的"三分损益法"当属本篇为最早。本篇把乐律同历法联系起来，十二律同十二月相配，这当然是牵强附会，毫无科学根据的。阅读本篇可参阅本书"十二纪"各纪首篇。

二曰：

黄钟生林钟，林钟生太蔟，太蔟生南吕，南吕生姑洗，姑洗生应钟，应钟生蕤宾，蕤宾生大吕，大吕生夷则，夷则生夹钟，夹钟生无射，无射生仲吕①。三分所生，益之一分以上生。三分所生，去其一分以下生②。黄钟、大吕、太蔟、夹钟、姑洗、仲吕、蕤宾为上，林钟、夷则、南吕、无射、应钟为下③。

【注释】

①"黄钟"以下十一句：这一段讲音律相生的结果。黄钟、林钟、太蔟(còu)、南吕、姑洗(xiǎn)、应钟、蕤(ruí)宾、大吕、夷则、夹钟、无射(yì)、仲吕为古代音乐的十二调，即十二律。

②"三分"四句：这两句讲音律相生的方法，即"三分损益法"。所谓
"三分所生"，就是把作为基准的音律的度数分为三等分。所谓
"益之一分"，就是把已知的音律数（旧说为律管的长度）分为三
等分之后，再增其一分，结果在三分之四的已知音律数上产生新
的音律，这称为"上生"。所谓"去其一分"，就是把已知的音律数
分为三等分之后，减去其一分，结果在三分之二已知音律数上产
生新的音律，这称为"下生"。如：黄钟之管长九寸（这是晚周的
尺度，一尺长约二十三厘米），将黄钟管长三分，减其一，得六寸，
这就是林钟律的律管长度。这是"下生"。林钟管长三分增其
一，得八寸，这就是太蔟律的律管长度。这是"上生"。

③"黄钟"二句：所谓某律"为上"，就是说某律是由"上生"而得；所
谓某律"为下"，就是说某律是由"下生"而得。十二律上下相生
的次序图示如下：

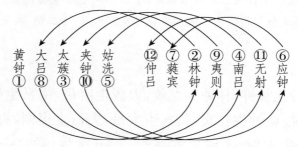

【译文】

第二：

由黄钟律生出林钟律，由林钟律生出太蔟律，由太蔟律生出南吕
律，由南吕律生出姑洗律，由姑洗律生出应钟律，由应钟律生出蕤宾律，
由蕤宾律生出大吕律，由大吕律生出夷则律，由夷则律生出夹钟律，由
夹钟律生出无射律，由无射律生出仲吕律。把作为基准的音律度数分
为三等分，再增加其中的一分，由此上生出新律。把作为基准的音律度

数分为三等分,再减去其中的一分,由此下生出新律。黄钟、大吕、太蔟、夹钟、姑洗、仲吕、蕤宾等乐律是由上生而得,林钟、夷则、南吕、无射、应钟等乐律是由下生而得。

　　大圣至理之世①,天地之气,合而生风。日至则月钟其风②,以生十二律③。仲冬日短至④,则生黄钟。季冬生大吕。孟春生太蔟。仲春生夹钟。季春生姑洗。孟夏生仲吕。仲夏日长至,则生蕤宾。季夏生林钟。孟秋生夷则。仲秋生南吕。季秋生无射。孟冬生应钟。天地之风气正,则十二律定矣。

【注释】

①至理:等于说"至治",最完美的政治局面。

②日至:指太阳运行到某一度次。如:孟春之月,日在营室;仲春之月,日在奎。

③以生十二律:古代把乐律同历法附会在一起,以十二律应十二月,其相配情况参见《孟春》注。

④日短至:指冬至。冬至那天白天最短。下文"日长至"指夏至。

【译文】

　　最圣明最完美的时代,天气与地气会合而产生了风。太阳每运行到一定度次,月亮就聚集该月之风,由此产生了十二乐律。仲冬,白天最短的冬至那天,产生出黄钟。季冬产生出大吕。孟春产生出太蔟。仲春产生出夹钟。季春产生出姑洗。孟夏产生出仲吕。仲夏,白天最长的夏至那天,产生出蕤宾。季夏产生出林钟。孟秋产生出夷则。仲秋产生出南吕。季秋产生出无射。孟冬产生出应钟。天气、地气会合产生的风纯正,十二律就确定了。

黄钟之月①，土事无作，慎无发盖，以固天闭地，阳气且泄。

大吕之月，数将几终②，岁且更起，而农民③，无有所使。

太蔟之月，阳气始生，草木繁动④，令农发土，无或失时。

夹钟之月，宽裕和平，行德去刑，无或作事⑤，以害群生。

姑洗之月，达道通路，沟渎修利，申之此令，嘉气趣至⑥。

仲吕之月，无聚大众，巡劝农事，草木方长，无携民心⑦。

蕤宾之月，阳气在上，安壮养侠⑧，本朝不静⑨，草木早槁。

林钟之月，草木盛满，阴将始刑⑩，无发大事，以将阳气⑪。

夷则之月，修法饬刑，选士厉兵，诘诛不义⑫，以怀远方⑬。

南吕之月，蛰虫入穴⑭，趣农收聚⑮，无敢懈怠，以多为务。

无射之月，疾断有罪，当法勿赦，无留狱讼，以呕以故⑯。

应钟之月，阴阳不通⑰，闭而为冬，修别丧纪⑱，审民所终。

【注释】

①黄钟之月：即律中黄钟之月（夏历十一月）。下文"大吕之月"、"太蔟之月"即律中大吕之月（夏历十二月）、律中太蔟之月（夏历正月），其余以此类推。

②几：近。

③而农民："而"上当补"专"字。《月令》"专而农夫"。而，第二人称

　　代词。

④繁动:萌动。

⑤事:指军事及土木之事。

⑥趣(cù):急速。

⑦携:离。

⑧养佚:当是"养佼"之误。佼:健壮。

⑨本:指君子自身。朝:指朝廷百官。

⑩刑:杀。

⑪将:养。

⑫诘(jié):责问。

⑬怀:安抚。

⑭蛰(zhé)虫:藏在泥土中过冬的虫豸(zhì)。

⑮趣(cù):催促。

⑯以亟(jí)以故:意思是,要从速处理,要合于旧典。以,用。动词。
　　亟,急,迫切。故,成例,旧典。

⑰阴阳不通:古人认为孟冬之月,天气上腾,地气下降,天地不通,
　　所以说阴阳不通。

⑱别:区别。丧纪:丧事的法度,即《孟冬纪》中所说的丧服、棺椁、
　　丘垄等方面贵贱的等级。

【译文】

　　律应黄钟的十一月,动土建筑的事不要进行,千万不可揭开盖藏之
物,以便使天地封闭,否则,阳气将要泄露出去。

　　律应大吕的十二月,一年之数将近终结,新的一年即将重新开始,
要让农民心志专一,不可有其他劳役。

　　律应太蔟的一月,阳气开始生发,草木萌动,命令农民破土耕种,不
要错过农时。

　　律应夹钟的二月,要宽容和顺,施仁德,除刑罚,不可兴师动众,伤

害众生。

律应姑洗的三月，要使道路通畅，疏浚沟渠，申明此令，美善之气就会迅速到来。

律应仲吕的四月，不要征集广大民众，要巡视农事，劝勉农事、草木正在生长，不可使人民对农事三心二意。

律应蕤宾的五月，阳气在上，要畜养丁壮，朝政如果不安，草木就会早枯。

律应林钟的六月，草木丰盛，阴气将要开始刑杀万物，不可举行大事，以便将养阳气。

律应夷则的七月，要修明法度，整饬刑罚，简选武士，磨砺兵器，声讨、诛杀不义之人，以安抚远方。

律应南吕的八月，蛰虫钻进洞穴，要催促农民收割聚藏，不可懈怠，务求多收多藏。

律应无射的九月，要迅速判决有罪的人，判罪法办的不要赦免，不要滞留诉讼案件，处理要从速，要合乎旧典。

律应应钟的十月，阴阳不通，天地闭塞而进入冬季，要饬正丧事的规格，按贵贱等级加以区别，要慎重处理百姓用以送终的一切事宜。

音　初

【题解】

　　本篇旨在论述我国古代音乐东西南北诸音调的始创，所以题为"音初"。本篇保留了许多古代传说，有的富于神话色彩，这些对于研究我国古代音乐的发生发展很有参考价值。文章提出"凡音者，产乎人心者也"，并攻击作为新声的"郑卫之声"、"桑间之音"，这些都反映了儒家的音乐思想。

　　本篇与《古乐》篇虽然都是阐述我国古代音乐的发生发展史，但《古乐》篇旨在阐述我国古代乐舞的由来，而本篇旨在阐述我国古代各种音调的产生，二者各有侧重。

　　三曰：

　　夏后氏孔甲田于东阳萯山①。天大风，晦盲②，孔甲迷惑，入于民室。主人方乳③，或曰："后来，是良日也，之子是必大吉④。"或曰："不胜也⑤，之子是必有殃。"后乃取其子以归，曰："以为余子，谁敢殃之？"子长成人，幕动坼橑⑥，斧斫斩其足，遂为守门者⑦。孔甲曰："呜呼！有疾，命矣夫！"乃作为《破斧》之歌，实始为东音。

【注释】

①夏后氏孔甲：夏代君主，名孔甲。禹的第十四代孙，桀的曾祖。后，君。田：打猎。这个意义后来写作"畋"。东阳贲（fù）山：古地名。

②盲：冥，昏暗。

③乳：生子。

④是：通"实"。

⑤不胜：经受不住。

⑥幕：帐幕。坼（chè）：裂，使动用法。橑（lǎo）：屋椽。

⑦遂为守门者：古代多用断足者担任守门之职。

【译文】

第三：

夏君孔甲在东阳贲山打猎。天刮起大风，天色昏暗，孔甲迷失了方向，走进一家老百姓的屋子。这家人家正在生孩子，有人说："君主到来，这是好日子啊，这个孩子一定大吉大利。"有人说："怕享受不了这个福分啊，这个孩子一定会遭受祸害。"夏君就把这个孩子带了回去，说："让他做我的儿子，谁敢害他？"孩子长大成人了，一次帐幕掀动，屋椽裂开，斧子掉下来砍断了他的脚，于是只好做守门之官。孔甲叹息道："哎！有这样的残疾，是命里注定吧！"于是创作出《破斧》之歌。这是最早的东方音乐。

禹行功①，见涂山之女②。禹未之遇而巡省南土③。涂山氏之女乃令其妾候禹于涂山之阳。女乃作歌，歌曰："候人兮猗"④，实始作为南音。周公及召公取风焉⑤，以为《周南》、《召南》⑥。

【注释】

①行功：巡视治水之事。行，这里是巡视的意思。功，事。

②涂山：相传为夏禹娶涂山氏之女及会合诸侯处。其地说法不一：一说在"会稽"（今浙江绍兴西北四十五里）；一说在"寿春东北"（今安徽怀远的当涂山）。

③遇：这里有以礼相待的意思。指举行结婚典礼。

④猗（yī）：语气词，等于说"兮"。

⑤取风：即采风。古代称民间歌谣为风，于是把搜集民间歌谣称为"采风"。

⑥周南、召南：《诗经·国风》中的第一、二两部分。

【译文】

　　禹巡视治水之事，途中遇到涂山氏之女。禹没有来得及与她举行婚礼，就到南方巡视去了。涂山氏之女就叫她的侍女在涂山南面迎候禹。她自己作了一首歌，歌中唱道："候望人啊"，这是最早的南方音乐。周公和召公时曾在那里采风，就把它作为《周南》、《召南》。

　　周昭王亲将征荆①。辛馀靡长且多力，为王右②。还反涉汉，梁败，王及蔡公抎于汉中③。辛馀靡振王北济④，又反振蔡公。周公乃侯之于西翟⑤，实为长公⑥。殷整甲徙宅西河⑦，犹思故处，实始作为西音。长公继是音以处西山。秦缪公取风焉⑧，实始作为秦音。

【注释】

①周昭王：西周第四代国君，名瑕。荆：楚国的别称。

②右：车右，又称骖乘。车右都由勇士担任，任务是执干戈以御敌，并负责战争中的力役之事。

③抎(yǔn)：坠落。

④振：救。按：《史记·周本纪》记载："昭王南巡狩，不返，卒于江上"，《左传·僖公四年》记载："昭王南征而不复。"均与本篇所记不同。

⑤西翟(dí)：西方。

⑥长(zhǎng)公：一方诸侯之长。

⑦殷整甲：商王河亶甲，名整。西河：古地名，在今河南内黄东南。

⑧秦缪(mù)公：即秦穆公。缪，通"穆"。

【译文】

周昭王亲自率领军队征伐荆国。辛馀靡身高力大，做昭王的车右。军队返回，渡汉水时桥坏了，昭王和蔡公坠落在汉水中。辛馀靡把昭王救起渡到北岸，又返回救起蔡公。周公于是封他在西方为诸侯，做一方诸侯之长。当初，殷整甲迁徙到西河居住，但还思念故土，于是最早创作了西方音乐。辛馀靡封侯后住在西翟之山，继承了这一音乐。秦穆公时曾在那里采风，开始把它作为秦国的音乐。

有娀氏有二佚女①，为之九成之台②，饮食必以鼓。帝令燕往视之，鸣若谥隘③。二女爱而争搏之，覆以玉筐。少选，发而视之，燕遗二卵，北飞，遂不反。二女作歌，一终曰④："燕燕往飞"，实始作为北音。

【注释】

①有娀(sōng)氏：远古氏族名。传说有娀氏有女简狄，是帝喾的次妃，生契（殷的祖先）。佚(yì)女：美女。

②九成：九重，九层。

③谥隘：象声词。像燕子鸣叫之声。

④一终：古乐章以奏诗一篇为一终，也叫一竟、一成。

【译文】

有娀氏有两位美貌的女子，给她们造起了九层高台，饮食一定用鼓乐陪伴。天帝让燕子去看看她们。燕子去了，发出谥隘的叫声。那两位女子很喜爱燕子，争着扑住它，用玉筐罩住。过了一会儿，揭开筐看它，燕子留下两个蛋，向北飞去，不再回来。那两位女子作了一首歌，歌中唱道："燕子燕子展翅飞"，这是最早的北方音乐。

凡音者，产乎人心者也。感于心则荡乎音，音成于外而化乎内。是故闻其声而知其风，察其风而知其志，观其志而知其德。盛衰、贤不肖、君子小人皆形于乐，不可隐匿。故曰：乐之为观也，深矣。

【译文】

大凡音乐，是从人的内心产生出来的。心中有所感受，就会在音乐中表现出来，音乐表现于外而化育于内。因此，听到某一地区的音乐就可以了解它的风俗，考察它的风俗就可以知道它的志趣，观察它的志趣就可以知道它的德行。兴盛与衰亡、贤明与不肖、君子与小人都会在音乐中表现出来，不可隐藏。所以说：音乐作为一种观察的对象，它所反映的是相当深刻的了。

土弊则草木不长①，水烦则鱼鳖不大②，世浊则礼烦而乐淫。郑卫之声、桑间之音③，此乱国之所好，衰德之所说④。流辟、诮越、慆滥之音出⑤，则滔荡之气、邪慢之心感矣⑥；感则百奸众辟从此产矣。故君子反道以修德，正德以出乐，和乐以成顺。乐和而民乡方矣⑦。

【注释】

①弊：坏，恶劣。

②烦：搅扰。这里指水浑。

③郑卫之声：即郑卫之音，见《本生》注。桑间之音：又作"桑间濮上之音"。桑间在濮水之上。传说殷纣使东官延作靡靡之乐，殷亡，延在桑间投濮水自杀，后春秋时晋国乐官涓经过此地，听到水面上飘扬着音乐声，便记载下来，这就是桑间之音。后人用它代表亡国之音、靡靡之音。

④说（yuè）：喜悦。

⑤流辟：淫邪放纵。誂（tiǎo）越：声音飞荡。慆（tāo）滥：等于说"涤滥"，放荡过分。

⑥滔荡：放荡无羁。感：熏染。

⑦乡：通"向"，向往。方：道义。

【译文】

土质恶劣草木就不能生长，水流浑浊鱼鳖就不能长大，社会黑暗就会礼仪烦乱、音乐淫邪。郑卫之声、桑间之音，这是淫乱的国家所喜好的，是道德衰败的君主所欣赏的。只要淫邪、轻佻、放纵的音乐产生出来，放荡无羁的风气、邪恶轻慢的思想感情就要熏染人了。人们受到这种熏染，各种各样的邪恶就由此产生了。所以，君子回归正道修养品德，端正品德以创作音乐，使音乐和谐以使做事成就顺遂。音乐和谐了，人民就向往道义了。

制　乐

【题解】

本篇文题与内容不一致，疑有错简。孙锵鸣说："此篇历引成汤、文王、宋景公之事，与乐制初不相涉，疑必《明理》篇文而错简在此。'欲观至乐'五句盖即下篇之首，与下篇'乱世之主，乌闻至乐'首尾文正相应，其为一篇无疑。此二篇，除前篇'欲观至乐'五句外，文当互易，而篇名则仍宜《制乐》在前，《明理》在后。"（见《〈吕氏春秋〉高注补正》）孙说言之成理，但缺乏证据，只能作为参考。

本篇提出了"欲观至乐，必于至治"的观点，这是值得重视的。文章历引了成汤、文王、宋景公逢凶化吉之事，旨在说明：人事善，妖异自当化除，事在人为。这也就是《明理》中所要阐明的"理"。

四曰：

欲观至乐，必于至治。其治厚者其乐治厚①，其治薄者其乐治薄，乱世则慢以乐矣②。

【注释】

①其乐治厚：疑当作"其乐厚"，下句"其乐治薄"疑当作"其乐薄"。

②慢以乐：当作"乐以慢"。慢，怠慢，轻忽。以，通"已"，已经。

【译文】

第四：

想要欣赏最完美的音乐，必定要有最完美的政治。国家治理美善的，它的音乐就美善；国家治理粗疏的，它的音乐就粗疏；至于乱世，音乐已经流于轻慢了。

今室闭户牖，动天地，一室也。

【译文】

虽关闭门窗，在一室之中即可感动天地。

故成汤之时①，有谷生于庭，昏而生，比旦而大拱②。其吏请卜其故③。汤退卜者曰："吾闻祥者福之先者也④，见祥而为不善，则福不至。妖者祸之先者也⑤，见妖而为善，则祸不至。"于是早期晏退，问疾吊丧⑥，务镇抚百姓⑦。三日而谷亡。故祸兮福之所倚，福兮祸之所伏⑧。圣人所独见，众人焉知其极？

【注释】

①成汤：即商汤，商开国之君。

②比：及。大拱：大如拱。拱，两手合围。

③卜：古人用火灼龟甲取兆，以预测吉凶，称卜。

④祥：吉凶的征兆。这里指吉兆。

⑤妖：怪异、反常的事物。

⑥吊：对有丧事或遭到灾祸的人表示哀悼、慰问。

⑦镇抚：安抚。

⑧"祸兮"二句:《老子·五十八章》中有此二句,意思是祸福互相依
　　存,互相影响,互相转化。倚,依。伏,隐藏。

【译文】

　　成汤在位的时候,庭院里生出一棵奇异的谷子,黄昏时萌芽,等到
天亮已经有两手合围那么粗了。汤的臣下请求占卜异谷出现的原因。
汤辞退占卜的臣子说:"我听说,吉祥的事物是福的先兆,但是如果遇到
吉兆却做不善的事,福就不会降临。怪异的事物是灾祸的先兆,但是如
果遇到怪异而做善事,灾祸就不会降临。"于是他早上朝,晚退朝,探问
病人,吊唁死者,务求安抚百姓。三日之后,庭院里的异谷消失了。所
以说,祸是福所倚存的东西,福是祸所隐藏的处所。这个道理只有圣人
才能认识到,一般人哪里会知道事物变化的终极?

　　周文王立国八年①,岁六月,文王寝疾五日而地动,东西
南北不出国郊②。百吏皆请曰:"臣闻地之动,为人主也。今
王寝疾五日而地动,四面不出周郊,群臣皆恐,曰'请移
之'。"文王曰:"若何其移之也?"对曰:"兴事动众③,以增国
城,其可以移之乎!"文王曰:"不可。夫天之见妖也④,以罚
有罪也。我必有罪,故天以此罚我也。今故兴事动众以增
国城,是重吾罪也。不可。"文王曰⑤:"昌也请改行重善以移
之⑥,其可以免乎!"于是谨其礼秩、皮革⑦,以交诸侯;饬其辞
令、币帛⑧,以礼豪士⑨;颁其爵列、等级、田畴⑩,以赏群臣。
无几何,疾乃止。文王即位八年而地动,已动之后四十三
年。凡文王立国五十一年而终。此文王之所以止殃翦
妖也⑪。

【注释】

①立：莅临。

②国：国都。郊：邑外为郊。周制，离都城五十里为近郊，百里为远郊。

③兴事：指征发徭役。

④见（xiàn）：显现。

⑤文王曰：这三个字盖因上文而衍。

⑥昌：周文王名昌。

⑦礼秩：礼仪法度。皮革：皮革、币帛在古代通常用作贵重的贡品或相互赠送的礼物。

⑧币：本为缯帛，后来用作聘物的车马玉帛等通称币。

⑨豪士：豪杰，才能出众的人。

⑩田畴：泛指已耕作的田地。分指则谷地为田，麻地为畴。

⑪翦：灭除。

【译文】

周文王即位八年了，这年六月，文王卧病在床五天而地震，震动范围东西南北不出国都四郊。百官都请求说："我们听说，地之所以震动，是为君主的缘故。如今大王您卧病五天而地震，震动范围四面不超出国都四郊，群臣都十分恐惧，奏请说'请王把灾祸移走'。"文王说："怎么移走它呢？"臣子回答说："征发徭役，发动民众，增筑国都的城墙，大概就可以把灾祸移走吧。"文王说："不行。上天显现怪异是借以惩罚有罪的人。我必定有罪，所以天借此惩罚我。如今特为此征发徭役，发动民众，增筑国都城墙，这是加重我的罪过。这么办不行！我愿意改变过去的行为，增加美善的品德，来移走灾祸，或许可以免除灾祸吧。"于是文王慎重对待礼法、聘问，用以结交诸侯；整饬辞令、礼品，用以礼贤下士；颁布爵位、等级、田地，用以赏赐群臣。没过多久，文王的病就好了。文王即位八年而地震，地震之后又在位四十三年。文王共莅临王位五十一年而死。这是文王用以止息祸殃、灭除怪异的方法。

　　宋景公之时^①，荧惑在心^②，公惧，召子韦而问焉^③，曰：
"荧惑在心，何也？"子韦曰："荧惑者，天罚也^④；心者，宋之分
野也^⑤。祸当于君。虽然，可移于宰相。"公曰："宰相，所与
治国家也，而移死焉，不祥。"子韦曰："可移于民。"公曰："民
死，寡人将谁为君乎？宁独死！"子韦曰："可移于岁。"公曰：
"岁害则民饥，民饥必死。为人君而杀其民以自活也，其谁
以我为君乎？是寡人之命固尽已^⑥，子无复言矣。"子韦还
走^⑦，北面载拜曰^⑧："臣敢贺君。天之处高而听卑。君有至
德之言三，天必三赏君。今夕荧惑其徙三舍^⑨，君延年二十
一岁。"公曰："子何以知之？"对曰："有三善言，必有三赏，荧
惑必三徙舍。舍行七星^⑩，星一徙当一年，三七二十一，臣故
曰君延年二十一岁矣。臣请伏于陛下以伺候之^⑪。荧惑不
徙，臣请死。"公曰："可。"是夕荧惑果徙三舍。

【注释】

①宋景公：春秋宋国国君，名栾，公元前 516 年—前 469 年在位。

②荧(yíng)惑在心：火星出现在心宿的位置。荧惑，火星。心，心
　宿，二十八宿之一。

③子韦：宋国的太史。

④"荧惑"二句：古人认为荧惑为执法之星，主天罚。

⑤"心者"二句：古天文学说把天上的星宿位置跟地上州国的位置
　相对应，如心宿与宋国对应，就天文说，心宿是宋国的分星；就地
　上说，心宿是宋国的分野。古人迷信，常以天象的变异来比附州

国的吉凶。"荧惑在心"则认为天将降罚给宋国。

⑥已：语气词，用于句尾表示确定。

⑦还(xuán)走：等于说"还辟"，逡巡避让，离开所立之处，表示敬畏惶恐。

⑧载：通"再"。

⑨徙：这里是后退的意思。舍：星运行停留之处。

⑩舍行七星：迁徙一舍当行经七颗星。

⑪伏：匍伏。这里是守候的意思。陛(bì)：帝王宫殿的台阶。伺候：候望，观察。

【译文】

宋景公在位的时候，火星出现在心宿的位置。景公害怕了，召见子韦，向他询问道："火星出现在心宿，这是什么征兆呢？"子韦说："火星代表上天的惩罚，心宿是宋国的分野，灾祸当降临在国君您的身上。虽然如此，灾祸可以转移给宰相。"景公说："宰相是跟我一起治理国家的人，却要把死亡转移给他，这不吉利。"子韦说："灾祸可以转移给百姓。"景公说："百姓死了，我将给谁当国君呢？我宁肯独自去死！"子韦说："还可以把灾祸转移给农业收成。"景公说："农业收成受到损害，百姓就会遭受饥荒，百姓遭受饥荒必死。做为国君却杀害自己的百姓以求使自己活下去，那谁还会把我当作国君呢？这是我的命数本来已经到头了，你不要再说了！"子韦立刻离开所立之处，面向北拜两拜说："我祝贺您！上天居于高处却可以听到地上的一切。您有符合最高尚道德的三句话，天一定奖赏您三次，今夜火星一定后退三舍，您可以延寿二十一年。"景公说："你根据什么知道会这样呢？"子韦回答说："您有三句美善之言，所以必得三次奖赏，因此火星一定后退三舍。每后退一舍要经过七颗星，一颗星代表一年，三七二十一年，所以我说您可以延寿二十一年。我请求守候在宫殿台阶之下观察火星，火星如不后退，我甘愿一死。"景公说："可以。"当夜火星果然后退了三舍。

明　理

【题解】

本篇与《制乐》篇阐述了同一个道理，即妖异的兴灭全在于人事的恶善，换句话说，人事善恶是决定祸福的因素。不过两篇文章阐述的角度不同。《制乐》是从正面阐述的，旨在说明人事善即可逢凶化吉；本篇是从反面阐述的，文章以大量的篇幅描述了"至乱"之世产生的各种妖异现象，旨在说明人事恶必然妖异丛生。

五曰：

五帝三王之于乐尽之矣①。乱国之主未尝知乐者，是常主也。夫有天赏得为主，而未尝得主之实，此之谓大悲。是正坐于夕室也②，其所谓正乃不正矣。

【注释】

①尽：极，达到顶点。

②夕室：偏相之室。这里泛指斜室、方位不正之室。夕，偏西。

【译文】

第五：

五帝三王在音乐方面已经达到尽善尽美了。而乱国的君主却从来不曾懂得音乐，这是凡庸的君主。获得上天的赏赐得以成为君主，然而却无君主之实，这是最可悲的。这就如同在方位不正的屋子里摆正座位一样，其所谓正，恰恰是不正。

　　凡生，非一气之化也；长，非一物之任也；成，非一形之功也①。故众正之所积，其福无不及也；众邪之所积，其祸无不逮也②。其风雨则不适，其甘雨则不降，其霜雪则不时，寒暑则不当，阴阳失次，四时易节③，人民淫烁不固④，禽兽胎消不殖，草木庳小不滋⑤，五谷萎败不成。其以为乐也，若之何哉？

【注释】

①形：形体，指物。

②逮：及，至。

③节：季节，节令。

④人民淫烁（shuò）不固：意思是，男女淫乱不能生育。烁，销烁，这里指胎气消散。

⑤庳（bì）：矮，短。

【译文】

　　万物的诞生，不是阴、阳二气之中一种气能够化育的；万物的生长，不是一种物能够承担的；万物的形成，不是一种东西的功劳。所以，大量正气积聚的地方，福没有不降临的；大量邪气积聚的地方，祸没有不发生的。邪恶积聚之处，那里的风雨不适，时雨不降，霜雪不合时令，寒暑失当，阴阳失去常规，四季次序颠倒，人民淫乱不能生育，禽兽胚胎消释不能繁殖，草木矮小不能生长，五谷枯萎不能结实。以此为素材创作音乐，会怎么样呢？

故至乱之化①：君臣相贼，长少相杀，父子相忍，弟兄相诬，知交相倒②，夫妻相冒③，日以相危，失人之纪④，心若禽兽，长邪苟利，不知义理。

【注释】

①化：习俗，风气。

②倒：逆，背叛。

③冒：犯，冲犯。

④人之纪：人伦，阶级社会里人的等级关系、道德关系。

【译文】

所以，极端混乱的社会，它的风气是：君臣互相残害，长少互相杀戮，父子残忍相待，弟兄互相欺骗，挚友互相背叛，夫妻互相冒犯。人们天天相互残害，丧失人伦，心如禽兽，长于邪恶，苟且求利，不懂理义。

其云状有若犬、若马、若白鹄、若众车；有其状若人，苍衣赤首，不动，其名曰天衡①；有其状若悬旍而赤②，其名曰云旍；有其状若众马以斗，其名曰滑马③；有其状若众植藋以长④，黄上白下，其名蚩尤之旗⑤。

【注释】

①天衡：与"天衝"同。天衝，《隋书·天文志》中说：岁星之精，流为天衝，"主灭位。"

②旍（jīng）：同"旌"，用旄牛尾和彩色鸟羽作竿饰的旗。

③滑：不凝滞。

④植藋（huán）：属菌类，菌上如盖，下有曲柄，与旗相似，所以比作蚩尤之旗。

⑤蚩(chī)尤之旗:《隋书·天文志》中说:荧惑之精,流为蚩尤旗,为"乱国之王,众邪并积"所致。"主诛逆国。"蚩尤,神话中东方九黎族首领,曾与黄帝战于涿鹿(今河北涿鹿东南),失败被杀。

【译文】

它的云气形状有的像狗、像马、像白天鹅,像各种各样的车辆;有的像人,青色的衣服,红色的头,一动不动,它的名字叫"天衡";有的像悬在空中的旌旗,颜色是红的,它的名字叫"云旌";有的像许多匹马在争斗,它的名字叫"滑马";有的像植蘑而稍长,颜色上黄下白,它的名字叫"蚩尤之旗"。

其日有斗蚀①,有倍僪、有晕珥②,有不光,有不及景③,有众日并出,有昼盲④,有霄见⑤。

【注释】

①斗蚀:指日蚀。古人认为日蚀现象是两日共斗而相食造成的,所以称斗蚀。

②倍僪(jué)、晕珥:太阳周围的光气。在两旁反出为倍,在上反出为僪;在上内向为冠,两旁内向为珥。

③景:同"影",日影。按:不光、不及影都是由于空中有浓厚的尘雾所致。

④盲:冥,昏暗。下文"有偏盲"中的"盲"与此同。

⑤霄:通"宵",夜。见(xiàn):显现。

【译文】

它的太阳有时发生日蚀,有时有倍僪、晕珥之类的光气,有时不发光,有时有光却不产生阴影,有时许多个太阳一齐在空中出现,有时白天昏暗,有时太阳在夜里出现。

其月有薄蚀①,有晕珥②,有偏盲,有四月并出,有二月并见,有小月承大月,有大月承小月,有月蚀星③,有出而无光。

【注释】

①薄蚀:指月蚀。古人认为由于日月迫近相掩,才发生了月亏食现象,所以称薄食。薄,迫近。

②晕(huī)珥:月亮周围的光气。

③月蚀星:指月光盖住星光,星光看不见了。蚀,侵蚀。

【译文】

它的月亮有时发生月蚀,有时有晕珥之类的光气,有时一侧昏暗,有时四个月亮一起出现,有时两个月亮一起出现,有时一起出现一大一小两个月亮,一上一下,或者小月捧托着大月,或者大月捧托着小月,有时月亮遮住星星,有时月出而无光。

其星有荧惑,有彗星,有天棓,有天欃,有天竹,有天英,有天干,有贼星,有斗星,有宾星①。

【注释】

①"其星"十句:荧惑与下面的彗星、天棓(bàng)、天欃(chán)、天竹、天英、天干、贼星、斗(dòu)星、宾星都是星名。古人把它们列为妖星,认为它们的出现,预示着人间必将发生灾祸。

【译文】

它的妖星有荧惑,有彗星,有天棓,有天欃,有天竹,有天英,有天干,有贼星,有斗星,有宾星。

其气有上不属天①,下不属地,有丰上杀下②,有若水之波,有若山之楫③;春则黄,夏则黑,秋则苍,冬则赤。

【注释】

①属(zhǔ):接连。

②杀:少,小。

③楫(jí):林木。

④"春则"四句:这四句是说气不和,发生异常。依古人五行说,春
　　气宜苍,夏气宜赤,季夏宜黄,秋气宜白,冬气宜黑。

【译文】

它的雾气有的上不连天,下不连地,有的上大下小,有的像水的波
浪,有的像山的林木。春天是黄色,夏天是黑色,秋天是苍色,冬天是
红色。

其妖孽有生如带,有鬼投其陴①,有菟生雉②,雉亦生
鴳③,有螟集其国④,其音匈匈,国有游蛇西东,马牛乃言,犬
彘乃连⑤,有狼入于国,有人自天降,市有舞鸱⑥,国有行
飞⑦,马有生角,雄鸡五足,有豕生而弥⑧,鸡卵多毈⑨,有社
迁处,有豕生狗。

【注释】

①陴(pí):城墙上的女墙。

②菟(tù):通"兔"。

③鴳(yàn):同"鷃",小鸟名。

④螟(míng):螟蛾的幼虫,一种蛀食稻心的害虫。国:国都。

⑤连:合,指交配。

⑥鸱(chī):鸱鸮(xiāo),猫头鹰一类的鸟。

⑦飞：义未详。有人认为通"蜚"。蜚,怪兽。

⑧弥(mí)：这里指蹄不生甲。

⑨殿(duàn)：鸡卵孵化不出。

【译文】

它的妖孽有的生得像带子,有鬼跳进城上的女墙,有兔子生出野鸡,野鸡又生出鹌雀,有螟虫聚集在国都,发出匈匈的声音,国都内有游蛇忽西忽东四处乱窜,马牛竟开口说话,狗猪竟互相交配,有狼闯入国都,有妖人从天而降,市场上有飞舞的鸱鸮,国都内有横行的怪兽,有马长出犄角,雄鸡五只脚,有猪生下来蹄不生甲,鸡卵多孵化不出,有祭祀土神的场所自己移了地方,有猪生狗。

　　国有此物,其主不知惊惶亟革①,上帝降祸,凶灾必亟②。其残亡死丧,殄绝无类③,流散循饥无日矣④。此皆乱国之所生也,不能胜数,尽荆、越之竹,犹不能书。故子华子曰："夫乱世之民,长短颉䫐百疾⑤,民多疾疠,道多襁褓⑥,盲秃伛尪⑦,万怪皆生。"故乱世之主,乌闻至乐？不闻至乐,其乐不乐。

【注释】

①亟(jí)：疾,迅速。

②亟：通"极",到极点。

③殄(tiǎn)：灭绝。无类：即"无遗类"。

④循：这里是大的意思。

⑤长短：无节度(依高诱注)。颉(xié)䫐(wǔ)：疑与《庄子·徐无鬼》中"颉滑有实"中的"颉滑"义同。颉滑,错乱。

⑥襁褓(bǎoqiǎng)：也作"褓襁",这里指婴儿。襁,用以裹覆婴儿的

被。襁，背负婴儿所用的织缕或布兜。

⑦伛(yǔ)：脊柱弯曲症，即驼背。尪(wāng)：骨骼弯曲症。胫、背、胸弯曲都叫尪。这里与"伛"相对，特指鸡胸。

【译文】

国家中有了以上这些怪异之物，君主不知惊惶，不知迅速改革，那么上帝降下灾祸，必定凶到极点。其国家灭亡，君主死丧，无一幸免，人民流离失散，遭受饥荒。这些都是混乱的国家发生的怪异现象，多得数也数不清，即使用尽楚、越生长的竹子也写不完。所以，子华子说："乱世的百姓，没有节度，是非错乱，百病俱生。人民多疾病，道路多弃婴，瞎眼、秃头、驼背、鸡胸，各种各样的怪疾都产生了。"因此，乱世的君主怎么能听到完美的音乐？听不到最完美的音乐，它的音乐不会快乐。

孟秋纪第七

孟　秋

【题解】

依五行学说,秋属金,是万物成熟凋落的季节。秋德肃杀,所以天子发布政令,应把惩治罪恶、征伐不义放在重要位置。"修法制,缮囹圄,具桎梏","戮有罪,严断刑","申严百刑,斩杀必当";"专任有功,以征不义,诘诛暴慢,以明好恶"。此时,农事已经完成,可以建都邑,筑城郭,完堤防,修宫室。到了季秋,天气已寒凉,应保存民力,命其入室休息。天子要举行傩祭,却除灾疫,以通秋气。

《孟秋》、《仲秋》、《季秋》三纪所辖十二篇文章都是有关战争的,或与战争有联系的言论。

一曰:

孟秋之月,日在翼①,昏斗中②,旦毕中③。其日庚辛④,其帝少皞⑤,其神蓐收⑥,其虫毛⑦,其音商⑧,律中夷则⑨。其数九⑩,其味辛,其臭腥,其祀门⑪,祭先肝。凉风至,白露降,寒蝉鸣⑫,鹰乃祭鸟⑬,始用刑戮。天子居总章左个⑭,乘戎路⑮,驾白骆,载白旂,衣白衣,服白玉,食麻与犬,其器廉以深。

【注释】

①翼：星宿名，二十八宿之一，在今巨蟹座。

②斗：星宿名，二十八宿之一，在今人马座。

③毕：星宿名，二十八宿之一，在今金牛座。

④庚辛：五行说认为秋季属金，庚辛也属金，所以说"其日庚辛"。下文"其帝少暤，其神蓐收，其虫毛，其音商，其味辛，其臭腥，其祀门"等也都是先配五行再配四时。

⑤少暤：即金天氏，五帝之一，五行家说他以金德王天下，被尊为西方金德之帝。

⑥蓐(rù)收：少暤氏之子，名该，被尊为金德之神。

⑦毛：五虫之一，指老虎之类长毛的动物。

⑧商：五音之一。

⑨夷则：十二律之一，属阳律。

⑩九：阴阳说认为，金生数为四，成数为九，这里指金的成数。参看《孟春》注。

⑪门：五祀之一。古人认为秋由门入，所以要祭门。

⑫寒蝉：蝉的一种，色青而小，天凉时开始鸣叫。

⑬鹰乃祭鸟：鹰把击杀的飞鸟摆开，像祭祀时陈列祭品一样，古人称之为祭鸟。

⑭总章左个：西向明堂的左侧室。

⑮戎路：兵车，饰有白色。路，同"辂"，车。

【译文】

第一：

孟秋七月，太阳的位置在翼宿。初昏时刻，斗宿出现在南方中天；拂晓时刻，毕宿出现在南方中天。孟秋于天干属庚辛，主宰之帝是少暤，佐帝之神是蓐收，应时的动物是老虎之类的毛族，相配的声音是商音，音律与夷则相应。这个月的数字是九，味道是辣，气味是腥，要举行的祭祀是门祭，祭祀时祭品以肝脏为尊。这个月，凉风来到，白露降落，寒蝉鸣叫，鹰于是把捕杀的飞鸟摆开，像祭祀时陈列祭品一样。这个月开始使用刑罚和杀戮。天子住在西向明堂的左侧室，乘坐白色的兵车，车前驾白色的马，车上插白色的绘有龙纹的旗帜；天子穿白色的衣服，佩戴白色的饰玉。吃的食物是麻籽和狗肉，用的器物锐利而深邃。

是月也，以立秋。先立秋三日，大史谒之天子曰："某日立秋，盛德在金。"天子乃斋。立秋之日，天子亲率三公九卿诸侯大夫，以迎秋于西郊。还，乃赏军率武人于朝[1]。天子乃命将帅，选士厉兵，简练桀俊，专任有功，以征不义，诘诛暴慢，以明好恶，巡彼远方[2]。

【注释】

①军率（shuài）：将帅。率，通"帅"。

②巡：顺，使归顺。远方：指天下。

【译文】

这个月有立秋的节气，在立秋前三天，太史向天子禀告说："某日立秋，大德在于金。"于是天子斋戒，准备迎秋。立秋那天，天子亲自率领三公九卿诸侯大夫，到西郊去迎接秋的到来。迎秋归来，于是在朝廷赏赐将军和勇武之士。天子命令将帅挑选兵士，磨砺兵器，精选并训练杰出的人才，专一委任有功的将士，去征讨不义之人，追究诛伐凶恶怠慢之人，以表明爱憎，使天下人都来归顺。

是月也，命有司修法制，缮囹圄，具桎梏，禁止奸，慎罪邪[1]，务搏执[2]；命理瞻伤察创、视折审断[3]，决狱讼，必正平，戮有罪，严断刑。天地始肃，不可以赢[4]。

【注释】

①慎：警戒。

②搏执：捕获。

③理：指理官，即审理狱讼的法官。瞻、察、视、审：都有探视、察看的意思。伤：指皮破。创：指肉破。折：指骨折。断：指骨肉都折。

④赢：盛。

【译文】

这个月，命令主管官吏加强禁令，修缮牢狱，准备刑具，禁止奸邪之事，警戒有罪邪恶之人，务必捉拿拘捕他们。命令负责诉讼的官吏探视察看身体有创伤毁折的囚犯。判决诉讼，必须公正，杀戮有罪，从严断刑。这个月，天地开始有肃杀之气，不可以盛气骄盈。

　　是月也，农乃升谷，天子尝新①，先荐寝庙。命百官始收敛，完堤防②，谨壅塞，以备水潦；修宫室，坿墙垣③，补城郭。

【注释】

①尝新：指尝食新收获的谷物。古时所谓尝新都要先进献祖庙，祭祀祖先，然后再分享群臣。

②防：河堤。

③坿（fù）：培土加高。

【译文】

这个月，农民进献五谷。天子尝食新收获的谷物，首先要奉献给祖庙。这个月，命令百官要百姓收敛谷物，修缮堤坝，仔细检查水道有无堵塞，以防备大水为害；还要修葺宫室，加高院墙，修补城郭。

是月也，无以封侯、立大官，无割土地^①，行重币^②，出大使^③。

【注释】

①无割土地：指不要赏赐人土地。

②重币：厚礼。

③大使：指帝王特派的临时使节。古人以为秋气收敛，上述封割之
　事都不宜做。

【译文】

这个月，不要分封诸侯，不要设置高官，不要赏赐人土地，不要馈送重礼，不要派出负有特殊使命的使节。

行之是令^①，而凉风至三旬^②。

【注释】

①行之是令：实行应在本月实行的政令。

②凉风至三旬：大意是凉风每旬一至，三旬三至。

【译文】

实行这些政令，凉风就会到来，三旬每旬来一次。

孟秋行冬令，则阴气大胜，介虫败谷^①，戎兵乃来^②；行春令，则其国乃旱，阳气复还，五谷不实；行夏令，则多火灾，寒热不节，民多疟疾。

【注释】

①介虫：指龟蟹之类有甲壳的动物。介，甲。

②戎兵：军队，指敌军。

【译文】

　　孟秋如果实行应在冬天实行的政令，那么，阴气就过于浓盛，有甲壳的动物就会毁害谷物，敌军就会来侵扰。如果实行应在春天实行的政令，那么，国家就会出现旱灾，阳气就会重新回来，五谷就不能结实。如果实行应在夏天实行的政令，那么，火灾就会频频发生，寒热就会失去节度，百姓就会患疟疾。

荡　兵——作用兵

【题解】

“荡”是动的意思。本篇旨在阐述战争的缘起，属兵家言论。

文章批判了宋尹学派的“偃兵”之说，主张用“义兵”拯救天下。这在当时是具有进步意义的。首先，对“偃兵”说的批判打破了在阶级社会中“偃兵”的幻想；其次，用“义兵”代替“偃兵”是符合时代的潮流和人民的愿望的。孟子也提出过“仁义之师”，说过“仁者无敌”，但他始终幻想着仅用政治影响——“王道”就可以统一中国。在这一点上，《吕氏春秋》的“义兵”说可以说比孟子的“王道”说高了一筹。

二曰：

古圣王有义兵而无有偃兵①。兵之所自来者上矣，与始有民俱。凡兵也者，威也；威也者，力也。民之有威力，性也。性者，所受于天也，非人之所能为也。武者不能革，而工者不能移。

【注释】

①偃（yǎn）：止息。

【译文】

第二：

古代的圣王只有进行正义战争的，从未废止战争。战争的由来相当久远了，与人类刚刚产生的时候同时。大凡战争，靠的是威势，而威势靠的是力量。具有威势和力量是人的天性。人的天性是从上天那里禀承下来的，不是人力所能造成的。勇武的人不能使它改变，机巧的人不能使它移易。

　　兵所自来者久矣。黄、炎故用水火矣①，共工氏固次作难矣②，五帝固相与争矣。递兴废，胜者用事。人曰"蚩尤作兵"，蚩尤非作兵也，利其械矣③。未有蚩尤之时，民固剥林木以战矣④，胜者为长。长则犹不足治之，故立君。君又不足以治之，故立天子。天子之立也出于君，君之立也出于长，长之立也出于争。争斗之所自来者久矣，不可禁，不可止。故古之贤王有义兵而无有偃兵。

【注释】

①黄、炎故用水火矣：传说炎帝与黄帝争战，炎帝燃起大火，黄帝用水灭之。火，炎帝。传说中的古帝，姜姓，因以火德称王，故称炎帝，号神农氏。故：已经。

②共（gōng）工氏：传说中古代的部族首领，与颛顼争为帝，失败被杀。次：通"恣"，恣意。

③械：兵器。

④剥：砍削。

【译文】

战争的由来相当久远了。黄帝、炎帝已经用水火争战了，共工氏已经恣意发难了，五帝之间已经互相争斗了。他们一个接一个地兴起、灭亡，胜利者统治天下。人们说"蚩尤创造了兵器"，其实，蚩尤并非创造了兵器，他只不过是把兵器改造得更锋利罢了。在蚩尤之前，人类已经砍削林木作为武器进行战争了。胜利者做首领。只有首领还不足以治理好百姓，所以设置君主。君主仍不足以治理好百姓，所以设置天子。天子的设置是在有君主的基础上产生的，君主的设置是在有首领的基础上产生的，首领的设置是在有争斗的基础上产生的。争斗的由来相当久远了，不可禁止，不可平息。所以，古代的贤王只有进行正义战争的，从未废止战争。

　　家无怒笞①，则竖子、婴儿之有过也立见；国无刑罚，则百姓之相侵也立见；天下无诛伐，则诸侯之相暴也立见②。故怒笞不可偃于家，刑罚不可偃于国，诛伐不可偃于天下，有巧有拙而已矣。故古之圣王有义兵而无有偃兵。

【注释】

①怒：斥责。笞（chī）：用鞭、杖、竹板抽打。

②暴：侵侮。

【译文】

　　家中如果没有训斥责打，僮仆、小儿犯过错的事就会立刻出现；国中如果没有刑罚，百姓互相侵夺的事就会立刻出现；天下如果没有征伐，诸侯互相侵犯的事就会立刻出现。所以，家中训斥责打不可废止，国中刑罚不可废止，天下征伐不可废止，只不过在使用上有的高明、有的笨拙罢了。所以，古代的圣王只有进行正义战争的，从未废止战争。

　　夫有以噎死者①，欲禁天下之食，悖；有以乘舟死者，欲禁天下之船,悖;有以用兵丧其国者,欲偃天下之兵,悖。夫兵不可偃也,譬之若水火然,善用之则为福,不能用之则为祸;若用药者然,得良药则活人,得恶药则杀人。义兵之为天下良药也亦大矣。

【注释】

①饐(yē):通"噎"。

【译文】

有因为吃饭噎死的,如果因此就要废止天下的一切食物,这是荒谬的;有因为乘船淹死的,如果因此就要废止天下的一切船只,这是荒谬的;有因为进行战争而亡国的,如果因此就要废止天下的一切战争,这同样是荒谬的。战争是不可废止的。战争就像水和火一样,善于利用它就会造福于人,不善于利用它就会造成灾祸;还像用药给人治病一样,用良药就能把人救活,用毒药就能把人杀死。正义的战争正是治理天下的大大的良药啊!

　　且兵之所自来者远矣,未尝少选不用。贵贱、长少、贤不肖者相与同,有巨有微而已矣。察兵之微①:在心而未发,兵也;疾视,兵也;作色②,兵也;傲言,兵也;援推③,兵也;连反④,兵也;侈斗⑤,兵也;三军攻战,兵也。此八者皆兵也,微巨之争也⑥。今世之以偃兵疾说者,终身用兵而不自知,悖,故说虽强,谈虽辨⑦,文学虽博⑧,犹不见听。故古之圣王有义兵而无有偃兵。

【注释】

①兵:战争。这里是个含义很广的概念,既指争斗之心,又指争斗

行为,也指狭义的战争。

②作色:指因生气而脸变颜色。

③援推:推挽。这里指以手相搏。援,拉。

④连反:当是以足相搏之义。

⑤侈斗:这里是群斗的意思。侈,恣意放纵。

⑥争:等于说"差",差异。

⑦辨:通"辩"。

⑧文学:指文献经典。

【译文】

再说,战争的由来相当久远了,没有一刻不用。贵与贱、长与少、贤与不肖在用战争这一点上彼此是相同的,只是在使用上有大有小罢了。考察战争的细微之处:争斗之意隐藏在心中,只是尚未表露出来,这就是战争;怒目相视是战争;勃然变色是战争;言辞傲慢是战争;推拉相搏是战争;踢踹相斗是战争;聚众殴斗是战争,三军攻战是战争。以上这八种情况都是战争,只不过有小大之差罢了。如今世上极力游说废止战争的人,他们终身用兵,却不知道自己言行相背,因此,他们的游说虽然有力,言谈虽然雄辩,引用文献典籍虽然广博,仍然不被人听取采用。所以,古代的圣王只有进行正义战争的,从未废止战争。

　　兵诚义,以诛暴君而振苦民,民之说也,若孝子之见慈亲也,若饥者之见美食也;民之号呼而走之①,若强弩之射于深豀也②,若积大水而失其壅堤也。中主犹若不能有其民,而况于暴君乎?

【注释】

①走:奔向。

②豁：山谷。

【译文】

如果战争确实符合正义，用以诛杀暴君而拯救苦难的人民，那么人民对它的喜悦，就像孝子见到了慈爱的父母，像饥饿的人见到了甘美的食物；人民呼喊着奔向它，像强弩射向深谷，像蓄积的大水冲垮阻水的堤坝。在这种情况下，一般的君主尚且不能保有他的人民，更何况暴君呢？

振　乱

【题解】

　　本篇鲜明地提出，只有依靠"义兵"攻伐无道，才能"振乱"，救民于苦难，批判了墨家"非攻"、"救守"、"非攻""救守"的主张。墨家的主张反映了人民希望在和平环境中发展生产的愿望，揭露和斥责了兼并战争的不义，这在当时是有进步意义的。但是墨家学派企图以维持诸侯分裂的局面来实现这一愿望，这显然不合乎时代的潮流。本篇则反映了新兴地主阶级力图以"义兵""攻伐"统一中国的雄心，这是符合历史发展趋势的。

　　三曰：

　　当今之世浊甚矣，黔首之苦不可以加矣。天子既绝①，贤者废伏，世主恣行②，与民相离，黔首无所告愬③。世有贤主秀士④，宜察此论也，则其兵为义矣。天下之民，且死者也而生，且辱者也而荣，且苦者也而逸。世主恣行，则中人将逃其君，去其亲，又况于不肖者乎？故义兵至，则世主不能有其民矣，人亲不能禁其子矣。

【注释】

①天子既绝:指周王室已经灭亡而秦尚未称帝之时。

②世主:指当世昏乱之君。

③告愬(sù):诉说(痛苦、怨恨)。

④秀士:德才出众的人。秀,特异,出众。

【译文】

第三:

当今的社会混乱极了,人民的苦难无以复加了。周王室已经灭亡,贤人被废弃或隐匿起来,昏君恣意妄行,与人民离心离德,人民无处申诉自己的苦难。世上如有贤明的君主、优秀的士人,当明察这个道理,这样他们的军队就会伸张正义了。天下的百姓,将死的会因而得以新生,将蒙受耻辱的会因而得以荣光,将遭受苦难的会因而得以安逸。昏君恣意妄行,一般人都将逃离他们的国君,背离他们的父母,又何况那些不肖的人呢? 因此,正义之师一到,昏君就无法保有自己的百姓了,做父母的就无法阻止自己的子女了。

凡为天下之民长也,虑莫如长有道而息无道①,赏有义而罚不义。今之世学者多非乎攻伐②。非攻伐而取救守③,取救守,则乡之所谓长有道而息无道、赏有义而罚不义之术不行矣④。天下之长民⑤,其利害在察此论也。

【注释】

①长(zhǎng):使发展壮大。

②学者:这里主要指研习墨家学说的人。《墨子》中有《非攻》篇。

③而:则,就。救守:与"攻伐"相对,救援防守。《墨子》中《公输》、《鲁问》等篇载有墨子救守的言行。

④乡(xiàng)：方才。

⑤长(zhǎng)民：给人民做君主的人。长，君主，这里是给……做君主的意思。

【译文】

凡给天下百姓做君主的，考虑施政大计莫如扶植有道而消除无道，奖赏正义而惩罚不义。如今世上研习墨家之学的人多反对攻伐。反对攻伐就必然选取救守；如果选取救守，那么方才所说的扶植有道而消除无道、奖赏正义而惩罚不义的方针就无法实施了。给天下百姓做君主的，其利害全在于是否明察这个道理。

攻伐之与救守一实也①，而取舍人异。以辨说去之②，终无所定论。固不知，悖也；知而欺心，诬也。诬悖之士，虽辨无用矣。是非其所取而取其所非也③，是利之而反害之也，安之而反危之也。为天下之长患、致黔首之大害者④，若说为深⑤。夫以利天下之民为心者，不可以不熟察此论也。

【注释】

①一实："攻伐"与"救守"虽然目的不同，名称不一，但都离不开用兵，所以说它们的实质是一样的。

②辨：通"辩"。

③是：指代反对"攻伐"的论调。非其所取而取其所非：其所取，指救守；其所非，指攻伐。但"攻伐之与救守一实也"，均为用兵，故其所非即其所取，其所取即其所非。

④长(cháng)患：与下句"大害"义近，深重的灾难。

⑤若：此。

【译文】

攻伐与救守,其实质一样,而或取或舍,人各不同。墨家之徒靠论辩排斥攻伐,最终也不会有结果的。如果他们本来就不知道自己主张的荒谬,那是胡涂;如果本来知道却自欺欺人,那是欺诈。搞欺诈的人,头脑胡涂的人,纵然善辩也没有什么用处。这种论调非难他们所取用的,而取用他们所非难的。虽想给人民带来利益,结果却反而害了他们,虽想使人民安定,结果却反而使他们处于危险之中。因此,给天下带来深重灾难、使人民遭受极大危害的事物中,要数这种论调危害最深了。那些把为天下百姓谋利益作为志向的人,不可不仔细地弄清这个道理。

夫攻伐之事,未有不攻无道而罚不义也。攻无道而伐不义,则福莫大焉,黔首利莫厚焉。禁之者,是息有道而伐有义也,是穷汤、武之事①,而遂桀、纣之过也②。凡人之所以恶为无道、不义者③,为其罚也;所以蕲有道、行有义者④,为其赏也。今无道、不义存,存者,赏之也;而有道、行义穷,穷者,罚之也。赏不善而罚善,欲民之治也,不亦难乎?故乱天下、害黔首者,若论为大。

【注释】

①穷:使……困厄。

②遂:通,与"穷"相对,这里是使……通达,即助长的意思。

③恶:等于说"畏",害怕,不敢。

④蕲(qí):通"祈",求。

【译文】

攻伐之类的事,无一不是攻击无道、惩罚不义的。攻击无道、讨伐不义，自己获福没有比这更大的了，人民得利没有比这更多的了。禁止攻伐，这是消除有道，惩罚正义；这是阻挠商汤、周武王的事业，助长夏桀、商纣的罪恶啊。人们之所以不敢行无道、不义的事，为的是免遭惩罚；人们之所以祈求有道、行正义的事，为的是求得奖赏。如今行无道、不义的人安然存在，安然存在无异于奖赏他们；而有道的人、主持正义的人却陷入困境，陷入困境无异于惩罚他们。赏恶惩善，想要用这种办法把人民治理好，不也太难了吗？所以扰乱天下、危害人民的事物中，要数反对攻伐这种论调危害最大。

禁　塞

【题解】

本篇旨在驳斥"救守"之说。文章指出,所谓"救守","未有不守无道而救不义也",因此,"救守之说出",使"不肖者益幸也,贤者益疑矣"。"不论其义,疾取救守"正是大乱天下的原因。本篇明确提出:"兵苟义,攻伐亦可,救守亦可;兵不义,攻伐不可,救守不可。"这里把"义"或"不义"看作对战争"取"或"非"的标准,反映了古人对战争认识上的进步。当然,本篇的目的仍在于以"攻伐"的合理性、正义性,证明"救守"的不合理性、非正义性,以便在政治上为秦征伐六国服务。本篇提出的作为衡量战争是非标准的"义"具有明确的时代和阶级的内涵,这是阅读时需要注意的。

四曰:

夫救守之心,未有不守无道而救不义也。守无道而救不义,则祸莫大焉,为天下之民害莫深焉。

【译文】

第四:

救守的本心,无一不是卫护无道之君,救援不义之主的。卫护无道之君,救援不义之主,祸患没有比这更大的了,给天下百姓造成危害没有比这更深重的了。

　　凡救守者,太上以说,其次以兵。以说则承从多群①,日夜思之,事心任精②,起则诵之,卧则梦之,自今单唇干肺③,费神伤魂,上称三皇五帝之业以愉其意,下称五伯名士之谋以信其事④,早朝晏罢⑤,以告制兵者⑥,行说语众⑦,以明其道。道毕说单而不行,则必反之兵矣。反之于兵,则必斗争之情⑧,必且杀人,是杀无罪之民以兴无道与不义者也。无道与不义者存,是长天下之害,而止天下之利。虽欲幸而胜,祸且始长⑨。

【注释】

①承从多群:当作"聚徒成群"(依许维遹说)。

②事:役使。任:用。

③今:疑是"令"字之误。单唇:唇力殚尽。单,通"殚",尽。干肺:肺气枯竭。干,竭,尽。中国古代医家认为,肺是气之本,说话过多,肺气就要受到损伤。

④信:这里指验证,使……得到证明。

⑤晏罢:晚上退朝。罢,止。

⑥制:统领,支配。

⑦行:传布,宣扬。

⑧则必斗争之情:"斗争"二字当叠,应作"则必斗争,斗争之情"。情,真实情况。

⑨且:乃。

【译文】

　　凡主张救守的人，第一是用言辞，其次是用武力。用言辞劝说，就聚徒成群，日夜思虑，费心劳神，一起床就陈述它，睡着了还梦着它，把自己搞得唇焦肺燥，神损魂伤。他们上称三皇五帝的功业取悦于人，下举春秋五霸、知名人士的谋略证明自己的主张；从早上朝会到晚上退朝，都在劝说对方的主帅，宣扬自己的主张晓谕众人，以阐明自己的道理。一旦道理讲完，话语说尽，自己的主张仍然不被采用，就必然转而诉诸武力了。诉诸武力，势必爆发战争。战争的实质，必将杀人。这是屠杀无辜的人民以扶持无道之君和不义之主。无道之君和不义之主得以生存，这是助长天下的祸害而毁弃天下的利益。无道之君，不义之主虽妄图侥幸取胜，祸患却由此开始滋长。

　　先王之法曰："为善者赏，为不善者罚。"古之道也，不可易。今不别其义与不义，而疾取救守，不义莫大焉，害天下之民者莫甚焉。故取攻伐者不可[①]，非攻伐不可；取救守不可，非救守不可；取惟义兵为可[②]。兵苟义，攻伐亦可，救守亦可；兵不义，攻伐不可，救守不可。

【注释】

　　①者：当为衍文。
　　②取：当为衍文。

【译文】

　　先王的法典说："对行善的人给予奖赏，对作恶的人给予惩罚。"这是自古以来的原则，不可更改。如今不区分正义与不正义，却力主救守，不义的事没有比这更大的了，危害天下百姓的事没有比这更严重的了。因此，一概采用攻伐不可，一概反对攻伐也不可；一概采用救守不可，一概反对救守也不可；正确实施攻伐与救守，惟有正义之师才可以。军队如果是正义之师，那么攻伐可以，救守也可以；军队如果是不义之师，那么攻伐不可，救守也不可。

　　使夏桀、殷纣无道至于此者，幸也；使吴夫差、智伯瑶侵夺至于此者，幸也；使晋厉、陈灵、宋康不善至于此者①，幸也。若令桀、纣知必国亡身死，殄无后类，吾未知其厉为无道之至于此也②；吴王夫差、智伯瑶知必国为丘墟③，身为刑戮，吾未知其为不善无道侵夺之至于此也④；晋厉知必死于匠丽氏，陈灵知必死于夏徵舒，宋康知必死于温⑤，吾未知其为不善之至于此也。

【注释】

①晋厉：指晋厉公，春秋晋国国君，名寿曼，公元前 581 年—前 573 年在位。晋厉公七年（前 574），厉公游于所宠大夫匠丽氏之家，被晋卿栾书、中行偃囚禁，第二年被杀。陈灵：指陈灵公，春秋陈国国君，名平国，公元前 614 年—前 599 年在位。灵公与其臣孔宁、仪行父都和夏姬私通，陈灵公十五年（前 599），灵公与二臣在夏姬家饮酒时，被夏姬之子夏徵舒射杀。宋康：宋康王，见《仲春纪·当染》注。

②厉：疑是衍文。

③丘：废墟。

④不善无道：四字疑是衍文。

⑤温：战国时魏邑。

【译文】

致使夏桀、殷纣荒淫无道达到如此地步的是侥幸之心，致使吴王夫差、智伯瑶侵暴掠夺达到如此地步的是侥幸之心，致使晋厉公、陈灵公、宋康王作恶达到如此地步的也是侥幸之心。假如让桀、纣知道他们那样做的后果定然是国亡身死，断子绝孙，我不相信他们荒淫无道会到如此地步；假如吴王夫差、智伯瑶知道他们那样做的后果定然是国家成为废墟，自身遭到杀戮，我不相信他们侵暴掠夺会到如此地步；假如晋厉公知道他那样做必定会死在匠丽氏的家中，陈灵公知道他那样做必定会死于夏徵舒之手，宋康王知道他那样做必定会死在温邑，我不相信他们作恶会达到如此地步。

　　此七君者，大为无道不义，所残杀无罪之民者，不可为万数①。壮佼、老幼、胎腇之死者②，大实平原③，广湮深谿大谷，赴巨水，积灰填沟洫险阻④。犯流矢，蹈白刃，加之以冻饿饥寒之患，以至于今之世，为之愈甚。故暴骸骨无量数，为京丘若山陵⑤。世有兴主仁士，深意念此，亦可以痛心矣，亦可以悲哀矣。

【注释】

①不可为万数：不可以万为单位计数，极言其多。

②腇(dú)：同"殰"、"㱾"，指流产的胎儿，死胎。

③实：满，遍。

④洫(xù)：田间水道。小的叫沟，大的叫洫。

⑤京丘：古代战争之后，胜者为了炫耀武功，收集敌人尸首，封土成高冢(zhǒng)，称为京丘，也称京观。京，高大。

【译文】

　　这七个国君大行无道和不义，他们残杀的无辜百姓多得数也数不清。青壮年、老人儿童以及母腹中的胎儿死去的遍及原野，填塞了深谷,流入大河,战火的积灰填平了沟洫险阻。人民冒着飞矢,踏着利刃,受着冻饿饥寒的煎熬,这种状况一直持续到现在,愈演愈烈。暴露在野外的尸骨多得无法计数,积尸封土筑成的坟冢像高大的山陵。世上如有奋发之君、仁义之士,深切地想到这些,也足以感到痛心了,也足以感到悲哀了。

察此其所自生,生于有道者之废,而无道者之恣行。夫无道者之恣行,幸矣。故世之患,不在救守,而在于不肖者之幸也。救守之说出,则不肖者益幸也,贤者益疑矣①。故大乱天下者,在于不论其义而疾取救守。

【注释】

①疑:这里是恐惧的意思。

【译文】

考察这种情况产生的根源,在于有道之人被废弃,而无道昏君恣意妄行。无道昏君恣意妄行,全是由于心存侥幸的缘故。所以,当今世上的祸患不在于救守本身,而在于不肖的人心存侥幸。救守的论调产生之后,不肖的人越发怀有侥幸之心了,贤人越发恐惧了。所以,大乱天下的,在于不管正义与否,而一味力主救守。

怀　宠

【题解】

"怀宠"是以恩宠为手段使他人归附的意思。本篇旨在论述"义兵"的政策,阐明"义兵""救民之死"、"除民之仇"、"顺天之道"的性质和任务。本篇所阐述的"义兵"的各项政策,如入于敌境不烧杀抢掠,攻克敌国,诛伐"不及其民"等等,目的都在于争得民心,以实现"兵不接刃而民服若化"的理想。

五曰:

凡君子之说也,非苟辨也;士之议也,非苟语也。必中理然后说,必当义然后议。故说义而王公大人益好理矣①,士民黔首益行义矣②。义理之道彰,则暴虐、奸诈、侵夺之术息也。暴虐、奸诈之与义理反也,其势不俱胜,不两立。

【注释】

①义:通"议",议论。

②士民:这里指士。

【译文】

第五：

凡君子出言,都不苟且辩说;士人议论,都不苟且言谈。一定符合道理然后才出言,一定符合大义然后才议论。所以,君子和士人辩说议论,王公贵族就越发喜好道理了,士人百姓就越发遵行大义了。理义之道彰明了,暴虐、奸诈、侵夺之类的行径就会止息。暴虐、奸诈、侵夺与理义截然相反,其势不能两胜,不能并存。

故兵入于敌之境,则民知所庇矣①,黔首知不死矣。至于国邑之郊②,不虐五谷,不掘坟墓,不伐树木,不烧积聚,不焚室屋,不取六畜。得民虏奉而题归之③,以彰好恶;信与民期④,以夺敌资⑤。若此而犹有忧恨、冒疾、遂过、不听者⑥,虽行武焉亦可矣。

【注释】

①民:当作"士民"。士民,指士。

②国邑:国都和一般城邑。

③民虏:指俘获的敌国百姓。奉:送。题:疑为衍字。

④期:会,合。

⑤敌资:指敌方的民众。资,资本,凭借。

⑥忧恨:"忧"(繁体作"憂")为"复"字之误。复,通"愎"。恨,通"很(hěn)"。愎很,固执,乖戾。冒疾:同"媢嫉",妒嫉。遂过:坚持错误。遂,成。

【译文】

所以,正义之师进入敌国的境内,敌国的士人就知道保护者到了,百姓就知道不会死了。正义之师到了敌国国都及一般城邑的四郊,不祸害五谷,不刨坟掘墓,不砍伐树木,不烧掉积蓄的财物粮草,不焚毁房屋,不掠夺六畜。俘获敌国的百姓都一一送回,以此表明自己的爱憎;诚信与人民愿望相合,以此争取敌国的民众。像这样,如果还有顽固不化、妒忌、坚持错误、不归顺的人,那么即使对他们动用武力也是可以的。

先发声出号曰①:"兵之来也,以救民之死。子之在上无道②,据傲荒怠③,贪戾虐众,恣睢自用也④,辟远圣制⑤,謷丑先王⑥,排訾旧典⑦,上不顺天,下不惠民,征敛无期,求索无厌,罪杀不辜,庆赏不当。若此者,天之所诛也,人之所雠也,不当为君。今兵之来也,将以诛不当为君者也,以除民之雠而顺天之道也。民有逆天之道、卫人之雠者,身死家戮不赦。有能以家听者,禄之以家;以里听者,禄之以里;以乡听者,禄之以乡;以邑听者,禄之以邑⑧;以国听者,禄之以国。"

【注释】

①发声出号:等于后代的发布檄文。号,令。

②子:指称所伐国家的君主。

③据傲:傲慢。据,通"倨"。

④恣睢(zìsuī):狂妄凶暴。

⑤辟(bì):屏除。

⑥謷(áo)丑:诋毁。

⑦訾(zǐ):毁谤,非议。

⑧邑:与上文的"里"、"乡"都是古代居民组织的单位。春秋战国,诸侯各有编制,名称内容均不统一。

【译文】

用兵之前,先发布檄文,檄文说:"大军到此,为拯救百姓的生命。昏君在上,荒淫无道,傲慢自大,迷乱怠惰,贪婪暴戾,残害民众,狂妄凶狠,自以为是,屏弃圣制,诋毁先王,排斥毁谤先代法典,上不顺承天意,下不爱抚百姓,征敛不止,责求无度,刑杀无辜,奖赏不当。像这样的人,是上天所要诛灭的,是人们共同仇恨的,根本不配做国君。如今大军到此,是要诛灭不配做国君的人,除掉人民的仇敌,以顺应上天的意旨。士民百姓中如有违背上天意旨,护卫人民仇敌的,一律处死,并杀死全家,绝不赦免。有能率领一家归顺的,赏给他一家作为俸禄;率领一里归顺的,赏给他一里作为俸禄;率领一乡归顺的,赏给他一乡作为俸禄;率领一邑归顺的,赏给他一邑作为俸禄;率领国都士民百姓归顺的,把国都赏给他作俸禄。"

故克其国,不及其民,独诛所诛而已矣。举其秀士而封侯之①,选其贤良而尊显之,求其孤寡而振恤之,见其长老而敬礼之。皆益其禄,加其级。论其罪人而救出之②;分府库之金,散仓廪之粟③,以镇抚其众,不私其财;问其丛社、大祠民之所不欲废者④,而复兴之,曲加其祀礼⑤。是以贤者荣其名,而长老说其礼,民怀其德⑥。

【注释】

①侯:封侯。

②论:判罪,审理。

③廪(lǐn):米仓。

④丛社:草木繁茂的祭祀土神的地方。祠:祭神的庙堂。

⑤曲:婉转,多方设法。

⑥怀：安。

【译文】

所以，攻克敌国，不罪及士民百姓，只杀所当杀的人罢了。还要举荐敌国德才优异的人，赐给他们土地爵位；选拔敌国贤明有德的人，授予他们高官显位；寻找敌国的孤儿寡妇，救济他们；会见敌国的老年人，尊重他们，以礼相待。全部增加他们的俸禄级别。审理敌国的罪人，赦免释放他们；分发府库中的财物，散发仓廪中的粮食，用以安抚敌国的民众，不把敌国的财物占为己有；并询问敌国人民所不愿意废弃的草木繁茂的社宫以及太庙，恢复祭祀，并多方设法增加祭祀的礼仪。因此，贤人为自己名声显扬而荣耀，老人为自己受到礼遇而高兴，百姓为自己受到恩惠而安定。

今有人于此，能生一人①，则天下必争事之矣。义兵之生一人亦多矣②，人孰不说？故义兵至，则邻国之民归之若流水，诛国之民望之若父母，行地滋远，得民滋众，兵不接刃而民服若化③。

【注释】

①能生一人：疑当作"能生一死人"。

②一：当作"死"。

③若化：形容人民归附非常迅速。化，变化。

【译文】

假如这里有个人，能够使一死人复生，那天下的人一定争着事奉他了。正义之师救活的人也太多了，人们谁不喜欢？所以，正义之师一到，邻国的人民归向它就像流水一样，被伐国家的人民盼望它就像盼望父母一样。正义之师走得越远，获得的民众就越多，兵不血刃人民就迅速归服了。

仲秋纪第八

仲　秋

【题解】

见《孟秋》。

一曰：

仲秋之月，日在角①，昏牵牛中，旦觜嶲中②。其日庚辛，其帝少皞，其神蓐收，其虫毛，其音商，律中南吕③。其数九，其味辛，其臭腥，其祀门，祭先肝。凉风生，候雁来，玄鸟归④，群鸟养羞⑤。天子居总章太庙⑥，乘戎路，驾白骆，载白旂，衣白衣，服白玉，食麻与犬，其器廉以深。

【注释】

①角：星宿名，二十八宿之一，在今室女座。

②觜嶲(xī)：星宿名，二十八宿之一，在今猎户座。

③南吕：十二律之一，属阴律。

④玄鸟：燕子。

⑤养羞：指鸟养护增生毛羽准备过冬。

⑥总章太庙：西向明堂的中央正室。

【译文】

第一：

仲秋八月，太阳的位置在角宿。初昏时刻，牵牛宿出现在南方中天；拂晓时刻，觜巂宿出现在南方中天。仲秋于天干属庚辛，主宰之帝是少皞，佐帝之神是蓐收，应时的动物是老虎一类的毛族，相配的声音是商音，音律与南吕相应。这个月的数字是九，味道是辣，气味是腥，要举行的祭祀是门祭，祭祀时祭品以肝脏为尊。这个月凉风生，候雁从北来，燕子回南方，各类鸟儿都养护增生它们的羽毛来准备过冬。天子住在西向明堂的中央正室，乘坐白色的兵车，车前驾白色的马，车上插白色的绘有龙纹的旗帜；天子穿白色的衣服，佩戴白色的饰玉，吃的食物是麻籽和狗肉，用的器物锐利而深邃。

是月也，养衰老，授几杖①，行糜粥饮食②。乃命司服具饬衣裳③，文绣有常④，制有小大，度有短长，衣服有量，必循其故，冠带有常。命有司申严百刑，斩杀必当，无或枉桡⑤，枉桡不当，反受其殃。

【注释】

①几(jī)：坐时放在身边供凭依的小桌。

②行：赐予。糜(mí)粥：粥。糜，通"糜"，粥。

③司服：主管服制的官吏。衣：上衣。裳(cháng)：下衣。

④文：画。常：指固定的规格。古时制度，祭服上衣用画，下衣用绣。

⑤枉桡：都是弯曲的意思，这里"枉"指不按法律公正断案，"桡"指不按公理申明正义。

【译文】

这个月，要赡养衰老的人，授予他们几案和手杖，施与他们稀粥饮食。命令主管服制的官吏准备并整饬衣裳,祭服的文饰有固定的规格,大小长短有一定的制度,祭服之外的服装也有一定的尺寸,必须依照旧有的规定,随着服制的不同,冠带也有相应的固定规格。命令司法官重申严明各种刑罚,斩杀罪犯一定要恰当,不要曲法冤枉人。如果有曲法冤枉人的事,执法者要遭受灾祸。

是月也,乃命宰祝巡行牺牲①,视全具②,案刍豢③,瞻肥瘠,察物色,必比类④,量小大,视长短,皆中度。五者备当⑤,上帝其享。天子乃傩⑥,御佐疾⑦,以通秋气。以犬尝麻,先祭寝庙。

【注释】

①宰祝:即充人、太祝,官名,主管牺牲及祭祀。

②全具:指牺牲完整没有毁伤。

③刍豢(huàn):指牺牲豢养的情况。刍,指用草喂养牛羊。豢,指用谷物喂养猪狗。

④比类:合乎旧例。

⑤五者:指全具、肥瘠、物色、小大、长短。

⑥傩(nuó):祭祀名,逐除灾疫、不祥。

⑦御:止。佐疾:指疫疠。

【译文】

这个月,命令主管牺牲和祭祀的官吏巡视用来祭祀的牺牲,看看形体是否完整,喂养的情况如何,是肥是瘦,毛色是否纯一,一定要符合旧例;量量它们的大小,看看长短,也都要符合标准。形体、肥瘦、毛色、大小、长短都完全适当,上帝就享用这些祭品。天子于是举行傩祭,制止逐除疫疠,以通达金秋之气。就着狗肉品尝麻籽,并且先把它进献给祖庙。

是月也，可以筑城郭，建都邑^①，穿窦窌^②，修囷仓^③。乃命有司趣民收敛^④，务蓄菜，多积聚。乃劝种麦，无或失时，行罪无疑^⑤。

【注释】

①都邑：城镇。有先君宗庙的叫都，没有的叫邑。

②窦：地穴。窌（jiào）：地窖。

③囷（qūn）仓：存放粮食的仓库。圆的叫囷，方的叫仓。

④趣：通"促"，催促。

⑤行：施予。

【译文】

这个月，可以修筑城郭，建置都邑，挖掘地窖，修葺仓廪。命令主管官吏督促百姓收敛谷物，努力储藏过冬的干菜，多多积聚柴草。要鼓励百姓及时种麦，不要错过农时；如果错过农时，一定要给以处罚。

是月也，日夜分^①，雷乃始收声，蛰虫俯户^②。杀气浸盛^③，阳气日衰，水始涸。日夜分，则一度量，平权衡^④，正钧石^⑤，齐斗甬^⑥。

【注释】

①日夜分：日夜各半。

②蛰虫：藏伏的动物。户：单扇的门，这里指洞穴口。

③杀气：阴气。浸：渐渐。

④权：秤锤。衡：秤杆。

⑤钩：三十斤。石：一百二十斤。

⑥斗甬：都是量器。甬，即"桶"字。

【译文】

这个月，日夜的时间相等，雷声渐渐消逝。蛰伏的动物藏在洞口。阴气渐渐旺盛，阳气日渐衰微，水开始干涸。日夜时间相等，要在此时统一和校正度量衡器具如秤锤、秤杆、斗、桶等。

是月也，易关市①，来商旅，入货贿②，以便民事。四方来杂③，远乡皆至，则财物不匮，上无乏用，百事乃遂。凡举事无逆天数④，必顺其时，乃因其类⑤。

【注释】

①易：减轻。关市：指关市的税收。

②货贿：钱财。

③杂：会集。

④事：指兴土功、合诸侯、举兵众之事。天数：天道，自然的规律。

⑤"必顺"二句：这句大意是要依事情的不同来确定何时做什么。

【译文】

这个月，要减轻关市的税收，招徕各地的商旅，收纳财物，以利于百姓的生产和生活。四方之人前来聚集，连偏远乡邑也全都到来，这样，财物就不缺乏，国家用费就不缺少，各种事情就能成功。做各种事情不要违背自然规律，一定要顺应天时，按照事情的类别，什么时候该做什么就做什么。

行之是令，白露降三旬。

【译文】

实行这个月的政令,白露降落,三旬每旬一次。

仲秋行春令,则秋雨不降,草木生荣①,国乃有大恐。行夏令,则其国旱,蛰虫不藏,五谷复生。行冬令,则风灾数起,收雷先行②,草木早死。

【注释】

①荣:花。

②先行:指先收声。

【译文】

仲秋如果实行应在春天实行的政令,那么,秋雨就不能降落,草木就会重新开花,国家就会有大的恐慌。如果实行应在夏天实行的政令,那么,国家就会出现旱灾,蛰伏的动物就不再藏伏,五谷就会重新萌发生长。如果实行应在冬天实行的政令,那么,风灾就会频频发生,雷声就会提前收敛,草木就会过早死亡。

论 威

【题解】

本篇旨在论述战争之道。文章首先强调了"义"的重要性,指出"义"是"万事之纪",战争自然也不例外,只要统一于"义",就可使"三军一心",号令无阻,无敌于天下了。其次强调了号令的重要性,指出"其令强者其敌弱,其令信者其敌诎"。文章还论述了有关战略战术的一些原则。如:"善谕威者,于其未发也","士民未合而威已谕矣";"凡兵,欲急疾捷先";"夫兵有大要,知谋物之不谋之不禁也"等等,这些军事思想都是很可贵的。

二曰:

义也者,万事之纪也,君臣、上下、亲疏之所由起也,治乱、安危、过胜之所在也^①。过胜之^②,勿求于他,必反于己。

【注释】

①过:等于说"败"。

②过胜之:句末承上文省略了"所在"二字。

【译文】

第二:

义是万事的法则，是君臣、长幼、亲疏产生的根基，是国家治乱、安危、胜败的关键。胜败的关键，不要向其他方面寻求，一定要在自己身上寻找。

人情欲生而恶死，欲荣而恶辱。死生荣辱之道一①，则三军之士可使一心矣。

【注释】

①一：统一。

【译文】

人的本性都是想要生存而厌恶死亡，想要荣耀而厌恶耻辱。死生、荣辱的原则统一于义，就可以使三军将士思想一致了。

凡军，欲其众也；心，欲其一也。三军一心，则令可使无敌矣。令能无敌者，其兵之于天下也，亦无敌矣。古之至兵①，民之重令也，重乎天下，贵乎天子。其藏于民心，捷于肌肤也②，深痛执固③，不可摇荡，物莫之能动。若此则敌胡足胜矣？故曰：其令强者其敌弱④，其令信者其敌诎⑤。先胜之于此⑥，则必胜之于彼矣。

【注释】

①至兵：最好的军队。指正义之师。

②捷：通"接"，接触、感觉的意思。

③深痛：深切。

④强：这里是不可冲犯的意思。

⑤信：通"伸"，这里是畅行无阻的意思。诎（qū）：通"屈"，屈服。

⑥此：这里指朝廷。下文"彼"指战场。

【译文】

凡军队，人数应该众多，军心应该一致。三军思想一致，就可以使号令畅行无阻了。号令能够畅行无阻的君主，他的军队也就无敌于天下了。古代的正义之师，人民尊重号令，看得比天下还重大，比天子还尊贵。号令藏于民心，感于肌肤，深切牢固，不可动摇，没有任何东西能够使它改变。像这样，敌人自然不战而溃，哪儿还值得一击呢？所以说：号令不可冲犯的军队，它的敌手必然软弱；号令畅行无阻的军队，它的敌手必然屈服。运筹帷幄就已经胜过了敌手，因此，在战场上战胜敌手就是必然的了。

凡兵，天下之凶器也①；勇，天下之凶德也②。举凶器，行凶德，犹不得已也③。举凶器必杀，杀，所以生之也；行凶德必威，威，所以慑之也④。敌慑民生，此义兵之所以隆也。故古之至兵，才民未合⑤，而威已谕矣，敌已服矣，岂必用桴鼓干戈哉⑥？故善谕威者，于其未发也，于其未通也⑦，窅窅乎冥冥⑧，莫知其情，此之谓至威之诚⑨。

【注释】

①凶器：兵器是杀伤人的工具，所以古称兵器为凶器。凶，杀伤人。

②凶德：勇武作为古代的一种道德，是体现在战争中的，而战争必杀伤人，所以古称勇武为凶德。

③犹：通"由"，由于。

④慑（shè）：恐惧。这里是使恐惧的意思。

⑤才民：疑是"士民"之误。士民，古代四民（士民、商民、农民、工民）之一。这里指士卒。合：古称交战为合。

⑥桴（fú）鼓：鼓槌和鼓。古时作战，击鼓以令进军。干：盾。

⑦通：这里是显露的意思。

⑧窅窅（yǎo）：义与"冥冥"相近，潜藏隐晦的样子。

⑨诚：实。

【译文】

　　凡兵器都是天下的凶器，勇武是天下的凶德。动用凶器，施行凶德，是由于不得已。动用凶器必定要杀人，杀恶人是使人民得以生存的手段；施行凶德必定要显示武力，显示武力是叫敌手畏惧的手段。敌手畏惧屈服，人民获得生存，这是正义之师兴盛的原因。所以，古代的正义之师出征，士兵尚未交锋，而威力就已经使人知道了，敌手就已经降服了，难道还一定用得着击鼓冲锋厮杀吗？所以，善于让人明白自己威力的，他的威力在他尚未发挥、尚未显示之前就已经产生作用了。深远难见，没有谁知道它的真实情况，这就是威力达到顶点的情形。

　　凡兵，欲急疾捷先。欲急疾捷先之道，在于知缓徐迟后而急疾捷先之分也①。急疾捷先，此所以决义兵之胜也。而不可久处，知其不可久处，则知所兔起凫举死殙之地矣②。虽有江河之险则凌之，虽有大山之塞则陷之。并气专精③，心无有虑，目无有视，耳无有闻，一诸武而已矣④。冉叔誓必死于田侯⑤，而齐国皆惧；豫让必死于襄子⑥，而赵氏皆恐；成荆致死于韩主，而周人皆畏⑦；又况乎万乘之国而有所诚必乎⑧？则何敌之有矣？刃未接而欲已得矣。敌人之悼惧惮恐、单荡精神⑨，尽矣，咸若狂魄，形性相离⑩，行不知所之，走不知所往，虽有险阻要塞、铦兵利械⑪，心无敢据，意无敢处，此夏桀之所以死于南巢也⑫。今以木击木则拌⑬，以水投水则散，以冰投冰则沈⑭，以涂投涂则陷⑮，此疾徐先后之势也。

【注释】

①而：相当于"与"。

②兔起凫（fú）举：喻行动迅疾。起，疾跑。凫，水鸟名，俗称"野鸭"。举，起飞。死殙（mèn）之地：指地势险恶的绝地。殙，气绝。

③并（bǐng）：同"屏"，抑止。专精：使精神专一。

④一：使……专一。诸："之、于"的合音字。"之"代上文的心、目、耳。

⑤冉叔：战国时的义士。田侯：战国时齐国国君，田姓。

⑥豫让：春秋末年晋国人，晋卿智瑶的家臣。智氏被韩、赵、魏三家灭掉之后，他一再谋刺赵襄子，后事败自杀。襄子：名无恤（一作"毋邺"），赵简子之子，晋卿。他与韩、魏两家合谋，灭了智氏。

⑦"成荆"二句：其事未详。成荆，春秋时齐国的勇士，常与孟贲并提。他书或作"成覸（jiàn）"、"成庆"。

⑧必：坚决做到。

⑨悼：恐惧。单荡精神：精神衰弱动摇。

⑩离：违。

⑪铦（xiān）：锋利。械：器具，这里指兵器。

⑫南巢：古地名。据《史记·夏本纪》张守节正义，故址当在今安徽巢县。史传夏桀被成汤放逐，死于南巢。

⑬拌（pàn）：通"判"，分开。

⑭沈（chén）：同"沉"。

⑮涂：泥。这几句的意思是，在势均力敌的情况下，行动迅速、处于主动地位、先发制人的就占上风。

【译文】

　　凡用兵打仗，应该行动迅速，先发制人。要想行动迅速，先发制人，方法在于明辨迟缓落后与迅速抢先的区别。行动迅速、先发制人，这是决定正义之师胜利的因素。因而不可滞留一处，懂得军队不可滞留的道理，那就知道哪些地方是该迅速避开的死绝之地了。这样，纵有江河之险也可以凌越它，纵有大山险塞也能够攻陷它。要克敌制胜，只要精神专一，心里什么都不想，眼睛什么都不看，耳朵什么都不听，把心力、眼力、耳力都集中在军事上就行了。冉叔发誓一定要杀死齐侯，齐国君臣都十分恐惧；豫让决心要刺杀赵襄子，赵氏上下都很惊恐；成荆跟韩主拼命，周人都十分敬畏。一个人决心拼命尚且如此，又何况拥有兵车万辆的大国决心要达到目的呢？那还有什么人能够跟他抗衡呢？士兵尚未交锋而欲望就已经满足了。敌人恐惧害怕，精神衰竭、动摇，已经达到极点了。他们吓得都像是精神错乱一样，魂不守舍，行走不知目标，奔跑不知去处，纵有险阻要塞、坚甲利兵，心里也不敢依托，精神也无法安宁，这就是夏桀之所以死在南巢的缘故啊。假如用木头击打木头，后者就会裂开；把水注入水中，后者就会散开；把冰投向冰面，后者就会沉没；把泥抛向泥中，后者就会下陷；这就是快慢先后的必然态势。

夫兵有大要①，知谋物之不谋之不禁也②，则得之矣。专诸是也③，独手举剑至而已矣，吴王壹成④。又况乎义兵，多者数万，少者数千，密其躅路⑤，开敌之涂，则士岂特与专诸议哉③！

【注释】

①大要：指最关键之处。

②“知谋”句：懂得算计敌人考虑不到以及不防备的地方，即懂得“攻其无备，出其不意”(《孙子·始计》)。物，这里指敌方。第二个“之”字作连词用，相当于“与”。

③专诸：春秋时吴国人。他借献鱼之机，用藏在鱼腹中的匕首为吴公子光(阖闾)刺杀了吴王僚，自己也当场被杀。

④吴王壹成：专诸一举而成全了阖闾，使他当上吴王。

⑤躅（zhuó）：足迹。

⑥"则士"句：这句意思是说，正义之师的武士远远胜过专诸。议，
　　这里是相提并论的意思。

【译文】

　　用兵有它的关键，如果懂得攻其无备，出其不意，那就掌握了用兵
的关键了。专诸就是这样，他不过是独自一人手举剑落罢了，专诸仅一
举就成全了阖闾，使他当上吴王。又何况正义之师呢？正义之师人数
多的几万，少的也有几千，所到之处，足迹布满道路，在敌国畅行无阻，
像这样的武士，专诸怎么能跟他们相提并论呢！

简　选

【题解】

"简选"就是选拔的意思。本篇以历史上商汤、周武王、齐桓、晋文、阖庐称王称霸的事例论证了"简选精良"的必要。文章提出，"兵势险阻"、"兵甲器械"、精壮熟练的武士、训练有素的士卒，这四方面是"义兵之助"，"不可〔不〕为而不足专恃"。这一观点是相当精辟的，体现了朴素的辩证唯物主义的思想。孟子在战争问题上单纯强调了人的因素，提出了"可使制梃以挞秦楚之坚甲利兵"的观点，本篇可以说是对这种思想的批驳。

三曰：

世有言曰："驱市人而战之^①，可以胜人之厚禄教卒；老弱罢民，可以胜人之精士练材^②；离散系系^③，可以胜人之行陈整齐；锄耰白梃^④，可以胜人之长铫利兵。^⑤"此不通乎兵者之论。今有利剑于此，以刺则不中，以击则不及，与恶剑无择，为是斗因用恶剑则不可。简选精良，兵械铦利^⑥，发之则不时，纵之则不当^⑦，与恶卒无择，为是战因用恶卒则不可。王子庆忌、陈年犹欲剑之利也^⑧。简选精良，兵械铦利，令能将将之，古者有以王者、有以霸者矣，汤、武、齐桓、晋文、吴阖庐是矣。

【注释】

①市人：市场上的人。指临时聚集起来的乌合之众。

②练材：技艺熟练的勇武之士。

③系系：第二个"系"字疑为"枲"字之误。枲："累"的本字。累（léi），捆绑。系累，这里指囚犯。

④耰（yōu）：平土的农具。白梃：白茬的木棒。

⑤铫（tiáo）：古代兵器。一说即长矛。

⑥铦（xiān）：锐利。

⑦纵：发。

⑧王子庆忌：春秋时吴王僚之子，以勇捷有力闻名。陈年：古代齐国的勇士。

【译文】

第三：

世上有一种言论说："驱使市人作战，可以战胜禄秩丰厚的武士和受过训练的士兵；驱使老弱疲惫的百姓可以战胜精壮、熟练的武士；驱使散乱无纪的囚徒作战，可以战胜行列整齐的军队；使用锄耰木棒，可以战胜长矛利刃。"这是不通晓用兵之道的言论。假如有一把锋利的宝剑，由于技艺不精，拿它来刺却刺不中敌手，拿它去击却击不着目标，这同手持劣剑没有什么分别，但为此在搏斗时就使用劣剑却不可。选拔的士卒很精良，兵器很锐利，发动它们总不合时机，使用它们总不得适宜，这同使用劣等士卒没有什么分别，但为此在战争中就使用劣等士卒却不可。像王子庆忌、陈年那样的勇士，尚且还希望宝剑锋利，更何况一般人呢！选拔的士卒很精良，兵器很锐利，让有才干的将领统率它，古代有借此成就王业的，有借此成就霸业的，商汤、周武王、齐桓公、晋文公、吴王阖庐就是这样。

　　殷汤良车七十乘,必死六千人,以戊子战于郕①,遂禽推移、大牺,登自鸣条②,乃入巢门③,遂有夏。桀既奔走,于是行大仁慈,以恤黔首,反桀之事,遂其贤良④,顺民所喜,远近归之,故王天下。

【注释】

①郕(chéng):古地名,在今山东汶上北。

②登:进发。鸣条:古地名,又名高侯原,在今山西运城安邑镇北。

③巢门:当是夏桀国都城门之名。

④遂:举荐。

【译文】

　　商汤率领精良的战车七十辆,不怕死的勇士六千人,在戊子那天与夏桀在郕地交战,抓住了桀臣推移、大牺。商汤进军鸣条,接着进入巢门,于是占有了夏的天下。夏桀已经逃跑了,在这时,商汤施行高度仁爱的举措,抚恤百姓,一反桀的所作所为,拔举夏的贤人,顺应人民的意愿,远近的人都归附了他,所以汤称王天下。

　　武王虎贲三千人①,简车三百乘,以要甲子之事于牧野②,而纣为禽。显贤者之位,进殷之遗老,而问民之所欲;行赏及禽兽,行罚不辟天子③;亲殷如周,视人如己。天下美其德,万民说其意,故立为天子。

【注释】

①虎贲(bēn):勇士之称。

②要(yāo):这里是成的意思。甲子之事:指周武王在甲子那天打
　　败商纣的战事。牧野:古地名,在今河南淇县南。

③行罚不辟(bì)天子:指诛杀商纣。辟,同"避"。

【译文】

　　周武王率勇士三千人,精选的战车三百辆,甲子那天,在牧野打败
了商纣的军队,纣被擒获。武王把贤人提拔到显贵的位置,举荐殷朝的
遗老,询问人民的愿望;行赏及于禽兽,惩罚不避天子;亲近殷的士民百
姓就像亲近周的士民百姓一样,看待别人就像看待自己一样。天下赞
美他的德行,万民喜欢他的仁义,所以武王立为天子。

　　齐桓公良车三百乘,教卒万人,以为兵首,横行海内,天
下莫之能禁,南至石梁①,西至酆郭②,北至令支③。中山亡
邢④,狄人灭卫⑤,桓公更立邢于夷仪⑥,更立卫于楚丘⑦。

【注释】

①石梁:古地名。高诱注:"在彭城。"彭城在今江苏铜山县。

②酆郭:当作"酆鄗(hào)"。酆,在今陕西户县东。鄗,在今陕西西
　　安市西南。

③令支:春秋时山戎属国,故址在今河北迁安一带。本书《有始》作
　　"令疵"。

④中山:春秋时白狄别族国名,战国时为中山国,故址在今河北定
　　县、唐县一带。邢:古国名,周公之子封于此,故址在今河北邢台
　　境。据史书记载,齐桓公因邢遭受赤狄侵犯,于是把邢迁到夷
　　仪,狄实际上并未灭邢,邢后为卫所灭。

⑤狄人灭卫:公元前660年,狄人杀卫懿公于荥泽,所以说"灭"。

⑥夷仪:古地名,在今山东聊城西。

⑦楚丘:古地名,在今河南滑县东。

【译文】

　　齐桓公率领精良的兵车三百辆,训练有素的士兵一万人,作为大军的前锋,纵横驰骋于四海之内,天下没有谁能够阻挡他,向南到达石梁,向西到达酆、鄗,向北到达令支。中山攻陷了邢国,狄人灭亡了卫国,桓公在夷仪重建起邢国,在楚丘重建起卫国。

　　晋文公造五两之士五乘①,锐卒千人,先以接敌,诸侯莫之能难②。反郑之埤③,东卫之亩④,尊天子于衡雍⑤。

【注释】

　　①两:这里有技能的意思(依高诱注)。五乘:兵车一乘,甲士三人,
　　　五乘合十五人。
　　②难(nàn):拒,抵挡。
　　③反:覆,毁。埤(pì):即"埤堄(nì)",城上有孔(或呈凹凸形)的矮
　　　墙,也称"女墙"。
　　④亩:指田垄。
　　⑤衡雍:春秋郑地,在今河南原阳。

【译文】

　　晋文公训练出具有五种技能的甲士十五人,让他们率领精锐的步卒一千人作为前锋,先同敌人交锋,诸侯没有谁能够抵挡他。晋文公命令毁掉郑国城上的女墙,以便随时攻取,命令卫国的田垄一律东西向,以便自己的兵车通行无阻,并率领诸侯在衡雍尊奉周天子。

　　吴阖庐选多力者五百人,利趾者三千人①,以为前陈,与荆战,五战五胜,遂有郢②。东征至于庳庐③,西伐至于巴、蜀,北迫齐、晋,令行中国。

【注释】

①趾：脚。

②郢：春秋时楚国国都，故址在今湖北江陵西北。

③庳（bì）庐：古地名。

【译文】

吴王阖庐选拔力气大的五百人，跑得快的三千人作为军队的前锋，跟楚国交战，五战五胜，于是占领了楚国的国都郢。向东征伐一直打到庳庐，向西征伐一直打到巴、蜀，向北逼近齐国、晋国，号令在中原华夏各诸侯国畅行无阻。

　　故凡兵势险阻，欲其便也；兵甲器械，欲其利也；选练角材①，欲其精也；统率士民②，欲其教也。此四者，义兵之助也，时变之应也，不可为而不足专恃③。此胜之一策也。

【注释】

①角材：指武士。角，较量。

②士民：指士卒。

③不可为：据上下文意当作"不可不为"。专：独，单一。恃：依赖，凭借。

【译文】

所以，凡战争形势、山川险阻，用兵的人都希望它对自己有利；兵甲器械，都希望它锋利坚固；选拔、训练武士，都希望他们精锐强壮；统率士卒，都希望他们训练有素。这四个方面是正义之师的辅助，是适应时势变化的凭借，不能没有，也不能一味依赖它，这是取胜的一种策略。

决　胜

【题解】

本篇旨在论述战争决胜之道。文章认为"义",是战争之"本",是决定战争胜负的根本;"智"、"勇"是战争之"干",是决定战争胜负的重要因素;"义"、"智"、"勇"构成了用兵之道的主体,三者缺一不可。文章指出,"勇"和"怯"是可以变化的,即"民无常勇,亦无常怯",有"气"则勇,无"气"则怯。"气"从何来,文章没有直说,综观全篇,显然是出于"义"。这些观点都是很有见地的。本篇提出了一些宝贵的战略战术原则,如:兵"贵其因","不可胜在己,可胜在彼","胜失之兵,必隐必微,必积必抟"等等。

四曰:

夫兵有本干①:必义,必智,必勇。义则敌孤独,敌孤独则上下虚②,民解落③;孤独则父兄怨,贤者诽,乱内作。智则知时化,知时化则知虚实盛衰之变,知先后远近纵舍之数④。勇则能决断,能决断则能若雷电飘风暴雨⑤,能若崩山破溃、别辨赍坠⑥;若鸷鸟之击也,搏攫则殪,中木则碎。此以智得也⑦。

【注释】

①本干：植物的根和干，喻事物的主体。

②虚：指气虚，缺乏斗志。

③解落：离散。

④纵：发，放。舍：止，息。数：方法，策略。

⑤飘风：旋风。

⑥别辨：等于说"异变"。辨，通"变"。霣(yǔn)坠：这里指陨星坠落。霣，坠落。

⑦智：据上下文意当作"勇"。

【译文】

第四：

用兵之道有它的根本：一定要符合正义，一定要善用智谋，一定要勇猛果敢。符合正义，敌人就孤独无援，敌人孤独无援，上上下下就缺乏斗志，人民就会瓦解离散；孤独无援，君主的父兄就会怨恨，贤人就会非议，叛乱就会从内部发生。善用智谋就能知道时势的发展趋势，知道时势的发展趋势，就会知道虚实盛衰的变化，就会知道关于先后、远近、行止的策略。勇猛果敢就能临事果断，能临事果断，行动起来就能像雷电、旋风、暴雨，就能像山崩、溃决、异变、星坠，势不可挡；就像猛禽奋击、拍击抓取，禽兽就会毙命，击中树木，树木就会碎裂。这是靠勇猛果敢达到的。

夫民无常勇，亦无常怯。有气则实，实则勇；无气则虚，虚则怯。怯勇虚实，其由甚微，不可不知。勇则战，怯则北。战而胜者，战其勇者也；战而北者，战其怯者也。怯勇无常，倏忽往来①，而莫知其方②，惟圣人独见其所由然。故商、周以兴，桀、纣以亡。巧拙之所以相过③，以益民气与夺民气，以能斗众与不能斗众。军虽大，卒虽多，无益于胜。军大卒多而不能斗，众不若其寡也。夫众之为福也大，其为祸也亦大。譬之若渔深渊，其得鱼也大，其为害也亦大。善用兵者，诸边之内莫不与斗④，虽厮舆白徒⑤，方数百里皆来会战，势使之然也。幸也者⑥，审于战期而有以羁诱之也⑦。

【注释】

①倏（shū）忽：疾速的样子。

②方：道理。

③相过：这里指彼此截然不同。

④诸边之内：四境之内。与（yù）：参加。

⑤厮（sī）：古代干粗杂活的奴隶或仆役。舆（yú）：众。白徒：指未受过军事训练的人。

⑥幸：当作"势"，由于字划残缺而误。势：态势。

⑦羁（jī）诱：辖制引导。

【译文】

人民没有永恒不变的勇敢，也没有永恒不变的怯弱。士气饱满就内心充实，充实就会勇敢；士气丧失就内心空虚，空虚就会怯弱。怯弱与勇敢、空虚与充实，它们产生的缘由十分微妙，不可不知晓。勇敢就能奋力作战，怯弱就会临阵逃跑。打仗获胜的，是凭恃勇气而战；打仗败逃的，是心怀怯弱而战。怯弱与勇敢变化不定，变动疾速，没有谁知道其中的道理，惟独圣人知道它之所以这样的缘由。所以，商、周由此而兴盛，桀、纣由此而灭亡。用兵巧妙与笨拙的结局之所以彼此截然不同，是因为一个提高人民的士气，一个削弱人民的士气，一个善于使用民众作战，一个不会使用民众作战的缘故。后者军队虽然庞大，士兵虽然众多，但对于取胜没有什么益处。军队庞大，士兵众多，如果不能战

斗,人多还不如人少。人数众多造福大,但如果带来灾祸,为害也大,这
就好像在深渊中捕鱼一样,虽然可能捕到大鱼,但如果遇难,灾害也大。
善于用兵的人,四境之内的人无不参战,即使是方圆几百里之内的奴仆
以及没有受过训练的百姓都来参战,这是形势使他们这样的。形势的
获得在于审慎地选择战争时机,并且有办法辖制引导战争的态势。

　　凡兵,贵其因也。因也者,因敌之险以为己固,因敌之
谋以为己事。能审因而加①,胜则不可穷矣②。胜不可穷之
谓神③,神则能不可胜也。夫兵,贵不可胜。不可胜在己,可
胜在彼。圣人必在己者,不必在彼者,故执不可胜之术以遇
不胜之敌④,若此,则兵无失矣。凡兵之胜,敌之失也。胜失
之兵,必隐必微,必积必抟⑤。隐则胜阐矣,微则胜显矣,积
则胜散矣,抟则胜离矣。诸搏攫骶噬之兽⑥,其用齿角爪牙
也,必托于卑微隐蔽,此所以成胜。

【注释】

①加:指加兵于敌。

②胜则不可穷矣:当作"则胜不可穷矣"。

③神:指用兵神妙。

④不胜:当作"可胜"(依陶鸿庆说)。

⑤抟(zhuān):古"专"字。专一,集中。

⑥骶:当作"抵"(依王念孙说)。抵,通"牴",用角顶撞。

【译文】

　　凡用兵,贵在善于凭借。所谓凭借是指利用敌人的险阻作为自己
坚固的要塞,利用敌人的谋划达到自己的目的。能够明察所凭借的条
件再采取行动,那胜利就不可穷尽了。胜利不可穷尽叫做"神",达到

"神"的境界就能不可战胜了。用兵贵在不可被敌战胜。不可被敌战胜,根本原因在于己方,能够战胜敌人,根本原因在于敌方。圣人依赖己方的努力,而不依赖敌人的过失,所以,掌握着不可被战胜的策略,以此同可以战胜的敌人交锋,像这样,用兵就万无一失了。凡用兵获胜,都是敌人犯有过失的缘故。战胜犯有过失的军队,一定要隐蔽,一定要潜藏,一定要蓄积力量,一定要集中兵力。做到隐蔽就能战胜公开的敌人了,做到潜藏就能战胜暴露的敌人了,做到蓄积就能战胜力量零散的敌人了,做到集中就能战胜兵力分散的敌人了。各种依靠齿角爪牙抓取、顶撞、撕咬猎物的野兽,在它们使用齿角爪牙的时候,一定先要隐身缩形,这是它们成功取胜的原因。

爱　士——作慎穷

【题解】

本篇旨在劝说君主"爱士"。文章以秦穆公、赵简子"行德爱人"而得到"野人"及士拼死报答的事例说明，贤主一定"怜人之困"、"哀人之穷"；君主只要做到"行德爱人"，人民就会"亲其上"，就会"乐为其君死矣"。文章反映了作者希望自己这一阶层受到君主赏识的愿望。

五曰：

衣人以其寒也，食人以其饥也。饥寒，人之大害也；救之，义也。人之困穷甚如饥寒^①，故贤主必怜人之困也，必哀人之穷也。如此则名号显矣，国士得矣^②。

【注释】

①如：相当"于"。

②国士：全国之内的优秀人物。

【译文】

第五：

给人衣穿是因为人们在受冻，给人饭吃是因为人们在挨饿。挨饿受冻是人的大灾，拯救挨饿受冻的人是正义的行为。人的艰难窘迫比起挨饿受冻来灾难更为深重,所以贤明的君主对陷入困境的人必定怜悯,对人遭受困厄必表痛惜。做到这一步,君主的名声就显赫了,国士就会归附了。

　　昔者,秦缪公乘马而车为败①,右服失而野人取之②。缪公自往求之,见野人方将食之于岐山之阳③。缪公叹曰:"食骏马之肉而不还饮酒④,余恐其伤女也!"于是遍饮而去。处一年,为韩原之战⑤。晋人已环缪公之车矣,晋梁由靡已扣缪公之左骖矣⑥,晋惠公之右路石奋投而击缪公之甲⑦,中之者已六札矣⑧。野人之尝食马肉于岐山之阳者三百有余人,毕力为缪公疾斗于车下,遂大克晋,反获惠公以归。此《诗》之所谓曰"君君子则正,以行其德;君贱人则宽,以尽其力"者也⑨。人主其胡可以无务行德爱人乎?行德爱人,则民亲其上;民亲其上,则皆乐为其君死矣。

【注释】

①乘马:乘着马驾的车。败:坏。

②服:古代一车驾四马,居中的两匹称"服",两边的称"骖(cān)"。失(yì):同"佚",狂奔。野人:与君子相对,这里指农夫。

③岐山:在今陕西岐山东北。

④还(xuán):通"旋",迅速,立刻。

⑤韩原:春秋晋地,在今山西芮城。

⑥梁由靡:晋大夫。据《史记·晋世家》记载,韩原之战,梁由靡为晋惠公驾车。

⑦晋惠公:春秋时晋国国君,名夷吾,公元前650年—前637年在位。右:车右,由勇士担任。投:同"殳",古代兵器,竹制,一端

有棱。

⑧六札：六层革甲。当时革甲一般都是复叠七层。缪公之甲已被击穿六层，形势当是十分危急了。

⑨曰：当为衍文。这两句诗是逸诗，今本《诗经》未载。

【译文】

从前，有一次秦穆公乘马车出行，车坏了，右侧驾辕的马脱缰跑了，一群农夫抓住了它。穆公亲自去寻找那匹马，在岐山的南面看到农夫正要分食马肉。穆公叹息说："吃了骏马的肉而不马上喝酒，我恐怕马肉会伤了你们的身体。"于是穆公给他们一一喝了酒，才离开。过了一年，秦、晋进行韩原之战。晋国士兵已经包围了秦穆公的兵车，晋国大夫梁由靡已经抓住穆公车上左边的马，晋惠公的车右路石举起长殳击中了穆公的铠甲，穆公的铠甲已被击穿了六层，在这危急时刻，曾在岐山之南分食马肉的农夫三百多人，在车下竭尽全力为穆公拼死搏斗。于是秦军大胜晋军，反而俘获了晋惠公带回秦国。这就是《诗》中所说的"给君子做国君就要平正无私，借以让他们施行仁德；给卑贱的人做国君就要宽容厚道，借以让他们竭尽全力"啊！君主怎么能不务求施行仁德、爱抚人民呢？君主施行仁德，爱抚人民，人民就爱戴他们；人民如果爱戴他们的君主，那就都乐意为他们去死了。

赵简子有两白骡而甚爱之①。阳城胥渠处广门之官②，夜款门而谒曰③："主君之臣胥渠有疾④，医教之曰：'得白骡之肝，病则止；不得则死。'"谒者入通⑤。董安于御于侧⑥，愠曰："嘻！胥渠也。期吾君骡⑦，请即刑焉⑧。"简子曰："夫杀人以活畜，不亦不仁乎？杀畜以活人，不亦仁乎？"于是召庖人杀白骡，取肝以与阳城胥渠。处无几何，赵兴兵而攻翟⑨。广门之官，左七百人，右七百人，皆先登而获甲首。人主其胡可以不好士？

【注释】

①赵简子：春秋末年晋卿，名鞅，谥号简子。又名志父，也称赵孟。

②阳城胥渠：赵简子的家臣，复姓阳城，名胥渠。处：居，任。广门：晋邑名。官：这里指小吏。

③款：叩，敲。谒（yè）：告。

④主君：古时国君、卿、大夫均可称主君。这里指赵简子。

⑤谒者：专管通报的小官。通：通报。

⑥董安于：赵简子的家臣。御：侍奉。

⑦期：希冀。这里是算计的意思。

⑧即刑：就刑，接受死刑。即，就，走近。

⑨翟（dí）：通"狄"，我国古代北方地区民族名。

【译文】

赵简子有两匹白骡，简子特别喜爱它们。阳城胥渠任广门邑的小吏，一天夜里来到简子的门前，叩门申述说："主君的家臣胥渠病了，医生告诉他说：'如果弄到白骡的肝吃了，病就能好；如果弄不到，就必死。'"负责通报的人进去通报给赵简子。董安于正在一旁侍奉，恼怒地说："嘿！胥渠这个家伙！竟算计起我们主君的白骡来了。请您让他接受死刑！"简子说："杀人以使牲畜活命，不也太不仁义了吗？杀掉牲畜以使人活命，不正是仁爱的体现吗？"于是呼唤厨师杀掉白骡，取出肝，送给阳城胥渠。过了没多久，赵简子举兵攻狄，广门邑的小吏，左队七百人，右队七百人都争先登上城头，并斩获敌方披甲武士的首级。由此看来，君主怎么可以不爱士呢？

凡敌人之来也，以求利也。今来而得死，且以走为利。敌皆以走为利，则刃无与接。故敌得生于我，则我得死于敌;敌得死于我,则我得生于敌。夫得生于敌,与敌得生于我,岂可不察哉? 此兵之精者也。存亡死生决于知此而已矣。

【译文】

凡敌人来犯,都是为了追求利益;假如来犯而遭到覆灭,那将把退却看作有利了。如果敌人都把退却看作有利,那就用不着交锋了。所以,如果敌人从我们这里获得生存,那我们就要死在敌手;如果敌人死在我们手下,那我们就从敌人那里获得了生存。或是我们从敌人那里获得生存,或是敌人从我们这里获得生存,这其中的道理难道不该仔细研究吗? 这是用兵的精妙所在,生死存亡只是取决于是否懂得这个道理罢了。

季 秋

【题解】

见《孟秋》。

一曰：

季秋之月，日在房①，昏虚中②，旦柳中。其日庚辛，其帝少皞，其神蓐收，其虫毛，其音商，律中无射③。其数九，其味辛，其臭腥，其祀门，祭先肝。候雁来，宾爵入大水为蛤④。菊有黄华，豺则祭兽戮禽⑤。天子居总章右个⑥，乘戎路，驾白骆，载白旂，衣白衣，服白玉，食麻与犬，其器廉以深。

【注释】

①房：星宿名，二十八宿之一，在今天蝎座。

②虚：星宿名，二十八宿之一，在今宝瓶座。

③无射(yì)：十二律之一，属阳律。

④宾爵(què)：指麻雀。爵，通"雀"。因麻雀栖息于人家房宇之间有似宾客，所以称为宾爵。大水：指海。蛤(gé)：蛤蜊。雀入海为蛤是古人一种不科学的说法。

⑤豻：兽名，黄色，似狗而尾长。祭兽：豺杀死野兽之后，四面摆开，
　像祭祀一样，古人称之为祭兽。祭，杀。戮：杀。禽：泛指鸟类。
⑥总章右个：西向明堂的右侧室。

【译文】

第一：

季秋九月，太阳的位置在房宿。初昏时刻，虚宿出现在南方中天；拂晓时刻，柳宿出现在南方中天。这个月于天干属庚辛，主宰之帝是少皞，佐帝之神是蓐收，应时的动物是老虎一类的毛族，相配的声音是商音，音律与无射相应。这个月的数字是九，味道是辣，气味是腥，要举行的祭祀是门祭，祭祀时祭品以肝脏为尊。这个月，候鸟从北方飞来，栖息于屋宇的麻雀钻进大海变成蛤蜊。秋菊开黄花。豺开始杀戮禽兽。天子住在西向明堂的右侧室，乘坐白色的兵车，车前驾白色的马，车上插白色的绘有龙纹的旗帜。天子穿白色的衣服，佩戴白色的饰玉，吃的食物是麻籽和狗肉，用的器物锐利而深邃。

　　是月也，申严号令，命百官贵贱无不务入，以会天地之藏，无有宣出①。命冢宰②，农事备收，举五种之要③。藏帝籍之收于神仓④，祗敬必饬⑤。

【注释】

①宣：疏散。
②冢（zhǒng）宰：官名，六卿之一，也称太宰。负责治理邦国，统领
　百官。
③举：设立。要（yào）：账簿。
④帝籍之收：天子籍田中所收的谷物。帝籍，古时，天子有农田千
　亩，用民力耕作，生产祭祀上帝的黍稷，这些农田称为帝籍。神
　仓：储藏供祭祀上帝神祇所用谷物的谷仓。

⑤祗（zhī）：敬。饬：正。这句是说储藏籍田所收谷物入神仓时恭敬
　　而不怠慢，端正而不偏邪。

【译文】

　　这个月，要重申严明各种号令。命令百官贵贱人等无不从事收敛
的工作，来应合天地收藏的时气，不得有宣泄散出。命令太宰，在农作
物全部收成之后，建立登记五谷的账簿。把天子籍田中收获的谷物藏
入供祭祀上帝神祇所用谷物的谷仓，必须恭敬严肃。

　　是月也，霜始降，则百工休。乃命有司曰①："寒气总至，
民力不堪，其皆入室。"上丁②，入学习吹。

【注释】

　　①有司：指司徒。
　　②上丁：上旬的丁日。

【译文】

　　这个月，霜开始降落，各种工匠开始休整。同时命令司徒说："寒气
突然来到，百姓经受不起，让他们都进屋准备过冬。"这个月上旬的丁
日，乐师进入太学练习吹籥及笙竽，演习礼乐。

　　是月也，大飨帝①，尝牺牲②，告备于天子③。合诸侯，制
百县④，为来岁受朔日⑤，与诸侯所税于民，轻重之法，贡职之
数⑥，以远近土地所宜为度，以给郊庙之事⑦，无有所私。

【注释】

　　①大飨帝：指遍祀五帝。飨，飨祭。帝，指五帝。
　　②尝牺牲：以牺牲尝祭群神。尝，秋祭名，指祭祀群神。

③告：禀告。备：齐备，指祭祀齐备。这几句大意是，天子亲飨五
　帝，使有司尝祭群神，事毕，有司向天子禀告祭祀已齐备。

④制：从，使跟从。百县：指天子领地内的各县。

⑤来岁：明年。秦以夏历十月（建亥之月）为岁首，九月为年终，所
　以天子于此月授明年的朔日。朔日：指每月初一。这一天日月
　合朔（即日月同在一个黄道经度上），所以称为朔。古人很重视
　朔日，每年年终，天子要向诸侯颁布来年十二个月的朔日，诸侯
　受飨之后把它藏在祖庙里，每月要告朔。

⑥贡职：指献给天子的贡赋。

⑦郊庙：泛指祭祀。祭天叫郊，祭祖叫庙。

【译文】

　　这个月，天子要遍祭五帝，并命令主管官吏用牺牲祭祀群神，事毕，
主管官吏向天子禀告祭祀已经齐备。天子要聚会诸侯、百县大夫，向他
们颁授来年的朔日，以及诸侯向百姓收税轻重的法规，诸侯向天子缴纳
贡赋的多少；抽税轻重、纳贡多少都以远近和土地出产的情况为依据。
这些东西供祭天祭祖之用，没有属于私有的。

　　是月也，天子乃教于田猎①，以习五戎、狻马②。命仆及
七驺咸驾③，载旍旐舆④，受车以级，整设于屏外⑤；司徒揎
扑⑥，北向以誓之。天子乃厉服厉饬⑦，执弓操矢以射。命主
祠祭禽于四方⑧。

【注释】

①教于田猎：指在打猎中教习治兵之法。田，打猎。

②五戎：五种兵器，通常指刀、剑、矛、戟、矢。狻（sōu）：选择。

③仆：指田仆，田猎时负责驾御猎车的人。七驺（zōu）：指趣马，负

责套马和卸马的人。

④旌(jīng):旌旗。旐(zhào):绘有龟蛇的旗帜。舆:应作"旟"绘有
　鹰鸟的旗帜。这句大意是车上插着标志不同等级的各种旗帜。

⑤整:指按尊卑次序排好队列。屏:指猎场周围的树墙。

⑥司徒:官名,六卿之一,主管教化。搢(jìn):插。扑:指戒尺一类
　教刑的用具。

⑦厉服:猛厉之服,指戎装。厉,猛。厉饬:指披挂的刀剑。饬,通
　"饰",饰物。

⑧主祠:掌管祭祀的官吏。禽:指猎获的鸟兽。四方:指四方之神。

【译文】

这个月,天子借打猎教练治兵之法,熟悉各种兵器,选择良马。命令田仆和管套车卸马的吏役都来驾车,车上插着各种旗帜,参加田猎的人按照等级授予车辆,并按次序整齐地摆在屏垣之外。司徒把教刑用具插在衣带间,向北面告诫众人。天子穿着威武的戎装,佩戴着刀剑等饰物,拿着弓箭来射猎。命令主管祭祀的官吏用猎获的鸟兽祭祀四方之神。

　　是月也,草木黄落,乃伐薪为炭。蛰虫咸俯在穴,皆墐其户①。乃趣狱刑②,无留有罪,收禄秩之不当者③,共养之不宜者。

【注释】

①墐(jìn):用泥涂柴门,使之挡风。

②趣(cù):通"促",督促。狱刑:断案判刑。

③秩:指官爵。

【译文】

这个月,草木黄落了,可以砍伐木柴烧制木炭。蛰伏的动物都藏伏

在洞穴里,封严它们的洞口。这个月,要督促诉讼断案的事,不要留下有罪应判决的案件。收缴那些无功之人不应得的俸禄和官爵,以及那些不应得到国家供养的人所得到的供养之物。

　　是月也,天子乃以犬尝稻,先荐寝庙①。

【注释】

①荐:向鬼神进献。寝庙:祖庙。

【译文】

这个月,天子就着狗肉品尝稻米,并首先进献给祖庙。

　　季秋行夏令,则其国大水,冬藏殃败①,民多鼽窒②;行冬令,则国多盗贼,边境不宁,土地分裂;行春令,则暖风来至,民气解堕③,师旅必兴④。

【注释】

①冬藏:指储藏起来准备过冬用的谷物菜蔬。

②鼽(qíu):鼻不通。

③解堕:松懈懒惰。解,同"懈"。

④师旅:军队。古制,二千五百人为师,五百人为旅。

【译文】

　　季秋如果实行应在夏天实行的政令,那么,国家就会大水成灾,收藏起来准备过冬的谷物菜蔬就会毁坏,百姓就会出现鼻塞窒息的疾病。如果实行应在冬天实行的政令,那么,国家就会盗贼横生,边境就不能安宁,土地就会被侵削分割。如果实行应在春天实行的政令,那么暖风就会到来,百姓就会懈怠,战争就会发生。

顺 民

【题解】

所谓"顺民"，是顺依民心的意思。文章列举历史上商汤用自己的身体作牺牲为民求雨；文王辞去纣封给他的千里之地，为民请除炮烙之刑；越王勾践"内亲群臣，下养百姓，以来其心"，终于"残吴二年而霸"等事例，说明了"先顺民心，故功名成"，以及"以德得民心"的道理。本篇承继了孟、荀重视民众的思想，反映了新兴地主阶级对民心的重视。

二曰：

先王先顺民心，故功名成。夫以德得民心以立大功名者，上世多有之矣。失民心而立功名者，未之曾有也。得民必有道①。万乘之国，百户之邑，民无有不说。取民之所说而民取矣，民之所说岂众哉？此取民之要也。

【注释】

①必："心"字之误。

【译文】

第二：

先王首先顺依民心，所以功成名就。依靠仁德博取民心而建立大功、成就美名的，古代大有人在。失去民心而建立功名的却不曾有过。获得民心是有方法的。无论是具有万辆兵车的大国，还是仅有百户的小邑，人民无不有喜欢的事。只要做人民所喜欢的事，就是得民心了。人民所喜欢的事难道会很多吗？这是取得民心的关键。

昔者汤克夏而正天下①。天大旱，五年不收，汤乃以身祷于桑林②，曰："余一人有罪③，无及万夫。万夫有罪，在余一人。无以一人之不敏④，使上帝鬼神伤民之命。"于是剪其发⑤，故鄌其手⑥，以身为牺牲⑦，用祈福于上帝⑧。民乃甚说，雨乃大至。则汤达乎鬼神之化、人事之传也⑨。

【注释】

①正：这里是治理的意思。

②桑林：古地名。汤祀神之所。

③余一人：古代天子自称。

④不敏：不才，自谦之词。

⑤剪其发：剪去头发是古代的一种刑罚。

⑥鄌：疑是"厤(lì)"字之误。厤，通"枥"，压挤。"枥手"是古代的一种刑罚。用绳联小木棍五根，套入手指收紧，状如后来的"拶(zǎn)指"。商汤自剪其发，自拶其手，以示自责。

⑦牺牲：供祭祀用的纯色体全的牲畜。

⑧用：以。

⑨传：转移。这里指转移的道理。

【译文】

从前,汤灭掉夏,治理天下。天大旱,五年没有收成。汤于是在桑林用自己的身体向神祈祷,说:"我一人有罪,不要祸及天下人;即使天下人有罪,罪责也都在我一人身上。不要因我一人不才,致使天帝鬼神伤害人民的生命。"于是汤剪断自己的头发,拶起自己的手指,把自己的身体作为牺牲,向天帝求福。人民于是非常高兴,大雨于是也下起来。汤可说是通晓鬼神的变化、人事的转移了。

文王处岐事纣,冤侮雅逊①,朝夕必时,上贡必适,祭祀必敬。纣喜,命文王称西伯②,赐之千里之地。文王载拜稽首而辞曰③:"愿为民请炮烙之刑④。"文王非恶千里之地,以为民请炮烙之刑,必欲得民心也。得民心则贤于千里之地⑤,故曰文王智矣。

【注释】

①冤侮:遭受冤枉、轻慢。雅:正,合乎规范。

②西伯:古代统领一方的长官称伯。文王统领雍州(古九州之一,包括今陕西北部、甘肃大部及青海一部),在西方,故称西伯。

③载拜:拜两拜。载,通"再"。稽(qǐ)首:古人最恭敬的礼节,动作近似于叩头,但要先拜,然后两手合抱按地,头伏在手前边的地上,并停留一会儿,整个动作都较缓慢。

④请炮烙之刑:请求除去炮烙之刑。炮烙,殷纣所用的酷刑。炮,烧烤。烙,当作"格"。格为铜器,格下烧炭,使犯人步行格上,堕入火中而死。后人改"格"为"烙",解为烧灼之义。

⑤贤:胜过。

【译文】

文王居于岐山臣事纣王，虽遭冤枉侮慢，依然雅正恭顺，早晚朝拜不失其时，进献贡物一定合宜，祭祀一定诚敬。纣很高兴，封文王为西伯，赏他纵横千里的土地。文王再拜稽首，辞谢说："我不要千里的土地，只愿替人民请求废除炮烙之刑。"文王并不是厌恶土地，用它替人民请求废除炮烙之刑，是一定要博得民心。得到民心，它的好处胜过纵横千里的土地。所以说，文王是相当明智了。

越王苦会稽之耻①，欲深得民心，以致必死于吴②。身不安枕席，口不甘厚味，目不视靡曼③，耳不听钟鼓。三年苦身劳力，焦唇干肺④，内亲群臣，下养百姓，以来其心⑤。有甘脆不足分，弗敢食；有酒流之江，与民同之。身亲耕而食，妻亲织而衣。味禁珍，衣禁袭⑥，色禁二。时出行路，从车载食，以视孤寡老弱之溃病、困穷、颜色愁悴、不赡者⑦，必身自食之。于是属诸大夫而告之曰⑧："愿一与吴徼天下之衷⑨。今吴、越之国相与俱残⑩，士大夫履肝肺⑪，同日而死，孤与吴王接颈交臂而偾⑫，此孤之大愿也。若此而不可得也，内量吾国不足以伤吴，外事之诸侯不能害之⑬，则孤将弃国家，释群臣，服剑臂刃⑭，变容貌，易姓名，执箕帚而臣事之⑮，以与吴王争一旦之死。孤虽知要领不属⑯，首足异处，四枝布裂⑰，为天下戮⑱，孤之志必将出焉！"于是异日果与吴战于五湖⑲，吴师大败，遂大围王宫，城门不守，禽夫差，戮吴相⑳，残吴二年而霸。此先顺民心也。

【注释】

①越王：指越王勾践。会稽之耻：指越王勾践被吴王夫差战败，困于会稽，被迫屈膝求和一事。会稽，山名，在今浙江绍兴东南。

②致必死：决心舍命拼死的意思。

③靡曼：指美色。

④干肺：肺气枯竭。

⑤来：使……来（归依）。

⑥袭：衣外加衣。

⑦渍（zì）：病。

⑧属（zhǔ）：聚集。

⑨"愿一"句：这句的大意是，要与吴国一决胜负。下，疑是衍文。徼（yāo），求。衷，正。

⑩今："令"字之误。残：毁灭。

⑪履肝肺：形容战争残酷激烈，多所杀伤。履，踏，踩。

⑫接颈交臂：描写肉搏之状。偾（fèn）：僵仆，这里指死。

⑬事：所事。

⑭服：佩带。臂：用如动词，持。

⑮臣：奴仆。

⑯要（yāo）领不属（zhǔ）：指受腰斩、斩首之刑。要，古"腰"字。领，脖子。属，连。

⑰四枝布裂：指车裂，即五马分尸，古代一种最残酷的刑罚。四枝，即四肢。布，分散。

⑱戮：辱。

⑲五湖：这里指太湖。

⑳吴相：指太宰嚭（pǐ）。

【译文】

越王深为会稽之耻而痛苦，想要深得民心，以求和吴国拼死一战。

于是他身不安于枕席，口不尝食美味，眼不看美色，耳不听音乐。三年的时间，苦心劳力，唇干肺伤，对内爱抚群臣，对下休养百姓，以便使他们一心归顺自己。有甜美的食物，如不够分，自己不敢独自吃；有酒把它倒入江中，与人民共饮。靠自己亲身耕种吃饭，靠妻子亲手纺织穿衣。饮食禁求珍奇，衣服禁穿两层，衣饰禁用二色。时常出外巡视，随从车辆载着食物，去探望孤寡老弱中那些生病的、穷困的、面色憔悴的、饮食不足的人，一定亲自给他们食物吃。然后，他召集诸大夫，向他们宣告说："我愿与吴国一决胜负。让吴、越两国一道毁灭，士大夫踏肝践肺同日战死，我跟吴王颈臂相交肉搏而亡，这是我最大的愿望。如果这些办不到，从国内考虑估量我们的国力不足以损伤吴国，从国外考虑结盟的诸侯也不能毁灭它，那么，我将抛弃国家，离开群臣，身带佩剑，手执利刃，改变容貌，更换姓名，手执箕帚，充当奴仆，侍奉吴王，以便跟吴王决死于一旦之间。我虽然知道这样做会遭致腰断颈绝，头脚异处，四肢分裂，被天下人所羞辱，但是我的志向一定要付诸实施！"后来越国终于与吴国在五湖决战，吴国军队大败，越国军队于是包围了吴王的王宫，攻下城门，活捉了夫差，杀死了吴相，灭掉吴国之后二年，越国称霸诸侯。这都是先顺依民心的结果啊。

　　齐庄子请攻越①，问于和子②。和子曰："先君有遗令曰：'无攻越。越，猛虎也。'"庄子曰："虽猛虎也，而今已死矣。"和子曰以告鸮子③。鸮子曰："已死矣，以为生。"故凡举事，必先审民心，然后可举。

【注释】

①齐庄子：即田庄子，田和之父，齐宣公之相。

②和子：春秋时齐国田常的曾孙田和，公元前386年始列为诸侯，

　　为田姓齐国第一个国君。

　　③曰：疑是衍文（依孙人和说）。鸮（xiāo）子：齐国之相。

【译文】

　　齐庄子请求攻打越国，征求和子的意见。和子说："先君有遗命说：'不可攻打越国。越国是只猛虎。'"庄子说："虽然是只猛虎，但是现在已经死了。"和子把这话告诉鸮子，鸮子说："虽然已经死了，但人们还认为它活着。"所以，凡行事，一定要先考察民心，然后才可去做。

知　士

【题解】

　　本篇向统治者陈言，士中有"千里之马"，有待贤主去发现。全篇以"静郭君善剂貌辨"，剂貌辨为静郭君"外生乐，趋患难"的事例说明，只要君主"能自知人"，那么被"知"之士是乐于为知己者赴汤蹈火的。文章以一半以上的篇幅记载了剂貌辨这位策辩之士的言谈举止，予以肯定赞扬，或多或少地反映了纵横家的思想与风貌。

　　静郭君善剂貌辨之事与《战国策·齐一》所载基本相同，可参见。

　　三曰：

　　今有千里之马于此，非得良工①，犹若弗取。良工之与马也，相得则然后成，譬之若栟之与鼓。夫士亦有千里，高节死义，此士之千里也。能使士得千里者②，其惟贤者也。

【注释】

①良工：这里指善于相马的人。

②待：当为"得"字之误。

【译文】

　　第三：

假如有日行千里的骏马，但如果遇不到善于相马的人，仍然不会被当作千里马使用。善于相马的人与千里马须互相依赖，然后才得以成名，就像鼓槌和鼓彼此相依一样。士中也有超群出众的千里马。气节高尚、为正义而献身的人就是士中的千里马。能够使士施展千里马的本领的，大概只有贤人吧。

　　静郭君善剂貌辨①。剂貌辨之为人也多訾②，门人弗说。士尉以证静郭君③，静郭君弗听，士尉辞而去。孟尝君窃以谏静郭君④，静郭君大怒曰："刬而类⑤，揆吾家⑥，苟可以慊剂貌辨者⑦，吾无辞为也！"于是舍之上舍，令长子御⑧，朝暮进食。

【注释】

①静郭君：姓田名婴，号静郭君，战国时齐相，因受封于薛（在今山东滕州东南），又称薛公。他书或作"靖郭君"。剂貌辨：齐人，静郭君的门客。他书或作"齐貌辨"、"剧貌辨"。

②訾：通"疵（cī）"。过失。

③士尉：齐人，静郭君的门客。证：谏诤。

④孟尝君：静郭君之子，名文，号孟尝君。

⑤刬（chǎn）：铲除，消灭。而：尔，你（们）。

⑥揆（kuí）：通"暌"，离散（依王念孙说）。

⑦慊（qiàn）：满足。

⑧御：侍奉。

【译文】

　　静郭君很喜爱他的门客剂貌辨。剂貌辨为人毛病很多，其他门客都不喜欢他。士尉为此谏诤静郭君，静郭君不听，于是士尉告辞离开了静郭君的门下。孟尝君私下为此劝说静郭君,静郭君大怒说:"即使把你们都杀死,把我家拆得四分五裂,只要能让剂貌辨先生满足,我也在所不辞!"于是让剂貌辨住在上等客舍,让自己的长子侍奉他,早晚进献食物。

　　数年,威王薨①,宣王立②。静郭君之交,大不善于宣王,辞而之薛,与剂貌辨俱。留无几何,剂貌辨辞而行,请见宣王。静郭君曰:"王之不说婴也甚,公往,必得死焉。"剂貌辨曰:"固非求生也。请必行!"静郭君不能止。

【注释】

　　①威王:指齐威王。战国时齐国国君,姓田,名因齐,公元前356年—前320年在位。

　　②宣王:指齐宣王,齐威王之子,名辟疆,公元前319年—前301年在位。按:本文与《史记》所载不合。此处当从《战国策》,作"宣王薨,闵王立"。

【译文】

　　过了几年,齐宣王死了,齐闵王即位。静郭君的处世交往很不为闵王所赞许,静郭君辞官回到封地薛,仍跟剂貌辨在一起。在薛地住了没多久,剂貌辨辞行,请求去谒见闵王。静郭君说:"大王不喜欢我到极点了,您去必定遭到杀害。"剂貌辨说:"我本来就不是去求活命的。我一定要去!"静郭君劝阻不住他。

　　剂貌辨行,至于齐。宣王闻之,藏怒以待之。剂貌辨见,宣王曰:"子,静郭君之所听爱也?"剂貌辨答曰:"爱则有之,听则无有。王方为太子之时,辨谓静郭君曰:'太子之不仁,过颡涿视①,若是者倍反。不若革太子,更立卫姬婴儿校师②。'静郭君泫而曰:'不可,吾弗忍为也。'且静郭君听辨而为之也③,必无今日之患也。此为一也。至于薛,昭阳请以数倍之地易薛④,辨又曰:'必听之。'静郭君曰:'受薛于先王,虽恶于后王,吾独谓先王何乎? 且先王之庙在薛,吾岂可以先王之庙予楚乎?'又不肯听辨。此为二也。"宣王太息,动于颜色⑤,曰:"静郭君之于寡人,一至此乎⑥! 寡人少,殊不知此。客肯为寡人少来静郭君乎⑦?"剂貌辨答曰:"敬诺。"

【注释】

①过颡涿视:当作"过颐豕视"。过颐,下巴过宽,即所谓"耳后见腮"。颐,下巴。豕视,即相法所谓"下邪偷视"。过颐豕视,古人认为是不仁之相。

②校师:当是齐宣王的庶子,卫姬所生。

③且:相当于"若"。

④昭阳:战国时人,楚相。

⑤动:改变。颜色:指脸色。

⑥一:竟,乃。

⑦少:短时间,暂时。这样说是表示客气,意思是不敢长时间地烦扰对方。

【译文】

　　剂貌辨走了,到了齐国都城。闵王听说了,心怀恼怒等着他。剂貌辨拜见闵王,闵王说:"你就是静郭君言听计从、非常喜爱的那个人吧?"剂貌辨回答说:"喜爱是有,至于言听计从根本谈不上。当初大王正做太子的时候,我对静郭君说:'太子耳后见腮,下斜偷视,相貌不仁,像这样的人背理行事。不如废掉太子,改立卫姬的幼子校师。'静郭君流着泪说:'不行。我不忍心这样做。'如果静郭君听从我的话并这样做了,一定不会有今天的祸患。这是一个例证。回到薛地之后,楚相昭阳请求用大于薛几倍的土地交换薛地。我又说:'一定要应允他。'静郭君说:'我从先王那里承受了薛地,现在虽被后王所厌恶,但如果我把薛地换给别人,我在先王那里怎么交待呢? 再说先王的宗庙在薛,我怎么可以把先王的宗庙给楚国呢?'他又不肯听我的话。这是第二个例证。"闵王长叹,显出很激动的神色,说:"静郭君对我竟爱到这个地步吗? 我年纪幼小,这些都不知道。您愿意替我请静郭君稍稍来些日子吗?"剂貌辨回答说:"遵命。"

　　静郭君来,衣威王之服①,冠其冠,带其剑。宣王自迎静郭君于郊,望之而泣。静郭君至,因请相之。静郭君辞,不得已而受。十日,谢病强辞,三日而听。

【注释】

　　①威王之服:当是"宣王之服",宣王所赐之服。下文"冠"、"剑"都是宣王所赐。

【译文】

　　静郭君来到国都,穿着宣王所赐的衣服,戴着宣王所赐的帽子,佩着宣王所赐的宝剑。闵王亲自到郊外迎接静郭君,远远望见他就流下泪来。静郭君到了以后,闵王就要求拜静郭君做齐相。静郭君再三辞谢,不得已才接受下来。十天之后,他托病辞官,极力推辞,三天之后闵王才应允。

　　当是时也,静郭君可谓能自知人矣①。能自知人,故非之弗为阻。此剂貌辨之所以外生乐、趋患难故也。

【注释】

①自知：不待他人教谕而知。

【译文】

在当时，静郭君可称得上善于亲自了解人了。正因为他善于亲自了解人，所以别人的非议妨碍不了他。这正是剂貌辨之所以把生命与欢乐置之度外，为静郭君奔赴患难的缘故。

审　己

【题解】

　　本篇旨在论述"审己"的必要。所谓"审己",就是求诸己而不求诸人,求诸内而不求诸外的意思。文章一开始就指出:"凡物之然也,必有故","先王、名士、达师"之所以超过一般人,就在于他们"知故",即了解事物变化的原因。怎样才能做到这一点呢? 文章通过子列子问射于关尹子的例子回答了这个问题,这就是要"审己"。文章还列举了柳下季、齐湣王、越王授三个人的事例,从正反两方面阐明了"审己"、"知故"的重要。本篇思想与关尹学派相通。

　　四曰:

　　凡物之然也,必有故。而不知其故①,虽当,与不知同,其卒必困。先王、名士、达师之所以过俗者,以其知也②。水出于山而走于海,水非恶山而欲海也,高下使之然也。稼生于野而藏于仓,稼非有欲也,人皆以之也③。

【注释】

　　①而:相当于"若"。

②知：知故，即知道事物之所以这样的原因。

③以：用。

【译文】

第四：

　　大凡物之所以这样，必有原因。如果不知道它的原因，即使做事得当，也和不知相同，最终必为外物所困。先代君王、知名之士、通达之师之所以超过平庸之辈，正是因为他们知道事物之所以这样的原因。水从山中流出奔向大海，并不是水厌恶山而向往海，而是山高海低的形势使它这样的。庄稼生在田野而贮藏在仓中，并不是庄稼有这种欲望，而是人们都需用它啊。

　　故子路掩雉而复释之①。

　　子列子常射中矣②，请之于关尹子③。关尹子曰："知子之所以中乎？"答曰："弗知也。"关尹子曰："未可。"退而习之三年，又请。关尹子曰："子知子之所以中乎？"子列子曰："知之矣。"关尹子曰："可矣，守而勿失。"非独射也，国之存也，国之亡也，身之贤也，身之不肖也，亦皆有以④。圣人不察存亡、贤不肖，而察其所以也。

【注释】

①子路：孔子的弟子仲由，字子路。掩，覆而取之，罩住。

②子列子：战国时郑人，姓列，名御寇。子，古代对男子的尊称。常：通"尝"。

③关尹子：古代道家人物，名喜，为函谷关令，故又称关令尹。现存《关尹子》九篇是后世假托之作。

④有以：有原因。

【译文】

所以子路罩住野鸡却又放了它,是由于自己尚未知道捉到它的原因。

子列子曾射中目标,于是向关尹子请教关于射箭的道理。关尹子问:"你知道你射中的道理吗?"子列子回答说:"不知道。"关尹子说:"现在还不能跟你谈论大道。"子列子回去练习射箭,练了三年,又去请教。关尹子问:"你知道你射中的道理吗?"子列子说:"知道了。"关尹子说:"可以了,你要奉守它而不要失掉。"不只射箭如此,国家的生存,国家的灭亡,人的贤明,人的不肖,也都各有原因。圣人不去考察存亡和贤不肖本身,而是考察造成它们这样的原因。

齐攻鲁,求岑鼎①。鲁君载他鼎以往。齐侯弗信而反之②,为非,使人告鲁侯曰:"柳下季以为是③,请因受之。"鲁君请于柳下季,柳下季答曰:"君之赂以欲岑鼎也④,以免国也。臣亦有国于此⑤。破臣之国以免君之国,此臣之所难也。"于是鲁君乃以真岑鼎往也。且柳下季可谓此能说矣⑥。非独存己之国也,又能存鲁君之国。

【注释】

①岑(cén)鼎:鲁国宝鼎,因形高而锐,类岑之形,故名岑鼎。岑,小而高的山。

②反:同"返"。

③柳下季:春秋时鲁国大夫展禽,字季,因食邑柳下,故称柳下季,谥惠,故又称柳下惠。

④赂以欲岑鼎:等于说"赂以所欲之岑鼎"。

⑤国:喻持守之物,这里指信誉。

⑥且:相当于"若"。此:疑是衍文。

【译文】

　　齐国攻打鲁国,索取鲁国的岑鼎。鲁君用车拉着另一只鼎送到齐国。齐侯不相信,把它退了回来,认为不是岑鼎,并派人告诉鲁侯说:"如果柳下季认为这是岑鼎,我愿意接受它。"鲁君向柳下季求助。柳下季答复说:"您答应齐侯把岑鼎送给他,为的是使国家免除灾难。我自己这里也有个'国家',这就是信誉。毁灭我的'国家'来挽救您的国家,这是我难以办到的。"于是鲁君就把真的岑鼎运往齐国去了。像柳下季这样可称得上善于劝说国君了。不仅保持了自己的信誉这个"国家",又能保存住鲁君的国家。

　　齐湣王亡居于卫①,昼日步足,谓公玉丹曰②:"我已亡矣,而不知其故。吾所以亡者,果何故哉?我当已③。"公玉丹答曰:"臣以王为已知之矣,王故尚未之知邪④?王之所以亡也者,以贤也。天下之王皆不肖,而恶王之贤也,因相与合兵而攻王。此王之所以亡也。"湣王慨焉太息曰:"贤固若是其苦邪?"此亦不知其所以也。此公玉丹之所以过也。

【注释】

　　①齐湣王:战国时齐国国君,姓田,名地(一作遂),公元前300年—前284年在位,一度与秦昭王并称东、西帝,后燕合五国之兵攻齐,齐湣王逃到卫国。

　　②公玉丹:齐湣王之臣。

　　③已:止,这里是克服的意思。

　　④故:等于说"乃",竟,竟然。

【译文】

　　齐湣王流亡国外,住在卫国。有一次,白天散步,齐湣王对公玉丹说:"我已流亡国外了,却不知道流亡的原因。我之所以流亡,究竟是什么原因呢? 我当纠正自己的过失。"公玉丹回答说:"我以为大王您已经知道了呢,您竟然还不知道吗? 您之所以流亡国外,是因为您太贤明的缘故。天下的君主都不肖,因而憎恶大王您的贤明,于是他们互相勾结,合兵进攻大王。这就是大王您流亡的原因啊!"湣王很感慨,叹息说:"君主贤明原来要受这样的苦啊!"这也是不知道自己为什么灭亡啊! 这正是公玉丹之所以能够蒙骗他的原因。

　　越王授有子四人①。越王之弟曰豫,欲尽杀之,而为之后②。恶其三人而杀之矣③。国人不说,大非上。又恶其一人而欲杀之,越王未之听。其子恐必死,因国人之欲逐豫,围王宫。越王太息曰:"余不听豫之言,以罹此难也。"亦不知所以亡也。

【注释】

①越王授:勾践六世孙无颛(zhuān)。疑即《贵生》篇的"王子搜"。

②后:指王位继承人。

③恶(wù):诽谤,诋毁。

【译文】

　　越王授有四个儿子。越王的弟弟名叫豫,他想把越王的四个儿子全都杀掉,让自己成为越王的继承人。豫毁谤其中三子,让越王把他们杀掉了。国人很不满,纷纷指责王。豫又毁谤剩下的一子,想让越王杀掉他,越王没有听从豫的话。越王的儿子害怕自己被杀,于是借着国人的愿望把豫驱逐出国,并包围了王宫。越王叹息说:"我不听从豫的话,所以才遭到这样的灾祸。"这也是不知自己为什么灭亡啊。

精　通

【题解】

所谓"精通"是指人的精气相通,即文中所说的"精或往来"的意思。本篇旨在谈君道。文章认为君主与民精气相通,因此,君主只要做到"以爱利民为心"、"行德乎己",虽然"号令未出",也必然会达到"天下皆延颈举踵"、"四荒咸伤乎仁"的大治局面。本篇力图以"精气"说解释某些精神、心理现象,这种探索是值得肯定的。

五曰:

人或谓兔丝无根①。兔丝非无根也,其根不属也②,伏苓是③。慈石召铁④,或引之也。树相近而靡⑤,或轼之也⑥。圣人南面而立,以爱利民为心,号令未出,而天下皆延颈举踵矣,则精通乎民也。夫贼害于人,人亦然。

【注释】

①兔丝:即菟丝,一种寄生的蔓草。

②属(zhǔ):接连。

③伏苓:即茯苓,寄生在松树根上的一种块状菌。

④慈石：即磁石。古人认为，这种石可以吸铁，就像慈母吸引子女
　　一样，故名"慈石"。

⑤靡：通"摩（mó）"，摩擦。

⑥𫐐（rǒng）：推。

【译文】

第五：

有人说菟丝没有根。其实菟丝不是没有根，只是它的根与它不相连，茯苓就是它的根。磁石招来铁，是有一种力在吸引它。树木彼此生得近了，就要互相摩擦，是有一种力在推它。圣人面南为君，以爱民利民之心，号令还没有发出，天下人就都伸长脖子，踮起脚跟殷切盼望了。这是圣人与人民精气相通的缘故。暴君伤害人民，人民也会有相应的反应。

今夫攻者，砥厉五兵①，侈衣美食②，发且有日矣，所被攻者不乐，非或闻之也，神者先告也③。身在乎秦，所亲爱在于齐，死而志气不安，精或往来也。

【注释】

①砥（dǐ）厉：磨石。细者为砥，粗者为厉。这里用如动词，磨砺。五
　　兵：五种兵器。其说不一，通常指矛、戟、弓、剑、戈。

②侈衣美食：穿华丽之服，吃精美之食。古代打仗，将士出征前，往
　　往赏赐丰厚，故有"侈衣美食"之举。

③神者先告也：按文义"神"下不当有"者"字。

【译文】

假如有个国家准备进攻他国，正在磨砺兵器，犒赏军队，距离出征没几天了，这时即将遭受进攻的国家肯定不会快乐，并不是他们有人听到了风声，而是精神先感知到了。一个人身在秦国，他所亲爱的人在齐

国,如果在齐国的人死了,在秦国的人就会心神不安,这是精气互相往来的缘故啊!

德也者,万民之宰也。月也者,群阴之本也。月望则蚌蛤实①,群阴盈;月晦则蚌蛤虚②,群阴亏。夫月形乎天,而群阴化乎渊;圣人行德乎己,而四荒咸饬乎仁。

【注释】

①月望:月满。《释名·释天》说:"望,月满之名也。月大十六日,小十五日,日在东,月在西,遥相望也。"

②月晦:月光尽敛。时在农历的每月最后一日。

【译文】

品德是万民的主宰,月亮是各种属阴之物的根本。月满的时候,蚌蛤的肉就充实,各种属阴之物也都满盈;月光尽敛的时候,蚌蛤的肉就空虚,各种属阴之物也都亏缺。月相变化显现于天空,各种属阴之物都随着变化于深水之中。圣人修养自己的品德,四方荒远之地的人民都随着整饬自己,归向仁义。

养由基射兕①,中石,矢乃饮羽②,诚乎兕也。伯乐学相马③,所见无非马者,诚乎马也。宋之庖丁好解牛④,所见无非死牛者,三年而不见生牛,用刀十九年,刃若新䃺研⑤,顺其理,诚乎牛也。

【注释】

①养由基:春秋时楚国大夫,以善射著称。兕(sì):同"兕"。兽名,属犀牛类。一说即雌犀。

②饮羽:箭射入石中,尾部羽毛隐没不见。饮,没(mò)。

③伯乐:春秋秦穆公时人,以善相马著称。

④庖丁:名叫丁的厨师。解牛:分卸牛的肢体。庖丁解牛之事可参见《庄子·养生主》。

⑤鄜:通"磨"。

【译文】

养由基射咒,射中石头,箭羽没入石中,这是由于他把石头当成咒,精神集中于咒的缘故。伯乐学相马,眼睛看到的除了马以外没有别的东西,这是由于他精神集中于马的缘故。宋国的庖丁喜好分解牛的肢体,眼睛看到的没有不是死牛的,整整三年眼前不见活牛,一把刀用了十九年,刀刃仍然锋利得像刚刚磨过,这是由于他分解牛的肢体时顺着牛的肌理,精神集中于牛的缘故。

钟子期夜闻击磬者而悲①,使人召而问之曰:"子何击磬之悲也?"答曰:"臣之父不幸而杀人,不得生;臣之母得生,而为公家为酒;臣之身得生,而为公家击磬。臣不睹臣之母三年矣。昔为舍氏睹臣之母②,量所以赎之则无有,而身固公家之财也,是故悲也。"钟子期叹嗟曰:"悲夫! 悲夫! 心非臂也,臂非椎、非石也③。悲存乎心而木石应之。"故君子诚乎此而谕乎彼,感乎己而发乎人,岂必强说乎哉?

【注释】

①钟子期:春秋时楚人。

②昔:夜。这里指昨天夜晚。舍氏:未详。《新序·四》记载此事与本文略有不同,"舍氏",《新序》作"舍市"。

③椎(chuí):击磬工具,木制。石:指磬。

【译文】

钟子期夜间听到有人击磬，发出悲哀之声，就派人把击磬的人叫来，问他说："你击磬击出的声音怎么这么悲哀啊?"回答说："我的父亲不幸杀了人，无法活命;我的母亲虽得以活命，却没入官府替公家造酒;我自身虽得以活命，却替公家击磬。我已经三年没有见到自己的母亲了。昨天晚上在舍氏见到了我的母亲，思量用什么来赎她却什么都没有，而且想到连自身也是公家的财产，因此心中悲哀。"钟子期叹息说："可悲呀，可悲!心并不是手臂，手臂也不是椎，不是磬，但悲哀存于心中，而椎磬却能与它应和。"所以君子心中有所感，就会在外面表现出来，自己心中有所感，就可以影响到他人，哪里用得着一定要极力用言辞表述呢?

周有申喜者①，亡其母，闻乞人歌于门下而悲之，动于颜色，谓门者内乞人之歌者②，自觉而问焉③，曰："何故而乞?"与之语，盖其母也。故父母之于子也，子之于父母也，一体而两分，同气而异息。若草莽之有华实也④，若树木之有根心也。虽异处而相通，隐志相及，痛疾相救，忧思相感，生则相欢，死则相哀，此之谓骨肉之亲。神出于忠而应乎心，两精相得，岂待言哉?

【注释】

①申喜:周人。

②内(nà):同"纳"。

③自觉:疑是"自见"之误。

④莽:密生的草，也泛指草。

【译文】

有个叫申喜的周人,他的母亲失散了。有一天,他听到有个乞丐在门前唱歌,自己感到悲哀,脸色都变了。他告诉守门的人让唱歌的乞丐进来,亲自见她,并询问说:"什么原因使你落到求乞的地步?"交谈时才知道,那乞丐原来正是他的母亲。所以,无论父母对于子女来说,还是子女对于父母来说,实际都是一个整体而分为两处,精气相同而呼吸各异,就像草莽有花有果,树木有根有心一样。虽在异处却可彼此相通,潜藏于心中的志向互相联系,有病痛互相救护,有忧思互相感应,对方活着心里就高兴,对方死了心里就悲哀,这就叫做骨肉之亲。这种天性出于至诚,而彼此心中互相应和,两方精气相通,难道还要靠言语吗?

孟冬纪第十

孟　冬

【题解】

依五行学说，冬属水，是万物收敛闭藏的季节。所以天子发布政令，必须顺应冬阴闭藏之气。要命令百官督促百姓收敛聚藏，如"有不收藏积聚者"，"取之不诘"；要加高城墙，警戒城门里门，"备边境，完要塞"，"涂阙庭门闾，筑囹圄，以助天地之闭藏"；要祭祀"皇天上帝社稷寝庙山林名川"，祈求来年丰收，天子要"与卿大夫饬国典，论时令，以待来岁之宜。"

《孟冬》、《仲冬》、《季冬》三纪所统辖的文章，多是《节丧》、《安死》之类的内容。《吕氏春秋》的作者认为人的忠信、廉洁的品质也与闭敛有关，所以也将《至忠》、《忠廉》、《士节》、《介立》等篇放在这三纪之内。

一曰：

孟冬之月，日在尾①，昏危中②，旦七星中③。其日壬癸④，其帝颛顼⑤，其神玄冥⑥，其虫介⑦，其音羽⑧，律中应钟⑨。其数六⑩，其味咸，其臭朽⑪，其祀行⑫，祭先肾。水始冰，地始冻，雉入大水为蜃⑬。虹藏不见。天子居玄堂左个⑭，乘玄辂，驾铁骊⑮，载玄旂，衣黑衣，服玄玉，食黍与彘⑯，其器宏以弇⑰。

【注释】

①尾：星宿名，二十八宿之一；在今天蝎座。

②危：星宿名，二十八宿之一，在今宝瓶座及飞马座。

③七星：星宿名，即星宿，二十八宿之一，在今长蛇座。

④壬癸：五行说认为冬季属水，壬癸也属水，所以说"其日壬癸"。
下文"其帝颛顼，其神玄冥，其虫介，其音羽，其味咸，其臭朽，其
祀行"等等也都是先配五行再配四时的。

⑤颛顼：即高阳氏，五帝之一。五行家认为他以水德王天下，被尊
为北方水德之帝。

⑥玄冥：少皞之子，名循，被尊为水德之神。

⑦介：甲，指龟鳖之类有甲壳的动物。

⑧羽：五音之一。

⑨应钟：十二律之一，属阴律。

⑩六：阴阳说认为，水生数为一，成数为六，这里指水的成数。参看
《孟春》注。

⑪朽：指若有若无的气味。

⑫行：五祀之一。行指门内之地。

⑬雉：山鸡。大水：这里指淮河。蜃（shèn）：蛤蜊。

⑭玄堂左个：北向明堂的左侧室。

⑮铁骊：黑色的马。铁，表示黑色。骊，黑色马。

⑯彘（zhì）：猪。

⑰弇：掩闭，这里指器物的口敛缩而小。

【译文】

孟冬之月，太阳的位置在尾宿。初昏时刻，危宿出现在南方中天；
拂晓时刻，星宿出现在南方中天。孟冬于天干属壬癸，主宰之帝是颛

顼,佐帝之神是玄冥,应时的动物是龟鳖之类的甲族,相配的声音是羽音,音律与应钟相应。这个月的数字是六,味道是咸,气味是朽,要举行的祭祀是行祭,祭祀时祭品以肾脏为尊。这个月水开始结冰,地开始封冻,山鸡钻入淮水变成蛤蜊,彩虹消失不再出现。天子住在北向明堂的左侧室,乘坐黑色的车,车前驾黑色的马,车上插黑色的绘有龙纹的旗帜,天子穿黑色的衣服,佩带黑色的饰玉。吃的食物是黍米和猪肉,使用的器物宏大而敛口。

　　是月也,以立冬。先立冬三日,太史谒之天子曰:"某日立冬,盛德在水。"天子乃斋。立冬之日,天子亲率三公九卿大夫,以迎冬于北郊。还,乃赏死事①,恤孤寡。

【注释】

①死事:指为国事而死。

【译文】

　　这个月有立冬的节气,立冬前三天,太史向天子禀告说:"某天立冬,大德在于水。"于是天子斋戒,准备迎冬。立冬那天,天子亲自率领三公九卿大夫,到北郊去迎接冬的到来。迎冬回来,赏赐为国捐躯的大臣的子孙,抚恤救济这些大臣遗留的孤儿寡妇。

　　是月也,命太卜祷祠龟策①,占兆审卦吉凶②。于是察阿上乱法者则罪之③,无有掩蔽。

【注释】

①太卜:掌管卜筮的官,又叫卜正。龟策:龟指龟甲,策指蓍草,都是占卜的用具。

②占:视。兆:占卜时龟甲上烧出的裂纹。审:仔细研究。卦:
　卦象。

③阿(ē)上:阿谀上司。

【译文】

　　这个月,命令掌管卜筮的太卜,祈祷于龟策,看兆象,算卦数,来考
察吉凶。这时候,要察访那些曲意逢迎上司而扰乱法制的人,判他们的
罪,不得有所包庇。

　　是月也,天子始裘,命有司曰:"天气上腾,地气下降,天
地不通,闭而成冬。"命百官谨盖藏。命司徒循行积聚①,无
有不敛;坿城郭②,戒门闾,修楗闭③,慎关籥④,固封玺⑤,备
边境,完要塞,谨关梁,塞蹊径,饬丧纪,辨衣裳,审棺椁之厚
薄⑥,营丘垄之小大、高卑、薄厚之度⑦,贵贱之等级。

【注释】

①循行:巡视。

②坿(fù):增加。指加高加固城墙。

③楗:门上的木栓。闭:穿门闩的孔。

④关:当作"管"。管籥:锁钥。

⑤封玺(xǐ):指盖有印章的加封处。

⑥棺:内棺。椁(guǒ):外棺。

⑦丘垄:坟墓。

【译文】

　　这个月,天子开始穿皮衣。命令主管官吏说:"天气上腾,地气下
降,天地之气不能相通,封闭而形成冬天。"命令百官谨慎对待仓廪府库
之事。命令司徒去各地巡视积聚的情况,不得有没积聚的谷物。要加

高加固城墙,警戒城门里门,维修门闩门鼻,小心钥匙锁头,加固印封,守备边境,修茸要塞,谨慎关卡桥梁,堵住田间小路,整饬丧事的规格,分别随葬的衣服,审察棺椁的厚薄,营造坟墓的大小、高低、厚薄,都要按照贵贱的等级。

　　是月也,工师效功①,陈祭器,按度程,无或作为淫巧,以荡上心,必功致为上。物勒工名②,以考其诚;工有不当,必行其罪③,以穷其情。

【注释】

①工师:工官之长。效功:呈上百工所做的器物,意为考核功效。

②勒:刻。工:指制作器物的工匠。

③行:施予。

【译文】

　　这个月,命令工师献上百工制作的器物,考核工效;摆出他们制作的祭器,看是否依照法度程式。不得制作过于奇巧的器物来摇动在上位者的奢侈之心,一定要以精密为佳。器物要刻上工匠的名字,以此来考察他们是否信诚。如果有不精细之处,一定要加以治罪,来追究他们的诈巧之情。

　　是月也,大饮蒸①,天子乃祈来年于天宗②。大割③,祠于公社及门闾④,飨先祖五祀⑤,劳农夫以休息之。天子乃命将率讲武,肄射御、角力。

【注释】

①大饮:盛大的宴饮。蒸:祭名。这句意思是说,蒸祭结束后君臣

大饮酒。

②天宗:指日月星辰。日为阳宗,月为阴宗,北辰为星宗。

③大割:指大杀祭祀用的牺牲。

④公社:官社、国社,即祭祀后土之神的地方。

⑤飨:飨祀。五祀:指户、灶、门、中霤、行等五种祭祀。

【译文】

这个月,天子诸侯与群臣在蒸祭之后,举行盛大的宴饮。天子向日月星辰等在天之神祈求明年五谷丰登。大杀牺牲,在官社及门闾祈祷,然后祭祀先祖、五祀,慰劳农夫,使他们休养生息。天子命令将帅讲习武事,教军士练习射箭、驾车,比试体力。

是月也,乃命水虞渔师收水泉池泽之赋①,无或敢侵削众庶兆民,以为天子取怨于下,其有若此者,行罪无赦。

【注释】

①水虞:掌管水利的官。渔师:掌管水产的官。赋:税。

【译文】

这个月,命令掌管水利水产的官吏向百姓收缴水泉池泽的赋税,不得擅自侵犯百姓的利益,给天子在百姓中结下怨恨。有敢于这样做的人,一定要治罪而不得宽赦。

孟冬行春令,则冻闭不密①,地气发泄,民多流亡。行夏令,则国多暴风,方冬不寒,蛰虫复出。行秋令,则雪霜不时,小兵时起②,土地侵削。

【注释】

①密:致密,这里指冰冻得结实。

②小兵:指小的战争。

【译文】

　　孟冬实行应在春天发布的政令,那么,冰封地冻就不牢固,地气就会宣泄散发,百姓就会多所流亡。如果实行应在夏天实行的政令,那么,国家就会多暴风,正处冬天而不寒冷,蛰伏的动物就会重新出来。如果实行应在秋天实行的政令,那么,霜雪就不能按时到来,小的战争就会不断发生,外寇就会侵扰边境。

节　丧

【题解】

　　本篇提倡"节丧",反对"厚葬",其思想倾向属于墨家学派。但本篇主张"节丧",出发点是"为死者虑",是为了避免坟墓被掘,是为了"安死"。因此,文章结尾说,厚葬倘若真有利于死者,即使"贫国劳民",也"不辞为也"。这种思想又是与墨家学说不同的。

　　二曰:

　　审知生,圣人之要也;审知死,圣人之极也①。知生也者,不以害生,养生之谓也;知死也者,不以害死,安死之谓也②。此二者,圣人之所独决也③。

【注释】

　　①极:通"亟",急务。

　　②安死:使死者安宁。

　　③决:决断。这里有知晓的意思。

【译文】

　　第二:

　　洞察生命,是圣人的要事,洞察死亡,是圣人的急务。洞察生命,目的在于不以外物伤害生命,即为了养生;洞察死亡,目的在于不以外物损害死者,即为了安死。这两件事惟独圣人才能知晓。

凡生于天地之间,其必有死,所不免也。孝子之重其亲也,慈亲之爱其子也,痛于肌骨,性也。所重所爱,死而弃之沟壑,人之情不忍为也,故有葬死之义①。葬也者,藏也,慈亲孝子之所慎也。慎之者,以生人之心虑。以生人之心为死者虑也,莫如无动,莫如无发②。无发无动,莫如无有可利,则此之谓重闭③。

【注释】

①葬死:当作"葬送"(依孙人和说)。

②发:掘开。

③重闭:大闭,指永远埋藏。

【译文】

凡生活于天地间的事物,它们必然要有死亡,这是不可避免的。孝子尊重他们的父母,慈亲疼爱他们的子女,尊重、疼爱之心深入肌骨,这是天性。所尊重、所疼爱的人,死后却把他们抛入沟壑,这是人之常情所不忍心做的,因而产生了给死者安葬送终的道义。葬就是藏的意思,这是慈亲孝子应慎重对待的事。所谓慎重,就是说凭着活着的人的心思考虑。凭着活着的人的心思为死者考虑,没有比不使死者被扰动更重要了,没有比不让坟墓被掘开更重要了。而要达到这个目的,没有比让坟墓中无利可图更保险了,这就叫做大闭。

古之人有藏于广野深山而安者矣,非珠玉国宝之谓也,葬不可不藏也。葬浅则狐狸抇之①,深则及于水泉。故凡葬必于高陵之上，以避狐狸之患、水泉之湿。此则善矣，而忘奸邪、盗贼、寇乱之难，岂不惑哉？譬之若瞽师之避柱也[2]，避柱而疾触杙也[3]。狐狸、水泉、奸邪、盗贼、寇乱之患[4]，此杙之大者也。慈亲孝子避之者，得葬之情矣。

【注释】

①扣（hú）：发掘。

②瞽（gǔ）师：盲乐师。古代乐师多用瞽者担任，故称瞽师。瞽，目盲。

③杙（yì）：一头尖的短木，小木桩。

④狐狸、水泉：本文以柱喻"狐狸、水泉"，以杙喻"奸邪、盗贼、寇乱之难"，据文义，此处"狐狸、水泉"四字当衍。

【译文】

　　古代的人有葬于广野深山之中而平安至今的。使死者安葬，不是说要靠珠玉国宝，而是说葬不可不隐蔽埋藏。葬浅了，狐狸就会掘开它；葬深了，就会与泉水相接。所以，凡葬一定葬在高高的土山之上，以便避开狐狸的危害、泉水的浸渍。这样做好是好，但是如果忘了恶人、盗贼、匪乱的祸害，岂不是胡涂吗？这就像盲人乐师躲避柱子一样，虽然避开了柱子，却用力撞到了尖木桩上。恶人、盗贼、匪乱的祸害，那是大大的尖木桩啊！慈亲孝子埋葬死者能够避开那些祸害，就获得葬的本义了。

　　善棺椁[1]，所以避蝼蚁蛇虫也。今世俗大乱，之主愈侈其葬[2]，则心非为乎死者虑也，生者以相矜尚也。侈靡者以为荣，俭节者以为陋，不以便死为故[3]，而徒以生者之诽誉为务。此非慈亲孝子之心也。父虽死，孝子之重之不怠；子虽死，慈亲之爱之不懈。夫葬所爱所重，而以生者之所甚欲，其以安之也，若之何哉？

【注释】

①椁（guǒ）：棺材外面套的大棺。

②之主：当作"人主"。

③便：利。故：事。

【译文】

使棺椁坚实，是为了避开蝼蚁蛇虫。如今社会风气大坏，君主行葬越来越奢侈，他们心中不是为死者考虑，而是活着的人借以彼此夸耀，争出人上。他们把奢侈浪费的行为看作光荣，把俭省节约的行为看作鄙陋，不把利于死者当回事，只是一心考虑活着的人的毁谤、赞誉，这不是慈亲孝子的想法。父母虽然死了，孝子对父母的尊重不会懈怠；子女虽然死了，慈亲对他们的疼爱不会减弱。埋葬所疼爱、所尊重的人，却用活着的人十分想得到的东西陪葬，想靠这些东西使死者安宁，其结果会怎么样呢？

民之于利也，犯流矢，蹈白刃，涉血蓺肝以求之①。野人之无闻者，忍亲戚、兄弟、知交以求利。今无此之危，无此之丑，其为利甚厚，乘车食肉，泽及子孙。虽圣人犹不能禁，而况于乱？

【注释】

①涉（dié）血：流血。涉，意同"喋"。蓺（zhōu）肝：这里指残杀。蓺，引击。

【译文】

百姓对于利,冒着飞箭,踩着利刃,流血残杀去追求它。鄙野之人未闻礼义的,残忍地对待父母、兄弟、朋友而去追求利。如今,刨坟掘墓没有这种危险,没有这种耻辱,而得利十分丰厚,可以乘车吃肉,恩惠延及子孙。这种情况即使是圣人尚且禁止不住,更何况昏乱之君呢?

国弥大,家弥富,葬弥厚。含珠鳞施①,玩好货宝②,钟鼎壶滥③,舆马衣被戈剑,不可胜其数。诸养生之具,无不从者。题凑之室④,棺椁数袭⑤,积石积炭,以环其外。奸人闻之,传以相告。上虽以严威重罪禁之,犹不可止。且死者弥久,生者弥疏;生者弥疏,则守者弥怠;守者弥怠而葬器如故,其势固不安矣。

【注释】

①含(hàn)珠:死者口中所含的珍珠。鳞施:玉制的葬服。把玉石琢成各种形状的小薄片,角上穿孔,联缀而成。因套在死者身上有如鱼鳞,故名"鳞施",又名"玉匣"。

②玩好(hào):赏玩、嗜好的物品。

③滥(jiàn):通"鉴",浴盆。

④题凑:古代天子的椁制,也赐用于大臣。椁室用大木累积而成,好像四面有檐的屋子,木的头都向内,故名题凑。题,头。凑,聚。

⑤袭:重(chóng),层。

【译文】

国越大,家越富,陪葬的器物就越丰厚。死者口含的珍珠、身穿的玉衣,赏玩、嗜好的物品,财货珍宝,钟鼎壶鉴,车马衣被戈剑,数也数不尽。

各种养生之器无不随葬。题凑的椁室，里面棺椁数层，并堆积石头、木炭，环绕在棺椁之外。恶人闻知此事，互相传告。君主尽管用严刑重罚禁止他们，仍然禁止不住。再说，死者死去的时间越久远，活着的人对他的感情就越疏远；感情越疏远，守墓人就越懈怠；守墓人越来越懈怠，可是墓中陪葬的器物却同原来一样，这种形势当然就不安全了。

世俗之行丧，载之以大辁①，羽旄旌旗、如云偻翣以督之②，珠玉以佩之③，黼黻文章以饬之④，引绋者左右万人以行之⑤，以军制立之然后可⑥。以此观世⑦，则美矣，侈矣；以此为死，则不可也。苟便于死，则虽贫国劳民，若慈亲孝子者之所不辞为也。

【注释】

①辁（chūn）：载棺柩的车。

②羽旄旌旗：泛指各种旗帜。旄，竿顶用牦牛尾为饰的旗。旌，用牦牛尾和彩色鸟羽作竿饰的旗。如云偻（liǔ）翣（shà）：因偻翣之上画有云气，故称"如云偻翣"。偻，盖在柩车上的饰物。翣，用羽毛制成的伞形之物，有柄，灵车行时持之在两旁随行。督：正，这里有装饰的意思。

③佩：装饰。

④黼黻（fǔfú）：古代礼服上绘绣的花纹。黑白相间的花纹叫黼，黑与青相间的花纹叫黻。文章：错杂的色彩或花纹。古以青赤相配为文，赤白相配为章。饬：通"饰"。

⑤绋（fú）：牵引棺柩的绳索。古时送葬都执绋。

⑥军制：军法。

⑦观：显示给人看。

【译文】

世俗之人举行葬礼,用大车载着棺枢,各种旗帜、画有云气的偻翣相随,棺枢之上点缀着珠玉,涂饰了各种花纹。灵车左右执绋送葬的有万人,牵引灵车行进,这么多人得用军法指挥才行。举行这种葬礼给世人看,那是够美的了,够盛大的了;但是用这种葬礼安葬死者,那是不行的。倘若厚葬真有利于死者,那么即使它会使国家贫困、人民劳苦,慈亲孝子也是不会拒绝的。

安 死

【题解】

本篇与《节丧》主旨相同,内容相似,实为一意而分为两篇。所谓"安死"是使死者安宁的意思。怎样才能做到"安死"呢?文章批评了世上厚葬的作法,根据"大墓无不"的现实,提出"以俭节葬死"的主张。文章指出:"先王之葬,必俭,必合,必同",这样做不是"爱其费",也不是"恶其劳",而是"为死者虑"。只有"节丧",才能实现"安死",才算是真正的"爱人"。

三曰:

世之为丘垄也[1],其高大若山,其树之若林,其设阙庭、为宫室、造宾阼也若都邑[2]。以此观世示富则可矣,以此为死则不可也。夫死,其视万岁犹一瞬也[3]。人之寿,久之不过百,中寿不过六十。以百与六十为无穷者之虑,其情必不相当矣。以无穷为死者之虑,则得之矣。

【注释】

①丘垄:坟墓。

②阙：墓阙，陵墓前两边的石牌坊。宾阼（zuò）：堂前东西阶。古代
　　宾主相见，宾自西阶而上，主人立于东阶，故西阶称宾，东阶
　　称阼。

③瞚（shùn）：同"瞬"，眨眼。

【译文】

第四：

世人建造坟墓，高大如山，坟墓上种树，茂密如林，墓地修建墓阙、
庭院，建筑宫室，建造东西石阶，像都邑一样。用这些向世人夸耀财富，
那是可以的；但是用这些安葬死者却不行。对于死者来说，看待一万年
就像是一瞬。人的寿命，长的不超过百岁，一般的不超过六十岁。根据
百岁或六十岁寿命的需要替无限久远的死者考虑，它们的实际情况必
定不相适合。根据无限久远的需要替死者考虑，就掌握葬死的本义了。

今有人于此，为石铭置之垄上，曰："此其中之物，具珠
玉、玩好、财物、宝器甚多①，不可不抇，抇之必大富，世世乘
车食肉。"人必相与笑之，以为大惑。世之厚葬也，有似
于此。

【注释】

①具：置，备。宝器：珍贵的器物，多指鼎彝等传国重器。

【译文】

假如有这样一个人，制作一块刻字的石碑立在墓地上，写道："这里
面的器物，有珠玉、玩好、财物、宝器，十分丰富，不可不发掘，掘开它一
定大富，可以世世代代乘车吃肉。"人们一定一起嘲笑他，认为这个人太
糊涂。世上的厚葬与此相似。

自古及今，未有不亡之国也；无不亡之国者，是无不抇之墓也。以耳目所闻见，齐、荆、燕尝亡矣①，宋、中山已亡矣，赵、魏、韩皆亡矣②，其皆故国矣。自此以上者，亡国不可胜数，是故大墓无不抇也。而世皆争为之，岂不悲哉？

【注释】

①齐、荆、燕尝亡矣：史实未详。

②韩、赵、魏皆亡矣：此处记载与史实有出入。疑"亡"字当另有所指，未详。一说"亡"字用为国势乱弱、大权旁落、人主不能行其制之义。

【译文】

从古到今，没有不灭亡的国家；没有不灭亡的国家，这就没有不被挖掘的坟墓。就人们耳闻目睹来说，齐、楚、燕曾经灭亡过，宋、中山已经灭亡了，赵、魏、韩都灭亡了，它们都成了古国。从它们再往前，灭亡的国家数也数不尽，因此，大墓没有不被掘开的。但是世人却都争着造大墓，难道不可悲吗？

君之不令民①，父之不孝子，兄之不悌弟②，皆乡里之所釜鬵者而逐之③。惮耕稼采薪之劳，不肯官人事④，而祈美衣侈食之乐，智巧穷屈⑤，无以为之，于是乎聚群多之徒，以深山广泽林薮⑥，扑击遏夺⑦，又视名丘大墓葬之厚者⑧，求舍便居⑨，以微抇之，日夜不休，必得所利，相与分之。夫有所爱所重，而令奸邪、盗贼、寇乱之人卒必辱之，此孝子、忠臣、亲父、交友之大事。

【注释】

①令：善。

②悌（tì）：敬爱兄长。

③所釜（fǔ）鬵（lì）者：用釜鬵吃饭的人。这里指所有的人。釜，古代
　炊器，类似于今天的锅。鬵，古代炊器，陶制，三足，中空。"釜"、
　"鬵"都用如动词。

④官：从事。人事：指耕稼、劳役一类的事。

⑤屈（jué）：竭，尽。

⑥薮（sǒu）：草木茂盛的沼泽地。

⑦遏：阻止，这里是拦劫的意思。

⑧名丘：与"大墓"同义。名，大。

⑨便居：方便有利的住所。

【译文】

　　国君的刁滑之民，父亲的不孝之子，兄长的违逆之弟，他们都是被
乡里一致驱逐的人。他们害怕耕种、打柴之苦，不肯从事各种劳役，却
追求锦衣玉食之乐；当智谋巧诈用尽，仍无法得到时，于是就聚集起很
多人，凭借深山、大湖、树林和沼泽，拦路打劫；又探察葬器丰厚的大墓，
想办法住到坟墓附近便于盗墓的住所，暗中挖掘，日夜不止，一定要获
得其中的财物，一起瓜分。对所疼爱、所尊重的人，却让恶人、盗贼、匪
寇终归必定凌辱他们，这是孝子、忠臣、慈父、挚友当忧虑的大事。

　　尧葬于谷林①，通树之②；舜葬于纪市③，不变其肆④；禹
葬于会稽，不变人徒⑤。是故先王以俭节葬死也，非爱其费
也，非恶其劳也，以为死者虑也。先王之所恶，惟死者之辱
也。发则必辱，俭则不发。故先王之葬，必俭，必合，必同。
何谓合？何谓同？葬于山林则合乎山林，葬于阪隰则同乎

阪隰⑥。此之谓爱人。夫爱人者众,知爱人者寡。故宋未亡而东冢掘⑦,齐未亡而庄公冢掘。国安宁而犹若此,又况百世之后而国已亡乎? 故孝子、忠臣、亲父、交友不可不察于此也。夫爱之而反危之,其此之谓乎!《诗》曰:"不敢暴虎,不敢冯河。人知其一,莫知其他⑧。"此言不知邻类也。

【注释】

①谷林:地名。传说尧葬于成阳(在今山东曹县东北),疑谷林即在成阳。

②通:遍。

③纪市:地名。传说舜葬于江南九疑(在今湖南宁远南),疑纪市即在九疑山下。

④肆:市上的作坊、店铺。

⑤变:动。这里是烦扰的意思。人徒:众人。

⑥阪(bǎn):山坡。隰(xí):潮湿的低洼地。

⑦东冢(zhǒng):指宋文公之墓,因墓在城东,故称东冢。冢,隆起的坟墓。

⑧"不敢"四句:引诗见《诗经·小雅·小旻(mín)》。暴虎,徒手搏虎。冯(píng),徒涉。原诗指人们都知道"暴虎"、"冯河"的危险,因而不敢去做,却不知不畏惧小人也会招致祸害。这里取"人知其一,莫知其他"句意,批评世人只知爱死者,却不知爱法不当会带来其他祸害。

【译文】

尧葬在谷林,墓上处处种上树;舜葬在纪市,市上的作坊、店铺没有任何变动;禹葬在会稽,不烦扰众人。由此看来,先王以节俭的原则安葬死者,不是吝惜钱财,也不是嫌耗费人力,完全是为死者考虑。先王所嫌恶的,是死者受辱。坟墓如果被盗掘,死者肯定要受到凌辱,如果俭葬,墓就不会被盗掘。所以,先王安葬死者,一定要做到俭,一定做到合,一定做到同。什么叫合?什么叫同?葬于山林就与山林合为一体,葬于山坡或低湿之地,就与山坡或低湿之地环境相同。这就叫作爱人。爱人的人很多,但真正懂得爱人的人很少。所以,宋国还没有灭亡,东家就被盗掘;齐国还没有灭亡,庄公的墓就被盗掘。国家安定尚且如此,又何况百世之后国家已经灭亡了呢?所以孝子、忠臣、慈父、挚友对此不可不明察。原本是敬爱死者,结果却反而害了他们,大概指的就是厚葬一类事吧。《诗》中说:"不敢徒手搏虎,不敢徒涉黄河。人们只知此一端,不知还有其他灾祸。"这是说不知类推啊!

　　故反以相非①,反以相是。其所非方其所是也,其所是方其所非也。是非未定,而喜怒斗争反为用矣。吾不非斗,不非争,而非所以斗,非所以争。故凡斗争者,是非已定之用也。今多不先定其是非,而先疾斗争,此惑之大者也。

【注释】

　　①"故反"以下十五句:此段内容与全文不合,疑他篇之文错简于此。

【译文】

　　所以,忽而翻转过去加以反对,忽而翻转过来表示赞同。他们所反对的正是他们所赞同过的,他们所赞同的正是他们所反对过的。是非尚未确定,而喜怒斗争反倒都用上了。我们不反对斗,也不反对争,但是反对驱使人们糊里糊涂斗、糊里糊涂争。因此,凡争斗,都是是非确定以后才采用的手段。如今人们大多不先确定是非,却先急急忙忙地争斗,这是最胡涂的。

　　鲁季孙有丧①，孔子往吊之。入门而左，从客也②。主人以玙璠收③，孔子径庭而趋④，历级而上，曰："以宝玉收，譬之犹暴骸中原也⑤。"径庭历级，非礼也；虽然，以救过也⑥。

【注释】

①季孙：春秋时鲁国最有权势的贵族。丧：指季平子意如之丧。

②从客：就客位。

③主人：主丧之人，指季桓子，季平子之子，名斯。玙璠（yúfán）：鲁国的宝玉。收：殓，装殓。

④径庭：穿行，指自西阶之下越过中庭而向东行。

⑤暴骸（pùhái）：暴露。中原：原野之中。

⑥救：阻止。

【译文】

　　鲁国季孙氏举办丧事，孔子去吊丧。进门之后，站到左边，立于宾客的位置。主丧的季桓子用鲁国的宝玉装殓死者。孔子从西阶下穿过中庭快步向东，登东阶而上，说："用宝玉装殓死者，就像是把尸体暴露在原野上一样。"穿过中庭，登阶而上是不合于宾客礼仪的；虽然不合礼仪，但孔子仍然这样做了，这是为了阻止过失啊！

异　宝

【题解】

本篇摒弃了世俗关于"宝"的概念,主张以道德为宝。文章一开始就提出:"古之人非无宝也,其所宝者异也。"接着列举了三个例子加以论证:其一是孙叔敖"知不以利为利",告诫其子"必无受利地";其二是江上之丈人拒不接受伍员赠与的千金之剑;其三是宋子罕"以不受为宝",拒不接受"野人"献上的宝玉。这三位古人"所宝者"与世人"异",其原因何在?文章认为这是由于他们的智慧"异乎俗"的缘故。人的智力高低决定了人们对宝物价值的认识,正如本篇结尾所说:"其知弥精,其所取弥精;其知弥粗,其所取弥粗。"

四曰:

古之人非无宝也,其所宝者异也。

【译文】

第四:

古代的人不是没有宝物,只是他们看作宝物的东西与今人不同。

孙叔敖疾,将死,戒其子曰①:"王数封我矣,吾不受也。

为我死^②，王则封汝，必无受利地。楚、越之间有寝之丘者^③，此其地不利，而名甚恶^④。荆人畏鬼，而越人信机^⑤。可长有者，其唯此也。"孙叔敖死，王果以美地封其子，而子辞，请寝之丘，故至今不失。孙叔敖之知，知不以利为利矣。知以人之所恶为己之所喜，此有道者之所以异乎俗也。

【注释】

①戒：同"诫"。

②为：等于说"如"。

③寝之丘：春秋楚邑，在今河南固始、沈丘两县之间。

④而名甚恶："寝丘"含有陵墓之义，所以这样说。恶，凶险。

⑤机（jī）：迷信鬼神和灾祥。

【译文】

孙叔敖病了，临死的时候告诫他的儿子说："大王多次赐给我土地，我都没有接受。如果我死了，大王赐给你土地，你一定不要接受肥沃富饶的土地。楚国和越国之间有个寝丘，这个地方土地贫瘠，而且地名十分凶险。楚人畏惧鬼，而越人迷信鬼神和灾祥。所以，能够长久占有的封地，恐怕只有这块土地了。"孙叔敖死后，楚王果然把肥美的土地赐给他的儿子，但是孙叔敖的儿子谢绝了，请求赐给寝丘，所以这块土地至今没有失掉。孙叔敖的智慧，在于懂得不把世俗心目中的利益看作利益。懂得把别人所厌恶的东西当作自己所喜爱的东西，这就是有道之人之所以不同于世俗的原因。

　　五员亡^①，荆急求之，登太行而望郑曰："盖是国也，地险而民多知；其主，俗主也，不足与举。"去郑而之许，见许公而问所之。许公不应，东南向而唾^②。五员载拜受赐^③，曰："知所之矣。"因如吴。过于荆，至江上，欲涉，见一丈人，刺小船④，方将渔，从而请焉⑤。丈人度之⑥，绝江⑦。问其名族⑧，则不肯告，解其剑以予丈人，曰："此千金之剑也，愿献之丈人。"丈人不肯受，曰："荆国之法，得五员者，爵执圭⑨，禄万檐⑩，金千镒⑪。昔者子胥过⑫，吾犹不取，今我何以子之千金剑为乎？"五员过于吴⑬，使人求之江上，则不能得也。每食必祭之，祝曰："江上之丈人！天地至大矣，至众矣，将奚不有为也？而无以为⑭。为矣，而无以为之。名不可得而闻，身不可得而见，其惟江上之丈人乎！"

【注释】

①五员（yún）：即伍员。

②"许公"二句：许公想让伍员投奔吴国，但又不敢得罪楚国这个强大的近邻，所以"不应"，而以向吴国所在的东南方而唾示意。

③载：通"再"。

④刺：撑。

⑤从：就，走近。

⑥度：渡。

⑦绝：横渡，渡过。

⑧族：姓。

⑨执圭（guī）：春秋时诸侯国爵位名称。圭，玉制礼器，上尖下方。也作"皀"。形制大小因爵位及用途不同而异。天子（或诸侯）把圭赐给功臣，让他们执圭朝见，故名"执圭"。

⑩檐（dān）：通"儋"，今作"担"，容积为一石。

⑪镒：古代重量单位，二十两为一镒。一说二十四两为一镒。

⑫子胥：伍员的字。老人揣度渡江人是伍员，故这样说作为拒绝接

受赠剑的托词，并非一定真有此事。

⑬过：等于说"至"。

⑭无以为：等于说"无所以为"，即无所求的意思。

【译文】

伍员逃亡，楚国紧急追捕他。他登上太行山，遥望郑国说："这个国家，地势险要而人民多有智慧；但是它的国君是个凡庸的君主，不足以跟他谋举大事。"伍员离开郑国，到了许国，拜见许公并询问自己宜去之地。许公不回答，向东南方吐了一口唾沫。伍员再拜接受赐教说："我知道该去的地方了。"于是去往吴国。路过楚国，到了长江岸边，想要渡江。他看到一位老人，撑着小船，正在打鱼，于是走过去请求老人送他过江。老人摆渡他，横着渡过了长江。伍员问老人的姓名，老人却不肯告诉他。伍员解下自己的宝剑送给老人，说："这是价值千金的宝剑，我愿意把它奉献给您。"老人不肯接受，说："按照楚国的法令，捉到伍员的，授予执圭爵位，享受万石俸禄，赏给黄金千镒。从前伍员从这里经过，我尚且不捉他去领赏，如今我接受你价值千金的宝剑做什么呢？"伍员到了吴国，派人到江边去寻找那位老人，却无法找到了。伍员每次吃饭一定要祭祀那位老人，祷告说："江上的老人啊！天地之德大到极点了，养育万物多到极点了，天地何所不为？却毫无所求。人世间，做了有利于别人的事，却毫无所求，名字无法得知，身影无法得见，达到这种境界的恐怕只有江边的老人吧！"

宋之野人耕而得玉，献之司城子罕①，子罕不受。野人请曰："此野人之宝也，愿相国为之赐而受之也。"子罕曰："子以玉为宝，我以不受为宝。"故宋国之长者曰："子罕非无宝也，所宝者异也。"

【注释】

①司城子罕：春秋时宋国的执政大臣。司城，官名，即司空，相当于
相国，执掌国政，为春秋时宋国所设置。

【译文】

宋国一个农夫耕地得到了一块玉，把它献给司城子罕，子罕不接
受。农夫请求说："这是我的宝物，希望相国赏小人脸而把它收下。"子
罕说："你把玉当作宝物，我把不接受别人的赠物当作宝物。"所以宋国
德高望重的人说："子罕不是没有宝物，只是他的宝物与别人不同啊！"

今以百金与抟黍以示儿子①，儿子必取抟黍矣；以和氏
之璧与百金以示鄙人②，鄙人必取百金矣；以和氏之璧、道德
之至言以示贤者，贤者必取至言矣。其知弥精，其所取弥
精；其知弥粗，其所取弥粗。

【注释】

①抟（tuán）黍：捏成团的黄米饭。
②和氏之璧：春秋时楚人和氏（卞和）所得的宝玉。

【译文】

假如现在把百金和黄米饭团摆在小孩面前，小孩一定去抓黄米饭
团了；把和氏之璧和百金摆在鄙陋无知的人面前，鄙陋无知的人一定拿
走百金了；把和氏之璧和关于道德的至理名言摆在贤人面前，贤人一定
听取至理名言了。他们的智慧越精深，所取的东西就越珍贵；他们的智
慧越低下，所取的东西就越粗陋。

异　用

【题解】

　　本篇论述人们对物的使用不同是"治乱、存亡、死生"的根本所在。文章主要列举了三位古代圣贤的事例：汤网收三面而得四十国；文王葬朽骨，博得天下人心；孔子以六尺之杖"谕贵贱之等，辨疏亲之义"。这三个例子强调了用物的核心在于尊礼义，讲仁爱，反映了作者的儒家思想。

　　五曰：

　　万物不同①，而用之于人异也，此治乱、存亡、死生之原②。故国广巨，兵强富，未必安也；尊贵高大③，未必显也：在于用之。桀、纣用其材而以成其亡，汤、武用其材而以成其王。

【注释】

　　①不：据通篇文意当为衍文（依陈昌齐说）。

　　②原：同"源"，根本。

　　③尊贵高大：当与《不侵》篇中的"尊贵富大"义同。

【译文】

第五：

万物对任何人都是同样的，但人们使用它们却各有不同，这是治乱、存亡、死生的根本所在。所以，国土广大，兵力强盛，未必安定；尊贵富有，未必显赫；关键在于如何使用它们。夏桀、商纣使用这些材物却造成了他们的灭亡，商汤、周武王使用这些材物而成就了他们的王业。

汤见祝网者，置四面，其祝曰："从天坠者，从地出者，从四方来者，皆离吾网①。"汤曰："嘻！尽之矣。非桀，其孰为此也？"汤收其三面，置其一面，更教祝曰："昔蛛蝥作网罟②，今之人学纾③。欲左者左，欲右者右，欲高者高，欲下者下，吾取其犯命者。"汉南之国闻之曰："汤之德及禽兽矣。"四十国归之。人置四面，未必得鸟；汤去其三面，置其一面，以网其四十国，非徒网鸟也。

【注释】

①离：通"罹（lí）"，遭，触。

②蛛蝥（máo）：虫名。秦晋之间称蜘蛛为蛛蝥。罟（gǔ）：网。

③纾：疑通"杼"（zhù），织布梭。这里是织的意思。

【译文】

商汤在郊外看见对网告的人，这具人四面设网，祷告说："从天上落下来的，从地上钻出来的，从四方过来的，都撞到我的网上。"汤说："嘻！真那样的话，禽兽就被杀光了。除了桀那样的暴君，谁还会做这种事呢？"汤收起三面的网，只在一面设网，重新教那人祷告说："从前蜘蛛结网，现在人们也学着织。禽兽想向左去的就向左去，想向右去的就向右去，想向高处去的就向高处去，想向低处去的就向低处去，我只捕取那些触犯

天命的。"汉水以南的国家闻知这件事说:"商汤的仁德延及禽兽了。"于是
四十个国家归附了汤。别人在四面设网,未必能捕获到鸟;汤撤去三面
的网,只在一面设网,却由此网得了四十个国家,不仅仅是网鸟啊!

　　周文王使人抇池,得死人之骸。吏以闻于文王,文王
曰:"更葬之。"吏曰:"此无主矣。"文王曰:"有天下者,天下
之主也;有一国者,一国之主也。今我非其主也①?"遂令吏
以衣棺更葬之。天下闻之曰:"文王贤矣! 泽及髊骨②,又况
于人乎?"或得宝以危其国,文王得朽骨以喻其意,故圣人于
物也无不材③。

【注释】

①也:通"邪",表疑问。

②髊(cī):同"胔",肉未烂尽的骸骨。

③材:用如动词,以……为材。

【译文】

　　周文王派人掘池塘,挖出个死人的尸骨,官吏把此事禀告文王,文
王说:"重新安葬他。"官吏说:"这具尸骨是没有主的。"文王说:"抚有天
下的人是天下之主,抚有一国的人是一国之主。现在难道我不是它的
主人吗?"于是让官吏用衣棺把那具尸骨改葬在它处。天下人闻知这件
事说:"文王真贤明啊! 他的恩泽延及死人的尸骨了,又何况活着的人
呢?"有的人得到宝物却使自己的国家陷入危难,文王得具朽骨却能借
它表明自己的心愿,所以,在圣人看来,物没有没用的。

　　孔子之弟子从远方来者,孔子荷杖而问之曰:"子之公
不有恙乎?"搏杖而揖之①,问曰:"子之父母不有恙乎?"置杖

而问曰②："子之兄弟不有恙乎?"枻步而倍之③,问曰:"子之妻子不有恙乎?"故孔子以六尺之杖,谕贵贱之等,辨疏亲之义,又况于以尊位厚禄乎?

【注释】

①搏杖:持杖。

②置杖:等于说"拄杖"。置,立。

③枻(yì)步:当作"曳杖"。倍:通"背",背向。

【译文】

孔子的弟子凡是从远方来的,孔子就扛着手杖问候他说:"你的祖父没灾没病吧?"然后持杖拱手行礼,问候说:"你的父母没灾没病吧?"然后拄着手杖问候说:"你的哥哥弟弟没灾没病吧?"最后拖着手杖转过身去,问候说:"你的妻子、孩子没灾没病吧?"所以,孔子仅用六尺长的手杖,就让人知道了贵贱的等级,辨明了亲疏的关系,又何况用尊贵的地位、丰厚的俸禄呢?

古之人贵能射也,以长幼养老也①。今之人贵能射也,以攻战侵夺也。其细者以劫弱暴寡也②,以遏夺为务也。仁人之得饴③,以养疾侍老也。跂与企足得饴④,以开闭取楗也⑤。

【注释】

①以长幼养老:古代射箭之礼,射中者让射不中者饮罚酒。酒在古代被视作养老养病之物,射者力求射中免饮,以示自己非老非病,不仅无须别人供养,还能供养老幼病弱之人。

②其细者:指"今之人"中地位卑微的小人。暴:欺侮。寡:指势孤

力单的人。

③饴(yí):用麦芽制成的糖稀。

④跖(zhí):传说是春秋战国之际的奴隶起义领袖,先秦古籍中多诬之为"盗跖"。企足:即庄跻,传说是战国时楚国的奴隶起义领袖。

⑤闭:门闩的孔。楗:关门的木闩。

【译文】

古代的人重视善射的技艺,用来抚养幼者,赡养老人。现在的人重视善射的技艺,却用来攻战侵夺。那卑微的小人更凭借善射的技艺掠夺弱小的人,欺侮势孤力单的人,把拦路抢劫当作职业。仁爱的人得到饴糖,用来保养病人,奉养老人。跖与庄跻弄到饴糖,却用来粘门闩开门,盗窃他人财物。

仲　冬

【题解】

见《孟冬》。

一曰：

仲冬之月，日在斗①，昏东壁中②，旦轸中③。其日壬癸，其帝颛顼，其神玄冥，其虫介，其音羽，律中黄钟④。其数六，其味咸，其臭朽，其祀行，祭先肾。冰益壮，地始坼⑤，鹖鴠不鸣⑥，虎始交。天子居玄堂太庙⑦，乘玄辂，驾铁骊，载玄旂，衣黑衣，服玄玉，食黍与彘，其器宏以弇。

【注释】

①斗：星宿名，二十八宿之一，在今人马座。

②东壁：星宿名，二十八宿之一，又称壁，在今飞马座。

③轸：星宿名，二十八宿之一，在今乌鸦座。

④黄钟：十二律之一，属阳律。

⑤坼（chè）：裂开。指地被冻裂。

⑥鹖鴠（hédàn）：山鸟。

⑦玄堂太庙:北向明堂的中央正室。

【译文】

第一:

仲冬之月,太阳的位置在斗宿。黄昏时刻,壁宿出现在南方中天;拂晓时刻,轸宿出现在南方中天。仲冬于天干属壬癸,主宰之帝是颛顼,佐帝之神是玄冥,应时的动物是龟鳖之类的甲族,相配的声音是羽音,音律与黄钟相应。这个月的数字是六,味道是咸,气味是朽,要举行的祭祀是行祭,祭祀时祭品以肾脏为尊。这个月,冰冻得越发坚实,地表开始冻出裂缝。鹖鸟不叫了,老虎开始交配。天子住在北向明堂的中央正室,乘坐黑色的车,车前驾黑色的马,车上插黑色绘有龙纹的旗帜;天子穿黑色的衣服,佩戴黑色的饰玉。吃的食物是黍米和猪肉,使用的器物宏大而敛口。

命有司曰①:"土事无作,无发盖藏,无起大众,以固而闭。"发盖藏,起大众,地气且泄,是谓发天地之房②。诸蛰则死,民多疾疫,又随以丧。命之曰"畅月"③。

【注释】

①有司:这里指司徒。

②房:正室两边的房舍,这里喻指天地闭藏万物之所。

③畅月:此月阴气盛,人民空闲无事,所以称为"畅月"。

【译文】

命令司徒官说:"不要兴建土木工程,不要打开遮盖掩藏东西的仓廪府库,不要发动众多百姓,以此顺应时气的封固和闭藏。"如果打开盖藏之物,发动众多百姓,地气就会宣泄,这叫做开启天地用来闭藏万物的房舍。这样一来,蛰伏的动物都会死去,百姓中会流行疫病,并随之丧亡。这个月,命名叫做"畅月"。

是月也,命阉尹申宫令①,审门闾,谨房室,必重闭。省妇事,毋得淫②,虽有贵戚近习③,无有不禁。乃命大酋④,秫稻必齐⑤,曲蘖必时⑥,湛饎必洁⑦,水泉必香,陶器必良,火齐必得⑧,兼用六物⑨,大酋监之,无有差忒。天子乃命有司祈祀四海、大川、名原、渊泽、井泉⑩。

【注释】

①阉尹:宦官之长。

②淫:过分。

③近习:王身边宠幸的人。

④大酋(qiú):酒官之长。

⑤秫(shú):黏高粱,可以酿酒。稻:指糯米稻,也可以酿酒。齐:指秫稻纯齐。

⑥曲蘖(qūniè):酿酒时引起发酵的物质。

⑦湛(jìn):浸渍。饎(chì):烹煮。

⑧火齐(jì):指火候。齐,同"剂",剂量。

⑨六物:六事,即上文"秫稻必齐,曲蘖必时,湛饎必洁,水泉必香,陶器必良,火齐必得"等六件事。

⑩名原:大的水源。原,同"源",水的发源处。

【译文】

这个月,命令宦官的首领申明宫中的禁令,严加注意宫廷和房室的门户,一定要层层紧闭。要减少妇女的工作,不许她们制作过分奢华巧饰的东西,即使是尊贵的亲戚和宠幸的人,也没有不禁止的。命令酒官之长监制酿酒,选用的高粱糯米必须纯净,制作酒曲酒蘖必须适时,浸渍炊煮米曲必须清洁,所用的井水泉水必须甘美,使用的陶器必须良好,酿制的火候必须适中。这六件事要处处兼顾,酒官之长监督它,不得有一点差错。天子命令主管官吏祭祀四海、大河、水源、深渊、大泽及井泉的水神。

　　是月也,农有不收藏积聚者,牛马畜兽有放佚者,取之不诘。山林薮泽①,有能取疏食田猎禽兽者②,野虞教导之③。其有侵夺者,罪之不赦。

【注释】

①薮(sǒu)泽:水聚集之处叫泽,泽旁无水之处叫薮。

②疏食:指草木的果实,即榛栗菱芡之类。

③野虞:主管山林薮泽的官。

【译文】

这个月,农民如果有未收藏积聚的谷物、放牧在外的牛马,被他人取用,不加责问;农民有能采取榛栗菱芡捕猎禽兽的,主管山泽的官吏要引导他们。若有人侵犯夺取他们的成果,一定要治罪,决不宽赦。

　　是月也,日短至①,阴阳争②,诸生荡。君子斋戒,处必弇③,身欲宁,去声色,禁嗜欲,安形性,事欲静,以待阴阳之所定。芸始生④,荔挺出⑤,蚯蚓结⑥,麋角解,水泉动。日短至,则伐林木,取竹箭⑦。

【注释】

①日短至:即冬至。一年中这一天昼最短,夜最长。

②阴阳争:仲冬之月,阴气正盛,阳气开始升动,所以阴阳相遇而争。

③弇(yǎn):深邃。

④芸：草名。像苜蓿。

⑤荔：草名。像蒲而小，根可以制刷子。

⑥结：屈曲。指蚯蚓在穴内屈曲而动。

⑦箭：一种可制箭杆的小竹子。

【译文】

这个月，冬至到来，阴阳相争，各种生物都开始萌动。君子整洁身心，居处一定深邃，身心要宁静，屏除声色，禁绝嗜欲，保养身体和性情，对各种事情都不要急躁，而要静观，以等待阴阳消长的结果。这个月，芸草开始萌生，荔蒲挺生而出，蚯蚓屈曲而动，麋鹿犄角脱落，水泉开始涌动。冬至季节，可以砍伐林木，割取竹子。

是月也，可以罢官之无事者，去器之无用者，涂阙庭门闾①，筑囹圄，此所以助天地之闭藏也。

【注释】

①阙：也叫观（guàn），即宫门外两边筑起的高台。

【译文】

这个月，可以罢免无事可做的官吏，可以除去没有用处的器物；可以涂塞宫廷的门户，修筑牢狱。这些都是帮助上天闭藏的措施。

仲冬行夏令，则其国乃旱，氛雾冥冥，雷乃发声。行秋令，则天时雨汁①，瓜瓠不成②，国有大兵。行春令，则虫螟为败，水泉减竭，民多疾疠。

【注释】

①雨：降落。汁：雪中夹雨。

②瓠(hù)：一年生草本植物，果实长圆形，嫩时可食。

【译文】

　　仲冬如果实行应在夏天实行的政令，那么，国家就会出现旱灾，雾气就会弥漫，雷声就会震动；如果实行应在秋天实行的政令，那么，雨雪就会时时相杂降落，瓜果就不能成熟，国家就有大兵侵扰；如果实行应在春天实行的政令，那么，虫螟就会成灾，水泉就会衰减枯竭，百姓中就会流行疫病。

至　忠

【题解】

　　本篇列举了人臣冒犯主上，以死尽忠的两个"至忠"典型：一个是申公子培，他"犯暴不敬之名，触死亡之罪"，而默默地代楚王受祸；一个是文挚，他明知治好齐王的病会招致杀身之祸，而为了成全太子孝敬之义甘愿受死。前者他人难知，后者浊世难行。作者的用意，在于借此向人主提出听取忠言的劝告。

　　二曰：

　　至忠逆于耳，倒于心①，非贤主其孰能听之？故贤主之所说，不肖主之所诛也。人主无不恶暴劫者，而日致之，恶之何益？今有树于此，而欲其美也，人时灌之，则恶之，而日伐其根，则必无活树矣。夫恶闻忠言，乃自伐之精者也②。

【注释】

　　①倒：逆。

　　②精：这里是尤甚的意思。

【译文】

第二：

至忠之言不顺耳，逆人心，如果不是贤明的君主，谁能听取它？因此，贤明的君主喜欢的，正是不肖的君主要诛杀的。君主无一不痛恨侵暴劫夺的行径，然而自己的所作所为却在天天招致它，痛恨它又有什么用？假如这里有棵树，希望它枝繁叶茂，可是别人按时浇灌它，自己却讨厌别人的行为，并且每天砍伐树根，照这样做，肯定不会有活树了。厌恶听取忠言，正是自我毁灭行为中最为严重的。

荆庄哀王猎于云梦①，射随兕②，中之。申公子培劫王而夺之③。王曰："何其暴而不敬也④？"命吏诛之。左右大夫皆进谏曰："子培，贤者也，又为王百倍之臣⑤，此必有故，愿察之也。"不出三月，子培疾而死。荆兴师，战于两棠⑥，大胜晋，归而赏有功者。申公子培之弟进请赏于吏曰："人之有功也于军旅，臣兄之有功也于车下。"王曰："何谓也？"对曰："臣之兄犯暴不敬之名，触死亡之罪于王之侧，其愚心将以忠于君王之身，而持千岁之寿也。臣之兄尝读故记曰⑦：'杀随兕者，不出三月。'是以臣之兄惊惧而争之，故伏其罪而死⑧。"王令人发平府而视之⑨，于故记果有，乃厚赏之。申公子培，其忠也可谓穆行矣⑩。穆行之意，人知之不为劝，人不知不为沮，行无高乎此矣。

【注释】

①荆庄哀王：即楚庄王，不当有"哀"字。云梦：云梦泽，即今湖北江
　陵至蕲春间的大湖区域。

②随兕：恶兽名。

③申公：楚申邑邑宰，楚僭称王，邑宰称公。劫：抢夺。

④暴：臣下侵凌君主称为暴。

⑤百倍：指子培之贤过人百倍。

⑥战于两棠：指春秋时楚晋郏之战。两棠，当是郏的属地，在郑国境内。

⑦故记：古书。

⑧罪：这里是祸殃的意思。

⑨平府：府库名，当是楚国收藏古籍文书的地方。

⑩穆：美。

【译文】

楚庄王在云梦泽打猎，射中了一只随兕，申公子培从楚王手里把随兕硬抢了过来。楚庄王说："怎么这样地犯上不敬啊！"命令官吏杀掉子培。左右大夫都上前劝谏说："子培是个贤人，又是您最有才能的臣子，这里面必有缘故，希望您能仔细了解这件事。"不到三个月，子培生病而死。后来楚国起兵，与晋国军队在两棠交战，大胜晋军，回国之后奖赏有功将士。申公子培的兄弟上前向主管官吏请赏说："别人在行军打仗中有功，我的兄长在大王的车前有功。"庄王问："你说的是什么意思？"回答说："我的兄长在大王您的身旁冒着犯上不敬的恶名，触犯处死的罪过，他的本心是要效忠君王，让您享有千岁之寿啊！我的兄长曾读古书，古书记载道：'杀死随兕的人不出三个月必死。'因此我的兄长见到您射杀随兕，十分惊恐，因而跟您争夺，所以后来遭其祸殃而死。"庄王让人打开平府检视，在古书上果然有这样的记载，于是厚赏了子培的兄弟。申公子培的忠诚可称得上是美好的德行了。美好的德行的含义是：不因为别人了解自己就受到鼓励，也不因为别人不了解自己就感到沮丧，德行没有比这更高尚的了。

齐王疾痏①，使人之宋迎文挚②，文挚至，视王之疾，谓太

子曰："王之疾必可已也。虽然，王之疾已，则必杀挚也。"太
子曰："何故？"文挚对曰："非怒王则疾不可治，怒王则挚必
死。"太子顿首强请曰："苟已王之疾，臣与臣之母以死争之
于王。王必幸臣与臣之母③，愿先生之勿患也。"文挚曰：
"诺。请以死为王。"与太子期，而将往不当者三④，齐王固已
怒矣。文挚至，不解屦登床，履王衣，问王之疾，王怒而不与
言。文挚因出辞以重怒王，王叱而起，疾乃遂已。王大怒不
说，将生烹文挚。太子与王后急争之，而不能得，果以鼎生
烹文挚。爨之三日三夜，颜色不变⑤。文挚曰："诚欲杀我，
则胡不覆之，以绝阴阳之气？"王使覆之，文挚乃死。夫忠于
治世易，忠于浊世难。文挚非不知活王之疾而身获死也，为
太子行难⑥，以成其义也。

【注释】

①齐王：指齐湣王。痏（wěi）：生恶疮。

②文挚：据本文记载当是战国时的名医。

③幸：宠爱。这里有哀怜的意思。

④当：合，指如期前往。

⑤颜色：指容貌。变：这里是毁的意思。

⑥难：难于办到的事。这里指招致杀身之祸的事。

【译文】

　　齐王长了恶疮，派人到宋国接文挚。文挚到了，察看了齐王的病，对太子说："大王的病肯定可以治愈。但是，大王一旦痊愈，一定会杀死我。"太子说："什么原因呢？"文挚回答说："如果不激怒大王，大王的病就治不好，但如果大王真的被激怒了，那我就必死无疑。"太子叩头下拜，极力请求说："如果治好父王的病而父王真的要杀先生的话，我和我

的母亲一定以死为您向父王争辩,父王一定会哀怜我和我的母亲,望先生不要担忧。"文挚说:"好吧。我愿拼着一死为大王治病。"文挚跟太子约定了看病的日期,三次都不如期前往。齐王本来已经动怒了。文挚来了之后,不脱鞋就登上了齐王的床,踩着齐王的衣服,询问齐王的病情,齐王恼怒,不跟他说话。文挚于是口出不逊之辞激怒齐王。齐王大声呵斥着站了起来,病于是就好了。齐王大怒不悦,要把文挚活活煮死。太子和王后为文挚激烈地与齐王争辩,但却未获成功。齐王终于用鼎把文挚活活地煮了。文挚被煮了三天三夜,容貌不毁。文挚说:"真的要杀我,为什么不盖上盖,隔断阴阳之气?"齐王让人把鼎盖上,文挚才死。由此看来,在太平盛世做到忠容易,在乱世做到忠很难。文挚不是不知道治愈齐王的病自己就得被杀,他是为了太子去做招致杀身的事,以便成全太子的孝敬之义啊。

忠　廉

【题解】

　　本篇宣扬了"忠廉"精神。文章列举了要离与弘演的事例：要离替吴王刺杀王子庆忌，功成之后，"临大利而不易其义"，"不以贵富而忘其辱"，"伏剑而死"；弘演"杀身出生以徇其君"。文章认为要离"可谓廉矣"，弘演"可谓忠矣"。在他们身上体现了孟子宣扬的"杀身成仁"、"舍生取义"的思想。

　　三曰：

　　士议之不可辱者①，大之也②。大之则尊于富贵也，利不足以虞其意矣③。虽名为诸侯，实有万乘，不足以挺其心矣④。诚辱则无为乐生。若此人也，有势则必不自私矣，处官则必不为污矣⑤，将众则必不挠北矣⑥。忠臣亦然。苟便于主利于国，无敢辞违，杀身出生以徇之⑦。国有士若此，则可谓有人矣。若此人者固难得，其患虽得之有不智⑧。

【注释】

　　①议：通"义"，名节。

②大：用如意动，以……为大。

③虞：通"娱"，使……快乐。

④挺：动摇。

⑤为污(wū)：做败坏名节的事。

⑥挠：通"桡"，屈服。

⑦出生：舍弃生命。徇：通"殉"，为某种目的而献身。

⑧有：通"又"。智：通"知"。

【译文】

第三：

　　士的名节不可受到屈辱，这是由于士十分珍视名节。珍视名节，就会把它看得比富贵还尊贵，私利就不足以使士的心情快乐了。即使名列诸侯，拥有万辆兵车，也不足以使士的心志动摇了。假如受到羞辱，就不再活得快乐。像这样的人，有权势一定不会自私自利，居官一定不会贪赃枉法，率领军队一定不会屈服败逃。忠臣也是这样。只要有利于君主、有利于国家的事，决不会推辞，一定杀身舍生为君为国献身。国家如有这样的士，就可以称得上有人了。像这样的人本来就很难得到，国家之患在于即使遇到了这种人，君主又不了解他们。

　　吴王欲杀王子庆忌而莫之能杀①，吴王患之。要离曰②："臣能之。"吴王曰："汝恶能乎③？吾尝以六马逐之江上矣，而不能及；射之矢，左右满把，而不能中。今汝拔剑则不能举臂，上车则不能登轼④，汝恶能？"要离曰："士患不勇耳，奚患于不能？王诚能助，臣请必能⑤。"吴王曰："诺。"明旦加要离罪焉，挚执妻子⑥，焚之而扬其灰。要离走，往见王子庆忌于卫。王子庆忌喜曰："吴王之无道也，子之所见也，诸侯之所知也。今子得免而去之，亦善矣。"要离与王子庆忌居有间,谓王子庆忌曰:"吴之无道也愈甚,请与王子往夺之国。"王子庆忌曰:"善。"乃与要离俱涉于江。中江,拔剑以刺王子庆忌。王子庆忌捽之⑦,投之于江,浮则又取而投之,如此者三。其卒曰:"汝天下之国士也,幸汝以成而名⑧。"要离得不死,归于吴。吴王大说,请与分国。要离曰:"不可。臣请必死!"吴王止之,要离曰:"夫杀妻子,焚之而扬其灰,以便事也,臣以为不仁。夫为故主杀新主⑨,臣以为不义。夫捽而浮乎江,三入三出,特王子庆忌为之赐而不杀耳,臣已为辱矣。夫不仁不义,又且已辱,不可以生。"吴王不能止,果伏剑而死。要离可谓不为赏动矣,故临大利而不易其义;可谓廉矣,廉,故不以贵富而忘其辱。

【注释】

①吴王:指吴王阖(hé)庐(又作"阖闾")。他用专诸刺杀吴王僚而自立为王。王子庆忌:吴王僚之子,以勇武著称。

②要(yāo)离:吴王阖庐之臣。要离刺杀王子庆忌之事,可参阅《吴越春秋·阖闾内传》。

③恶(wū):何。

④轼:古代车厢前用作扶手的横木。这二句是说要离身小力薄。

⑤请:在这里词义已虚化,只起表敬作用。

⑥挚(zhí):通"絷",拘囚,束缚。

⑦捽(zuó):揪住头发。

⑧幸:使……幸运。而:你。

⑨故主:指吴王。新主:指王子庆忌。

【译文】

吴王想要杀掉王子庆忌,但是没有谁能杀死他,为此吴王很忧虑。

要离说:"我能够杀死王子庆忌。"吴王说:"你怎么能行呢?我曾经乘六匹马驾的车追赶他,一直追到江边,却赶不上他;用箭射他,他左右手各接了满把的箭,却射不中他。而今你身小力单,拔剑在手却举不起手臂,登上车子却无法凭倚车轼,你怎么能行?"要离说:"士只担忧自己不够勇敢罢了,哪里用得着担忧事情做不成?大王假如能够相助,我一定能够成功!"吴王说:"好吧。"第二天,吴王假装将要离治罪,拘捕了要离的妻子和孩子,处死了他们,并烧了尸体,扬散了骨灰。要离逃跑了,跑到卫国去见王子庆忌。王子庆忌高兴地说:"吴王暴虐无道是你亲眼所见,是诸侯所共知的。如今你得以免除灾祸逃离他,也算幸运了。"要离和王子庆忌住了不长一段时间,就对王子庆忌说:"吴王暴虐无道越发变本加厉,我愿跟随您去把国家从他手里夺过来。"王子庆忌说:"好。"于是和要离一起渡江。行至江水中流,要离拔剑刺中王子庆忌。王子庆忌揪住要离的头发,把他投入江中,等他浮出水面,就又把他抓起来投入江中,像这样反复多次。王子庆忌最后说:"你是天下的国士,饶你一死,让你成名。"要离得以不死,回到吴国。吴王非常高兴,愿意与他分享国家。要离说:"不行。我决心一死!"吴王劝阻他,要离说:"我让您杀死我的妻子和孩子,并烧了他们的尸体,扬散了骨灰,为的是有利于行事,但我认为这是我的不仁。为原先的主人杀死新的主人,我认为这是我的不义。王子庆忌揪住我的头发把我投入江中,我多次被投入水里,又多次浮出,我之所以还活着,只不过是王子庆忌开恩不杀罢了,我已经蒙受屈辱。作为士,不仁不义,而且又已受辱,决不可再活在世上。"吴王劝止不住,要离最终还是用剑自杀了。要离可称得上不为赏赐所动了,所以面对大利而不改变他的气节;要离可称得上廉洁了,正因为廉洁,所以不因富贵而忘记自己的耻辱。

　　卫懿公有臣曰弘演[①],有所于使。翟人攻卫[②],其民曰:"君之所予位禄者,鹤也[③];所贵富者,宫人也。君使宫人与鹤战，余焉能战?"遂溃而去。翟人至，及懿公于荣泽④，杀之，尽食其肉，独舍其肝。弘演至，报使于肝，毕，呼天而啼，尽哀而止，曰:"臣请为襮⑤。"因自杀，先出其腹实，内懿公之肝⑥。桓公闻之曰⑦:"卫之亡也，以为无道也。今有臣若此，不可不存。"于是复立卫于楚丘。弘演可谓忠矣，杀身出生以徇其君。非徒徇其君也，又令卫之宗庙复立，祭祀不绝，可谓有功矣。

【注释】

①卫懿(yì)公:春秋时卫国国君，名赤，公元前668年—前660年在位。卫懿公好鹤亡国，可参阅《左传·闵公二年》。弘演:卫懿公之臣。

②翟(dí):通"狄"。

③"君之"二句:据《左传·闵公二年》记载:"卫懿公好鹤，鹤有乘轩者。"轩是大夫以上所乘的车，故有此说。

④荣泽:疑是"荥(yíng)泽"之误。荥泽，在今黄河之北。

⑤襮(bó):表，外衣。弘演剖腹，把懿公的肝置入自己的腹中，犹如给肝穿上外衣，故自称"为襮"。

⑥内(nà):同"纳"。

⑦桓公:指齐桓公。

【译文】

　　卫懿公有个臣子叫弘演，受命出使国外。这时，狄人进攻卫国，卫国的百姓说:"国君给予官位俸禄的是鹤，赐予富贵的是宫中的侍从，国君还是让宫中的侍从和鹤去迎战吧，我们怎么能迎战?"于是溃散而去。狄人到了，在荥泽赶上了懿公，把他杀了，吃光了他的肉，只把他的肝扔在一旁。弘演归来，向懿公的肝复命。复命完毕，一边呼叫着上天一边痛哭,表达尽哀痛之后才停下来,说:"我愿给君作躯壳。"于是剖腹自杀,先把自己腹中的内脏取出来,再把懿公的肝放入腹中,而后就死了。齐桓公听到这件事说:"卫国灭亡,是因为卫君荒淫无道;而今有像弘演这样的臣子,不可不让卫国生存。"于是在楚丘重建卫国。弘演可称得上忠了,杀身舍生为他的国君而死。他不只为国君而死,又使卫国的宗庙得以重建,祭祀不断,可称得上是有功了。

当　务

【题解】

　　"当务"就是合于时务。本篇列举了跖论盗道、"直躬者"告发其父窃羊、齐之逞勇者自食其肉,以及商太史据法力争立纣等事例,旨在说明:"辨而不当论,信而不当理,勇而不当义,法而不当务"是大乱天下的四害。本篇思想倾向属儒家学派。

　　四曰:

　　辨而不当论①,信而不当理,勇而不当义,法而不当务,惑而乘骥也,狂而操吴干将也②,大乱天下者,必此四者也。所贵辨者,为其由所论也③;所贵信者,为其遵所理也;所贵勇者,为其行义也;所贵法者,为其当务也。

【注释】

　　①辨:通"辩",有口才,善辩。当:合。论:通"伦",理。

　　②干(gān)将:古剑名。相传为春秋时吴人干将所铸,锋利无比。

　　③所:当是衍文。下文"所理"中的"所"字也当是衍文。

【译文】

第四：

雄辩而不合道理，诚实而不合理义，勇敢而不合正义，守法而不合时务，这就像人精神迷乱却乘着骏马一样，像人神志癫狂却握着利剑一样，大乱天下的，一定是以上四种行为。雄辩之可贵在于它遵从道理，诚实之可贵在于它遵循理义，勇敢之可贵在于它伸张正义，守法之可贵在于它合于时务。

跖之徒问于跖曰[①]：“盗有道乎？”跖曰：“奚啻其有道也？夫安意关内[②]，中藏，圣也；入先，勇也；出后，义也；知时，智也；分均，仁也。不通此五者而能成大盗者，天下无有。”备说非六王、五伯[③]，以为尧有不慈之名[④]，舜有不孝之行[⑤]，禹有淫湎之意[⑥]，汤、武有放杀之事[⑦]，五伯有暴乱之谋[⑧]。世皆誉之，人皆讳之，惑也。故死而操金椎以葬，曰：“下见六王、五伯，将敲其头矣[⑨]！”辨若此不如无辨。

【注释】

①“跖之”句：跖论盗道可参阅《庄子·胠箧》篇。

②妄意：凭空推测。关：门闩，这里指门。

③备：具。六王：指尧、舜、禹、汤、周文王，周武王。五伯：即春秋五霸。跖非难六王五伯可参阅《庄子·盗跖》篇。

④尧有不慈之名：传说尧杀长子丹朱，故有“不慈”之说。

⑤舜有不孝之行：传说舜放逐其父瞽叟，故有“不孝”之说。

⑥禹有淫湎之意：传说帝女令仪狄造酒，进献给禹，禹饮后认为很甘美，故有“淫湎”之说。淫湎，沉溺于酒。

⑦汤、武有放杀之事：商汤起兵伐桀，桀流窜南巢，如同放逐；武王

伐纣,纣在鹿台自焚;故有"放杀"之说。

⑧五伯有暴乱之谋:指五霸为争霸主,骨肉相残,兼并小国,故有"暴乱"之说。

⑨毃(qiāo):同"敲",击。

【译文】

　跖的徒党问跖说:"强盗有道义吗?"跖说:"何只是有道义啊!猜测室内情况而能猜中所藏之物就是圣,带头进去就是勇,最后离去就是义,懂得时机就是智,分利均匀就是仁。不通晓这五点而能成为大盗的,天下没有。"跖提出主张非难六王、五霸,认为尧有不慈的名声,舜有不孝的行为,禹有沉湎于酒的意愿,商汤、武王有放逐、杀死他们君主的罪行,五霸有侵暴兴乱的图谋。然而世人都赞誉他们,人人都为他们避讳,真是糊涂。所以跖吩咐手下自己死后要持金锤下葬,他说:"下到黄泉,见到六王、五霸,要击碎他们的头。"雄辩说要像这样不如没有。

　　楚有直躬者①,其父窃羊而谒之上。上执而将诛之。直躬者请代之。将诛矣,告吏曰:"父窃羊而谒之,不亦信乎?父诛而代之,不亦孝乎?信且孝而诛之,国将有不诛者乎?"荆王闻之,乃不诛也。孔子闻之曰:"异哉!直躬之为信也。一父而载取名焉②。"故直躬之信不若无信③。

【注释】

①直躬:以直道立身。楚直躬者告发其父窃羊可参阅《论语·子路》、《庄子·盗跖》。

②载:通"再",两次。

③直躬之信不若无信:"直躬之信"违背了儒家"子为父隐"的道义,

所以说"不若无信"。

【译文】

楚国有个以直道立身的人,他的父亲偷了羊,他向官府告发了这件事。官府抓住了他的父亲,将要处死。这个以直道立身的人请求代父受刑。将要行刑的时候,他告诉官吏说:"父亲偷了羊而告发这件事,这样的人不是很诚实吗? 父亲受罚而代他受刑,这样的人不是很孝顺吗? 又诚实又孝顺的人却要杀掉,那么国家将还有不遭杀戮的人吗?"楚王听说了这番话,就不杀他了。孔子闻知这件事说:"这个人的所谓诚实太怪了! 利用一个父亲却两次为自己捞取名声。"所以像"直躬"这样的诚实不如没有。

　　齐之好勇者,其一人居东郭①,其一人居西郭。卒然相遇于涂②,曰:"姑相饮乎?"觞数行③,曰:"姑求肉乎?"一人曰:"子,肉也;我,肉也;尚胡革求肉而为? 于是具染而已④。"因抽刀而相啖,至死而止。勇若此不若无勇。

【注释】

①郭:外城。

②卒(cù):通"猝"。涂:道路。

③觞(shāng):古代饮酒器。这里指举觞饮酒。

④染:调味用的豉酱。

【译文】

齐国有两个好夸耀自己勇敢的人,一人住在城东,另一人住在城西。一天,他们在路上意外地相遇了,彼此说:"姑且一起饮几杯吧?"斟过几遍酒,一人说:"还是弄点肉吧?"另一人说:"你就是一堆肉,我就是一堆肉,何必另去弄肉呢? 在这儿准备下一点豉酱就够了。"于是两人拔出刀互相割下对方身上的肉吃起来，一直到死。勇敢要像这样不如没有。

　　纣之同母三人，其长曰微子启①，其次曰中衍②，其次曰受德。受德乃纣也③，甚少矣。纣母之生微之启与中衍也，尚为妾，已而为妻而生纣。纣之父、纣之母欲置微子启以为太子，太史据法而争之曰："有妻之子，而不可置妾之子。"纣故为后。用法若此，不若无法。

【注释】

①微子启：帝乙长子，名启，纣的庶兄，因多次谏纣，不被听取，故逃亡。周灭商后，微子启向周称臣，封于宋，为宋国始祖。

②中衍：帝乙次子，微子启死后，继为宋国之君。

③受德乃纣也：纣，名受。这里说纣名"受德"，与其他古籍所载不同，疑有误。

【译文】

　　商纣的同母兄弟共三人，长兄叫微子启，老二叫中衍，老三叫受德。受德就是纣，年龄最小。纣的母亲生微子启和中衍的时候还是妾，后来成为正妻而生下纣。纣的父母想要立微子启为太子，太史依据法典争辩说："有正妻的儿子在，就不可立妾的儿子作太子。"所以纣后来成了君主。用法要像这样，不如没有法。

长　见

【题解】

"长见"即远见。文章说:"今之于古也,犹古之于后世也;今之于后世,亦犹今之于古也。故审知今则可知古,知古则可知后。"这一段揭示了"长见"的理论根据。作者认为,古今前后是一脉相承的,"今"是"古"的发展,而未来的"后"又是"今"的继续。这种把历史看作是有规律的、连续的、发展的认识,在二千多年以前是很可贵的。本篇列举的五位具有远见的圣贤的事例都是为证明上述观点服务的。

五曰:

智所以相过①,以其长见与短见也。今之于古也,犹古之于后世也;今之于后世,亦犹今之于古也。故审知今则可知古,知古则可知后,古今前后一也。故圣人上知千岁,下知千岁也。

【注释】

①过:超过。这里是有差异的意思。

【译文】

第五：

人们的智慧之所以彼此有差异，是由于有的人具有远见，而有的人目光短浅。今天跟古代的关系，就像是古代跟将来的关系一样；今天跟将来的关系，也就像是今天跟古代的关系一样。所以，清楚地了解今天，就可以知道古代，知道古代就可以知道将来。古今前后是一脉相承的，所以圣人能上知千年，下知千年。

荆文王曰①："苋譆数犯我以义②，违我以礼，与处则不安，旷之而不縠得焉③。不以吾身爵之④，后世有圣人，将以非不縠。"于是爵之五大夫⑤。"申侯伯善持养吾意⑥，吾所欲则先我为之，与处则安，旷之而不縠丧焉。不以吾身远之，后世有圣人，将以非不縠。"于是送而行之。申侯伯如郑，阿郑君之心，先为其所欲，三年而知郑国之政也，五月而郑人杀之。是后世之圣人，使文王为善于上世也⑦。

【注释】

①荆文王：即楚文王，春秋时楚国国君，名赀（zī），公元前689年—前676年在位。

②苋譆（xiànxī）：楚文王之臣。

③不縠：不善之人。这是春秋时诸侯的谦称。縠，善。

④以：从，由。

⑤五大夫：爵位名。

⑥申侯伯：楚文王之臣。申，春秋时小国，为楚所灭。持：把握。养：长养，助长。

⑦"是后"二句：这句话的意思是，楚文王之所以为善，是顾虑到后

世圣人的毁誉。上世，前世。

【译文】

　　楚文王说："鬻谲多次据义冒犯我，据礼拂逆我的心意，跟他在一起就感到不安，但久而久之，我从中有所得。如果我不亲自授予他爵位，后代如有圣人，将要以此责难我。"于是授予他五大夫爵位。文王又说："申侯伯善于把握并迎合我的心意，我想要什么，他就在我之前准备好什么，跟他在一起就感到安逸，久而久之，我从中有所失。如果我不疏远他，后代如有圣人，将要以此责难我。"于是送走了他。申侯伯到了郑国，曲从郑君的心意，事先准备好郑君想要的一切，经过三年就执掌了郑国的国政，但仅仅五个月郑人就把他杀了。这是后代的圣人使文王在前世做了好事。

　　晋平公铸为大钟①，使工听之，皆以为调矣②。师旷曰③："不调，请更铸之。"平公曰："工皆以为调矣"。师旷曰："后世有知音者，将知钟之不调也，臣窃为君耻之。"至于师涓而果知钟之不调也④。是师旷欲善调钟，以为后世之知音者也。

【注释】

　　①晋平公：春秋时晋国国君，名彪，公元前557年—前531年在位。

　　②调（tiáo）：和谐。

　　③师旷：春秋时著名乐师，名旷，相传他精通审音辨律，因为是瞎子，史书又称"瞽旷"。

　　④师涓：春秋时卫灵公的乐官，善音律。

【译文】

　　晋平公铸成一口大钟，让乐工审听钟的声音，乐工都认为钟声很和谐了。师旷说："钟声还不和谐，请重新铸造它。"平公说："乐工都认为很和谐了。"师旷说："后代如有精通音律的人，将会发现钟声是不和谐的。我私下为您而感到羞耻。"到了后来，师涓果然指出钟声不和谐。由此看来，师旷想要使钟声更为和谐，是考虑到后代有精通音律的人啊！

吕太公望封于齐①，周公旦封于鲁，二君者甚相善也。相谓曰："何以治国？"太公望曰："尊贤上功。"周公旦曰："亲亲上恩。"太公望曰："鲁自此削矣。"周公旦曰："鲁虽削，有齐者亦必非吕氏也。"其后，齐日以大，至于霸，二十四世而田成子有齐国②。鲁公以削③，至于觐存④，三十四世而亡。

【注释】

①吕太公望：即太公望吕尚。吕，氏。太公望，号。

②田成子：即田恒（又名田常）。齐简公四年，田恒杀简公，拥立平公。自任齐相，齐国之政尽归田氏。

③公：当是"日"字之误。

④觐(jǐn)：通"仅"。

【译文】

太公望封在齐国，周公旦封在鲁国，这两位君主十分友好。他们在一起议论说："靠什么治理国家？"太公望说："尊敬贤人，崇尚功业。"周公旦说："亲近亲人，崇尚恩爱。"太公望说："照这样，鲁国从此就要削弱了。"周公旦说："鲁国虽然会削弱，但后世占有齐国的，也肯定不是吕氏了。"后来，齐国日益强大，以至于称霸诸侯，但传到二十四代就被田成子窃据了。鲁国也日益削弱，以至于仅能勉强维持生存，传到三十四代也灭亡了。

　　吴起治西河之外①，王错谮之于魏武侯②，武侯使人召之。吴起至于岸门③，止车而望西河，泣数行而下。其仆谓吴起曰：“窃观公之意，视释天下若释蹝④，今去西河而泣，何也？”吴起抿泣而应之曰⑤：“子不识。君知我而使我毕能，西河可以王。今君听谗人之议而不知我，西河之为秦取不久矣，魏从此削矣。”吴起果去魏入楚。有间，西河毕入秦，秦日益大。此吴起之所先见而泣也。

【注释】

①西河：指今山西、陕西界上黄河南北流向最南端的一段。也指战国时地处黄河西岸的魏地。

②王错：魏大夫，魏武侯死后二年出奔韩。谮(zèn)：说坏话诬陷别人。魏武侯：名击，魏文侯之子，公元前386—前371年在位。公元前376年与韩、赵共灭晋。

③岸门：魏邑，在今山西河津南。

④蹝(xǐ)：同“屣”，鞋。

⑤抿(wěn)：同“扢”，擦。泣：指泪。

【译文】

　　吴起治理西河，王错在魏武侯面前诋毁他，武侯派人把吴起召回。吴起走到岸门，停下车，回头遥望西河，眼泪一行行流了下来。他的车夫对他说：“我私下观察您的心志，把舍弃天下看得就像扔掉鞋子一样。如今离开西河，您却流了泪，这是什么缘故啊？”吴起擦去眼泪回答说：“你不知道。如果君主了解信任我，使我尽自己所能，那么我凭着西河就可以帮助君主成就王业。如今君主听信了小人的谗言，而不信任我，西河被秦国攻取的日子不会久了，魏国从此要削弱了。”吴起最后离开魏国，去了楚国。不久，西河整个被秦国吞并了，秦国日益强大。这正是吴起所预见到并为之流泪的事。

　　魏公叔痤疾^①，惠王往问之^②，曰："公叔之疾，嗟！疾甚矣！将奈社稷何？"公叔对曰："臣之御庶子鞅^③，愿王以国听之也。为不能听^④，勿使出境。"王不应，出而谓左右曰："岂不悲哉？以公叔之贤，而今谓寡人必以国听鞅，悖也夫！"公叔死，公孙鞅西游秦，秦孝公听之。秦果用强^⑤，魏果用弱。非公叔痤之悖也，魏王则悖也。夫悖者之患，固以不悖为悖。

【注释】

①公叔痤：战国时魏惠王相。一作"公叔座"。

②惠王：魏惠王，魏武侯之子，名䓨，公元前 370—前 335 年在位。问：探问。

③御庶子鞅：即公孙鞅，卫国人，又名卫鞅。初为魏相公叔座的家臣，后入秦辅佐秦孝公实行变法，奠定了秦国富强的基础。秦封之于商（今陕西商州东南），号商君，又称商鞅。今存《商君书》二十四篇。御庶子，官名。

④为：等于说"如"。

⑤用：以，因。

【译文】

　　魏相公叔座病了，惠王去探望他，说："公叔您的病，唉！病得很沉重了！该拿国家怎么办呢？"公叔回答说："我的家臣御庶子公孙鞅很有才能，希望大王您能把国政交给他治理。如果不能任用他，不要让他离开魏国。"惠王没有回答，出来对左右侍从说："难道不可悲吗？凭公叔这样的贤明，而今竟叫我一定要把国政交给公孙鞅治理，太荒谬了！"公叔死后,公孙鞅向西游说秦国,秦孝公听从了他的意见。秦国果然因此强盛起来,魏国果然因此削弱下去。由此看来,并不是公叔座荒谬,而是惠王自己荒谬啊!大凡行事荒谬的人的弊病,必是把不荒谬当成荒谬。

季冬纪第十二

季　冬

【题解】

见《孟冬》。

一曰：

季冬之月，日在婺女①，昏娄中②，旦氐中③。其日壬癸，其帝颛顼，其神玄冥，其虫介，其音羽，律中大吕④。其数六，其味咸，其臭朽，其祀行，祭先肾。雁北乡⑤，鹊始巢，雉雊鸡乳⑥。天子居玄堂右个⑦，乘玄辂，驾铁骊，载玄旂，衣黑衣，服玄玉，食黍与彘，其器宏以弇。

【注释】

①婺女：星宿名，二十八宿之一，又简称"女"，在今宝瓶座。

②娄：星宿名，二十八宿之一，在今白羊座。

③氐：星宿名，二十八宿之一，在今天秤座。

④大吕：十二律之一，属阴律。

⑤乡：向。

⑥雊（gòu）：山鸡鸣叫。乳：鸟生子叫乳，这里指鸡孵小鸡。

⑦玄堂右个：北向明堂的右侧室。

【译文】

第一：

季冬之月，太阳的位置在婺女宿。黄昏时刻，娄宿出现在南方中天；拂晓时刻，氐宿出现在南方中天。季冬于天干属壬癸，主宰之帝是颛顼，佐帝之神是玄冥，应时的动物是龟鳖之类的甲族，相配的声音是羽音，音律与大吕相应。这个月的数字是六，味道是咸，气味是朽，要举行的祭祀是行祭，祭祀时祭品以肾脏为尊。这个月，大雁将要向北飞，喜鹊开始搭窝，山鸡鸣叫，家鸡孵卵。天子住在北向明堂的右侧室，乘坐黑色的车，车前驾黑色的马，车上插黑色的绘有龙纹的旗帜；天子穿黑色的衣服，佩戴黑色的饰玉，吃的食物是黍米和猪肉，使用的器物宏大而口敛。

　　命有司大傩①，旁磔②，出土牛，以送寒气。征鸟厉疾③，乃毕行山川之祀，及帝之大臣、天地之神祇④。

【注释】

①傩（nuó）：驱除灾疫的祭祀。

②旁磔（zhé）：在四方之门都割裂牺牲，举行祭祀，以攘除阴气。旁，遍。磔，割牲祭神。

③征鸟：远飞之鸟。征，远行。厉：高。

④帝之大臣：指有功于民的前世公卿。神：指天神。祇（qí）：指地神。

【译文】

天子命令主管官吏大规模举行傩祭，四方城门都割裂牺牲，并制作土牛，以此送寒冬之气。远飞的鸟飞得高而且快。普遍地举行对山川之神的祭祀以及对有功于民的先世公卿大臣、天神地神的祭祀。

是月也，命渔师始渔，天子亲往，乃尝鱼，先荐寝庙。冰方盛，水泽复①，命取冰。冰已入，令告民出五种。命司农计耦耕事②，修耒耜，具田器。命乐师大合吹而罢③。乃命四监收秩薪柴④，以供寝庙及百祀之薪燎⑤。

【注释】

①水泽：水聚积的洼地。复：重叠。这句意思是水泽之处冰一层层冻得很坚硬。

②司农：负责农业的官。耦(ǒu)耕：古代的一种耕作方法，两人各执耒耜合耕一尺宽的土地。

③乐师：乐官之长。大合吹：大规模合奏各种吹奏乐。

④四监：指四监大夫。周制，天子领地内有县有郡，一县辖四郡，每郡有一大夫监临。四监大夫即监临各郡的大夫。秩薪柴：按常规应交纳的薪柴。秩，常。

⑤薪燎：焚柴祭神的燎祭。

【译文】

这个月，命令负责捕鱼的官吏开始捕鱼，天子亲自前往观看，于是品尝刚捕到的鲜鱼，品尝之前，要先进献给祖庙。这时候，冰冻得正结实，积水的池泽层层冻结，于是命令凿取冰块。冰块藏入冰窖之后，命令有司告诉百姓从谷仓中拿出五谷，选择种子。命令负责农业的官吏，谋划耕作的事情，修缮犁铧，准备耕田的农具。命令乐官举行吹奏乐的大合奏，结束一年的训练。命令王畿内的郡县大夫收缴按常规应该交纳的木柴，来供给祖庙及各种祭祀举行燔燎。

是月也，日穷于次①，月穷于纪②，星回于天③。数将几终，岁将更始。专于农民，无有所使。天子乃与卿大夫饬国

典,论时令,以待来岁之宜。乃命太史次诸侯之列④,赋之牺
牲,以供皇天上帝社稷之享。乃命同姓之国,供寝庙之刍
豢⑤;令宰历卿大夫至于庶民土田之数⑥,而赋之牺牲,以供
山林名川之祀。凡在天下九州之民者⑦,无不咸献其力,以
供皇天上帝社稷寝庙山林名川之祀。

【注释】

①穷:尽。次:指十二次。古人为了说明日月星辰的运行,把黄道
　附近一周天从西向东分为十二等分,每个等分给一个名称,如星
　纪,玄枵等,这叫十二次。季冬之月,日躔于玄枵,运行一年,又
　终于玄枵,所以说"日穷于次"。

②纪:指日月相会。

③回:返回。以上三句是说日月星辰运行一周天,又返回到原来的
　位置。

④次:编排。诸侯:这里指与天子异姓的诸侯国。列:次序。

⑤刍豢:指祭祀用的牺牲。牛羊叫刍,猪狗叫豢。

⑥宰:指小宰,太宰的属官,帮助太宰管理政令。历:排列,依次
　列出。

⑦九州:古时将天下分为九州,即冀、豫、雍、扬、兖、徐、幽、青、荆。

【译文】

　　这个月,日月星辰绕天一周,又都回到原来的位置。一年的天数
接近终了,新的一年将要重新开始。要让农民专心筹备农事,不要差
遣他们干别的事情。天子与公卿大夫整饬国家的法典,讨论按季节月
份制定的政令,以此来准备明年应做之事。命令太史排列各异姓诸侯
的次序,使他们按国家大小贡赋牺牲,以供给对皇天上帝及社稷之神
的祭祀。命令同姓诸侯供给祭祀祖庙所用的牛羊犬豕。命令小宰依

次列出从卿大夫到一般老百姓所有土地的数目，使他们贡赋牺牲，以供祭祀山林河流之神使用。凡是在天下九州的百姓，必须全部献出他们的力量，以供给对皇天上帝、社稷之神、先祖神主以及山林河流之神的祭祀。

行之是令，此谓一终①，三旬二日②。

【注释】

①一终：指一年终了。

②三旬二日：《季夏纪》有"甘雨三至，三旬二日"之语，此处上无所承，恐有脱文，也指雨雪而言。

【译文】

实行这些政令，这就算一年终了。……在三旬中有二日。

季冬行秋令，则白露蚤降①，介虫为妖，四鄙入保；行春令，则胎夭多伤②，国多固疾③，命之曰逆④；行夏令，则水潦败国，时雪不降，冰冻消释。

【注释】

①蚤：通"早"。

②胎夭：指在母腹中及刚出生的动物。

③固疾：久治不愈的病。固，同"痼"。

④逆：指违背时气。

【译文】

季冬如果实行应在秋天实行的政令，那么，白露就会过早降落，有甲壳的动物就会成灾，四方边邑的百姓就会为躲避来犯之敌而藏入城堡。如果实行应在春天实行的政令，那么，幼小的动物就会遭到损伤，国家就会流行久治不愈的疾病，给这种情况命名叫做"逆"。如果实行应在夏天实行的政令，那么，大水将为害国家，冬雪将不能按时降落，冰冻将会融化。

士　节

【题解】

本篇以及《季冬纪》中的《介立》、《诚廉》、《不侵》都是谈士的节操的。本篇记述了齐国的隐士北郭骚悦服晏子之义、以死为晏子洗清冤诬的事迹，宣扬了士"当理不避其难，临患忘利，遗生行义"的节操，阐发了孟子"舍身取义"的思想。文章呼吁"欲立大功名"的人主当以寻找这样的士作为要务。

二曰：

士之为人，当理不避其难①，临患忘利，遗生行义，视死如归。有如此者，国君不得而友，天子不得而臣。大者定天下，其次定一国，必由如此人者也②。故人主之欲大立功名者，不可不务求此人也。贤主劳于求人，而佚于治事③。

【注释】

①当：面对。理：义。

②由：用。

③佚（yì）：通"逸"，安逸。

【译文】

第二：

士的为人，面对正义不避危难，面临祸患忘却私利，舍生行义，视死如归。有如此行为的人，国君不得与他交友，天子不得以他为臣。大至安定天下，其次安定一国，一定要用这样的人。所以君主想要大立功名的，不可不致力于访求这样的人。贤明的君主把精力花费在访求贤士上，而对治理政事则采取超脱的态度。

齐有北郭骚者①，结罘罔②，捆蒲苇③，织萉屦④，以养其母，犹不足，踵门见晏子曰⑤："愿乞所以养母。"晏子之仆谓晏子曰："此齐国之贤者也。其义不臣乎天子，不友乎诸侯，于利不苟取，于害不苟免。今乞所以养母，是说夫子之义也，必与之。"晏子使人分仓粟、分府金而遗之⑥，辞金而受粟。

【注释】

①北郭骚：春秋时齐国的隐士。北郭，姓；骚，名。

②罘（fú）：捕兽的网。罔：同"网"。

③捆：砸。编蒲苇时要边编边砸，使之牢固。

④萉屦（fěijù）：麻鞋。

⑤晏子：春秋时齐人，名婴，字平仲，继其父桓子为齐卿，后相景公，以节俭力行名显诸侯。

⑥府：国家储藏财物的地方。

【译文】

齐国有个叫北郭骚的，靠结兽网、编蒲苇、织麻鞋来奉养他的母亲，但仍不足以维持生活，于是他到晏子门上求见晏子说："希望能得到奉养母亲的东西。"晏子的仆从对晏子说："这个人是齐国的贤人。他志节高尚,不向天子称臣,不与诸侯交友,对于利不苟且取用,对于祸不苟且求免。现在他到您这儿来寻求奉养母亲的东西,这是悦服您的道义,您一定要给他。"晏子派人把仓中的粮食、府库中的金钱拿出来分给他,他谢绝了金钱而收下了粮食。

有间,晏子见疑于齐君,出奔,过北郭骚之门而辞。北郭骚沐浴而出①,见晏子曰:"夫子将焉适?"晏子曰:"见疑于齐君,将出奔。"北郭子曰:"夫子勉之矣。"晏子上车,太息而叹曰:"婴之亡岂不宜哉? 亦不知士甚矣。"晏子行。

【注释】

①沐浴而出:表示恭敬有礼。沐浴,洗发洗身。

【译文】

过了不久,晏子被齐君猜忌,逃往国外,经过北郭骚的门前向他告别。北郭骚洗发浴身,恭敬地迎出来,见到晏子说:"您将要到哪儿去?"晏子说:"我受到齐君的猜忌,将要逃往国外。"北郭子说:"您好自为之吧。"晏子上了车,长叹一声说:"我逃亡国外难道不正应该吗? 我也太不了解士了。"于是晏子走了。

北郭子召其友而告之曰:"说晏子之义,而尝乞所以养母焉。吾闻之曰:'养及亲者,身伉其难①'。今晏子见疑,吾将以身死白之②。"著衣冠③,令其友操剑奉笥而从④,造于君庭⑤,求复者曰⑥:"晏子,天下之贤者也,去则齐国必侵矣。必见国之侵也,不若先死。请以头托白晏子也。"因谓其友曰:"盛吾头于笥中,奉以托。"退而自刎也。其友因奉以托。

其友谓观者曰："北郭子为国故死^⑦，吾将为北郭子死也。"又退而自刎。

【注释】

①伉(kàng)：当，承担。

②白：这里是洗清冤诬的意思。

③著(zhuó)：穿着，穿戴。

④笥(sì)：苇或竹制的方形盛器。

⑤造：到……去。

⑥复者：指君庭门前负责传话通禀的下级官吏。

⑦国故：等于说"国难"，指国家遭受的凶丧、战争等重大变故。

【译文】

北郭子召来他的朋友，告诉他说："我悦服晏子的道义，曾向他寻求奉养母亲的东西。我听说：'奉养过自己父母的人，自己要承担他的危难。'如今晏子受到猜忌，我将用自己的死为他洗清冤诬。"北郭子穿戴好衣冠，让他的朋友拿着宝剑捧着竹匣跟随在后。走到国君朝廷门前，找到负责通禀的官吏说："晏子是名闻天下的贤人，他若出亡，齐国必将遭受侵犯。与其看到国家必将遭受侵犯，不如先死。我愿把头托付给您来为晏子洗清冤诬。"于是对他的朋友说："把我的头盛在竹匣中，捧去托付给那个官吏。"说罢，退下几步自刎而死。他的朋友于是捧着盛了头的竹匣上前，把它托付给了那个官吏，然后对旁观的人说："北郭子为国难而死，我将为北郭子而死。"说罢，又退下几步自刎而死。

齐君闻之，大骇，乘驲而自追晏子^①，及之国郊^②，请而反之。晏子不得已而反，闻北郭骚之以死白己也，曰："婴之亡岂不宜哉？亦愈不知士甚矣。"

【注释】

①驲(rì)：古代驿站专用的车。

②郊：上古时代国都城外百里以内称郊。

【译文】

　　齐君听说这件事，大为震惊，乘着驿车亲自去追赶晏子，在离国都不到百里的地方赶上了晏子，请求晏子回去。晏子不得已而返，听说北郭骚用死来替自己洗清冤诬，他感慨地说："我逃亡国外难道不正应该吗？北郭骚之死说明我真是不了解士啊。"

介　立——作立意

所谓"介立"是独立的意思,本篇用以指士节操高洁,独立于世。文章介绍了介子推、爰旌目的事迹:介子推在晋文公出亡、"周流天下"、最窘迫最微贱的时候,一直追随文公左右,而当晋文公返国之后,却羞于受赏,隐居山中,终身不仕;爰旌目饿昏于道,宁死不吃盗丘之食。文章最后以韩、荆、赵三国"将帅贵人"、"士卒众庶"作为反衬,颂扬了士的"介立"。

三曰:

以贵富有人易,以贫贱有人难。今晋文公出亡①,周流天下,穷矣,贱矣,而介子推不去②,有以有之也。反国有万乘,而介子推去之,无以有之也。能其难,不能其易,此文公之所以不王也。

【注释】

①今:疑是"昔"字之误(依松皋圆说)。

②介子推:春秋时晋国的隐士。他曾跟随晋文公出亡十九年,文公

返国后,他不肯受赏,与母亲一起隐居山中,终身不仕。《左传·僖公二十四年》《史记·晋世家》关于介子推的记载与本篇有所不同。他书或作"介之推"、"介推"。

【译文】

第三:

靠富贵拥有追随者容易,靠贫贱拥有追随者很难。从前晋文公逃亡在外,遍行天下,困窘极了,贫贱极了,然而介子推一直不离开他,这是由于晋文公具有赖以拥有介子推的条件。晋文公返回晋国后,拥有万辆兵车,然而介子推却离开了他,这是由于当时的晋文公已没有赖以拥有介子推的条件了。困难的事情能做到,而容易的事情却做不到,这正是文公不能成就王业的原因啊!

晋文公反国,介子推不肯受赏,自为赋诗曰:"有龙于飞①,周遍天下。五蛇从之②,为之丞辅③。龙反其乡④,得其处所。四蛇从之,得其露雨⑤。一蛇羞之⑥,桥死于中野⑦。"悬书公门,而伏于山下⑧。文公闻之曰:"譆!此必介子推也。"避舍变服⑨,令士庶人曰:"有能得介子推者,爵上卿,田百万。"或遇之山中,负釜盖簦⑩,问焉,曰:"请问介子推安在?"应之曰:"夫介子推苟不欲见而欲隐⑪,吾独焉知之?"遂背而行,终身不见。

【注释】

①有龙于飞:喻晋公子重耳(晋文公)出亡。于,词头,无义。

②五蛇:喻跟随公子重耳出亡的五位贤士:赵衰、狐偃、贾佗、魏犨(chōu)、介子推。

③丞:辅佐。

④龙反其乡:喻晋文公返国继位。

⑤露雨:喻恩泽。

⑥一蛇:喻介子推自己。

⑦桥死:疑是"槁死"(依毕沅校说)。中野:野外。

⑧伏:藏匿,这里指隐居。山:据《左传》、《史记》记载,当为绵上山,即今山西介休东南四十里的介山。

⑨避舍变服:古礼,国有凶丧祸乱之事,君主离开宫室居住,改穿凶丧之服。晋文公避舍变服以示引咎自责。

⑩釜(fǔ):炊器,敛口,圆底,有的有二耳,像现在蒸锅的下半部分。
　　簦(dēng):有长柄的笠,类似今天的伞。

⑪见(xiàn):显现。这里是出仕的意思。

【译文】

晋文公返回晋国后,介子推不肯接受封赏,他为自己赋诗道:"有龙飞翔,遍行天下。五蛇追随,甘当辅佐。龙返故乡,得其归所。四蛇追随,享其恩泽。一蛇羞惭,枯死荒野。"他把这首诗悬挂在文公门前,自己隐居山下。文公闻知这件事说:"啊!这一定是介子推。"于是文公离开宫室居住,改穿凶丧之服,以示自责,并向士民百姓下令说:"有能找到介子推的,赏赐上卿爵位、田百万亩。"有人在山中遇到介子推,见他背着釜,上插一把长柄笠作为伞盖,就问他说:"请问介子推住在哪儿?"介子推回答说:"那介子推如果不想出仕而想要隐居,我怎么会知道他?"说罢就转过身走了,终生不做官。

人心之不同,岂不甚哉?今世之逐利者,早朝晏退,焦唇干嗌①,日夜思之,犹未之能得;今得之而务疾逃之,介子推之离俗远矣。

【注释】

①嗌(yì)：咽喉。

【译文】

人心不同难道不是十分悬殊吗？如今世上追逐私利的人，早早就上朝，很晚才退朝回来，口干舌燥，日夜思虑，仍然未能追逐到手。而今介子推可以得到名利却务求赶快避开它，介子推的节操超离世俗太远了。

东方有士焉，曰爰旌目，将有适也，而饿于道①。狐父之盗曰丘②，见而下壶餐以铺之③。爰旌目三铺之而后能视，曰："子何为者也？"曰："我狐父之人丘也。"爰旌目曰："譆！汝非盗耶？胡为而食我？吾义不食子之食也。"两手据地而吐之，不出，喀喀然遂伏地而死④。

【注释】

①饿：饿得奄奄一息。

②狐父(fǔ)：地名。在今江苏砀(dàng)山附近。丘：人名。

③壶餐：与"壶飧(sūn)"义同，盛在壶中的水泡饭。铺(bū)：通"哺"。给……吃，喂。下句的"铺"指咀嚼，吃。

④喀喀(kèkè)：象声词，形容呕吐之声。

【译文】

东方有个士名叫爰旌目，将要到某地去，却饿晕在路上。狐父那个地方一个名叫丘的强盗看见了，摘下盛有水泡饭的壶去喂他。爰旌目咽下三口之后眼睛才能看见，他问："你是干什么的？"回答说："我是狐父那个地方的人，名叫丘。"爰旌目说："呔！你不是强盗吗？为什么给我吃东西？我信守节义决不吃你的食物！"说罢，两手抓地往外吐那咽下去的饭,吐不出来,喀喀地哎了一阵就卧在地上死了。

郑人之下轊也①,庄蹻之暴郢也②,秦人之围长平也③,韩、荆、赵,此三国者之将帅贵人皆多骄矣,其士卒众庶皆多壮矣,因相暴以相杀,脆弱者拜请以避死,其卒递而相食,不辨其义,冀幸以得活。如爰旌目已食而不死矣,恶其义而不肯不死④。今此相为谋⑤,岂不远哉?

【注释】

①轊(音未详):邑名,据下文当是韩国之邑。

②庄蹻:战国时楚国奴隶起义的领袖。

③秦人之围长平也:秦昭王四十七年(前260)秦将白起把赵括率领的赵国军队围困在长平(今山西高平西北),赵括被射死,赵军四十万人被俘活埋。

④恶其义:憎恶他的不义。

⑤今:盖"令"字之误。

【译文】

郑人攻陷轊邑的时候,庄蹻劫掠郢都的时候,秦人围困长平的时候,韩、荆、赵这三个国家的将帅贵族都骄傲自恣,三国的士卒百姓都强壮有力,于是他们相互欺凌,自相残杀,而怯弱的人跪拜乞求免死,到最后,人们一个接一个地递相残食,根本不分辨正义与否,只希望侥幸得以活命。至于爰旌目,已经吃了食物,不会死了,但他憎恶狐父之盗的不义,因而不肯不死。若让三国的将士和爰旌目相比,他们之间相差得岂不是太远了吗!

诚 廉

【题解】

本篇颂扬了伯夷、叔齐的气节。伯夷、叔齐反对武王伐纣,据《史记·伯夷列传》记载,他们曾"叩马而谏";周灭商后,他们耻食周粟,饿死在首阳山。作者认为他们这种宁死"以洁吾行"的气节有如石之"坚"、丹之"赤",是不可"夺"、不可磨灭的。当然,在今天看来,伯夷、叔齐逆历史潮流而动,他们的"气节"是不足取的。

四曰:

石可破也,而不可夺坚;丹可磨也①,而不可夺赤。坚与赤,性之有也。性也者,所受于天也,非择取而为之也。豪士之自好者,其不可漫以污也②,亦犹此也。

【注释】

① 丹:朱砂。

② 漫:污。以:相当于"而"。

【译文】

第四:

石头可以破开,然而不可改变它坚硬的性质,朱砂可以磨碎,然而不可改变它朱红的颜色。坚硬和朱红分别是石头、朱砂的本性所具有的。本性这个东西是从上天那里承受下来的，不是可以任意择取制造的。洁身自好的豪杰之士，他们的名节不可玷污也像这一样。

　　昔周之将兴也，有士二人，处于孤竹①，曰伯夷、叔齐②。二人相谓曰："吾闻西方有偏伯焉③，似将有道者，今吾奚为处乎此哉？"二子西行如周，至于岐阳，则文王已殁矣。武王即位，观周德，则王使叔旦就胶鬲于四内④，而与之盟曰⑤："加富三等⑥，就官一列。"为三书，同辞，血之以牲，埋一于四内，皆以一归⑦。又使保召公就微子开于共头之下⑧，而与之盟曰："世为长侯⑨，守殷常祀，相奉桑林⑩，宜私孟诸⑪。"为三书，同辞，血之以牲，埋一于共头之下，皆以一归。伯夷、叔齐闻之，相视而笑曰："譆！异乎哉！此非吾所谓道也。昔者神农氏之有天下也，时祀尽敬而不祈福也；其于人也，忠信尽治而无求焉；乐正与为正⑫，乐治与为治；不以人之坏自成也，不以人之庳自高也⑬。今周见殷之僻乱也，而遽为之正与治，上谋而行货⑭，阻丘而保威也⑮。割牲而盟以为信，因四内与共头以明行，扬梦以说众⑯，杀伐以要利，以此绍殷⑰，是以乱易暴也。吾闻古之士，遭乎治世，不避其任；遭乎乱世，不为苟在⑱。今天下暗，周德衰矣。与其并乎周以漫吾身也⑲，不若避之以洁吾行。"二子北行，至首阳之下而饿焉⑳。

【注释】

　　①孤竹：古国名，在今河北卢龙一带。

②伯夷、叔齐:商末孤竹君的两个儿子。相传孤竹君遗命立次子叔
　齐为继承人,叔齐让位给伯夷,伯夷不受,叔齐也不肯即位,二人
　相继逃走,后一起投奔周。

③偏伯:一方之长,指西伯姬昌。姬昌死后谥为文王。

④叔旦:即周公旦,武王之弟。就:到……去。胶鬲(gé):殷的贤
　臣,最初贩卖鱼盐,后由周文王举荐给纣。四内:古地名。

⑤盟:在神前立誓缔约。

⑥富:俸禄。

⑦"为三"五句:古人为盟,"先凿地为方坎,杀牲于坎上,割牲左耳,
　盛以珠盘,又取血盛以玉敦,用血为盟书,成,乃歃血而读书"(见
　孔颖达《礼记·曲礼下》疏)。盟书备有几份,一份埋于盟所(或
　沉于河),与盟者各持一份而归,藏于祖庙或司盟之府。以:持。

⑧保召(shào)公:姬姓,名奭(shì),周武王之臣,因封地在召,故称
　召公或召伯。武王灭纣后,封召公于北燕。成公时任太保,故又
　称保召公。微子开:即微子启。共头:山名,又作"共首",在今河
　南辉县境内。

⑨长(zhǎng)侯:诸侯之长。

⑩相(xiàng):等于说"使"。桑林:乐曲名,为殷天子祭祀之乐。

⑪孟诸:古泽名,在今河南商丘东北。

⑫与:因,就。

⑬庳(bì):低下。

⑭行货:行贿,指与胶鬲、微子启盟誓中的"加富三等"、"宜私孟诸"
　之类。货,财物。

⑮阻丘:疑是"阻兵"。阻:恃,倚仗。

⑯扬梦:宣扬武王承受天命灭殷之梦。周文王妻太姒梦见商之庭
　长出荆棘,其子姬发取来周庭的梓树,植于宫阙之间,化为松柏
　棫柞。太姒惊醒,告诉文王。文王说:把姬发召来,在明堂拜谢

　　吉梦,这个梦兆示姬发从皇天上帝那里承受了商的天命。

⑰绍:承继。

⑱在:存,生存。

⑲并:通"傍(bàng)",依附。

⑳首阳:山名,在今山西永济南。饿:这里是饿死的意思。

【译文】

　　从前周朝将要兴起的时候,有两位贤士住在孤竹国,名叫伯夷、叔齐。两人一起议论说:"听说西方有个西伯,好像是个有道义的人,现在我们还呆在这儿干什么呢?"于是两人向西行到周国去,走到岐山之南,文王却已经死了。武王即位,宣示周德,派叔旦到四内去找胶鬲,跟他盟誓说:"让你俸禄增加三级,官居一等。"准备三份盟书,文辞相同,把牲血涂在盟书上,一份埋在四内,两人各持一份而归。武王又派保召公到共头山下去找微子启,跟他盟誓说:"让你世世代代做诸侯之长,奉守殷的各种例行祭祀,允许你供奉桑林之乐,把孟诸作为你的私人封地。"准备三份盟书,文辞相同,把牲血涂在盟书上,一份埋在共头山下,两人各持一份而归。伯夷、叔齐闻知这些,互相望着笑道:"嘻! 跟我们原来听说的不一样啊! 这不是我们所说的道。从前神农氏治理天下的时候,四时祭祀毕恭毕敬,但是不为求福;对于百姓,讲求忠信,尽心治理,而无所求;百姓乐于公正,就帮助他们实现公正,百姓乐于太平,就帮助他们实现太平;不利用别人的失败使自己成功,不利用别人的卑微使自己高尚。如今周看到殷邪僻淫乱,便急急忙忙地替它纠正,替它治理,这是崇尚计谋,借助贿赂,倚仗武力,维持威势。把杀牲盟誓当作诚信,依靠四内和共头之盟来彰显德行,宣扬吉梦取悦众人,靠屠杀攻伐攫取利益,用这些做法承继殷,这是用悖乱代替暴虐。我们听说古代的贤士,遭逢太平之世,不回避自己的责任;遭逢动乱之世,不苟且偷生。如今天下黑暗,周德已经衰微了。与其依附周使我们的名节遭到玷污,不如避开它使我们的德行清白高洁。"于是两人向北走,走到首阳山下饿死在那里。

人之情，莫不有重，莫不有轻。有所重则欲全之，有所轻则以养所重。伯夷、叔齐，此二士者，皆出身弃生以立其意①，轻重先定也。

【注释】

①出身：舍身。

【译文】

人之常情，无不有所重，无不有所轻。有所重就会保全它，有所轻就会拿它来保养自己所珍视的东西。伯夷、叔齐这两位贤士，都舍弃生命以坚守自己的节操，这是由于他们心目中的轻重早就确定了。

不　侵

【题解】

所谓"不侵"，是指士凛然不可侵犯。本篇借豫让之口表明，士的
"尽力竭智"、"不辞其患"是有条件的，"夫国士畜我者，我亦国士事之"；
"夫众人畜我者，我亦众人事之"。为此，作者提醒人主，仅凭"尊贵富
大"不足以招来士，要使士为自己效死力，"必自知士"。本篇夸大了士
的作用，公孙弘关于士的一番议论显然是作者为自己这一阶层所作的
自我标榜。

五曰：

天下轻于身，而士以身为人①。以身为人者，如此其重
也，而人不知，以奚道相得②？贤主必自知士，故士尽力竭
智，直言交争③，而不辞其患。豫让、公孙弘是矣④。当是时
也，智伯、孟尝君知之矣⑤。世之人主，得地百里则喜，四境
皆贺；得士则不喜，不知相贺：不通乎轻重也。汤、武，千乘
也，而士皆归之。桀、纣，天子也，而士皆去之。孔、墨，布衣
之士也，万乘之主、千乘之君不能与之争士也。自此观之，
尊贵富大不足以来士矣，必自知之然后可。

【注释】

①以身为（wèi）人：为他人献出生命。

②以：不当有，疑为后人所加。奚道：何由。相得：互相投合。

③争：诤谏。

④公孙弘：战国时齐孟尝君的门客。

⑤智伯：指智伯瑶。

【译文】

第五：

天下比自身轻贱，而士却甘愿为他人献身。为他人献身的人是如此地难能可贵，如果人们不了解他们，那通过什么与他们情投意合？贤明的君主一定是亲自了解士，所以士能竭尽心力，直言相谏，而不避其祸。豫让、公孙弘就是这样的士。在当时，智伯、孟尝君可称得上是了解他们了。世上的君主得到百里的土地就满心欢喜，四境之内都来祝贺；而得到贤士却无动于衷，四境之内也不知表示祝贺：这是不晓得轻重啊。商汤、周武王起初只是拥有兵车千辆的诸侯，然而士都归附他们。夏桀、殷纣是天子，然而士都离开了他们。孔子、墨子是身穿布衣的庶人，然而拥有兵车万辆、千辆的君主却无法与他们争夺士。由此看来，尊贵富有不足以招来士，君主一定要亲自了解士，然后才行。

豫让之友谓豫让曰："子之行何其惑也？子尝事范氏、中行氏①，诸侯尽灭之，而子不为报；至于智氏，而子必为之报，何故？"豫让曰："我将告子其故。范氏、中行氏，我寒而不我衣，我饥而不我食，而时使我与千人共其养，是众人畜我也。夫众人畜我者，我亦众人事之。至于智氏则不然，出则乘我以车，入则足我以养，众人广朝②，而必加礼于吾所③，是国士畜我也。夫国士畜我者，我亦国士事之。"豫让，国士也，而犹以人之于己也为念，又况于中人乎？

【注释】

①范氏：即春秋时晋国的贵族士氏，因士会受范地为食邑，故称范氏。这里指范吉射。中行（háng）氏：即春秋时晋国的贵族荀氏，因荀林父为中行主将，后以中行为氏。这里指中行寅。中行，春秋时晋国军制之名。晋置上中下三军，后又增置中行、右行、左行。

②朝：朝会。

③所：所在之处。

【译文】

豫让的朋友对豫让说："你的行为怎么这样糊涂啊？你曾经侍奉过范氏、中行氏，诸侯把他们都灭掉了，而你并不曾替他们报仇；至于智氏，被灭之后你却一定要替他报仇；这是什么缘故？"豫让说："让我告诉你其中的缘故。范氏、中行氏，在我受冻的时候却不给我衣穿，在我挨饿的时候却不给我饭吃，时常让我跟上千的门客一起接受相同的衣食，这是像养活众人一样地养活我。凡像对待众人一样地对待我的，我也像众人一样地回报他。至于智氏就不是这样，出门供给我车坐，在家供给我充足的衣食，在大庭广众之中，一定对我给予特殊的礼遇，这是像奉养国士那样地奉养我。凡像对待国士那样对待我的，我也像国士那样地报答他。"豫让是国士，尚且还念念不忘别人对待自己的态度，又何况一般人呢？

孟尝君为从①，公孙弘谓孟尝君曰："君不若使人西观秦王。意者秦王帝王之主也②，君恐不得为臣，何暇从以难之③？意者秦王不肖主也，君从以难之未晚也。"孟尝君曰：

"善。愿因请公往矣④。"公孙弘敬诺,以车十乘之秦。秦昭王闻之⑤,而欲丑之以辞,以观公孙弘。公孙弘见昭王,昭王曰:"薛之地小大几何⑥?"公孙弘对曰:"百里。"昭王笑曰:"寡人之国,地数千里,犹未敢以有难也。今孟尝君之地方百里,而因欲以难寡人犹可乎?"公孙弘对曰:"孟尝君好士,大王不好士。"昭王曰:"孟尝君之好士何如?"公孙弘对曰:"义不臣乎天子,不友乎诸侯,得意则不惭为人君,不得意则不肯为人臣,如此者三人。能治可为管、商之师,说义听行,其能致主霸王,如此者五人。万乘之严主辱其使者⑦,退而自刎也,必以其血污其衣,有如臣者七人。"昭王笑而谢焉,曰:"客胡为若此? 寡人善孟尝君,欲客之必谨谕寡人之意也。"公孙弘敬诺。公孙弘可谓不侵矣。昭王,大王也;孟尝君,千乘也。立千乘之义而不可凌⑧,可谓士矣。

【注释】

①从(zòng):同"纵",指合纵。战国时秦在西方,六国在东,土地南北相连,故将联合六国抗秦称为合纵。

②意者:抑或。

③难(nàn):抵抗,与……为敌。

④因:就。

⑤秦昭王:即秦昭襄王,战国时秦国国君,名稷,公元前306年—前251年在位。

⑥薛:齐邑,孟尝君的封地。

⑦严:尊,这里是威重的意思。

⑧凌:侮辱。

【译文】

　　孟尝君合纵抗秦，公孙弘对孟尝君说："您不如派人到西方观察一下秦王。抑或秦王是个具有帝王之资的君主，您恐怕连做臣都不可得，哪里顾得上跟秦国作对呢？抑或秦王是个不肖的君主，那时您再合纵跟秦作对也不算晚。"孟尝君说："好。那就请您去一趟。"公孙弘答应了，于是带着十辆车前往秦国。秦昭王听说此事，想用言辞羞辱公孙弘，借以观察他。公孙弘拜见昭王，昭王问："薛这个地方面积有多大？"公孙弘回答说："方百里。"昭王笑道："我的国家土地纵横数千里，还不敢凭借它跟谁作对。如今孟尝君土地才百里见方，就想凭借它跟我作对，能行吗？"公孙弘回答说："孟尝君喜好士，大王您不喜好士。"昭王说："孟尝君喜好士又怎么样？"公孙弘回答说："信守节义，不向天子称臣，不与诸侯交友，如果得志，做人君毫不惭愧，不得志，就连人臣也不肯做，像这样的士，孟尝君那里有三人。善于治国，可以作管仲、商鞅的老师，其主张如果被听从施行，就能使君主成就王、霸之业，像这样的士，孟尝君那里有五人。充任使者，如果遭到拥有万辆兵车的君主的侮辱，就退下自刎，但一定用自己的血染污对方的衣服，有如我这样的，孟尝君那里有七人。"昭王笑着道歉说："您何必如此？我对孟尝君是很友好的，希望您一定要向他说明我的心意。"公孙弘答应了。公孙弘可称得上凛然不可侵犯了。昭王是秦国国君，孟尝君只是齐国之臣，公孙弘能在昭王面前为孟尝君仗义执言，不可凌辱，真可称得上士了。

序 意 一作廉孝

【题解】

本篇是《吕氏春秋》的后序,有残缺错简。前半只言十二纪;后半言赵襄子豫让事,与本篇无关,为他篇错入;而言八览、六论部分已亡佚。这大概就是后人将本篇从书末移置于此的缘故。本篇主要讲《吕氏春秋》编著的宗旨和意图。它备天地万物古今之事是要"纪治乱存亡也,知寿夭吉凶也"。它公开申明自己的理论根据是"法天地"的思想,它认为只要天地人三者都各得其所,就可以无为而行了。它特别提出要循其理,去其私,否则就会"福日衰,灾日隆"。

维秦八年①,岁在涒滩②,秋甲子朔③。朔之日,良人请问十二纪④。文信侯曰⑤:尝得学黄帝之所以诲颛顼矣⑥,"爰有大圜在上⑦,大矩在下⑧,汝能法之,为民父母。"盖闻古之清世,是法天地。凡十二纪者,所以纪治乱存亡也,所以知寿夭吉凶也。上揆之天,下验之地,中审之人,若此则是非可不可无所遁矣。

【注释】

①秦八年：指秦始皇八年。

②岁：岁星，这里指太岁。太岁是古人假想的与岁星相背运行的星

　体，它运行一周天正与赤道附近的十二次相合，古人以此记年。

　涒(tūn)滩：太岁年名，即申年。

③朔：每月的第一天叫朔。

④良人：君子。

⑤文信侯：指吕不韦，吕不韦被封为文信侯。

⑥颛顼(zhuānxū)：古代帝王名，黄帝之孙。

⑦大圜：指天。古人认为天圆地方。

⑧大矩：指地。

【译文】

　　秦始皇八年，太岁在涒滩，秋天，初一为甲子日。初一这天，君子请问十二纪的事。文信侯吕不韦说：曾经学到黄帝教诲颛顼的话，"有皇天在上，大地在下，你能够效法它们，可以做人民的父母了。"听说古代的清平盛世，都是效法天地。大凡十二纪，是用来记载国家的治乱存亡的，是用来了解人事的寿夭吉凶的。向上度量于天，向下检验于地，中间审察于人。能这样，那么对与不对、可以与不可以都没有失误了。

　　天曰顺，顺维生；地曰固，固维宁；人曰信，信维听。三者咸当，无为而行。行也者，行其理也①。行数②，循其理，平其私。夫私视使目盲，私听使耳聋，私虑使心狂。三者皆私设，精则智无由公③。智不公，则福日衰，灾日隆。以日倪而西望知之④。

【注释】

①理：当作"数"。数，指天数。

②行数：当作"行其数"。

③精：甚。

④倪：通"睨"，斜视，这里是斜的意思。西望：指太阳西落。

【译文】

天要顺行，顺行才能生万物；地要牢固，牢固万物才得安宁；人要诚信，诚信才能被听用。天地人三者都得当，就可以无为而行了。行的意思，就是行天之道。行天之道，顺地之理，人就可以去掉私心了。带着私心去看，就会使眼睛盲无所见；带着私心去听，就会使耳朵聋无所闻；带着私心去考虑问题，就会使心狂乱。眼睛、耳朵和心都为私而施用，严重了就会使思想不能公正。思想不公正，那么福就会一天天衰减，灾就会一天天兴盛。这个道理从太阳偏斜必定西落的现象中可以看出来。

赵襄子游于囿中，至于梁，马却不肯进。青荓为参乘①。襄子曰："进视梁下，类有人。"青荓进视梁下，豫让却寝②，佯为死人。叱青荓曰："去，长者吾且有事③。"青荓曰："少而与子友，子且为大事，而我言之，是失相与友之道；子将贼吾君④，而我不言之，是失为人臣之道。如我者惟死为可。"乃退而自杀。青荓非乐死也，重失人臣之节，恶废交友之道也。青荓、豫让，可谓之友也。

【注释】

①青荓（píng）：人名。

②却：当作"卬"。卬，即"仰"字。

③长者:豫让自称。吾:当为衍文。事:指刺杀赵襄子。

④贼:杀。

【译文】

赵襄子在园囿中游玩,走到桥边,马停下来,不肯前进。这时青荓当参乘。襄子说:"去前边看看桥底下,像是有人。"青荓去前边看看桥下,豫让正仰面躺着,装作死人。他叱退青荓说:"离开,我将要干大事。"青荓说:"年轻时和你交朋友,你现在将要干大事,我如果说出这件事,这是失掉了交友之道;你要杀死我的君主,我如果不说出这件事,这是失掉了为臣之义。像我这样,只可以一死了。"于是退下去自杀了。青荓不是喜欢死,而是看重丧失人臣的节操,厌恶废弃交友的准则。青荓、豫让,可以算作朋友了。

有　始

【题解】

本篇阐述作者的自然观。

《仲夏纪·大乐》篇说："太一出两仪，两仪出阴阳，阴阳变化，一上一下，离则复合，合则复离，是谓天常。"本篇可以说是这种思想的具体化。所谓"天地有始"，"天地合和，生之大经"，是论述天地万物产生过程的。文章认为，万物生于天地，就像人由母体产生一样，这叫做"大同"；而生成的万物又"殊形殊能异宜"，这叫做"众宜"。众物各依其异而得其所，这就是"平"。文章举天地山川有九野、九州、九山、九塞等，既是为了说明"众异"，同时也显示了当时的地理知识；而其中关于九野的叙述，第一次完整地记述了二十八宿的名字，反映了当时天文学的成就。

作者所以把《有始》放在八览之首，是因为本书以"法天地"为宗旨，把天地运行的自然之道作为人事的依据。本篇所说的"天斟万物，圣人览焉，以观其类"，用意也在于此。

一曰：

天地有始，天微以成①，地塞以形②。天地合和，生之大经也。以寒暑日月昼夜知之，以殊形殊能异宜说之。夫物合而成,离而生。知合知成,知离知生,则天地平矣③。平也者,皆当察其情,处其形。

【注释】

①微:指轻微之物。

②塞:指重浊之物。

③平:成,形成。

【译文】

第一:

天地有开始的时候,天是由轻微之物上升而形成,地是由重浊之物下沉而形成。天地交合,是万物生成的根本。由寒暑的变化、日月的运转、昼夜的交替可以知道这个道理,由万物不同的形体、不同的性能、不同的应用可以解释这个道理。万物都是由于天地交合而形成的,通过分离而产生的。知道交合而形成,知道分离而产生,那么就知道天地形成的道理了。要了解天地的形成,应当详察万物的实情,审度万物的形体。

天有九野①,地有九州,土有九山,山有九塞②,泽有九薮③,风有八等,水有六川。

【注释】

①九野:即九天,古代指天的中央及八方。野,星宿所在的星空区域。

②塞:险阻。

③薮(sǒu):大泽。

【译文】

天有九野,地有九州,境内有九座高山,山有九处险隘,水泽有九大渊薮,风有八种,水有六大河流。

何谓九野? 中央曰钧天^①,其星角、亢、氐;东方曰苍天^②,其星房、心、尾;东北曰变天^③,其星箕、斗、牵牛^④;北方曰玄天^⑤,其星婺女、虚、危、营室;西北曰幽天^⑥,其星东壁、奎、娄;西方曰颢天^⑦,其星胃、昴、毕^⑧;西南曰朱天^⑨,其星觜巂、参、东井;南方曰炎天^⑩,其星舆鬼、柳、七星^⑪;东南曰阳天^⑫,其星张、翼、轸^⑬。

【注释】

① 钧天:因为距其他八野均等,所以称钧天。钧,通"均"。

② 苍天:东方属木,木色青,所以称为苍天。

③ 变天:东北为阴气之极,阳气之始,万物将从此而生,所以称为变天。

④ 箕:星宿名,二十八宿之一,在今人马座。

⑤ 玄天:北方属水,水色黑,所以称为玄天。

⑥ 幽天:西北即将至太阴,所以称为幽天。

⑦ 颢天:西方属金,金色白,所以称为颢天。颢,白。

⑧ 昴:星宿名,二十八宿之一,在今金牛座。

⑨ 朱天:西南为少阳,所以称为朱天。朱,阳。

⑩ 炎天:南方属火,火性炎上,所以称为炎天。

⑪ 舆鬼:星宿名,即鬼宿,二十八宿之一,今属巨蟹座。

⑫ 阳天:东南即将至太阳(东方为太阳),所以称为阳天。

⑬ 张:星宿名,二十八宿之一,在今长蛇座。

【译文】

什么是九野? 天中央叫钧天,那里的星宿是角、亢、氐;东方叫苍天,那里的星宿是房、心、尾;东北叫变天,那里的星宿是箕、斗、牵牛;北方叫玄天,那里的星宿是婺女、虚、危、营室;西北叫幽天,那里的星宿是东壁、奎、娄;西方叫颢天,那里的星宿是胃、昴、毕;西南叫朱天,那里的星宿是觜巂、参、东井;南方叫炎天,那里的星宿是舆鬼、柳、七星;东南叫阳天,那里的星宿是张、翼、轸。

何谓九州? 河、汉之间为豫州,周也;两河之间为冀州①,晋也;河、济之间为兖州·卫也;东方为青州,齐也;泗上为徐州②,鲁也;东南为扬州,越也;南方为荆州,楚也;西方为雍州,秦也;北方为幽州,燕也。

【注释】

①两河:指清河与西河。清河在今河北境内。西河,古人称冀州西边南北流向的黄河为西河。

②泗上:泗水之滨。

【译文】

什么是九州? 黄河、汉水之间为豫州,是周王室的疆域。清河和西河之间为冀州,是晋国的疆域。黄河、济水之间为兖州,是卫国的疆域。东方为青州,是齐国的疆域。泗水以南为徐州,是鲁国的疆域。东南为扬州,是越国的疆域。南方为荆州,是楚国的疆域。西方为雍州,是秦国的疆域。北方为幽州,是燕国的疆域。

何谓九山? 会稽、太山、王屋、首山、太华、岐山、太行、羊肠、孟门①。

【注释】

①会稽:山名。在今浙江绍兴东北。王屋:山名。在今山西阳城西
　　南。首山:即首阳山。在今山西永济南。太华:即华山。羊肠:
　　山名。在今山西晋城南。孟门:山名。在今陕西宜川东北。

【译文】

什么是九座高山? 就是会稽山、泰山、王屋山、首阳山、太华山、岐
山、太行山、羊肠山、孟门山。

何谓九塞? 大汾、冥阨、荆阮、方城、殽、井陉、令疵、句
注、居庸①。

【注释】

①大汾:险塞名,在晋国。冥阨:以及荆阮、方城都是险塞名。在楚
　　国。殽:古险塞名。故址在今河南渑池西。井陉(xíng):古险塞
　　名。故址在今河北井陉北。令疵:古险塞名。在辽西。句注:古
　　险塞名。故址在今山西雁门关西。

【译文】

什么是九处险隘? 就是大汾、冥阨、荆阮、方城、殽、井陉、令疵、句
注、居庸。

何谓九薮? 吴之具区①,楚之云梦②,秦之阳华③,晋之
大陆④,梁之圃田⑤,宋之孟诸⑥,齐之海隅⑦,赵之钜鹿⑧,燕
之大昭⑨。

【注释】

①具区:古泽名。即今太湖。

②云梦：古泽名。故址在今湖北监利西北。

③阳华：古泽名。确址不详。

④大陆：古泽名。故址在今河南汲县一带。

⑤圃田：古泽名。故址在今河南中牟西。

⑥孟诸：古泽名。故址在今河南商丘东北。

⑦海隅：古泽名。故址在今山东蓬莱、掖县以西，沾化、无棣以北的广大地区。

⑧钜鹿：古泽名。故址在今河北隆尧、巨鹿、任县之间。

⑨大昭：古泽名。故址在今山西祁县西南。

【译文】

什么是九大渊薮？就是吴国的具区、楚国的云梦、秦国的阳华、晋国的大陆、梁国的圃田、宋国的孟诸、齐国的海隅、赵国的钜鹿、燕国的大昭。

何谓八风？东北曰炎风，东方曰滔风，东南曰熏风，南方曰巨风，西南曰凄风，西方曰飔风，西北曰厉风，北方曰寒风。

【译文】

什么是八风？东北风叫炎风，东风叫滔风，东南风叫熏风，南风叫巨风，西南风叫凄风，西风叫飔风，西北风叫厉风，北风叫寒风。

何谓六川？河水、赤水、辽水、黑水、江水、淮水①。

【注释】

①赤水：不详。高诱说发源于昆仑山东南部。辽水：不详。高诱说

发源于砥石山，从塞北向东流，直到辽东西南部入海。黑水：不
详。高诱说发源于昆仑山西北部。

【译文】

什么是六大河流？就是河水、赤水、辽水、黑水、江水、淮水。

凡四海之内，东西二万八千里，南北二万六千里。水道
八千里，受水者亦八千里。通谷六①，名川六百，陆注三千②，
小水万数。

【注释】

①通谷：指大河，这里指最大的河流。

②陆注：疑为今之内陆河或季节河。

【译文】

整个四海之内，东西长两万八千里，南北长二万六千里。通航的河
道八千里，受水的河道也是八千里。最大的河流六条，大河六百条，季
节河三千条，小河流数以万计。

凡四极之内，东西五亿有九万七千里①，南北亦五亿有
九万七千里。

【注释】

①亿：先秦时以十万称"亿"者居多。

【译文】

四极之内，东西长五十九万七千里，南北长也是五十九万七千里。

极星与天俱游①，而天枢不移②。冬至日行远道③，周行

四极^④,命曰玄明^⑤。夏至日行近道^⑥,乃参于上^⑦。当枢之下无昼夜。白民之南^⑧,建木之下^⑨,日中无影,呼而无响,盖天地之中也。

【注释】

①极星:即北极璇玑,又称"帝星",今为小熊座。与天俱游:指日月星辰围绕北天极作周日运动。

②天枢:指北天极。

③远道:日月星辰以北天极为圆心作周日运动,太阳每年在空中划出约 365 个圆形轨迹,取其中七个,冬至那天划出的圆形轨迹离北天极最远,所以称作"远道"。

④周行四极:地与日月星辰在一年中浮动,能达到东西南北四个极限点,各自的轨迹又是圆形,所以叫"周行四极"。

⑤玄明:大明。

⑥近道:太阳绕北天极作周日运动,夏至那天所划出的圆形轨迹离北天极最近,所以称作"近道"。

⑦参于上:意思是太阳此时正当头顶之上。参,值。

⑧白民:古代传说中的海外国名。

⑨建木:古代传说中的一种树名,在白民国之南。

【译文】

极星和天一起运行,而北天极不移动。冬至这天,太阳运行在离北天极最远的圆形轨迹上,环行于四个极限点,称为玄明。夏至这天,太阳运行在离北天极最近的圆形轨迹上,太阳正值人的上方。在天极的下面,没有昼夜的区别。在白民国以南,建木的下面,中午没有影子,呼叫时没有声音,因为这里是天地的中心。

　　天地万物，一人之身也，此之谓大同。众耳目鼻口也，众五谷寒暑也。此之谓众异，则万物备也。天斟万物[1]，圣人览焉，以观其类。解在乎天地之所以形[2]，雷电之所以生，阴阳材物之精[3]，人民禽兽之所安平。

【注释】

[1]斟：聚积。

[2]解在乎：意思是，(对这问题的)解释体现在(……方面)。

[3]材：裁制，生成。这句意思是阴阳生成万物的精妙。

【译文】

　　天地万物，如同一个人的身体，这就叫高度同一。人有耳目鼻口，天地万物有五谷寒暑。这些叫做各种差异，这样，万物就齐备了。上天聚积万物，圣人考察万物从而了解它们的类别。对这个道理的解释体现在天地之所以形成、雷电之所以发生、阴阳变化而生成万物、人民禽兽各得其所等方面。

应　同 旧作名类

【题解】

　　所谓"应同"，指的是事物都因同类而相应。文章列举大量的自然现象以及社会现象，揭示了"类固相召，气同则合，声比相应"的规律。文章所说的事物之间的应和，指的是事物之间的客观联系。文章从这种唯物主义的观点出发，指出人的吉凶福祸，国家的治乱存亡，是人们自身行为所造成的，而不是"命"决定的。文章批判了众人不知"祸福之所自来"而"以为命"的胡涂观念，主张尽人事努力以避祸求福。对君主来说，就是要致力于"治"，只有国治才足以制止他国的侵伐。

　　本篇首段的论述源于邹衍的五德终始说，其目的在于借五行说鼓励秦国统治者顺应形势，统一天下，代周而王。文中所谓"代火者必将水，……水气至而不知数备，将徙于土"，正是要告诫秦国统治者不要失掉统一天下的时机。

　　二曰：

　　凡帝王者之将兴也，天必先见祥乎下民。黄帝之时，天先见大螾大蝼①。黄帝曰："土气胜。"土气胜，故其色尚黄，其事则土。及禹之时，天先见草木秋冬不杀②。禹曰："木气胜。"木气胜，故其色尚青，其事则木。及汤之时，天先见金刃生于水。汤曰："金气胜。"金气胜，故其色尚白，其事则金。及文王之时，天先见火赤乌衔丹书集于周社③。文王曰："火气胜。"火气胜，故其色尚赤，其事则火。代火者必将水，天且先见水气胜。水气胜，故其色尚黑，其事则水。水气至而不知数备，将徙于土。

【注释】

①螾（yǐn）：同"蚓"，蚯蚓。蝼：蝼蛄。

②杀：凋零。

③火赤乌：指由火幻化而成的赤色乌鸦。集：止。社：本指土神，这里指祭土神的地方。

【译文】

第二：

凡是古代称帝称王的将要兴起，上天必定先向人们显示出征兆来。黄帝的时候，上天先显现出大蚯蚓大蝼蛄。黄帝说："这表明土气旺盛。"土气旺盛，所以黄帝时的服色崇尚黄色，做事情取法土的颜色。到夏禹的时候，上天先显现出草木秋冬时节不凋零的景象。夏禹说："这表明木气旺盛。"木气旺盛，所以夏朝的服色崇尚青色，做事情取法木的颜色。到汤的时候，上天先显现水中出现刀剑的景象。商汤说："这表明金气旺盛。"金气旺盛，所以商朝的服色崇尚白色，做事情取法金的颜色。到周文王的时候，上天先显现由火幻化的红色乌鸦衔着丹书停在周的社坛上。周文王说："这表明火气旺盛。"火气旺盛，所以周朝的服色崇尚红色，做事情取法火的颜色。代替火的必将是水，上天将先显现水气旺盛的景象。水气旺盛，所以新王朝的服色应该崇尚黑色，做事情应该取法水的颜色。如果水气到来，却不知气数已经具备，从而取法于水，那么，气数必将转移到土上去。

　　天为者时，而不助农于下①。类固相召②，气同则合，声比则应③。鼓宫而宫动，鼓角而角动。平地注水，水流湿；均薪施火，火就燥；山云草莽，水云鱼鳞，旱云烟火，雨云水波，无不皆类其所生以示人。故以龙致雨，以形逐影④。师之所处，必生棘楚⑤。祸福之所自来，众人以为命，安知其所？

【注释】

①"天为"二句：此句与上下文义不连贯，恐有脱文。

②固：当作"同"。

③比：并，这里是"同"的意思。

④以形逐影：凭着形体寻找影子。

⑤棘楚：指丛生多刺的灌木。楚，荆，丛生的灌木。

【译文】

　　天有四时的运行，但并不帮助违背农时的农事。物类相同的就互相招引，气味相同的就互相投合，声音相同的就互相响应。敲击此处宫音，彼处宫音就随之振动；敲击此处角音，彼处角音就随之振动。在同样平的地面上灌水，水先向潮湿的地方流；在铺放均匀的柴草上点火，火先向干燥的地方燃烧；山上的云呈现草莽的形状，水上的云呈现鱼鳞的形状，干旱时的云就像燃烧的烟火，阴雨时的云就像荡漾的水波。这些都无不依赖它们赖以生成的东西来显示给人们。所以用龙就能招来雨，凭形体就能找到影子，军队经过的地方，必定生长出荆棘来。祸福的到来，一般人认为是"命"，哪里知道祸福到来的缘由？

　　夫覆巢毁卵，则凤凰不至；刳兽食胎①，则麒麟不来；干泽涸渔，则龟龙不往。物之从同，不可为记。子不遮乎亲②，臣不遮乎君。君同则来③，异则去。故君虽尊，以白为黑，臣不能听;父虽亲,以黑为白,子不能从。

【注释】

①刳(kū):剖开而挖空。

②遮:遏制。

③君:当为衍文。

【译文】

掀翻鸟巢,毁坏鸟卵,那么凤凰就不会再来;剖开兽腹,吃掉兽胎,那么麒麟就不会再来;弄干池泽来捕鱼,那么龟龙就不会再去。事物同类相从的情况,难以尽述。儿子不会一味受父亲遏制,臣子不会一味受君主遏制。志同道合就在一起,否则就离开。所以君主虽然尊贵,如果把白当成黑,臣子就不能听从;父亲虽然亲近,如果把黑当成白,儿子也不能依从。

黄帝曰:"芒芒昧昧①,因天之威②,与元同气③。"故曰同气贤于同义,同义贤于同力,同力贤于同居,同居贤于同名。帝者同气,王者同义,霸者同力,勤者同居则薄矣,亡者同名则粗矣④。其智弥粗者,其所同弥粗;其智弥精者,其所同弥精。故凡用意不可不精。夫精,五帝三王之所以成也。成齐类同皆有合⑤,故尧为善而众善至,桀为非而众非来。

【注释】

①芒芒昧昧:广大纯厚的样子。

②因:循,顺。威:则,法则。

③元:天。

④粗(cū):低劣。

⑤成：疑涉上文而衍。齐类同皆有合：大意是同类事物都能相聚
　合。齐，等。

【译文】

　　黄帝说："广大纯厚，是因为遵循了上天的法则，与上天同气的缘
故。"所以说同气胜过同义，同义胜过同力，同力胜过同居，同居胜过同
名。称帝的人同气，称王的人同义，称霸的人同力。辛劳的君主同存于
世，而德行就不厚道了，亡国的君主不仁不义，而德行就低劣了。智慧
越是低劣的人，与之相应的就越是低劣；智慧越是精微的人，与之相应
的就越是精微。所以凡思虑不可以不精微。精微，是五帝三王之所以
成就帝业的原因。事物只要同类，都能互相聚合。所以尧做好事因而
所有好事都归到他身上，桀干坏事因而所有坏事都归到他身上。

　　《商箴》云①："天降灾布祥，并有其职②。"以言祸福人或
召之也。故国乱非独乱也，又必召寇。独乱未必亡也，召寇
则无以存矣。凡兵之用也，用于利，用于义。攻乱则服③，服
则攻者利；攻乱则义，义则攻者荣。荣且利，中主犹且为之，
况于贤主乎？故割地宝器，卑辞屈服，不足以止攻，惟治为
足④。治则为利者不攻矣，为名者不伐矣。凡人之攻伐也，
非为利则固为名也。名实不得，国虽强大者，曷为攻矣？解
在乎史墨来而辍不袭卫⑤，赵简子可谓知动静矣⑥！

【注释】

　①《商箴》：古书名。久已亡佚。

　②职：主。

　③服：指被攻之国归服。

　④惟治为足：大意是，只有国家治理得好，才足以制止敌人的攻伐。

治,指国家治理得好。

⑤史墨:春秋时晋国史官。辍:停止。史墨来辍不袭卫事详见《召
　类》篇,史墨作"史默"。

⑥赵简子:晋国正卿。知动静:知道该动即动,该止即止的道理。

【译文】

《商箴》上说:"上天降灾祸施吉祥,都有一定的对象。"这是说,祸福是人招致的。所以国家混乱不仅仅是混乱,又必定会招来外患。国家仅仅混乱未必会灭亡,招致外患就无法保存了。凡是用兵作战,都是用于有利的地方,用于符合道义的地方。攻打混乱的国家就容易使之屈服,敌国屈服,那么进攻的国家就得利;攻打混乱的国家就符合道义,符合道义,那么进攻的国家就荣耀。既荣耀又得利,具有中等才能的君主尚且这样做,何况是贤明的君主呢?所以,割让土地献出宝器,言辞卑谦屈服于人,不足以制止别国的进攻,只有国家治理得好,才能制止别国的进攻。国家治理好了,那么图利的就不来进攻了,图名的就不来讨伐了。大凡人们进攻讨伐别的国家,不是图利就是图名。如果名利都不能得到,那么国家即使强大,又怎么会攻伐呢?这道理的解释体现在史墨去卫国了解情况回来,赵简子就停止进攻卫国这件事上,赵简子可以说是懂得该动则动该止则止的道理了。

去　尤

【题解】

　　去尤,即去掉局限。本篇旨在阐明认识事物要去掉思想上的局限,做到兼听并观。文章认为,人们之所以不能正确认识事物,主要是因为囿于主观感觉和个人爱憎。文中列举的三个事例,充分说明了这个道理。文章引用《庄子·达生》的一段论述,进一步指出"有所殆者,必外有所重",把造成认识主观片面的根源归结为存私欲、重外物,这与本书反复倡导的通晓"性命之情"是一致的。

　　本篇与《先识览·去宥》主旨相同,可参看。

　　三曰:

　　世之听者,多有所尤①。多有所尤,则听必悖矣。所以尤者多故,其要必因人所喜,与因人所恶。东面望者不见西墙,南乡视者不睹北方②,意有所在也。

【注释】

　　①尤:通"囿",局限。

　　②乡:通"向"。

【译文】

第三：

世上凭着听闻下结论的人，大多有所局限。大多有所局限，那么凭听闻下的结论必定是谬误的了。受局限有很多的原因，其关键必定在于人有所喜爱和有所憎恶。面向东望的人，看不见西面的墙；朝南看的人，望不见北方。这是因为心意专于一方啊。

　　人有亡铁者①，意其邻之子。视其行步，窃铁也；颜色，窃铁也；言语，窃铁也；动作态度，无为而不窃铁也。抇其谷而得其铁②，他日复见其邻之子，动作态度，无似窃铁者。其邻之子非变也，己则变矣。变也者无他，有所尤也。

【注释】

①铁（fū）：斧子。

②抇（hú）：掘。谷：坑。

【译文】

有一个丢了斧子的人，怀疑是邻居的儿子偷的。看他走路的样子，像偷斧子的；看他的脸色，像偷斧子的；听他说话，像偷斧子的；看他的举止神态，没有一样不像偷斧子的。这个人挖坑的时候，找到了自己的斧子。过了几天，又看见邻居的儿子，举止神态，没有一样像偷了斧子的。邻居的儿子没有改变，他自己改变了。他改变的原因没有别的，是因为原来有所局限。

　　郈之故法①，为甲裳以帛②。公息忌谓郈君曰③："不若以组④。凡甲之所以为固者，以满窍也。今窍满矣，而任力者半耳。且组则不然，窍满则尽任力矣。"郈君以为然，曰：

"将何所以得组也?"公息忌对曰:"上用之,则民为之矣。"邾君曰:"善。"下令,令官为甲必以组。公息忌知说之行也,因令其家皆为组。人有伤之者曰:"公息忌之所以欲用组者,其家多为组也。"邾君不说,于是复下令,令官为甲无以组。此邾君之有所尤也。为甲以组而便,公息忌虽多为组,何伤也?以组不便,公息忌虽无为组,亦何益也?为组与不为组,不足以累公息忌之说⑤。用组之心,不可不察也。

【注释】

①邾(zhū):古国名,亦称"邾娄",后改称"邹"。周武王封颛顼之后于邾,后为楚所灭。故城在今山东邹城东南。

②为甲裳以帛:用帛来联缀战衣。甲,铠甲,护身的战衣。裳,下衣。帛,丝织品。

③公息忌:人名。

④组:用丝编织的绳带。

⑤累:这里是损害的意思。

【译文】

邾国的旧法,制作铠甲用帛来连缀。公息忌对邾君说:"不如用丝绳来连缀。大凡铠甲之所以牢固,是因为铠甲连缀的缝隙都塞满了。现在铠甲连缀的缝隙虽然塞满了,可是只能承受应该承受的力的一半。然而用丝绳来连缀就不是这样,只要连缀的缝隙塞满了,就能承受全部应该承受的力了。"邾君以为他说得对,说:"将从哪里得到丝绳呢?"公息忌回答说:"君主使用它,那么人民就会制造它了。"邾君说:"好!"于是下命令,命令有关官吏制作铠甲一定要用丝绳连缀。公息忌知道自己的主张得以实行,于是就让他的家人都制造丝绳。有诋毁他的人说:"公息忌之所以建议用丝绳,是因为他家制造了很多丝绳。"邾君听了很不高兴，于是又下达命令，命令有关官吏制铠甲不要用丝绳连缀。这是邻君有所局限啊。制铠甲用丝绳连缀如果有好处，公息忌即使大量制造丝绳，有什么妨碍呢？如果用丝绳连缀没有好处，公息忌即使没有制造丝绳，又有什么益处呢？公息忌制造丝绳或不制造丝绳，都不足以损害公息忌的主张。使用丝绳的本意，不可以不考察清楚啊。

　　鲁有恶者①，其父出而见商咄②，反而告其邻曰③："商咄不若吾子矣。"且其子至恶也，商咄至美也。彼以至美不如至恶，尤乎爱也。故知美之恶，知恶之美，然后能知美恶矣。《庄子》曰④："以瓦㪻者翔⑤，以钩㪻者战，以黄金㪻者殆。其祥一也⑥，而有所殆者，必外有所重者也。外有所重者泄⑦，盖内掘⑧。"鲁人可谓外有重矣。解在乎齐人之欲得金也，及秦墨者之相妒也⑨，皆有所乎尤也。

【注释】

①恶：丑陋。

②商咄：人名，以貌美著称。

③反：同"返"。

④"《庄子》"以下数句：引文见《庄子·达生》篇，文字有出入。

⑤瓦：陶器，土烧之器。㪻：字书无此字，当为"殸"字之误。殸，古文"投"字。这里是下赌注的意思。翔：这里是安详、坦然的意思。

⑥祥：善，这里指赌技精巧。

⑦泄：狎，亲近。

⑧内掘：内心不安。掘，不安详。

⑨"解在"二句：两事详见《去宥》篇。前事言齐人欲得金而夺人之金，徒见金不见人；后者言秦墨者相妒，致使秦惠王偏听偏信。

两事都是"有所尤"造成的。

【译文】

鲁国有个丑陋的人,他的父亲出门看见美男子商咄,回来以后告诉他的邻居说:"商咄不如我儿子。"然而他儿子是极丑陋的,商咄是极漂亮的,他却认为极漂亮的不如极丑陋的,这是被自己的偏爱所局限。所以,知道了漂亮可以被认为是丑陋,丑陋可以被认为是漂亮,然后就能知道什么是漂亮,什么是丑陋了。《庄子》说:"用瓦器作赌注的内心坦然,用衣带钩作赌注的心里发慌,用黄金作赌注的感到迷惑。他们的赌技是一样的,然而之所以感到迷惑,必然是因为对外物有所看重。对外物有所看重,就会对它亲近,因而内心就会不安详。"那个鲁国人可以说是对外物有所看重了。这道理体现在齐国人想得到金子,以及秦国的墨者互相忌妒上,这些都是因为有所局限啊。

老聃则得之矣①,若植木而立乎独,必不合于俗,则何可扩矣②。

【注释】

①老聃:即老子。

②扩:扩充,这里指由于受到外物的干扰而心神不安。

【译文】

老聃就懂得这个道理,他像直立的木头一样自行其是,这样必然与世俗不合,那么还能有什么能使他内心不安呢?

听 言

【题解】

　　本篇旨在论述君主听取议论要分辨善与不善,认为"善不善不分,乱莫大焉"。文章首先指出,当世的君主所以嗜好攻伐诛杀以求利索地,一个重要原因是不能区分善与不善。作者认为,判断善与不善,标准是看是否本于"爱利",即爱民利民。君主能分清言论的善恶,做到择善而从,就可以统一天下了。文章最后着重说明,要做到"听言",必须"习其心","习之于学问",强调了学习的重要。

　　四曰:

　　听言不可不察,不察则善不善不分。善不善不分,乱莫大焉。三代分善不善,故王。今天下弥衰,圣王之道废绝。世主多盛其欢乐,大其钟鼓,侈其台榭苑囿①,以夺人财;轻用民死,以行其忿。老弱冻馁,夭腈壮狡②,汔尽穷屈③,加以死虏。攻无罪之国以索地,诛不辜之民以求利,而欲宗庙之安也,社稷之不危也,不亦难乎?

【注释】

①苑囿：养禽兽植林木的地方。

②夭膌（jí）壮狡：使强壮有力的人夭折瘦弱。夭，早死。膌，通"瘠"，瘦弱。狡，强壮有力。

③汔（qì）：几，几乎。穷屈（jué）：穷尽，走投无路。

【译文】

第四：

听到话不可不考察；不考察，那么好和不好就不能分辨。好和不好不能分辨，祸乱没有比这更大的了。夏、商、周三代能分辨好和不好，所以能称王天下。如今世道更加衰微，圣王之道被废弃灭绝。当世的君主尽情寻欢作乐，把钟鼓等乐器造得很大，把台榭园林修得很豪华，因而耗费了人民的钱财；他们随随便便让百姓去送命，来发泄自己的愤怒。年老体弱的人受冻挨饿，强壮有力的人被弄得夭折瘦弱，几乎都到了走投无路的地步，又把死亡和被俘的命运加在他们身上。攻打没有罪的国家以便掠取土地，杀死没有罪的百姓以便夺取利益，这样做却想让宗庙平安，让国家不危险，不是很难吗？

今人曰："某氏多货，其室培湿①，守狗死，其势可穴也。"则必非之矣。曰："某国饥，其城郭庳②，其守具寡，可袭而篡之。"则不非之。乃不知类矣。

【注释】

①培：房屋的后墙。

②庳（bì）：低矮。

【译文】

假如有人说："某某人有很多财物，他家房屋的后墙很潮湿，看家的狗死了，这是可以挖墙洞的好机会"，那么一定要责备这个人。如果说：

"某某国遇到荒年,它的城墙低矮,它的防守器具很少,可以偷袭并且夺取它",对这样的人却不责备,这就是不知道类比了。

《周书》曰①:"往者不可及,来者不可待,贤明其世,谓之天子。"故当今之世,有能分善不善者,其王不难矣。善不善本于利,本于爱,爱利之为道大矣。夫流于海者,行之旬月,见似人者而喜矣。及其期年也②,见其所尝见物于中国者而喜矣。夫去人滋久,而思人滋深欤!乱世之民,其去圣王亦久矣。其愿见之,日夜无间。故贤王秀士之欲忧黔首者③,不可不务也。

【注释】

①《周书》:古逸书。

②期(jī)年:一周年。

③黔首:战国及秦代对百姓的称谓。

【译文】

《周书》中说:"逝去的不可追回,未来的不可等待,能使世道贤明的,就叫做天子。"所以在今天的社会上,有能分辨好和不好的,他称王天下是不难的。区分好和不好的关键在于爱,在于利,爱和利作为原则来说是太大了。在海上漂泊的人,漂行一个月,看到像人的东西就很高兴了。等到漂行一年,看到曾在中原之国看到过的东西就很高兴了。这就是离开人越久,想念人就越厉害吧!混乱社会的人民,他们离开圣王也已经很久了。他们希望见到圣王的心情,白天黑夜都不间断。所以那些想为百姓忧虑的贤明君主和杰出人士,不可不在这方面努力啊。

功先名,事先功,言先事。不知事,恶能听言①?不知情,恶能当言^②? 其与人谷言也,其有辩乎,其无辩乎^③?

【注释】

①恶(wū):何。

②当:相合,相称。

③"其与"三句:此句义不可通。当作"其与夫鷇(kòu)音也,其有辩乎,其无辩乎"。"人"为"夫"字之误,"谷(繁体作'穀')言"为"鷇音"之误。《庄子·齐物论》作:"其以为异于鷇音,亦有辩乎,其无辩乎?"文意与此正同。全句意谓,不能听言,与不能当言,那么人言与鷇音就没有区别了。鷇音,鸟初孵出时的叫声。辩,通"辨",区别。

【译文】

　　功绩先于名声,事情先于功绩,言论先于事情。不了解事情的实质,怎么能听信言论? 不了解内情,怎么能使言论与事实相符? 如果不能这样,那么人言与鸟音,是有区别呢,还是没有区别呢?

　　造父始习于大豆^①,蠭门始习于甘蝇^②,御大豆,射甘蝇,而不徙人,以为性者也^③。不徙之,所以致远追急也^④,所以除害禁暴也。凡人亦必有所习其心,然后能听说。不习其心,习之于学问。不学而能听说者,古今无有也。解在乎白圭之非惠子也^⑤,公孙龙之说燕昭王以偃兵及应空洛之遇也^⑥,孔穿之议公孙龙^⑦,翟翦之难惠子之法^⑧。此四士者之议,皆多故矣,不可不独论^⑨。

【注释】

①造父、大豆:都是古代善于驾车的人。大豆,他书或作"泰豆"。

②蠭(páng)门、甘蝇：都是古代善于射箭的人。蠭门，他书或作"蠭蒙"、"逄蒙"等。

③"而不"二句：即以不徒人为性。大意是：不向别人学习，而专门向他们学习，以便学得他们的技术。

④致远追急：指驭术之功效。下句"除害禁暴"指射术之功效。

⑤白圭：名丹，字圭，魏人。惠子：惠施，宋人，仕魏。白圭非惠子之事见《不屈》篇。

⑥公孙龙：魏人，战国时名家的代表人物。燕昭王：战国时燕国君主，公元前311年—前279年在位。偃：止息，消除。公孙龙说燕昭王以偃兵之事见《应言》篇。应空洛之遇事见《淫辞》篇，该篇作"空雄"，当为"空雒"（雒同"洛"）之误。空洛，地名。遇，盟会。

⑦孔穿：字子高，孔子的后代。孔穿议公孙龙之事见《淫辞》篇。

⑧翟翦：魏国人，翟黄（又作翟璜）的后代。翟翦难惠子之事见《淫辞》篇。

⑨独论：等于说熟论。

【译文】

造父最初向大豆学习，蠭门最初向甘蝇学习，向大豆学习驾车，向甘蝇学习射箭，专心不渝，以此作为自己的本质。专心不渝，这是他们所以能学到致远追急的驭术、除暴禁害的射术的原因。大凡人也一定要修养自己的心性，然后才能正确听取别人的意见。不修养自己的心性，也要研习学问。不学习而能正确听取意见的，从古到今都没有。这道理体现在白圭非难惠子、公孙龙以消除战争劝说燕昭王以及应付秦赵的空洛盟约、孔穿非议公孙龙、翟翦责难惠子制订的法令等方面。这四个人的议论，都包含着充足的理由，对此是不可不认真辨察清楚的。

谨 听

【题解】

　　本篇承上篇《听言》,继续论述君主"听言"的问题,着重指出君主应该"礼有道之士"。以便"通乎己之不足"。文章通过"贤主"和"亡国之主"的比较,说明君主要做到"听言",必须"反性命之情",正确认识自己,了解自己的不足,而不能"自贤而少人"。文章指出,"不知而自以为知,百祸之宗也",告诫君主应该"不知则问,不能则学",强调君主应该求贤礼士,以贤者为师。

　　五曰:

　　昔者禹一沐而三捉发①,一食而三起,以礼有道之士,通乎己之不足也。通乎己之不足,则不与物争矣。愉易平静以待之,使夫自得之;因然而然之,使夫自言之。亡国之主反此,乃自贤而少人。少人则说者持容而不极②,听者自多而不得。虽有天下,何益焉? 是乃冥之昭③,乱之定,毁之成,危之宁。故殷周以亡,比干以死④,悖而不足以举。

【注释】

①一沐而三捉发：与下文"一食而三起"都是形容为延揽人材而操心忙碌。本篇及《淮南子·氾论》以为夏禹事，《史记·鲁世家》以为周公事。其实未必实有其事，只是极言礼贤下士而已。沐，洗发。捉，握。

②持容：矜持。极：尽，指尽言。

③冥之昭：以冥为昭，即把昏暗当成光明。下文"乱之定"、"毁之成"、"危之宁"结构与此同。

④比干以死：指比干因劝谏纣被剖心而死。

【译文】

第五：

从前禹洗一次头要多次握住头发停下来，吃一顿饭要多次站起身来，以便依礼节对待有道之士，弄懂自己所不懂的东西。弄懂了自己所不懂的东西，就能不与外物相争了。贤主用欢悦平和的态度对待有道之士，使他们各得其所；一切都顺其自然，让他们尽情讲话。亡国之君与此相反，他们认为自己贤明，轻视别人。轻视别人，那么游说的人就矜持而不尽情劝说了。听取意见的人只看重自己，因而就会一无所得。这样，即使享有天下，又有什么好处呢？这实际上就是把昏暗当成光明，把混乱当成安定，把毁坏当成成功，把危险当成安宁。所以商周因此而被灭亡，比干因此而被处死，如此悖乱的事举不胜举。

故人主之性，莫过乎所疑①，而过于其所不疑；不过乎所不知，而过于其所以知。故虽不疑，虽已知，必察之以法，揆之以量，验之以数②。若此则是非无所失，而举措无所过矣。夫尧恶得贤天下而试舜③？舜恶得贤天下而试禹？断之于耳而已矣。耳之可以断也，反性命之情也④。今夫惑者，非知反性命之情,其次非知观于五帝三王之所以成也,则奚自知其世之不可也?奚自知其身之不逮也?太上知之,其次知其不知。不知则问,不能则学。《周箴》曰⑤:"夫自念斯学,德未暮。"学贤问⑥,三代之所以昌也。不知而自以为知,百祸之宗也。

【注释】

①莫过乎所疑:不会在自己有所怀疑的地方犯错误。

②数:术数,古人关于天文、历算、占卜等方面的学问。

③"夫尧"句:尧怎样在天下得到贤人而任用舜呢。恶:何。试:用。

④反:同"返",返回,回归。

⑤周箴:古逸书。

⑥学贤问:义不可通,疑有脱误。或以为"贤"当作"且"。似是。

【译文】

所以,君主的常情是,不会在有所怀疑的地方犯过错,反而会在无所怀疑的地方犯过错;不会在有所不知的地方犯过错,反而会在已经知道的地方犯过错。所以,即使是不怀疑的,即使是已经知道的,也一定要用法令加以考察,用度量加以测定,用术数加以验证。这样去做了,那么是非就不会判断错误,举止就没有过错了。尧怎样在天下选取贤人而任用了舜呢?舜怎样在天下选取贤人而任用了禹呢?只是根据耳朵的听闻做出决断罢了。凭耳朵可以决断,是由于复归人的本性的缘故。现在那些昏惑的人,不知道复归人的本性,其次不知道观察五帝三王之所以成就帝业的原因,那又从哪里知道世道不好呢?从哪里知道自身赶不上五帝三王呢?最上等的是无所不知,次一等的是知道自己有所不知。不知就要问,不会就要学。《周箴》中说:"只要自己对这些问题经常思考,修养道德就不算晚。"勤学好问,这是夏商周三代所以昌盛的原因。不知道却自以为知道,这是各种祸患的根源。

名不徒立,功不自成,国不虚存,必有贤者。贤者之道,牟而难知①,妙而难见。故见贤者而不耸,则不惕于心。不惕于心,则知之不深。不深知贤者之所言,不祥莫大焉。

【注释】

① 牟:大。

【译文】

名誉不会平白无故地树立,功劳不会自然而然地建成,国家不会凭空保存,一定要有贤德之人才行。贤德之人的思想,博大而难以知晓,精妙而难以了解。所以看到贤德之人而不恭敬,就不能动心。不能动心,那么了解得就不深刻。不能深刻地了解贤德之人所说的话,没有比这更不吉利的了。

主贤世治,则贤者在上;主不肖世乱,则贤者在下。今周室既灭,而天子已绝①。乱莫大于无天子。无天子,则强者胜弱,众者暴寡,以兵相残,不得休息。今之世当之矣。故当今之世,求有道之士,则于四海之内,山谷之中,僻远幽闲之所,若此则幸于得之矣。得之,则何欲而不得?何为而不成?太公钓于滋泉②,遭纣之世也,故文王得之而王。文王,千乘也③;纣,天子也。天子失之,而千乘得之,知之与不知也。诸众齐民④,不待知而使,不待礼而令。若夫有道之士,必礼必知,然后其智能可尽。解在乎胜书之说周公⑤,可谓能听矣;齐桓公之见小臣稷⑥,魏文侯之见田子方也⑦,皆可谓能礼士矣。

【注释】

①天子已绝：秦昭王五十二年西周亡，名义上的天子遂灭绝；而秦始皇二十六年始为皇帝。"天子已绝"即指西周亡后至始皇称皇帝之前这一段时间。

②滋泉：也作"兹泉"，泉名。在渭水旁。

③千乘（shèng）：指称诸侯。古代实行车战，以拥有的兵车多少作为衡量国家大小的标准。天子万乘，诸侯千乘。

④诸众齐民：那些普通人。齐民：指平民百姓。

⑤"解在"句：胜书说周公事见《精谕》篇。胜书以不言说周公，周公听从了，使纣无以加罪于周。

⑥"齐桓"句：齐桓公见小臣稷事见《下贤》篇。齐桓公一日之内数次去见小臣稷，而小臣稷不见他。随行之人劝桓公不要再去，桓公不听，终于见到了小臣稷。

⑦"魏文"句：魏文侯之见田子方，当为"魏文侯之见段干木"之误，事见《下贤》篇。魏文侯去见段干木，站得疲倦了也不敢歇息。

【译文】

君主贤明，世道太平，那么贤德之人就在上位；君主不贤明，世道混乱，那么贤德之人就在下位。现在周王室已经灭亡，天子已经断绝。混乱没有什么比没有天子更大的了。没有天子，那么势力强的就会战胜势力弱的，人多的就会危害人少的，用军队互相残杀，不得止息。现在的社会正是这样的情形。所以在当今的社会上，要寻求有道之人，就要到四海边，山谷中，偏远幽静的地方，这样，或许有幸得到这样的人。得到了这样的人，那么想要什么不能得到？想做什么不能成功？太公望在滋泉钓鱼，正遭逢纣的时代，所以周文王得到了他因而能称王天下。文王是诸侯，纣是天子。天子失去了他，而诸侯却得到了他，这是了解与不了解造成的。那些平民百姓,不用等了解就可以役使,不用以礼相待就可以使唤。至于有道之人,一定要以礼相待,一定要了解他们,然后他们的智慧才能才可以完全发挥出来。这道理体现在胜书劝说周公上,周公可以说是能听从劝说了;体现在齐桓公去见小臣稷,魏文侯去见段干木上,他们都可以说是能礼贤下士了。

务　本

【题解】

本篇论述臣道，指出为臣者应致力于根本。作者所说的根本，包含两层意思：第一，"荣富非自至也，缘功伐也"，即功劳是荣富之本。臣子要求得个人的荣华富贵，必须首先致力于为国家、为君主建立功业。反之，舍公利而求私利，就会"欲荣而愈辱，欲安而益危"。第二，"用己者未必是也，而莫若其自身贤"，即修身自贤又是治国治官之本。人臣要想得到国家任用而建立功名，必须从加强自身修养做起，躬行孝亲笃友等儒家之道。反之，舍弃自身修养，就会带来祸患。

六曰：

尝试观上古记，三王之佐，其名无不荣者，其实无不安者，功大也。《诗》云①："有渰凄凄②，兴云祁祁③。雨我公田④，遂及我私⑤。"三王之佐，皆能以公及其私矣。俗主之佐，其欲名实也，与三王之佐同，而其名无不辱者，其实无不危者，无公故也。皆患其身不贵于国也，而不患其主之不贵于天下也；皆患其家之不富也，而不患其国之不大也。此所以欲荣而愈辱，欲安而益危。安危荣辱之本在于主，主之本在于宗庙,宗庙之本在于民,民之治乱在于有司⑥。《易》曰⑦:"复自道,何其咎,吉⑧。"以言本无异,则动卒有喜。今处官则荒乱,临财则贪得,列近则持谏⑨,将众则罢怯⑩,以此厚望于主,岂不难哉!

【注释】

①《诗》云:引诗见《诗经·小雅·大田》。

②晻(yǎn):阴雨。今本《诗经》作"浰"。凄凄:寒凉的样子。

③祁祁:众多的样子。这里形容浓云密布。

④公田:古代实行井田制,中间的部分属于公田。

⑤私:指私田。井田制中,公田以外的部分为私田。

⑥有司:古代官府分曹理事,各有专司,所以把主管某方面事务的官吏叫"有司"。这里指百官。

⑦《易》曰:引文见《周易·小畜》。

⑧"复自"三句:这是《小畜》初九的爻辞。

⑨列:指官位。持谏:疑为"持谀"之误。持谀,玩弄阿谀奉承的手段。

⑩将众:领兵。罢:通"疲",软弱。

【译文】

第六:

试看上世古书,禹、汤、文武的辅佐之臣声誉没有不荣耀的,地位没有不安稳的,这是由于他们功劳大的缘故。《诗经》上说:"阴雨绵绵天气凉,浓云滚滚布天上。好雨落在公田里,一并下在私田上。"禹、汤、文武的辅佐之臣都能凭借有功于公家,从而获得自己的私利。平庸君主的辅臣,他们希望得到名誉地位的心情跟三王的辅佐之臣是相同的,可是他们的名声没有不蒙受耻辱的,他们的地位没有不陷入险境的,这是由于他们没有为公家立功的缘故。他们都忧虑自身不能在国内显贵,却不忧虑自己的君主不能在天下显贵；他们都忧虑自己的家庭不能富足，却不忧虑自己的国家领土不能扩大。这就是他们希望荣耀反而更加耻辱，希望安稳反而更加危险的原因。安危荣辱的根本在于君主，君主的根本在于宗庙，宗庙的根本在于人民，人民治理得好坏在于百官。《周易》中说："按照正常的轨道返回，周而复始，有什么灾祸！吉利。"这是说只要根本没有变异，那么一举一动终究会有喜庆。如今世人居官就放纵悖乱，面对钱财就贪得无厌，官位得以接近君主就阿谀奉承，统率军队就软弱怯懦，凭着这些想从君主那里满足奢望，难道不是很难吗？

今有人于此，修身会计则可耻①，临财物资尽则为己②，若此而富者，非盗则无所取。故荣富非自至也，缘功伐也③。今功伐甚薄而所望厚，诬也；无功伐而求荣富，诈也。诈诬之道，君子不由。

【注释】

①会计：计量财物数量。此指廉洁理财。

②尽：通"赆"，财货。

③伐：与"功"同义，功劳。

【译文】

假如有这样一个人，认为修养自身、廉洁理财是可耻的，面对钱财就要据为己有，像这样来富足的，除非偷盗，否则无法取得财富。因此，荣华富贵不是自己到来的，是靠功劳得来的。如今世人功劳很少而企望很大，这是欺骗；没有功劳而谋求荣华富贵，这是诈取。欺骗、诈取的方法，君子不采用。

人之议多曰："上用我，则国必无患。"用己者未必是也，而莫若其身自贤。而己犹有患，用己于国，恶得无患乎？己，所制也；释其所制而夺乎其所不制①，悖。未得治国治官可也。若夫内事亲，外交友，必可得也。苟事亲未孝，交友未笃②，是所未得，恶能善之矣？故论人无以其所未得，而用其所已得，可以知其所未得矣。

【注释】

①释：放弃。夺：当为"奋"字之误。奋：奋力。所不制：指治国治官之事。

②笃：忠诚，厚道。

【译文】

人们的议论大都说："君主如果任用我，那么国家就必定没有祸患。"其实如果真的任用他，未必是这样。对于这些人来说，没有什么比使自身贤明更重要的了。如果他自己尚且有祸患，任用他治理国家，怎么能没有祸患呢？自身是自己所能制约的，放弃自己力所能及的事，却去奋力于自己力所不及的事，这就叫悖谬。悖谬的人，不让他们治理国家、管理官吏是合宜的。至于在家侍奉父母，在外结交朋友，是一定可以做到的。如果侍奉父母不孝顺，结交朋友不诚挚，这些都未能做到，怎么能称赞他呢？所以评论人不要根据他未能做到的事，而要根据他已经做到的事，这样就可以知道他尚未能做到的事情了。

古之事君者，必先服能，然后任；必反情①，然后受。主虽过与，臣不徒取。《大雅》曰②："上帝临汝③，无贰尔心④。"以言忠臣之行也。解在郑君之问被瞻之义也⑤，薄疑应卫嗣君以无重税⑥。此二士者，皆近知本矣。

【注释】

①反情：指内省，省察自己。

②《大雅》曰：引诗见《诗经·大雅·大明》。

③临：从高处往低处看，引申为监视。

④贰：用如使动，使……不专一。

⑤"解在"句：参见《务大》篇。郑君，指郑穆公。被瞻之义，指被瞻
　　不死君难，不随君亡的主张。被瞻，郑大夫，事郑文公。

⑥"薄疑"句：参见《审应览》。薄疑，疑是卫臣。卫嗣君，卫平侯之
　　子，秦贬其称为君。

【译文】

　　古代侍奉君主的人，一定先贡献才能，然后才担任官职；一定先省
察自己，然后才接受俸禄。君主即使多给俸禄，臣子也不无故接受。
《大雅》中说："上帝监视着你们，你们不要有贰心。"这说的是忠臣的品
行。这个道理体现在郑君问被瞻的主张、薄疑以不要加重赋税回答卫
嗣君两件事上。被瞻、薄疑这两位士人，都接近于知道根本了。

谕　大

【题解】

　　所谓"谕大"，意思是要了解"大"的重要。文章指出，"小之定也必恃大，大之安也必恃小"，"小大贵贱"是"交相为恃"的，而"定贱小在于贵大"。文章以舜、禹、汤、武王等古代圣贤为例，说明任何事情的成功，都是由于所追求的目标远大。指出，确立了远大目标，即便远大目标实现不了，但只要不懈努力必有所成，即所谓"夫大义之不成，既有成已"。本篇之意仍在于讨论治国之术与为臣之道。

　　本篇与《务大》篇内容多有重复，可参阅该篇。

　　七曰：

　　昔舜欲旗古今而不成①，既足以成帝矣；禹欲帝而不成，既足以正殊俗矣；汤欲继禹而不成，既足以服四荒矣；武王欲及汤而不成，既足以王道矣②；五伯欲继三王而不成，既足以为诸侯长矣；孔丘、墨翟欲行大道于世而不成，既足以成显名矣。夫大义之不成，既有成矣已③。

【注释】

①旗古今：包罗古今的意思。旗，旧校说："旗一作'裪'，一作'揭'。按作"裪"是。裪，通"冒"，覆盖，这里是包罗的意思。

②既足以王道矣：此句当有脱误。《务大》篇作"既足以王通达矣"，此句当据以订正。通达：指舟车人力所能到达之处。

③既有成矣已：《务大》篇无"矣"字，此处"矣"字疑衍。

【译文】

第七：

从前舜想要包罗古今，虽然不能成功，却已经足以成就帝业了；禹想要成就帝业，虽然不能成功，却已经足以使异方之俗得到匡正了；汤想要继承禹的事业，虽然不能成功，却已经足以使四方荒远之地归服了；周武王想赶上汤的事业，虽然不能成功，却已经足以在舟车所通、人迹所至之处称王了；五霸想要继承三王的事业，虽然不能成功，却已经足以成为诸侯的盟主了；孔丘、墨翟想要在世上推行自己的政治主张，虽然不能成功，却已经足以成就显赫的名声了。他们所追求的远大理想虽然不能成功，却已经足以有所成就了。

《夏书》曰①："天子之德广运，乃神，乃武乃文。"故务在事，事在大。地大则有常祥、不庭、歧母、群抵、天翟、不周②，山大则有虎、豹、熊、螇蛆③，水大则有蛟、龙、鼋、鼍、鳣、鲔④。《商书》曰⑤："五世之庙，可以观怪。万夫之长，可以生谋。"空中之无泽陂也⑥，井中之无大鱼也，新林之无长木也。凡谋物之成也，必由广大众多长久，信也。

【注释】

①《夏书》：古逸书。引文今见于伪古文《尚书·大禹谟》，文字略有

出入。

②常祥、不庭、歧母、群抵、天翟、不周：都是山名，所在不详。可参阅《山海经》。

③蝡蛆：当是兽名。毕沅说"或是猨狙"。猨狙，猿猴。

④鼋（yuán）：大龟。鼍（tuó）：鼍龙，鳄鱼的一种，俗称"猪婆龙"。鳣（zhān）、鲔（wěi）：两种大鱼。

⑤《商书》：古逸书。

⑥空：通"孔"，小洞穴。陂（bēi）：池。

【译文】

《夏书》上说："天子的功德，广大深远，玄妙神奇，既勇武又文雅。"所以，事业的成功在于做，做的关键在于目标远大。地大了，就有常祥、不庭、歧母、群抵、天翟、不周等高山；山大了，就有虎、豹、熊、猿猴等野兽；水大了，就有蛟龙、鼋、鼍、鳣、鲔等水族。《商书》上说："五代的祖庙，可以看到鬼怪。万人的首领，可以产生计谋。"孔穴中没有池沼，水井中没有大鱼，新林中没有大树。凡是谋划事情取得成功的，必定是着眼于广大、众多、长久，这是确定无疑的。

　　季子曰①："燕雀争善处于一屋之下，子母相哺也，姁姁焉相乐也②，自以为安矣。灶突决，则火上焚栋，燕雀颜色不变，是何也？乃不知祸之将及己也。"为人臣免于燕雀之智者寡矣。夫为人臣者，进其爵禄富贵，父子兄弟相与比周于一国，姁姁焉相乐也，以危其社稷。其为灶突近也，而终不知也，其与燕雀之智不异矣。故曰："天下大乱③，无有安国④；一国尽乱，无有安家⑤；一家皆乱，无有安身。"此之谓也。故小之定也必恃大，大之安也必恃小。小大贵贱，交相为恃，然后皆得其乐。定贱小在于贵大，解在乎薄疑说卫嗣君以王术⑥,杜赫说周昭文君以安天下⑦,及匡章之难惠子以王齐王也⑧。

【注释】

①季子:人名,生平不详。

②姁姁(xǔxǔ)焉:喜悦自得的样子。

③天下:指天子统辖的范围。

④国:指诸侯统辖的范围。

⑤家:指大夫统辖的范围,即采邑。

⑥"薄疑"句:参见《务大》篇。薄疑以"乌获举千钧,又况一斤"为喻,以"千钧"喻王术,以"一斤"喻治国,说明掌握了王术("大义"),治国(小事)极易。强调了贵大之意。

⑦"杜赫"句:参见《务大》篇。杜赫,周人。周昭文君,战国时东周之君。周昭文君愿学安定周国之道,杜赫用安定天下之道劝说他,其意仍在于明"务大"之旨。

⑧"及匡"句:参见《爱类》篇。匡章,齐人,曾为齐威王、齐宣王将。惠子,姓惠名施,宋人,曾为梁惠王相,庄子的朋友。本文取匡章责难惠子尊齐王之事以说明贵大之旨。

【译文】

季子说:"燕雀在一处屋顶之下争夺好地方,母鸟哺育着幼鸟,都欢乐自得,自以为很安全了。灶的烟囱裂了,火冒了出来向上烧着了房梁,可是燕雀却安然自若,这是为什么呢? 是不知道灾祸将要降到自己身上啊。"当臣子的能够避免燕雀那样见识的人太少了。当臣子的,只顾增加自己的爵禄富贵,父子兄弟在一国之中结党营私,欢乐自得,以危害他们的国家。他们离灶上的烟囱很近,可是却始终不知道,他们和燕雀的见识没有什么不同了。所以说:"天下大乱了,就没有安定的国家;整个国家都乱了,就没有安定的采邑;整个采邑都乱了,就没有平安的个人。"说的就是这种情况啊。所以，小的想要获得安定必定依赖大的，大的想要获得安定必定依赖小的。小和大，贵和贱，彼此互相依赖，然后才能都得到安乐。使贱、小获得安定在于贵、大。这个道理体现在薄疑用成就王业的方法劝说卫嗣君、杜赫用安定天下的方法劝说周昭文君，以及匡章责难惠子尊齐王为王这些事上。

孝行览第二

孝 行

【题解】

本篇主要阐述孝道为治国之本。文章反复说明孝道的重要,把孝说成"三皇五帝之本务,万事之纪",视孝为"民之本教",执守孝道可以使"百善至,百邪去,天下从"。作者认为,天子的爱民,臣民的忠君、交友、勇战,治国的各种方策,乃至仁、义、礼、信、强等道德观念,无一不是以孝为基础的,无一不是孝道的推广扩充。对于"孝"的具体内容,文章从爱身全体、"五养"、"三难"等方面,作了详细的论述。本篇可以说是关于儒家孝道的专论。自曾子论孝以下,文字与《礼记》的《祭义》基本相同。

本览八篇,都是围绕修身治国问题,从不同角度论述行为和结果、主观与客观的关系的。

一曰:

凡为天下,治国家,必务本而后末。所谓本者,非耕耘种殖之谓,务其人也。务其人,非贫而富之,寡而众之,务其本也。务本莫贵于孝。人主孝,则名章荣①,下服听,天下誉;人臣孝,则事君忠,处官廉,临难死;士民孝,则耕芸疾,守战固,不罢北②。夫孝,三皇五帝之本务,而万事之纪也。

【注释】

①章:同"彰",卓著。

②罢:通"疲",疲困。北:战败逃跑。

【译文】

第一:

凡是统治天下,治理国家,必先致力于根本,而把非根本的东西放在后边。所谓根本,不是说的耕耘种植,而是致力于人事。致力于人事,不是说人民贫困而让它富足,人口稀少而让它众多,而是致力于根本。致力于根本,没有比孝道更重要的了。君主做到孝,那么名声就卓著荣耀,臣下就会服从,天下就会赞誉;臣子做到孝,那么侍奉君主就会忠诚,居官就会清廉,面临灾难就能献身;士人百姓做到孝,那么耕耘就用力,攻必克,守必固,不疲困,不败逃。孝道,是三皇五帝的根本,是各种事情的纲纪。

夫执一术而百善至、百邪去、天下从者,其惟孝也!故论人必先以所亲,而后及所疏;必先以所重,而后及所轻。今有人于此,行于亲重①,而不简慢于轻疏,则是笃谨孝道。先王之所以治天下也。故爱其亲,不敢恶人;敬其亲,不敢慢人。爱敬尽于事亲,光耀加于百姓,究于四海②,此天子之孝也。

【注释】

①亲重:即上文说的"所亲"、"所重"。下文"轻疏"指"所轻"、"所疏"。

②究：穷，极。

【译文】

掌握一种原则因而所有的好事都会出现，所有的坏事都能去掉，普天之下都会顺从，大概只有孝道吧！所以评论人一定先根据他对亲近之人的态度，然后再推及到他对疏远之人的态度；一定先依据他对关系重要之人的态度，然后再推及到他对关系轻微之人的态度。假如有这样一个人，对跟他关系亲近重要的人行孝道，而对跟他关系轻微疏远的人也不怠慢，那么这就是笃厚谨慎于孝道了。这就是先王用来治理天下的方法啊。所以，热爱自己的亲人，不敢厌恶别人；尊敬自己的亲人，不敢怠慢别人。把热爱尊敬全都用在侍奉亲人上，把光明施加在百姓身上，推广到普天下，这就是天子的孝道啊。

曾子曰："身者，父母之遗体也①。行父母之遗体，敢不敬乎？居处不庄，非孝也；事君不忠，非孝也；莅官不敬，非孝也；朋友不笃，非孝也；战陈无勇②，非孝也。五行不遂，灾及乎亲，敢不敬乎？"《商书》曰③："刑三百，罪莫重于不孝。"

【注释】

①父母之遗体：身体乃父母所生，所以把自己的身体说成"父母之遗体"。遗，遗留。

②陈（zhèn）：同"阵"，军阵。

③《商书》：当为古逸书。

【译文】

曾子说："人的身体是父母所生。使用父母给予的身体，怎敢不谨慎呢？平居不恭敬，不是孝顺；侍奉君主不忠诚，不是孝顺；居官不谨慎，不是孝顺；交友不诚实，不是孝顺；临战不勇敢，不是孝顺。上面五种情况不能做到，灾祸就会连累到亲人，怎敢不谨慎呢?"《商书》上说：
"刑法三百条，罪过没有比不孝顺更重的了。"

曾子曰："先王之所以治天下者五：贵德、贵贵、贵老、敬长、慈幼。此五者，先王之所以定天下也。所谓贵德，为其近于圣也；所谓贵贵，为其近于君也；所谓贵老，为其近于亲也；所谓敬长，为其近于兄也；所谓慈幼，为其近于弟也。"

【译文】

曾子说："先王用来治理天下的方法有五条：尊崇有道德的人，尊崇地位尊贵的人，尊敬老人，尊敬年长的，爱护年幼的。这五条，就是先王用来使天下安定的方法。所以尊崇有道德的人，是因为他接近于圣贤；所以尊崇地位尊贵的人，是因为他接近于君主；所以尊敬老人，是因他接近于父母；所以尊敬年长的，是因为他接近于兄长；所以爱护年幼的，是因为他接近于弟弟。"

曾子曰："父母生之，子弗敢杀；父母置之，子弗敢废；父母全之，子弗敢阙①。故舟而不游②，道而不径③，能全支体④，以守宗庙，可谓孝矣。"

【注释】

①阙：同"缺"，损，这里是毁坏的意思。

②舟而不游：渡水时乘船而不游涉。这样可以免于水淹。舟，乘船。

③道而不径：走路时走大路而不走小路。这样可以免于危险。径，走小路。

④支:同"肢",四肢。

【译文】

　　曾子说:"父母生下了自身,儿子不敢毁坏;父母养育了自身,儿子不敢废弃;父母保全了自身,儿子不敢损伤。所以渡水时乘船而不游涉,走路时走大路而不走小路。能保全四肢身体,以便守住祖庙,可以叫做孝顺了。"

　　养有五道:修宫室,安床第①,节饮食,养体之道也;树五色,施五采,列文章②,养目之道也;正六律③,和五声④,杂八音⑤,养耳之道也;熟五谷,烹六畜⑥,和煎调,养口之道也;和颜色,说言语⑦,敬进退,养志之道也。此五者,代进而序用之,可谓善养矣。

【注释】

①床第(zǐ):床铺,泛指卧具。第,床上的席子。

②文章:古代绘画,青与赤相间谓之"文",白与赤相间谓之"章"。这里的"文章"指错综华美的花纹。

③六律:古代用竹管的长短把乐音按高低分为十二类,又分阴阳各六,阳声叫六律,阴声叫六吕。这里的"六律"指乐律。

④五声:宫、商、角、徵(zhǐ)、羽谓之"五声"。

⑤八音:古代对乐器的统称,即金、土、丝、匏、石、革、木、竹。这里的"八音"泛指音乐。

⑥六畜:指马、牛、羊、猪、狗、鸡。

⑦说:同"悦",喜悦。

【译文】

　　养身之道有五条:修葺房屋,使卧具安适,节制饮食,这是保养身体的方法;树立五色,设置五彩,排列花纹,这是保养眼睛的方法;使六律准确,使五声和谐,使八音协调,这是保养耳朵的方法;把饭做熟,把肉煮熟,调和味道,这是保养嘴的方法;面色和悦,言语动听,举止恭敬,这是保养意志的方法。这五条,依次更替实行,就可以叫做善于保养身体了。

乐正子春下堂而伤足①,瘳而数月不出②,犹有忧色。门人问之曰:"夫子下堂而伤足,瘳而数月不出,犹有忧色,敢问其故?"乐正子春曰:"善乎而问之③!吾闻之曾子,曾子闻之仲尼:父母全而生之,子全而归之,不亏其身,不损其形,可谓孝矣。君子无行咫步而忘之④。余忘孝道,是以忧。"故曰,身者非其私有也,严亲之遗躬也⑤。

【注释】

①乐正子春:姓乐正,名子春,战国时人,曾参的学生。

②瘳(chōu):病愈。

③而:尔,你们。

④咫步:极言距离之近。古代以八寸为咫。

⑤躬:身体。

【译文】

乐正子春下堂时伤了脚,脚好了却几个月不出门,脸上仍然有忧愁的神色。学生们问他说:"先生您下堂时伤了脚,脚好了却几个月不出门,脸上仍然有忧愁的神色,请问这是什么缘故?"乐正子春说:"你们问这个问得好啊!我从曾子那里听说过,曾子又从孔子那里听说过这样的话:父母完好地把儿子生下来,儿子要完好地把身体归还父母,不亏损自己的身子,不毁坏自己的形体,这可以叫做孝顺了。君子一举一动都不忘记孝道。我忘记了孝道，因此才忧愁。"所以说，身体不是自己私有的，而是父母亲留给的。

民之本教曰孝，其行孝曰养。养可能也，敬为难；敬可能也，安为难；安可能也，卒为难。父母既没①，敬行其身，无遗父母恶名，可谓能终矣。仁者，仁此者也；礼者，履此者也②；义者，宜此者也；信者，信此者也；强者，强此者也；乐自顺此生也，刑自逆此作也。

【注释】

①没：同"殁"，死。

②履：行，做。

【译文】

人民根本的教养是孝顺，实行孝道就是奉养。奉养父母是可以做到的，从内心对父母恭敬就比较难做到了；从内心对父母恭敬是可以做到的，使父母安宁就比较难做到了；使父母安宁是可以做到的，能始终如一就比较难做到了。父母死了以后，自己行为谨慎，不要带给父母坏名声，可以叫做能善始善终了。所谓仁，就是以孝道为仁；所谓礼，就是以行孝道为礼；所谓义，就是以孝道为宜；所谓信，就是以孝道为信；所谓强，就是以孝道为强。欢乐自然会由于实行孝道而产生，刑罚自然会由于违背孝道而施行。

本　味

【题解】

　　本篇从得贤的角度论述治国必须务本的思想。文章首先说明君主立功名的根本在于得贤，而后指出得贤必须知贤、礼贤，由此引出伊尹以至味说汤的故事。伊尹"说汤以至味"，文辞恢闳诡谲，而其用意不过是说明调和五味必须有术，君主要备享天下至味必须"知道"、"成己"，仍旧归结到务本上来。篇名为"本味"，就是在追求至味时应该务本的意思。

　　二曰：

　　求之其本，经旬必得；求之其末，劳而无功。功名之立，由事之本也，得贤之化也。非贤，其孰知乎事化？故曰其本在得贤。

【译文】

　　第二：

　　做事情从根本做起，经过短时间必定有收获；从枝节做起，就会劳而无功。功名的建立，是由于抓住了事物的根本，得到了贤人的教化。不是贤人，谁懂得事情的教化呢？所以说，建立功名的根本在于得到贤人。

　　有侁氏女子采桑^①，得婴儿于空桑之中，献之其君。其君令烰人养之^②，察其所以然。曰："其母居伊水之上^③，孕，梦有神告之曰：'臼出水而东走，毋顾！'明日，视臼出水，告其邻，东走十里而顾，其邑尽为水，身因化为空桑。故命之曰伊尹^④。"此伊尹生空桑之故也。长而贤。汤闻伊尹，使人请之有侁氏，有侁氏不可。伊尹亦欲归汤，汤于是请取妇为婚^⑤。有侁氏喜，以伊尹媵女^⑥。故贤主之求有道之士，无不以也；有道之士求贤主，无不行也。相得然后乐^⑦。不谋而亲，不约而信，相为殚智竭力，犯危行苦，志欢乐之。此功名所以大成也。固不独^⑧，士有孤而自恃，人主有奋而好独者^⑨，则名号必废熄，社稷必危殆。故黄帝立四面，尧、舜得伯阳、续耳然后成^⑩。

【注释】

①有侁(shēn)氏：即有莘氏，古部族名。侁，通"莘"。

②烰(fú)人：庖人，厨师。

③伊水：水名，即伊河，源出河南卢氏县，东北流入洛河。

④伊尹：名挚，商汤臣。

⑤取：同"娶"，娶妻。

⑥媵(yìng)女：指做有氏之女的陪嫁臣仆。媵，随嫁。

⑦相得：指贤主得有道之士、有道之士得贤主。

⑧固：本来，必定。

⑨奋：矜，自负。

⑩伯阳、续耳：相传都是尧时的贤人。

【译文】

　　有侁氏的女子采摘桑叶，在中空的桑树里捡到一个婴儿，把他献给了自己的君主。君主命厨师哺育这个婴儿,并让他去了解事情的原委。厨师向君主报告说:"婴儿的母亲住在伊水边,怀了孕,梦见天神告诉她说:'臼里如果出了水就向东跑,不要回头看!'第二天,她看到臼里出了水,就把情况告诉了她的邻居,向东跑了十里,回头一看,她的村子全被水淹没。于是她的身体变成了一棵中空的桑树。因此给这个婴儿起名叫伊尹。"这就是伊尹出生在空桑之中的缘由。伊尹长大了很贤德。商汤听说伊尹贤德,就派人向有侁氏请求要伊尹,有侁氏不答应。伊尹也想归附汤,汤于是就请求娶有侁氏女为妻,结为婚姻。有侁氏很高兴,就把伊尹作为女子陪嫁的奴仆给了汤。所以,贤明的君主为求得有道之士,没有什么办法不可使用;有道之士为归依贤明的君主,没有什么事不能做。贤明的君主和有道之士各如其愿,然后彼此都很快乐。他们事先不谋划就能亲密无间,不约定就能恪守信用,共同尽心竭力,承担危难和劳苦,内心却以此为乐。这就是成就极大功名的原因。贤明的君主、有道之士本来不会孤独,士如果孤独傲慢,君主如果骄傲而且喜好孤独,那么名声必定被毁灭,国家必定遭危险。所以黄帝派人去四方寻求贤人立为辅佐,尧、舜得到伯阳、续耳,然后成就了帝业。

     凡贤人之德,有以知之也。伯牙鼓琴①,钟子期听之②。方鼓琴而志在太山③,钟子期曰:"善哉乎鼓琴! 巍巍乎若太山。"少选之间,而志在流水,钟子期又曰:"善哉乎鼓琴! 汤汤乎若流水④。"钟子期死,伯牙破琴绝弦,终身不复鼓琴,以为世无足复为鼓琴者。非独琴若此也,贤者亦然。虽有贤者,而无礼以接之,贤奚由尽忠? 犹御之不善,骥不自千里也⑤。

【注释】

①伯牙:春秋时楚国人,善弹琴,相传《高山流水》就是他的作品。
　鼓:弹奏。

②钟子期:姓钟,名期,子是古代男子的通称。春秋时楚国人。

③志在太山:志向在登大山。太山,即"大山"。

④汤汤(shāngshāng)乎:水大流急的样子。

⑤自:自己,自身。

【译文】

大凡贤德之人的品德,是有办法了解的。伯牙弹琴,钟子期听。刚开始弹琴时表现出攀登高山的志向,钟子期说:"弹琴弹得太好了! 就像高山一样巍峨!"过了一会儿,琴声表现出随流水奔流的志向,钟子期又说:"弹琴弹得太好了! 就像流水一样激荡!"钟子期死了以后,伯牙摔坏了琴,弄断了弦,终身不再弹琴,认为世上再没有值得为之弹琴的人。不仅弹琴是这样,寻求贤德的人也是这样。即便是有贤德的人,如果不以礼相待,贤德的人怎样尽忠呢? 这就如同御手不好,良马也不会自己跑千里一样。

　　汤得伊尹,祓之于庙①,爝以爟火②,衅以牺豭③。明日,设朝而见之。说汤以至味,汤曰:"可对而为乎④?"对曰:"君之国小,不足以具之,为天子然后可具。夫三群之虫⑤,水居者腥,肉玃者臊⑥,草食者膻。臭恶犹美⑦,皆有所以。凡味之本,水最为始。五味三材⑧,九沸九变,火为之纪。时疾时徐,灭腥去臊除膻,必以其胜,无失其理⑨。调和之事,必以甘酸苦辛咸,先后多少,其齐甚微⑩,皆有自起。鼎中之变,精妙微纤,口弗能言,志不能喻,若射御之微,阴阳之化,四时之数。故久而不弊⑪,熟而不烂,甘而不哝⑫,酸而不酷,咸而不减，辛而不烈，澹而不薄⑬，肥而不腴⑭。肉之美者：猩猩之唇，獾獾之炙⑮，隽燕之翠⑯，述荡之掔⑰，旄象之约⑱。流沙之西⑲，丹山之南⑳，有凤之丸，沃民所食㉑。鱼之美者：洞庭之鲋㉒，东海之鲕㉓。醴水之鱼㉔，名曰朱鳖，六足、有珠、百碧㉕。雚水之鱼㉖，名曰鳐㉗，其状若鲤而有翼，常从西海夜飞游于东海。菜之美者，昆仑之蘋，寿木之华。指姑之东㉘，中容之国㉙，有赤木玄木之叶焉。余瞀之南㉚，南极之崖，有菜，其名曰嘉树，其色若碧。阳华之芸㉛，云梦之芹㉜，具区之菁㉝。浸渊之草㉞，名曰土英。和之美者㉟：阳朴之姜㊱，招摇之桂㊲，越骆之菌㊳，鳣鲔之醢㊴，大夏之盐㊵，宰揭之露㊶，其色如玉，长泽之卵㊷。饭之美者：玄山之禾㊸，不周之粟，阳山之穄㊹，南海之秬㊺。水之美者：三危之露㊻，昆仑之井，沮江之丘㊼，名曰摇水㊽，白山之水，高泉之山㊾，其上有涌泉焉，冀州之原。果之美者：沙棠之实㊿。常山之北(51)，投渊之上(52)，有百果焉，群帝所食。箕山之东(53)，青鸟之所，有甘栌焉。江浦之橘，云梦之柚，汉上石耳(54)。所以致之，马之美者，青龙之匹(55)，遗风之乘。非先为天子，不可得而具。天子不可强为，必先知道。道者止彼在己(56)，己成而天子成，天子成则至味具。故审近所以知远也，成己所以成人也。圣人之道要矣(57)，岂越越多业哉(58)？”

【注释】

①祓（fú）：古代为除邪而举行仪式。

②爝（jué）：束苇为炬，燃炬以祓除不祥。爟（guàn）火：祓除不祥的火。

③衅(xìn)：指以牲血涂祭器。牺豭(jiā)：祭祀用的纯色雄猪。牺，祭祀用的纯色牲畜。

④可对而为乎：当作"可得而为乎"。

⑤三群之虫：指下文的水居者（鱼鳖之属）、肉玃者（鹰雕之属）、草食者（獐鹿之属）。群，群居。虫，泛指各种动物。

⑥玃：通"攫"(jué)。用爪抓取。

⑦臭(xiù)：气味。

⑧五味：咸、苦、酸、辛、甘。三材：指水、木、火。

⑨理：指火候适中。

⑩齐(jì)：同"剂"，剂量，调剂。

⑪弊：通"敝"，败、坏。

⑫嚘(yuàn)：足、厚，这里是过厚的意思。

⑬澹：通"淡"，清淡。

⑭肥而不腍：大意是说肥而不腻。腍，字书无考。《集韵》引伊尹曰"肥而不腝"，《酉阳杂俎》作"肥而不腴"。

⑮獡獡：鸟名。《山海经·南山经》作"灌灌"。炙：通"跖"，指鸟的脚掌。

⑯隽燕：当作"巂燕"，鸟名。翠：鸟尾肉。

⑰述荡：兽名。《山海经·大荒南经》作"跊踢"。擘(wàn)：通"腕"，这里指兽的小腿。

⑱约：指短尾。

⑲流沙：古地名。在敦煌西。

⑳丹山：古地名。在南方。

㉑沃民：沃民国，在西方。

㉒鱄(pū)：鱼名。

㉓鲕(ér)：鱼名。

㉔醴水：水名，在湖南省西北部。

㉕有珠：指能吐珠。百碧：疑为"青碧"之误。碧，青玉。

㉖雚（guàn）水：古水名。在西方。《山海经·西山经》作"观水"。

㉗鳐（yáo）：鱼名。

㉘指姑：即姑余，山名。在东南方。

㉙中容之国：古代方国名。

㉚余瞀（mào）：古山名。传说在南方。

㉛芸：菜名。

㉜芹：一种水生野菜。

㉝菁：菜名。

㉞浸渊：古池泽名。其地不详。

㉟和：调和，这里指调和五味的调料。

㊱阳朴：地名。传说在蜀郡。

㊲招摇：山名。传说在桂阳。

㊳越骆：当作"骆越"。骆，越的别名。菌：通"箘"（jùn）。竹笋。

㊴鳣（zhān）：即鲟鱼。鲔（wěi）：古书上指鲟鱼。鳣和鲔都是大鱼。
　　醢（hǎi）：肉酱。

㊵大夏：古泽名。或说是山名，传说在西方。

㊶宰揭：古山名。其处不详。

㊷长泽：古泽名。传说在西方。

㊸玄山：古山名。其处不详。

㊹阳山：指昆仑山之南，山南曰阳，故称"阳山"。穄（jì）：也叫糜子，
　　即黍之不粘者。

㊺秬（jù）：黑黍。

㊻三危：古山名。传说在西方。

㊼沮江之丘：沮江边的山丘。沮江，水名。

㊽摇水：古水名。

㊾高泉：古山名。传说在西方。

(50)沙棠:树木名。生于昆仑山。

(51)常山:即恒山。汉避文帝刘恒讳、宋避真宗赵恒讳,改名常山。为五岳中的北岳。在今河北曲阳西北。

(52)投渊:水名。

(53)箕山:山名。传说中尧时的许由隐居于此山。在今河南登封东南。

(54)汉:汉水。石耳:菜名。

(55)青龙:骏马名。下文的“遗风”也是骏马名。

(56)止:当为“亡”字之误。彼:别人。亡彼在己,意思是,不在别人而在于自己。

(57)要:约,简约。

(58)越越:用力的样子。业:事。

【译文】

汤得到伊尹之后,在宗庙里举行祓除灾邪的仪式,点燃苇束消除不祥,用纯色雄猪的血涂祭器。第二天,汤在朝堂上接见伊尹。伊尹为汤讲述美味,汤说:“可以得到并制作这些美味吗?”伊尹回答说:“您的国家小,不足以具备这些东西,当了天子然后才可以具备。三类动物,生活在水里的动物腥,吃肉的动物臊,吃草的动物膻。气味不好的仍然可以使之变好,这些都各有原因。调和味道的根本,首先在于用水。五种味道,三样材料,多次煮沸,多次变化,火是关键。火时而炽热,时而微弱,一定要用火除去腥味、臊味、膻味,但火候要适中,不要过度。调和味道,必定要用甜酸苦辣咸。先放后放,放多放少,调料的剂量很小,这些都有一定的规定。鼎中味道的变化,精妙细微,既不能言传,又不能意会,就如同射技御技的精微、阴阳二气的交合、四季的变化一样。所以,时间长,但不毁坏;做得熟,但不超过火候;甜,但不过度;酸,但不过分;咸,但不减损原味;辣,但不浓烈;清淡,但不过薄;肥,但不腻。肉中的美味,有猩猩的嘴唇,獾獾的脚掌,巂燕的尾肉,述荡的小腿,旄牛大象的短尾,以及流沙西边、丹山南边出产的沃国人所食用的凤凰卵。鱼中的美味,有洞庭湖的鳟鱼,东海的鲕鱼,醴水中长着六只脚、能吐珠子、青翠色的名叫朱鳖的鱼,雚水中形状像鲤鱼可是却有翅膀、经常夜里从西海飞到东海的名叫鳐的鱼。菜中的美味,有昆仑山的蘋菜,寿木的花果,指姑东边、中容国里的红树黑树的树叶。余瞀南边、南极边上颜色像碧玉一样的名叫嘉树的菜,阳华池的芸菜,云梦泽的水芹,具区泽的菁菜,浸渊的名叫土英的草。调料中的美味,有阳朴的姜,招摇的桂,骆越的笋,鳢鱼鲔鱼做的肉酱,大夏的盐,宰揭的洁白如玉的露,大泽的鸟卵。粮食中的美味,有玄山的禾谷,不周山的小米,阳山的穄子,南海的黑黍。水中的美味,有三危山的露水,昆仑山的泉水,沮江边山丘上名叫摇水的泉水,白山的水,高泉山上冀州之水源头的涌泉。水果中的美味,有沙棠树的果实,常山北边、投渊上面先帝们享用的各种果实,箕山东边、青鸟居住之处的甜山楂,长江边的橘子,云梦泽畔的柚子,汉水旁的石耳。运来这些水果,要用青龙马和遗风马。不先当天子,就不可能具备这些美味。天子不可以勉强去当,必须先懂得大道。具备大道不在别人,而在于自己。自己具备了大道,因而就能成为天子。能成为天子,那么美味就齐备了。所以,审察近的就可以了解远的,自己具备了大道就可以教化别人。圣人的办法很简约,哪里用得着费力去做许多事情呢?"

首　时——作胥时

【题解】

首时，一作"胥时"（胥通"须"），按作"胥时"是。胥时即等待时机之意。

本篇说明成就功名需要有一定的时机。时机未到，要屈身蓄势，耐心等待；时机已到，就要当机立断，应时而作。文章强调，"圣人之所贵唯时也"，"事之难易，不在小大，务在知时"。文章所举的诸多事例，都是为了证明成就大事必须等待恰当时机。从文章的具体内容看，这里所说的"时"，主要指客观形势和条件而言。

三曰：

圣人之于事，似缓而急①，似迟而速，以待时。王季历困而死②，文王苦之，有不忘羑里之丑③，时未可也。武王事之，夙夜不懈，亦不忘玉门之辱④。立十二年，而成甲子之事⑤。时固不易得。太公望⑥，东夷之士也⑦，欲定一世而无其主。闻文王贤，故钓于渭以观之。伍子胥欲见吴王而不得⑧，客有言之于王子光者⑨，见之而恶其貌，不听其说而辞之。客请之王子光，王子光曰："其貌适吾所甚恶也。"客以闻伍子胥,伍子胥曰:"此易故也。愿令王子居于堂上,重帷而见其衣若手⑩,请因说之。"王子许。伍子胥说之半,王子光举帷,搏其手而与之坐。说毕,王子光大说。伍子胥以为有吴国者,必王子光也,退而耕于野。七年,王子光代吴王僚为王。任子胥,子胥乃修法制,下贤良⑪,选练士,习战斗。六年,然后大胜楚于柏举⑫。九战九胜,追北千里。昭王出奔随⑬,遂有郢⑭。亲射王宫,鞭荆平之坟三百。乡之耕⑮,非忘其父之雠也⑯,待时也。墨者有田鸠⑰,欲见秦惠王⑱,留秦三年而弗得见。客有言之于楚王者,往见楚王。楚王说之,与将军之节以如秦⑲。至,因见惠王。告人曰:"之秦之道,乃之楚乎!"固有近之而远、远之而近者。时亦然。有汤武之贤,而无桀纣之时,不成;有桀纣之时,而无汤武之贤,亦不成。圣人之见时,若步之与影不可离。

【注释】

①缓:迟,这里指无为。急:速,这里指成功。

②王季历:大(tài)王之子,文王之父。困而死:为国事辛劳而死。

③有:通"又"。羑(yǒu)里之丑:指文王被纣拘于羑里之事。羑里,古地名,故址在今河南汤阴北。丑,耻。

④不忘玉门之辱:指武王不忘文王被骂于玉门的耻辱。

⑤甲子之事:武王伐纣,于甲子日在牧野大败殷军,纣自焚而死,商遂灭亡。"甲子之事"即指此而言。

⑥太公望:即姜尚,号太公望。

⑦东夷之士:太公望是东海上人,所以这里称他为"东夷之士"。东夷,我国古代对东方民族的称呼。

⑧伍子胥:名员(yún),字子胥,春秋时楚国大夫伍奢次子。伍奢及

　　其长子被楚平王杀害，伍子胥逃到吴国。吴王：指吴王僚，吴王夷昧之子（一说为庶兄），公元前526年—前515年在位，后被专诸刺死。

⑨王子光：即吴王阖闾，公元前514年—前496年在位。

⑩"重帷"句：意思是，自己在帷幕之中只露出衣服和手来，这样王子光就看不到自己的容貌了。重帷，两层帐幕。见，现，显露。若，和。

⑪下贤良：指礼贤下士。

⑫柏举：楚国南部的边邑。

⑬昭王：楚平王之子，公元前515年—前488年在位。随：国名。春秋时成为楚国的附庸，在今湖北随州。

⑭郢：楚国国都，在今湖北江陵西北。

⑮乡：通"向"，先前。

⑯雠：通"仇"。

⑰田鸠：即田俅，齐国人。

⑱秦惠王：秦孝公之子，名驷，公元前337年—前311年在位。

⑲节：符节，古代使者用作凭证的东西。

【译文】

第三：

　　圣人做事情，好像很迟缓，无所作为，而实际却很迅速，能够成功，这是为了等待时机。王季历为国事辛劳而死，周文王很痛苦，又不忘被纣拘于羑里的耻辱，他所以没有讨伐纣，是因为时机尚未成熟。武王臣事商纣，从早到晚都不敢懈怠，也不忘文王被骂于玉门的耻辱。武王继位十二年，终于在甲子日大败殷军。时机本来就不易得到。太公望是东夷人，他想平定天下，可是找不到贤明的君主。他听说文王贤明，所以到渭水边钓鱼，以便观察文王。伍子胥想见吴王僚，但没能见到，有个门客对王子光讲了伍子胥的情况，王子光见到伍子胥却讨厌他的相貌，不听他讲话就谢绝了他。门客问王子光为什么这样，王子光说："他的相貌正是我特别讨厌的。"门客把这话告诉了伍子胥,伍子胥说:"这是容易的事情。希望让王子光坐在堂上,我在两层帷幕里只露出衣服和手来,请让我借此同他谈话。"王子光答应了。伍子胥谈话谈了一半,王子光就掀起帷幕,握住他的手,跟他一起坐下。伍子胥说完了,王子光非常高兴。伍子胥认为享有吴国的,必定是王子光,回去以后就在乡间耕作。过了七年,王子光取代吴王僚当了吴王。他任用伍子胥,伍子胥于是就整顿法度,举用贤良,简选精兵,演习战斗。过了六年,然后才在柏举大胜楚国,九战九胜,追赶楚国的败军追了千余里。楚昭王逃到随,吴军于是占领了郢都。伍子胥亲自箭射楚王宫,鞭打楚平王之墓三百下,以报杀父杀兄之仇。他先前耕作,并不是忘记了杀父之仇,而是在等待时机。墨家有个叫田鸠的,想见秦惠王,在秦国呆了三年但没能见到。有个客人把这情况告诉了楚王,田鸠就去见楚王。楚王很喜欢他,给了他将军的符节让他到秦国去。他到了秦国,于是见到了惠王。他告诉别人说:"到秦国来见惠王的途径,竟然是要先到楚国去啊!"事情本来就有离得近反而被疏远、离得远反而能接近的。时机也是这样。有商汤、武王那样的贤德,而没有桀、纣无道那样的时机,就不能成就王业;有桀、纣无道那样的时机,而没有商汤、武王那样的贤德,也不能成就王业。圣人与时机的关系,就像步行时影与身不可分离一样。

故有道之士未遇时,隐匿分窜,勤以待时。时至,有从布衣而为天子者①,有从千乘而得天下者②,有从卑贱而佐三王者③,有从匹夫而报万乘者④。故圣人之所贵,唯时也。水冻方固,后稷不种⑤,后稷之种必待春。故人虽智而不遇时,无功。方叶之茂美,终日采之而不知;秋霜既下,众林皆羸⑥。事之难易,不在小大,务在知时。郑子阳之难⑦,猘狗溃之⑧;齐高、国之难⑨,失牛溃之⑩。众因之以杀子阳、高、国。当其时，狗牛犹可以为人唱⑪，而况乎以人为唱乎？

【注释】

①"有从"句：指舜从百姓而成为天子。

②"有从"句：指商汤、武王从诸侯而得到有天下。千乘，指诸侯。

③"有从"句：指太公望、伊尹、傅说从低贱的地位而成为三王的辅佐。傅说，商王武丁的大臣，原为从事版筑的奴隶，后被武丁任为相，治理国政。

④"有从"句：指豫让为智伯刺杀赵襄子之事。豫让，智伯的家臣。赵襄子灭智伯，豫让漆身吞炭，变音容，几次行刺赵襄子而未成，后请斩襄子之衣而自杀。万乘，赵襄子专晋国政，有兵车万乘。

⑤后稷：名弃，周的始祖。稷本是掌农业的官员，尧任命弃为稷。后，君。周人尊称弃为"后稷"。

⑥羸(léi)：瘦弱，这里指树叶落尽。

⑦郑子阳：郑相，驷氏之后。《史记》称"驷子阳"。

⑧猘(zhì)狗：疯狗。溃：乱。本书《适威》篇说："子阳好严。有过而折弓者，恐必死，遂应猘狗而杀子阳。"

⑨高、国：指齐国的贵族高氏、国氏。

⑩失牛溃之：指借追失牛之乱而杀死高氏、国氏。

⑪唱：通"倡"，先导。

【译文】

　　所以，有道之士没有遇到时机，就到处隐匿藏伏起来，甘受劳苦，等待时机。时机一到，有的从平民而成为天子，有的从诸侯而得到天下，有的从卑贱的地位进而辅佐三王，有的从普通百姓进而能向万乘之主报仇。所以圣人所看重的，只是时机。冰冻得正坚固时，后稷不去耕种；后稷耕种，一定要等待春天到来。所以人即使有智慧，但如果遇不到时机，也不能建立功业。正当树叶长得繁茂的时候，整天采摘也采不光；等到秋霜降下以后，所有树林里树叶都落下来了。事情的难易，不在于大小，关键在于掌握时机。郑国的子阳遇难，正发生在追逐疯狗的混乱时候；齐国的高氏、国氏遇难，正发生在追赶逃窜之牛的时候。众人乘着混乱杀死了子阳和高氏、国氏。遇上合适的时机，狗和牛尚且可以作为人们发难的先导，更何况以人为先导呢？

饥马盈厩，嗼然，未见刍也①；饥狗盈窖，嗼然，未见骨也。见骨与刍，动不可禁。乱世之民，嗼然，未见贤者也；见贤人，则往不可止。往者非其形心之谓乎？齐以东帝困于天下②，而鲁取徐州；邯郸以寿陵困于万民③，而卫取茧氏④。以鲁卫之细，而皆得志于大国，遇其时也。故贤主秀士之欲忧黔首者，乱世当之矣。天不再与，时不久留，能不两工，事在当之。

【注释】

①刍：喂牲畜的草。

②"齐以"句：指公元前288年齐湣王称东帝，导致燕国联合秦、楚、韩、赵、魏五国伐齐，湣王出奔之事。

③"邯郸"句：指赵肃侯因修陵寝扰民而万民不附。邯郸，代指赵。寿陵，寝陵之名。

④茧氏：赵邑。

【译文】

饥饿的马充满了马棚，默然无声，是因为它们没有见到草；饥饿的狗充满了狗窝，默然无声，是因为它们没有见到骨头。如果见到骨头和草，那么它们就会争抢，不能制止。混乱世道的人民，默然无声，是因为他们没有见到贤人。如果见到贤人，那么他们就会归附，不能制止。他们归附贤人,难道不是身心都归附吗? 齐湣王因为僭称东帝而被天下诸侯弄得困窘不堪,而鲁国夺取了徐州;赵肃侯因为修建寝陵扰民,人民都不亲附他,而卫国夺取了茧氏。凭着鲁国、卫国那样的小国,却都能从大国那里占到便宜,是因为遇到了时机。所以贤明的君主和杰出的人士想为百姓忧虑的,遇到混乱的世道,正是合适的时机。上天不会给人两次机会,时机不会长期停留,人的才能不会在做事时两方面都同时达到精巧,事情的成功在于适逢其时。

义　赏

【题解】

义赏，即按道义而行赏赐。文章指出，赏罚是君主役使臣民的手段，其得当与否是关系到教化能否成功的大事，不可不慎重。文章举晋文公和赵襄子施行赏赐为例，着重说明行赏所要依据的原则，就是要以礼义为上，而以功利为下。作者认为，礼义是"百世之利"，而功利只是"一时之务"，只有尊崇礼义，才是掌握了"胜之所成"。

本篇所阐明的重礼义、轻功利的观点，是典型的儒家思想，与法家重功利的主张是针锋相对的。《韩非子·难一》即对晋文公和赵襄子义赏的事情及儒家的观点进行了驳难，认为是"不知善赏"。

四曰：

春气至则草木产，秋气至则草木落。产与落，或使之，非自然也。故使之者至，物无不为；使之者不至，物无可为。古之人审其所以使，故物莫不为用。

【译文】

第四：

春气到来草木就生长，秋气到来草木就凋零。生长与凋零，是节气支配的,不是它们自然而然会这样的。所以支配者一出现,万物没有不随之变化的;支配者不出现,万物没有可以变化的。古人能够审察支配者的情况,所以万物没有不被自己利用的。

　　赏罚之柄,此上之所以使也。其所以加者义,则忠信亲爱之道彰。久彰而愈长,民之安之若性,此之谓教成。教成,则虽有厚赏严威弗能禁。故善教者,义以赏罚而教成①,教成而赏罚弗能禁。用赏罚不当亦然。奸伪贼乱贪戾之道兴,久兴而不息,民之雠之若性②。戎夷胡貉巴越之民是以③,虽有厚赏严罚弗能禁。郢人之以两版垣也,吴起变之而见恶④。赏罚易而民安乐。氐羌之民⑤,其虏也,不忧其系累,而忧其死不焚也。皆成乎邪也。故赏罚之所加,不可不慎。且成而贼民⑥。

【注释】

①"义以"句:指施加赏罚符合道义,那么教化就能成功。

②雠(chóu):匹敌,等同。

③戎夷胡貉巴越:都是古代的少数民族。

④恶:怨恨。

⑤氐羌:都是古代的少数民族。

⑥"郢人"十三句:上面一段意义不能贯通,当系传写中变乱次序。
　　原文应为:"郢人之以两版垣也,吴起变之而见恶;氐羌之民,其虏也,不忧其系累,而忧其死不焚也。皆成乎邪也,且成而贼民。赏罚易而民安乐。故赏罚之所加,不可不慎。"

【译文】

赏罚的权力,这是由君主所掌握的。施加赏罚符合道义,那么忠诚守信相亲相爱的原则就会彰明。长久彰明而且日益增加,人们就像出于本性一样信守它,这就叫做教化成功。教化成功了,即使有厚赏严刑也不能禁止人们去行善。所以善于进行教化的人,根据道义施行赏罚,因而教化能够成功。教化成功了,即使施行赏罚也不能禁止人们去行善。施行赏罚不恰当也是这样。奸诈虚伪贼乱贪暴的原则兴起,长期兴起而且不能平息,人们就像出于本性一样照此去做,这就跟戎夷胡貉巴越等族的人一样了,即使有厚赏严刑也不能禁止人们这样做。郢人用两块夹板筑土墙,吴起改变了这种方法因而遭到怨恨;氏族羌族的人,他们被俘房以后,不担心被捆绑,却担心死后不能被焚烧。这些都是由于邪曲造成的。况且,邪曲形成了,就会对人民有害处。用赏罚改变邪曲之事,人民就会感到安乐。所以施加赏罚,不可不慎重啊。

　　昔晋文公将与楚人战于城濮①,召咎犯而问曰②:"楚众我寡,奈何而可?"咎犯对曰:"臣闻繁礼之君,不足于文③;繁战之君,不足于诈。君亦诈之而已。"文公以咎犯言告雍季④,雍季曰:"竭泽而渔,岂不获得? 而明年无鱼;焚薮而田⑤,岂不获得? 而明年无兽。诈伪之道,虽今偷可⑥,后将无复,非长术也。"文公用咎犯之言,而败楚人于城濮。反而为赏,雍季在上。左右谏曰:"城濮之功,咎犯之谋也。君用其言而赏后其身,或者不可乎⑦!"文公曰:"雍季之言,百世之利也;咎犯之言,一时之务也。焉有以一时之务先百世之利者乎?"孔子闻之,曰:"临难用诈,足以却敌;反而尊贤,足以报德。文公虽不终⑧,始足以霸矣。"赏重则民移之⑨,民移之则成焉。成乎诈,其成毁,其胜败。天下胜者众矣,而霸者乃五。文公处其一,知胜之所成也。胜而不知胜之所成,与无胜同。秦胜于戎，而败乎殽⑩；楚胜于诸夏⑪，而败乎柏举⑫。武王得之矣，故一胜而王天下。众诈盈国，不可以为安，患非独外也。

【注释】

①城濮：春秋卫地名，在今河南范县南。

②咎犯：狐偃，字子犯，晋文公之舅，所以称舅犯。咎，通"舅"。

③文：指礼乐的盛大。

④雍季：人名，事迹不详。

⑤薮（sǒu）：指沼泽地。田：同"畋"，打猎。

⑥偷：苟且。

⑦或者：或许，也许。

⑧不终：不能坚持到最后，即不能始终这样做。

⑨移：羡慕。

⑩殽：崤山，分东西二崤。在今河南西部。

⑪楚胜于诸夏：指公元前 597 年楚国在邲打败晋国。诸夏，指中原地区的国家。

⑫败乎柏举：指楚昭王在柏举被吴国打败。

【译文】

从前晋文公要跟楚国人在城濮作战，召来咎犯问他说："楚国兵多，我国兵少，怎样做才可以取胜？"咎犯回答说："我听说礼仪繁杂的君主，对于礼仪的盛大从不感到满足；作战频繁的君主，对于诡诈之术从不感到满足。您对楚国实行诈术就行了。"文公把咎犯的话告诉了雍季，雍季说："把池塘弄干了来捕鱼，怎能不获得鱼？可是第二年就没有鱼了；把沼泽地烧光了来打猎，怎能不获得野兽？可是第二年就没有野兽了。诈骗的方法，虽说现在可以苟且使用，以后就不能再使用了，这不是长久之计。"文公采纳了咎犯的意见，因而在城濮打败了楚国人。回来以后行赏,雍季居首位。文公身边的人劝谏说:"城濮之战的胜利,是由于采用了咎犯的谋略。您采纳了他的意见,可是行赏却把他放在后边,这或许不可以吧!"文公说:"雍季的话,对百世有利;咎犯的话,只适用于一时。哪有把只适用于一时的放在对百世有利的前面的道理呢?"孔子听到这件事以后,说:"遇到危难用诈术,足以打退敌人;回来以后尊崇贤人,足以报答恩德。文公虽然不能坚持到底,却足以成就霸业了。"赏赐重,人民就美慕;人民美慕,就能成功。靠诈术成功,即便成功了,最终也必定毁坏;即便胜利了,最终也必定失败。普天下取得过胜利的人很多,可是成就霸业的才五个。文公作为其中的一个,知道胜利是如何取得的。取得了胜利如果不知道胜利是如何取得的,那就跟没有取得胜利一样。秦国战胜了戎,但却在殽打了败仗;楚国战胜了中原国家,但却在柏举打了败仗。周武王懂得这个道理,所以打了一次胜仗就称王于天下了。各种诈术充满国家,国家不可能安定,祸患不只是来自国外啊。

赵襄子出围①,赏有功者五人,高赦为首②。张孟谈曰③:"晋阳之事,赦无大功,赏而为首,何也?"襄子曰:"寡人之国危,社稷殆,身在忧约之中,与寡人交而不失君臣之礼者,惟赦。吾是以先之。"仲尼闻之④,曰:"襄子可谓善赏矣!赏一人,而天下之为人臣莫敢失礼。"为六军则不可易⑤。北取代⑥,东迫齐,令张孟谈逾城潜行,与魏桓、韩康期而击智伯⑦,断其头以为觞⑧,遂定三家⑨,岂非用赏罚当邪?

【注释】

①赵襄子出围:智伯率韩、魏两家围赵襄子于晋阳,襄子令家臣张孟谈与韩、魏两家暗中联系,灭掉智氏。赵襄子,名毋恤,赵简子

之子。

②高赦：赵襄子家臣。

③张孟谈：赵襄子家臣。

④仲尼闻之：赵襄子事发生在孔子死后，此处当系伪托。

⑤六军：周时制度，天子设有六军，诸侯国依大小设有三军二军一军等。后周室衰微，大诸侯国军队的建制已不只三军。这里六军泛指军队。易：轻慢。

⑥代：战国时国名。在今河北蔚县一带。后为赵襄子所灭。

⑦魏桓：即魏桓子，名驹。韩康：即韩康子，名虎。期：约定日期。

⑧觞（shāng）：古代酒器。

⑨三家：指韩、赵、魏。

【译文】

赵襄子从晋阳的围困中出来以后，赏赐五个有功劳的人，高赦为首。张孟谈说：“晋阳之事，高赦没有大功，赏赐时却以他为首，这是为什么呢？”襄子说：“我的国家社稷遇到危险，我自身陷于忧困之中，跟我交往而不失君臣之礼的，只有高赦。我因此把他放在最前边。”孔子听到这件事以后，说：“襄子可以说是善于赏赐了。赏赐了一个人，天下那些当臣子的就没人敢于失礼了。”赵襄子用这种办法治理军队，军队就不敢轻慢。他向北攻取代国，向东威逼齐国，让张孟谈越出城墙暗中去跟魏桓、韩康约定日期共同攻打智伯，胜利以后砍下智伯的头制作酒器，终于奠定了三家分晋的局面，难道不是施行赏罚恰当吗？

长　攻

【题解】

长攻,当作"长功",即以建功为上之意。本篇以越王勾践灭吴、楚王取蔡、赵襄子灭代为例,着重说明存亡成败都带有偶然性。因此,有时不循理义而行也可获得成功,为后世所称道。篇名"长功",用意即在于此。对于这种"不备遵理"以求功名的做法,作者虽然认为"有失",但又不得不给予某种程度的肯定。这种见解,与全书崇尚礼义的思想颇不合,而与"成者为首,不成者为尾"(《庄子·盗跖》)的思想接近,这可以视为作者对统治者注重功利、崇尚权诈的妥协和让步。

为了论证成功有赖于机遇,文章开头就指出存亡治乱等"必有其遇","各一则不设",说明作者看到了矛盾双方互相依存和制约的关系。但是,作者把矛盾双方的相遇看作天意即人力所不能左右、无法预知的偶然,这就陷入了天命论。

五曰:

凡治乱存亡,安危强弱,必有其遇,然后可成,各一则不设①。故桀纣虽不肖,其亡,遇汤武也。遇汤武,天也,非桀纣之不肖也。汤武虽贤,其王,遇桀纣也。遇桀纣,天也,非汤武之贤也。若桀纣不遇汤武,未必亡也。桀纣不亡,虽不

肖，辱未至于此。若使汤武不遇桀纣，未必王也。汤武不
王，虽贤，显未至于此。故人主有大功，不闻不肖；亡国之
主，不闻贤。譬之若良农，辩土地之宜②，谨耕耨之事，未必
收也。然而收者，必此人也始，在于遇时雨。遇时雨，天也，
非良农所能为也。

【注释】

①各一则不设：意思是，如果彼此相同，就不能实现这些（即治乱存
　亡安危强弱）了。一，一律，相同。设，施行。

②辩：通"辨"，辨别。

【译文】

第五：

　　凡治和乱，存和亡，安和危，强和弱，一定要彼此相遇，然后才能成
功。如果彼此相同，就不可能成功。所以，桀、纣虽然不贤德，但他们之
所以被灭亡，是因为遇上了商汤、武王。遇上商汤、武王，这是天意，不
是因为桀、纣不贤德。商汤、武王虽然贤德，但他们之所以能成就王业，
是因为遇上了桀、纣。遇上桀、纣，这是天意，不是因为商汤、武王贤德。
如果桀、纣不遇上商汤、武王，未必会灭亡。桀、纣如果不灭亡，他们即
使不贤德，耻辱也不至于到这种地步。假使商汤、武王不遇上桀、纣，未
必会成就王业。商汤、武王如果不成就王业，他们即使贤德，显耀也不
至于到这种地步。所以，君主有大功，就听不到他有什么不好；亡国的
君主，就听不到他有什么好。这就好比优秀的农民，他们善于区分土地
适宜种植什么，勤勤恳恳地耕种锄草，但未必能有收获。然而有收获
的，一定首先是这些人。收获的关键在于遇上及时雨。遇上及时雨，这
是靠上天，不是优秀农民所能做到的。

　　越国大饥，王恐①，召范蠡而谋②。范蠡曰："王何患焉？今之饥，此越之福而吴之祸也。夫吴国甚富，而财有余，其王年少③，智寡才轻，好须臾之名，不思后患。王若重币卑辞以请籴于吴④，则食可得也。食得，其卒越必有吴，而王何患焉？"越王曰："善！"乃使人请食于吴。吴王将与之，伍子胥进谏曰："不可与也！夫吴之与越，接土邻境，道易人通，仇雠敌战之国也⑤。非吴丧越，越必丧吴。若燕秦齐晋，山处陆居，岂能逾五湖九江越十七厄以有吴哉⑥？故曰非吴丧越，越必丧吴。今将输之粟，与之食，是长吾雠而养吾仇也⑦。财匮而民怨，悔无及也。不若勿与而攻之，固其数也。此昔吾先王之所以霸⑧。且夫饥，代事也，犹渊之与阪⑨，谁国无有？"吴王曰："不然。吾闻之，义兵不攻，服，仁者食饥饿⑩。今服而攻之，非义兵也；饥而不食，非仁体也。不仁不义，虽得十越，吾不为也。"遂与之食。不出三年，而吴亦饥。使人请食于越，越王弗与，乃攻之，夫差为禽⑪。

【注释】

①王：指越王勾践。

②范蠡：越大夫，辅佐越王勾践，灭掉吴国。

③王：指吴王夫差。

④币：礼物。籴（dí）：买进粮食，这里指借粮。

⑤仇雠（chóuchóu）：仇人。

⑥厄（è）：险要之地。

⑦雠：匹敌，对手。

⑧先王：指吴王阖闾。

⑨阪(bǎn):山坡。

⑩食(sì)饥饿:给饥饿的人粮食吃。

⑪禽:同"擒",擒获。

【译文】

越国遇上大灾年,越王很害怕,召范蠡来商量。范蠡说:"您对此何必忧虑呢? 如今的荒年,这是越国的福气,却是吴国的灾祸。吴国很富足,钱财有余,它的君主年少,缺少智谋和才能,喜欢一时的虚名,不思虑后患。您如果用贵重的礼物、谦卑的言辞去向吴国请求借粮,那么粮食就可以得到了。得到粮食,最终越国必定会占有吴国,您对此何必忧虑呢?"越王说:"好!"于是就派人向吴国请求借粮。吴王将要给越国粮食,伍子胥劝阻说:"不可给越国粮食。吴国与越国,土地相接,边境相邻,道路平坦,人民往来频繁,是势均力敌的仇国。不是吴国灭掉越国,就必定是越国灭掉吴国。像燕国、秦国、齐国、晋国,它们处于高山陆地,怎能跨越五湖九江穿过十七处险阻来占有吴国呢? 所以说,不是吴国灭掉越国,就必定是越国灭掉吴国。现在要送给它粮食,给它吃的,这是长我们对手的锐气、养活我们的仇人啊。国家钱财缺乏,人民怨恨,后悔就来不及了。不如不给它粮食而去攻打它,这本来是普通的道理。这就是从前我们的先王所以成就霸业的原因啊。再说闹饥荒,这是交替出现的事,就如同深渊和山坡一样,哪个国家没有?"吴王说:"不对。我听说过,正义的军队不攻打已经归服了的国家,仁德的人给饥饿的人粮食吃。现在越国归服了却去攻打它,这不是正义的军队;越国闹饥荒却不给它粮食吃,这不是仁德的事情。不仁不义,即使得到十个越国,我也不去做。"于是就给了越国粮食。没有过三年,吴国也遇到灾年,派人向越国请求借粮,越王不给,却来攻打吴国,吴王夫差被擒。

楚王欲取息与蔡①,乃先佯善蔡侯,而与之谋曰:"吾欲得息,奈何?"蔡侯曰:"息夫人,吾妻之姨也②。吾请为飨息

侯与其妻者^③，而与王俱，因而袭之。"楚王曰："诺。"于是与
蔡侯以飨礼入于息，因与俱，遂取息。旋舍于蔡^④，又取蔡。

【注释】

①楚王：指楚文王。息：国名，为楚所灭，在今河南息县一带。蔡：
　国名，周武王弟叔度及其子胡受封之地，在今河南上蔡、新蔡
　一带。

②妻之姨：妻妹。

③飨（xiǎng）：用酒食款待人。

④旋：返，还。舍：军队临时驻扎。

【译文】

　　楚王想夺取息国和蔡国，于是就假装跟蔡侯友好，跟他商量说："我
想得到息国，该怎么办？"蔡侯说："息侯的夫人，是我妻子的妹妹。请让
我替您宴飨息侯和他的妻子，跟您一起去，您乘机偷袭息国。"楚王说：
"好吧。"于是楚王与蔡侯带着宴飨用的食品进入息国，楚国军队与他们
同行，乘机夺取了息国。楚军回师驻扎在蔡国，又夺取了蔡国。

　　赵简子病^①，召太子而告之曰："我死已葬，服衰而上夏
屋之山以望^②。"太子敬诺。简子死，已葬，服衰，召大臣而告
之曰："愿登夏屋以望。"大臣皆谏曰："登夏屋以望，是游也。
服衰以游，不可。"襄子曰："此先君之命也，寡人弗敢废。"群
臣敬诺。襄子上于夏屋，以望代俗，其乐甚美。于是襄子
曰："先君必以此教之也。"及归，虑所以取代，乃先善之。代
君好色，请以其姊妻之，代君许诺。姊已往，所以善代者乃
万故^③。马郡宜马^④，代君以善马奉襄子。襄子谒于代君而
请觞之^⑤。马郡尽^⑥。先令舞者置兵其羽中^⑦，数百人。先

具大金斗⑧。代君至，酒酣，反斗而击之，一成，脑涂地。舞者操兵以斗，尽杀其从者。因以代君之车迎其妻，其妻遥闻之状，磨笄以自刺⑨。故赵氏至今有刺笄之证⑩，与反斗之号。

【注释】

①赵简子：即赵鞅，赵襄子之父，晋卿。

②服衰（cuī）：穿上丧服。衰，古代丧服，用粗麻布制作，披于胸前。后来写作"缞"。夏屋之山：即夏屋山，在今山西代县一带。

③善：好，这里是讨好的意思。故：事。

④马郡：代地产马，所以称之为"马郡"。宜马：适宜养马。

⑤谒：告诉。觞（shāng）：饷，用酒食款待人。

⑥马郡尽：与上下文不能相连，当在上文"代君以善马奉襄子"之下。

⑦羽：舞者所持舞具。

⑧斗：古代酒器。

⑨笄（jī）：簪子。

⑩刺笄之证：当作"刺笄之山"。

【译文】

赵简子病重，召见太子告诉他说："等我死了，安葬完毕，你穿着孝服登上夏屋山去观望。"太子恭恭敬敬地答应了。简子死了，安葬完毕以后，太子穿着孝服，召见大臣们并且告诉他们说："我想登上夏屋山去观望。"大臣们都劝阻说："登上夏屋山去观望，这就是出游啊。穿着孝服出游，不可以。"襄子说："这是先君的命令，我不敢废止。"大臣们都恭恭敬敬地答应了。襄子登上夏屋山，观看代国的风土人情，看到代国一派欢乐景象。于是襄子说："先君必定是用这种办法来教诲我啊。"等到回来以后，思考夺取代国的方法，于是就先友好地对待代国。代国君主爱好女色,襄子就请求把姐姐嫁给代国君主为妻,代国君主答应了。襄子的姐姐嫁给代国君主以后,襄子事事都讨好代国。代地适宜养马,代国君主把好马奉献给襄子,代地的马都送光了。襄子告诉代国君主,请求宴飨他。事先命令几百个跳舞的人把兵器藏在舞具之中,并准备好大的酒器金斗。代国君主来了,喝酒喝到正畅快的时候,把金斗翻过来击打代国君主,只一下,代君脑浆就流了一地。跳舞的人拿着兵器搏斗,把代君的随从全都杀死了。于是就用代君的车子去迎接他的妻子,他的妻子在远处听说代君死亡的情形,就磨尖簪子自刺而死。所以赵国至今有"刺笄山"和"反斗"的名号。

　　此三君者①,其有所自而得之②,不备遵理③,然而后世称之,有功故也。有功于此而无其失,虽王可也。

【注释】

①三君:指上文提到的越王勾践、赵襄子、楚文王、

②有所自:指有使用的方法。

③备:完全。

【译文】

　　这三位君主,他们都有办法得到自己所需要的东西,并不完全按照常理行事,然而后世都赞他们,这是因为他们有成就的缘故。如果有成就而又没有缺失,他们即使称王天下,也是可以的。

慎 人——作顺人

【题解】

　　上篇重点强调成事在天的一面,本篇则重点强调谋事在人的一面。文章开始即明确指出:"功名大立,天也。为是故,因不慎其人,不可。"舜、禹、汤、武王的成功,固然是由于遇时,但也离不开人为的努力。文章举百里奚被秦穆公任用之事,说明君主欲求贤士,必须不拘一格,广泛寻求。最后文章通过孔子厄于陈蔡之间的故事说明,所谓人为努力,就是要致力于"得道",加强品德修养,这样,不管穷达贫富,就都能得其乐了。

　　六曰:

　　功名大立,天也。为是故,因不慎其人,不可。夫舜遇尧,天也。舜耕于历山①,陶于河滨,钓于雷泽②,天下说之,秀士从之,人也。夫禹遇舜,天也。禹周于天下,以求贤者,事利黔首,水潦川泽之湛滞壅塞可通者③,禹尽为之,人也。夫汤遇桀,武遇纣,天也。汤、武修身积善为义,以忧苦于民,人也。

【注释】

①历山：山名。名历山者有多处，大多附会为舜耕作的遗址。此处似指今山东历城南的历山，又名舜耕山、千佛山。

②雷泽：古泽名，即雷夏，在今山东菏泽东北。

③湛：通"沉"，沉积。

【译文】

第六：

能显赫地建立功名，靠的是天意。因为这个缘故，就不慎重地对待人为的努力，是不行的。舜遇到尧，是天意。舜在历山耕种，在黄河边制作陶器，在雷泽钓鱼，天下人很喜欢他，杰出的人士都跟随着他，这是人为努力的结果。禹遇到舜，是天意。禹周游天下，以便寻求贤德之人，做对百姓有利的事情。那些淤积阻塞的积水河流湖泊，凡是可以疏通的，禹全都疏通了，这是人为的努力。汤遇上桀，武王遇上纣，是天意。汤、武王修养自身品德，积善行义，为百姓忧虑劳苦，这是人为的努力。

舜之耕渔，其贤不肖与为天子同。其未遇时也，以其徒属掘地财，取水利①，编蒲苇，结罘网②，手足胼胝不居③，然后免于冻馁之患。其遇时也，登为天子，贤士归之，万民誉之，丈夫女子，振振殷殷④，无不戴说。舜自为诗曰："普天之下，莫非王土；率土之滨，莫非王臣⑤。"所以见尽有之也。尽有之，贤非加也；尽无之，贤非损也。时使然也。

【注释】

①水利：指鱼鳖。

②罘（fú）：捕兽的网。

③胼胝(piánzhī)：手掌和脚底磨起的茧子。居：止，休息。

④振振殷殷：形容喜悦的样子。

⑤"普天"四句：上面的诗句亦见《诗经·小雅·北山》(普，《诗经》作"溥")。此言舜所作，或为假托。

【译文】

　　舜种地捕鱼的时候，他的贤与不肖的情况同当天子时是一样的。他在没有遇到有利时机的时候，带领自己的下属种五谷，捕鱼鳖，编蒲苇，织鱼网，手和脚磨出茧子都不休息，然后才免于冻饿之苦。他在遇到有利时机的时候，即位当了天子，贤德的人全归附他，所有的人都赞誉他，男男女女都非常高兴，没有不爱戴他喜欢他的。舜亲自做诗道："普天之下尽归依，无处不是王的土地；四海之内皆归顺，无人不是王的臣民。"用以表明自己全都占有了。全都占有了，他的贤德并没有增加；全都没有占有，他的贤德并没有减损。这是时机的有无使他这样的。

　　百里奚之未遇时也①，亡虢而虏晋②，饭牛于秦，传鬻以五羊之皮③。公孙枝得而说之④，献诸缪公⑤，三日，请属事焉⑥。缪公曰："买之五羊之皮而属事焉，无乃为天下笑乎！"公孙枝对曰："信贤而任之，君之明也；让贤而下之，臣之忠也。君为明君，臣为忠臣。彼信贤，境内将服，敌国且畏，夫谁暇笑哉？"缪公遂用之。谋无不当，举必有功，非加贤也。使百里奚虽贤，无得缪公，必无此名矣。今焉知世之无百里奚哉？故人主之欲求士者，不可不务博也。

【注释】

①百里奚：春秋时人，百里氏(一说百氏，字里，名奚)。据《史记·秦本纪》载，他原为虞大夫，虞亡时被晋虏去，作为陪嫁之臣送入

秦。后出走,为楚人所执,秦穆公以五张牡黑羊皮赎回,用为大夫,称"五大夫"。后辅佐穆公建立霸业。

②亡虢:当为"亡虞",指从虞国出亡。按亡虞之说本《孟子·万章上》,那里说,百里奚"知虞公之将亡而先去之"。

③传鬻(yù):转卖。

④公孙枝:春秋时秦国大夫。

⑤缪公:指秦穆公,公元前659年—前621年在位。缪,通"穆"。

⑥属(zhǔ)事:指委任官职。属,委托。

【译文】

百里奚没有遇到有利时机的时候,从虞国逃出,被晋国俘虏,后来在秦国喂牛,以五张羊皮的价格被转卖。公孙枝得到百里奚以后很喜欢他,把他推荐给秦穆公,过了三天,请求委任他官职。穆公说:"用五张羊皮买了他来却委任他官职,恐怕要被天下人耻笑吧!"公孙枝回答说:"信任贤人而任用他,这是君主的英明;让位给贤人而自己甘居贤人之下,这是臣子的忠诚。君主是英明的君主,臣子是忠诚的臣子。他如果真的贤德,国内都将顺服,敌国都将畏惧,谁还会有闲暇耻笑呢?"穆公于是就任用了百里奚。他出谋略无不得当,做事情必定成功,这并不是他的贤德增加了。百里奚即使贤德,如果不被穆公得到,必定没有这样的名声。现在怎么知道世上没有百里奚这样的人呢?所以君主中想要寻求贤士的人,不可不广泛地去寻求。

孔子穷于陈、蔡之间,七日不尝食,藜羹不糁①。宰予备矣②,孔子弦歌于室,颜回择菜于外③。子路与子贡相与而言曰④:"夫子逐于鲁,削迹于卫⑤,伐树于宋⑥,穷于陈、蔡。杀夫子者无罪,藉夫子者不禁⑦,夫子弦歌鼓舞,未尝绝音。盖君子之无所丑也若此乎?"颜回无以对,入以告孔子。孔子慹然推琴⑧，喟然而叹曰⑨："由与赐小人也！召，吾语之。"子路与子贡入，子贡曰："如此者，可谓穷矣！"孔子曰："是何言也？君子达于道之谓达，穷于道之谓穷。今丘也拘仁义之道⑩，以遭乱世之患，其所也⑪，何穷之谓？故内省而不疚于道，临难而不失其德，大寒既至，霜雪既降，吾是以知松柏之茂也。昔桓公得之莒⑫，文公得之曹⑬，越王得之会稽⑭。陈、蔡之厄，于丘其幸乎！"孔子烈然返瑟而弦⑮，子路抗然执干而舞⑯。子贡曰："吾不知天之高也，不知地之下也。"古之得道者，穷亦乐，达亦乐，所乐非穷达也。道得于此，则穷达一也，为寒暑风雨之序矣⑰。故许由虞乎颍阳⑱，而共伯得乎共首⑲。

【注释】

①藜羹：指煮的野菜。藜，一种野菜，嫩叶可食。糁（sǎn）：以米和羹。

②宰予：字子我，孔子的学生。备：当作"惫"，疲困，这里指饿坏了。

③颜回：字子渊，孔子的学生。

④子路：仲由，字子路，孔子的学生。子贡：端木赐，字子贡，孔子的学生。

⑤削迹：指隐居。

⑥伐树于宋：按《史记·孔子世家》："孔子去曹，适宋，与弟子习礼大树下。宋司马桓魋欲杀孔子，拔其树，孔子去。"这里的"伐树于宋"即指此事而言。

⑦藉：凌辱，欺侮。

⑧慹（cù）然：不高兴的样子。

⑨喟（kuì）然：叹气的样子。

⑩拘：这里是固守的意思。

⑪其所也：这里是适得其所之意。所，处所。

⑫桓公得之莒：指齐桓公遭无知之难，出奔莒而萌生复国称霸之心。得之，指生霸心。

⑬文公得之曹：指晋文公遭骊姬之谗，出亡过曹而萌生复国称霸之心。

⑭越王得之会稽：指越王勾践被吴王夫差打败，栖于会稽山而萌生复国称霸之心。

⑮烈然：威严的样子。返：更，重新。

⑯抗然：威武的样子。干：盾，这里因为舞具。

⑰为：如。序：更代。

⑱许由：尧时的贤人。相传尧要把君位让给他，他逃至箕山下农耕而食。尧又请他当九州之长，他到颍水边洗耳，表示不愿听到这种话。虞：乐。颍阳：颍水之北。箕山在颍水之北，许由耕于箕山，自得其乐，所以说他"虞乎颍阳"。

⑲共伯：即共伯和，西周时共国君主，名和。周厉王被国人逐出，他摄行王事，号共和元年。十四年后，周宣王即位，他归共国，逍遥得志于共首山。共首：即共首山，本书《诚廉》篇作"共头"，在今河南商丘西。

【译文】

孔子在陈国、蔡国之间处于困境，七天没吃粮食，煮的野菜里没有米粒。宰予饿坏了，孔子在屋里用瑟伴奏唱歌，颜回在外面择野菜。子路跟子贡一起说道："先生在鲁国被逐，在卫国隐居，在宋国树下习礼时被人伐倒树，在陈国、蔡国遇到困境。要杀先生的人没有罪，凌辱先生的人不被禁止，而先生歌声从未中止过。君子竟是这样没有感到羞耻吗？"颜回无话回答，进屋把这些话告诉了孔子。孔子很不高兴地推开瑟，叹息着说："仲由和端木赐是小人啊！叫他们来，我跟他们说话。"子路和子贡进来了,子贡说:"像现在这种情况,可以说是困窘了。"孔子说:"这是什么话呢? 君子在道义上通达叫做通达,在道义上困窘叫做困窘。现在我固守仁义的原则,因而遭受混乱世道的祸患,这正是我应该得到的处境,怎么能叫困窘呢? 所以,反省自己,在道义上不感到内疚;面临灾难,不丧失自己的品德;严寒到来,霜雪降落以后,我因此知道松柏的旺盛。从前齐桓公因出奔莒国而萌生复国称霸之心,晋文公因出亡曹国而萌生复国称霸之心,越王勾践因受会稽之耻而萌生复国称霸之心。在陈国、蔡国遇到的困境,对我大概是幸运吧!"孔子威严地重新拿起瑟弹起来,子路威武地拿着盾牌跳起舞来。子贡说:"我不知天的高远,不知地的广大啊。"古代得道的人,困窘时也高兴,显达时也高兴,高兴的不是困窘和显达。如果自身得到了道,那么困窘和显达都是一样的,就像寒暑风雨交替出现一样。所以许由在颍水之北自得其乐,共伯在共首山逍遥自得。

遇　合

所谓"遇合",指受到君主赏识。本篇旨在说明,由于君主各有所好,因而士人遇合无常。文章指出,君子虽然追求功名,但他们不图苟且侥幸,"必待合而后行"。但君主对他们往往不了解,不爱慕,使他们得不到赏识,而愚昧的人反而得到重用。这就像越王偏偏喜欢野音,海上之人专门喜欢逐臭等情形一样。文章说:"夫不宜遇而遇者,则必废;宜遇而不遇者,此国之所以乱、世之所以衰也。"对君主用人上的昏聩惑乱提出了批评和警告。

七曰:

凡遇①,合也②。时不合,必待合而后行。故比翼之鸟死乎木,比目之鱼死乎海。孔子周流海内,再干世主,如齐至卫,所见八十余君。委质为弟子者三千人③,达徒七十人。七十人者,万乘之主得一人用可为师,不为无人。以此游,仅至于鲁司寇④。此天子之所以时绝也,诸侯之所以大乱也。乱则愚者之多幸也,幸则必不胜其任矣。任久不胜,则幸反为祸。其幸大者,其祸亦大,非祸独及己也。故君子不处幸，不为苟，必审诸己然后任，任然后动。

【注释】

①遇：指得到君主赏识。

②合：指合于时机。

③委质：指初次拜见尊长时献上礼物。质，同"贽"，古代初次拜见尊长时所送的礼物。

④司寇：古代官职名，掌刑法。

【译文】

第七：

凡是受到赏识，一定是有合适的时机。时机不合适，一定要等待合适的时机然后再行动。所以，比翼鸟最终死在树上，比目鱼最终死在海里。孔子周游天下，多次向当世君主谋求官职，到过齐国卫国，谒见过八十多个君主。献上见面礼给他当学生的有三千人，其中成绩卓著的学生有七十人。这七十个人，拥有万辆兵车的大国君主得到任何一个都可以把他当成老师，这不能说没有人才。然而孔子带领这些人周游，做官仅仅做到鲁国的司寇。不任用圣人，这就是周天子之所以应时灭绝的原因，这就是诸侯之所以大乱的原因。混乱，那么愚昧的人就多被侥幸任用。侥幸任用，那就必定不能胜任了。长期不能胜任，那么侥幸反而成为祸害。越侥幸的，祸害也就越大，并不是祸害偏偏让自己赶上。所以君子不存侥幸心理，不做苟且之事，一定慎重考虑自己的能力然后再担当职务，担当职务然后再行动。

凡能听说者，必达乎论议者也。世主之能识论议者寡，所遇恶得不苟①？凡能听音者，必达于五声。人之能知五声者寡，所善恶得不苟？客有以吹籁见越王者②，羽、角、宫、徵、商不缪③,越王不善;为野音④,而反善之。

【注释】

①恶(wū):何,怎么。

②籁(lài):古代一种管乐器。

③缪:通"谬",错乱。

④野音:指鄙俗之音。

【译文】

凡是能听从劝说的人,一定是通晓议论的人。世上的君主能识别议论的人很少,他们所赏识的人怎能不是苟且求荣的呢?凡是能欣赏音乐的人,一定通晓五音。人能懂五音的很少,他们所喜欢的怎能不是鄙俗之音?宾客中有个靠吹箫谒见越王的人,羽、角、宫、徵、商五音吹得一点儿不走调,越王却认为不好;吹奏鄙野之音,越王反而认为好。

　　说之道亦有如此者也。人有为人妻者,人告其父母曰:"嫁不必生也①,衣器之物,可外藏之,以备不生。"其父母以为然,于是令其女常外藏。姑妐知之②,曰:"为我妇而有外心,不可畜③。"因出之。妇之父母以谓为己谋者,以为忠,终身善之,亦不知所以然矣。宗庙之灭,天下之失,亦由此矣。

【注释】

①生:指生子。古代妇人无子即可被休弃,所以下文劝其外藏衣物,以备不生。

②姑妐(zhōng):公婆。姑,夫之母。妐,夫之父。

③畜:容留。

劝说人的事也有像这种情形的。有个给人家当妻子的人，有人告诉她的父母说："出嫁以后不一定生孩子，衣服器具等物品，可以拿到外边藏起来，以防备不生孩子被休弃。"她的父母认为这人说得对，于是就让女儿经常把财物拿到外边藏起来。公婆知道了这事，说："当我们的儿媳妇却有外心，不可以留着她。"于是就休弃了她。这个女子的父母把女儿被休弃的事告诉了给自己出主意的人，认为这个人对自己忠诚，终身与他交好，最终也不知道女儿被休弃的原因。宗庙的毁灭，天下的丧失，也是由于这样的原因。

故曰：遇合也无常，说适然也①。若人之于色也，无不知说美者，而美者未必遇也。故嫫母执乎黄帝②，黄帝曰："厉女德而弗忘③，与女正而弗衰④，虽恶奚伤？"若人之于滋味，无不说甘脆，而甘脆未必受也。文王嗜昌蒲菹⑤，孔子闻而服之⑥，缩齃而食之⑦。三年，然后胜之。人有大臭者⑧，其亲戚兄弟妻妾知识，无能与居者。自苦而居海上。海上人有说其臭者，昼夜随之而弗能去。

【注释】

①说（yuè）：同"悦"，喜欢。适然：偶然。

②嫫母：古代丑女，相传为黄帝之妻。他书或作"嫫姆"、"嫫母"。
执：这里是亲厚的意思。

③厉：磨砺。女（rǔ）：你。

④正：通"政"。

⑤昌蒲菹（zū）：腌制的菖蒲根。昌蒲，即菖蒲，这里指菖蒲根。菹，腌菜。

⑥而服：当为衍文。

⑦缩頞(è)：皱眉。頞，鼻梁。

⑧大臭：一种腋病，即狐臭。

【译文】

　　所以说，受到君主赏识是不固定的，被人喜欢也是偶然的。就像人们对于女色一样，没有不知道喜欢长得漂亮的，可是长得漂亮的未必能遇上。所以嫫母受到黄帝的亲厚，黄帝说："修养你的品德，不要停止，付与你内宫之政，不疏远你，虽然长得丑陋又有什么妨碍？"就像人们对于滋味一样，没有人不喜欢又甜又脆的东西，可是又甜又脆的东西有的人未必受用。周文王爱吃菖蒲做的腌菜，孔子听了，皱着眉才吃下去。过了三年，才吃习惯。有个有狐臭的人，他的父母、兄弟、妻子、朋友，没有人能跟他在一起居住。他自己感到很痛苦，就住在海边。海边有喜欢他的臭味的人，日夜跟随着他不离开。

　　说亦有若此者。陈有恶人焉，曰敦洽雠麋，椎颡广颜①，色如漆赭，垂眼临鼻，长肘而盭②。陈侯见而甚说之，外使治其国，内使制其身。楚合诸侯，陈侯病，不能往，使敦洽雠麋往谢焉。楚王怪其名而先见之。客有进状有恶其名言有恶状③。楚王怒，合大夫而告之，曰："陈侯不知其不可使，是不知也；知而使之，是侮也。侮且不智，不可不攻也。"兴师伐陈，三月然后丧。恶足以骇人，言足以丧国，而友之足于陈侯而无上也④，至于亡而友不衰。

【注释】

①椎颡(sǎng)：尖顶。椎，椎击器具，这里是尖的意思。颡，额。广颜：宽额。颜，两眉之间。

②"长肘"句："鬠"(lì)下当脱"股"字。鬠股，两腿歪向两旁。鬠，乖
　戾。股，大腿。

③"客有"句：此句义不可通，原文当作"客进，状有恶其名，言有恶
　其状"。有，通"又"。

④"友之"句：意思是，陈侯喜欢敦洽雠麋到极点，没有人能赶上
　他了。

【译文】

　　喜欢人也有像这种情形的。陈国有个丑陋的人，叫敦洽雠麋，尖顶
宽额，面色黑红，眼珠下垂，接近鼻子，胳膊很长，大腿向两侧弯曲。陈
侯看到了，很喜欢他，在宫外让他治理国家，在宫内让他管理自己的饮
食起居。楚国盟会诸侯，陈侯有病，不能前往，派敦洽雠麋去向楚国道
歉。楚王对他的名字感到奇怪，就先接见了他。他进去了，相貌又丑
陋，说话又粗野。楚王很生气，召来大夫们，告诉他们说："陈侯不知道
这个人不可以派遣，这就是不明智；知道这个人不可以派遣却还要派
遣，这就是轻慢。轻慢而且不明智，不可不攻打他。"于是发兵攻打陈
国，过了三个月然后灭掉了陈国。丑陋足以惊吓别人，言论足以丧失国
家，可是陈侯却对他喜爱到极点，没有人能超过他了，直到亡国，喜爱的
程度都不减弱。

　　夫不宜遇而遇者，则必废①。宜遇而不遇者，此国之所
以乱、世之所以衰也。天下之民，其苦愁劳务从此生。

【注释】

　　①废：指不能长久得到赏识、被废弃。

【译文】

　　不应该受赏识却受到赏识的，那就一定会被废弃。应该受赏识却
没有受到赏识的，这就是国家之所以混乱、世道之所以衰微的原因。天

下的百姓，他们的愁苦劳碌就由此产生了。

　　凡举人之本，太上以志，其次以事，其次以功。三者弗能，国必残亡，群孽大至，身必死殃，年得至七十、九十犹尚幸。圣贤之后①，反而孽民②，是以贼其身，岂能独哉③？

【注释】

①圣贤之后：指陈国。陈国君为舜之苗裔，所以这样说。

②孽民：害民。孽，病，害。

③岂能独哉：哪只是独自受害呢？言外之意是还要害及其民。

【译文】

　　大凡举荐人的根本，最上等的是凭道德，其次是凭事业，其次是凭功绩。这三种人不能举荐上来，国家一定会残破灭亡，各种灾祸就会一齐到来，自身一定会遭殃，能活到七十岁九十岁，就是侥幸的了。圣贤的后代，反而给人民带来危害，因此残害到自身，哪只是独自受危害呢？连人民也要跟着受害啊！

必　己　一作本知，一作不遇

【题解】

本篇进一步发挥前几篇"遇合无常"、"慎人"等思想，阐述了"外物不可必"、"君子必在己者"的见解。所谓"外物不可必"，是指外物不可倚仗，因为外在事物没有定则，千变万化，同一行为或事物，在不同的条件下会引出不同的结果。对此，文中列举同几个事例加以论证。而所谓"必己"，就是要"得道"和加强自身修养。具体说来，就是"与时俱化"，"以禾（和）为量"，"物物而不物于物"，即顺应自然，虚己待物，而不是执守"万物之情"、"人伦之传"。

本篇开头两节文字，与《庄子》中的《外物》、《山木》基本相同，全篇思想也属道家一派，是以消极的态度处世待物的。

八曰：

外物不可必。故龙逢诛①，比干戮②，箕子狂③，恶来死④，桀纣亡。人主莫不欲其臣之忠，而忠未必信。故伍员流乎江⑤，苌弘死⑥，藏其血三年而为碧。亲莫不欲其子之孝，而孝未必爱。故孝己疑⑦，曾子悲⑧。

【注释】

①龙逢(páng)：又作"龙逢"，即关龙逢，传说中夏时的贤臣，因谏桀
　　而被杀。

②比干：纣的叔父，因屡谏纣王，被剖心而死。

③箕子：纣的叔伯，封于箕，所以称"箕子"。纣荒淫无道，箕子屡谏
　　不听，又不肯出走"彰君之恶"，于是佯狂以避祸。狂：疯癫。

④恶来：纣之谀臣，后被武王杀死。

⑤伍员流乎江：指伍子胥因劝谏吴王拒绝越国求和而被赐死后，吴
　　王用皮口袋装上他的尸体投入江中，使其顺江而浮流。

⑥苌弘：又称"苌叔"，周敬王的大夫，在晋卿内讧中帮助范氏，后被
　　周人杀死。传说苌弘的血三年化为碧玉。

⑦孝己：殷王高宗之子，遭后母之难，忧苦而死。

⑧曾子：曾参，对父母孝顺，却常遭父母打，近于死地，所以悲泣。

【译文】

第八：

　　外物不可依仗。所以龙逢被杀，比干遇害，箕子装疯，恶来被处死，桀、纣遭灭亡。君主没有不希望自己的臣子忠诚的，可是忠诚却不一定受到君主信任。所以伍员的尸体被投入江中，苌弘被杀死，他的血藏了三年化为碧玉。父母没有不希望自己的儿子孝顺的，可是孝顺却不一定受到父母喜爱。所以孝己被怀疑，曾子因遭父母打而悲伤。

　　庄子行于山中，见木甚美长大，枝叶盛茂，伐木者止其旁而弗取。问其故，曰："无所可用。"庄子曰："此以不材得终其天年矣。"出于山，及邑，舍故人之家①。故人喜，具酒肉，令竖子为杀雁飨之②。竖子请曰："其一雁能鸣，一雁不能鸣，请奚杀？"主人之公曰③："杀其不能鸣者。"明日，弟子

问于庄子曰："昔者山中之木以不材得终天年,主人之雁以不材死,先生将何以处④?"庄子笑曰："周将处于材不材之间⑤。材不材之间,似之而非也,故未免乎累。若夫道德则不然。无訾无訾⑥,一龙一蛇,与时俱化,而无肯专为;一上一下,以禾为量⑦,而浮游乎万物之祖⑧,物物而不物于物,则胡可得而累? 此神农、黄帝之所法。若夫万物之情、人伦之传则不然⑨。成则毁,大则衰,廉则剉⑩,尊则亏,直则骫⑪,合则离,爱则隳⑫,多智则谋,不肖则欺,胡可得而必?"

【注释】

①舍:止宿。

②竖子:童仆。雁:鹅。飨:以酒食款待人。

③公:指父亲。

④先生将何以处:大意是,您将在材与不材两者间处于哪一边。处:居。

⑤周:庄子自称其名。

⑥訝:惊异。訾(zǐ):毁谤非议。

⑦以禾为量:依《庄子·山木》,当作"以和为量"。和,和同,指顺应自然。

⑧祖:始。

⑨人伦之传:指人伦相传之道,即流传下来的人与人之间的准则。

⑩廉:锋利。剉(cuò):缺损。

⑪骫(wěi):本指骨弯曲,泛指弯曲。

⑫隳(huī):废。

【译文】

庄子在山里行走,看到一棵树长得很好很高大,枝叶很茂盛,伐树的人站在树旁却不伐取它。问他是什么缘故,他说:"没有什么用处。"庄子说:"这棵树因为不成材而得以终其天年了。"从山里出来,到了村子里,住在老朋友家里。老朋友很高兴,准备酒肉,让童仆为他杀鹅款待他。童仆请示说:"一只鹅能叫,一只鹅不能叫,请问杀哪一只?"主人的父亲说:"杀那只不能叫的。"第二天,学生向庄子问道:"昨天山里的树因为不成材而得以终其天年,主人的鹅因为不成材而被杀死,先生您将在成材与不成材这两者间处于哪一边呢?"庄子笑着说:"我将处于成材与不成材之间。成材与不成材之间,似乎是合适的位置,其实不是,所以也不能免于祸害。至于具备了道德,就不是这样了。既没有惊讶,又没有毁辱,时而为龙,时而为蛇,随时势一起变化,而不肯专为一物;时而上,时而下,以顺应自然为准则,遨游于虚无之境,主宰外物而不为外物所主宰,又怎么可能受祸害?这就是神农、黄帝所取法的处世准则。至于万物之情,人伦相传之道,就不是这样了。成功了就会毁坏,强大了就会衰微,锋利了就会缺损,尊崇了就会损伤,直了就会弯曲,聚合了就会离散,受到宠爱就会被废弃,智谋多就会受算计,不贤德就会受欺侮,这些怎么可以依仗?

牛缺居上地①,大儒也。下之邯郸,遇盗于耦沙之中②。盗求其橐中之载③,则与之;求其车马,则与之;求其衣被,则与之。牛缺步而去,盗相谓曰:"此天下之显人也,今辱之如此,此必诉我于万乘之主。万乘之主必以国诛我,我必不生,不若相与追而杀之,以灭其迹。"于是相与趋之,行三十里,及而杀之。此以知故也。

【注释】

①牛缺:秦国人。上地:地名,约在今陕西绥德一带。

②耨沙：即"渭水"，又称"沙河"。源出太行山，在今河北省境内。

③橐（tuó）：口袋。载：此指装着的财物。

【译文】

　　牛缺居住在上地，是个知识渊博的儒者。他到邯郸去，在渭水一带遇上盗贼。盗贼要他袋子里装的财物，他给了他们；要他的车马，他给了他们；要他的衣服什物，他给了他们。牛缺步行离开以后，盗贼们相互说道："这是个天下杰出的人，现在这样侮辱他，他一定要向大国君主诉说我们的所作所为，大国君主一定要用全国的力量讨伐我们，我们一定不能活命。不如一起追上他，把他杀死，灭掉踪迹。"于是就一起追赶他，追了三十里，追上他，把他杀死了。这是因为牛缺让盗贼知道了自己是贤人的缘故。

　　孟贲过于河①，先其五②。船人怒，而以楫摅其头③，顾不知其孟贲也。中河，孟贲瞋目而视船人④，发植，目裂，鬓指，舟中之人尽扬播入于河⑤。使船人知其孟贲，弗敢直视，涉无先者，又况于辱之乎？此以不知故也。

【注释】

①孟贲（bēn）：古代勇士。

②先其五：指孟贲不按次序，抢先上了船。五，通"伍"，行列。

③楫（jí）：船桨。摅：通"觳（què）"，击头。

④瞋（chēn）目：瞪大眼睛。

⑤扬：骚动。播：散开。

【译文】

　　孟贲渡河，抢在队伍前边上了船。船工很生气，用桨敲他的头，不知道他是孟贲。到了河中间，孟贲瞪大了眼睛看着船工，头发直立起来，眼眶都瞪裂了，鬓发竖立起来。船上的人都骚动着躲开，掉到了河里。假使船工知道他是孟贲，连正眼看他都不敢，也没有人敢在他之前渡河，更何况侮辱他呢？这是因为孟贲没有让船工知道自己是孟贲的缘故。

知与不知，皆不足恃，其惟和调近之。犹未可必。盖有不辨和调者，则和调有不免也。宋桓司马有宝珠^①，抵罪出亡。王使人问珠之所在^②，曰："投之池中。"于是竭池而求之，无得，鱼死焉。此言祸福之相及也。纣为不善于商，而祸充天地，和调何益？

【注释】

①宋桓司马：指桓魋（tuí）。按：《左传·哀公十一年》："太叔疾臣向魋纳美珠焉，与之城。宋公求珠，魋不与，由是得罪。"当是传闻不同。

②王：指宋景公。春秋时宋国君未称王，这里可能是误记。

【译文】

让人知道与不让人知道，都不足以依靠，大概只有和调才近于免除祸患，但还是不足以依仗。这是因为有不能辨识和调的，那么和调仍然不能免于祸患。宋国的桓魋有颗宝珠，他犯了罪逃亡在外，宋景公派人问他宝珠在哪里，他说："把它扔到池塘里了。"于是弄干了池塘来寻找宝珠，没有找到，鱼却都死了。这表明祸和福是相互依存的。纣在商朝干坏事，祸患充满天地之间，和调又有什么用处？

张毅好恭^①，门闾帷薄聚居众无不趋^②，舆隶姻媾小童无不敬^③，以定其身。不终其寿，内热而死。单豹好术^④，离俗弃尘,不食谷实,不衣芮温⑤,身处山林岩堀⑥,以全其生。不尽其年,而虎食之。孔子行道而息,马逸,食人之稼,野人取其马。子贡请往说之,毕辞,野人不听。有鄙人始事孔子者⑦,曰:"请往说之。"因谓野人曰:"子不耕于东海,吾不耕于西海也⑧,吾马何得不食子之禾?"其野人大说,相谓曰:"说亦皆如此其辩也! 独如向之人?"解马而与之。说如此其无方也而犹行,外物岂可必哉?

【注释】

①张毅:鲁国好礼之人。处世恭敬,安养身形,然而内热相攻而死。

②帷薄:帐幔,帘子,指人居住之处。聚居众:聚集众人之处。趋:快步走,表示恭敬。《淮南子·人间》亦载此事,录以备考:"张毅好恭,过宫室廊庙必趋,见门间聚众必下,厮徒马圉,皆与优礼,然不终其寿,内热而死。"

③奥隶:指奴隶或差役。姻媾:由婚姻关系而结成的亲戚。

④单豹:鲁国隐士,居于山林,不争名利,虽到老年仍有童子之色。后遭饿虎,被吃掉。

⑤芮(ruì):粗的丝绵。温:通"缊",旧絮。

⑥堀(kū):同"窟",穴。

⑦鄙人:指边远地区的人。

⑧"子不"二句:这两句义不可通,疑有脱误。《淮南子·人间》作:"子耕东海,至于西海。"其义较明。

【译文】

张毅喜欢恭敬待人,经过门间、帷幕及人聚集处无不快步走过,对待奴隶、姻亲及童仆没有不尊敬的,以便使自身平安。但是他的寿命却不长,因内热而死去。单豹喜欢道术,超尘离俗,不吃五谷,不穿丝絮,住在山林岩穴之中，以便保全自己的生命。可是却不能终其天年，被老虎吃掉了。孔子在路上行走，休息时，马跑了，吃了人家的庄稼，种田人牵走他的马。子贡请求去劝说那个人，把话都说尽了，可是种田人不听从。有个刚侍奉孔子的边远地区的人说："请让我去劝说他。"于是他对那个种田人说："您耕种的土地从东海一直到西海，我们的马怎么能不吃您的庄稼？"那个种田人非常高兴，对他说："说的话竟这样的善辩！哪像刚才那个人呢？"解下马交给了他。劝说人如此不讲方式尚且行得通，外物怎么可以依仗呢？

　　君子之自行也，敬人而不必见敬，爱人而不必见爱。敬爱人者，己也；见敬爱者，人也。君子必在己者，不必在人者也。必在己，无不遇矣。

【译文】

　　君子自己的作为是，尊敬别人而不一定被别人尊敬，热爱别人而不一定被别人热爱。尊敬热爱别人，在于自己；被别人尊敬热爱，在于别人。君子依仗在于自己的东西，不依仗在于别人的东西。依仗在于自己的东西，就能无所不通了。

慎大览第三

慎　大

【题解】

　　所谓"慎大",即谨慎地对待强大。本篇主旨在于告诫君主在强大之时和胜利面前应该谨慎。作者认为,强大和胜利是"小邻国"、"胜其敌"的结果,因此必然"多患多怨"。贤明的君主看到强大之中潜伏着败亡的危险,所以"愈大愈惧,愈强愈恐","于安思危,于达思穷,于得思丧",商汤、周武王、赵襄子这些"贤主"都是如此。文章最后进一步指出:"胜非其难者也,持之其难者也",持胜之道在于时时忧惧。从本篇的论述中,可以看到老子"福祸相倚"、"知雄守雌"的辩证法思想的影响。

　　文章所阐发的"于安思危"、以忧持胜的思想,应该是历史经验的正确总结,即使在今天,也是应该引起重视的。

　　一曰:

　　贤主愈大愈惧,愈强愈恐。凡大者,小邻国也;强者,胜其敌也。胜其敌则多怨,小邻国则多患。多患多怨,国虽强大,恶得不惧? 恶得不恐? 故贤主于安思危,于达思穷,于得思丧。《周书》曰[①]:"若临深渊,若履薄冰[②]。"以言慎事也。

【注释】

①《周书》：古逸书。

②"若临"二句：这两句《诗经·小雅·小旻》作"如临深渊，如履薄
　冰"。

【译文】

第一：

　　贤明的君主，领土越广大越感到恐惧，力量越强盛越感到害怕。凡领土广大的，都是侵削邻国的结果；力量强盛的，都是战胜敌国的结果。战胜敌国，就会招致很多怨恨；侵削邻国，就会招致很多憎恶。怨恨的多了，憎恶的多了，国家即使强大，怎么能不恐惧？怎么能不害怕？所以贤明的君主在平安的时候就想到危险，在显赫的时候就想到困窘，在有所得的时候就想到有所失。《周书》上说："就像面临深渊一样，就像脚踩薄冰一样。"这是说做事情要小心谨慎。

　　桀为无道，暴戾顽贪，天下颤恐而患之，言者不同，纷纷分分①。其情难得。干辛任威②，凌轹诸侯③，以及兆民。贤良郁怨，杀彼龙逢，以服群凶④。众庶泯泯⑤，皆有远志。莫敢直言，其生若惊。大臣同患，弗周而畔⑥。桀愈自贤，矜过善非⑦，主道重塞，国人大崩。汤乃惕惧，忧天下之不宁，欲令伊尹往视旷夏⑧，恐其不信，汤由亲自射伊尹。伊尹奔夏三年，反报于亳⑨，曰："桀迷惑于末嬉⑩，好彼琬、琰⑪，不恤其众。众志不堪，上下相疾，民心积怨，皆曰：'上天弗恤，夏命其卒。'"汤谓伊尹曰："若告我旷夏尽如诗⑫。"汤与伊尹盟，以示必灭夏。伊尹又复往视旷夏，听于末嬉。末嬉言曰："今昔天子梦西方有日，东方有日，两日相与斗，西方日胜，东方日不胜。"伊尹以告汤。商涸旱，汤犹发师，以信伊

尹之盟。故令师从东方出于国西以进^⑬。未接刃而桀走。逐之至大沙^⑭。身体离散，为天下戮。不可正谏，虽后悔之，将可奈何？汤立为天子，夏民大说，如得慈亲。朝不易位，农不去畴^⑮，商不变肆，亲郼如夏^⑯。此之谓至公，此之谓至安，此之谓至信。尽行伊尹之盟，不避旱殃，祖伊尹世世享商^⑰。

【注释】

①分分：当作"介介"，怨恨的意思。

②干辛：桀之谀臣。任：放纵。

③凌轹(lì)：欺压、干犯。轹，车轮辗过，这里指欺压。

④凶：通"讻"。争吵不止，这里指群臣的谏诤。

⑤泯泯(mǐn)：纷乱的样子。

⑥弗周：不亲附。周，亲和。畔：通"叛"。

⑦矜：自夸。善：以……为善。

⑧旷夏：大国夏。旷，大。

⑨亳(bó)：古邑名，商汤的都城。在今河南偃师。

⑩末嬉：有施氏之女，嫁给桀，很得桀的宠信。它书或作"妹喜"。

⑪琬、琰：桀的宠妾。

⑫若：你。诗：指有韵之文，即上文"上天弗恤，夏命其卒"。

⑬东方：指汤所居之地亳。亳在夏桀东方，所以这样称呼。国西：指夏桀的国都（今洛阳）之西。这句大意是，为了应验"西方日胜"之梦，汤从亳发兵到桀国都之西，然后从西方向桀进攻。

⑭大沙：地名，即南巢，位于当时华夏各族所居地区的南方。在今安徽巢县西南。

⑮畴：田亩。

⑯郼(yī)：汤为天子之前的封国。这句大意是，夏民得以安居乐业，所以亲近殷商如同亲近自己的民族一样。

⑰祖：对始建功德者的尊称。享：指受祭祀。因伊尹对商有大功，所以世代在商享受祭祀。

【译文】

　　夏桀不行德政，暴虐贪婪。天下人都惊恐、忧虑。人们议论纷纷，混乱不堪，满腹怨恨。天子却很难知道人们的真情。干辛肆意逞威风，欺凌诸侯，连及百姓。贤良之人心中忧郁怨恨，夏桀于是杀死了关龙逢，想以此来压服群臣诤谏。人们动乱起来，都有远走的打算。没有谁敢于直言，都不得安生。大臣们怀有共同的忧患，不亲附桀都想离叛。夏桀越发自以为是，炫耀自己的错误，夸饰自己的缺点。为君之道被重重阻塞，国人分崩离析。面对这种情况，汤感到很恐惧，忧虑天下不得安宁，想让伊尹到夏去观察动静，担心夏不相信伊尹，于是扬言自己亲自射杀伊尹。伊尹逃亡到夏，过了三年，回到亳，禀报说："桀被末嬉迷惑，又喜欢爱妾琬、琰，不怜悯大众。大家都不堪忍受了，在上位的与在下位的互相痛恨，人民心里充满了怨气，都说：'上天不保佑夏，夏的命运就要完了。'"汤对伊尹说："你告诉我的夏国情况都像诗里唱的一样。"汤与伊尹订立了盟约，用以表明一定灭掉夏国。伊尹又去观察夏的动静，很受末嬉信任。末嬉说道："昨天夜里天子梦见西方有个太阳，东方有个太阳，两个太阳互相争斗，西方的太阳胜利了，东方的太阳没有胜利。"伊尹把这话报告了汤。这时正值商遭遇旱灾，汤仍然发兵攻夏，以便信守和伊尹订立的盟约。他命令军队从亳绕到桀的国都之西，然后发起进攻。还没有交战，桀就逃跑了。汤追赶他到大沙。桀身首离散，被天下人耻笑。当初不听劝谏，即使后来懊悔了，又将怎么样呢？汤做了天子，夏的百姓非常高兴，就像得到慈父一般。朝廷不更换官位，农民不离开田亩，商贾不改变商肆，人民亲近殷就如同亲近夏一样。这就叫极公正，这就叫极安定，这就叫极守信用。汤完全依照和伊尹订立的盟约去做了，不躲避旱灾，因此让伊尹世世代代在商享受祭祀。

武王胜殷，入殷，未下舆①，命封黄帝之后于铸②，封帝尧之后于黎③，封帝舜之后于陈。下舆，命封夏后之后于杞④，立成汤之后于宋，以奉桑林⑤。武王乃恐惧，太息流涕，命周公旦进殷之遗老，而问殷之亡故，又问众之所说、民之所欲。殷之遗老对曰："欲复盘庚之政⑥。"武王于是复盘庚之政，发巨桥之粟⑦，赋鹿台之钱⑧，以示民无私。出拘救罪，分财弃责⑨，以振穷困⑩。封比干之墓⑪，靖箕子之宫⑫，表商容之闾⑬，徒过者趋，车过者下。三日之内，与谋之士，封为诸侯，诸大夫赏以书社⑭，庶士施政去赋⑮。然后济于河，西归报于庙⑯。乃税马于华山⑰，税牛于桃林⑱，马弗复乘，牛弗复服。衅鼓旗甲兵⑲，藏之府库，终身不复用。此武王之德也。故周明堂外户不闭，示天下不藏也。唯不藏也，可以守至藏⑳。

【注释】

①舆(yú)：同"舆"，车。

②铸：古国名。《史记》作"祝"。《礼记·乐记》："封帝尧之后于祝。"盖传说不同。

③黎：古国名。《史记》作"蓟"。《礼记·乐记》："封黄帝之后于蓟。"也属传闻不同。

④夏后：夏君。指大禹。杞：古国名。

⑤桑林：汤祈祷的地方。

⑥盘庚：商汤的第九代孙，是商的中兴君主。

⑦巨桥：粮仓名，纣储粮于此。故址在今河北曲周东北。

⑧赋：布施。鹿台：钱库名，纣藏钱财于此。

⑨责(zhài)：同"债"，债务。

⑩振：同"赈"，救济。

⑪封：堆土使高大。比干忠心谏纣而被杀，武王为表彰他的忠诚，
　　所以把他的坟墓修得很高。

⑫靖：通"旌"，彰明。宫：室。

⑬商容：商代贤人，相传被纣废黜。

⑭书社：古代二十五家为一社，在册籍上书写社人姓名，称为"书
　　社"。这里借指一定数量的土地(包括附于土地的人口)。

⑮施政：通"弛征"(依孙锵鸣说)。减轻赋税。

⑯西归：指归于丰镐。庙：指文王庙。

⑰税：释，放。华山：阳华山，在今陕西商洛南。

⑱桃林：古地域名，其地约相当于河南灵宝以西、陕西潼关以东
　　地区。

⑲衅(xìn)：古代的一种祭礼，杀牲并用它的血涂抹钟鼓等器物。

⑳至藏：指至德，最完美的品德。

【译文】

　　周武王战胜了殷商，进入殷都，还没有下车，就命令把黄帝的后代
封到铸，把帝尧的后代封到黎，把帝舜的后代封到陈。下了车，命令把
大禹的后代封到杞，立汤的后代为宋的国君，以便承续桑林的祭祀。此
时，武王仍然很恐惧，长叹一声，流下了眼泪，命令周公旦领来殷商的遗
老，问他们商灭亡的原因，又问民众喜欢什么，希望什么。商的遗老回
答说："希望恢复盘庚的政治。"武王于是就恢复了盘庚的政治，散发巨
桥的米粟，施舍鹿台的钱财，以此向人民表示自己没有私心。释放被拘
禁的人，挽救犯了罪的人。分发钱财，免除债务，以此来救济贫困之人。
又把比干的坟墓修得高大，使箕子的住宅显赫彰明，在商容的闾里竖起
标志，行人要加快脚步，乘车的人要下车。三天之内，参与谋划伐商的
贤士都封为诸侯，那些大夫们都赏给了土地，普通的士人也都减免了赋

税。然后武王才渡过黄河，回到丰镐，到祖庙内报功。于是把马放到阳华山，把牛放到桃林，不再让马牛驾车服役，又把战鼓、军旗、铠甲、兵器涂上牲血，藏进府库，终身不再使用。这就是武王的仁德。周天子明堂的大门不关闭，向天下人表明没有私藏。只有没有私藏，才可以保持最高尚的品德。

武王胜殷，得二虏而问焉，曰："若国有妖乎？"一虏对曰："吾国有妖，昼见星而天雨血①，此吾国之妖也。"一虏对曰："此则妖也，虽然，非其大者也。吾国之妖甚大者，子不听父，弟不听兄，君令不行，此妖之大者也。"武王避席再拜之。此非贵虏也，贵其言也。故《易》曰："愬愬履虎尾②，终吉。"

【注释】

①雨（yù）：降落。血：指像血一样红色的雨。

②愬愬：恐惧的样子。引这两句是告诫君主行事应小心谨慎。今本《周易·履》作"履虎尾愬愬，终吉"。

【译文】

武王战胜殷商后，得到两个俘虏，问他们说："你们国家有怪异的事吗？"一个俘虏回答说："我们国家有怪异的事，白天出现星星，天上降下血雨，这就是我们国家的怪异之事。"另一个俘虏回答说："这诚然是怪异之事，虽说如此，但还不是大的怪异之事。我们国家特大的怪异是儿子不顺从父亲，弟弟不服从兄长，君主的命令不能实行。这才算最大的怪异之事。"武王离开坐席，向他行再拜之礼。这不是认为俘虏尊贵，而是认为他的言论可贵。所以《周易》上说："一举一动都战战兢兢，像踩着老虎尾巴一样，最终必定吉祥。"

赵襄子攻翟①,胜老人、中人②,使使者来谒之,襄子方食抟饭③,有忧色。左右曰:"一朝而两城下,此人之所以喜也,今君有忧色,何也?"襄子曰:"江河之大也,不过三日。飘风暴雨④,日中不须臾。今赵氏之德行,无所于积,一朝而两城下,亡其及我乎!"孔子闻之曰:"赵氏其昌乎!"

【注释】

①翟:国名。《国语·晋语九》作"赵襄子使新稚穆子伐狄"。

②老人:当作"左人"。左人、中人:都邑名。

③抟(tuán)饭:弄成团的饭。

④飘风:旋风。这句是本老子"飘风不终朝、骤雨不终日"之意,用以说明强大之物不易持久。

【译文】

赵襄子派新稚穆子攻打翟国,攻下了左人城、中人城。新稚穆子派使者回来报告襄子,襄子正在吃抟成团的饭,听了以后脸上现出忧愁的神色。身边的人说:"一下子攻下两座城,这是人们感到高兴的事,现在您却忧愁,这是为什么呢?"襄子说:"长江黄河涨水,不超过三天就会退落,疾风暴雨,不能整天刮整天下。现在我们赵氏的品德,没有丰厚的蓄积,一下子攻下两座城,灭亡恐怕要让我赶上了!"孔子听到这件事以后说:"赵氏大概要昌盛了吧!"

夫忧所以为昌也,而喜所以为亡也。胜非其难者也,持之其难者也。贤主以此持胜,故其福及后世。齐荆吴越,皆尝胜矣,而卒取亡,不达乎持胜也。唯有道之主能持胜。孔子之劲①,举国门之关,而不肯以力闻。墨子为守攻,公输般服②,而不肯以兵知。善持胜者,以术强弱。

【注释】

①劲(jìng)：坚强有力。

②"墨子"二句：公输般为楚国造云梯，要攻打宋国，墨子听说后去劝阻。公输般九次攻城，墨子九次打退他；公输般守城，墨子九次攻下。事见《墨子·公输》。公输般，古代巧匠。

【译文】

忧虑是昌盛的基础，喜悦是灭亡的前提。取得胜利不是困难的事，保持住胜利才是困难的事。贤明的君主依照这种认识保持住胜利，所以他的福分能传到子孙后代。齐国、楚国、吴国、越国，都曾经胜利过，可是最终都遭到了灭亡，这是因为它们不懂得如何保持胜利啊。只有有道的君主，才能保持住胜利。孔子力气那样大，能举起国都城门的门闩，却不肯以力气大闻名天下。墨子善于攻城守城，使公输般折服，却不肯以善于用兵被人知晓。善于保持住胜利的人，有办法使弱小变成强大。

权　勋

　　所谓权勋,意思是衡量事功的大小。作者把忠、利分为大小两类,认为小忠小利是妨害大忠大利的,这叫做"利不可两,忠不可兼"。因此,圣人应该权衡利弊得失,"去小取大"。文章所举的具体事例,都是不懂得"权勋"之理,取小忠小利而招致国灭身亡。本篇主旨即在于提醒统治者吸取历史教训,遇事要根据国治身安的根本利益来决定取舍。

　　二曰:

　　利不可两,忠不可兼。不去小利,则大利不得;不去小忠,则大忠不至。故小利,大利之残也;小忠,大忠之贼也。圣人去小取大。

【译文】

　　第二:

　　利不可两得,忠不可兼备。不抛弃小利,大利就不能得到;不抛弃小忠,大忠就不能实现。所以小利是大利的祸害,小忠是大忠的祸害。圣人抛弃小的,选取大的。

　　昔荆龚王与晋厉公战于鄢陵①,荆师败,龚王伤。临战,
司马子反渴而求饮②,竖阳谷操黍酒而进之③,子反叱曰:
"嘻④!退,酒也!"竖阳谷对曰:"非酒也。"子反曰:"亟退却
也⑤!"竖阳谷又曰:"非酒也。"子反受而饮之。子反之为人
也嗜酒,甘而不能绝于口,以醉。战既罢,龚王欲复战而谋,
使召司马子反,子反辞以心疾。龚王驾而往视之,入幄中,
闻酒臭而还⑥,曰:"今日之战,不穀亲伤⑦,所恃者司马也,而
司马又若此,是忘荆国之社稷,而不恤吾众也。不穀无与复
战矣。"于是罢师去之,斩司马子反以为戮⑧。故竖阳谷之进
酒也,非以醉子反也,其心以忠也,而适足以杀之。故曰:小
忠,大忠之贼也。

【注释】

①荆龚王:即楚共王,楚庄王之子,公元前590年—前560年在位。
　晋厉公:晋景公之子,公元前580年—前573年在位。鄢陵:地
　名,在今河南鄢陵西北。

②司马:官名。掌管军政。子反:楚公子侧之子。司马子反是这次
　战斗的楚军主帅。

③竖:童仆。阳谷:人名。他书或作"谷阳"。

④嘻(zī):呵叱的声音。

⑤亟:速,急。

⑥臭(xiù):气味。

⑦不穀:诸侯的谦称。

⑧戮:陈尸。

【译文】

从前楚龚王与晋厉公在鄢陵作战。楚军打败了,龚王受了伤。当

　　初，战斗即将开始之际，司马子反渴了，要水喝，童仆阳谷拿着黍子酿的酒送给他，子反呵斥道："嘻！拿下去，这是酒！"童仆阳谷回答说："这不是酒。"子反说："赶快拿下去！"童仆阳谷又说："这不是酒。"子反接过来喝了。子反为人酷爱喝酒，他觉得味道甘美，喝起来就不能自止，因而喝醉了。战斗停下来以后，龚王想重新交战而商量对策，派人去叫司马子反，司马子反借口心痛没有去。龚王乘车去看他，一进帐中，闻到酒味就回去了，说道："今天的战斗，我自己受了伤，所依靠的就是司马了，可是司马又这样，他这是忘记了楚国的社稷，而又不忧虑我们这些人。我不与晋人再战了。"于是收兵离去。回去以后，杀了司马子反，并陈尸示众。童仆阳谷送上酒，并不是要把子反灌醉，他心里认为这是忠于子反，却恰好因此害了他。所以说：小忠，是大忠的祸害。

　　昔者晋献公使荀息假道于虞以伐虢①。荀息曰："请以垂棘之璧与屈产之乘②，以赂虞公，而求假道焉，必可得也。"献公曰："夫垂棘之璧，吾先君之宝也；屈产之乘，寡人之骏也。若受吾币而不吾假道③，将奈何？"荀息曰："不然。彼若不吾假道，必不吾受也；若受我而假我道，是犹取之内府而藏之外府也④，犹取之内皂而著之外皂也⑤。君奚患焉？"献公许之。乃使荀息以屈产之乘为庭实⑥，而加以垂棘之璧，以假道于虞而伐虢。虞公滥于宝与马而欲许之⑦。宫之奇谏曰⑧："不可许也。虞之与虢也，若车之有辅也⑨，车依辅，辅亦依车。虞虢之势是也。先人有言曰：'唇竭而齿寒。'夫虢之不亡也，恃虞；虞之不亡也，亦恃虢也。若假之道，则虢朝亡而虞夕从之矣。奈何其假之道也？"虞公弗听，而假之道。荀息伐虢，克之。还反伐虞，又克之。荀息操璧牵马而报。献公喜曰:"璧则犹是也,马齿亦薄长矣⑩。"故曰:小利,大利之残也。

【注释】

①晋献公:晋武公之子,公元前676年至公元前651年在位。荀息:
  晋大夫。假道:借路。虞:国名。姬姓,在今山西平陆北。虢:国
  名。又名北虢,姬姓,在今山西平陆。
②垂棘之璧:垂棘出产的美玉。垂棘,地名,产美玉。屈产之乘:屈
  邑产的骏马。屈,晋地名,出骏马。乘,四马叫乘。
③币:礼物。指上文的璧、马。
④内府:君主储藏财物之处。外府:国中内府之外藏财物的府库。
  这里以外府喻虞,是把虞国看作晋国所有了。下文用外皂喻
  虞同。
⑤皂:通"槽",牛马槽。
⑥庭实:诸侯间相互聘问,把礼物陈于中庭,叫庭实。
⑦滥:贪。
⑧宫之奇:虞大夫。
⑨车:齿床。辅:颊骨。二者互相依存。
⑩马齿:指马的年龄。薄:微。

【译文】

    从前,晋献公派荀息向虞国借路以便攻打虢国,荀息说:"请您把垂棘出产的璧玉和屈邑出产的四匹马送给虞公,向他要求借路,一定可以得到允许。"献公说:"那垂棘出产的璧玉,是我们先君的宝贝啊;屈邑出产的四匹马,是我的骏马啊。如果虞国接受了我们的礼物而不借给我们路,那将怎么办?"荀息说:"不会这样。他如果不借给我们路,一定不会接受我们的礼物;如果接受了我们的礼物借给我们路,这就如同我们把璧玉从宫中的府库拿出来放到宫外的府库里去,把骏马从宫中的马

槽旁牵出来拴到宫外的马槽旁去。您对此又忧虑什么呢？"献公答应了，派荀息把屈邑出产的四匹骏马，再加上垂棘出产的璧玉作为礼物献给虞公，来向虞国借路攻打虢国。虞公贪图宝玉和骏马，想答应荀息。宫之奇劝谏说："不可以答应。虞国和虢国，就像牙床骨和颊骨一样，互相依存。虞国和虢国的形势就是这样。古人有话说：'嘴唇没有了，牙齿就会感到寒冷。'虢国不被灭亡，靠着有虞国；虞国不被灭亡，也靠着有虢国啊。如果借路给晋国，那么虢国早晨灭亡，虞国晚上也就会跟着灭亡了。怎么可以借路给晋国呢？"虞公不听，借路给晋国。荀息攻打虢国，战胜了虢国。返回的时候攻打虞国，又战胜了虞国。荀息拿着璧玉牵着骏马回来禀报。献公高兴地说："玉璧还是老样子，只是马的年齿稍长了一些。"所以说：小利，是大利的祸害。

中山之国有内繇者①，智伯欲攻之而无道也②，为铸大钟，方车二轨以遗之③。内繇之君将斩岸堙谿以迎钟④。赤章蔓枝谏曰⑤："诗云⑥：'唯则定国。'我胡以得是于智伯？夫智伯之为人也，贪而无信，必欲攻我而无道也，故为大钟，方车二轨以遗君。君因斩岸堙谿以迎钟，师必随之。"弗听，有顷谏之。君曰："大国为欢，而子逆之，不祥。子释之⑦。"赤章蔓枝曰："为人臣不忠贞，罪也；忠贞不用，远身可也。"断毂而行⑧，至卫七日而内繇亡。欲钟之心胜也。欲钟之心胜，则安内繇之说塞矣。凡听说所胜不可不审也。故太上先胜⑨。

【注释】

①内繇(róuyóu)：春秋时国名。在今山西盂县一带。他书或作"仇酋"、"仇由"、"厹由"、"仇犹"。

②智伯：指智襄子，晋大夫。

③方车：两车并排。方，并列。

④岸：水边高地。堙(yīn)：堵塞。

⑤赤章蔓枝：内繇国之臣。

⑥《诗》云：下引诗是逸诗。

⑦释：置，放下。这里是停下来，不要再说了的意思。

⑧断毂(gǔ)：砍掉车轴两头长出的部分。毂，车轮中心圆木，中间
　　有孔用来穿轴。这里指车轴的两端。断毂而行是因为山路
　　狭窄。

⑨先：当作"无"。

【译文】

　　中山国内有个内繇国，智伯想攻打它却无路可通，就铸造了一个大钟，用两辆车并排装载着去送给它。内繇的君主要削平高地填平豀谷来迎接大钟。赤章蔓枝劝谏说："古诗说：'只有遵循确定的准则才能使国家安定。'我们凭什么从智伯那里得到这东西？智伯的为人，贪婪而且不守信用，一定是他想攻打我们而没有路，所以铸造了大钟，用两辆车并排装载着来送给您。您于是削平高地填平豀谷来迎接大钟，这样，智伯的军队必定跟随着到来。"内繇的君主不听，过了一会，赤章蔓枝又劝谏。内繇的君主说："大国要跟你交好，而你却拒绝人家，这不吉祥。你不要再说了。"赤章蔓枝说："当臣子的不忠贞，这是罪过；忠贞而不被信用，脱身远去是可以的了。"于是，他砍掉车轴两端就出发了，到了卫国七天，内繇就灭亡了。这是因为内繇的君主想得到钟的心情太过分了。想得到钟的心情太过分，那么安定内繇的主张就被阻塞了。凡听取劝说自己过分行为的意见不可不慎重啊。所以最好不要有过分的欲望。

昌国君将五国之兵以攻齐①。齐使触子将②，以迎天下

之兵于济上。齐王欲战，使人赴触子，耻而訾之曰③："不战，必划若类④，掘若垄⑤！"触子苦之，欲齐军之败，于是以天下兵战。战合，击金而却之⑥。卒北，天下兵乘之⑦。触子因以一乘去，莫知其所，不闻其声。达子又帅其余卒以军于秦周⑧，无以赏，使人请金于齐王。齐王怒曰："若残竖子之类⑨，恶能给若金？"与燕人战，大败。达子死，齐王走莒。燕人逐北入国，相与争金于美唐甚多⑩。此贪于小利以失大利者也⑪。

【注释】

①昌国君：燕昭王亚卿乐毅，因功封于昌国，号昌国君。将：率领。五国：指秦楚韩赵魏。

②触子：齐国将领。他书或作"蜀子"、"向子"。

③訾(zǐ)：非难。

④划(chǎn)：铲除，消灭。

⑤垄：坟墓。

⑥金：指金属制的乐器。古代作战时，鸣金是退兵的信号。

⑦乘：追击、践踏的意思。

⑧达子：齐人。军：驻扎。秦周：齐地名。

⑨残：残余。竖子：小子，骂人的话。

⑩美唐：当是齐国藏金的地方。

⑪小利：指金。大利：指国。

【译文】

昌国君乐毅率领五国的军队去攻打齐国。齐国派触子领兵，在济水边迎击各诸侯国的军队。齐王想开战，派人到触子那里去，羞辱并且斥责他说："不开战，我一定灭掉你们这些人，挖掉你的祖坟！"触子对此很愤恨,想让齐军战败,于是跟各诸侯国的军队开战。刚一交战,触子就鸣金要齐军撤退。齐军败逃,诸侯军追击齐军。触子于是乘一辆兵车离开了,没有人知道他去了哪里,也听不到他的信息。达子又率领残兵驻扎在秦周,没有东西赏赐士卒,就派人向齐王请求金钱。齐王愤怒地说:"你们这些残存下来的家伙,怎么能供给你们金钱?"齐军与燕国人交战,被打得大败。达子战死了,齐王逃到了莒。燕国人追赶败逃的齐兵进入齐国国都,在美唐一起夺抢了很多金钱。这是贪图小利因而丧失了大利啊。

下　贤

【题解】

本篇旨在论述君主应该礼贤下士。

文章歌颂了得道之人的高尚情操，赞美他们不把贫贱富贵放在心上，"以天为法，以德为行，以道为宗，与物变化而无所终穷"。对于这种"精充天地而不竭"、"神覆宇宙而无望"的贤士，君主应该如何以礼相待？文章列举了尧北面而问善绻、周公抱少主朝见贫困之士、齐桓公多次往见小臣稷、郑子产师事壶丘子林、魏文侯见段干木"立倦而不敢息"等事例，说明礼贤的关键在于"至公"，在于"节欲"，礼贤首先要"去其帝王之色"。

本篇"下贤"的思想源于儒家，而关于"得道之人"以及"道"的论述，显然是受了道家的影响。

　　三曰：

　　有道之士，固骄人主；人主之不肖者，亦骄有道之士。日以相骄，奚时相得？若儒墨之议与齐荆之服矣①。

【注释】

①儒墨之议：指儒墨互相非议。齐荆之服：指齐楚互相不服。

【译文】

第三：

　　有道的士人，本来就傲视君主；不贤明的君主，也傲视有道的士人。他们天天这样互相傲视，什么时候才能相投合？这就像儒家墨家互相非议和齐国楚国彼此不服一样。

　　贤主则不然。士虽骄之，而己愈礼之，士安得不归之？士所归，天下从之，帝①。帝也者，天下之适也②；王也者，天下之往也。得道之人，贵为天子而不骄倨，富有天下而不骋夸，卑为布衣而不瘁摄③，贫无衣食而不忧慑。恳乎其诚自有也，觉乎其不疑有以也，桀乎其必不渝移也④，循乎其与阴阳化也，匆匆乎其心之坚固也⑤，空空乎其不为巧故也⑥，迷乎其志气之远也⑦，昏乎其深而不测也，确乎其节之不庳也⑧，就就乎其不肯自是也⑨，鹄乎其羞用智虑也⑩，假乎其轻俗诽誉也⑪。以天为法，以德为行，以道为宗，与物变化而无所终穷，精充天地而不竭，神覆宇宙而无望。莫知其始，莫知其终，莫知其门，莫知其端，莫知其源。其大无外⑫，其小无内⑬。此之谓至贵。士有若此者，五帝弗得而友，三王弗得而师。去其帝王之色，则近可得之矣。

【注释】

①"帝"："帝"字当为衍文。

②适：往。

③瘁摄：失意屈辱，这里是感到失意屈辱的意思。

④桀：突出。

⑤匆匆：明确的样子。

⑥空空：诚实的样子。巧故：诈伪之事。

⑦迷：通"弥"，远。

⑧确：刚强。庳（bì）：低下。

⑨就就（yóuyóu）：犹豫的样子，这里指行事谨慎。

⑩鹄：通"浩"，大。

⑪假：通"遐"，远。

⑫其大无外：指道大则无所不包。

⑬其小无内：指道微则微小至极。

【译文】

　　贤明的君主就不是这样。士人虽然傲视自己，而自己却越发以礼对待他们，这样，士人怎能不归附呢？士人归附了，天下人就会跟着他们归附。所谓帝，是指天下人都来亲附；所谓王，是指天下人都来归服。得道的人，尊贵到做天子而不骄横傲慢，富足到有天下而不放纵自夸，卑下到当平民而不感到失意屈辱，贫困到无衣食而不忧愁恐惧。他们诚恳坦荡，确实掌握了大道；他们大彻大悟，遇事不疑，必有依据；他们卓尔不群，坚守信念，绝不改变；他们顺应天道，随阴阳一起变化；他们明察事理，意志坚定牢固；他们忠厚淳朴，不行诈伪之事；他们志向远大，高远无边；他们思想深邃，深不可测；他们刚毅坚强，节操高尚；他们做事谨慎，不肯自以为是；他们光明正大，耻于运用智谋；他们胸襟宽广，看轻世俗的诽谤赞誉。他们以天为法则，以德为品行，以道为根本。他们随万物变化而没有穷尽，精神充满天地，没有尽竭，布满宇宙，无边无际。他们所具有的"道"，没有谁知道何时开始，没有谁知道何时终结，没有谁知道它的门径，没有谁知道它的开端，没有谁知道它的本源。道大至无所不包，小至微乎其微。这就叫做无比珍贵。士人能达到这种境界，五帝也不能和他交友，三王也不得以他为师。如果丢开帝王尊贵的神态，那就差不多能够和他们交友、以他们为师了。

尧不以帝见善绻^①，北面而问焉^②。尧，天子也；善绻，布衣也。何故礼之若此其甚也？善绻，得道之士也。得道之人，不可骄也。尧论其德行达智而弗若，故北面而问焉。此之谓至公。非至公其孰能礼贤？

【注释】

①善绻（quǎn）：尧时的有道之士。

②北面：面向北。古代以面向南为尊，君主面南而坐，臣子面北而侍。尧北面而问善绻，是为了表示尊敬。

【译文】

尧不以帝王的身份去见善绻，面朝北恭敬地向他请教。尧是天子，善绻是平民。尧为什么这样过分地礼遇他呢？因为善绻是得道的人。对得道的人，不可傲视。尧衡量自己的德行智谋不如善绻，所以面向北恭敬地向他请教。这就叫做无比公正。不是无比公正，谁又能礼遇贤者？

周公旦，文王之子也，武王之弟也，成王之叔父也。所朝于穷巷之中、瓮牖之下者七十人^①。文王造之而未遂，武王遂之而未成，周公旦抱少主而成之^②，故曰成王不唯以身下士邪？

【注释】

①穷巷：陋巷。瓮牖（wèngyǒu）：用破瓮遮蔽窗户，形容贫困简陋。瓮，陶制盛物器皿。牖，窗户。

②少主：指周成王。成王继位时尚年幼，周公负成王以听政。

【译文】

周公旦是周文王的儿子，周武王的弟弟，周成王的叔父。他朝见过住在穷巷陋室里的人有七十个。这件事，文王开了头而没有做到，武王做了而没有完成，周公旦辅佐年幼的成王才真正完成。这不正说明成王亲自礼贤下士吗？

齐桓公见小臣稷①，一日三至弗得见。从者曰："万乘之主，见布衣之士，一日三至而弗得见，亦可以止矣。"桓公曰："不然。士骜禄爵者②，固轻其主；其主骜霸王者，亦轻其士。纵夫子骜禄爵，吾庸敢骜霸王乎？"遂见之，不可止。世多举桓公之内行③，内行虽不修，霸亦可矣。诚行之此论，而内行修，王犹少。

【注释】

①小臣稷：春秋时齐国的隐士，复姓小臣，名稷。

②骜：通"傲"，傲视，轻视。

③内行：指私生活。

【译文】

齐桓公去见小臣稷，一天去三次都没能见到。跟随的人说："大国的君主去见一个平民，一天去了三次都没能见到，就算了吧。"桓公说："不对。看轻爵位俸禄的士人，本来轻视君主；看轻王霸之业的君主，也轻视士人。纵使先生他看轻俸禄爵位，我怎么敢看轻王霸之业呢？"桓公终于见到了小臣稷，随从没能阻止住。世人大多指责桓公的私生活，他的私生活虽然不检点，但有如此好士之心，称霸也是可以的。如果真的按上述原则去做，而且私生活又检点，就是称王恐怕还不止。

子产相郑①，往见壶丘子林②，与其弟子坐必以年，是倚其相于门也③。夫相万乘之国而能遗之④，谋志论行而以心与人相索，其唯子产乎！故相郑十八年⑤，刑三人，杀二人。桃李之垂于行者，莫之援也；锥刀之遗于道者，莫之举也。

【注释】

①子产：郑国相公孙侨，字子产。

②壶丘子林：郑国的高士，复姓壶丘，名子林。

③是：此。倚：置。这几句的大意是，子产去拜见壶丘子林，与他的弟子按年龄的长幼排定座次，不因自己是相而居上座，这好像把相的尊贵放在门外似的。

④遗之：指扔掉相的架子。

⑤十八年：《左传》谓子产相郑二十二年，《史记·循吏列传》作二十六年。

【译文】

子产在郑国当相，去见壶丘子林，跟他的学生们坐在一起，一定按年龄就座。这是把相位的尊贵放在一边而不凭它去居上座。身为大国的相，而能丢掉相的架子，谈论思想，议论品行，真心实意地与人探索，大概只有子产能这样吧！他在郑国做了十八年相，仅处罚三个人，杀死两个人。桃李下垂到路上，也没有谁去摘；锥刀丢在道上，也没有谁去拾。

魏文侯见段干木①，立倦而不敢息。反见翟黄②，踞于堂而与之言③。翟黄不说，文侯曰："段干木官之则不肯，禄之则不受；今女欲官则相位，欲禄则上卿。既受吾实，又责吾礼④，无乃难乎！"故贤主之畜人也，不肯受实者其礼之。礼士莫高乎节欲，欲节则令行矣。文侯可谓好礼士矣。好礼士，故南胜荆于连堤⑤，东胜齐于长城⑥，虏齐侯，献诸天子。天子赏文侯以上闻⑦。

【注释】

①魏文侯：战国时，魏国始立之侯，公元前446年—前396年在位。
　段干木：战国时魏国隐士。

②翟黄：魏文侯上卿。

③踞：非正规的"坐"（正规的坐姿是两膝着地，臀部靠在脚后跟上），坐时，臀部和两足底着地，状似簸箕，故又称"箕踞"。这是一种不恭敬的姿势。

④责：求，要求。

⑤连堤：楚地名。

⑥长城：指齐境内的长城。

⑦上闻：指始列为侯，名字上闻于天子。

【译文】

魏文侯去见段干木，站得疲倦了却不敢休息。回来以后见翟黄，箕踞于堂上跟他谈话。翟黄很不高兴，文侯说："段干木，让他做官他不肯做，给他俸禄他不接受；现在你想当官就身居相位，想得俸禄就得到上卿的俸禄。你既接受了我给你的官职俸禄，又要求我以礼相待，恐怕很难办到吧！"所以贤明的君主对待人，不肯接受官职俸禄的就以礼相待。礼遇士人没有比节制自己的欲望更好的了，欲望受到节制，命令就可以执行了。魏文侯可以说是喜好以礼待士了，喜好以礼待士，所以向南能在连堤战胜楚国，向东能在长城战胜齐国，俘虏齐侯，把他献给周天子。周天子奖赏文侯，封他为诸侯。

报　更

【题解】

"报更"即酬报、偿还的意思,谓礼贤下士定将得到厚报。

本篇旨在论述君主与天下贤者为伍的重要性。文章列举了赵盾救助髇桑之饿人而使自身免于难、周昭文君礼遇张仪而使自己得以显荣、孟尝君礼遇淳于髡而使封邑得以保全等事例,说明君主礼贤下士,士必当舍身相报。礼贤下士是君主大立功名、安国免身的必由之道。

四曰:

国虽小,其食足以食天下之贤者,其车足以乘天下之贤者,其财足以礼天下之贤者。与天下之贤者为徒①,此文王之所以王也。今虽未能王,其以为安也,不亦易乎! 此赵宣孟之所以免也②,周昭文君之所以显也③,孟尝君之所以却荆兵也④。古之大立功名与安国免身者,其道无他,其必此之由也。堪士不可以骄恣屈也⑤。

【注释】

①为徒:指在一起。徒,徒党。

②赵宣孟：即赵盾，谥宣子，春秋时晋国正卿。免：指免于难。

③周昭文君：战国时东周国国君。

④孟尝君：战国时齐国公子田文，封于薛，孟尝君是他的封号。

⑤媅：通"媅（dān）"，乐，喜爱。

【译文】

第四：

国家即使小，它的粮食也足以供养天下的贤士，它的车辆也足以乘载天下的贤士，它的钱财也足以礼遇天下的贤士。与天下的贤士为伍，这是周文王称王天下的原因。现在虽然不能称王，以它来安定国家，不是很容易做到吗！与贤士为伍，这是赵宣子免于被杀、周昭文君达到显荣、孟尝君使楚军退却的根本原因。古代建立功名和安定国家、免除自身灾难的人，没有别的途径，必定是遵循这个准则。喜欢贤士不可以用骄横的态度屈致。

　　昔赵宣孟将上之绛①，见骫桑之下有饿人卧不能起者②，宣孟止车，为之下食，蠲而铺之③，再咽而后能视。宣孟问之曰："女何为而饿若是？"对曰："臣宦于绛④，归而粮绝，羞行乞而憎自取，故至于此。"宣孟与脯一胊⑤，拜受而弗敢食也。问其故，对曰："臣有老母，将以遗之。"宣孟曰："斯食之⑥，吾更与女。"乃复赐之脯二束，与钱百，而遂去之。处二年，晋灵公欲杀宣孟，伏士于房中以待之⑦。因发酒于宣孟，宣孟知之，中饮而出。灵公令房中之士疾追而杀之。一人追疾，先及孟宣之面，曰："嘻，君辇⑧！吾请为君反死。"宣孟曰："而名为谁⑨？"反走对曰⑩："何以名为？臣骫桑下之饿人也。"还斗而死。宣孟遂活。此《书》之所谓"德几无小"者也⑪。宣孟德一士，犹活其身，而况德万人乎？故《诗》曰：

"赳赳武夫,公侯干城。"⑫"济济多士,文王以宁。"⑬人主胡可以不务哀士? 士其难知,唯博之为可,博则无所遁矣。

【注释】

①上:从地势低的地方到地势高的地方去叫"上"。绛:即故绛,晋国当时的都城,在今山西翼城东南。

②骫(wěi)桑:蟠曲的桑树。

③蠲(juān):清洁。指弄干净。铺:通"哺",给人食物吃。

④宦:当仆隶。

⑤脯:干肉。朐(qú):弯曲的干肉。

⑥斯:尽。

⑦房:正室两侧的房舍。

⑧轝(yú):车,这里指乘车。

⑨而:你。

⑩反走:退避以示恭敬。

⑪德几无小:此句当是逸《书》文。

⑫"赳赳"二句:见《诗经·周南·兔罝》。赳赳:雄壮的样子。干:盾牌。

⑬"济济"二句:见《诗经·大雅·文王》。济济:众多的样子。

【译文】

从前,赵宣子赵盾将要到国都绛邑去,看见一棵弯曲的桑树下,有一个饿病躺在那里起不来的人,宣子停下车,让人给他准备食物,把食物弄干净给他吃。他咽下两口后才能睁开眼看。宣子问他说:"你为什么饿到这种地步?"他回答说:"我在绛给人做仆隶,回家的路上断了粮,羞于去乞讨,又厌恶私自拿取别人的食物,所以才饿到这种地步。"宣子给了他一块干肉,他跪拜着接受了却不敢吃。问他为什么,他回答说:"我有老母亲,想把这些干肉送给她。"宣子说:"你全都吃了它,我另外再给你。"于是又赠给他两束干肉和一百枚钱,于是就离开了。过了二年,晋灵公想杀死宣子,在房中埋伏了兵士,等待宣子到来。灵公于是请宣子饮酒,宣子知道了灵公的意图,酒喝到一半就走了出去。灵公命令房中的兵士赶快追上去杀死他。有一个人追得很快,先追到宣子跟前,说:"喂,您快上车逃走! 我愿为您回去拼命。"宣子说:"你名字叫什么?"那人避开回答说:"问名字干什么? 我是翳桑下饿病的那个人啊。"他返回身去与灵公的兵士搏斗而死。宣子于是得以活命。这就是《尚书》上所说的"恩德无所谓小"的意思啊。宣子对一个人施恩德,尚且能使自身活命,更何况对万人施恩德呢。所以《诗经》上说:"雄赳赳的武士,是公侯的屏障。""人才济济,文王因此安康。"君主怎么可以不致力于爱怜贤士呢? 贤士是很难了解的,只有广泛地寻求才可以,广泛地寻找,就不会失掉了。

　　张仪,魏氏余子也①。将西游于秦,过东周。客有语之于昭文君者,曰:"魏氏人张仪,材士也,将西游于秦,愿君之礼貌之也。"昭文君见而谓之曰:"闻客之秦,寡人之国小,不足以留客。虽游,然岂必遇哉? 客或不遇,请为寡人而一归也。国虽小,请与客共之。"张仪还走,北面再拜。张仪行,昭文君送而资之。至于秦,留有间②,惠王说而相之。张仪所德于天下者,无若昭文君。周,千乘也,重过万乘也。令秦惠王师之。逢泽之会③,魏王尝为御,韩王为右。名号至今不忘,此张仪之力也。

【注释】

①余子:大夫的庶子。

②有间(jiàn):短时间,一段时间。

③逢泽之会：指秦在逢泽盟会诸侯。逢泽，泽薮名，故址在今河南
　开封东南。

【译文】

　　张仪是魏国大夫的庶子，将要向西到秦国去游说，路过东周。宾客中有个人把这情况告诉昭文君说："魏国人张仪，是个很有才干的人，将要向西到秦国游说，希望您对他以礼相待。"昭文君会见张仪并且对他说："听说客人要到秦国去，我的国家小，不足以留住客人。即便游说秦国，然而难道一定会受到赏识吗？客人倘或得不到赏识，请看在我的面上再回来。我的国家虽然小，愿与您共同掌管。"张仪退避，面向北拜了两拜。张仪走时，昭文君给他送行并且资助钱财。张仪到了秦国，呆了一段时间，秦惠王很喜欢他，让他当了相。张仪感激昭文君，胜过他感激天下任何人。周是个小国，张仪看待它超过了大国。他让秦惠王以昭文君为师。秦国在逢泽盟会诸侯的时候，魏王曾给昭文君当御者，韩王给昭文君当车右。昭文君的名号至今没有被忘掉，这都是张仪的力量啊。

　　孟尝君前在于薛①，荆人攻之。淳于髡为齐使于荆②，还反，过于薛，孟尝君令人礼貌而亲郊送之，谓淳于髡曰："荆人攻薛，夫子弗为忧，文无以复侍矣。"淳于髡曰："敬闻命矣。"至于齐，毕报，王曰："何见于荆？"对曰："荆甚固③，而薛亦不量其力。"王曰："何谓也？"对曰："薛不量其力，而为先王立清庙④。荆固而攻薛，薛清庙必危。故曰薛不量其力，而荆亦甚固。"齐王知颜色⑤，曰："嘻！先君之庙在焉！"疾举兵救之，由是薛遂全。颠蹶之请⑥，坐拜之谒，虽得则薄矣。故善说者，陈其势，言其方，见人之急也，若自在危厄之中，岂用强力哉？强力则鄙矣。说之不听也，任不独在所说，亦

在说者。

【注释】

①薛：孟尝君封地，故城在今山东滕州东南。

②淳于髡：齐国大夫，以博学著称。

③固：本指独占，这里是贪婪的意思。

④清庙：宗庙。宗庙肃然清静，故称清庙。

⑤齐王：指齐宣王，齐威王之子，公元前320年—公元前302年在位。知颜色：变了脸色。知，显现。

⑥颠蹶：仆倒。

【译文】

　　孟尝君从前在薛的时候，楚国人攻打薛。淳于髡为齐国出使楚国，返回的时候，路过薛。孟尝君让人以礼相待，并亲自到郊外送他，对他说："楚国人攻打薛，如果先生您不为此担忧，我将没有办法再侍奉您了。"淳于髡说："我遵命了。"到了齐国，禀报完毕，齐王说："到楚国见到了什么？"淳于髡回答说："楚国很贪婪，薛也不自量力。"齐王说："说的是什么意思？"淳于髡回答说："薛不自量力，给先王立了宗庙。楚国贪婪而攻打薛，薛的宗庙必定危险。所以说薛不自量力，楚国也太贪婪。"齐王变了脸色，说："哎呀！先王的宗庙在那里呢！"于是赶快发兵援救薛，因此薛才得以保全。趴在地上请求，跪拜着请求，即使能得到援救也是很少的。所以善于劝说的人，陈述形势，讲述主张，看到别人危急，就像自己处于危难之中一样，这样，哪里用得着极力劝说呢？极力劝说就鄙陋了。劝说而不被听从，责任不单单在被劝说的人，也在劝说者自己。

顺　说

【题解】

本篇论述的是劝说君主的方法,其方法就是"顺说"。"顺说"之意在于"因人之力以为自力,因其来而与来,因其往而与往",就是要善于揣摩君主的心理,顺其思路,因势利导,以达到自己的目的。文章列举的惠盎说宋康王行孔墨之道、田赞说荆王息甲兵、管仲引导役人唱歌以免祸等事例,都说明了"顺说"的必要。

五曰:

善说者若巧士,因人之力以自为力,因其来而与来,因其往而与往,不设形象,与生与长,而言之与响①。与盛与衰,以之所归②。力虽多,材虽劲,以制其命。顺风而呼,声不加疾也;际高而望③,目不加明也。所因便也。

【注释】

①而:如。响:回声。

②所归:终极目的。

③际:到,接近。

【译文】

第五：

善于劝说的人像灵巧的人一样，借用别人的力量而把它当作自己的力量，顺着他的来势加以引导，顺着他的去势加以推动，不露形迹，随着他的出现而出现，随着他的发展而发展，如同言语与回声一样相随。随着他的兴盛而兴盛，随着他的衰微而衰微，以便达到自己的目的。尽管他的力量很大，才能很强，也能控制他的命运。顺着风呼叫，声音并没有更大，可是能从远处听到；登上高处观望，眼睛并没有更亮，然而可以看到远处。这是因为凭借的东西有利啊。

惠盎见宋康王①，康王蹀足謦欬②，疾言曰："寡人之所说者，勇有力也，不说为仁义者。客将何以教寡人？"惠盎对曰："臣有道于此：使人虽勇，刺之不入；虽有力，击之弗中。大王独无意邪？"王曰："善！此寡人所欲闻也。"惠盎曰："夫刺之不入，击之不中，此犹辱也。臣有道于此：使人虽有勇，弗敢刺；虽有力，不敢击。大王独无意邪？"王曰："善！此寡人之所欲知也。"惠盎曰："夫不敢刺，不敢击，非无其志也。臣有道于此：使人本无其志也。大王独无意邪？"王曰："善！此寡人之所愿也。"惠盎曰："夫无其志也，未有爱利之心也。臣有道于此：使天下丈夫女子莫不欢然皆欲爱利之。此其贤于勇有力也，居四累之上③。大王独无意邪？"王曰："此寡人之所欲得也。"惠盎对曰："孔、墨是也。孔丘、墨翟，无地为君④，无官为长。天下丈夫女子莫不延颈举踵，而愿安利之。今大王，万乘之主也，诚有其志，则四境之内皆得其利矣，其贤于孔、墨也远矣。"宋王无以应。惠盎趋而出，宋王谓左右曰："辨矣⑤！客之以说服寡人也。"宋王,俗主也,而心犹可服,因矣。因则贫贱可以胜富贵矣,小弱可以制强大矣。

【注释】

①惠盎:战国时期宋国人。宋康王:名偃,即宋君偃,公元前337年—前286年在位。

②蹀(dié)足:顿足。謦欬(qǐngkài):咳嗽。

③四累:指上面提到的四种行为(刺击、不敢刺击、无志刺击、未有爱利之心),因为这四种行为有害于世,所以称之为"四累"。

④无地为君:指没有领土,但却能象君主一样得到尊荣。

⑤辨:通"辩"。

【译文】

惠盎谒见宋康王,康王跺着脚,咳嗽着,大声说:"我所喜欢的是勇武有力的人,不喜欢行仁义的人。客人将有何见教啊?"惠盎回答说:"我有这样的道术:使人虽然勇武,却刺不进您的身体;虽然有力,却击不中您。大王您难道无意于这种道术吗?"康王说:"好!这是我想要听的。"惠盎说:"虽然刺不进您的身体,击不中您,但您还是受侮辱了。我有这样的道术:使人虽然勇武,却不敢刺您;虽然有力,却不敢击您。大王您难道无意于这种道术吗?"康王说:"好!这是我想知道的。"惠盎说:"那些人虽然不敢刺,不敢击,并不是没有这样的想法啊。我有这样的道术:使人根本就没有这样的想法。大王您难道无意于这种道术吗?"康王说:"好!这是我所希望的。"惠盎说:"那些人虽然没有这样的想法,却没有爱您使您有利的心。我有这样的道术:使天下的男子女子都愉快地爱您使您有利。这就胜过了勇武有力,居于上面说到的四种行为之上了。大王您难道无意于这种道术吗?"康王说:"这是我想要得到的。"惠盎回答说:"孔丘、墨翟就能这样。孔丘、墨翟,他们没有领土,但却能像当君主一样得到尊荣;他们没有官职,但却能像当官长一样受到尊敬。天下的男子女子没有谁不伸长脖子、抬起脚跟盼望他们,希望他们平安顺利。现在大王您是拥有万辆兵车大国的君主,如果真有这样的志向,那么四方边境之内就都能得到您的利益了,百姓对您的爱戴就能远远超过孔丘、墨翟了。"宋王无话来回答。惠盎快步走了出去,宋王对身边的人说:"很善辩啊! 客人用言论说服了我。"宋王是个平庸的君主,可是他的心还是可以说服,这是因为惠盎能因势利导。能因势利导,那么贫贱的就可以胜过富贵的,弱小的就可以制服强大的了。

　　田赞衣补衣而见荆王①,荆王曰:"先生之衣,何其恶也?"田赞对曰:"衣又有恶于此者也。"荆王曰:"可得而闻乎?"对曰:"甲恶于此。"王曰:"何谓也?"对曰:"冬日则寒,夏日则暑,衣无恶乎甲者。赞也贫,故衣恶也。今大王,万乘之主也,富贵无敌,而好衣民以甲,臣弗得也。意者为其义邪②? 甲之事,兵之事也,刘人之颈③,刳人之腹④,隳人之城郭,刑人之父子也。其名又甚不荣。意者为其实邪? 苟虑害人,人亦必虑害之;苟虑危人,人亦必虑危之。其实人则甚不安。之二者,臣为大王无取焉。"荆王无以应。说虽未大行,田赞可谓能立其方矣。若夫偃息之义⑤,则未之识也。

【注释】

　①田赞:齐国人。

　②意者:抑或,料想。

　③刈(yì):砍断。

　④刳(kū):剖挖。

⑤偃(yǎn)息之义：指段干木隐居不仕而安魏国。偃息，安卧。

【译文】

田赞穿着破旧衣服去见楚王，楚王说："先生您的衣服怎么这么破旧呢？"田赞回答说："衣服还有比这更坏的呢？"楚王说："可以让我听听吗？"田赞回答说："铠甲比这更坏。"楚王说："这是什么意思呢？"田赞回答说："冬天穿上冷，夏天穿上热，衣服没有比铠甲更坏的了。我很贫困，所以穿的衣服很坏。现在大王您是大国的君主，富贵无比，却喜欢拿铠甲让人们穿，我不赞成这样。或许是为了行仁义吗？铠甲的事，是有关战争的事啊，是砍断人家的脖子，挖空人家的肚子，毁坏人家的城池，杀死人家的父子啊。那名声又很不荣耀。或许是为了得到实际利益吗？如果谋划害别人，别人也必定谋划害自己；如果谋划让别人遭到危险，别人也必定谋划让自己遭到危险。其实很不安全。这两种情况，我认为大王您还是不要选择。"楚王无话来回答。主张虽然没有广泛实行，田赞可以说是能够树立自己的主张了。至于段干木隐居不仕而使魏国安全，那田赞还达不到这种地步。

管子得于鲁①，鲁束缚而槛之②，使役人载而送之齐，皆讴歌而引。管子恐鲁之止而杀己也，欲速至齐，因谓役人曰："我为汝唱，汝为我和。"其所唱适宜走，役人不倦，而取道甚速。管子可谓能因矣，役人得其所欲，己亦得其所欲。以此术也，是用万乘之国，其霸犹少③，桓公则难与往也④。

【注释】

①"管子"句：齐遭无知之难，公子纠奔鲁，管仲傅之。后公子小白在齐国即位(即齐桓公)，胁迫鲁杀死公子纠，把管仲送交齐国。"管子得于鲁"即指此而言。

②槛:关人的囚笼。此指关在囚笼中。

③其霸犹少:意思是,不仅仅至于成就霸业。

④难与往:指难以跟他(桓公)达到成就王业的地步。

【译文】

管仲在鲁国被捉住,鲁国捆起他把他装在囚笼里,派差役用车载着把他送到齐国去,差役全都唱着歌拉车。管仲担心鲁国留下并且杀死自己,想赶快到达齐国,于是就对差役们说:"我给你们领唱,你们应和我。"他唱的歌节拍适合快走,差役们不觉得疲倦,因而走路走得很快。管仲可以说是能利用差役唱歌了,差役满足了自己的希望,管仲也达到了自己的目的。使用这个方法,治理拥有万辆兵车的大国,成就霸业尚且不止,只不过齐桓公这个人难以辅佐他成就王业罢了。

不　广

【题解】

所谓"不广"(广通"旷"),即不废弃人为的努力。本篇旨在论述人为的努力不可旷废的道理。文章指出,虽然成就功业要靠时势,靠天意,但"人事"不可废,"成亦可,不成亦可",都要做到"以其所能托其所不能"。文章以管仲之虑、宁越之言、咎犯之谋为例具体说明尽人事的必要。文章最后把尽人事的基点落在"知大礼"上,反映出作者的儒家思想。

六曰:

智者之举事必因时,时不可必成,其人事则不广①。成亦可,不成亦可,以其所能托其所不能,若舟之与车。北方有兽,名曰蹶②,鼠前而兔后,趋则踬③,走则颠,常为蛩蛩距虚取甘草以与之④。蹶有患害也,蛩蛩距虚必负而走。此以其所能托其所不能。

【注释】

①广:通"旷",废弃。

②蹶：通"蹷"(jué)，兽名，他书或作"蟨"。

③跲(jiá)：牵绊，绊倒。

④蛩蛩(qióngqióng)距虚：古代传说中的兽名，前足高，善走而不善求食。与蹶互相依赖生存。或以为"蛩蛩距虚"为二兽名。

【译文】

第六：

明智的人做事情一定要凭借时机，时机不一定能得到，但人为的努力却不可废弃。得到时机也好，得不到时机也好，用自己能做到的弥补自己不能做到的，就像船和车互相弥补其不足一样。北方有一种野兽，名叫蹶，前腿像鼠一样短，后腿像兔一样长，走快了就绊脚，一跑就跌倒，常常替蛩蛩距虚采鲜美的草，采了以后就给它。蹶有祸患的时候，蛩蛩距虚一定背着它逃走。这就是用自己能做到的来弥补自己不能做到的。

鲍叔、管仲、召忽①，三人相善，欲相与定齐国，以公子纠为必立。召忽曰："吾三人者于齐国也，譬之若鼎之有足，去一焉则不成。且小白则必不立矣，不若三人佐公子纠也。"管仲曰："不可。夫国人恶公子纠之母，以及公子纠；公子小白无母，而国人怜之。事未可知，不若令一人事公子小白。夫有齐国，必此二公子也。"故令鲍叔傅公子小白，管子、召忽居公子纠所。公子纠外物则固难必②。虽然，管子之虑近之矣。若是而犹不全也，其天邪！人事则尽之矣。

【注释】

①鲍叔：即鲍叔牙，春秋时齐国大夫，以善知人著称。管仲：名夷吾，字仲，由鲍叔牙举荐，为齐桓公相。召(shào)忽：周召公之后，仕于

齐,遭齐之乱,与管仲傅公子纠奔鲁,后公子纠被杀,召忽殉难。

②固难必:指公子纠在外,不能说一定能成为齐国之主。这里用庄子"外物不可必"之意。

【译文】

鲍叔、管仲、召忽三个人彼此很友好,想一起安定齐国,认为公子纠一定能立为君主。召忽说:"我们三个人对于齐国来说,就如同鼎有三足一样,少一个也不成。况且公子小白一定不会立为君主,不如三个人都辅佐公子纠。"管仲说:"不行。齐国人厌恶公子纠的母亲,因而连及公子纠;公子小白没有母亲了,因而齐国人爱怜他。事情如何尚未可知,不如让一个人侍奉公子小白。将来享有齐国的,一定是这两位公子中的一个。"所以让鲍叔当公子小白的老师,管仲、召忽留在公子纠那里。公子纠在外边,不能说一定成为齐国的君主。虽说如此,管仲的考虑还是差不多的。这样做了如果还不能完备,那大概是天意吧! 人为的努力算是用尽了。

齐攻廪丘①。赵使孔青将死士而救之②,与齐人战,大败之。齐将死,得车二千,得尸三万,以为二京③。宁越谓孔青曰④:"惜矣,不如归尸以内攻之⑤。越闻之,古善战者,莎随贲服⑥。却舍延尸⑦,彼得尸而财费乏。车甲尽于战,府库尽于葬,此之谓内攻之。"孔青曰:"敌齐不尸则如何?"宁越曰:"战而不胜,其罪一;与人出而不与人入,其罪二;与之尸而弗取,其罪三。民以此三者怨上,上无以使下,下无以事上,是之谓重攻之。"宁越可谓知用文武矣。用武则以力胜,用文则以德胜。文武尽胜,何敌之不服?

【注释】

①廪丘：原为齐邑，后属赵。在今河南范县一带。

②孔青：赵将。

③京：人工堆成的高丘，这里指战胜者收集敌尸封土而成的高丘。

④宁越：赵国中牟人，曾为周威公师。

⑤归尸以内攻之：意思是，归还齐国尸体，齐人必怨其上，且葬死者必将耗其钱财，所以说"内攻之"。内攻，从内部进攻它。

⑥莎随：相守，不进不退。贲服：犹言进退。此句大意是该坚守就坚守，该进退就进退。

⑦却舍：后退三十里。舍，三十里为一舍。延尸：使敌军收尸。延，纳。

【译文】

齐国攻打廪丘。赵国派孔青率领敢死的勇士去援救，跟齐国人作战，把齐国人打得大败。齐国的将帅被打死，孔青得到战车两千辆，尸体三万具，把这些尸体封土堆成两个高丘。宁越对孔青说："太可惜了，不如把尸体归还给齐国而从内部攻击它。我听说过，古代善于作战的人，该坚守就坚守，该进退就进退。我军后退三十里，给敌军以收尸的机会，他们收尸埋葬就会财用匮乏。战车铠甲在战争中丧失尽了，府库里的钱财在安葬战死者时用光了，这就叫做从内部攻击它。"孔青说："齐人如果不来收尸，那该怎么办？"宁越说："作战不能取胜，这是他们的第一条罪状；率领士兵出去作战却不能带领士兵回来，这是他们的第二条罪状；给他们尸体却不收取，这是他们的第三条罪状。人民将因为这三条怨恨在上位的人。在上位的人没有办法役使在下位的，在下位的人又无从侍奉在上位的，这就叫做双重地攻击它。"宁越可以说是懂得运用文武两种办法了。用武就凭力量取胜，用文就凭仁德取胜。用文用武都能取胜，什么样的敌人能不归服？

晋文公欲合诸侯，咎犯曰："不可。天下未知君之义也。"公曰："何若?"咎犯曰："天子避叔带之难^①，出居于郑。君奚不纳之，以定大义，且以树誉。"文公曰："吾其能乎?"咎犯曰："事若能成，继文之业，定武之功^②，辟土安疆，于此乎在矣；事若不成，补周室之阙^③，勤天子之难，成教垂名，于此乎在矣。君其勿疑!"文公听之，遂与草中之戎、骊土之翟^④，定天子于成周^⑤。于是天子赐之南阳之地^⑥，遂霸诸侯。举事义且利，以立大功，文公可谓智矣。此咎犯之谋也。出亡十七年，反国四年而霸，其听皆如咎犯者邪?

【注释】

①天子：指周襄王。叔带之难：周襄王同母弟叔带在周作乱，襄王出奔郑，此事历史上称作叔带之难。

②文：指晋文侯，文侯辅佐周平王东迁，受珪瓒秬鬯。武：指曲沃武公，公子重耳的祖父，灭晋侯缗，统一晋国。

③阙：同"缺"，缺点，过失。

④草中、骊土：二邑名，在晋东。戎、翟：古代部族名。

⑤成周：即洛邑。在今河南洛阳。

⑥南阳：古地域名，因在太行山南、黄河之北，故名南阳。相当现在河南济源至获嘉一带。

【译文】

晋文公打算盟会诸侯，咎犯说："不行。天下人还不了解您的道义啊。"文公说："应该怎么做?"咎犯说："天子躲避叔带的灾难，流亡在郑国。您何不送他回去，以此确立大义，而且借此树立自己的声誉。"文公说："我能做到吗?"咎犯说："事情如果能做成，那么继承文侯的事业，确立武公的功绩，开拓土地，安定边疆，就全在此一举了；事情如果不能做成,那么弥补周王室的过失,忧虑周天子的灾难,成就教化,留名青史,也全在此一举了。您还是不要犹豫了!"文公听从了他的主张,于是就跟草中的戎族人、骊土的狄族人一起,把周天子安置在成周。天子于是赐给他南阳那里的土地,文公从而称霸诸侯。做事情既符合道义又有利,因而立了大功,文公可以算是明智了。这都是咎犯的计谋啊。文公出亡十七年,返回晋国四年就称霸诸侯,他听信的大概都是咎犯那样的人吧?

　　管子、鲍叔佐齐桓公举事,齐之东鄙人有常致苦者。管子死,竖刁、易牙用①,国之人常致不苦,不知致苦。卒为齐国良工,泽及子孙,知大礼。知大礼,虽不知国可也。

【注释】

①竖刁、易牙:齐桓公臣,管仲死后,二人专权;桓公死后,二人又相与作乱。

【译文】

　　管仲、鲍叔辅佐齐桓公治理国事时,齐国东方边境地区的人有经常向上反映困苦情况的。管仲死了,竖刁、易牙掌权,国内的人经常向上反映不困苦的情况,不敢反映困苦的情况。管仲终于成为齐国的优秀人物,他的恩泽施及子孙后代,是因为他懂得大礼。懂得大礼,即使不懂得国事也是可以的。

贵　因

【题解】

　　所谓"贵因",是重视凭借、利用外物,顺应客观情势的意思。本篇列举的事例,都是为了论述"因则功"、"因则无敌"的思想。禹"因水之力"平治洪水,尧"因人之心"禅让帝位,汤、武"因民之欲"取代夏、商等事例,着重说明要善于凭借、利用外物;禹往裸国、墨子见荆王、孔子道弥子瑕见釐夫人等事例,着重强调要顺应客观情势。这种"贵因"的思想,在今天仍有一定的借鉴意义。

　　七曰:

　　三代所宝莫如因,因则无敌。禹通三江五湖,决伊阙①,沟回陆②,注之东海,因水之力也。舜一徙成邑③,再徙成都,三徙成国,而尧授之禅位④,因人之心也。汤、武以千乘制夏、商,因民之欲也。如秦者立而至,有车也;适越者坐而至,有舟也。秦、越,远涂也⑤,诤立安坐而至者⑥,因其械也。

【注释】

　　①伊阙:山名,又名"塞阙山"、"龙门山"。因两山相对如门阙,伊水

流经其间,故名"伊阙"。

②沟回陆:当作"迵沟陆"(依王念孙说),指疏通沟道。迵(tóng),通
　　达。陆,道。

③邑:与下文的"都"都指古代的区域单位,邑小都大。这几句意思
　　是,舜受到人民拥戴,人民都归附他。

④禅(shàn):把帝王之位传让给他人。

⑤涂:同"途",路途。

⑥竫(jìng):安静。

【译文】

第七:

　　夏商周三代最宝贵的东西莫过于顺应、凭借外物了,顺应、凭借外物就能所向无敌。禹疏通三江五湖,凿开伊阙山,使水道畅通,让水流入东海,是顺应了水的力量。舜迁移一次形成城邑,迁移两次形成都城,迁移了三次形成国家,因而尧把帝位让给了他,是顺应了人心。汤、武王凭着诸侯国的地位制服了夏、商,是顺应了人民的愿望。到秦国去的人站在车上就能到达,是因为有车;到越国去的人坐在船上就能到达,是因为有船。到秦国、越国去,路途遥远,安静地站着、坐着就能到达,是因为凭借着车船等交通工具。

　　武王使人候殷①,反报岐周曰②:"殷其乱矣!"武王曰:"其乱焉至?"对曰:"谗慝胜良③。"武王曰:"尚未也。"又复往,反报曰:"其乱加矣!"武王曰:"焉至?"对曰:"贤者出走矣。"武王曰:"尚未也。"又往,反报曰:"其乱甚矣!"武王曰:"焉至?"对曰:"百姓不敢诽怨矣④。"武王曰:"嘻!"遽告太公⑤,太公对曰:"谗慝胜良,命曰戮⑥;贤者出走,命曰崩;百姓不敢诽怨,命曰刑胜。其乱至矣,不可以驾矣⑦。"故选车

三百,虎贲三千⑧,朝要甲子之期⑨,而纣为禽。则武王固知其无与为敌也。因其所用,何敌之有矣?

【注释】

①候:刺探。

②岐周:城邑名。周武王的曾祖父古公亶父自豳迁于岐山下周原,筑城郭,因名岐周。故址在今陕西岐山东北。

③谗慝(tè):邪恶,此指邪恶之人。良:贤良,此指贤良之人。

④诽:责备。

⑤遽:速。

⑥戮:暴乱。

⑦驾:同"加",增加。

⑧虎贲:勇士。

⑨朝:朝会。要:约定。甲子之期:甲子日。武王伐纣,于甲子日兵至牧野。

【译文】

周武王派人刺探殷商的动静,那人回到岐周禀报说:"殷商大概要出现混乱了!"武王说:"它的混乱达到什么程度?"那人回答说:"邪恶的人胜过了忠良的人。"武王说:"混乱还没有达到极点。"那人又去刺探,回来禀报说:"它的混乱程度加重了!"武王说:"达到什么程度?"那人回答说:"贤德的人都出逃了。"武王说:"混乱还没有达到极点。"那人又去刺探,回来禀报说:"它的混乱很厉害了!"武王说:"达到什么程度?"那人回答说:"老百姓都不敢讲批评、怨恨的话了。"武王说:"啊!"赶快把这种情况告诉太公望,太公望回答说:"邪恶的人胜过了忠良的人,叫做暴乱;贤德的人出逃,叫做崩溃;老百姓不敢讲批评、怨恨的话,叫做刑法苛刻。它的混乱达到极点了,已经无以复加了。"因此挑选了战车三百辆,勇士三千名,以甲子日为期兵至牧野,而纣王被擒获了。这样看来,武王本来就知道纣王无法与自己为敌。善于利用敌方的力量,还有什么敌手呢?

　　武王至鲔水①,殷使胶鬲候周师②,武王见之。胶鬲曰:"西伯将何之③? 无欺我也。"武王曰:"不子欺,将之殷也。"胶鬲曰:"曷至④?"武王曰:"将以甲子至殷郊,子以是报矣!"胶鬲行。天雨,日夜不休,武王疾行不辍。军师皆谏曰:"卒病⑤,请休之。"武王曰:"吾已令胶鬲以甲子之期报其主矣,今甲子不至,是令胶鬲不信也。胶鬲不信也,其主必杀之。吾疾行,以救胶鬲之死也。"武王果以甲子至殷郊,殷已先陈矣。至殷,因战,大克之。此武王之义也。人为人之所欲⑥,己为人之所恶⑦,先陈何益? 适令武王不耕而获。

【注释】

①鲔(wěi)水:水名。在河南巩义北。武王伐纣时经过此处。

②胶鬲(gé):原隐居于商,后经文王推举而为纣臣。

③西伯:本指周文王。文王在殷商时为西伯。殷代州之长官曰"伯",文王为雍州(在西方)之伯,故称"西伯"。这里的"西伯"指周武王。

④曷(hé):通"盍",何。

⑤病:疲困。

⑥人为人之所欲:指武王做人想要做的事(伐纣)。

⑦己为人之所恶:指纣王自己做人们所厌恶的事。己:指纣王。

【译文】

　　武王伐纣到了鲔水,殷商派胶鬲刺探周国军队的情况,武王会见了他。胶鬲说:"您将要到哪里去? 不要欺骗我。"武王说:"不欺骗你,我将要到殷去。"胶鬲说:"哪一天到达?"武王说:"将在甲子日到达殷都郊外,你拿这话去禀报吧!"胶鬲走了。天下起雨来,日夜不停,武王加速行军,不停止前进。军官们都劝谏说:"士兵们很疲惫,请让他们休息休息。"武王说:"我已经让胶鬲把甲子日到达殷都郊外禀报给他的君主了,如果甲子日不能到达,这就是让胶鬲没有信用。胶鬲没有信用,他的君主一定会杀死他。我加速行军,是为了救胶鬲的命啊。"武王果然在甲子日到达了殷都郊外,殷商已经先摆好阵势了。武王到达以后,就开始交战,把殷商打得大败。这就是武王的仁义。武王做的是人们所希望的事情,纣王自己做的却是人们所厌恶的事情,事先摆好阵势又有什么用处? 正好让武王不战而获胜。

武王入殷,闻殷有长者,武王往见之,而问殷之所以亡。殷长者对曰:"王欲知之,则请以日中为期。"武王与周公旦明日早要期,则弗得也。武王怪之,周公曰:"吾已知之矣。此君子也。取不能其主①,有以其恶告王②,不忍为也。若夫期而不当,言而不信,此殷之所以亡也。已以此告王矣。"

【注释】

①取:选取,采取。能:亲近,亲善。

②有:通"又"。

【译文】

武王进入殷都,听说殷都有个德高望重的人,武王就去会见他,问他殷商之所以灭亡的原因。那个德高望重的人回答说:"您如果想要知道,那就请定于明天日中之时相见。"武王和周公旦第二天早于约定的时间,却没有见到那个人。武王感到很奇怪,周公说:"我已经知道他的意思了。这是个君子啊。他本来就采取不亲近自己君主的态度,现在又要把自己君主的坏处告诉您,他不忍心这样做。至于约定了日期却不如期赴约,说了话却不守信用,这是殷商之所以灭亡的原因。他已经用这种方式把殷商灭亡的原因告诉您了。"

　　夫审天者,察列星而知四时,因也;推历者,视月行而知晦朔^①,因也;禹之裸国,裸入衣出,因也;墨子见荆王,衣锦吹笙,因也;孔子道弥子瑕见釐夫人^②,因也;汤、武遭乱世,临苦民,扬其义,成其功,因也。故因则功,专则拙。因者无敌。国虽大,民虽众,何益?

【注释】

①晦:夏历每月的最后一天。朔:夏历每月的第一天。

②道:由。弥子瑕:卫灵公的宠臣。釐(xī)夫人:当指卫灵公夫人南子。

【译文】

　　观测天象的人,观察众星运行的情况就能知道四季,是因为有所凭借;推算历法的人,观看月亮运行的情况就能知道晦日、朔日,是因为有所凭借;禹到裸体国去,裸体进去,出来以后再穿衣服,是为了顺应那里的习俗;墨子见楚王,穿上华丽衣服,吹起笙,是为了顺应楚王的爱好;孔子通过弥子瑕去见釐夫人,是为了借此实行自己的主张;汤、武王遇上混乱的世道,面对贫苦的人民,发扬自己的道义,成就自己的功业,是因为顺应、凭借外物的缘故。所以顺应、凭借外物,就能成功;专凭个人的力量,就会失败。顺应、依凭外物的人所向无敌,在这样的人面前,国土即使广大,人口即使众多,又有什么益处?

察　今

【题解】

　　本篇旨在阐述因时变法的主张。题为"察今"，既是对"法先王"主张的否定，同时又强调了考察当令社会的实际是制定法度的依据。文章指出，先王之法"不可得而法"，并非先王之法不贤，而是由于时势变化了，因此，法度也应随之变化。文章列举了荆人欲袭宋、楚人有涉江者、有过于江上者等寓言故事，说明如果因循守旧，不知变化，那是非常荒谬的，其结果必然失败。

　　本篇反对泥古不化、墨守成法，主张"世变时移，变法宜矣"，具有朴素辩证法的因素，符合当时登上统治地位的新兴地主阶级的政治需要，在历史上有一定进步意义。

　　八曰：

　　上胡不法先王之法？非不贤也，为其不可得而法。先王之法，经乎上世而来者也，人或益之，人或损之，胡可得而法？虽人弗损益，犹若不可得而法。东夏之命①，古今之法，言异而典殊。故古之命多不通乎今之言者，今之法多不合乎古之法者。殊俗之民，有似于此。其所欲同，其所为异。

口惛之命不愉^②，若舟车衣冠滋味声色之不同。人以自是，反以相诽。天下之学者多辩，言利辞倒，不求其实，务以相毁，以胜为故^③。先王之法，胡可得而法？虽可得，犹若不可法。

【注释】

①东：指东夷，东方少数民族。夏：指华夏，中原各国。命：名，指事物的名称。

②口惛之命：指方言。惛，通"吻"。愉：通"渝"，改变。这句是说，各地方言的差别是存在的。

③故：事。

【译文】

第八：

当今的君主为什么不效法先王的法度？并不是先王的法度不好，是因为它不可能被效法。先王的法度，是经过前代流传下来的，有的人增补过它，有的人删削过它，怎么可能被效法？即使人们没有增补、删削过，还是不可能被效法。东夷和华夏对事物的名称、言词不同；古代和现代的法度、典制不一样。所以古代的名称与现在的叫法大多不相通，现在的法度与古代的法度大多不相合。不同习俗的人民，与这种情况相似。他们所要实现的愿望相同，他们的所作所为却不同。各地的方言不能改变，如同船、车、衣、帽、美味、音乐、色彩的不同一样。可是人们却自以为是，反过来又互相责难。天下有学识的人大都善辩，言谈锋利，是非颠倒，不求符合实际，致力于互相诋毁，以争胜为能事。先王的法度，怎么可能被效法呢？即使可能，还是不可以效法。

凡先王之法，有要于时也^①。时不与法俱至，法虽今而至,犹若不可法。故择先王之成法②,而法其所以为法。先王之所以为法者,何也? 先王之所以为法者,人也,而己亦人也,故察己则可以知人,察今则可以知古。古今一也,人与我同耳。有道之士,贵以近知远,以今知古,以所见知所不见。故审堂下之阴③,而知日月之行,阴阳之变;见瓶水之冰,而知天下之寒,鱼鳖之藏也;尝一脔肉④,而知一镬之味⑤,一鼎之调。

【注释】

①要于时:与时代相合。要,合。

②择:通"释",放弃,丢开。

③阴:指日影、月影。

④一脔(luán)肉:一块肉。脔,同"胬",切成块状的肉。

⑤镬(huò):无足的鼎,与下文的"鼎",都是古代煮肉器具。

【译文】

凡是先王的法度,都是与当时的时势相符合的。时势不能与法度一起流传下来,法度虽然流传到现在,还是不可以效法。所以要放弃先王的现成法度,而取法他们制定法度的依据。先王制定法度的依据是什么呢? 先王制定法度的依据是人,而自己也是人,所以考察自己就可以知道别人,考察现在就可以知道古代。古今的道理是一样的,别人与自己是相同的。通晓事理的人,他们的可贵之处在于由近的推知远的,由现在的推知古代的,由见到的推知见不到的。所以,观察堂屋下面的阴影,就可以知道日月运行的情况,阴阳变化的情况;看到瓶里的水结的冰,就知道天下已经寒冷,鱼鳖已经潜藏了;尝一块肉,就可以知道一锅肉的味道,一鼎肉味道的调和情况。

荆人欲袭宋，使人先表澭水^①。澭水暴益^②，荆人弗知，循表而夜涉，溺死者千有余人，军惊而坏都舍^③。向其先表之时可导也^④，今水已变而益多矣，荆人尚犹循表而导之，此其所以败也。今世之主法先王之法也，有似于此。其时已与先王之法亏矣^⑤，而曰此先王之法也，而法之，以此为治，岂不悲哉？

【注释】

①表：做标记。下文"循表"之"表"指标记。澭水：古水名，也作"灉水"。其故道为黄河所淤塞，已无遗迹可寻，当在今河南省境内。

②暴：突然。益：同"溢"，水满外溢。

③而：如。都舍：都市里的房子。

④向：从前。可导：指可以沿着标记渡过去。

⑤亏：通"诡"，异。

【译文】

楚国人想偷袭宋国，派人先在澭水中设置渡河的标志。澭水突然上涨，楚国人不知道，按照标志夜里渡河，淹死的有一千多人，军队惊乱的状况就像城市里的房屋倒坍一样。当初他们事先设置标志的时候，是可以沿着标志渡河的，现在河水已经发生变化上涨了，楚国人还按照标志渡河，这就是他们所以失败的原因。现在的君主要效法先王的法度，与这种情况相似。他所处的时代已经与先王的法度不适应了，却还说，这是先王的法度，应该效法它。用这种办法治理国家，难道不是很可悲吗？

故治国无法则乱，守法而弗变则悖，悖乱不可以持国。世易时移，变法宜矣。譬之若良医，病万变，药亦万变。病变而药不变，向之寿民，今为殇子矣。故凡举事必循法以动，变法者因时而化，若此论则无过务矣。夫不敢议法者，众庶也；以死守法者，有司也；因时变法者，贤主也。是故有天下七十一圣①，其法皆不同。非务相反也，时势异也。故曰良剑期乎断，不期乎镆铘②；良马期乎千里，不期乎骥骜③。夫成功名者，此先王之千里也。

【注释】

①七十一圣：指古代的圣贤君主。

②镆铘：(mòyé)：宝剑名。

③骥骜(jì'ào)：千里马名。

【译文】

　　所以，治理国家没有法度就会出现混乱，死守法度不加改变就会发生谬误，出现谬误和混乱，是不能保守住国家的。社会变化了，时代发展了，变法是应该的了。这就像高明的医生一样，病万变，药也应该万变。病变了药却不变，本来可以长寿的人，如今就会成为短命的人了。所以凡是做事情一定要依照法度行动，变法的人要随着时代而变化，如果懂得这个道理，那就没有错误的事了。那些不敢议论法度的，是一般的百姓；死守法度的，是各种官吏；顺应时代变法的，是贤明的君主。因此，古代享有天下的七十一位圣贤君主，他们的法度都不相同。并不是他们一定要彼此相反，而是因为时代和形势不同了。所以说，好剑期求它能砍断东西，不一定期求它是镆铘那样的宝剑；好马期求它能行千里远，不一定期求它是骥骜那样的宝马。成就功名，这正是先王所追求的目标啊。

　　楚人有涉江者，其剑自舟中坠于水，遽契其舟①，曰："是吾剑之所从坠。"舟止，从其所契者入水求之。舟已行矣，而剑不行，求剑若此，不亦惑乎？以故法为其国，与此同。时已徙矣，而法不徙，以此为治，岂不难哉？

【注释】

①遽：速。契：刻。

【译文】

楚国人有个渡江的，他的剑从船上掉到水里，他急忙在船边刻记号，说："这里是我的剑掉下去的地方。"船停了，就从他刻记号的地方下水去找剑。船已经移动了，可是剑却没有移动，像这样寻找剑，不是太胡涂了吗？用旧法来治理自己的国家，与这个人相同。时代已经改变了，可是法度却不随着改变，想用这种办法治理好国家，难道不是很难吗？

有过于江上者，见人方引婴儿而欲投之江中，婴儿啼。人问其故，曰："此其父善游。"其父虽善游，其子岂遽善游哉①？以此任物，亦必悖矣。荆国之为政，有似于此。

【注释】

①岂遽：等于说"岂"。

【译文】

有个从江边经过的人，看见一个人正拉着小孩想把他扔到江中，小孩哭起来。人们问这人为什么，他说："这个小孩的父亲善于游泳。"小孩的父亲虽然善于游泳，那小孩难道就善于游泳吗？用这种方法来处理事物，也一定是荒谬的了。楚国处理政事的情况，与此相似。

先　识

【题解】

《先识览》八篇主要论述与君道有关的认识论、方法论。

第一篇《先识》论述君主要识贤、任贤。贤人能够洞察事物，事先看到事物的发展趋势。国家如果将要灭亡，君主不听贤人的谏戒，他们就会离开这个国家。这一点，古今都是一致的。文章列举了夏太史令终古"出奔如商"、殷内史向挚"出亡之周"、晋太史屠黍"归周"等事例，生动有力地说明，有道的贤者之所以先离开所在的国家，是因为他们预见到这些国家有将要灭亡的危险，而这些国家的君主又不采纳他们的忠言。通过这些事例，清楚地表明，君主任用贤人，善于听取贤人意见的重要意义，君主应该把这些当作治国的要务。

一曰：

凡国之亡也，有道者必先去，古今一也。地从于城，城从于民，民从于贤。故贤主得贤者而民得，民得而城得，城得而地得。夫地得岂必足行其地、人说其民哉？得其要而已矣。

【译文】

第一：

凡是国家濒于灭亡的时候，有道之人一定会先离开，古今都是一样的。土地的归属取决于城邑的归属，城邑的归属取决于人民的归属，人民的归属取决于贤人的归属。所以，贤明的君主得到贤人辅佐，人民自然就得到了；得到人民，城邑自然就得到了；得到城邑，土地自然就得到了。土地的获得难道一定要亲自去巡视那里，亲自劝说那里的人民吗？只要得到根本就够了。

夏太史令终古出其图法[1]，执而泣之。夏桀迷惑，暴乱愈甚。太史令终古乃出奔如商[2]。汤喜而告诸侯曰："夏王无道，暴虐百姓，穷其父兄[3]，耻其功臣，轻其贤良，弃义听谗，众庶咸怨，守法之臣[4]，自归于商。"

【注释】

①太史令：官职名。掌典册、祭祀、天文历算等。终古：人名。图法：图录和法典。

②"太史"句：传说桀凿池为夜宫，男女杂处，三旬不理朝政。终古执其图法泣谏，桀不听，终古遂出奔商。如，到……去。

③穷：困窘。

④守法之臣：指夏太史令终古。守法，掌管法典。

【译文】

夏朝的太史令终古拿出图录法典，抱着哭泣。夏桀执迷不悟，更加暴虐荒淫。终古于是出逃投奔商。商汤高兴地告诉诸侯说："夏王无道，残害百姓，逼迫父兄，侮辱功臣，轻慢贤人，抛弃礼义，听信谗言。众人都怨恨他，他的掌管法典的臣子已自行归顺了商。"

　　殷内史向挚见纣之愈乱迷惑也①，于是载其图法，出亡之周②。武王大说，以告诸侯曰："商王大乱，沈于酒德③，辟远箕子④，爱近姑与息⑤。妲己为政⑥，赏罚无方⑦，不用法式，杀三不辜⑧，民大不服。守法之臣，出奔周国⑨。"

【注释】

①内史：官职名。掌著作简册、策命官爵等。向挚：人名。

②之：到……去。

③酒德：酗酒的行为。

④辟：躲避。这个意义后来写作"避"。

⑤爰：乃。姑：妇女，指宠妃。息：小儿，这里指男宠。

⑥妲(dá)己：纣的宠妃。

⑦方：法则，原则。

⑧杀三不辜：指剖比干之心，折材士之股，刳(kū)孕妇而观其胞胎。不辜，无罪的人。

⑨周国：周的国都。

【译文】

　　殷商的内史向挚，看到纣王越来越淫乱昏惑，于是用车载着殷商图录法典出逃投奔周。武王非常高兴，把这事告诉诸侯说："商王昏乱至极，沉湎于饮酒作乐，躲避疏远箕子，亲近妇女和小人，妲己参与政事，赏罚没有准则，不依法度行事，残杀三个无辜的人，人民大为不服。他的掌管图录法典的臣子已出逃到周的国都。"

　　晋太史屠黍见晋之乱也，见晋公之骄而无德义也，以其图法归周。周威公见而问焉①，曰："天下之国孰先亡?"对曰："晋先亡。"威公问其故，对曰："臣比在晋也②，不敢直言，示晋公以天妖③，日月星辰之行多以不当。曰④：‘是何能为？’又示以人事多不义，百姓皆郁怨。曰：‘是何能伤？’又示以邻国不服，贤良不举。曰：‘是何能害？’如是，是不知所以亡也。故臣曰晋先亡也。”居三年，晋果亡⑤。威公又见屠黍而问焉，曰：“孰次之？”对曰：“中山次之⑥。”威公问其故，对曰：“天生民而令有别，有别，人之义也⑦，所异于禽兽麋鹿也，君臣上下之所以立也。中山之俗，以昼为夜，以夜继日，男女切倚⑧，固无休息，康乐⑨，歌谣好悲，其主弗知恶。此亡国之风也。臣故曰中山次之。”居二年，中山果亡。威公又见屠黍而问焉，曰：“孰次之？”屠黍不对。威公固问焉，对曰：“君次之。”威公乃惧，求国之长者，得义莳、田邑而礼之⑩，得史骈、赵骈以为谏臣⑪，去苛令三十九物⑫，以告屠黍。对曰：“其尚终君之身乎！”曰⑬：“臣闻之，国之兴也，天遗之贤人与极言之士⑭；国之亡也，天遗之乱人与善谀之士。”威公薨，舆九月不得葬⑮，周乃分为二⑯。故有道者之言也，不可不重也。

【注释】

①周威公：战国时小国西周国君。焉：之，代屠黍。

②比（bǐ）：近来。

③天妖：不吉祥的天象。妖，不祥的征兆。

④曰：主语是晋公。

⑤晋果亡：这里指晋幽公遇乱而死。

⑥中山：春秋时白狄别支鲜虞族建立的国家，战国时改称中山，位于今河北省中部偏西一带。

⑦人之义：指人伦。

⑧切(qiè)倚：耳鬓厮磨，互相偎依。形容十分亲昵。他书或作"切"。切，贴近。倚，依。

⑨康乐："康乐"上当有"淫昏"二字，今本疑脱（依许维遹说）。康，安。

⑩义莳、田邑：都是当时的贤人。

⑪史骈、赵骈：都是当时的正直之人。

⑫物：事。

⑬曰：主语是屠黍，下文是进一步论述，故又用一"曰"字。

⑭极言：尽言，敢于把所有的话都说出来。

⑮殔(sì)：暂殡，把棺柩暂时埋在地中待以后安葬。

⑯周乃分为二：周威公死后，小国周分裂为西周、东周二小国。

【译文】

晋国的太史屠黍，看到晋国混乱，看到晋国君主骄横而没有德义，于是带着晋国的图录法典归顺周国。周威公接见他并问道："天下的诸侯国哪个先灭亡？"屠黍回答说："晋国先灭亡。"威公问其原因，屠黍回答说："我前一段在晋国的时候，不敢直言劝谏，我拿天象的异常，日月星辰的运行多不合度次的反常现象启示晋君，他说：'这些又能怎么样？'我又拿人事的处理大多不符合道义，百姓都烦闷怨恨的情况启示他，他说：'这些又能有什么妨害？'我又拿邻国不归服，贤人得不到举用的情况启示他，他说：'这些又能有什么危害？'像这样，就是不了解国家灭亡的原因啊。所以我说晋国先灭亡。"过了三年，晋国果然灭亡了。威公又接见屠黍，问他说："哪一国接着要灭亡？"屠黍回答说："中山国接着要灭亡。"威公问其原因，屠黍回答说："上天生下人来就让男女有别。男女有别，这是人伦大义，是人与禽兽麋鹿不同的地方，是君臣上下所以确立的基础。中山国的习俗，以日为夜，夜以继日，男女耳鬓厮磨，互相偎依，没有止息之时，纵情安逸享乐，歌唱喜好悲声，对这种习俗，中山国的君主不知厌恶，这是亡国的风俗啊。所以我说中山国接着要灭亡。"过了两年，中山国果然灭亡了。威公又接见屠黍,问他说:"哪一国接着要灭亡?"屠黍不回答。威公坚持问他,他回答说:"您接着要灭亡。"威公这才害怕了,访求国中德高望重的人,得到义莳、田邑,对他们以礼相待,得到史骈、赵骈,让他们作谏官,废除了苛刻的法令三十九条。威公把这些情况告诉了屠黍,屠黍回答说:"这大概可以保您一生平安吧!"又说:"我听说过,国家将兴盛的时候,上天给它降下贤人和敢于直言相谏之人;国家将灭亡的时候,上天给它降下乱臣贼子和善于阿谀谄媚之徒。"威公死了,暂殡九个月不得安葬,周国于是分裂为两个小国。所以有道之人的话,不可以不重视啊。

周鼎著饕餮^①,有首无身,食人未咽,害及其身,以言报更也^②。为不善亦然。

【注释】

①饕餮(tāotiè):古代传说中一种贪食的恶兽。钟鼎彝器上常铸刻其头部形状作为装饰。

②报更:报偿。这句的意思是说,寓告诫之义,"周鼎著饕餮"象征残害人者立刻得到报应,正如饕餮食人,尚未及咽,其身已残亡。

【译文】

周鼎铸上饕餮纹,有头没有身子,吃人未及下咽,祸害已连累自身,这是表明恶有恶报啊。做不善的事也是这样。

白圭之中山^①,中山之王欲留之,白圭固辞,乘舆而去。又之齐,齐王欲留之仕,又辞而去。人问其故,曰:"之二国者皆将亡^②。所学有五尽^③。何谓五尽?曰:莫之必^④,则信尽矣;莫之誉,则名尽矣;莫之爱,则亲尽矣;行者无粮,居者无食,则财尽矣;不能用人、又不能自用,则功尽矣。国有此五者,无幸必亡。中山、齐皆当此。"若使中山之王与齐王闻五尽而更之,则必不亡矣。其患不闻,虽闻之又不信。然则人主之务,在乎善听而已矣。夫五割而与赵,悉起而距军乎济上,未有益也。是弃其所以存,而造其所以亡也。

【注释】

①白圭:魏人。中山:指赵武灵王所灭的中山,与上文中山当属二国。

②之:此。

③所学:等于说"所闻"。

④必:相信。

【译文】

白圭到中山国,中山国的君主想要留下他,白圭坚决谢绝,乘车离开了。又到了齐国,齐国的君主想要留他做官,他又谢绝,离开了齐国。有人问他为什么,他说:"这两个国家都将要灭亡。我听说有'五尽',什么叫'五尽'? 就是:没有人信任他,那么信义就丧尽了;没有人赞誉他,那么名声就丧尽了;没有人喜爱他,那么亲人就丧尽了;行路的人没有干粮、居家的人没有食物,那么财物就丧尽了;不能任用人,又不能发挥自己的作用,那么功业就丧尽了。国家有这五种情况,必定灭亡,无可幸免。中山、齐国都正符合这五种情况。"假如让中山国的君主和齐国的君主闻知"五尽",并改正自己的恶行,那就一定不会灭亡了。他们的祸患在于没有听到这些话,即使听到了又不相信。这样看来,君主需要努力做的,在善于听取意见罢了。中山国五次割让土地给赵国,齐湣王率领全部军队在济水一带抵御以燕国为首的五国军队,都没有什么益处,都没有逃脱国亡身死的下场。这是由于他们抛弃了那些能使国家生存的东西,而走上了使自己灭亡的道路。

观　世

【题解】

　　本篇仍在论述君主必须求贤、知贤、礼贤的道理。有道之士不能被君主礼遇，是世道混乱的根本原因。因此，君主必须致力于访求有道之士。"得士"的关键在于君主要真正了解、礼遇、任用有道之士，只有这样，他们的聪明才智才能充分发挥出来。文章以晏子救人于厄为例，具体说明对待贤士应该采取的正确态度。文章最后举列子谢绝子阳之粟一例，意在赞扬有道之士的"先识"，赞扬他们能够预见到事物的发展变化，通晓"性命之情"，这与上篇"先识"之意是相通的。

　　二曰：

　　天下虽有有道之士，国犹少。千里而有一士，比肩也①；累世而有一圣人，继踵也。士与圣人之所自来，若此其难也，而治必待之，治奚由至②？虽幸而有，未必知也，不知则与无贤同。此治世之所以短，而乱世之所以长也。故王者不四③，霸者不六④，亡国相望，囚主相及。得士则无此之患。此周之所封四百余⑤，服国八百余，今无存者矣。虽存，皆尝亡矣。贤主知其若此也，故日慎一日，以终其世。譬之若登山,登山者,处已高矣,左右视,尚巍巍焉山在其上⑥。贤者之所与处,有似于此。身已贤矣,行已高矣,左右视,尚尽贤于己。故周公旦曰:“不如吾者,吾不与处,累我者也⑦;与我齐者,吾不与处,无益我者也。”惟贤者必与贤于己者处。贤者之可得与处也,礼之也。

【注释】

①比肩:并肩,肩靠着肩。

②奚:何。由:从。

③王者不四:这是对“三王”而言。

④霸者不六:这是对春秋“五霸”而言。

⑤封:指分封诸侯。

⑥巍巍焉:高峻的样子。焉,词尾。

⑦累:牵累。

【译文】

第二:

天下即使有有道之士,在一国里也很少。如果方圆千里有一个士,那就可以称得上是肩靠着肩了;如果几代出一个圣人,那就可以称得上是脚挨着脚了。士和圣人的出现,竟这样的困难,可是国家的安定却一定得依靠他们,像这样,国家安定的局面怎么能出现?即使幸或有贤人,也未必被人知道。有贤人而不被人知道,那就跟没有贤人一样。这就是安定的世道之所以很短,而混乱的世道之所以很长的原因啊。所以,自古成就王业的人没有出现四位,称霸诸侯的人没有出现六位,被灭亡的国家一个连着一个,被囚禁的君主一个接着一个。得到士就没有这样的祸患了。这就是为什么周朝所封的四百多个诸侯、归服的八百多个国家如今没有能存在的原因。即便有存在的,也都曾经灭亡过。

贤明的君主知道这种情况,所以一天比一天谨慎,以保自己终身平安。比如说登山,登山的人,登到的地方已经很高了,向左右看看,高峻的山还在上边呢。贤人和人相处与此相似。自己已经很贤明了,品行已经很高尚了,向左右看看,还尽是超过自己的人。所以周公旦说:"不如我的人,我不跟他在一起,这是牵累我的人;跟我一样的人,我不跟他在一起,这是对我没有益处的人。"只有贤人一定跟超过自己的人在一起。跟贤人在一起是能够办到的,那就是以礼对待他们。

主贤世治,则贤者在上;主不肖世乱,则贤者在下。今周室既灭,天子既废,乱莫大于无天子。无天子则强者胜弱,众者暴寡,以兵相划①,不得休息。而佞进②。今之世当之矣。故欲求有道之士,则于江河之上,山谷之中,僻远幽闲之所,若此则幸于得之矣。太公钓于滋泉③,遭纣之世也,故文王得之。文王,千乘也;纣,天子也。天子失之,而千乘得之,知之与不知也。诸众齐民④,不待知而使,不待礼而令。若夫有道之士,必礼必知,然后其智能可尽也。

【注释】

①划(chǎn):铲除,消灭。

②而佞进:疑当在上文"贤者在下"之下(依王念孙说)。佞,奸佞小人。进,受到举用。

③滋泉:水名。疑即今陕西渭水。

④齐民:平民。

【译文】

君主贤明,世道安定,贤人就在上位;君主不肖,世道混乱,贤人就在下位,而奸佞小人受到提拔重用。现在周王室已经灭亡,天子已经废黜,世道混乱没有比无天子更严重的了。没有天子，强大的就胜过弱小的，人多势众的就欺凌势孤力单的，用军队互相残杀，无法止息。如今的世道就正是这样。所以想要访求有道之士，就应该到江河之滨，山谷之中，僻远幽静之处去访求，这样或许有幸能得到他们。太公望在滋泉边钓鱼，是因为正遭逢纣当政的时代，所以周文王得到了他。文王只是拥有千辆兵车的诸侯，纣是天子。然而天子失去了太公，而诸侯却得到了太公，这是因为文王了解太公，而纣不了解太公啊。那些平民百姓，无须了解就可以役使他们，无须礼遇就可以命令他们。至于有道之士，一定要礼遇他们，一定要了解他们，然后才可以让他们把智慧才能全部献出来。

晏子之晋①，见反裘负刍息于涂者②，以为君子也，使人问焉，曰："曷为而至此？"对曰："齐人累之③，名为越石父。"晏子曰："嘻！"遽解左骖以赎之④，载而与归。至舍，弗辞而入。越石父怒，请绝。晏子使人应之曰："婴未尝得交也，今免子于患，吾于子犹未邪？"越石父曰："吾闻君子屈乎不己知者⑤，而伸乎己知者。吾是以请绝也。"晏子乃出见之，曰："向也见客之容而已，今也见客之志。婴闻察实者不留声⑥，观行者不讥辞⑦，婴可以辞而无弃乎⑧？"越石父曰："夫子礼之，敢不敬从。"晏子遂以为客。俗人有功则德⑨，德则骄。今晏子功免人于厄矣⑩，而反屈下之，其去俗亦远矣。此令功之道也⑪。

【注释】

①晏子：名婴，字平仲，春秋时齐国大夫，后继任齐卿，历仕灵公、庄公、景公三世。

②反裘：翻穿皮衣。古人穿皮衣一般是毛朝外，这里的"反裘"指毛

朝里穿，为的是爱惜毛。刍(chú)：喂牲口的草。涂：道路。

③累：通"缧"，本指拘系犯人的绳索，引申为囚禁。

④遽：立刻。骖：驾车时辕马两旁的马。

⑤不己知：不了解自己。"己"是"知"的宾语。下句"己知"，即知己之意。

⑥留：留意，这里有察的意思。

⑦讯：察，查问。辞：言辞。

⑧辞：谢罪。弃：被动用法，被拒绝。

⑨德：用如动词，自认为有德。

⑩厄：困境。

⑪令功：据《晏子春秋》、《新序》当作"全功"。

【译文】

晏子到晋国去，看见一个反穿皮衣背着草的人正停在路边。晏子认为这人是个君子，就派人问他说："你为什么到了这里？"那人回答说："我给齐人为奴，名叫越石父。"晏子听了以后说："噢！"立刻解下车左边的马把这个人赎了出来，跟他一起乘车回去。到了馆舍，晏子不向他告辞就进去了。越石父很生气，请求与晏子绝交。晏子派人回答他说："我不曾跟你交朋友啊。现在我从患难中把你解救出来，我对你还不可以吗？"越石父说："我听说君子在不了解自己的人面前可以忍受屈辱，在已经了解自己的人面前就要挺胸做人。因此，我要跟您绝交。"晏子于是出来见他，说："刚才只是看到客人的容貌罢了，现在才看到客人的心志。我听说考察人的实际的人不留意人的名声，观察人的行为的人不考虑人的言辞。我可以向您谢罪而不被拒绝吗？"越石父说："先生您以礼对待我，我怎敢不恭敬从命！"晏子于是把他待为上宾。世俗之人有功劳就自以为对别人有恩德，自以为对别人有恩德就傲慢。现在晏子有从困境中解救人的功劳，却反而对被救之人很谦卑，他超出世俗已经相当远了。这就是保全功劳的方法啊。

　　子列子穷①，容貌有饥色。客有言之于郑子阳者，曰：
"列御寇，盖有道之士也，居君之国而穷，君无乃为不好士
乎？"郑子阳令官遗之粟数十秉②。子列子出见使者，再拜而
辞。使者去，子列子入，其妻望而拊心曰③："闻为有道者妻
子，皆得逸乐。今妻子有饥色矣，君过而遗先生食④，先生又
弗受也。岂非命也哉？"子列子笑而谓之曰："君非自知我
也，以人之言而遗我粟也，至已而罪我也⑤，有罪且以人言⑥。
此吾所以不受也。"其卒民果作难，杀子阳。受人之养而不
死其难，则不义；死其难，则死无道也。死无道，逆也。子列
子除不义、去逆也，岂不远哉？且方有饥寒之患矣，而犹不
苟取，先见其化也。先见其化而已动⑦，远乎性命之情也⑧。

【注释】

①子列子：即列子，列御寇，战国时郑人，道家人物。子，"夫子"之
　　意，冠于列子之前，是对列子的尊称。

②秉：古量名，十六斛为一秉。

③望：怨。拊心：手拍胸膛，表示气愤。

④过：访，探望。

⑤已而：不久，表示时间短暂。

⑥有：通"又"。罪：当为衍文（依毕沅说）。

⑦已：通"以"。动：采取相应的行动，指谢绝子阳的馈赠。

⑧远：疑为"达"字之误（依毕沅说）。

【译文】

　　列子很贫困，脸上现出饥饿的气色。有个宾客把这种情况告诉给
郑相子阳，说："列御寇是有道之士，居住在您的国家却很贫困，您恐怕
是不喜欢士吧？"子阳让官吏送给列子几百石粮食。列子出来会见使

者,拜而又拜,谢绝了。使者离开了,列子进了门,他的妻子怨恨地捶着胸脯说:"听说有道之人的妻子儿女都能得到安乐。如今妻子儿女已经面有饥色了,相国派人探望并给先生您送来吃的,先生您又不接受。我们岂不是命中注定要受贫困吗?"列子笑着对她说:"相国自己并不了解我,是因为别人的话才送给我粮食,过不了多久,同样又将会因为别人的话治我的罪。这就是我不接受的原因。"后来人民果然发难,杀死了子阳。接受了人家的供养,却不为他遭难而死,就是不义,为他遭难而死,就是为无道之人而死。为无道之人而死,就是悖逆。列子免除不义、避开悖逆,岂不是很远吗? 正当他有饥寒之苦的时候,尚且不肯随随便便地接受别人的馈赠,这是因为事先预见到了事情的发展变化。事先预见到事物的发展变化,从而采取相应的行动,这就通晓性命的真情了。

知　接

【题解】

“知接”是智力所及的意思。本篇就是论述智力所及与知贤的道理的。人的智力所及，不能事事皆知，因此君主不能自以为智而应该举用贤人，采纳忠言，这样，国家、君主就不会有灭亡的危险了。文章以管仲有疾，桓公去探望一例赞扬了管仲的“先见其化”远见，及桓公晚年自以为智酿成的悲剧。

三曰：

人之目，以照见之也①，以瞑则与不见②，同③。其所以为照、所以为瞑异。瞑士未尝照④，故未尝见。瞑者目无由接也⑤，无由接而言见，诬⑥。智亦然。其所以接智、所以接不智同，其所能接、所不能接异。智者，其所能接远也；愚者，其所能接近也。所能接近而告之以远化，奚由相得？无由相得，说者虽工⑦，不能喻矣⑧。戎人见暴布者而问之曰⑨：“何以为之莽莽也⑩？”指麻而示之。怒曰：“孰之壤壤也⑪，可以为之莽莽也！”故亡国非无智士也，非无贤者也，其主无由接故也。无由接之患，自以为智，智必不接。今不接而自以为智,悖。若此则国无以存矣,主无以安矣。智无由接,而自知弗智,则不闻亡国,不闻危君。

【注释】

①照:同"昭",明亮。这里指睁着眼睛。

②瞑:闭着眼睛。与:疑是衍文。

③同:指看见或看不见眼睛都是相同的。

④瞑士:即下文"瞑者"。

⑤无由接:没有办法接触外物。

⑥诔:同"谎",诬妄,欺骗。

⑦工:指善辩。

⑧喻:用如使动,使……明白。

⑨暴(pù):晒。这个意义后来写作"曝"。布:麻布。

⑩为:这里是织的意思。莽莽:长大的样子。

⑪孰:何。壤壤:纷乱的样子。

【译文】

第三:

人的眼睛,睁着才能看见东西,闭上就看不见,看见或看不见,眼睛是相同的。但接触外物时,或睁眼、或闭眼却是不同的。闭着眼睛不曾睁开,所以从未看见过。闭着眼睛无法与外物接触,无法与外物接触却说看见了,这是欺骗。智力也是这样。人们的智力达到或达不到,凭借的条件是相同的,但接触外物时,或聪明、或愚笨却是不同的。聪明的人,他们的智力所及范围很远;愚笨的人,他们的智力所及范围很近。智力所及范围很近的人,却告诉他长远的变化趋势,怎么能理解? 对于无法理解的人,游说的人即使善辩,也无法让他明白。有个戎人看到一个晒布的,就问他说:"用什么东西织得这样长大呢?"那个人指着麻让戎人看。戎人生气地说:"哪里有这样乱纷纷的东西可以织得这样长大呢!"所以灭亡的国家不是没有聪明之士,也不是没有贤德之人,而是因为亡国的君主智力不及,无法接触他们的缘故啊。无法接触他们所带来的祸患是自以为聪明,这样智力势必达不到。如果智力达不到却又自以为聪明,这是胡涂。像这样,国家就无法生存了,君主就无法安定了。如果君主智力达不到,而自知智力不及,那样就不会有灭亡的国家,不会有处于险境的君主了。

　　管仲有疾,桓公往问之,曰:"仲父之疾病矣①,将何以教寡人?"管仲曰:"齐鄙人有谚曰:'居者无载,行者无埋②。'今臣将有远行③,胡可以问?"桓公曰:"愿仲父之无让也。"管仲对曰:"愿君之远易牙、竖刁、常之巫、卫公子启方④。"公曰:"易牙烹其子以慊寡人⑤,犹尚可疑邪?"管仲对曰:"人之情,非不爱其子也,其子之忍⑥,又将何有于君?"公又曰:"竖刁自宫以近寡人,犹尚可疑邪?"管仲对曰:"人之情,非不爱其身也,其身之忍,又将何有于君?"公又曰:"常之巫审于死生,能去苛病,犹尚可疑邪?"管仲对曰:"死生,命也。苛病,失也⑦。君不任其命、守其本⑧,而恃常之巫,彼将以此无不为也。"公又曰:"卫公子启方事寡人十五年矣,其父死而不敢归哭,犹尚可疑邪?"管仲对曰:"人之情,非不爱其父也,其父之忍,又将何有于君?"公曰:"诺。"管仲死,尽逐之。食不甘,宫不治,苛病起,朝不肃⑨。居三年,公曰:"仲父不亦过乎! 孰谓仲父尽之乎⑩!"于是皆复召而反⑪。明年,公有病,常之巫从中出曰:"公将以某日薨。"易牙、竖刁、常之巫相与作乱,塞宫门,筑高墙,不通人,矫以公令。有一妇人逾垣入,至公所。公曰:"我欲食。"妇人曰:"吾无所得。"公又曰："我欲饮。"妇人曰："吾无所得。"公曰："何故?"对曰："常之巫从中出曰:'公将以某日薨。'易牙、竖刁、常之巫相与作乱,塞宫门,筑高墙,不通人,故无所得。卫公子启方以书社四十下卫⑫。"公慨焉叹,涕出曰:"嗟乎!圣人之所见,岂不远哉!若死者有知,我将何面目以见仲父乎?"蒙衣袂而绝乎寿宫⑬。虫流出于户,上盖以杨门之扇⑭,三月不葬⑮。此不卒听管仲之言也。桓公非轻难而恶管子也,无由接见也⑯。无由接,固却其忠言⑰,而爱其所尊贵也⑱。

【注释】

①仲父:桓公尊称管仲为"仲父"。病:病重,病危。

②"居者"二句:管仲引此俗谚意在说明,自己病危将死,不能再考虑其他无关的事情了。

③远行:指死。这是一种委婉的说法。

④常之巫:巫者。他书或作"堂巫"。启方:卫国的公子,在齐国做官,齐桓公的宠臣之一。他书或作"开方"。

⑤慊(qiè):惬意,满足。这里用如使动。

⑥忍:狠心。此句为宾语前置句式,"其子"是"忍"的宾语,"之"复指前置的宾语。下文"其身之忍"、"其父之忍"句式与此句同。

⑦失:指精神失其守。

⑧任:听凭。

⑨肃:整饬。

⑩尽:指尽可听从。

⑪反:返,用如使动,让……回来。

⑫书社:古代二十五家为社,把社内人名登录在册,称之书社。下卫:降卫。

⑬袂(mèi)：衣袖。绝：气绝身亡。寿宫：宫中寝室。

⑭杨门：当是门名(依高诱说)。

⑮三月不葬：《史记·齐世家》、《左传》作"三月不殡，九月不葬"。殡，停柩。

⑯见：疑是衍文(依毕沅说)。

⑰固：通"故"。却：弃，不采纳。

⑱所尊贵：指易牙、竖刁、常之巫、卫公子启方等宠臣。

【译文】

管仲生了重病，桓公去探望他，说："仲父您的病很严重了，您有什么话教诲我呢？"管仲说："齐国的鄙野之人有句谚语说：'家居的人不用准备外出时车上装载的东西，行路的人不用准备家居时需要埋藏的东西。'我将要永远地走了，哪还值得询问？"桓公说："希望仲父您不要推辞。"管仲回答说："希望您疏远易牙、竖刁、常之巫、卫公子启方。"桓公说："易牙不惜煮了自己的儿子以满足我的口味，这样的人还可以怀疑吗？"管仲回答说："人的本性不是不爱自己的儿子啊，他连自己的儿子都狠心煮死了，对您又能怎么样呢？"桓公又说："竖刁自己阉割了自己以便接近侍奉我，这样的人还可以怀疑吗？"管仲回答说："人的本性不是不爱自己的身体啊，他连自身都狠心阉割了，对您又怎么能热爱呢？"桓公又说："常之巫能明察死生，能驱除鬼降给人的疾病，这样的人还可以怀疑吗？"管仲回答说："死生是命中注定的，鬼降给人的疾病是由于精神失守引起的。您不听凭天命，守住根本，却依仗常之巫，他将借此无所不为了。"桓公又说："卫公子启方侍奉我十五年了，他的父亲死了，他都不敢回去哭丧，这样的人还可以怀疑吗？"管仲回答说："人的本性不是不爱自己的父亲啊，他连自己的父亲都那样狠心对待，对您又怎么能热爱呢？"桓公说："好吧。"管仲死了，桓公把易牙等人全部驱逐了。桓公吃饭不香甜，后宫不安定，疫病四起，朝政混乱。过了三年，桓公说："仲父也太过分了吧！谁说仲父的话都得听从呢！"于是又把易牙等人都召了回来。第二年，桓公病了，常之巫从宫内出来说："君主将在某日去世。"易牙、竖刁、常之巫一起作乱，堵塞了宫门，筑起了高墙，不让人进去，假称这是桓公的命令。有一个妇人翻墙进入宫内，到了桓公那里。桓公说："我想吃饭。"妇人说："我没有地方能弄到饭。"桓公又说："我想喝水。"妇人说："我没有地方能弄到水。"桓公说："这是为什么？"妇人回答说："常之巫从宫内出来说：'君主将在某日去世。'易牙、竖刁、常之巫一起作乱，堵塞了宫门，筑起了高墙，不让人进来，所以没有地方能弄到饭和水。卫公子启方带着四十社的土地和人口投降了卫国。"桓公慨然叹息，流着泪说："唉！圣人所预见到的，难道不是很远吗！如果死者有知，我将有什么脸去见仲父呢？"于是用衣袖蒙住脸，死在寿宫。尸虫爬出门外，尸体上盖着杨门的门扇，过了三个月不能下葬。这是因为桓公不能始终听从管仲的话啊。桓公不是轻视灾难、厌恶管仲，而是智力不及，无法知道管仲的话是对的。正因为无法知道，所以不采纳管仲的忠言，反而亲近自己所宠信的那几个小人。

悔　过

【题解】

本篇着重论述智所不至的危害及知错能改的重要性。秦穆公知有所不至，不听蹇叔之谏，以至全军覆没，三帅被俘。本篇以"悔过"为题，意在说明：君主"智不至"，依然能够成就一番事业，关键在于能够悔过自新。秦穆公终成霸业便是一个明证。

四曰：

穴深寻①，则人之臂必不能极矣。是何也？不至故也。智亦有所不至。所不至，说者虽辩，为道虽精，不能见矣。故箕子穷于商②，范蠡流乎江③。

【注释】

①寻：古代长度单位，八尺为寻。

②箕子穷于商：指箕子被商纣囚禁。箕子，商纣叔伯父，封国于箕，故称箕子。商纣暴虐，箕子谏不听，于是披发佯狂为奴，被纣囚禁。穷，困窘。

③范蠡流乎江：据《国语·越语下》记载，范蠡辅佐越王勾践灭吴后，"乘轻舟以浮于五湖"。流，浮。

【译文】

第四：

洞深八尺,那么人的手臂就不能探到底了。这是为什么呢?是因为手达不到的缘故。智力也有达不到的地方。智力达不到,游说的人即使善辩,阐发的道理即使精辟,也不能使他体会到。所以箕子被商纣囚禁,范蠡飘泊于三江五湖。

昔秦缪公兴师以袭郑①,蹇叔谏曰②:"不可。臣闻之,袭国邑,以车不过百里,以人不过三十里,皆以其气之趫与力之盛至③,是以犯敌能灭,去之能速。今行数千里,又绝诸侯之地以袭国,臣不知其可也。君其重图之④。"缪公不听也。蹇叔送师于门外而哭曰:"师乎!见其出而不见其入也。"蹇叔有子曰申与视,与师偕行。蹇叔谓其子曰:"晋若遏师必于殽⑤。女死,不于南方之岸⑥,必于北方之岸,为吾尸女之易⑦。"缪公闻之,使人让蹇叔曰⑧:"寡人兴师,未知何如。今哭而送之,是哭吾师也。"蹇叔对曰:""臣不敢哭师也。臣老矣,有子二人,皆与师行。比其反也⑨,非彼死,则臣必死矣,是故哭。"

【注释】

①秦缪公:即秦穆公,春秋五霸之一。缪,通"穆"。

②蹇(jiǎn)叔:秦穆公时任上大夫。

③趫(qiáo):壮盛。

④其:表示委婉的语气词。重:深。图:谋,考虑。

⑤遏:这里是阻击的意思。殽(xiáo):通"崤",山名,在今河南洛宁西北。

⑥岸：山崖。

⑦尸：用如动词，给……收尸。女，你们。

⑧让：责备。

⑨比：及，等到。反：返回。

【译文】

从前，秦穆公发兵偷袭郑国，蹇叔劝阻说："不可以。我听说过，偷袭他国城邑，用战车不能超过百里，用步兵不能超过三十里，都是凭着士兵士气旺盛和力量强盛时到达，因此进攻敌人就能够消灭他们，撤离战场就能够迅速离去。现在要行军几千里，又要穿越其他诸侯国的领土去偷袭他国，我不知道那怎么可以呢！您还是仔细慎重地考虑考虑吧。"穆公不听从他的意见。蹇叔送军队出征送到城门外，哭着说："将士们啊！我看到你们出征却看不到你们回来啦！"蹇叔的两个儿子申和视跟军队一起出征。蹇叔对他的儿子们说："晋国如果阻击我军，一定在崤山。你们战死的话，不死在南山边，就一定要死在北山边，以便我给你们收尸时容易识别。"穆公听说了这件事，派人责备蹇叔说："我发兵出征，还不知道胜负如何。现在你却哭着送行，这是给我的军队哭丧啊。"蹇叔回答说："我不敢给军队哭丧啊。我老了，有两个儿子都和军队一起出征。等到军队回来的时候，不是他们战死，就一定是我死了，因此我才哭。"

师行过周①，王孙满要门而窥之②，曰："呜呼！是师必有疵③。若无疵，吾不复言道矣。夫秦非他④，周室之建国也。过天子之城，宜橐甲束兵⑤，左右皆下⑥，以为天子礼。今袀服回建⑦，左不轼而右之⑧，超乘者五百乘⑨，力则多矣，然而寡礼，安得无疵？"师过周而东。

【注释】

①周：指周的东都，即王城。

②王孙满：周大夫。要：通"闑（yuè）"，闭门上闩（依马叙伦说）。

③有疵：这里是遭到挫败的意思。

④他：其他的，别的。

⑤橐（tuó）甲：把铠甲装在口袋里。橐，口袋，用如动词。

⑥左右：春秋时作战，一般兵车乘甲士三人，驭者居中。左右指驭者两旁的甲士。

⑦袀（jūn）服：即"均服"，指军服上下颜色没有区别。袀，通"均"，上下同色。回建：指车上建置混乱。回，违背。建，兵车上的建置。

⑧左：车左。古时一般战车，御者居中，甲士居左。轼，车前横木。用如动词，扶轼。扶轼是表示敬意的礼节。右：车右，骖乘。"右下"似当作"右下之"。下车才能复有"超乘"的动作。

⑨超乘：跃上战车。这是一种无礼的举动。

【译文】

秦军行进经过周的都城，王孙满关上城门上了闩，从门缝里观看秦军，说："哎呀！这支军队必遭挫折。如果它不遭挫折，以后我就不再议论'道'了。秦国非他国可比，它是周王室分封的诸侯国。它的军队经过天子的都城，应该收藏起铠甲兵器，战车上驭者左右的甲士都应下车，以此表示向天子行礼。现在这支军队服装上下一色，兵车上建置混乱，左边的将士不凭轼致敬，右边的骖乘下车又跃上车的有五百乘之多。这些人力气固然是很大了，然而缺少礼仪，这样的军队怎么能不遭挫折？"秦军过了周的都城向东行进。

郑贾人弦高、奚施将西市于周，道遇秦师，曰："嘻！师所从来者远矣。此必袭郑。"遽使奚施归告，乃矫郑伯之命以劳之①，曰："寡君固闻大国之将至久矣②。大国不至，寡君与士卒窃为大国忧，日无所与焉③，惟恐士卒罢弊与糗粮匮乏④。何其久也！使人臣犒劳以璧，膳以十二牛⑤。"秦三帅对曰："寡君之无使也⑥，使其三臣丙也、术也、视也于东边候晻之道⑦，过⑧，是以迷惑，陷入大国之地。"不敢固辞，再拜稽首受之⑨。三帅乃惧而谋曰："我行数千里，数绝诸侯之地以袭人，未至而人已先知之矣，此其备必已盛矣。"还师去之。

【注释】

①矫：假称，假托。劳：慰劳。

②寡君：对别国谦称自己的国君。大国：对别国的尊敬说法，这里指秦国。

③日：每日。与：通"豫"（依高亨说），乐。

④罢弊：赢弱疲困。糗（qiǔ）粮：干粮。匮（kuì）：缺乏。

⑤膳：用如动词，作为膳食。

⑥寡君之无使也：我们的国君没有可派遣的人。这是客气话。

⑦丙：白乙丙。术：西乞术。视：孟明视。三人是这次战争中秦军的主帅。候：视察。晻：通"晋"，晋国。

⑧过：超过。这里是走过了的意思。

⑨稽（qǐ）首：古时的一种礼节。跪下，拱手至地，头也至地。整个过程较缓慢。

【译文】

　　郑国商人弦高、奚施西行到周的都城去做买卖，在路上遇到秦国军队，弦高说："啊！这支军队是从很远的地方来的，这一定是去偷袭郑国。"于是立即让奚施回郑国报告，自己就假托郑国国君的命令去慰劳秦军。弦高说："我们国君本来很早就听说贵国军队要来了。贵军没有来，我们国君和士兵私下替贵军担忧，每天都为此而心情不愉快，惟恐贵军士兵羸弱疲困，干粮缺乏。怎么这么久才到啊！我们国君派我用璧犒劳贵军，并献给贵军十二头牛作为膳食。"秦军三个主帅回答说："我们的国君没有合适的人可派遣，派了他的三个臣子丙、术、视到东方察看晋国的道路。没想走过了头，因此迷了路，误入贵国境内。"不敢执意不收，拜而又拜，叩头于地，接受了犒劳的东西。秦军的三个主帅很担心，商议说："我们行军几千里，多次穿越其他诸侯国的领土去偷袭人家，还没到，人家就已经先知道了，这样看来，他们的准备一定已经很充分了。"于是回师离开了郑国。

当是时也，晋文公适薨，未葬。先轸言于襄公曰①："秦师不可不击也，臣请击之。"襄公曰："先君薨，尸在堂，见秦师利而因击之，无乃非为人子之道欤！"先轸曰："不吊吾丧，不忧吾哀，是死吾君而弱其孤也②。若是而击，可大强。臣请击之。"襄公不得已而许之。先轸遏秦师于殽而击之，大败之，获其三帅以归。

【注释】

①先轸(zhěn)：晋国的执政大臣，食邑在原(今河南济源西北)，故又称"原轸"。襄公：晋襄公，晋文公之子，名欢，公元前627年—前621年在位。

②死吾君：意思是，背弃了我们死去的君主。弱：用如意动。这里有欺侮的意思。

【译文】

在这时，正赶上晋文公去世，还没有安葬。先轸对晋襄公说："秦军不可不袭击，请您允许我去袭击它。"襄公说："先君去世，尸体还在堂上，看到秦军有利可图就去袭击它，这恐怕不是作为儿子应该遵循的原则吧！"先轸说："秦国对我们的丧事不表示慰问，对我们的哀痛不表示忧伤，这是背弃了我们的先君，欺侮您年幼。他们这样无情无义，我们去袭击它，可以使晋国大大强盛。请您允许我去袭击它。"襄公不得已才答应了他。先轸在崤山截住并攻击秦军，把它打得大败，俘获了秦军的三个主帅而回。

　　缪公闻之，素服庙临①，以说于众曰："天不为秦国②，使寡人不用蹇叔之谏，以至于此患。"此缪公非欲败于殽也，智不至也。智不至则不信。言之不信，师之不反也从此生。故不至之为害大矣。

【注释】

　　①素服：穿上丧服。庙临(lìn)：到祖庙中将此事哭告祖先。临，哭。

　　②为：这里是帮助的意思。

【译文】

　　秦穆公听到这个消息，身穿丧服，到宗庙里哭告祖先，向众人说道："上天不帮助秦国，才让我没有听从蹇叔的劝谏，以致遭到这样的祸患。"这并不是穆公想在崤山被打败，而是因为智力达不到啊。智力达不到就不相信蹇叔的话。不相信蹇叔的话，结果导致了秦军全军覆没。所以，智力达不到带来的危害真是太大了。

乐　成

【题解】

　　本篇宣扬了"民不可与虑化举始,而可以乐成功"的观点,并夸大了贤主忠臣在事业成功上的决定作用。文章列举的禹决江水、孔子用于鲁、子产治郑、魏攻中山、史起治邺等事例都是为论证这一思想服务的。

　　五曰:

　　大智不形①,大器晚成②,大音希声③。

　　禹之决江水也,民聚瓦砾。事已成,功已立,为万世利。禹之所见者远也,而民莫之知。故民不可与虑化举始,而可以乐成功④。

　　孔子始用于鲁,鲁人鬻诵之曰⑤:"麛裘而韠⑥,投之无戾⑦。韠而麛裘,投之无邮⑧。"用三年,男子行乎涂右,女子行乎涂左⑨,财物之遗者,民莫之举。大智之用,固难逾也⑩。

　　子产始治郑⑪,使田有封洫⑫,都鄙有服⑬。民相与诵之曰:"我有田畴,而子产赋之。我有衣冠,而子产贮之⑭。孰杀子产,吾其与之⑮。"后三年,民又诵之曰:"我有田畴,而子产殖之⑯。我有子弟,而子产诲之。子产若死,其使谁嗣之?"

使郑简、鲁哀当民之诽讪也^⑰，而因弗遂用，则国必无功矣，子产、孔子必无能矣。非徒不能也，虽罪施^⑱，于民可也。今世皆称简公、哀公为贤，称子产、孔子为能。此二君者，达乎任人也。舟车之始见也，三世然后安之^⑲。夫开善岂易哉^⑳！故听无事治。事治之立也，人主贤也。

【注释】

①形：用如动词，表现出来。

②大器晚成：本指大材须积久始能成器。后多用以指人成就较晚。

③大音希声：最大的乐声反而听不出音响。希，少。以上二句见《老子》四十一章。

④以：与。

⑤嫛(yì)：通"繄"(依孙诒让说)。句中语气词。诵：这里是怨谤、讽诵的意思。

⑥麑(mí)裘而韠(bì)：穿着鹿皮衣和蔽膝。麑，小鹿。韠，朝服的蔽膝。按：古代麑裘为常服，韠为朝贺之服，二者不得共用。

⑦投：弃。戾：罪。

⑧邮：通"尤"，罪。

⑨涂：道路。这二句是说民知礼义。

⑩逾：通"喻"。知晓。

⑪子产：郑大夫，姓公孙，名侨，字子产，春秋时有名的政治家。

⑫封：田界。洫：水沟。

⑬都鄙有服：城邑、鄙野各有规定的服色。都，与"鄙"对文，泛指城邑。

⑭贮：古代一种财务税(依杨宽说，见《古史新探》)。

⑮与(yǔ)：帮助。

⑯殖：繁殖。这里指增加产量。

⑰郑简：郑简公，名嘉，春秋时郑国国君。鲁哀：鲁哀公，名蒋，春秋
　　时鲁国国君。这两位君主分别是子产、孔子的国君。当：面对。
　　訿(zǐ)：也作"訾"，毁谤，非议。

⑱罪施：被治罪。

⑲安：习惯。

⑳开：始。

【译文】

第五：

最大的智慧不显现，成大器的人出名晚，最优美的乐音难听见。

当禹疏导江水的时候，百姓却堆积瓦砾加以阻挡。等到治水的事业完成，功业建立以后，给子孙万代带来了好处。禹目光远大，可是百姓却没有谁知道这一点。所以，不可以跟普通的百姓商讨改变现状、进行创业开拓的大事，而可以跟他们享受成功的快乐。

孔子刚在鲁国被任用时，鲁国人怨恨地唱道："穿着鹿皮衣又穿蔽膝，抛弃他没关系。穿着蔽膝又穿鹿皮裘，抛弃他没罪尤。"被任用三年之后，鲁国男子在道路右边行走，女子在道路左边行走；遗失了的财物，没有人拾取。大智的运用，本来就难以让人知晓啊。

子产开始治理郑国时，让田地有沟渠疆界，让城邑、鄙野各有规定的服色。人民一起怨恨地唱道："我们有田亩，子产征军赋。我们有衣冠，子产收税赋。谁要杀子产，我们去帮助。"三年之后，人民又歌颂他说："我们有田亩，子产让它增五谷。我们有子弟，子产对他施教育。子产若死去，让谁来接续？"

假使郑简公、鲁哀公面对人民的诽谤非议，就不再任用子产、孔子，那么国家一定无所成就，子产、孔子也一定无法施展才能。不只是不能施展才能，即使被治罪，人民也会赞同的。如今世上都称赞简公、哀公贤明，称赞子产、孔子有才能。这两位君主，很懂得任用人啊。舟、车开

始出现的时候,人们都不习惯,过了三代人们才感到习惯。开始做好事难道容易吗！所以听信愚民之言,任何事都办不好。事业之所以成功,全在于君主贤明啊。

　　魏攻中山,乐羊将①。已得中山,还反报文侯②,有贵功之色③。文侯知之,命主书曰:"群臣宾客所献书者,操以进之。"主书举两箧以进④。令将军视之,书尽难攻中山之事也⑤。将军还走⑥,北面再拜曰:"中山之举,非臣之力,君之功也。"当此时也,论士殆之日几矣⑦,中山之不取也,奚宜二箧哉？一寸而亡矣⑧。文侯,贤主也,而犹若此,又况于中主邪？中主之患,不能勿为,而不可与莫为⑨。凡举无易之事⑩,气志视听动作无非是者,人臣且孰敢以非是邪疑为哉⑪？皆壹于为,则无败事矣。此汤、武之所以大立功于夏、商,而句践之所以能报其雠也。以小弱皆壹于为而犹若此⑫,又况于以强大乎！

【注释】

①乐羊:魏人,为魏文侯将。

②报:禀告。文侯:魏文侯,名斯,战国初期魏国国君。

③贵功:这里是夸功的意思。

④箧(qiè):箱子一类的东西。

⑤难(nàn):责难。

⑥还(xuán)走:转身退下几步,表示恭敬惶恐。

⑦论士:议论的人。殆:危害。几,近。

⑧一寸:极言书信之少之短。

⑨莫为:疑作"莫易"(依陶鸿庆说),不中途改变。

⑩举:行。无易:不中途改变。

⑪"人臣"句:大意是,臣下谁还敢认为不对而横加怀疑呢?"非是邪疑"是"以"的宾语。邪,歪曲。

⑫小弱:指汤、武、勾践。汤、武封地仅方百里,勾践臣事吴王夫差,故称小弱。

【译文】

　　魏国攻打中山国,乐羊为将。乐羊攻下中山国以后,回国向魏文侯报告,显出夸功骄傲的神色。文侯察觉到这一点,就命令主管文书的官吏说:"群臣和宾客献上的书信,都拿来送上。"主管文书的官吏搬着两箱书信送上来。文侯让乐将军看这些书信。书信都是责难攻打中山国这件事的。乐将军转身退下几步,向北拜而又拜说:"攻下中山国,不是我的力量,是君主您的功劳啊。"当乐羊攻打中山国的时候,议论的人对这件事的危害一天比一天严重,假使文侯相信了群臣宾客之言,认为中山国不可攻取,那么,哪里用得着两箱书信呢! 只需一寸长的书信就足以让乐羊失去功劳了。文侯是贤明的君主,臣下尚且如此,更何况一般的君主呢? 一般君主的祸患是,不能不让他去做,又不能让他中途不改变。君主凡是去做中途不改变的事情,思想意志、视听行动无不认为正确,臣下谁还敢认为不对而横加怀疑呢? 君臣都专心去做,就没有做不成的事了。这就是汤、武王之所以在灭亡夏、商中大立功业,勾践之所以能够报仇的原因。只要君臣全都专心去做,凭仗弱小的国家尚且能如此,更何况凭仗强大的国家呢?

　　魏襄王与群臣饮①,酒酣,王为群臣祝,令群臣皆得志。史起兴而对曰②:"群臣或贤或不肖③,贤者得志则可,不肖者得志则不可。"王曰:"皆如西门豹之为人臣也④"。史起对曰:"魏氏之行田也以百亩⑤,邺独二百亩⑥,是田恶也。漳水在其旁，而西门豹弗知用，是其愚也。知而弗言，是不忠也。愚与不忠，不可效也。"魏王无以应之。明日，召史起而问焉，曰："漳水犹可以灌邺田乎？"史起对曰："可。"王曰："子何不为寡人为之？"史起曰："臣恐王之不能为也。"王曰："子诚能为寡人为之，寡人尽听子矣。"史起敬诺，言之于王曰："臣为之，民必大怨臣，大者死⑦，其次乃藉臣⑧。臣虽死藉，愿王之使他人遂之也⑨。"王曰："诺。"使之为邺令。史起因往为之。邺民大怨，欲藉史起。史起不敢出而避之。王乃使他人遂为之。水已行，民大得其利，相与歌之曰："邺有圣令，时为史公⑩。决漳水，灌邺旁。终古斥卤⑪，生之稻粱。"使民知可与不可，则无所用矣。贤主忠臣，不能导愚教陋，则名不冠后、实不及世矣。史起非不知化也，以忠于主也。魏襄王可谓能决善矣。诚能决善，众虽喧哗，而弗为变。功之难立也，其必由讻讻邪⑫！国之残亡，亦犹此也。故讻讻之中，不可不味也。中主以之讻讻也止善，贤主以之讻讻也立功。

【注释】

①魏襄王：名嗣，战国时魏国国君。

②史起：魏襄王之臣。兴：起，站起来。

③或：有的。

④西门豹：姓西门，名豹，魏文侯时曾为邺令。让人民开水渠，引漳水灌溉农田。

⑤行田：分配土地给人耕种。

⑥邺：魏地，在今河北临漳西南。

⑦死：其宾语"臣"涉下文省略。

⑧藉(jiè)：践踏，欺凌。

⑨遂：完成。

⑩时：通"是"，此。

⑪终古：久远，自古以来。斥卤：盐碱地。他书或作"舄(xì)卤"、"潟(xì)卤"。斥，指地咸卤。

⑫讻讻(xiōngxiōng)：喧闹声。

【译文】

魏襄王跟臣子们一起喝酒，喝到正畅快的时候，魏王为臣子们祝酒，让臣子们都能得志。史起站起来回答说："臣子有的贤明有的不肖，贤明的人得志可以，不肖的人得志就不可以。"魏王说："让群臣都像西门豹那样当臣子。"史起回答说："魏国分配给人民土地，每户一百亩，邺地偏偏给二百亩，这说明那里的土地不好。漳水在它的旁边，可是西门豹却不知利用，这说明他很愚蠢。知道这种情况却不报告，这说明他不忠。愚蠢和不忠，不可效法。"魏王无话回答他。第二天，召来史起问他说："漳水还可以灌溉邺的田地吗？"史起回答说："可以。"魏王说："你何不替我去做这件事？"史起说："我担心您不能做啊。"魏王说："你如果真的能替我去做这件事，我全都听你的。"史起恭恭敬敬地答应了，并对魏王说："我去做这件事，那里的人民一定非常怨恨我，严重了会弄死我，次之也会凌辱我。即使我被弄死或被凌辱，希望您派其他人继续完成这件事。"魏王说："好吧。"派他去当邺令。史起于是去邺开始了引漳工程。邺地的人民非常怨恨史起，想要凌辱他。史起不敢出门，躲了起来。魏王就派别人最终完成了这一工程。水流到了田里，人民大大受益，一起歌颂他说："邺地有贤令，此人是史公。引漳水，灌邺田。古来盐碱土，能长稻和谷。"假使人民知道什么可做，什么不可做，那就没有任用贤人的必要了。贤主忠臣，如果不能教导愚蠢鄙陋的人，那么名声就不能流传到后世，政绩也不能对当代有利了。史起不是不知道事物的发展趋势,他明知要遭到民众的怨恨,却还要治理漳水,是因为他忠于君主。魏襄王可说是能对善行做出决断了。如果真能对善行做出决断,那么众人即使喧哗,也不会因此而改变。功业之所以难于建立,大概一定是由于众人的吵吵闹闹吧!国家的残破灭亡,也是由于这个原因啊。所以在众人的吵吵闹闹之中,不可不加以研究体会。一般的君主因为众人的吵吵闹闹就停止了行善,贤明的君主却在众人的吵吵闹闹之中建立起功业。

察　微

本篇阐发了察微知著的道理。围绕"治乱存亡,其始若秋毫,察其秋毫,则大物不过矣。"这一观点从正反两方面举例加以论证,同时指出智士贤者应该处心积虑,考察事物的端倪,见微知著,防患于未然。还列举了吴楚卑梁之争、宋华元飨士而忘其御、鲁昭公听伤而不辨其义三则事例,说明小处不察,必酿成大患,以历史教训为借鉴,从反面强调了察微的重要。

六曰:

使治乱存亡若高山之与深溪,若白垩之与黑漆①,则无所用智,虽愚犹可矣。且治乱存亡则不然②。如可知,如可不知③;如可见,如可不见。故智士贤者相与积心愁虑以求之④,犹尚有管叔、蔡叔之事与东夷八国不听之谋⑤。故治乱存亡,其始若秋毫。察其秋毫,则大物不过矣。

【注释】

①白垩(è):白色的土。

②且：等于说"而"。

③可不：当作"不可"（依毕沅说）。下句同。

④愁虑：等于说"积虑"。愁，通"揫"，聚积。

⑤"犹尚"句：管叔、蔡叔为周武王之弟，武王灭商后，分别封于管（今河南郑州）和蔡（今河南上蔡西南）。武王死，成王幼，周公摄政，管叔、蔡叔不服，和武庚（纣王之子）一起叛乱，东夷八国附从，不听王命。

【译文】

第六：

假使治和乱、存和亡的区别像高山和深谷，像白土和黑漆那样分明，那就没有必要运用智慧，即使蠢人也可以知道了。然而治和乱、存和亡的区别并不是这样。好像可知，又好像不可知；好像可见，又好像不可见。所以有才智的人、贤明的人都在千思百虑、用尽心思去探求治乱存亡的征兆，尽管如此，尚且有管叔、蔡叔的叛乱事件和东夷八国不听王命的阴谋。所以治乱存亡，它们刚刚出现的时候就像秋毫那样，能够明察秋毫，大事就不会出现过失了。

　　鲁国之法，鲁人为人臣妾于诸侯①，有能赎之者，取其金于府②。子贡赎鲁人于诸侯，来而让，不取其金。孔子曰："赐失之矣③。自今以往，鲁人不赎人矣。"取其金，则无损于行；不取其金，则不复赎人矣。子路拯溺者，其人拜之以牛④，子路受之。孔子曰："鲁人必拯溺者矣。"孔子见之以细，观化远也。

【注释】

①臣：男奴仆。妾：女奴仆。

②府：收藏钱财的地方。这里指公家府库。

③赐：孔子弟子子贡姓端木，名赐，字子贡。

④拜：谢。

【译文】

鲁国的法令规定，鲁国人在其他诸侯国给人当奴仆，有能赎出他们的，可以从国库中支取金钱。子贡从其他诸侯国赎出了做奴仆的鲁国人，回来却推辞，不支取金钱。孔子说："端木赐做错了。从今以后，鲁国人不会再赎人了。"支取金钱，对品行并没有损害；不支取金钱，就不会有人再赎人了。子路救了一个溺水的人，那个人用牛来酬谢他，子路收下了牛。孔子说："鲁国人一定会救溺水的人了。"孔子能从细小处看到结果，这是由于他对事物的发展变化观察得远啊。

楚之边邑曰卑梁，其处女与吴之边邑处女桑于境上，戏而伤卑梁之处女。卑梁人操其伤子以让吴人①，吴人应之不恭，怒，杀而去之。吴人往报之，尽屠其家。卑梁公怒②，曰："吴人焉敢攻吾邑？"举兵反攻之，老弱尽杀之矣。吴王夷眛闻之③，怒，使人举兵侵楚之边邑，克夷而后去之。吴、楚以此大隆④。吴公子光又率师与楚人战于鸡父⑤，大败楚人，获其帅潘子臣、小帷子、陈夏啮⑥。又反伐郢，得荆平王之夫人以归，实为鸡父之战。凡持国，太上知始，其次知终，其次知中。三者不能，国必危，身必穷。《孝经》曰⑦："高而不危，所以长守贵也；满而不溢，所以长守富也。富贵不离其身，然后能保其社稷，而和其民人。"楚不能之也。

【注释】

①子：指上文"处女"。古代男孩女孩都可称"子"。让：责备。

②卑梁公：卑梁邑的守邑大夫。楚僭称王，故守邑大夫都称公。

③夷眜：春秋时吴国国君，吴王寿梦之子，公元前530年—前527年在位。

④隆：通"哄(hòng)"，相斗（依孙诒让说）。

⑤公子光：吴王诸樊之子。鸡父：古地名，在今河南固始东南。

⑥潘子臣、小帷子：都是楚国大夫。陈夏啮(niè)：陈国大夫夏啮。鸡父之战，陈助楚，故其大夫为吴所擒。

⑦《孝经》曰：下引文见今《孝经·诸侯章》。

【译文】

楚国有个边境城邑叫卑梁，那里的姑娘与吴国边境城邑的姑娘一起在边境上采桑叶，嬉戏时，吴国的姑娘伤了卑梁的姑娘。卑梁人带着受伤的姑娘去责备吴国人，吴国人应答不恭敬，卑梁人很恼怒，杀死了那个吴国人就走了。吴国人去报复，把那个楚国人全家都杀死了。卑梁的守邑大夫大怒，说："吴国人怎么竟敢攻打我的城邑？"发兵去攻打吴国人，连老弱全都杀死了。吴王夷眜听到这事以后大怒，派人率兵侵犯楚国的边境城邑，攻克楚国边邑，把它夷为平地，然后才离开。吴国、楚国因此展开大战。吴公子光又率领军队在鸡父跟楚国军队交战，把楚军打得大败，俘虏了楚军的主帅潘子臣、小帷子以及陈国的夏啮。又接着攻打郢，俘获了楚平王的夫人，把她带回吴国。这实际上还是鸡父之战的继续。凡是要守住国家，最上等的是洞察事情的开端，其次是预见到事情的结局，再次是随着事情的发展了解它。这三样都做不到，国家一定危险，自身一定困窘。《孝经》上说："高却不倾危，因此能够长期保住尊贵；满却不外溢，因此能够长期保住富足。富贵不离身，然后才能保住国家，使人民和谐。"楚国恰恰不能做到这些。

郑公子归生率师伐宋①。宋华元率师应之大棘②，羊斟御③。明日将战，华元杀羊飨士，羊斟不与焉④。明日战，怒谓华元曰："昨日之事，子为制⑤；今日之事，我为制。"遂驱入于郑师。宋师败绩，华元虏。夫弩机差以米则不发⑥。战，大机也。飨士而忘其御也，将以此败而为虏，岂不宜哉！故凡战必悉熟偏备⑦，知彼知己，然后可也。

【注释】

①归生：春秋时郑国大夫，字子家。

②华元：春秋时宋国大夫，历事文公、平公三君。大棘：宋邑。共公、故址在今河南柘城西北。

③羊斟：宋人，华元的驭手，后奔鲁。御：驾车。

④与（yù）：参与，在其中。

⑤制：这里是控制、掌握的意思。

⑥弩机：弩牙，弩上发箭的装置。弩，古代一种利用机械力量发射箭的弓。米：指一个米粒的长度。

⑦悉：全，都。偏：通"遍"。

【译文】

郑公子归生率领军队攻打宋国。宋国的华元率领军队在大棘迎敌，羊斟给他作驭手。第二天将要作战，华元杀了羊宴飨甲士，羊斟却不在其中。第二天作战的时候，羊斟愤怒地对华元说："昨天宴飨的事由你掌握，今天驾车的事该由我掌握了。"于是把车一直赶进郑国军队里。宋国军队大败，华元被俘。弩牙相差一个米粒就不能发射。战争正像一个大的弩牙。宴飨甲士却忘了自己的驭手，将帅因此战败被俘，难道不是应该的吗？所以，凡作战一定要熟悉全部情况，做好全面准备，知己知彼，然后才可以作战。

　　鲁季氏与郈氏斗鸡①，郈氏介其鸡，季氏为之金距②。季氏之鸡不胜，季平子怒，因归郈氏之宫③，而益其宅。郈昭伯怒，伤之于昭公，曰："禘于襄公之庙也④，舞者二人而已⑤，其余尽舞于季氏。季氏之舞道⑥，无上久矣。弗诛，必危社稷。"公怒，不审⑦，乃使郈昭伯将师徒以攻季氏，遂入其宫。仲孙氏、叔孙氏相与谋曰⑧："无季氏，则吾族也死亡无日矣。"遂起甲以往⑨，陷西北隅以入之，三家为一，郈昭伯不胜而死。昭公惧，遂出奔齐，卒于乾侯⑩。鲁昭听伤而不辩其义⑪，惧以鲁国不胜季氏，而不知仲、叔氏之恐，而与季氏同患也。是不达乎人心也。不达乎人心，位虽尊，何益于安也？以鲁国恐不胜一季氏，况于三季⑫？同恶固相助⑬。权物若此其过也⑭，非独仲、叔氏也，鲁国皆恐。鲁国皆恐，则是与一国为敌也，其得至乾侯而卒犹远。

【注释】

①季氏：季孙氏，鲁国最有权势的贵族。此指季平子。郈（hòu）氏：鲁国公室。此指郈昭伯。

②为之金距：给鸡套上金属爪。之，代鸡。距，鸡爪。

③归：当是"侵"字之误（依孙人和说）。宫：室。

④禘（dì）：古代祭名。襄公：昭公之父。

⑤二人：当为"二八"之误（依毕沅校说）。古代舞制，天子八佾（舞蹈时八人一行，谓之一佾），诸侯六佾，大夫四佾。鲁本诸侯，礼当用六佾，今只用二佾，其余四佾为季氏占有。

⑥舞道：舞蹈的规矩。

⑦审：详察。

⑧仲孙氏、叔孙氏：都是鲁国的贵族，与季孙氏同族。

⑨起甲：发兵。甲，甲士。

⑩乾侯：晋邑，在今河北成安东南。

⑪辩：通"辨"，分辨。

⑫三季：三个季氏。指季孙氏、叔孙氏、仲孙氏。

⑬同恶（wù）：所厌恶的相同。这里指仲孙氏、叔孙氏、季孙氏都厌恶昭公。

⑭权：衡量。

【译文】

鲁国的季氏与郈氏斗鸡，郈氏给他的鸡披上甲，季氏给鸡套上金属爪。季氏的鸡没有斗胜，季平子很生气，于是侵占郈氏的房屋，扩大自己的住宅。郈昭伯非常恼怒，就在昭公面前诋毁季氏说："在襄公之庙举行大祭的时候，舞蹈的人仅有十六人而已，其余的人都到季氏家去跳舞了。季氏家舞蹈人数超过规格，他目无君主已经很长时间了。不杀掉他，一定会危害国家。"昭公大怒，不加详察，就派郈昭伯率领军队去攻打季氏，攻入了他的庭院。仲孙氏、叔孙氏彼此商量说："如果没有了季氏，那我们家族离灭亡就没有几天了。"于是发兵前往救助，攻破了院墙的西北角进入庭院，三家合兵一处，郈昭伯不能取胜而被杀死。昭公害怕了，于是逃亡到齐国，后来死在乾侯。鲁昭公听信诋毁季氏的话，却不分辨是否合乎道理，他只害怕凭着鲁国不能胜过季氏，却不知道仲孙氏、叔孙氏也很恐惧，他们与季孙氏是患难与共的。这是由于不了解人心啊。不了解人心，地位即便尊贵，对安全又有什么益处呢！凭借鲁国尚且害怕不能胜过一个季氏，更何况三个季氏呢？他们都厌恶昭公，本来就会互相救助。昭公权衡事情错误到如此地步，不只是仲孙氏、叔孙氏，整个鲁国都会感到恐惧。整个鲁国都感到恐惧，这就是与整个国家为敌了。昭公与整个国家为敌，在国内就该被杀，今得以死在乾侯，还算有幸死得远了呢！

去　宥

【题解】

　　本篇旨在论述认识问题的方法，认为去掉主观偏见是正确认识客观事物的根本和关键。文章列举了秦惠王问唐姑果、荆威王学书于沈尹华、邻父有与人邻者、齐人有欲得金者事例，说明有主观偏见就会颠倒黑白，造成极大危害。本篇与《去尤》篇意旨相同。

　　七曰：

　　东方之墨者谢子，将西见秦惠王①。惠王问秦之墨者唐姑果。唐姑果恐王之亲谢子贤于己也，对曰："谢子，东方之辩士也。其为人也甚险，将奋于说②，以取少主也③。"王因藏怒以待之。谢子至，说王，王弗听。谢子不说，遂辞而行。凡听言以求善也，所言苟善，虽奋于取少主，何损？所言不善，不奋于取少主，何益？不以善为之悫④，而徒以取少主为之悖，惠王失所以为听矣⑤。用志若是，见客虽劳，耳目虽弊⑥，犹不得所谓也。此史定所以得行其邪也⑦，此史定所以得饰鬼以人、罪杀不辜，群臣扰乱、国几大危也。人之老也，形益衰而智益盛。今惠王之老也，形与智皆衰邪？

【注释】

①秦惠王：即秦惠文王，战国时秦国国君，名驷，公元前337年—前311年在位。

②奋于说：竭力游说。

③少主：指惠王的太子。

④为：通"谓"，下句"为"与此同。悫（què）：忠诚。

⑤所以为听：指听言的目的。

⑥弊：疲惫。

⑦史定：秦史官，名定。行其邪：即指下文的"饰鬼以人、罪杀不辜"。

【译文】

第七：

东方墨家学派的谢子，将要到西方去见秦惠王。惠王向秦国墨家学派的唐姑果打听谢子的情况。唐姑果担心秦王亲近谢子超过自己，就回答说："谢子是东方能言善辩的人。他为人很狡诈，他这次来，将竭力游说，以取得太子的欢心。"秦王于是心怀愤怒等待谢子的到来。谢子来了，游说秦王，秦王不听从他的意见。谢子很不高兴，于是就告辞走了。凡听人议论是为了听取好的意见，所说的意见如果好，即便是竭力想取得太子的欢心，又有什么损害？所说的意见如果不好，即便不是要竭力取得太子的欢心，又有什么益处？不因为他的意见好认为他忠诚，而只是因为他想取得太子的欢心就认为他悖逆，惠王丧失了所以要听取意见的目的了。像这样动用心思，会见宾客即使很劳苦，耳朵眼睛即使很疲惫，还是得不到宾客言谈的要旨。这就是史定之所以能够干邪僻之事的原因，这就是史定之所以能用人装扮成鬼、加罪杀戮无辜之人，以致群臣骚乱、国家几乎危亡的原因。人到了年老的时候，身体越来越衰弱，可是智慧越来越旺盛。现在惠王已到了老年，难道身体和智慧都衰竭了吗？

荆威王学书于沈尹华^①，昭釐恶之^②。威王好制^③，有中谢佐制者^④，为昭釐谓威王曰："国人皆曰：王乃沈尹华之弟子也。"王不说，因疏沈尹华。中谢，细人也^⑤，一言而令威王不闻先王之术，文学之士不得进，令昭釐得行其私。故细人之言，不可不察也。且数怒人主，以为奸人除路^⑥，奸路已除，而恶壅却^⑦，岂不难哉？夫激矢则远^⑧，激水则旱^⑨，激主则悖，悖则无君子矣。夫不可激者，其唯先有度。

【注释】

①荆威王：即楚威王，名熊商，公元前 339 年—前 329 年在位。书：指古代文献典籍。沈尹华：威王之臣。

②昭釐(xī)：当是威王之臣。

③制：成法，法制。

④中谢：官职名，侍奉帝王的近臣。

⑤细人：小人，指地位卑贱的人。

⑥除路：扫清仕进之路。

⑦壅却：指贤人的仕进之路被阻塞。

⑧激矢：这里指奋力向后引箭。

⑨激水则旱：阻遏水流，水势就猛。旱，通"悍"，猛。

【译文】

楚威王向沈尹华学习文献典籍，昭釐对此很忌恨。威王喜好法制，有个帮助制定法令的中谢官替昭釐对威王说："国人都说：王是沈尹华的弟子。"威王很不高兴，于是就疏远了沈尹华。中谢官是地位卑贱的人，他说了一句话就让威王不能听到先王治国之道，使那些研习、精通古代文献典籍的人不得重用，让昭釐得以实现自己的阴谋。所以，对地位卑贱的人所说的话不可不明察啊。他们多次激怒人主，借此替奸人扫清仕进之路。奸人的仕进之路扫清了,却又厌恶贤人的仕进之路被阻塞,这难道不是很难吗?奋力向后拉箭,箭就射得远;阻遏水流,水势就猛;激怒君主,君主就会悖谬,君主悖谬就没有君子辅佐了。不可激怒的,大概只有心中早有准则的君主吧。

邻父有与人邻者①,有枯梧树,其邻之父言梧树之不善也②,邻人遽伐之。邻父因请而以为薪。其人不说曰:"邻者若此其险也,岂可为之邻哉?"此有所宥也③。夫请以为薪与弗请,此不可以疑枯梧树之善与不善也。

齐人有欲得金者,清旦,被衣冠④,往鬻金者之所,见人操金,攫而夺之。吏搏而束缚之,问曰:"人皆在焉,子攫人之金,何故?"对吏曰⑤:"殊不见人⑥,徒见金耳。"此真大有所宥也。

夫人有所宥者,固以昼为昏,以白为黑,以尧为桀。宥之为败亦大矣。亡国之主,其皆甚有所宥邪?故凡人必别宥然后知,别宥则能全其天矣⑦。

【注释】

①邻父:当涉下文而衍。

②父(fǔ):古代对老年男子的尊称。

③宥:通"囿",局限,闭塞。

④被(pī):这里是穿戴的意思。这个意义后来写作"披"。

⑤吏:当是涉上文而衍(依孙人和说)。

⑥殊:极,很。这里有根本的意思。

⑦天:指身体。

【译文】

　　有个人与别人为邻,他家中有棵干枯的梧桐树,与他为邻的一位老者说这棵梧桐不好,他立刻就把它伐了。那位老者于是要那棵梧桐树,想拿去当柴烧。他不高兴地说:"这个邻居竟这样地险诈啊,怎么可以跟他做邻居呢?"这是有所蔽塞啊。要那棵梧桐把它作柴烧,或是不要,这些都不能作为怀疑梧桐树好还是不好的依据。

　　齐国有个想得到金子的人,清晨,穿上衣服,戴好帽子,到了卖金子的人那里,看见人拿着金子,抓住金子就夺了过来。吏役把他抓住捆了起来,问他说:"人都在这里,你就抓取人家的金子,这是为什么?"他回答说:"我根本没有看见人,只见到金子罢了。"这真是蔽塞到极点了。

　　有所蔽塞的人,本来就把昼当成夜,把白当成黑,把尧当成桀。蔽塞的害处真也太大了。亡国的君主大概都是蔽塞到极点了吧。所以,凡是人一定要能够区分什么是蔽塞,然后才能知道事物的全貌;能够区分什么是蔽塞,就能保全自身了。

正 名

【题解】

　　本篇论述名与实的关系。文章指出名实相符国家就治理得好,名实不符国家就会混乱,"正名"是关系到国家生死存亡的大问题。需要指出的是,本篇的"正名"说与孔丘的"正名"说不同。孔丘提倡的"正名"是要以周礼为尺度,去纠正他认为不正常的社会秩序;而本篇的"正名"则是与下篇的"审分"相联系的,是要"按其实而审其名",即依照客观实际来审察名分。

　　八曰:

　　名正则治①,名丧则乱②。使名丧者,淫说也③。说淫则可不可而然不然,是不是而非不非。故君子之说也,足以言贤者之实、不肖者之充而已矣④,足以喻治之所悖、乱之所由起而已矣⑤,足以知物之情、人之所获以生而已矣。

【注释】

　　①名:与"形"、"实"相对,指名称或名分。

　　②名丧:指名分不正。

③淫说：浮夸失实的言辞。

④充：实。

⑤悖：通"勃"，兴盛。

【译文】

第八：

名分合宜国家就治理得好，名分不正国家就混乱。使名分不正的是浮夸失实的言辞。言辞浮夸失实就会以不可为可，以不然为然，以不是为是，以不错为错。所以君子的言辞，足以说出贤人的贤明、不肖之人的不肖就行了，足以讲明治世之所以兴盛、乱世由何引起就行了，足以令人知晓事物的真情、人之所以能生存的原因就行了。

凡乱者，刑名不当也①。人主虽不肖，犹若用贤②，犹若听善，犹若为可者。其患在乎所谓贤从不肖也③，所为善而从邪辟④，所谓可从悖逆也。是刑名异充，而声实异谓也。夫贤不肖，善邪辟，可悖逆，国不乱，身不危，奚待也？

【注释】

①刑：通"形"，形体。这里有实际的意思。

②犹若：犹然，仍然。

③从：当作"徒"（依王念孙说）。下面两句中的"从"也当作"徒"。

④为：通"谓"。

【译文】

凡是混乱，都是由于名实不符造成的。君主即便不贤，也还是知道任用贤人，还是知道听从善言，还是知道做可行之事。他们的弊病就在于他们所认为的贤人只不过是不肖之人，他们所认为的善言只不过是邪僻之言，他们所认为的可行之事只不过是悖逆之事。这就是形名异实、名实不符。把不肖当成贤明，把邪僻当成善良，把悖逆当成可行，像这样，国家不混乱，自身不危殆，还等什么呢？

　　齐湣王是以知说士，而不知所谓士也。故尹文问其故①，而王无以应。此公玉丹之所以见信、而卓齿之所以见任也②。任卓齿而信公玉丹，岂非以自雠邪③？

　　尹文见齐王，齐王谓尹文曰："寡人甚好士。"尹文曰："愿闻何谓士。"王未有以应。尹文曰："今有人于此，事亲则孝，事君则忠，交友则信，居乡则悌。有此四行者，可谓士乎？"齐王曰："此真所谓士已。"尹文曰："王得若人，肯以为臣乎？"王曰："所愿而不能得也。"尹文曰："使若人于庙朝中深见侮而不斗④，王将以为臣乎？"王曰："否。大夫见侮而不斗⑤，则是辱也，辱则寡人弗以为臣矣。"尹文曰："虽见侮而不斗，未失其四行也。未失其四行者，是未失其所以为士一矣。未失其所以为士一，而王以为臣，失其所以为士一⑥，而王不以为臣，则向之所谓士者，乃士乎？"王无以应。尹文曰："今有人于此，将治其国，民有非则非之，民无非则非之，民有罪则罚之，民无罪则罚之，而恶民之难治，可乎？"王曰："不可。"尹文曰："窃观下吏之治齐也⑦，方若此也。"王曰："使寡人治信若是，则民虽不治，寡人弗怨也。意者未至然乎！"尹文曰："言之不敢无说⑧，请言其说。王之令曰：'杀人者死，伤人者刑。'民有畏王之令、深见侮而不敢斗者，是全王之令也，而王曰：'见侮而不敢斗，是辱也。'夫谓之辱者，非此之谓也。以为臣不以为臣者，罪之也。此无罪而王罚之也。"齐王无以应。论皆若此，故国残身危，走而之谷⑨，如卫。齐湣王,周室之孟侯也^⑩,太公之所以老也^⑪。桓公尝以此霸矣,管仲之辩名实审也^⑫。

【注释】

①尹文:战国时齐人,其学说与黄老、申、韩之学相近。

②公玉丹:齐湣王之臣,其事可参见《审己》。见:表被动。卓齿:楚人,在齐国做官,齐湣王之臣。

③自雠:湣王宠信公玉丹、卓齿,行无道,后被卓齿所杀,所以这里说他“自雠”。雠,树立仇敌。

④庙朝:古代帝王、中朝之诸侯皆有三朝,即外朝、中朝、内朝。宗庙在左,聘享、命官等事都在这里进行,与朝廷出政令并重,故合称庙朝。这里是广庭大众的意思。

⑤大夫:当作“夫士”(依许维遹说)。

⑥“而王”二句:这十二个字当是衍文(依陈昌齐说)。

⑦下吏:实指齐湣王,这是一种委婉的说法。

⑧说:解说,道理。

⑨谷:齐邑。

⑩齐湣王,周室之孟侯也:衍“湣王”二字,当作“齐,周室之孟侯也”(依俞樾说)。孟侯,诸侯之长。按:这里就齐始封而言。

⑪太公:即太公望。老:养老。这里是得以寿终的意思。

⑫辩:通“辨”,辨别。

【译文】

齐湣王就是这样知道喜欢士,却不知道什么叫做士。所以尹文问他什么叫士,湣王无话回答。这就是公玉丹之所以被信任、卓齿之所以被任用的原因。任用卓齿,信任公玉丹,难道不是给自己安排仇人吗?

尹文谒见齐王,齐王对尹文说:“我非常喜欢士。”尹文说:“我希望听您说说什么样的人叫做士。”齐王没有话来回答。尹文说:“假如有这样一个人,侍奉父母很孝顺,侍奉君主很忠诚,结交朋友很守信用,住在乡里敬爱兄长。有这四种品行的人,可以叫做士吗?"齐王说:"这真是人们所说的士了。"尹文说:"您得到这个人,肯用他做臣子吗?"齐王说:"这是我所希望的,但却不能得到。"尹文说:"假如这个人在大庭广众之中受到莫大侮辱却不争斗,您还让他作臣子吗?"齐王说:"不。士受到侮辱却不争斗,这就是耻辱。甘心受辱,我就不让他做臣子了。"尹文说:"这个人虽然受到侮辱而不争斗,但他并没有丧失上述四种品行。没有丧失上述四种品行,这就是说没有丧失一点成为士的条件。没有丧失一点成为士的条件,可是大王您却不让他做臣子,那么您先前所认为的士还是士吗?"齐王无话回答。尹文说:"假如有这样一个人,将治理他的国家,人民有错误就责备他们,人民没有错误也责备他们,人民有罪就惩罚他们,人民没有罪也惩罚他们。这样做,反倒埋怨人民难于治理,可以吗?"齐王说:"不可以。"尹文说:"我私下观察您的臣属治理齐国,正像这样。"齐王说:"假如我治理国家真的像这样,那么人民即使治理不好,我也不怨恨。或许我还没有到达这个地步吧!"尹文说:"我既然这样说就不能没有理由,请允许我说一说理由。您的法令说:'杀人的处死,伤人的受刑。'人民中有的敬畏您的法令,受到莫大侮辱而不敢争斗,这是顾全您的法令啊,可是您却说:'受侮辱而不敢争斗,这是耻辱。'真正叫做耻辱的,不是说的这个。本该做臣子的,您却不让他做臣子,等于是惩罚他。这就是没有罪过而您却惩罚他啊。"齐王无话回答。湣王的议论都像这样,所以国家残破,自身危急,逃到谷邑,又到了卫国。齐国是周朝分封的诸侯之长,太公在这里得以寿终。桓公曾凭借齐国称霸诸侯,这是由于管仲辨察名实非常详明啊。